# QUANDO OS HOMENS VOLTARÃO A VIVER COM OS DEUSES

## A FUNÇÃO DO MITO E DA RELIGIÃO NA OBRA DE NICOLAU MAQUIAVEL

Editora Appris Ltda.
1.ª Edição - Copyright© 2025 dos autores
Direitos de Edição Reservados à Editora Appris Ltda.

Catalogação na Fonte
Elaborado por: Dayanne Leal Souza
Bibliotecária CRB 9/2162

| | |
|---|---|
| A298q<br>2025 | Aires, Hilton Boenos<br>Quando os homens voltarão a viver com os deuses: a função do mito e da religião na obra de Nicolau Maquiavel / Hilton Boenos Aires. – 1. ed. – Curitiba: Appris, 2025.<br>457 p. : il. ; 23 cm. – (Coleção Ciências Sociais).<br><br>Inclui referências.<br>ISBN 978-65-250-7287-6<br><br>1. Fenomenologia da religião. 2. Mitologia. 3. Mitos políticos. 4. Religião. 5. Renascimento italiano. 6. História da arte. 7. Filosofia moderna. I. Aires, Hilton Boenos. II. Título. III. Série.<br>CDD – 292.13 |

Livro de acordo com a normalização técnica da ABNT

Appris editorial

Editora e Livraria Appris Ltda.
Av. Manoel Ribas, 2265 – Mercês
Curitiba/PR – CEP: 80810-002
Tel. (41) 3156 - 4731
www.editoraappris.com.br

Printed in Brazil
Impresso no Brasil

Hilton Boenos Aires

# QUANDO OS HOMENS VOLTARÃO A VIVER COM OS DEUSES

## A FUNÇÃO DO MITO E DA RELIGIÃO NA OBRA DE NICOLAU MAQUIAVEL

Appris
editora

Curitiba, PR
2025

# FICHA TÉCNICA

| | |
|---|---|
| EDITORIAL | Augusto Coelho<br>Sara C. de Andrade Coelho |

COMITÊ EDITORIAL

Ana El Achkar (Universo/RJ)
Andréa Barbosa Gouveia (UFPR)
Antonio Evangelista de Souza Netto (PUC-SP)
Belinda Cunha (UFPB)
Délton Winter de Carvalho (FMP)
Edson da Silva (UFVJM)
Eliete Correia dos Santos (UEPB)
Erineu Foerste (Ufes)
Fabiano Santos (UERJ-IESP)
Francinete Fernandes de Sousa (UEPB)
Francisco Carlos Duarte (PUCPR)
Francisco de Assis (Fiam-Faam-SP-Brasil)
Gláucia Figueiredo (UNIPAMPA/ UDELAR)
Jacques de Lima Ferreira (UNOESC)
Jean Carlos Gonçalves (UFPR)
José Wálter Nunes (UnB)
Junia de Vilhena (PUC-RIO)

Lucas Mesquita (UNILA)
Márcia Gonçalves (Unitau)
Maria Aparecida Barbosa (USP)
Maria Margarida de Andrade (Umack)
Marilda A. Behrens (PUCPR)
Marília Andrade Torales Campos (UFPR)
Marli Caetano
Patrícia L. Torres (PUCPR)
Paula Costa Mosca Macedo (UNIFESP)
Ramon Blanco (UNILA)
Roberta Ecleide Kelly (NEPE)
Roque Ismael da Costa Güllich (UFFS)
Sergio Gomes (UFRJ)
Tiago Gagliano Pinto Alberto (PUCPR)
Toni Reis (UP)
Valdomiro de Oliveira (UFPR)

| | |
|---|---|
| SUPERVISORA EDITORIAL | Renata C. Lopes |
| PRODUÇÃO EDITORIAL | Bruna Holmen |
| REVISÃO | Andrea Bassoto Gatto |
| DIAGRAMAÇÃO | Andrezza Libel |
| CAPA | Mateus Porfírio |
| REVISÃO DE PROVA | Jibril Keddeh |

## COMITÊ CIENTÍFICO DA COLEÇÃO CIÊNCIAS SOCIAIS

DIREÇÃO CIENTÍFICA  Fabiano Santos (UERJ-IESP)

CONSULTORES

Alícia Ferreira Gonçalves (UFPB)
Artur Perrusi (UFPB)
Carlos Xavier de Azevedo Netto (UFPB)
Charles Pessanha (UFRJ)
Flávio Munhoz Sofiati (UFG)
Elisandro Pires Frigo (UFPR-Palotina)
Gabriel Augusto Miranda Setti (UnB)
Helcimara de Souza Telles (UFMG)
Iraneide Soares da Silva (UFC-UFPI)
João Feres Junior (Uerj)

Jordão Horta Nunes (UFG)
José Henrique Artigas de Godoy (UFPB)
Josilene Pinheiro Mariz (UFCG)
Leticia Andrade (UEMS)
Luiz Gonzaga Teixeira (USP)
Marcelo Almeida Peloggio (UFC)
Maurício Novaes Souza (IF Sudeste-MG)
Michelle Sato Frigo (UFPR-Palotina)
Revalino Freitas (UFG)
Simone Wolff (UEL)

*Em memória de Mircea Eliade (1907-1986) e Sebastian de Grazia (1917-2000), dois autores que os meus estudos me fizeram conhecer e amar feito grandes amigos.*

*Aos meus pais, Joailton e Emília; irmãos, Ithalo e Ísis; e sobrinha, Marcella, amores da minha vida e fortaleza do meu espírito. Sou o eremita que nunca caminhará sozinho.*

# AGRADECIMENTOS

A realização desta obra começou alguns anos antes da sua escrita propriamente dita. Ela é fruto de uma série de eventos encadeados que tiveram início no ano de 2014, culminando em meu retorno ao Brasil. Ainda vivendo na *pátria*, nos últimos períodos da graduação em Direito, ainda me faltava uma etapa: a escrita da monografia, o trabalho final. Para esse *rito de passagem,* decidi escrever sobre "corrupção política". Apesar de eu já ter começado a estudar a obra de Nicolau em 2011, a *necessidade* de escrever um trabalho monográfico foi a *ocasione* em que precisei aprofundar a leitura.

Nesse contexto, devo meu primeiro agradecimento ao professor Arquimedes Melo, grande pesquisador de farmácia e legista. Ele era o diretor de um grupo de estudos relacionado a políticas públicas, sistema carcerário e corrupção política. Com grande felicidade, ele próprio me convidou para trabalhar na escrita do trabalho de conclusão e tive a honra de ser o seu primeiro orientando no curso de Direito. Juntos, publicamos diversos artigos, frutos do trabalho que ele me ajudou a escrever.

Infelizmente, nosso amado Arquimedes faleceu em janeiro de 2021. As lembranças de nossa convivência são uma marca indelével em minha vida acadêmica e profissional. Tenho saudades daquelas tardes em que eu passava infindáveis horas nas aulas de francês e, *venuta la sera*, ia jantar no restaurante da faculdade em sua companhia e do professor de Odontologia, Dierson Leal. Este, naquela época, além de ser meu diretor do grupo de teatro, era (e ainda é), acima de tudo, meu bom amigo. Sentar-se à mesa com grandes amigos é um ato sagrado e um privilégio.

Em 2015, finalmente recebi meu título de bacharel em Direito, mas havia uma inquietação sobre o meu futuro: eu não me via em um escritório, atendendo clientes; não me apetecia estar nos corredores dos fóruns, convivendo com servidores, escrevendo petições iniciais e participando de audiências de instrução e julgamento; sentia, sim, um desejo me empurrar para a vida acadêmica.

De fato, nos derradeiros momentos de minha graduação, parecia que a *Fortuna* estava levando minhas ações e meus esforços à academia, e nessas conjunturas devo meu segundo agradecimento ao professor

Adilson Ferraz. Ele não foi apenas um estimulador desses projetos, como também agiu feito um facilitador: graças à ajuda dele, pude estudar em Buenos Aires.

Junto a Adilson, devo agradecer a influência do professor Lucas Galindo, a quem carinhosamente chamava de "Mellon" ("amigo", em élfico). Lucas estudou em Florença e seu amor pela Itália foi uma ponte para a nossa amizade. Nunca me esquecerei de sua genuína manifestação de felicidade, quando lhe contei que pretendia fazer mestrado e doutorado para ser professor. Fumávamos cachimbo, comíamos queijos e outros defumados enquanto bebíamos vinho. Olhando-me bem nos olhos, feito um irmão mais velho, disse-me: "Você nasceu para isso". No dia da minha partida a Buenos Aires, deu-me um abraço apertado e exclamou: "*In bocca al lupo!*".

Não posso me esquecer de Richard Romeiro, antigo professor da Universidade Federal de Pernambuco, agora professor da Universidade Federal de São João Del Rey, em Minas Gerais. Richard me orientou nos inícios de meus estudos sobre o autor florentino, fornecendo a primeira lista básica de bibliografia sobre Nicolau. Sua ajuda me fez dar o primeiro passo relevante nessa senda que o presente livro "conclui".

Adilson Ferraz me apresentou a José María Pérez, argentino, casado com Nádia Mota, brasileira. Esse casal terno e amoroso me recebeu igual a um filho. Em tudo que precisei estavam lá para me ajudar. Por causa de José pude alugar um apartamento em Buenos Aires; além de me emprestarem móveis e utensílios de cozinha. Em muitas ocasiões, José e Nádia expressaram preocupação por minha saúde e minha solidão, sempre trancado num apartamento, lendo e escrevendo. Não havia solidão quando eu estava próximo a pessoas tão amorosas. José é um tio querido que a terra de Borges me presenteou.

Rodrigo Leite, de Alagoas, meu amigo e confidente, teve uma participação indelével em minha vida e carreira acadêmica. Esteve comigo em momentos importantes de profundo autoconhecimento. Era a ele a quem eu recorria quando precisava contar minhas ideias e novas descobertas. Quando me deparei com a hipótese que materializou este livro, corri para contar-lhe o achado. Suas palavras sempre foram um estímulo poderoso para o meu trabalho; sua admiração e carinho por mim são, antes de tudo, um combustível. Conversar com ele é um *rito* sagrado.

Já em solo argentino, não posso me esquecer da maravilhosa Fundación Centro Psicoanalítico Argentino, onde estive em inúmeros seminários e cursos. Ali tive o privilégio e a grande honra de ser aluno de Leandro Pinkler e Sergio Fuster. Leandro me apresentou ao rico campo dos mitos e da simbologia presentes não apenas na história, mas também na literatura e na arte, além de ter me apresentado ao professor Francisco García Bazán, e, a partir de suas obras, pude estudar o gnosticismo por outra vertente, diferente da habitual abordagem da academia americana.

Sergio Fuster despertou meu interesse pelo campo das religiões comparadas e da fenomenologia da religião. Inclusive, foi a partir de seus cursos que comecei a estudar Mircea Eliade com mais profundidade e me surgiu a ideia de olhar mais atentamente a religião e o mito na obra do florentino. Eu saía de suas aulas tarde da noite, caminhando pelas lindas ruas de Recoleta, com um sentimento epifânico, maravilhado pelo conhecimento que me tocava.

Devo um terno agradecimento ao professor Oscar Esquisabel, com quem tive o prazer de estudar Leibniz na mesma universidade em que fiz o doutorado. Em um momento de dúvidas e angústias, pensei em abandonar o projeto de escrita da tese, mas, como por *ocasião da fortuna*, inesperadamente o encontrei na universidade. Tomamos um café e compartilhei minhas questões; aconselhou-me a perseverar.

O professor Joachin Migliore merece figurar nesta singela seção de agradecimentos. Apesar de não termos trabalhado juntos na escrita, Migliore orientou-me em diversas ocasiões, dando um toque de pragmatismo e realismo para os meus estudos. Não há nada mais valioso que um conselho de alguém experiente para nos tirar de caminhos tortuosos, que só nos fariam perder tempo, sem resultados palpáveis.

Certa vez, Milan Kundera escreveu que "quem vive no exterior caminha num espaço vazio acima do solo sem a rede de proteção que o país de origem estende a todo ser humano; onde ele tem família, colegas, amigos, e onde é compreendido sem dificuldade no idioma que sabe falar desde a infância"; de fato, viver alguns anos longe de nossa família e amigos é uma tarefa difícil, e as novas amizades que a vida nos traz vêm a ser uma nota especial que adicionamos à grande sinfonia da nossa felicidade.

Sobre esse aspecto, não posso esquecer de mencionar Alan Rodrigues, padre brasileiro, do Rio de Janeiro, que foi meu colega de doutorado. Sua amizade é, sem sombra de dúvidas, um dos maiores presentes que a Argentina

me deu. Saudades de nossas conversas nos cafés; das idas à Missa, dos pores-
-do-sol vistos do apartamento na Avenida Belgrano / 9 de Júlio; das refeições
compartilhadas no bodegón "Le Famiglie" (que fica em Salta, 440), seguidos
da sobremesa do delicioso sorvete da Sorveteria da outra esquina, cujo nome
"Nicolo", é curiosamente parecido com o objeto deste livro, "Niccolò".

Tampouco posso me esquecer do padre Marcio Trevizan, do Mato
Grosso do Sul, também brasileiro e colega de doutorado. Homem mais
velho e experiente na vida acadêmica, deu-me valiosos conselhos para a
praticidade e a factibilidade da minha investigação. Sem a ajuda dele, talvez
ainda estaria perdido no mar de referências e possibilidades, abrindo a
infame bolsa de ventos, sem nunca conseguir alcançar meu porto de Ítaca.
De riso solto, sua companhia garantia uma semana alegre. Não esquecerei
de nossas conversas, regadas pelo café "para llevar", nas amadas tardes
frias, sob o céu aveludado de Puerto Madero.

Meu querido amigo Jorge Pinheiro, professor de Direito, aposentado
da Universidade Federal de Belém do Pará, diretor do pós-doutorado da
Universidade de Ciencias Empresariales y Sociales (Uces), em Buenos Aires,
e sua esposa Franci, foram-me apresentados por José María. Passamos
lindos domingos reunidos, em almoços e jantares, sempre com mesa farta,
sem nunca faltar risada, comida gostosa e vinho feliz. Jorge sempre esteve
pronto para me auxiliar em qualquer coisa que eu precisasse, principalmente nas questões burocráticas envolvendo o mundo universitário, além
do toque de pragmatismo que uma pesquisa demanda.

Miguel Pastorino, professor de Filosofia do Uruguai, ex-padre e hoje
doutor. Quantas lembranças agradáveis das nossas discussões sobre Xavier
Zubiri, seu tema de tese. Durante os cafés, nos intervalos, passeávamos
pelo gnosticismo, pelos evangelhos de *Nag Hammadi*, pela metafísica,
pela ontologia e tantas outras questões referentes ao ser, limitado pela
dimensão do tempo, em Heidegger, ou o nada, o ato e a potência em Hegel.

Meu amigo Odair Salazar, de Santa Catarina, mestre e doutor, sempre muito solícito e generoso, esteve presente me aconselhando todo o
tempo. Nos momentos de dúvidas e incertezas quanto aos caminhos
necessários para a escrita e as formalidades de uma tese, suas palavras
sempre serviram como uma luz no fim do túnel.

Por último, mas não menos importante, a ajuda amorosa do diretor
Mendo Castro Henriques e do codiretor Gabriel Livov. A experiência e o
pragmatismo para tratar a orientação de uma investigação doutoral foram

a pedra de toque de ambos, sem as quais eu não teria tido êxito em minha empresa. A forma paciente e carinhosa com que fui tratado permitiu que essa tarefa fosse menos áspera e difícil.

No mais, minha única esperança é que a leitura deste livro, que representa décadas de minha vida interior, seja tão agradável para você, leitor, quanto foi ter vivido as experiências que me permitiram escrevê-lo. Tenha meu abraço e sinta meu afeto.

*[...] Venuta la sera, mi ritorno in casa, et entro nel mio scrittoio; et in su l'uscio mi spoglio quella veste cotidiana, piena di fango et di loto, et mi metto panni reali et curiali; et rivestito condecentemente entro nelle antique corti degli antiqui huomini, dove, da loro ricevuto amorevolmente, mi pasco di quel cibo, che solum è mio, et io nacqui per lui; dove io non mi vergogno parlare con loro, et domandarli della ragione delle loro actiono; et quelli per loro humanità mi rispondono, et non sento per 4 hore di tempo alcuna noia, sdimenticho ogni affanno, non temo la povertà, non mi sbigottiscie ma morte: tucto mi trasferisco in loro.*

*(Carta 216, a Francesco Vettori, de 10 de dezembro de 1513)*

# APRESENTAÇÃO:
## SOBRE A BELEZA RENASCIDA

O que o ser humano perde quando se aparta da beleza?

Essa pergunta soa estranha, talvez inoportuna, para a apresentação deste livro. Entretanto, como a paciência, segundo Agostinho, é a capacidade de suportar as agruras da vida sem decair, conto com tal virtude do leitor enquanto desenvolvo brevemente esse pensamento.

De forma geral, quando alguém de nosso tempo adquire uma obra de arte, imagina duas coisas: como deixar sua casa mais ornamentada e, ao mesmo tempo, incrementar o valor do patrimônio – "Veja só, Abelardo tem um Renoir original em seu apartamento!", "Euclides possui uma fotografia de Cartier-Bresson em sua sala". Trivial, absolutamente razoável... em contraste, nada mais distante do sentido antigo da beleza. Quando uma imagem de Anubis era pintada nas paredes dos intermináveis corredores egípcios, um felá não enxergava ali um adereço do templo, mas se percebia na presença do próprio condutor das almas dos finados. Um agricultor asteca em prece para Tlaloc não reverenciava apenas uma estátua: ele estava diante do senhor das chuvas, dos relâmpagos e dos trovões. A obra de arte não era um ornamento, era o símbolo pelo qual os mundos visíveis e invisíveis se conectavam. A beleza era a tradução dessa experiência.

Como sabemos, desde a Antiguidade Clássica, a arte perde gradualmente seu sentido mágico, tornando-se cada vez mais metafórica. A arte dessa época (aqui estou pensando em esculturas greco-romanas) são narrativas das arengas dos deuses, das tragédias que aguardam os viventes e dos feitos militares.

Um momento decisivo na história da beleza é o período que convencionamos chamar de Renascimento, mais precisamente o italiano. Talvez seja o auge dessa caminhada, onde a arte se encontra num ponto equidistante entre aquela que se pretende elevar o espírito e a que se pretende estimular os sentidos. É um momento no qual a erudição dos textos clássicos se mistura à tradição cristã. Ao longo de muitas décadas (ou poucos séculos, como prefiram), viu-se uma profusão de novidades:

o uso da pólvora para fins militares vindo do oriente; o método das partidas dobradas que revolucionou a Contabilidade; o domínio da técnica do escorço, uma das principais inovações técnicas da história da pintura; prodígios no campo das Ciências Náuticas, com cartografias capazes de ler os ventos e instrumentos que liam os astros com inédita precisão.

A terra a qual hoje chamamos Itália é o principal teatro no qual os atos se apresentam. Homens de então percebiam que naquela península se ergueu dois dos maiores impérios da história: o Império Romano e a Cristandade. Tão herdeiros de Enéas quanto de Paulo, sabiam que, dentre as colinas onde os césares construíram Roma, também veio a pedra sobre a qual Pedro cumpriu uma profecia. Esse entusiasmo renascido assentava-se no passado, mas mirava o futuro.

No interior da península itálica, a região da Toscana era a capital do Renascimento, sendo Florença a cidade mais destacada. Algures já se escreveu que naquelas eras até os burros de carga eram capazes de declamar Dante. Hipérboles à parte, inúmeros historiadores reconhecem a multiplicidade de correntes culturais que desembocam nessas paragens ao mesmo tempo: Teologia Católica tradicional, Filosofia pagã e ensaios proto-científicos compunham a mesma constelação cultural. Cardeais, astrólogos, poetas e guerreiros mercenários conviviam nas mesmas ruas, formando um equilíbrio dinâmico.

Essa dinâmica está presente nas obras dos intelectuais da época. Se observarmos a arquitetura (tanto a sacra quanto a profana), veremos que às técnicas de construção se somam conhecimentos das artes plásticas, dos astros, da literatura e, muitas vezes, narrativas bíblicas. Na poesia que funda o idioma italiano, é o romano Virgílio que conduz Dante em sua viagem pelo inferno, o céu e o purgatório. Poucos pensadores seriam tão inclassificáveis quanto Marsílio Ficino: não se sabe ao certo onde termina a filosofia e onde se inicia a teologia ou a poética. Leonardo se aventurou em praticamente todas as searas nas quais a imaginação humana pudesse flanar. Ainda que apenas treze por cento de suas obras versem sobre temas pagãos, Botticelli condensou em sua visualidade as partes sofisticadas da literatura consumida na casa dos Medici[1]. Ortega y Gasset lembra que há uma ocasião na qual os pintores já haviam retratado praticamente todas as passagens bíblicas, e nesse momento a mitologia clássica age como uma

---

[1] Vide Warburg, Aby. Sandro Botticelli. O Nascimento de Vênus e a Primavera. KKYM, 2012.

para-religião, enriquecendo o repertório literário e onírico dos artistas[2] – lembrem-se da Escola de Atenas, apenas citando a obra mais famosa de Rafael. A poesia de Ariosto é uma celebração de antigos mestres, quais Virgílio, Ovídio, Plauto. Não por acaso, cito agora, pela primeira vez, o nome do protagonista deste livro: Maquiavel não era apenas um homem desse tempo. Era um homem culto que viveu exatamente nesse lugar

Como é possível avaliar os argumentos de um escritor dessa época sem levar em consideração os recursos estilísticos que formam o seu universo espiritual? Perguntamos isso enquanto lembramos que Maquiavel era, ao mesmo tempo, ensaísta político, homem de Estado, comediante e historiador. Alguns dos nomes citados no parágrafo anterior e outros tantos omitidos não soavam aos ouvidos de Maquiavel como soam aos nossos – como lendas –, eram paisanos, gente conhecida que transitou nos mesmos corredores, que comungou na mesma igreja.

Agora, retornando à pergunta inicial: o que se perde quando se aparta da beleza? No assunto de nosso interesse, perde-se a maior parte do universo cultural anteriormente descrito. Ganhou-se as módicas moedas do debate acadêmico que estuda Maquiavel a partir do Republicanismo. "Maquiavel como herdeiro de Tucídides e Cícero", "Maquiavel como pai da Ciência Política", "Maquiavel e o Republicanismo", "Maquiavel como inimigo da ética cristã" são vieses sob os quais o pensamento de Maquiavel é mais estudado pela academia brasileira. Todavia, o mais desconcertante não é estudar o que há de republicano ou de crente na obra daquele florentino – é a ignorância da maior parte dos escritores em relação ao universo riquíssimo que forma a visão e o estilo maquiavelianos. Ignorar não significa apenas silenciar sobre, é, também, tratar como mero adereço conceitos e estéticas que são manifestações simbólicas de uma cultura muito mais profunda.

Serei mais claro: é possível traçar um estudo sobre as técnicas que Ambroggio Lorenzetti utilizava para alcançar os pigmentos e tinturas de seus painéis. Há, entretanto, uma grande distância entre uma arqueologia da química e a compreensão do universo simbólico presente nas paredes do Palácio do Governo de Siena. Esse passo falso é recorrente em nossa academia quando caminha sobre os textos maquiavelianos. Incontáveis artigos foram escritos sobre trechos específicos das cartas que Maquiavel

---

[2]  Ortega y Gasset. Ensaios de Éstética. Cortez, 2015.

escreveu a seu amigo Francesco Vettori e, sobre esses trechos específicos, erguidas hipóteses das mais diversas ordens.

É possível que essa falha seja um dos efeitos colaterais da especialização do conhecimento. Um pesquisador hoje pode ter uma carreira consistente em sociologia, sem entender de música, um jurista não precisa ser versado em álgebra, tal qual não se demanda que um pesquisador em epistemologia seja conhecedor de pintura. É lugar comum dizer que hoje sabemos cada vez mais sobre cada vez menos. Mas surge um desdobramento desse pensamento quando discutimos campos do conhecimento quais Filosofia e História: há um ponto zero na especialização do conhecimento. Quando ultrapassado, leva o pesquisador a errar cada vez mais sobre aquilo que se estuda cada vez mais isoladamente. A estrela deixa de ser norteadora quando ignoramos a constelação. A obra de Hilton Boenos Aires irrompe para desfazer esse erro.

Orgulho-me de ser testemunha desta obra. Hilton (permitam-me chamar em primeiro nome, pois sempre foi assim que o chamei e, mesmo reconhecendo a formalidade do contexto, soa-me artificial tratá-lo pelo sobrenome) dedicou-se ao estudo do universo maquiaveliano desde a faculdade de Direito. Não há biografia do florentino que não houvesse lido muito antes de ingressar no doutoramento. Já insulado num apartamento da capital Argentina, sua capacidade de pesquisa e produção ascendeu exponencialmente. Aqui é preciso fazer um alerta: ele amadureceu intelectualmente sem se academicizar, porque Hilton faz parte de uma linhagem peculiar de intelectuais. Sua escrita é original em sua acepção radical – porque retorna às origens. Em sua pena, o ator, o literato, o jurista e o filósofo não florescem em canteiros apartados, como espécies que não cruzam.

Hilton é capaz de versar sobre perfumaria com a mesma destreza que dialoga sobre Poesia, Direito e Filosofia. A sua escrita é, por isso, renascentista em primeira grandeza – ela se desenvolve universal, porque não enjeita nada da sabedoria ao avaliar os temas dos mais simples aos mais complexos. Isso lhe permite resolver o erro crônico de muitas análises maquiavelianas. Hilton possui fluência em todos os textos conhecidos de Maquiavel, do universo cultural da época, bem como uma consistente formação teórica que lhe permite analisar o seu objeto (aqui é evidente a influência de Eliade). Maquiavel é um escritor de diversas camadas, e não insinuo camadas em sentido esotérico, mas é alguém que escreveu textos tão díspares quanto a comédia Mandrágora e a História de Florença. A erudição de Hilton lhe permite entender e traduzir para nós, seus leitores, ironias, sarcasmos, metáforas e alusões, que foram consideradas durante muitas décadas, como veredictos. Diversas obras aclamadas da crítica maquiaveliana desconheciam a profundidade de muitas dessas alusões.

O leitor está prestes a iniciar um livro de leitura fluida, mas de complexa categorização. Não é simples traçar as fronteiras entre o que é Filosofia, Antropologia Filosófica, História e Teologia. Porque Hilton, em seu renascentismo espiritual, imiscui em cada frase o estilo do poeta, a leveza do comediante, a fluidez do músico, o rigor do jurista e o amor pela sabedoria que apenas raros filósofos desfrutam.

Agora, em minha recalcitrância, retorno outra vez à pergunta inicial: o que se perde quando se aparta da beleza? Perdemos décadas de livros feito este que nos chega agora. Mas a roda gira, por vezes levando, por vezes trazendo as coisas de volta aos seus devidos lugares. A Fortuna em seu capricho parece ter favorecido Maquiavel cinco séculos depois de sua morte – ela trouxe alguém que lhe compreende: Hilton Boenos Aires é o seu nome.

**Rodrigo Gomes Leite**

*Professor da Universidade Estadual de Alagoas*
*Agreste alagoano, dezembro de 2024*

# NOTAS, CITAÇÕES E REFERÊNCIAS

Eu traduzi as citações em italiano para o português utilizando duas obras básicas como referência: as edições das obras completas de Nicolau organizadas por Mario Martelli.

Machiavelli, Niccolò. **Tutte le opere** – A cura di Mario Martelli. Firenze: Sansoni Editore, 1971.

Machiavelli, Niccolò. **Tutte le opere – Secondo L'edizione Di Mario Martelli (1971).** Introduzione di Michele Ciliberto. Coordinamento di Pier Davide Accendere. Milano: Giunti Editore, 2018.

Outros escritos foram consultados na edição de Fredi Chiappelli e Feltrinelli Editore.

Machiavelli, Niccolò. **Legazioni, Comissarie, Scritti di Governo,** a cura di Fredi Chiappelli, volume secondo 1501-1503, Roma: Gius. Laterza & Figli, 1973.

Machiavelli, Niccolò. **Legazioni e commissarie** – A cura di Sergio Bertelli. Volume primo, Milano: Feltrinelli Editore, 1964.

Machiavelli, Niccolò. **Legazioni e commissarie** – A cura di Sergio Bertelli. Volume secondo, Milano: Feltrinelli Editore, 1964.

--------

A menos que se indique o contrário, todas as citações neste livro (não incluindo as citações presentes nas notas) foram traduzidas por mim. As referências à obra de Nicolau serão feitas por meio da seguinte forma:

*Cartas* – para a correspondência pessoal que Nicolau escreveu para seus familiares, amigos e outras personalidades de sua época, citarei no modelo indicando o número da carta correspondente à edição *Tutte Le Opere*, a data de sua escrita, e em algumas ocasiões a página, como neste exemplo: (Cartas, número, data, página).

*DAG* – referente à obra *Dell'Arte della Guerra* – esta obra está dividida em "livros", sem subdivisões menores de capítulos, portanto indicarei os livros por meio de numerais romanos, seguidos, em certas ocasiões, da página correspondente à edição *Tutte Le Opere*, em arábicos (*DAG*, III, página).

*Discursos* – referente aos *Discorsi sopra la prima Deca de Tito Livio* – a obra está dividida em livros e capítulos menores, sendo os livros indicados em números romanos e os capítulos em números arábicos. Por exemplo: (*Discursos*, II-2).

*HF* – a obra *Storie Fiorentine* – "História de Florença" ou "Histórias Florentinas" – será utilizado o mesmo modelo dos *Discursos*: (*HF*, V-5).

*Príncipe* – referente à obra *Il Príncipe* – citada com o capítulo, em algarismos arábicos. Exemplo: (*Príncipe*, 15).

Devido às excelentes notas e introduções feitas pelos editores, utilizei as seguintes traduções como consulta:

## Em espanhol:

Maquiavelo, Nicolás. **Nicolás Maquiavelo – Textos literários**. Traducción, notas e introducción: Nora Hebe Sforza, Colihue Clásica: Buenos Aires, 2010.

Maquiavelo, Nicolás. **Maquiavelo**. Traducción y notas de *El Príncipe* por Antonio Hermosa Andújar. Notas a las traducciones de *Discursos sobre la primera década de Tito Lívio*, por Miguel Manuel Seralegui Benito. Estudio introductorio por Juan Manuel Forte Monge. Madrid: Gredos, 2011.

Maquiavelo, Nicolás. **Epistolario 1512-1527**. Introducción, edición y notas de Stella Mastrangelo. México: Fondo de Cultura Económica, 2015.

## Em francês:

Franzoni, François. **La Pensée de Nicolas Machiavel** – Extraits les plus caractéristiques de son œuvre, choisis, groupés et traduits par François Franzoni, avec une introduction, une bibliographie et le texte italien correspondant. Paris : Payot, 1921.

## Em inglês:

Machiavelli, Niccolò. **Machiavelli, the chief works and others**. 3 v. Translated and edited by Allan Gilbert. Duke University Press Books, 1989.

Machiavelli, Niccolò. **The letters of Machiavelli** – A selection. Edited with an introduction by Allan Gilbert. Chicago: The University of Chicago Press, 1988.

Machiavelli, Niccolò. **Discourses on Livy**. Translated by Harvey C. Mansfield and Nathan Tarcov. Chicago & London: The University of Chicago Press, 1996.

O formato do livro segue o clássico modelo: entre parênteses (Autor, data, página):

- A menos que seja indicado o contrário, todas as citações da obra de Nicolau neste livro foram traduzidas por mim.

- Somente em algumas ocasiões, as citações de Nicolau no idioma original serão incluídas nas notas.

- Na maioria das vezes não traduzo as citações presentes nas notas.

# SUMÁRIO

*La Veduta della Catena – Francesco Rosselli – Meados de 1480 – Biblioteca Nazionale Centrale –Florença*

29

# INTRODUÇÃO

"Quem foi" ou "quem é" *Niccolò Machiavelli*? Sobre o secretário florentino derramaram-se infinitos rios de tinta, que inundaram os deltas das páginas de milhares de livros. E, apesar disso, ou precisamente por isso, a pergunta sobre quem ele realmente foi permanece sem uma resposta definitiva. Cercado por um mar bibliográfico vasto e profundo, inavegável pela sua extensão, já se vão cinco séculos que ao redor de Niccolò (doravante chamado de Nicolau) persiste uma aura de mistério. Portanto, caro leitor, não espere que eu possa desvendar o enigma.

Nicolau é um personagem conhecido pelo público em geral como um pensador do mal. Seu nome, transformado em adjetivo, "maquiavélico", tornou-se sinônimo de falsidade, mentira, astúcia, trapaça e outros perigos que um homem "imoral" pode representar para a convivência. Essa impressão geral sobre o autor e sua obra surgiu no mundo a partir dos seus primeiros intérpretes, algumas décadas após a sua morte, em 1527.

Desde a publicação de *O Príncipe* e *Discursos* no século XVI, uma tradição interpretativa muito complexa foi estabelecida. A maneira como seus livros são escritos pode levar os leitores à ilusão de uma suposta facilidade de compreendê-los, quando, na realidade, ocorre o oposto: o verdadeiro significado do que Nicolau queria dizer permanece obscuro.

Na raiz do problema encontram-se inumeráveis interpretações distintas a respeito do autor florentino. Sir Isaiah Berlin, em seu ensaio *A originalidade de Maquiavel*,[3] enumerou algo em torno de 25 interpretações diferentes. De fato, compreendê-lo não é simples, visto que as conclusões da maioria de seus intérpretes oferecem aos leitores mais dúvidas do que certezas.

Em geral, os estudiosos do florentino estão de acordo sobre a interpretação de pontos específicos de sua escrita, mas são completamente discordantes quanto à totalidade de seu pensamento. É por causa disso

---

[3] ¹ "Hay algo peculiarmente inquietante acerca de lo que Maquiavelo dijo o implicó. Algo que ha causado una intranquilidad profunda y duradera. Eruditos modernos han señalado ciertas inconsistencias, reales o aparentes, entre el sentimiento republicano de Los Discursos y el consejo a los gobernantes absolutos en El Príncipe. Ciertamente hay diferencia de tono entre los dos tratados, así como enigmas cronológicos: eso crea problemas acerca del carácter, los motivos y convicciones de Maquiavelo. Mismo que durante más de cuatrocientos años han formado un rico campo de investigación y especulación para eruditos literarios y lingüísticos, psicólogos e historiadores" (Berlin, 1997, p. 270).

que vemos um Nicolau apologista dos tiranos e apóstolo de um Estado Absoluto; outro Nicolau republicano, amante do povo ou até mesmo democrático etc. Tais visões não são apenas diferentes, mas em grande parte antagônicas e excludentes entre si, levando um leitor de primeira viagem a questionar se todos esses intérpretes estão falando do mesmo autor. Mas qual delas poderia ser a correta? Qual interpretação é a verdadeira ou, ao menos, a mais apropriada? Ainda que eu acredite não haver uma resposta definitiva para essas questões, o meu próprio intento hermenêutico me leva para campos nunca antes explorados e totalmente diferentes daqueles que são comumente vistos em livros a respeito do antigo secretário de chancelaria da antiga República Florentina, que viveu entre 1469 e 1527.

Desde o início dos meus estudos empreendi a busca para compreender o aspecto espiritual nas obras de Nicolau, pois seu pensamento tem uma escrita muito rica em elementos diversos. Sua especulação abrange a política, mas também um tipo de teologia; vai desde a remodelação da ética até uma cosmologia astronômica, em que o movimento dos céus afeta os fenômenos humanos. Meu objetivo, então, é abordar o tema do mito e da religião em Nicolau Maquiavel e quais são as funções que lhes são atribuídas. A hipótese que me move nesta investigação é que a sua vida e a sua obra estão ancoradas em uma concepção mítica e religiosa do mundo, que essa "metafísica" é o solo de onde brota toda a sua especulação política. Nas palavras da fenomenologia da religião, Nicolau teria uma "atitude mítica", que vivia em função de uma história primordial.

Além das frequentes menções a Deus e à Fortuna, nos quatro cantos de sua escrita pululam referências a personagens mitológicos e religiosos, como Rômulo, Numa, Aquiles, Enéas, Dido (rainha de Cartago na Eneida de Virgílio), o Centauro Quíron, São Francisco, Cristo, Moisés etc. Assim sendo, proponho-me a analisar em que contexto tais personagens são mencionados e qual seria a razão para Nicolau apresentá-los dentro do tecido de sua teoria. Para isso, preciso destrinchar a estrutura básica do estudo dos mitos e da religião.

Você, leitor deste livro, encontrará nos próximos capítulos os seguintes pontos: o que me cabe aqui, nesta introdução, é tentar lançar um pouco de luz sobre algumas ondas do mar bibliográfico de comentadores sobre nosso autor, pois me parece apropriado fazer um voo de reconhecimento pela topografia crítica. Escolhi somente alguns comentários a respeito do autor florentino que foram escritos ao longo dos séculos e que trazem menções tanto ao mito quanto à religião. Certamente é uma seleção resumida por razões de objetividade da minha pesquisa, porque abordar todos os comentadores resultaria em uma tarefa impossível e fora de propósito. Mesmo uma lista mais simples e resumida dos "comentadores mais conhecidos" ou "mais importantes" também seria uma tarefa para uma investigação destinada exclusivamente a tal tema.

Então, novamente, meu critério de seleção para este momento é buscar aquelas obras que abordaram o tema que busco explorar: os intérpretes que falaram e escreveram sobre a religião e o mito no pensamento de Nicolau Maquiavel. Isso significa que, na introdução, será feita uma apresentação simplificada de como os acadêmicos e os pesquisadores costumam interpretar especificamente essas duas questões. Quais são as principais correntes e abordagens que temos à disposição? Dessa forma, ao examinar o *status quaestionis* teremos as condições necessárias para indicar o que os intérpretes não conseguiram ver. Assim, dentro dessa perspectiva superficial, o processo é heurístico e servirá como um excelente ponto de partida.

Façamos, então, a viagem. O itinerário que proponho é o seguinte: no capítulo 1, armazenaremos os mantimentos e os insumos que consumiremos ao longo do trajeto. Ou seja, nele será necessário "pisar no freio", realizar uma preparação prévia por um instante e abordar a estrutura do mito de acordo com as descobertas da fenomenologia da religião. Explicarei sobre o sagrado e a hierofania; os pontos essenciais do mito, símbolo e rito; os elementos básicos dos mitos cosmogônicos, escatológicos e os mitos da Idade de Ouro. Por fim, o mito em sua versão "secular": o mito político.

É precisamente sobre essa estrutura fenomenológica que se sustenta a novidade da minha leitura. Não vi, em nenhum lugar, algo escrito que explicasse a obra do florentino aplicando essas categorias, tão usadas pelos fenomenólogos, antropólogos e historiadores das religiões para estudar a religião e o mito. O estilo de minha prosa e abordagem analítica nesse primeiro capítulo parecerá um pouco diferente do tom geral da obra, que tem os outros três capítulos (2, 3 e 4) dedicados inteiramente ao secretário de Florença.

Também vale a pena mencionar que essa estrutura fenomenológica, além de me levar a novos campos não explorados anteriormente por outros autores, permite-me, a partir dela, dar continuidade às leituras de Sebastian de Grazia, de Maurizio Viroli e de Anthony Parel, abordando aquilo que eles não viram e aprofundando pontos que eles somente arranharam enquanto talhavam suas peças de mármore. Eles são meus interlocutores mais próximos, ainda que não me conheçam; eu os encontrei em minhas expedições ao submundo (o leitor entenderá o que isso significa lá no capítulo 3).

No capítulo 2 chegaremos à Itália e poderemos aproveitar o tempo livre de Nicolau para conversar com ele. Sentaremos à sombra de seu jardim, na *Villa*, para conhecermos como ele retrata o mundo em que vive. Tudo está completamente desordenado e cheio de pecados. Ele nos falará de sua "teologia" e a cosmogonia. Já adianto parte da conversa que teremos: o ato da criação divina foi bom e perfeito, mas houve uma queda e os homens têm sofrido desde então com o caos e a desordem. O ambiente do capítulo pode ser resumido no diagnóstico do nosso autor sobre a realidade, o comportamento dos homens e diversos problemas políticos, que têm uma origem ancorada na natureza humana, corrompida pelo pecado. Além disso, todos esses elementos estão envolvidos em uma concepção cíclica de repetição.

No capítulo 3 Nicolau nos levará para assistir à missa em uma capelinha próxima à sua casa. Continuaremos as conversas esmiuçando suas crenças mais profundas, a começar pelo rico panteão de heróis, deuses e outras entidades metafísicas que atuam no mundo. Veremos o Deus cristão, outras divindades menores, mais paganizadas, os santos católicos, Nossa Senhora, Cristo, profetas, eremitas, adivinhos, diabos, anjos, as "inteligências que estão no ar", as Fúrias e a Fortuna. O mundo espiritual em sua distribuição geográfica também não estará de fora de nossa apreciação, bem como a composição do Inferno, Limbo, Purgatório e Paraíso.

Os amigos e escolhidos por Deus marcam sua presença, além do uso que Nicolau faz do texto bíblico. Cada um desses elementos tem um papel importante na composição dos eventos do mundo e os atos desses seres afetam diretamente a vida humana. Alguns são maus e podemos considerá-los inimigos do homem e de Deus, enquanto outros são bons e existem para ajudar a salvar a humanidade, de modo que o mundo humano é um grande palco para a manifestação da divindade, para a presença do sagrado e da hierofania.

Por fim, o capítulo 4 tenta cruzar todos esses elementos. A estrutura abordada no primeiro capítulo será compreendida mais claramente quando se observar como Nicolau fez diversos de seus postulados. Sua ordem política é hierofânica; a estrutura se baseia na história, que tem o valor sagrado do relato mitológico fundacional, que dá sentido à vida prática e fornece aos homens os modelos ideais (os "gestos paradigmáticos") de conduta para a imitação. A política e a arte militar trabalham em conjunto com a religião e são, inclusive, seu instrumento.

Nosso autor incorpora os mitos da Idade de Ouro e da escatologia que resgatarão aqueles tempos primordiais de plenitude e harmonia. Ele utiliza o mito da fundação de Roma e ensina aos seus contemporâneos a imitá-lo periodicamente. Dito de outra forma: Nicolau se vale do mito cosmogônico e de sua repetição periódica. Outra concepção cíclica também é vista no capítulo, como a destruição também periódica do mundo e sua regeneração. Estão presentes elementos do mito político com seus personagens arquetípicos encarnados na figura dos heróis.

A essa altura da nossa visita à *Villa* já teremos bebido bastante vinho, para acompanhar os *tortelletti* de capão e a sobremesa dos maravilhosos *Torcidinhos* de Canela Recheados com Frutas (receitas de Bartolomeo Scappi), por isso nossos ânimos estarão exaltados e nos emocionaremos quando Nicolau nos falar mais detalhadamente do mito do seu herói. Ele vê no momento presente a oportunidade para o surgimento do grande homem escolhido por Deus para salvar a Itália. Brindaremos, rogando aos céus pela aparição desse homem providencial para expulsar os bárbaros das terras italianas.

Minhas conclusões apontam para algumas descobertas polêmicas e completamente diferentes de tudo o que é pesquisado e escrito sobre Nicolau. A estrutura de sua obra é inteiramente baseada no mito e na atitude mítica. Diferentemente da imagem comum entre os acadêmicos (que o florentino seria o pai da ciência política moderna), nas páginas que se seguirão veremos que a psique, a força de sua vida, as características de sua especulação e a inclinação existencial de sua alma deixam-no mais próximo aos grandes poetas no estilo de Dante, Ovídio e Virgílio.

Embora Nicolau tenha trabalhado e escrito ao longo de toda a sua vida sobre a política, ele tinha a grande sensibilidade de um poeta. Seus escritos, vívidos, dinâmicos e cheios de estilo, trazem a bela forma de vida do homem arcaico, que busca viver em um mundo ordenado, em função de uma história primordial, carregada pela força do sagrado, que é resgatada periodicamente pelo poder do rito.

# INTERPRETAÇÕES SOBRE NICOLAU: ANTÔNIO GRAMSCI

Dentro de um período não muito contemporâneo aos nossos dias, uma interpretação interessante já foi vista em Antônio Gramsci. Para ele, Nicolau tinha um projeto político visível nas exortações para a unificação da Itália e a união de seu povo. É no livro de Gramsci que vemos a primeira menção ao tema do "mito" na obra maquiaveliana. Esse autor vê o príncipe como um "mito político soreliano" que condensa e cristaliza a "vontade coletiva". É dentro dessa perspectiva que Gramsci compreende que o príncipe representa mais um partido político e não um homem individualizado.[4] Ele não interpretou a obra do florentino como um manual de conselhos para os maus príncipes. Seu propósito seria semelhante à fórmula soreliana: unir e mobilizar o povo. No mais, a leitura de Gramsci é limitada a esses aspectos da *práxis* política e enxergando frequentemente nas linhas do florentino elementos afins à sua ideologia marxista.

Agora, dentro de um período um pouco mais contemporâneo, existem três grandes interpretações: Ernst Cassirer, Eric Voegelin e Leo Strauss. Eles, veremos um pouco mais detalhadamente.

## Ernst Cassirer

Professor alemão que passou parte de sua carreira nos Estados Unidos, Cassirer pode facilmente ser considerado um dos mais importantes pensadores do século XX. Dentro de sua extensa obra, Nicolau aparece enfaticamente no livro *O mito do estado*, concluído poucos dias antes de sua morte, inesperada e prematura, em 1945.

---

[4] "[...] Es posible estudiar aquí cómo Sorel, partiendo de la concepción de la ideología-mito, no llegó a comprender el fenómeno del partido político y se detuvo en la concepción del sindicato profesional. Aunque es verdad que para Sorel el 'mito' no encontraba su mayor expresión en el sindicato como organización de una voluntad colectiva, sino en la acción práctica del sindicato y de una voluntad colectiva ya actuante. La realización máxima de dicha acción práctica debía ser la huelga general, es decir, una 'actividad pasiva' de carácter negativo y preliminar (el carácter positivo está dado solamente por el acuerdo logrado en las voluntades asociadas) que no preveía una verdadera fase' 'activa y constructiva'. En Sorel, por consiguiente, se enfrentaban dos necesidades: la del mito y la de la crítica del mito, en: cuanto 'todo plan preestablecido es utópico y reaccionario'. La solución era abandonada al impulso de lo irracional, de lo 'arbitrario' (en el sentido bergsoniano de 'impulso vital') o sea, de la "espontaneidad" [...]. El príncipe moderno, el mito-príncipe, no puede ser una persona real, un individuo concreto; sólo puede ser un organismo, un elemento de sociedad complejo en el cual comience a concretarse una voluntad colectiva reconocida y afirmada parcialmente en la acción. Este organismo ya ha sido dado por el desarrollo histórico y es el partido político: la primera célula en la que se resumen los gérmenes de voluntad colectiva que tienden a devenir universales y totales. En el mundo moderno, sólo una acción histórico-política inmediata e inminente, caracterizada por la necesidad de un procedimiento rápido y fulminante, puede encarnarse míticamente en un individuo concreto [...]" (Gramsci, 1980, p. 10-12).

Ernst analisa o que é o mito desde a Antiguidade e como ele se relaciona com a filosofia, a política, a ética e a religião. Finalmente, no capítulo XI, tratando dos fins da Idade Média e do início do Renascimento, sua escrita descreve a estrutura do poder político que precedeu a obra de Nicolau, no medievo.[5] Em sua leitura, o autor florentino será responsável por captar o novo fenômeno de poder político que surgia na vida social e a transmiti-lo por meio d'*O Príncipe*.

---

[5] "[...] Os pensadores medievais estavam divididos em várias escolas. Entre estas escolas, as dos dialéticos e dos místicos, dos realistas e dos nominalistas, havia intermináveis discussões. Contudo, havia um centro comum de pensamento que permaneceu firme e idêntico por muitos séculos. Para apreender a unidade do pensamento medieval não há, porventura, caminho mais fácil e melhor do que estudar os dos livros [Da Hierarquia Celeste e da Hirarquia Eclesiástica] O autor destes livros é desconhecido. Durante a Idade Média eram geralmente atribuídos a Dionisio, o Aeropagita, o discípulo de S. Paulo, que foi convertido e batizado por ele. Mas isso é simplesmente uma lenda. Os livros foram provavelmente escritos por um escritor neoplatónico, algum discípulo de Proclo. Os livros pressupõem a teoria da emanação que tinha sido desenvolvida por Plotino, o fundador da escola neoplatônica. Com o fim de compreender uma coisa, de acordo com essa teoria, devemos sempre remontar ao primeiro princípio da coisa e mostrar por que via a coisa evolui desse princípio. O primeiro princípio, a causa e origem de todas as coisas, é o Uno, o Absoluto. Esse Uno absoluto desdobra-se na multiplicidade das coisas. Mas não se trata de um processo de evolução no sentido que modernamente emprestamos ao termo; é, antes, um processo de degradação. O mundo é mantido coeso por uma cadeia de ouro – essa aurea catena de que Homero nos fala numa passagem famosa da Ilíada. Todas as coisas, quaisquer que sejam, espirituais e materiais, os arcanjos, os anjos, os serafins e querubins e todas as outras legiões celestiais, homens, natureza orgânica, matéria, tudo isso se encontra encadeado por essa cadeia dourada e colocado aos pés de Deus. Há duas hierarquias diferentes: a hierarquia da existência e a hierarquia do valor. Mas não se opõem uma à outra; correspondem-se em perfeita harmonia. O grau de valor depende do grau do ser. O que se encontra na escala mais baixa da existência está em igual posição na escala ética. Quanto mais distante se encontra uma coisa do primeiro pincípio, da fonte de todas as coisas, tanto menor é o grau da sua perfeição. Os livros pseudodionisianos acerca das hierarquias celestiais e eclesiásticas foram larga e profusamente estudados durante toda a Idade Média. Tomaram-se numa das principais fontes da Filosofia escolástica. O sistema que defendiam não só influenciou o pensamento dos homens, mas também estava relacionado com os seus sentimentos mais profundos, e estava expresso, de diferentes maneiras, em toda a ordem ética, religiosa, científica e social. Na cosmologia de Aristóteles, Deus é descrito como o 'motor imóvel' do universo. É a fonte última do movimento, embora ele próprio se encontre em repouso. Transmite o seu impulso primeiro às coisas que se encontram na sua proximidade: às mais altas esferas celestiais. A partir daí essa força desce, por diferentes graus, para o nosso próprio mundo, para a Terra, o mundo sublunar, o mundo debaixo da Lua. Mas aqui já não se encontra a mesma perfeição. O mundo mais alto, o mundo dos corpos celestiais, é feito de uma substância imperecível e incorruptível – o éter ou a quinta-essência, e o movimento desses corpos é eterno. No nosso mundo, tudo é perecível e sujeito à decadência; e todo o movimento acaba, com o decorrer do tempo. Existe urna nítida discriminação entre os mundos mais baixos e os mundos mais altos: não são constituídos pela mesma substância e não obedecem às mesmas leis de movimento. O mesmo princípio é válido para a estrutura do mundo político e social. Na vida religiosa encontramos a hierarquia eclesiástica, que alcança desde o Papa, no cume, aos cardeais, arcebispos, bispos, até aos mais baixos graus do clero. No Estado, o poder mais alto encontra-se concentrado no imperador, que delega este poder nos seus inferiores, os príncipes, os duques e todos os outros vassalos. Esse sistema feudal é uma imagem e uma réplica exata do sistema hierárquico geral; é uma expressão e um símbolo dessa ordem cósmica universal estabelecida por Deus e que é, portanto, eterna e imutável. Esse sistema prevaleceu durante a Idade Média e revelou a sua força em todas as esferas da vida humana. Más nos primeiros séculos da Renascença, nos Quatrocentos e Quinhentos, mudou de forma. A mudança não veio de repente. Não se encontra uma quebra completa, uma revogação ou uma denúncia aberta dos princípios fundamentais do pensamento medieval. Apesar disso, uma após outra foram-se abrindo brechas no sistema hierárquico que parecia tão firmemente estabelecido e que governou durante séculos os pensamentos e sentimentos dos homens. O sistema não estava destruído; mas começava a desvanecer-se e a perder a sua indiscutível autoridade (Cassirer, 1976, p. 149-150).

> Este quadro constituía o cenário intelectual e político de "O Príncipe" de Maquiavel, e se estudarmos o livro sob esse ângulo, não teremos dificuldades em determinar seu sentido e seu lugar no desenvolvimento da cultura europeia. Quando Maquiavel concebeu o plano deste livro, o centro de gravidade do mundo político já havia mudado. Novas forças haviam entrado em campo e deveriam ser levadas em consideração – forças que eram totalmente desconhecidas para o sistema medieval. Ao estudarmos "O Príncipe" de Maquiavel, ficamos surpresos com como todo o seu pensamento está concentrado nesse novo fenômeno. Se ele fala das formas usuais de governo, das cidades-repúblicas ou das monarquias territoriais, o faz com parcimônia. É como se todas essas antigas e consagradas formas de governo despertassem pouco interesse nele – como se fossem indignas de seu interesse científico. Mas quando Maquiavel começa a descrever os novos homens e a analisar os "novos principados", ele fala em um tom completamente diferente. Não está apenas interessado, mas cativado e fascinado (Cassirer, 1976, p. 151).

É importante notar nessa citação a palavra "científico", pois Cassirer será um dos defensores da tão conhecida corrente hermenêutica que considera Nicolau um cientista político, que sua abordagem da política era "científica". O florentino, ao afastar-se da filosofia escolástica, ao romper com a ordem medieval, inauguraria, assim, o novo paradigma político. Nosso autor seria para a política, então, o que Galileu foi para a ciência.[6]

Cassirer não comungará das opiniões que censuram nem das que elogiam o autor florentino. Ele definirá O Príncipe como um "livro técnico de política". Em outras palavras, uma obra que não é nem moral, nem imoral. Semelhante a um médico, que pode ensinar a matar ou a salvar um paciente; ou a um químico, que mesmo sendo capaz de criar um veneno

---

6  "[...] Maquiavel não era um filósofo no sentido clássico ou medieval do termo. Não possuía um sistema especulativo, nem mesmo um sistema de política. No entanto, o seu livro teve indiretamente uma grande influência do desenvolvimento do moderno pensamento filosófico. Porque ele foi o primeiro que quebrou, decidida e inquestionavelmente, a tradição escolástica. Destruiu a pedra angular dessa tradição – o sistema hierárquico [...]. Maquiavel não segue o caminho usual da disputa escolástica. Nunca argumenta sobre doutrinas ou máximas políticas. Para ele, os fatos da vida são os únicos argumentos válidos. Basta apontar para a 'natureza das coisas' para destruir o sistema hierárquico e teocrático. Encontramos aqui também uma apertada conexão entre a nova *cosmologia* e a nova *política* da Renascença. Em ambos os casos, desaparece a diferença entre o mundo 'mais baixo' e o 'mais alto'. Os mesmos princípios e leis naturais são igualmente válidos para o 'mundo abaixo' e para o 'mundo acima'. As coisas encontram-se no mesmo nível tanto na ordem física como na ordem política. Maquiavel analisou os movimentos políticos com o mesmo espírito com que, um século mais tarde, Galileu estudou a queda dos corpos. Tornou-se o fundador de um novo tipo de ciência, a estática e a dinâmica políticas. Por outro lado, seria incorreto afirmar que o único objetivo de Maquiavel era descrever certos fatos políticos tão clara e exatamente quanto possível. Nesse caso, ele teria atuado como um historiador, e não como um teórico de política [...]" (Cassirer, 1976, p. 153-154).

poderoso não pode ser incriminado pelo uso que outro alguém faça de sua criação, de seu composto.

Assim, Nicolau seria um pensador semelhante ao químico que descreve as reações químicas; ou ao médico que faz o diagnóstico da doença do paciente (sendo pertinente recordar que as metáforas com a medicina são abundantes em todas as suas obras). Ele apenas explicou como as coisas funcionam no mundo político, sem se deixar manchar ou influenciar pelos juízos de valor. Esta longa citação é claríssima:

> Do fato de "O Príncipe" não ser nem um tratado de pedagogia, nem um tratado de moral, não se deve concluir que se trata de um livro imoral. Ambos os julgamentos são igualmente equivocados. "O Príncipe" não é um livro moral nem imoral: é um livro técnico. Em um livro técnico, não se deve esperar encontrar regras de conduta ética, do mal ou do bem. É suficiente que nos diga o que é útil ou inútil. Cada palavra de "O Príncipe" deve ser lida e interpretada dessa maneira. O livro não contém preceitos morais destinados ao governante, mas também não o convida a praticar crimes e vilanias. Ele se relaciona e destina-se especialmente aos "novos principados". Tenta dar-lhes todos os conselhos necessários para sua proteção contra todos os perigos [...] Para evitá-los, o governante deve valer-se de meios extraordinários. Mas é tarde demais buscar remediar depois que o mal tenha dominado o corpo político. Maquiavel gosta de comparar a arte política com a habilidade do médico. A arte médica contém três partes: diagnóstico, prognóstico e terapia. De todas, um bom diagnóstico é a tarefa mais importante [...]. [Maquiavel] nunca reprova nem elogia as ações políticas, simplesmente fornece uma análise descritiva delas – da mesma forma que um médico descreve os sintomas de uma doença. Nesse tipo de análise, só nos interessa a verdade da descrição, e não as palavras proferidas. Até das piores coisas se pode dar uma excelente descrição. Maquiavel estudava as ações políticas da mesma forma que um químico estuda as reações químicas. Certamente, um químico que prepara em seu laboratório um veneno fortíssimo não é responsável pelo uso que lhe é dado. Nas mãos de um médico competente, o veneno pode salvar a vida de um homem – nas mãos de um assassino, pode matar. Em ambos os casos, não podemos elogiar nem condenar o químico. Ele já terá feito muito por nós se nos ensinou todos os processos e nos forneceu sua fórmula. "O Príncipe" de Maquiavel tem muitas coisas perigosas e venenosas, mas ele as considera com a frieza e indiferença de um cientista. Ele simplesmente apresenta suas receitas políticas. Quem as utilizar e com que propósito são coisas que não lhe dizem respeito [...] (p. 170-171).

Nas partes finais de seu estudo, Cassirer reserva um tópico do capítulo para falar do mito. Para ele, a figura da *Fortuna* tinha uma função mitológica (ou, em suas palavras, um semimito) para a política. O postulado mais conhecido do secretário é que "quem conhece as histórias conhecerá o que vai acontecer", porque todas as coisas se repetem constantemente. "Quem conhece uma época conhece todas. O político que enfrenta um problema concreto atual sempre encontrará na história um caso similar, e por essa analogia estará capacitado para agir da maneira apropriada" (p. 173).

Quando falamos da Física, da Química, dos eventos que ocorrem nos astros, podemos extrair princípios universais e invocá-los sempre que desejamos explicar um determinado fenômeno, pois, de acordo com tais princípios, podemos saber que as mesmas causas sempre terão os mesmos efeitos, os mesmos resultados. No entanto, considerando os eventos humanos, as coisas parecem não seguir uma regra tão segura e inalterável.[7]

Nesse ponto, o professor alemão encontra problemas na lógica interna do pensamento maquiaveliano: apesar de Nicolau ter uma "argumentação consistente" e usar "uma lógica impecável", há diversas questões que o florentino não consegue responder. Sua forma de pensar e analisar o mundo não o impede de cair em aporias. Existem, de fato, elementos na realidade política e coisas na vida humana que a sua lógica não consegue explicar as razões. Como solução para tais aporias ele utiliza a figura da Fortuna para fundamentar seus postulados:

> Maquiavel viu claramente esse problema, mas não podia resolvê-lo, nem mesmo expressá-lo cientificamente. Seu método lógico e racional o abandonava nesse ponto. Ele teve que admitir que as coisas humanas não são governadas pela razão e que, além disso, não podem ser inteiramente descritas em termos de razão. Temos que recorrer a outro poder – um poder semi-mítico. A Fortuna parece governar as coisas. E,

---

[7] "[...] Contudo, no campo da história, essa semelhança tem os seus limites. Em Física podemos sempre invocar o princípio de que as mesmas causas produzem, invariavelmente, os mesmos efeitos. Podemos predizer com absoluta certeza um acontecimento futuro: por exemplo, um eclipse do Sol ou da Lua. Mas quando se trata de ações humanas, tudo isso está sujeito a variações. Podemos, em certa medida, antecipar o futuro, mas não podemos predizê-lo. As nossas expectativas e esperanças são frustradas; as nossas ações, mesmo as mais bem planejadas, não produzem o efeito desejado. A que se deve esta diferença? Teremos de abandonar na política o princípio do determinismo universal? Teremos de admitir que aqui os fenômenos são imprevisíveis; que não existe necessidade dos acontecimentos políticos; que, contrastando com o mundo físico, o mundo humano e social é governado pelo mero acaso? Esta foi uma das grandes dificuldades que a teoria política de Maquiavel tinha para resolver. Nesse ponto a sua experiência política estava em flagrante contradição com os princípios gerais científicos. A experiência tinha-lhe ensinado que nem sempre os melhores conselhos políticos são eficazes. As coisas seguem o seu próprio caminho; contrariam os nossos desejos e finalidades. Mesmo os esquemas mais hábeis e matreiros estão sujeitos a falhar; podem, súbita e inesperadamente, ser bloqueadas pelo decorrer dos acontecimentos. Essa incerteza dos negócios humanos parece tornar impossível qualquer ciência política. Nesse domínio vivemos num mundo irregular, inconstante e caprichoso, que desafia todos os nossos cálculos e previsões [...]" (Cassirer, 1976, p. 173-174).

de todas as coisas, a Fortuna é a mais fantástica. Qualquer tentativa de submetê-la a regras está fadada ao fracasso. Se a Fortuna é um elemento indispensável na vida política, é um absurdo esperar fundar uma ciência política. Falar de uma "ciência da Fortuna" seria uma contradição de termos. Aqui a teoria de Maquiavel teve que tocar em um ponto crucial. No entanto, Maquiavel não poderia aceitar esse defeito aparente do pensamento racional. Sua inteligência não era apenas esclarecida, era também enérgica e tenaz. Se a Fortuna desempenha um papel importante nas coisas humanas, cabe ao pensador compreender esse papel. Por esse motivo, Maquiavel teve que introduzir em seu *Príncipe* um novo capítulo – um dos mais curiosos do livro [é o capítulo 25 que trata da Fortuna] (Cassirer, p. 174).

Assim, a leitura de Cassirer sobre a função da deusa pagã na obra do florentino parece abarcar somente os campos da linguagem, da metáfora e da alegoria. Ernst não a aborda como uma entidade, uma divindade real, que tem poder e vontade. Sua leitura não a coloca dentro de chaves propriamente mitológico-religiosas, pois, para ele, Nicolau seria um pensador secular.

Embora Cassirer tenha visto a importância da religião para a obra do florentino, considerando-a um importante instrumento da vida social (veremos mais adiante, no final desta introdução), o professor alemão sustentava a interpretação de que ele foi um dos responsáveis pela secularização da Europa ocidental. Em sua compreensão, ao secretário de chancelaria não interessava nada das questões teológicas ou místicas. Tudo o que se relacionava com uma realidade transcendente na política, Nicolau nem mesmo se preocupava em "refutar", simplesmente ignorava completamente. Assim, a política maquiaveliana seria uma política completamente imanente, sem nenhum aspecto metafísico. Sobre esse ponto, a interpretação de Voegelin – que veremos a seguir – será completamente antagônica à de Cassirer.

## Eric Voegelin

Filósofo alemão, mas formado em Viena, perseguido pelos nazistas e exilado nos Estados Unidos durante a Segunda Guerra Mundial, é autor de uma obra extensa. Composta por diversos escritos póstumos, *The Collected Works of Eric Voegelin* tem 32 volumes, mas ainda há escritos não publicados. Apesar de haver menções ao secretário florentino em locais espalhados de sua escrita (como em *Order and History – vol. III*, e em *The New Science of Politics*), Voegelin dedicou um espaço especial ao nosso autor no volume IV de sua série *História das ideias políticas* (*HPI*, em inglês).

Seu estudo está dividido em quatro partes, dentro das quais serão analisados alguns grandes eixos temáticos. A primeira parte serve mais como uma introdução, em que Voegelin indica ao seu leitor que ele próprio não compartilhará nem dos elogios, nem das condenações que os intérpretes de Nicolau costumam fazer ao estudá-lo. Em sua compreensão, tais julgamentos não servem aos propósitos de uma análise teorética séria do pensamento político.[8]

Da segunda parte já se sabe muito pelo título: *circunstâncias biográficas*. Serão objeto de investigação as ações da família Médici, a invasão do rei da França, Carlos VIII, à Itália; a atividade diplomática de Nicolau; o governo de Piero Soderini; a queda da República Florentina; o retorno dos Médici; o exílio de nosso autor, a escrita de suas obras; a tradição humanista; alguns autores do período; a forma como os humanistas italianos utilizaram a obra de Tito Lívio etc.

Em uma análise micro, observando o contexto do país, Voegelin definirá que a Itália sofria com uma desintegração da ordem em suas unidades temporal e espiritual, que culminará no grande "trauma de 1494",[9] ano em que houve a invasão francesa na Itália. Tais constatações sobre os problemas temporais e espirituais estão vinculadas à sua análise *macro*, referente ao período moderno como um todo. Na óptica voegeliniana, a

---

[8] "Para um público mais amplo, o nome de Nicolau Maquiavel ainda jaz à sombra de uma condenação moralista. A propaganda antimaquiavélica da Contrarreforma concentrou-se nos princípios de habilidade política, desenvolvidos n'*O Príncipe*, como alvo; e, fora de um círculo mais estreito de historiadores, Maquiavel desde então permaneceu o autor dessa obra famosa, publicada depois de sua morte com o título que lhe deu o editor, embora a moralidade do conselho a governantes permanecesse a grande questão por avaliar. Quase não é necessário dizer que tais preocupações de propaganda moralista não podem formar a base de uma análise crítica das ideias de Maquiavel. Tudo o que podemos reter da caricatura é a consciência de que ocorrera algo de extraordinário, um rompimento implacável com as tradições no tratamento de questões políticas – e que com o autor de *O Príncipe* passamos a limiar de uma era nova, "moderna" (*HPI*, IV, p. 37).

[9] Cf. o § 2. *Os Problemas da Época – O Trauma de 1494* (*HPI*, IV, p. 41-45). [...]. A *Christianitas* medieval estava desmoronando-se na igreja e nos Estados Nacionais. Essa caracterização geral parece ser mais adequada do que falar do fim da era feudal, ou da ascensão da monarquia absoluta, porque essas últimas caracterizações já restringem o problema dos desenvolvimentos específicos e colocam ênfase na política do século XV, que se origina da historiografia secularista dos períodos posteriores. A desintegração da *Christianitas* atingiu a ordem espiritual e a ordem temporal à medida que, em ambas as esferas, se dissolvia o espírito comum que induz à cooperação eficaz entre pessoas a despeito da divergência de interesses, assim como o senso de obrigação de compromisso no espírito do todo [...]" (*HPI*, IV, p. 41).

modernidade[10] é o cenário onde se passa o fenômeno por ele intitulado de a "Era da Confusão".[11]

Além disso, dentro dessa segunda parte, Voegelin observará a presença tanto ameaçadora quanto influenciadora da Ásia. Segundo o filósofo de Viena, "os historiadores [parecem ignorar] o fato de que a civilização ocidental não se desenvolveu do nada, mas teve uma existência perigosa à sombra da Ásia" (p. 51). Após analisar os eventos que começam com a unificação da China por Ch'in Shi Huang Ti em 221 a.C., passando pelo Saque de Roma em 410,[12] até a queda de Bizâncio e a ascensão do Império Otomano, Eric chega à figura de Tamerlão.

Ele argumenta que sua influência para a tradição italiana foi central, inclusive dentro de uma perspectiva mitológica. Em torno da vida de Tamerlão foram criados símbolos essenciais para o desenvolvimento de uma mitologia do herói que atua dentro da história e que, com a *virtù* e a Fortuna, será o ordenador, a fonte da Ordem de um Estado.

---

[10]   Dante Germino, discípulo de Voegelin, fez observações sobre a modernidade dentro de uma perspectiva similar à de seu mestre: "[...] The modern age in political thought, then, tends to base it's interpretations of political life primarily on man's temporal or personal needs and concerns [...]; this period is characterized by the increasing dominance of anthropocentric forms of political speculation, as opposed to theocentric modes. Questions related to man's relationship to a transcendent divine being are set aside or relegated to the private, 'nonpolitical' sphere by an ever-increasing number of significant political thinkers [...]" (Germino, 1972, p. 7).

[11]   "[...] why does Machiavelli remain today an 'enigma that can never be resolved' (Croce)? Because he was confused. Why was he confused? Because he lived in what Voegelin himself called 'The Age of Confusion,' in which the foundations of Western civilization were crumbling around him [...]" (Germino, 2000, artigo sem paginação).

[12]   Entre as páginas 51-54, analisando a linha do tempo, Voegelin indica como os eventos ocorridos na Ásia influenciaram o Ocidente. O filósofo de Viena começa abordando as invasões que resultaram no saque de Roma em 410. Segundo Voegelin, tais problemas tinham uma estreita relação com os eventos ocorridos com a unificação da China por Ch'in Shi Huang Ti, vários séculos antes, em 221 a.C. Resultados lentos, os eventos encadeados envolveram até mesmo as tribos germânicas, culminando, vários séculos depois, na derrota de Átila, na Batalha dos Campos Cataláunicos, em 451. Disso resultou que "o [grande] resultado literário no Ocidente foi a *Civitas Dei*. São Agostinho começou a escrevê-la como uma intervenção no debate político que surgiu com a queda de Roma em 410, e morreu em Hipona em 431, enquanto a cidade estava sitiada pelos vândalos" (p. 52). Voegelin continuará analisando os avanços asiáticos sobre os reinos germânicos recém-estabelecidos, em meados do século X. Os eventos traumáticos, responsáveis pela desaparição de povos inteiros, como os ostrogodos, "se cristalizaram na épica traumática dos povos germânicos, a Canção dos Nibelungos" (p. 52). "O movimento asiático subsequente, ameaçando a existência da civilização ocidental, veio com a expansão do Império Mongol no século XIII". Eric Voegelin afirmará que as circunstâncias relacionadas à Mongólia terão uma forte influência na escrita da *Monarquia* de Dante: "[...] Os documentos diplomáticos relatados pelos embaixadores e historiadores deram ao Ocidente o conhecimento da Ordem de Deus sobre a qual se baseava a expansão imperial mongol, ou seja, o princípio: 'No céu, há Deus, o eterno, o mais alto; na Terra, Gengis Khan é o senhor único e supremo'. Dada a intensidade desse ambiente literário na segunda metade do século XIII, devemos considerar a possibilidade de que as ideias mongólicas sobre a posição imperial foram uma das influências na concepção correspondente da *Monarquia* de Dante" (p. 53).

Por trás desse cenário de ameaça sombria surgiu a figura meteórica de Tamerlão – aos olhos dos ocidentais, outro poder vindo do nada – interrompendo abruptamente o avanço turco vitorioso, que, ao mesmo tempo, havia penetrado profundamente na Bulgária e na Macedônia; suspendendo o perigo para Bizâncio e para o Ocidente; mas depois recuando tão inexplicavelmente quanto tinha surgido. Tal explosão de poder bruto, seus altos e baixos de ameaça e salvação, seriam tão fascinantes quanto perturbadores. Os historiadores italianos do século XV, que estavam mais próximos dos eventos e sentiam as repercussões em primeira mão através da emigração grega, estavam, na verdade, intensamente ocupados com o novo fenômeno de poder em escala mundial, e em particular a intervenção dramática de Tamerlão, o quase salvador, deu ocasião para evocar a imagem do homem do destino, o príncipe conquistador fatídico. Embora Maquiavel não tenha refletido sobre os eventos asiáticos, a imagem de Tamerlão que havia sido formada pelas gerações anteriores é bastante notável como uma influência na criação de sua própria imagem do Príncipe [...]. (p. 54).

Os eventos que ocorreram com a ascensão do poder otomano e o episódio de Tamerlão "tiveram", nas palavras de Voegelin, "consequências traumáticas para a ideia ocidental de política. Mesmo antes do choque de 1494, os italianos haviam formado a idéia de poder niilista e racional como uma força absoluta que ceifa cegamente uma existência plena de sentido" (p. 65).

A partir desse ponto chegamos à terceira parte do estudo, em que Voegelin observa especificamente as obras do florentino. Primeiro, a *Vida de Castruccio Castracani*, depois *Discursos* e, por fim, *O Príncipe*. O mito do herói tem uma função primordial para a sua leitura, representada na vida de Castruccio (veremos no capítulo 4), pois, da desesperança, da falta de sentido, Nicolau busca um fundamento para a ordem, cristalizado na figura de um fundador virtuoso.[13] Tal fundador configura um herói, que se apresentará sob o anseio, a esperança, o anúncio apocalíptico visível n'*O Príncipe* (novamente, veremos no capítulo 4). Para o secretário, o poder tem um significado metafísico de uma ordem providencial. "O mito da ordem através do poder intramundano deve ser pressuposto na leitura sistemática da obra de Maquiavel". Pela palavra "sistemática", Voegelin

---

[13] "[...] The figure of the Founder, crucial to Machiavelli's scheme, is thus for Voegelin the vehicle of a cosmic force, a mediator who brings forth the substance of order. Machiavelli's *uno solo* is an instance of the charismatic personality that we find as the hero in several stages – and at different levels of differentiation – of the History of Order as told by Voegelin: the exceptional, creative, mystical individual, who draws the substance of order out of the depth of his psyche, moved by and against the corruption and obtuseness of his age and who creates a social field that we recognize as political order by his compellingly persuasive effect on others. Machiavelli would have spoken of *occasione*, of the opportunity for the founder to create new orders in the malleable material thrown up by the disorder of his times [...]" (Moulakis, 2000, p. 255-256).

quer dizer "a reunião completa de suas reflexões sobre a fundação, organização, expansão e restauração da república" (p. 70-71).

Uma chave fundamental para a leitura de Voegelin reside na função da história na obra de Nicolau. "Especialmente a história da Roma Antiga passa a ser, então, um paradigma mitológico do qual os eventos recentes são simplesmente uma repetição" (p. 73; mais uma vez, veremos detalhadamente no capítulo 4). Esse mito fundacional é retirado, em grande medida, da leitura da obra de Tito Lívio, embora encontremos referências a outros historiadores antigos, como Plutarco e Tucídides. A história romana, assim, tem uma função quase sagrada para a obra do florentino. Além disso, são igualmente importantes a presença de outros elementos nas páginas do nosso autor italiano, como o naturalismo; a constância das paixões humanas ao longo da história; a ideia de eventos cíclicos e também a obra de Políbio, de modo que a ordem, para Nicolau, é uma ordem cósmica.

> Na verdade, a ordem é cósmica. Maquiavel não se volta apenas à história romana como objeto paradigmático; ele também retorna à interpretação de Políbio de seu curso como um ciclo cósmico. A unidade política integrante é o *politeion anakyklosis*, a revolução cíclica das formas políticas, conforme determinadas pela *physeos oikonomiaia*, a ordem da natureza. E a Natureza de Políbio é o fundamento do mundo estoico que, sinonimamente, pode também ser designado como *tyche*, *nomos* e *logos*. Temos as seis formas de governo, as três boas e as três más [...]. Não há nada de original nessa parte das idéias de Maquiavel; são substancialmente uma condensação das Histórias de Políbio. No entanto, precisamente por causa dessa confiança em Políbio, essas páginas [dos Discursos, I-2] são de grande importância, porque excluem [...] certos equívocos [de vários intérpretes modernos de Maquiavel]. A sociedade organizada é concebida como um crescimento "natural" dentro do cosmos, participando de sua ordem; é aceita como um todo, completo com sua ordem política, religiosa e civilizacional. A "natureza" desse crescimento é a natureza estoica que abrange a vida do espírito e do intelecto. O naturalismo de Maquiavel é uma tentativa de reviver o Mito antigo da natureza [...]. A decadência de uma república é inevitável [...], mas a lei da *anakyklosis* oferece amplo espaço para uma fundação prudente, assim como para uma preservação e restauração enérgicas [...]. As atividades fundadoras e restauradoras são uma manifestação daquela parte da força cósmica que vive nos indivíduos humanos; essa força em si é a substância da ordem, e na medida em que, no curso da ação política, os meios têm de ser racionalmente relacionados com os fins, esses mesmos fins são de interesse apenas na medida em que

são manifestações da *virtù* ordenadora. Sem relação com o mito do herói
e sua *virtù*, a ética de Maquiavel não tem sentido (p. 74-76).

No cerne da metafísica de Nicolau estaria essa força cósmica ordenadora.
A *virtù* do herói é a força substancial que se dirige até a sua expressão na
ordem da república; não é, como argumentam alguns intérpretes, uma
"paixão pelo poder autocentrada". Para Voegelin, essa função cósmica,
atribuída à figura do fundador, explicaria "o extenso tratamento que
Maquiavel deu às conspirações", porque as conspirações seriam uma grande
força "anticósmica[14] e criminosa de um indivíduo forte, que confunde
sua ambição pessoal com a *virtù* principesca". A *virtù* do herói e o mito
do príncipe salvador, então, desdobram-se na manifestação do amor
pela pátria.

Finalmente, a quarta e última parte traz as conclusões de Voegelin
sobre nosso autor. O panorama geral de seu julgamento é positivo: ele o
considerou uma figura honesta; mais honesta do que os autores contra-
tualistas.[15] As interpretações que o consideram um pensador imoral são
simplesmente equivocadas. No aspecto religioso, Voegelin o considerou um
pagão. Os detalhes dessas conclusões relacionadas à religião serão observados mais adiante, no final desta introdução; ao longo dos capítulos 2 e 4,
abordarei frequentemente alguns elementos relacionados ao tempo cíclico.

---

[14] Essa comunhão nos parece semelhante à ordem espartana, expressa pelo contexto das *sisitias*, em que o crime contra um homem individualizado pode representar um perigo para toda a coletividade, toda a comunidade política: "[A *sisitía*] visa dar aos cidadãos o sentimento de que eles são de alguma forma irmãos. Nada é mais capaz de fortalecer essa convicção do que o consumo de uma refeição cozida na mesma lareira e dividida na mesma mesa: a comida é uma comunhão que cria entre os convivas uma identidade de ser, uma espécie de consanguinidade. Compreende-se, é claro, que o assassinato de um concidadão pode provocar no corpo social o mesmo horror religioso, o mesmo sentimento de impureza sacrílega que se tivesse sido cometido um crime contra um membro da mesma família" (Vernant, 2002, p. 83).

[15] Resumidamente, nas palavras de Dante Germino, um dos principais discípulos de Eric Voegelin: "[...] Voegelin himself in his masterful interpretation of Machiavelli in [HPI, IV] has disposed of the conventional interpretation, still popular with most political scientists, that Machiavelli was nothing but a crackpot or vulgar realist. Indeed, Voegelin uses some of his most vigorous expressions against those who have portrayed Machiavelli as a Machiavellian – as a 'teacher of evil', to be precise. He pronounces the great Florentine a 'healthy and honest figure, most certainly preferable as a man to the contractualists who try to cover the reality of power underneath [...] the immoral swindle of consent'. With this verdict I am in entire agreement. Machiavelli called a spade a spade, had no theory of a double morality, one for citizens and the other for rulers, was no mere technician or 'expert' adviser on how to achieve power as an end in itself, was not a nihilist, or a cynic or a Callicles-like worshipper of 'might is right', and did not like Locke engage in the 'swindle of con-sent'. Like a gigantic vacuum cleaner, Voegelin sucks up and destroys all the simple-minded, fallacious, and ignorant interpretations of Machiavelli prominent in much of the scholarly literature by political scientists (The historians, such as Hans Baron and Felix Gilbert, seem to have acquitted themselves better, recognizing that Machiavelli's thought is a delicate tissue of many layers.) [...]" (Germino, 2000, sin páginas).

## Leo Strauss

Outro grande professor alemão que fez grande parte de sua carreira acadêmica nos Estados Unidos. Foi orientado por Ernst Cassirer em sua tese de doutorado, mas sua leitura sobre o nosso amigo renascentista será completamente diferente da de seu antigo mestre. Strauss aborda a filosofia moderna valorizando a teoria clássica e realizando uma investigação minuciosa dos textos. Para compreender a crítica a Nicolau é necessário levar em consideração o problema da modernidade. Em grande parte de sua obra, o tema da crise ocidental sempre estará em perspectiva.

Leo Strauss considera que o pensamento político moderno, além de ser responsável por tal crise, tem uma unidade essencial, e constantemente vemos em suas páginas a dicotomia entre a filosofia antiga e a moderna,[16] considerando que os autores modernos fazem uma linha de ataque consistente contra a grande tradição do pensamento antigo e medieval. Ele fala da existência de um "projeto moderno" e, em sua interpretação do período, identifica esse ataque contra os fundamentos da filosofia clássica nos escritos de Maquiavel, Hobbes, Locke, Rousseau, Hegel, Marx e Nietzsche. Dessa forma, Strauss postula, ao longo de muitos de seus livros, que o contraste entre a filosofia antiga e a moderna é um tema essencial[17] (Germino, 1972, p. 12).

Agora vejamos, seu livro específico sobre Nicolau, para ele, o fundador da modernidade,[18] chama-se *Thoughts on Machiavelli*, escrito em 1958, mas em uma obra anterior, de 1952, *Persecution and the Art of Writing*, ele explica que até o século XIX havia uma constante tensão entre os inte-

---

[16] "[...] The crisis of the West consists in the West's having become uncertain of its purpose. The west was once certain of its purpose – of a purpose in which all men could be united, and hence it had a clear vision of its future as the future of mankind. We do no longer have that certainty and that clarity [...]. According to the modern project, philosophy or science was no longer to be understood as essentially contemplative and proud but as active and charitable; it was to be cultivated for the sake of human power; it was to enable man to become the master and owner of nature through the intellectual conquest of nature. Philosophy or science should make possible progress toward ever greater prosperity [which] would thus become, or render possible, the progress toward ever greater freedom and justice [...]" (Strauss, 1964, p. 3-4).

[17] "[...] In other words, the quarrel between the ancients and the moderns seems to us to be more fundamental than either the quarrel between Plato and Aristotle or that between Kant and Hegel [...]. Only in the light of the quarrel between the ancients and the moderns can modernity be understood. By rediscovering the urgency of this quarrel we return to the origins of modernity [...]" (Strauss, 1967, p. 55)

[18] Em 1936, na primeira edição de sua obra *The Political Philosophy of Hobbes*, Strauss considerou que o período moderno teve esse autor como seu fundador. Em 1951, ele muda de opinião, passando a atribuir esse título a Nicolau. Strauss explica suas razões no prefácio da nova edição (p. XV). Ao estudar Maquiavel, Strauss percebeu que o florentino negava a filosofia política clássica de uma maneira ainda mais radical do que Hobbes. Em outra obra, *Natural Right and History* (de 1953), ele diz que foi Maquiavel "o grande Colombo, que havia descoberto o continente no qual Hobbes pôde erguer sua estrutura" (p. 177).

lectuais e os contextos políticos de suas épocas, por isso, tentando fugir de perseguições, os filósofos escreviam de uma maneira para esconder parte de seus ensinamentos.

A isso Strauss chama de "a arte de escrever", que era a escrita esotérica. Essa escrita tem uma "segunda camada" textual, dirigida a somente alguns leitores. Tal camada "contém uma interlocução, mas, como é escrita de forma diferente, exigindo uma atenção especial, permanece oculta do leitor comum". Na primeira camada há um conteúdo próximo de um ensinamento popular, direcionado à maioria das pessoas. Na segunda camada está o ensinamento filosófico, destinado aos estudiosos e conhecedores da escrita esotérica. Segundo Strauss, o mesmo ocorre com Nicolau.[19] O conteúdo das primeiras camadas, ele julga ser próximo da *doxa* (opinião), visto que é articulado para "edificar um grande público constituído de leitores medianos. Já o conteúdo das segundas camadas é o verdadeiro conteúdo da obra, separado da *doxa*, sendo de fato filosófico" (Carvalho, 2015, p. 35).

Isso acende o alerta de que o verdadeiro ensinamento das obras sempre seria secreto. "O motivo que talvez tenha levado Leo Strauss a considerar essa hipótese foi sua própria experiência pessoal. Judeu alemão, perseguido pelo nazismo, 'ele sabia que nem tudo que um filósofo pensa pode ser escrito'. Muitas vezes, o escrito serve mais para ocultar algo do que para expressar uma opinião verdadeira" (Carvalho, 2011, p. 22).

Em relação a Nicolau, esse autor alemão propõe abordá-lo por meio da perspectiva clássica: olhar o moderno a partir do paradigma antigo.[20] Aqui se percebe que a imagem do florentino, passada pela interpretação

---

[19] "[Strauss] muestra que el secretario Florentino dominaba muy bien el arte de escribir y, de esta manera, ocultaba en su escritura muchos elementos subversivos, heréticos, blasfémelos y revolucionarios (1958, 32-34, 56 y 79). Él acompaña la escritura de Maquiavelo dando gran atención a los detalles de la obra misma, sin perderlos de vista. La narrativa maquiaveliana tiene una serie de camadas y superficies, y así, inicialmente, Maquiavelo presenta un análisis histórico, de la antigüedad o de su propio tiempo, y a partir de eso hace un juicio de valor con un enseñamiento y un consejo particularizado de cómo se debe actuar en alguna circunstancia similar. Las primeras camadas, o las más superficiales, tratan de ocultar las otras más profundas. Es decir: sus verdaderas opiniones y sus reales intenciones están escondidas de los lectores [...]" (Aires, 2016, p. 52-53).

[20] "[...] One cannot see the true character of Machiavelli's thought unless one frees himself from Machiavelli's influence. For all practical purposes this means that one cannot see the true character of Machiavelli's thought unless one recovers for himself and in himself the pre-modern heritage of the western world, both Biblical and classical. To do justice to Machiavelli requires one to look forward from a pre-modern point of view toward an altogether unexpected and surprising Machiavelli who is new and strange, rather than to look backward from today toward a Machiavelli who has become old and our own, and therewith almost good. This procedure is required even for a purely historical understanding. Machiavelli did know pre-modern thought: it was before him. He could not have known the thought of the present time, which emerged as it were behind his back [...]" (1958, p. 12).

de Leo Strauss, é completamente diferente de praticamente tudo que se vê nos trabalhos acadêmicos dos derradeiros 50 anos, já que ele defendeu a tese de que Nicolau propagava ensinamentos imorais e irreligiosos.[21]

Para Dante Germino (1991, p. 153), o "Maquiavel de Strauss" parece ser um filósofo recluso ou um sábio gnóstico, que investiga textos antigos, especialmente Platão, Aristóteles, Xenofonte e a Bíblia. Alguém com uma verdadeira astúcia diabólica que esconde uma mensagem subversiva nas entrelinhas. Uma mensagem que, no século XIX, conseguiu, sozinha, virar de ponta-cabeça mais de dois mil anos de filosofia e religião ocidental.

Strauss também não tenta explicar os conceitos da teoria do renascentista, mas desemaranhar as camadas de sua retórica e desvendar os segredos escusos de sua prosa, demonstrando que, por trás de suas articulações, omissões e até mesmo erros, deveria haver segundas intenções ocultas.

Em *Persecution and the Art of Writing*, ele desenvolveu a sua técnica de ler, lidar e interpretar os autores da modernidade, "ler as entrelinhas", o mesmo método que, em 1958, usaria para escrever *Thoughts on Machiavelli*. Além da concepção de "pensador esotérico", para Strauss, Nicolau era um blasfemador declarado, cuja blasfêmia seria ainda mais grave, por ser encoberta e oculta.[22] Essa suposta propensão à blasfêmia é uma

---

[21]  Na introdução de sua obra (1958, p. 9-14), Strauss argumenta que Nicolau era um professor do mal. Para chegar a essa conclusão, ele analisa os principais argumentos para considerar o florentino como um analista científico da sociedade e/ou um patriota. De qualquer forma, tanto o caráter patriótico quanto o científico levam à conclusão de que Maquiavel era, sim, um professor do mal. "É enganoso descrever o pensador Maquiavel como um patriota. Ele é um patriota de uma classe especial: ele se preocupa mais com a salvação de sua terra do que com a de sua alma. Seu patriotismo, portanto, pressupõe uma reflexão de amplo alcance sobre o status de sua pátria, por um lado, e sobre o de sua alma, por outro. Essa reflexão de amplo alcance, e não o patriotismo, é a essência do pensamento de Maquiavel. Esta reflexão de amplo alcance, e não o patriotismo, é o que estabeleceu sua fama e o tornou mestre de muitos homens em todos os países. A substância de seu pensamento não é florentina, nem mesmo italiana, mas universal. Diz respeito, e pretende se aplicar a todos os homens reflexivos, independentemente do tempo ou lugar. Falar de Maquiavel como cientista é pelo menos tão enganoso quanto rotulá-lo de patriota. O estudioso científico da sociedade não quer ou não pode fazer 'juízos de valor', enquanto as obras de Maquiavel estão repletas de 'juízos de valor'. Seu estudo da sociedade é normativo" (1958, p. 10).

[22]  "[...] Someone might say in defense of Machiavelli that he does not speak of God in the incriminated passage or that the blasphemy is so well concealed as to be non-existent for the majority of readers. Over against this one might well urge that a concealed blasphemy is worse than an open blasphemy, for the following reason. In the case of an ordinary blasphemy, the hearer or reader becomes aware of it without making any contribution of his own. By concealing his blasphemy, Machiavelli compels the reader to think the blasphemy by himself and thus to become Machiavelli's accomplice [...]" (Strauss, 1958, p. 50).

Strauss, ao analisar os supostos desvarios na obra de Nicolau, afirma que "é uma norma elementar de prudência 'acreditar' que todos esses desvarios são intencionais e levantar em cada caso a questão de qual pode ser o significado que se quer dar ao desvario"; daí afirma Carvalho que "os resultados da aplicação desse 'mínimo de prudência' em relação aos escritos de Maquiavel são assustadores: o imoralismo superficial dos conselhos dados ao Príncipe, suavizados por sua vez sob uma camada de exortações aparentemente moralizantes, pode ser apenas uma fachada destinada a encobrir um ataque muito mais profundo à religião, concebido de forma

questão crucial, para que se possa compreender a visão geral de Strauss sobre o nosso autor, e a sua relação com a modernidade.[23] Em um trabalho posterior, escrito em conjunto com Joseph Cropsey, ele pondera:

> No contexto deste capítulo [*Discursos*, I, 26], isso [aquele que "saciou os famintos de coisas boas e dispensou os ricos de mãos vazias"] significa que Deus é um tirano, e que o rei Davi, que fez os ricos pobres e os pobres ricos, era um rei piedoso, um rei que seguia os caminhos do Senhor, porque procedeu de maneira tirânica. Deve-se notar que esta é a única citação do Novo Testamento que ocorre nos *Discursos* ou no *Príncipe*. E esta única citação do Novo Testamento é usada para expressar uma terrível blasfêmia. Pode-se dizer, em defesa de Maquiavel, que a blasfêmia não é pronunciada de maneira explícita, mas apenas insinuada. No entanto, essa defesa, longe de ajudar Maquiavel, torna seu caso pior, e por este motivo: quando alguém profere abertamente ou vomita uma blasfêmia, todos os homens bons tremem e se afastam dele, ou o punem conforme seus merecimentos; o pecado é totalmente dele. Mas uma blasfêmia oculta é ainda mais insidiosa, não apenas porque protege o blasfemador contra o castigo por meio do devido processo legal, mas, sobretudo, porque praticamente obriga o ouvinte ou leitor a pensar na blasfêmia por si mesmo, tornando-se assim cúmplice do blasfemo. Maquiavel, portanto, estabelece uma espécie de intimidade com seus leitores por excelência, a quem chama de "os jovens", induzindo-os a pensar em coisas proibidas ou criminosas. Maquiavel, como sempre, tenta e deseja isso. Esta é uma parte importante de sua educação dos mais jovens, ou, para usar a expressão consagrada pelo tempo, de sua "corrupção dos jovens" (1963, p. 287-88).

A visão straussiana indica que aquelas interpretações que consideram Nicolau um republicano, um amante da democracia, um amigo do povo etc., representariam o triunfo do próprio maquiavelismo. Aqueles estudiosos que elogiam um Maquiavel "bom", "progressista", "democrático" foram, sem saber, corrompidos pela mensagem diabólica oculta, disfarçada de bons pensamentos e boas obras.[24]

---

a envolver o leitor em um raciocínio blasfemo, sem que ele perceba que passa a compartilhar tais blasfêmias com o autor ao seguir seus pensamentos (Carvalho, 2011, p. 37).

[23] "[...] I wish here also to look at Strauss himself empathetically and from the inside, especially as it concerns his conclusion that Machiavelli was a deliberate (religious) blasphemer, whose blasphemy is all the more serious because it was covert. This matter is of crucial importance to Strauss's understanding of Machiavelli's entire teaching and its relationship to modernity. Only the uncritical acceptance of a convention of modernity itself, that is, that religion is a 'private affair' and should have nothing to do with politics, can prevent a scholar in political theory from taking the blasphemy question with the utmost seriousness [...]" (Germino, 1991, p. 147).

[24] "The most striking phrase in the above passage is 'vomits a blasphemy'. By using it, Strauss clearly means to align himself on the side of the phrase's author, the sixteenth-century French Calvinist Innocent Gentillet, one of the principal founders of the tradition which associates Machiavelli's name with scandalous and immoral 'Machiavellianism' Although Strauss thinks that the traditional version of Machiavelli as a diabolical figure

De fato, a leitura de Leo Strauss, dentro do vasto mar bibliográfico sobre Nicolau é, sem dúvidas, uma das mais complexas e intrigantes. Por essa razão, separei uma seção – o *Apêndice I* – para explorar outros aspectos de sua interpretação, já que aqui, nesta introdução, só posso abordar os pontos mais essenciais. Aprofundá-los nesta seção deixá-la-ia corpulenta, ultrapassando os limites do que é aceitável para uma introdução.

## Algumas interpretações sobre a religião

Aqui, no presente tópico, minha abordagem será limitada a um tipo de reconhecimento topográfico da crítica bibliográfica em relação ao nosso autor. Uma leitura mais superficial em relação a algumas contribuições hermenêuticas que poderiam ser consideradas relevantes para a compreensão da obra de Nicolau. Nos capítulos 2, 3 e 4 realizarei uma leitura mais aprofundada da religião em conjunto com o mito.

Bem, entre as questões abordadas pelo secretário, espalhadas por toda a sua obra, estão as referências a Deus e à religião, de modo que muitos pesquisadores tentaram explicar qual seria o real significado e a relação do autor com esses temas. Longe de haver unanimidade entre os críticos, quando se trata de religião parece haver maior prevalência de debates a respeito da própria crença, a religiosidade de Nicolau. Questiona-se, frequentemente, se ele era cristão, pagão ou ateu.

Entre aqueles que consideravam nosso autor um pagão, juntamente a Pasquale Villari[25] e Orestes Ferrara,[26] está Fichte, que chegou a consi-

---

forgets that the devil himself was a fallen angel, he thinks that one can 'ascend' from that version to a more adequate understanding. On the other hand, the revised version (Machiavelli as humanist, republican, friend of the people, politically secular but not antireligious) represents the triumph of Machiavellianism itself. Those scholars who hail the 'good', 'progressive', 'democratic' Machiavelli have been unknowingly corrupted by Machiavelli's evil message, hidden under a cover of good thoughts and good Works" (Germino, 1991, p. 148-149).

[25] "[Ao desprezo de Nicolau pela Igreja de Roma, deve-se incluir] quello che può veramente chiamarsi lo spirito pagano del Machiavelli, che lo rendeva poco ammiratore, se non addirittura avverso alla religione cristiana, non per sè medesima, ma per tutto ciò che si riferisce all'azione politica e sociale di essa. Indagando, infatti, come mai nell'antichità vi fosse stato un così gran numero di popoli liberi, tanta maggiore libertà che ai suoi tempi, egli credeva di trovarne la causa nella diversità che corre fra la religione pagana e la cristiana [...]" (Villari, vol. 2, p. 275-276).

[26] "[...] Machiavel fut, par-dessus tout, païen et classique, comme l'étaient la littérature et les arts de cette période, après la léthargie médiévale, comme le sont aujourd'hui les manifestations esthétique qui savent s'affranchir de la morbide influennce que la chute de la Renaissance et les siècles d'obscurantisme postérieur exercent encore sur cette époque moderne, qui se croit affranchie. Païen et classique, c'est-à-dire homme de la Vérité, qui n'admet point les élucubrations sans base ni les sentimentalismes maladifs. Pour lui la Vérité, même sinistre, du moment qu'elle est la vérité, produit le bien. Comme Michel-Ange a laissé les formidables

derá-lo um "pagão declarado". Fichte afirma que não se deve defender
Nicolau contra a acusação de ter sido um "inimigo da cristandade", mas
procurar entender essa inimizade historicamente. Ele conclui essa argumentação observando que "apesar de tudo isso, Maquiavel se preocupou
em sair desta vida devidamente assistido por todos os sacramentos da
Igreja, e isso certamente foi muito bom para os filhos que deixou, assim
como para os seus escritos".[27]

Uma das censuras mais conhecidas que nosso autor faz ao cristianismo, a "nossa religião", está presente em *Discursos*, II-2

> Nossa religião glorificou mais os homens humildes e contemplativos do
> que os homens ativos. Então, ela colocou o bem supremo na humildade,
> na abjeção e no desprezo das coisas humanas; a [religião antiga] o colocava
> na grandeza de espírito [*animo*], na força do corpo e em todas as outras
> coisas capazes de tornar os homens muito fortes. E se nossa religião nos
> pede para termos força, é mais para suportar a força de certas ações [ou
> seja, suportar o mal que fazem contra nós] do que para realizá-las [...].
> Esse modo de viver, portanto, parece ter enfraquecido o mundo, que se
> tornou presa dos homens *celerados* [maus]; e estes podem agir facilmente,
> porque, vendo que a coletividade dos homens, para ir ao paraíso, pensa
> mais em suportar as ofensas do que em vingar-se delas [...] (*Discursos*, II-2).

Muitos intérpretes consideram esse trecho uma das chaves para entender os
problemas relacionados à religião. A partir dele, os estudos hermenêuticos
frequentemente exploram um suposto paganismo ou ateísmo nas obras
do florentino. Os defensores dessa interpretação baseiam-se, comumente,
na alegada indiferença do nosso amigo em relação ao cristianismo; afinal,
uma de suas máximas (que boas leis são sustentadas por boas armas)
seria incompatível com os princípios dessa religião.

De fato, são as declarações desse capítulo que servem de base para
interpretações que condenam o cristianismo como sendo uma religião de

---

anatomies de la Chapelle Sixtine, Machiavel laissa le Prince, comme Raphaël peignit des madones imprégnées
d'humanité et comme le Sodoma fit prendre aux générations futures ses femmes voluptueuses pour des vierges,
il écrivit les Discours et la Vie de Castruccio Castracani. De même qu'en peinture, Fra Angelico, représentant
toute une école, avait subi son crépuscule, avec ses vierges aux mains transparentes, aux poitrines d'enfant
aux doux regards, ainsi en politique s'étaient effacés les principes qui soumettaient l'homme aux terreurs ou
aux béatitudes de la vie future [...]" (Ferrara, 1928, p. 38-39).

[27]  Na edição italiana que consultei: "[...] Contro questa accusa di ostilità nei confronti del cristiane-
simo, per come lo conosceva, non è necessario voler difrendere Machiavelli. Bisogna semplicemente
ammetterla e valutarla in maniera giusta. In ogni caso Machiavelli si è preoccupato di separarsi dalla
vita con tutti i sacramenti della chiesa, cosa che fu senza dubbio utile sia per i figli, sia per gli scritti che
lasciava [...]" (referência na seção *Paganesimo di Machiavelli*, em: Kindle Location 230 of 1038 [22%] /
258 / 1038 [24%] 2014).

homens fracos, pois a "nossa religião glorificou mais os homens humildes e contemplativos" do que os grandes heróis e guerreiros. Os cristãos não buscam a glória, a fama e as grandes realizações que permitem ao homem alcançar, por meio da memória coletiva e da história, a imortalidade; como são imortais os grandes capitães e heróis dos tempos antigos. O cristianismo seria a causa da fraqueza e do ócio dos homens e dos príncipes da Itália, porque os ensinamentos cristãos convidam as pessoas a serem passivas e contemplativas, aguardando as glórias celestiais na vida eterna; e as ensina a desprezarem a glória do mundo imanente.[28]

Para Eric Voegelin, Nicolau era um pagão que via no mito da Natureza o papel da Providência, sob o símbolo da Fortuna. No entanto é precisamente dentro do paganismo maquiaveliano que encontraríamos os aspectos negativos do autor. O grande problema de seu paganismo residiria em uma possível tentativa de reverter o curso da história porque, após a Revelação e o surgimento da Cristandade, o paganismo perdeu seu sentido, sua fonte existencial e sua substância metafísico-religiosa, deixando de ser uma história sagrada, adquirindo, então, o caráter de fábula.

Não se pode fazer o relógio voltar para um tempo pagão. Tentar fazê-lo, agora que a verdade foi diferenciada em uma realidade transcendente, é um fechamento da alma para aquela realidade e, como tal, uma reversão ao tribalismo (*HPI*, IV, p. 16).[29] Nicolau, apesar de sua falta

---

[28] "[...] As a result [Christian doctrine] declared that to attain rewards in the Eternal City, one need not participate in the earthly city's martial causes, which had hitherto aggrandized the nobles and their country. Civil life was thus transcended when the populace contended for the prizes of paradise rather than for those of the earthly city (Sullivan, p. 5). Upon consideration it becomes evident that Christianity is responsible for both the moderns' view of ancient deeds and their belief in a transformation of heaven, both of which result in the political weakness Machiavelli finds so distressing. Christians are to renounce the prize of earthly glory so as to win heaven's glory [...]. Unlike their ancestors, however, they no longer need undertake glorious earthly enterprises to gain their rewards, and as a result they can afford to be idle" (Sullivan, p. 37).

[29] "[...] Todas essas reflexões, contudo, tocam apenas a superfície do problema. Há razões mais profundas para o mal-estar que a obra de Maquiavel sempre causou. Sintomaticamente essas razões se revelam no sangue frio de seu conselho; o leitor ficará chocado – pela aparente desconsideração acerca das implicações espirituais de sua filosofia de conduta. Falamos avisadamente de uma 'aparente desconsideração' porque, de fato, Maquiavel estava muito preocupado com as implicações espirituais. Contudo, a sua atitude parece estranha. A perplexidade desse estranhamento encontra uma solução quando lembramos que Maquiavel não é um cristão, mas que sua fé é um reviver do Mito da Natureza, na variante especial do estoicismo polibiano. Não está faltando a espiritualidade, mas não é diferenciada em sua realização transcendental; permanece intramundana e encontra sua realização no florescimento da *virtù* na ordem da comunidade. O *spirito italiano* deve manifestar-se na ordem da república nacional; deve encontrar sua beatitude na *onore del mondo* e receber a graça através da fama. Não é a justificação dos meios pelo fim que causa tal mal-estar – esse problema não pode ser nunca eliminado da política – é o paganismo do fim, ou seja, a encarnação temporal do espírito. Para Maquiavel, o expediente e a imoralidade da ação não atingem o destino da alma; a sua é santa, e encontrou seu destino, quando manifesta sua *virtù* no mundo. A reversão a um mito pagão da natureza, em nossa opinião, é a

de fé na Providência e de sua visão quase sempre pessimista e trágica sobre o destino humano, e o "fechamento demoníaco de sua alma para a transcendência", não chegou a cair no "gnosticismo do intelectual político que tudo sabe sobre o curso da história. No plano de sua existência finita, a história ainda será moldada pela *virtù* que tem fé em sua própria substância" (*HPI*, IV, p. 101).[30]

Outra corrente, diametralmente oposta, aponta para um Nicolau cristão. Examinando o texto *A Exortação à Penitência* (provavelmente escrito no final de sua vida, a pedido de uma confraria leiga à qual provavelmente pertencia), Francesco Bausi afirma que "neste trabalho muito religioso, de fato profundamente devoto, Maquiavel finalmente retira a máscara que usara durante toda a sua vida e nos revela seu verdadeiro rosto: o rosto de um verdadeiro cristão" (Bausi, 2005, p. 319-320, *citado por* Viroli, 2010, p. XIII).

No ano de 2013, Maurizio Viroli, o intérprete mais importante da obra de Nicolau da atualidade, concedeu uma entrevista para uma reportagem especial em comemoração ao aniversário de 500 anos d'*O Príncipe*. Ele defendeu que esse livro foi mal interpretado ao longo dos séculos, seu autor prejudicado e incompreendido. Entre alguns argumentos em favor do secretário, é dito que ele era um amante de sua pátria, além de ser um excelente analista político, um bom cristão, que desejava o renascimento de um cristianismo cívico.[31]

Maurizio tem vários estudos sobre o nosso amigo florentino. Um muito célebre, publicado em 1998 (cujo título é, simplesmente, *Machiavelli*), investiga a retórica nas linhas do secretário. Entretanto seu estudo mais importante para a presente pesquisa foi publicado em 2005, traduzido para o inglês em 2010 (*Machiavelli's God*). Apesar desse segundo dedicar-

---

fonte última de estranhamento que Maquiavel suscita no leitor moderno. Esse sentimento de estranhamento, entretanto, não deve evitar que reconheçamos a façanha teórica, realmente notável, dentro do horizonte do mito pagão [...]" (*HPI*, IV, p. 100).

[30] "[...] Voegelin, as we saw, deplores Machiavelli's closure toward transcendence, but he regards the pagan naturalism that comes back to the surface as more compactly articulated, but nonetheless valid openness to the experience of cosmic reality that prevents Machiavelli from 'derailing into Gnosticism' and connotes also an open approach to history. 'On the plane of finite existence, history will still be shaped by the virtù that has faith in its own substance' [...]" (Moulakis, 2000, p. 258).

[31] Na obra de Paul Strathern, *Maquiavel em 90 Minutos*, um livro superficial, escrito para um público leigo, não acadêmico e não especializado em filosofia, ou para estudantes ainda iniciantes, encontra-se esta citação: "Apesar do niilismo da filosofia política de Maquiavel, sua fé cristã em Deus permaneceu incontestável. Sua filosofia é inteiramente coerente com os ensinamentos de Cristo: 'A César o que é de César'. O governo do Estado cabe incontestavelmente a César"; esta citação está em parte correta, pois não me parece apropriado afirmar que a obra, a política, ou a "filosofia" de Nicolau fossem niilistas. Nosso autor era mais um pessimista, mas não niilista.

-se mais enfaticamente ao tema da religião, à figura de Deus e à "religião republicana" dos intelectuais florentinos, em ambos os livros é analisado o fio condutor entre Nicolau e a tradição retórica romana: a tradição dos grandes discursos dos oradores da gloriosa República antiga.

Em *Machiavelli*, de 1998, Maurizio expõe como era o estilo da escrita, como Nicolau sabia utilizar o poder das palavras para mover e apaixonar o leitor a agir no mundo político etc. Já a ideia do "renascimento de um cristianismo cívico", mencionada na entrevista de 2013, foi desenvolvida em *Machiavelli's God*. Nesse livro, focado na questão religiosa, as conclusões indicam para um Nicolau não anticristão nem ateu. Maurizio o considera um cristão, apesar de um tipo muito particular, com uma visão apartada da Igreja de Roma.

Em linhas gerais, nessa nova publicação, o florentino apresentado por Viroli pensa no papel da religião para regenerar a pátria. O secretário não era anticristão, muito menos pagão; seria, melhor dizendo, um sujeito com inclinações anticlericais, porque via no clero de seu tempo, e em outras personalidades, a avareza, a corrupção, a ganância, a soberba etc. Tais homens, na opinião de Nicolau, seriam os responsáveis pela corrupção dos bons costumes antigos e pela decadência do cristianismo no coração dos italianos.

O problema não é a religião cristã, mas a forma como esses homens interpretaram o cristianismo. Maquiavel, então, propõe uma nova interpretação da religião de Cristo com o objetivo de infundir nela a antiga virtude dos grandes romanos. A criação de Nicolau acaba sendo uma religião republicana, que auxiliaria na correção da República.[32]

Como eu disse anteriormente, muitos pesquisadores sustentam o argumento de que Nicolau desprezava o cristianismo, porque ele tornava os homens fracos e ignorava a glória terrena. É exatamente contra essas interpretações que Maurizio Viroli se opõe. Ele realiza um trabalho minucioso de pesquisa histórica sobre o contexto florentino, analisando

---

[32] As palavras de Maurizio no prefácio de seu livro são muito esclarecedoras: "[...] Neste trabalho, defendo [...] que Maquiavel considerava a si mesmo como um cristão: um cristão *sui generis*; certamente um cristão que não estava completamente de acordo com a Igreja de Roma; [um cristão que tinha] um Deus próprio, mas não um Deus que ele inventou do nada; em outras palavras, um Deus que tinha muito em comum com o Deus existente na consciência religiosa da Florença de seu tempo. Em relação ao ponto levantado por Bausi, reconsiderei a questão inteiramente, e estou inclinado a qualificar minha interpretação de uma maneira que a deixará muito longe da visão de Bausi. Acredito que o Deus cristão não ocupava o lugar central da alma de Maquiavel. Seu próprio alimento espiritual, o que lhe estava dando a verdadeira vida tal como a entendia, era o amor ao país: um sentimento complexo que abrangia o amor à beleza e à grandeza, a fascinação pelos grandes homens com grandes almas, o amor à liberdade, o anseio pela imortalidade neste mundo [...]" (Viroli, 2010, p. xiii).

os escritos e os discursos proferidos por diversos humanistas, oradores, homens religiosos, outras personalidades políticas e intelectuais da época.

Sua conclusão nos sinaliza que a visão de Nicolau sobre a igreja romana, sobre o clero corrupto, e que o cristianismo é, ao contrário da crença comum, uma religião repleta de *virtù*, que favorece tanto a glória terrena quanto a celestial, é uma opinião tradicional dentro do ambiente intelectual da Florença nos séculos XV e XVI. Isso significa que muitos autores, contemporâneos a Nicolau, falavam que o amor à pátria faz parte do amor a Deus; que favorecer a pátria é fazer o que Deus quer e ordena.[33] O problema, assim, não seria a religião de Cristo, mas a forma como os homens a interpretaram.

Dentro dessa perspectiva, torna-se necessário analisar o tema sem perder de vista a estreita relação entre religião e política. Para interpretar de acordo com essa proposta, é necessário colocar a religião sob uma função política, ou seja, a religião como instrumento de ação do Estado, a ser conduzida pelos governantes e príncipes. No entanto, parte dessa postura interpretativa não é, de forma alguma, nova ou inédita. Ernst Cassirer já havia escrito algo semelhante em 1945.

---

[33] Os dois primeiros tópicos (*The Soul of the Fatherland; Republican Christianity*), do capítulo 1 da obra de Maurizio, abordam extensamente todas essas questões, citando inumeráveis exemplos de personalidades da época. Os dois parágrafos que trago a seguir são suficientes para expressar a ideia geral do tema: "[...] Far more determined to defend earthly glory was Flavio Biondo, the historian from Forlì who was one of Machiavelli's sources for his *Florentine Histories*. Human renown and glory, he wrote, are in no way at odds with the religion of the Holy Fathers. A few years later, the Bolognese notary Sabbadino degli Arienti reiterated that the love of glory and the love of God can coexist perfectly well, and that one only helps the other. Every human being, and more than everyone else, princes and eminent citizens, want to win 'worthy fame on earth' by 'acting in a glorious manner,' and to live in heaven. The one in the dialogue who uttered these words was the Dominican Giambattista Spagnuoli. Even clearer was the conclusion of the 'secular participants': 'This company concluded that men should endure every effort and trouble on earth in order to win honor, glory, repute, and renown, through whose excellence and blessed virtue in the end, by becoming worthy of heaven, they will enjoy eternal peace'. The Florentine humanists incorporated and reformulated the classical idea of glory as the good repute of good individuals that can be attained through public life. Fame, wrote Leon Battista Alberti (1404-72), for instance, in the *Libri Della Famiglia* (1432-34), 'crowns those who attend to public affairs, not those who enjoy the leisure of private life'. The quest for glory, Matteo Palmieri (1406-75) adds, is the product of a natural desire found in all men to remain alive on earth through fame.
Those who are concerned about the well-being of their soul, guide it toward heaven and try to leave 'a memory of it behind for posterity'. Admiration for the virtues and the glory of noble deeds lives on over time. Let it come as a surprise to no one, then, Palmieri concludes, that those who performed great enterprises also seek glory. As these documents indicate, there was a strong Florentine tradition of thought that considered the quest for glory to be worthy of men, acceptable to God, and in keeping with the Christian goal of eternal life (Viroli, 2010, p. 44-45); "[...] Leonardo Bruni [1370-1444] highlights the religious nature of the love of the fatherland, and moves the spirits [of the people] to understand that the fatherland is sacred ('patria sua cuique sanctissima') and that those who have given their lives for its liberty and its safety will receive eternal rewards in the heavens" (Viroli, 2010, p. 90).

O grande professor alemão afirma que, para Nicolau, "as questões místicas eram completamente incompreensíveis". Em sua teoria, todas as ideias e ideais teocráticos do passado "foram apagados". No entanto ele "nunca tentou separar a política da religião. Era um opositor da Igreja, mas não um inimigo da religião. Pelo contrário, estava convencido de que a religião é um elemento necessário para a vida social do homem". Não obstante, em seu sistema, esse elemento não pode pretender ser tomado "como uma verdade absoluta, independente e dogmática. Seu valor e validade dependem inteiramente de sua influência na vida política" (Cassirer, 1976, p. 155-156).

Nessa linha de argumentação vemos inúmeros artigos repetitivos, publicados em revistas brasileiras, de valor completamente questionável. Descartáveis, nenhuma novidade, somente ideias requentadas há mais de oitenta anos. Em linhas gerais, esses acadêmicos afirmam que a religião desempenha um papel importante na manutenção do bem público e do amor pela pátria, uma vez que a pátria e o amor por ela, para Nicolau, seriam mais relevantes e importantes do que o amor por Deus. Os defensores dessa interpretação costumam utilizar os seguintes capítulos para fundamentar seus postulados: *Discursos*, I-11 e III-41; e *HF*, III-7.

Sob uma visão semelhante, somente um pouco mais detalhada, a religião garantiria a manutenção do bem comum e da ordem pública, permitindo, por meio de seus efeitos práticos na vida do homem, que o indivíduo cumpra sua tarefa cívica de agir em conjunto com outros cidadãos em prol do fortalecimento do Estado. Em outras palavras, o caráter normativo religioso ensina o homem a reconhecer e a respeitar as regras políticas a partir de seus dogmas e doutrinas religiosas. "Essas normas coletivas podem assumir um aspecto coercitivo da disciplina militar ou da autoridade política; e também um caráter persuasivo interno da educação moral e cívica para a produção do consenso coletivo" (Ames, 2006, p. 56).

A religião compreendida como *instrumentum regni* exige do príncipe a capacidade de se valer sagazmente da fé do povo para levá-lo à obediência civil.[34] Isso implica afirmar que um príncipe virtuoso tem a capacidade (e deverá agir dessa maneira, de fato) de fazer o povo temer a desobediência às leis do Estado como se fosse uma ofensa a Deus. (Ames, p. 57) Tal argumento é sustentado pela interpretação do capítulo 11 do livro I de *Discursos*, em que Nicolau escreve que as leis divinas têm mais eficácia e

---

[34] "As Leslie Walker recognizes, Machiavelli 'seems to regard it from the political standpoint as nothing more nor less than an instrument which the state can use in order to induce the masses to do what it wants them to do'" (Sullivan, p. 7).

poder do que as leis humanas, e "[os homens] temem muito mais romper os juramentos do que as leis [seculares], porque eles estimam mais o poder de Deus do que o poder dos [outros] homens".[35]

Juan Manoel Forte Monge, um dos principais estudiosos espanhóis do florentino, no *Estúdio introductório* à obra, da edição da Gredos, destaca um parágrafo interessante no glossário de termos maquiavelianos. Vejamos:

> Religião (*religioni/sette*): As religiões ou seitas são, para o florentino, "corpos mistos", ou seja, entidades históricas sujeitas a uma dinâmica natural de nascimento, desenvolvimento e corrupção. Devido à decomposição imposta pelo passar do tempo, para completar seu ciclo vital, as entidades religiosas precisam de renovações periódicas que rejuvenesçam seus princípios vitais. As religiões se sucedem historicamente umas às outras, e sua relação é descrita por Maquiavel em termos de oposição excludente: a religião greco-latina destruiu a anterior, da mesma forma que a cristã tentou fazer com a pagã. As religiões têm um papel muito importante na vida social e política, destacando-se duas funções principais: um poder educativo e civilizador (*instrumentum civitatis*) e um papel político ou estratégico (*instrumentum regni*), este último muitas vezes de caráter manipulador. A função civilizadora é evidentemente a mais importante. A religião substitui aqui a violência e o temor ao castigo material por uma repressão e um temor simbólicos, o que representa um avanço importante em termos civilizadores. A religião é assim retratada como um *ethos* que imprime sua marca em todo o corpo social. Neste sentido, Maquiavel faz uma crítica geral do *ethos* cristão, ou pelo menos de uma forma histórica de interpretar essa religião, pois através de valores como a humildade, a caridade ou o desprezo contra o aspecto mundano, o cristianismo teria propiciado a fraqueza e a servidão política nos lugares em que se implantou (p. CXXII).

No contexto de *Discursos* (II-5), Nicolau criticaria que o cristianismo surge e permanece da mesma maneira que qualquer religião; e tem o mesmo caráter político que caracteriza todas elas. Tem uma origem no tempo e uma duração determinada pela história. "A religião não é diferente de qualquer instituição humana. Segue um movimento comum: nasce, permanece e desaparece conforme é imposto pelo ritmo eterno do cosmos" (Ames, 2006, p. 67).[36]

---

[35] "[...] come quelli cittadini temevono più assai romperé il giuramento che le leggi; come coloro che stimavano più la potena di Dio, che quella degli uomini [...]" (*Discursos*, I-11).

[36] "Egli è cosa verissima, come tutte le cose del mondo hanno il termine della vita loro; ma quelle vanno tutto il corso che è loro ordinato dal cielo [...]" (*Discursos*, III-1). // Neste ponto, Anthony J. Parel já afirmava, em 1992, que a ideia de ascensão e queda dos "corpos mistos", que são as religiões, é retirada de um contexto astrológico.

A consequência lógica dessas inferências é que o cristianismo ficaria exatamente no mesmo patamar que o paganismo, deixando de ser uma "Verdade Maior". No entanto, aqueles que defendem essa interpretação argumentam que o florentino critica o cristianismo por ele não aceitar tal nivelamento. Apresentando-se como religião revelada e, portanto, como a única verdadeira, o conquistador cristão não permitiria ser assimilado nem assimilaria outras seitas e religiões para o seio de sua doutrina. Ele não quer ser identificado com os homens e povos que subjuga, por acreditar ser superior a qualquer outra religião. Ao contrário do paganismo romano, que permitia aos povos conquistados manterem suas crenças religiosas, o cristianismo procuraria impor sua fé por meio de um processo de eliminação dos símbolos religiosos e culturais anteriormente existentes (Ames, p. 67).

Como se pode perceber, sob essa corrente de interpretação seria impossível considerar Nicolau como um cristão extremamente devoto nos termos expostos por Bausi e mencionados por Maurizio anteriormente. Não obstante, essa leitura que acabei de sintetizar aborda a religião na obra do florentino unicamente sob o prisma pragmático e normativo do qual a política pode fazer uso.

---

Sua interpretação sugere que, para Nicolau, todas as religiões estão sujeitas a um ritmo astrológico. Portanto nem mesmo o cristianismo poderia evitar seu declínio:

"[...] Regarding the [...] issue [of] the fall of religions, here too heavens are considered as having a key role to play. Already in Discourses III.1 we see that the 'truth' regarding the disintegration of all mixed bodies is one of the certainties of Machiavelli's political thought. In Discourses I.12 also, we see that the present corruption of Christianity had reached a critical point where it faced either a 'scourge' or a total 'ruination'. But it is in Discourses II.5 that the most explicit statement concerning the role of the heavens in the fall of religion appears. Here Machiavelli discusses the causes that bring about 'changes' in religion and languages. These changes, he says, are the product of the conjoint causation of man and heaven: 'part of these causes come from men, and part from heaven' (*parte dagli uomini, parte dal cielo*). Human causality takes the form of religious persecution. This is particularly true of the religions he discusses in Discourses II.5 – the religions of the Etruscans, the Romans and the Christians; But what needs to be emphasized is that, for Machiavelli, human causality is always placed within astrological doctrine that 'these religions change two or three time in five or six thousand years' (*queste sette in cinque o in sei mila anni variano due o tre volte*).
According to this doctrine, as Strauss points out, each religion would have a life-span of between 1,666 to 3000 years. Needless to say, the life-span in question is allotted by cosmic causes. That religions, including Christianity, have a 'limit to their existence' was widely believed by those in Florence who adhered to an astrological theory of religion. It is because of such beliefs that there was so much speculation in Florence about the impeding fall of Christianity and about the appearance of a counter-Christian religion, the religion of the anti-Christ. Savonarola, for example, reports that Abu ma'shar had predicted the date of 1460, and Haabraz the date of 1444, as the dates for the fall of Christianity. That Christianity would be replaced by a new astral religion, 'not different from ancient paganism' (*non a gentilitate differentem*), was an opinion said to have been held even by George Gemisthus Plethon, a Greek 'father' of the Ecumenical Council of Florence (1438-45). Given such speculations, it is not surprising that Machiavelli should have spoken of the life-span of religions in general and of the impending 'scourge' or 'ruination' of Christianity in particular (Parel, 1992, p. 49-50).

Uma leitura muito mais inovadora e interessante, que parece ser ignorada completamente pela academia brasileira, é a obra de Anthony J. Parel. Esse autor aborda a religião como *instrumenum regni* e *instrumentum civitatis*, mas adiciona uma análise profunda e genial a respeito da cosmologia, o contexto dos debates e estudos astrológicos em Florença, e o papel da influência dos céus nos fenômenos humanos, não em um sentido teológico, mas cósmico, de movimento astrológico e naturalista.[37] Anthony considerou Nicolau um neopagão, pois em seu cosmos não haveria espaço para a Providência Divina. Os céus e os ritmos cosmológicos ditariam, então, o destino das vidas humanas.[38]

Leo Strauss pensa que não seria correto considerar Nicolau um pagão porque "o paganismo é uma forma de piedade, e não encontramos vestígios de piedade pagã em sua obra. Maquiavel não havia retrocedido da adoração de Cristo para a adoração de Apolo" (1958, p. 175). No entanto, tanto Strauss quanto Sebastian De Grazia concordam que compreender a função da religião na obra do nosso amigo é uma condição fundamental para entender a sua filosofia política. Porém Strauss viu o florentino como um ateu, enquanto Sebastian o considerou um cristão apologista, ainda que um apologista de um tipo muito peculiar.

Para Strauss, Nicolau observava atentamente a religião por uma razão infame: a religião seria uma invenção humana, a ser utilizada por

---

[37] "The hypothesis we have employed in this book prompts us to ask whether a concept of religion forms an integral part of Machiavelli's political theory; and if it does, what that concept is, and whether it has anything to do with his cosmology. The secondary literature on Machiavelli's thoughts on religion tends to pose the question differently: instead of first establishing the ultimate or cosmological basis of his religious thought, critics begin by asking whether he is a Christian or a pagan or an atheist and so exhaust themselves in the process. Ir is not that these questions are irrelevant. They are indeed relevant; but they become so only when set against the background of his fundamental concepct of religion as such. And it is our hypothesis that his concepct is derived from his cosmology. According to Machiavelli's cosmology, religion I parte of the cosmic phenomena unfolding in time and place in the sublunary world. In this unfolding, the heavens play an indispensable role: they 'inspire' humans to establish religion and to use it exclusively for political ends. This is not to ignore the functions that religion performs at the psychological level, where it is often seen as responding to emotions arising from ignorance and fear of unseen causes and existential human helplessness in general [...]. [Machiavelli] seems to be convinced that forces external to the human psyche also account tho the religious phenomena. And such a view is entirely consistent with his cosmology [...]. Religions come and go according to the same general laws which allegedly govern the motions of celestial bodies. According to this manifestly astrological approach to religion, the heavens are thought to 'judge' that religion should be given to particular societies as a means of reinforcing their politics. This is the root of Machiavelli's view that religion should be an instrument of policy. [...] religious virtues could be counted as true virtues only if they contributed to civic health [...]. Machiavelli viewed religion as a form of political 'education'" (Parel, p. 45-52).

[38] "[...] Taking all available data into consideration, then, one is obliged to conclude that Machiavelli is a neopagan whose aim is to paganize rather than to secularize Christianity" (p. 62). Conferir, também, o capítulo 4, p. 63-85, da mesma obra.

uma elite política muitas vezes irreligiosa e sem escrúpulos. Da mesma forma, para Strauss, nosso autor negava a autoridade da Bíblia[39] e dos milagres existentes em seus livros, substituindo-os pela obra de Tito Lívio. Sebastian De Grazia, por outro lado, considera que, para Nicolau, os ritos e as religiões têm grande importância para a vitalidade política e para a ordem de um Estado; nosso autor veria a função das grandes religiões, mas considerava o cristianismo como a única verdadeira.[40] Além disso, o florentino aceitava totalmente a autoridade da Bíblia e até a utilizava como referência política a ser imitada por seus contemporâneos. A Bíblia, então, seria tão importante para sua obra e seu modelo político quanto a história romana, ainda viva nos relatos de Lívio.

Para Sebastian, Nicolau era alguém que se considerava um bom homem, que exortava os outros à "conduta correta" e tinha a intenção de "ensinar o bem". Ele era um moralista no sentido clássico e sua filosofia moral tinha raízes em uma antropologia paulina e agostiniana. "Não se pode afirmar com certeza", escreve Sebastian, se, ou como ele acreditava na redenção, no Gênesis, na serpente, em Adão e Eva. No entanto Nicolau

---

[39] Reservei um espaço adequado no *Apêndice I* para detalhar um pouco mais alguns aspectos relacionados à leitura de Leo Strauss sobre o Maquiavel profeta e a relação entre Tito Lívio e a Bíblia. "[...] According to those remarks, fear of God is desirable or indispensable in soldiers and perhaps in subjects in general, while the prince need merely appear religious, and he can easily create that appearance considering the crudity of the large majority of men. In the last chapter itself, Machiavelli calls the God-wrought contemporary events which resemble certain Biblical miracles not 'miracles' but 'extraordinary' events 'without example': he thus denies the reality of those Biblical miracles and therewith, for an obvious reason, the reality of all Biblical miracles. Without such a denial, his own free invention of the contemporary 'extraordinary' events would not have been possible: those invented miracles have the same status as the Biblical miracles [...]" (Strauss, p. 73-74). "[...] the critical student of the Bible must rely on potentially or actually anti-Biblical literature in order to discern the truth about the Biblical religion [...]. The crucial importance of miracles in the Biblical records compels Machiavelli to adopt as a provisional canon the rule that very extraordinary events reported in the Bible for which there is no evidence stemming from men not believing in the Bible are not to be believed [...]. What this means appears if we remember that, according to him, the Bible is of human origin, consists to a considerable extent of poetic fables, and must be read "judiciously", i.e., in the light of non-Biblical or even anti-Biblical thought [...]" (Strauss, p. 145-147).

[40] "[...] In *The Prince* and *Discourses*, Niccolò discusses certain aspects of religion at length and quite systematically. His writings allude to Greco-Roman and Muhammadan as well to Judeo-Christian history and sources. Let us be clear which religion our political philosopher cleaves to. For Niccolò, all religions great and small are false; the exception is Christianity. He sometimes refers to it as 'our religion,' or the religion that shows us 'the truth and the true way', echoing the gospels oh John's 'the way, and the truth'. Conceived as a faith, Christianity is the true faith. Conceived as a church, Christianity is an instituted religion, the Roman church, 'head of our religion,' professing to embody the precepts of God and Christ. Conceived comparatively, religions or sects are different ways of worshipping the same one highest God and, as such, worthy of respect. (Niccolò's views here recall those of the fifteenth-century theologian and philosopher, Nicholas of Cusa.) In any church, the faith professed and ritually enacted by its religious leaders or clergy may or may not coincide with that of its founder of its religion. Moreover, various aspects of the beliefs and observances of false religions may be similar to Christianity, the true faith [...]" (De Grazia, p. 89).

falava repetidamente de uma queda que ocorreu logo após a criação e que afetou a natureza humana desde então (Viroli, 1991, p. 292). Nesse contexto, Sebastian faz uma leitura fundamental e extremamente refinada. No capítulo 3 vamos analisar o tema da "amizade divina" e "o amigo de Deus", partindo de onde Sebastian parou.

## Antes de irmos ao mundo arcaico

Por ora, este sobrevoo bibliográfico já é suficiente para os nossos propósitos. Sem querer me prolongar mais em exposições sobre comentadores de Nicolau, é hora de nos voltarmos para o tema que realmente nos interessa e que motiva a viagem. A partir daqui a experiência de leitura do leitor será diferente. O estilo do primeiro capítulo mudará, pois preciso apresentar todas as categorias, as ferramentas hermenêuticas que serão utilizadas em meu estudo para compreender o mito e a religião.

É aqui que pegaremos os insumos e os mantimentos para empreender a jornada que nos aguarda. Faremos um mergulho em concepções antropológicas muito arcaicas, explicadas pela fenomenologia da religião, as religiões comparadas e a antropologia cultural. É um tema que demanda fôlego, pois será a base para que possamos entender todos os outros postulados dos capítulos subsequentes.

*Apolo e as Musas, Giorgio Ghisi (Itália), inspirado em Luca Penni (Itália) – 1557*

*Johfra Bosschart – Unio Mystica – 1973*

# CAPÍTULO I

# A ESTRUTURA DO MITO

## Diante de terras e povos desconhecidos

Para os propósitos do livro, farei extenso uso das concepções de mito e religião desenvolvidas por Mircea Eliade. Se eu tentasse observar a presença desses temas na obra de Nicolau utilizando os postulados de autores feito Max Müller, Freud ou Durkheim, por exemplo, não teria sucesso na tarefa e a nossa viagem seria um fracasso porque a embarcação naufragaria. A estrutura e os fundamentos teóricos desenvolvidos por Eliade me permitem utilizar essas categorias para compreender elementos presentes na escrita do florentino.

As categorias às quais me refiro incluem, entre tantas, a estrutura dos mitos cosmogônicos; dos mitos da Idade de Ouro com sua nostalgia de um passado imemorial; do medo da destruição do mundo por um evento natural; a presença da *hierofania* e o fascínio de sua força na mente e no comportamento humano; a presença do sagrado etc. Todos esses elementos estão perceptíveis nas páginas do nosso amigo, mas para que possam ser identificados e compreendidos numa interpretação envolvendo a vida e a obra de Nicolau, é necessário, primeiro, explicá-los isoladamente. Essas categorias serão nossas ferramentas hermenêuticas, e uma vez apresentadas poderemos entender melhor as histórias que ouviremos quando estivermos na Itália.

A seguir, vamos nos aprofundar em alguns temas estudados pela fenomenologia da religião, abordando os aspectos da hierofania, do sagrado, do mito, do símbolo, do rito e da estrutura dos mitos cosmogônicos e políticos. Só assim, após entendida tal estrutura, será possível indicar a consonância dela no pensamento de Nicolau ao longo dos capítulos subsequentes, quando chegarmos à Itália.

## O sagrado e a hierofania

Quando falamos de mito, estamos lidando apenas com um aspecto de algo mais amplo, que é a experiência religiosa. E quando analisamos essa experiência, tocamos, é claro, no mito, mas também no símbolo e no rito; e, por sua vez, falar de mito é também falar de religião. Assim, para compreender ambos é necessário partir da experiência do sagrado. Na perspectiva mitológica e religiosa, a experiência humana está fundamentada na experiência do ser. A vida existe dentro de uma "Ordem", que é justamente "ordenada", o que significa que o sentido e as funções do mundo são inteligíveis e perceptíveis pelo homem. O oposto dessa ordem maior é o "lugar", entre aspas, onde o homem não pode viver, que é o caos, o nada. Esse caos é superado pela Criação, o Ato Cosmogônico, que permite a existência da vida.

Dentro do âmbito do criado, em que a própria vida se manifesta, a experiência do homem gira em torno do que chamamos de "sagrado". Esse termo e sua definição, por sua vez, são temas básicos do estudo da história das religiões e da fenomenologia da religião. Sua estrutura abrange representações, formas de se apresentar e se manifestar no mundo (movimento que geralmente chamamos de "dialética do sagrado",[41] constituição ontológica, tempo, espaço e outras questões que tentarei apresentar de forma mais ou menos simplificada.

Inúmeros autores se dedicaram a explicar esse tema há alguns séculos. Ao longo de todo o século XIX e início do século XX, vemos uma prolífica produção no campo da etnografia, em que os etnólogos conseguiram reunir um vasto conjunto de documentos de diversas tradições religiosas indo-europeias, orientais e indígenas (Eliade, 1984, cap. VI). Esse empreendimento colossal despertou o interesse de grandes intelectuais sobre o problema da origem das religiões, ou, nas palavras de Severino Croatto, o

> [...] fenômeno de suas expressões literárias ou rituais. A aparição de novos textos, ou o conhecimento de outros já existentes, deu voz ao *homo religiosus* ao invés de interpretar o fenômeno religioso sob o âmbito de sistemas filosóficos em voga (como, por exemplo, o positivismo ou o evolucionismo) (Croatto, 1994, p. 42).

---

[41] "La simple mención de las palabras 'religión' y 'sagrado' concita de inmediato la presencia de aquellos otros dos términos que se les asocian y oponen: lo 'profano' y la 'desacralización'. El primero, con sentido de contraposición, y el segundo, con el significado transitivo que guarda de un paulatino oscurecimiento o eclipse de lo sacro. Resulta ser así porque ambos polos van unidos y vinculados inseparablemente en la historia de la humanidad, constituyendo sus apariciones y mutuos condicionamientos lo que es lícito denominar 'dialéctica de lo sagrado'. O sea, la manera propia como lo que se considera sagrado se revela, se desplaza y oculta en el tiempo. Dicho con rigor: un proceso de contraposiciones, sucesivas o simultáneas, que se imponen desde su propio fondo, a todo lo lardo (día), y que se expone, por tanto, como su propio desarrollo o discurso (lógos) (Bazán, 2000, p. 43).

O sagrado é o elemento que os fenomenólogos apontam como sendo o traço comum entre as diferentes religiões e tradições espirituais. No entanto não cabe discutir aqui os aspectos conceituais e metodológicos entre as diferentes escolas de pensamento e outras correntes de pesquisa do fenômeno, visto que a abordagem metodológica também engloba diferentes áreas do conhecimento, feito a sociologia,[42] a psicologia,[43] a história, a teologia, a filosofia, a antropologia e muitas outras.

O sagrado pode ser considerado uma ideia central, uma "nota básica", um "conceito fundamental" da religião, chegando a ser até mais importante do que a ideia mesma de Deus. Alguns autores da corrente *Religionswissenschaft* retomaram os estudos de Durkheim sobre o *maná*, mas ao invés de entendê-lo como uma força impessoal e geradora do fenômeno social, descreveram-no como uma força espiritual sagrada, um fator essencial da religiosidade e gerador do sentimento do divino; a partir da consciência do sagrado, o ser humano chega à consciência de uma divindade (Croatto, 1994, p. 42).[44]

---

[42] Na escola francesa de sociologia da religião, com a presença de autores respeitados como Roger Caillois, Émile Durkheim, Henri Hubert e Marcel Mauss, o sagrado foi considerado uma categoria central para compreender o fenômeno religioso.
"Para el enfoque sociológico, Durkheim es el grande nombre. Podemos considerar que su obra origina la materia de la 'sociología de la religión'. Para él, la religión era una proyección de las experiencias sociales. Estudiando a los australianos, notó que el *totem* simboliza lo sagrado y al clan al mismo tiempo. Concluyó que lo sagrado (o 'Dios') y el grupo social eran uno. Los datos sociológicos ayudan al estudioso a comprender el contexto viviente de sus documentos y los protegen contra la tentación de interpretar la religión de modo abstracto. En verdad, no existe el hecho religioso 'puro'. Este es también, a su vez, un hecho histórico, sociológico, cultural, y psicológico, para nombrar sólo los contextos más importantes (Eliade, *La Búsqueda*, p. 141-145).

[43] Apesar dos diversos problemas com a interpretação de Freud sobre as religiões, sua obra trouxe uma importante contribuição para o campo: "Con la excepción de los psicoanalistas y algunos aficionados entusiastas, la teoría que presenta *Tótem und Tabu* no fue aceptada por el mundo científico. Pero el descubrimiento del inconsciente renovó el estudio de los símbolos y mitos y ha sido parcialmente responsable por el interés moderno en las religiones arcaicas y orientales, y en las mitologías. El historiador de las religiones ahora está libre para seguir con su trabajo hermenéutico sobre un símbolo sin tener que preguntarse cuántos individuos en cierta sociedad, y en qué momento histórico, entendían todos sus significados y implicaciones [...] Jung, ya separado de Freud, estaba impresionado por la presencia de los transpersonal, de las fuerzas universales, en lo profundo de la psiquis. Eran principalmente las sorprendentes similitudes entre los mitos, símbolos, y figuras mitológicas de pueblos y civilizaciones tan lejanas unas de otras las que forzaron a Jung a enunciar su postulado sobre la existencia de un inconsciente colectivo. Notó que sus contenidos se manifiestan a través de lo que él llama 'arquetipo'. Mismo con muchas definiciones de arquetipo propuestas, una de las más importantes dice que los arquetipos son 'moldes de conducta' o tendencias que son parte de la naturaleza humana. Contrariamente a Freud, que desdeñaba de la religión, Jung estaba convencido de que la experiencia religiosa tiene un significado y un fin y, de acuerdo con esto, no puede ser explicada mediante la triquiñuela del reduccionismo" (Eliade, *La Búsqueda*, p. 146-147).

[44] Temos a moderna *Religionswissenschaft*, iniciada por nomes feito Rudolf Otto e outros; "A pesar de la obra de un psicólogo, el famoso libro de [Rudolf Otto], *Das Heilige* (1917), cabe en este contexto. Con gran sutileza psicológica Otto describe y analiza las diferentes modalidades de la experiencia de atracción y temor de Dios.

É algo inefável, um elemento de uma qualidade absolutamente especial que escapa a tudo o que nós chamamos de "racional". Também chamado de *numen*, é a força divina manifestada na ação pessoal de tal ou qual divindade. O sagrado ou o *numinoso* distingue quatro momentos de sua apreensão: primeiro surge a consciência de criatura e dependência; em seguida, uma atitude de supremo respeito, o *tremendum* da experiência religiosa; em terceiro lugar, o sagrado se apresenta como o "totalmente Outro" (fase do *mysterium*, elemento central de todas as liturgias); por fim, o *Mistério* se impõe como *fascinans* e atrativo, criador da bem-aventurança (Croatto, 1994, p. 43).[45]

Temos que observar o fato singular que ocorre com a manifestação do sagrado no mundo humano, designado como "profano". Juan Martín Velasco, em sua excelente introdução ao *Tratado de Historia de las Religiones* (2011), de Mircea Eliade, afirma que "o mundo do profano está separado do sagrado por uma barreira tão real quanto invisível, por um limiar que

---

Su terminología – *mysterium tremendum, majestas, mysterium fascinans*, etc. – ha llegado a ser parte de nuestro vocabulario [...] Otto insiste casi exclusivamente en el carácter irracional de la experiencia religiosa. [Sus obras son más complejas y sería mejor considerarlo como un filósofo de la religión que trabaja con documentos de la historia de las religiones y el misticismo]. Otto no tocó el problema del mito y del pensamiento mítico, que provocó tanto interés después de la segunda guerra mundial [...]. Pero Otto es importante por otras razones: ilustra en qué forma la historia de las religiones puede cumplir un papel en la renovación de la cultura contemporánea occidental. Compara la 'mediación' entre lo racional e irracional, efectuada por De Wette en su teología, con los esfuerzos de Clemente de Alejandría y Orígenes para reconciliar la filosofía pagana con la revelación cristiana [...]" (Eliade, *La Búsqueda*, p. 148). A essa "categoría" de experiencia religiosa, Otto utilizará o término "o sagrado". «Lorsque, en 1917, Rudolf Otto, professeur à l'Université de Marburg, publiait son petit livre *Das Heilige* [...]. Au lieu d'étudier les *idées* de Dieu et de religion, Rudolf Otto s'était appliqué à analyser les modalités de l'expérience religieuse [...]» (Eliade, *Mythes, rêves et mystères*, p. 154).

[45] "[...] En *Lo Santo. Lo racional y lo irracional en la idea de Dios* (1917) Otto expone, y se comprende de acuerdo con lo explicado, el conocimiento del místico alamán Maestro Eckhart y los datos antropológicos y sociológicos que conoce a través de las críticas del obispo sueco N. Söderblom, que la vivencia de lo sagrado, en relación con lo cual existe toda religión, es un dato específico e irracional, y que si bien no puede definirse racionalmente, la captación de esta actividad en la conciencia permite distinguir tres factores básicos que pueden rastrearse en toda experiencia religiosa. Estos tres aspectos del reflejo activo de lo numinoso en la conciencia son el *mysterium tremendum, fascinans y augustum*. Los tres aspectos representan el modo como la preconcepción de lo sagrado queda limitada por la imaginación humana, cuando lo experimenta en su incondicionalidad en relación con las formas puras del tiempo y el espacio, que, por tanto, no lo definen, sino que lo ocultan al manifestarlo. En el *mysterium tremendum* resuena la naturaleza inaccesible de lo numinoso, se confirma el sentimiento de anonadamiento de la criatura y se experimenta el espanto místico. Ante la divina desmesura quedan justificados en la conciencia el temor de Dios y lo sagrado que aterra. En contraposición con este sentimiento lo *fascinans* seduce, atrae y cautiva. La bondad, la misericordia y el amor de lo divino poseen y embriagan el alma. El hombre, además, consciente por el *mysterium tremendum* de su estado de creatura, se percibe asimismo como totalmente carente de valor ante quien es poseedor de toda gloria y honor, digno por ello de veneración y alabanza. Este carácter de soberanía y majestad revela una dimensión extramental sobre la que se asientan los aspectos más subjetivos de aproximación y mantenimiento a distancia. La conciencia de pecado como un atentado a la majestad de lo sagrado reposa también sobre la naturaleza de lo *augustum* [...]" (Bazán, 2000, p. 58-59).

o sujeito atravessa quando começa a viver religiosamente" (p. 41). Para o *homo religiosus*, uma de suas crenças mais elementares é na existência de uma realidade absoluta, na qual ele mesmo está imerso. O sagrado transcende este mundo, mas se manifesta nele e, por essa razão, santifica-o e o torna real (Eliade,1963, p. 170).

Os atos do *homo religiosus*, segundo Croatto, estão orientados para essa Realidade máxima, que se manifesta a ele (através de *hierofanias*) como algo totalmente diferente do profano. Esse misterioso "totalmente Outro" que se manifesta constitui a essência da experiência religiosa e é sempre igual do ponto de vista tipológico. Mas haverá infinitas formas de expressá-lo: símbolos, mitos, ritos, figuras divinas, animais, plantas, seres humanos etc. (Croatto, 1994, p. 47).

Em um sentido semelhante, Eliade considera que "a concepção religiosa do mundo está presente justamente na distinção entre o profano e o sagrado". A heterogeneidade dos "fatos" e "feitos sagrados" é percebida quando o sagrado traz elementos que o tornam mais complexo: os rituais, os mitos, as formas divinas, outros objetos considerados sagrados (e, portanto, venerados, os símbolos, as cosmogonias), a imagem dos heróis ("homens consagrados"), dos animais, das plantas, dos lugares sagrados etc. (Eliade, 2011, p. 64).

Mircea é conhecido por sua grande atenção às categorias das hierofanias (a manifestação do sagrado no campo profano) e aos processos de manifestação e ocultamento do sagrado. É assim que ele inicia o capítulo 1 de seu *Tratado*, afirmando que "todas as definições do fenômeno religioso dadas até agora apresentam um traço comum: cada definição opõe, à sua maneira, o *sagrado* e a vida religiosa ao *profano* e à vida secular" (p. 63).

Entendido isso, o mundo ordinário e comum, chamado de campo profano, atua como o palco onde o sagrado se manifesta, modificando a estrutura ontológica do tempo e do espaço. Velasco explica que a manifestação do sagrado, a *hierofania*, assume formas variadas, pois "tudo aquilo com que o homem se relacionou ao longo da história e na incontável variedade das culturas, foi vivido como hierofânico; mas todas reproduzem uma estrutura comum, a de tornar visível o sagrado sob a forma de uma realidade mundana" (Velasco, p. 44). A afirmação introdutória de Velasco reflete o que Eliade defende quando ele escreve que

> [...] tudo o que o homem manipulou, sentiu, encontrou ou amou pode se tornar uma hierofania [...]. Sabemos, por exemplo, que, em conjunto, os gestos, as danças, os jogos infantis, os brinquedos, etc., têm uma origem

religiosa: foram, em tempos passados, jogos ou objetos culturais. Sabemos também que os instrumentos musicais, a arquitetura, os meios de transporte (animais, carros, barcos, etc.) começaram como objetos ou atividades sagradas. É possível pensar que não existe nenhum animal ou planta importante que não tenha participado da sacralidade ao longo da história. Também sabemos que todas as profissões, artes, indústrias e técnicas têm uma origem sagrada ou tiveram, ao longo do tempo, valores culturais (2011, p. 77).

Nesse ponto se encontra o aspecto do poder da hierofania. Como Eliade diz, *la puissance du Sacré*.[46] A potência emanada, a *cratofania*, tem sido uma realidade próxima, vivida pelo homem ao longo da história. Exemplos de hierofanias incluem o maná, o céu, a água, a terra, a estátua de um deus e de Júpiter, a imagem de Jesus, o nome de Yahveh etc. Assim, em resumo, o fato central representado pelas hierofanias impregna todos os componentes do fenômeno religioso e está presente em símbolos, mitos, ritos, nomes e configurações do divino. Por essa perspectiva, o sagrado traz em si a estrutura da consciência humana. Ele cria o próprio campo da existência, servindo para fundamentar a "perenidade do sagrado na história", uma das teses do autor romeno.

O conceito de *maná* tem uma importância fundamental na história das religiões, pois ele "encobre a experiência mais pura e originária do sagrado" (Eliade, 1957, p. 158). Seres metafísicos, grandes heróis, até mesmo Deus, só conseguiram realizar seus atos porque possuíam o *maná*. Objetos e seres humanos têm *maná* porque o receberam de certos seres superiores; em outras palavras, porque participam misticamente do sagrado. Nenhum ser humano tem essa força por si só: tudo o que faz é feito com a ajuda de seres pessoais, espíritos da natureza ou antepassados (Eliade, 1957, p. 160).[47]

---

[46] «[...] Le sacré, par conséquent, se manifeste également comme une force, comme une puissance. Pour indiquer l'acte de la manifestation du sacré, nous avons proposé le terme *hiérophanie* [este término indica que] quelque chose de sacré se montre à nous, se manifeste. On pourrait dire que l'histoire des religions – des plus élémentaires aux plus évoluées – est constituée par un nombre considérable d'hierophanies, par les manifestations des réalités sacrées [...]» (Eliade, *Mythes, Rêves et Mystères*, p. 156).

[47] «[...] l'acte grandiose de la Création cosmique n'a été possible que par le mana de la divinité; le chef du clan possède lui aussi le mana [...]» (Eliade, 1957, p. 158) / «[Tienen el *maná*] las personalidades fuertes (el hechicero, el misionero cristiano, los seres míticos y legendarios etc.) [...] no todas las cosas ni todos los hombres poseen [...] sino únicamente las divinidades, los héroes, las almas de los muertos o los hombres y los objetos que tienen cierta relación con lo sagrado, es decir, los hechiceros, los fetiches, los ídolos [...]" (Eliade, *Tratado*, p. 88-89). "[A experiência religiosa pode ser entendida como] una experiencia del *poder* trascendente que busca su realización. El hombre se encuentra frente a un ser u objeto extraordinario, revestido de poder (*mana, wakan, orenda, numen* etc.). Al descubrir este poder en los objetos o en algunos personajes, el hombre los considera como sagrados: desde una piedra hasta un sacerdote. El hombre religioso es el que, en su actitud y en su comportamiento, vive la acción de aquella fuerza trascendente manifestada en las cosas o en seres determinados" (Croatto, 1994, p. 43).

Tudo o que "é", por excelência, possui *maná*, ou seja, tudo o que se apresenta ao homem como eficaz, dinâmico, criador, perfeito, justamente porque o *maná* pertence a uma classe de hierofania e o campo do sagrado é o campo da verdade, da própria realidade da existência. Todo o resto é *ilusório* e *passageiro*. O *maná* é uma força capaz de tornar as coisas poderosas, reais no sentido pleno da palavra. O que está dotado por ele existe no plano ontológico e, portanto, é eficaz, fecundo, fértil, graças à intervenção de um espírito divino que proporciona isso (Eliade, 2011, p. 91).

O comportamento geral do homem arcaico está impregnado de um detalhe: as ações humanas em si mesmas e os objetos do mundo exterior não têm um valor intrínseco e autônomo. Um objeto, uma ação, adquire um valor e se torna "real" porque, de uma forma ou de outra, participam de uma realidade que os transcende. Essa realidade, que abrange um objeto dado, constitui uma hierofania, ou seja, tal objeto do mundo possui *maná* (Eliade, 1969, p. 14).[48]

Uma *hierofania* implica uma seleção, uma clara separação do objeto hierofânico em relação ao *resto* do que o rodeia. Esse *resto* sempre existe, mesmo quando o que se torna hierofânico seja uma região imensa; por exemplo, o céu, o conjunto do território tribal, a paisagem familiar ou a "pátria". Nesse momento, o objeto deixa de ser um mero elemento profano e adquire uma nova condição ontológica: a de sacralidade (Eliade, 2011, p. 79). Nesse ponto, lidando com o tema da dialética do sagrado:

> [...] porque o sagrado sempre se manifesta através de algo; o fato de que esse algo (que chamamos de "hierofania") seja um objeto do mundo imediato ou um objeto da imensidão cósmica, uma figura divina, um símbolo, uma lei moral ou até mesmo uma ideia, é irrelevante. O ato dialético continua o mesmo: a manifestação do sagrado através de algo diferente dele; ele aparece em objetos, mitos ou símbolos, mas nunca completamente, imediatamente ou em sua totalidade (2011, p. 95).

---

[48] "[...] El historiador de las religiones sabe que lo que uno llama 'culturas profanas' es una manifestación comparativamente reciente en la historia del espíritu. En el principio, todas las creaciones culturales – herramientas, instituciones, artes, ideologías, etc., - eran una expresión religiosa o tenían una justificación o fuente religiosa. Esto no es siempre evidente para los no especialistas, especialmente porque están acostumbrados a entender el término 'religión' según las formas familiares que ésta asume en las sociedades occidentales o en las grandes religiones asiáticas. Se admite que el baile, la poesía, o la sabiduría fueron en un principio religiosos; se hace difícil imaginar que la alimentación o la sexualidad, algún trabajo esencial para el grupo humano (cazar, pescar, cultivar), las herramientas empleadas o la vivienda participarán igualmente de lo sagrado [...]" (Eliade, *La Búsqueda*, p. 197).

No momento da *hierofania* ocorre uma mudança radical no plano ontológico do lugar e do tempo profanos, carregando-os de sacralidade; o tempo e o espaço passam a ser, então, sagrados. Quando o sagrado se manifesta por uma hierofania qualquer, não ocorre somente uma ruptura na homogeneidade do espaço, mas também uma revelação de uma realidade absoluta, que se opõe à *não realidade* da imensa extensão circundante. A manifestação do sagrado funda ontologicamente o mundo. Na extensão homogênea e infinita em que não é possível nenhum ponto de referência, e em que, portanto, nenhuma orientação pode efetuar-se, a hierofania revela um "ponto fixo" absoluto, um "Centro" (Eliade, 1965, p. 22).

Esse simbolismo indica justamente que a *hierofania* transforma o lugar, vindo a ser, a partir de então, o centro orientador da vida do homem. Tudo ao seu redor é caos, mundo inexistente, inabitável. Esses pontos geográficos nos quais ocorreu a manifestação da divindade trazem uma noção de continuidade da cosmogonia, bem como um elo de comunicação entre o humano e o sobrenatural: as portas dos céus, que viabilizam o contato direto entre homem e deuses, como vemos no *sonho de Jacó* (*Gênesis¸* 28), ou os pilares que sustentam o firmamento e equilibram o mundo dos homens, por conta do vínculo entre o mundo dos deuses.

O sagrado é qualitativamente distinto do profano porque pode manifestar-se em qualquer forma e em qualquer lugar, por meio das *hierofanias*, dentro do campo profano: ao manifestar-se, transformará todos os objetos que vier a tocar, porque

> [...] toda cratofania e toda hierofania, sem distinção, transfiguram o local onde ocorreram: aquele espaço profano passa a ser um espaço sagrado [...]. De fato, a noção de espaço sagrado implica a ideia de repetição da hierofania primordial que consagrou aquele espaço, transfigurando-o, singularizando-o; em uma palavra: isolando-o do espaço profano circundante [...]. A noção de tempo sagrado se baseia em uma ideia análoga de repetição, na qual estão fundamentados tanto os inúmeros sistemas rituais quanto as esperanças gerais do homem religioso relacionadas à sua salvação pessoal. A validade do espaço sagrado é dada pela persistência da hierofania que o consagrou [...]. Ou seja, a hierofania não apenas santificou uma determinada área de espaço profano homogêneo, mas também assegura a persistência dessa sacralidade no futuro. *Ali, naquela* mesma área, a hierofania se repete [...] (Eliade, 2011, p. 521-522).

Temos, ainda, um elemento importante para ser abordado sobre o *poder*, a *força* da *hierofamia*, que é justamente o impacto causado sobre o homem no momento de sua manifestação. De acordo com Severino Croatto,

> [...] a relação sujeito-sujeito que se estabelece na experiência religiosa, mas que tem sua origem no Mistério (que se *hierofaniza*), equivale a uma interpelação-*encontro*, que produz efeitos no ser humano: admiração, temor, oração, adoração etc. Do encontro se faz atitude, como também se faz palavra e gesto ritualístico (Croatto, 1994, p. 51).

O temor, o medo, a admiração e a fascinação causados no homem pelo sagrado no momento de sua revelação são classificados dentro da categoria da "ambivalência do sagrado". As cratofanias, como manifestações de força, serão consequentemente temidas e veneradas. Essas são as categorias do insólito e do terrível.

> A ambivalência do sagrado não é apenas de natureza psicológica (na medida em que atrai ou repele), mas também de natureza axiológica; o sagrado é ao mesmo tempo "sagrado" e "maculado". Comentando a frase de Virgílio: *auri sacra fames*, Servio (*Ad Aen.* III, 75), com razão, observa que *sacer* pode significar tanto "amaldiçoado" quanto "santo". Eustathius (*Ad Iliadem* XXIII, 429) observa a mesma dupla significação em *hagios*, que pode expressar simultaneamente a noção de ["manchado" e "puro"]. E a mesma ambivalência do sagrado aparece no mundo paleossemítico [...]. Todas as valorações negativas das "máculas" (o contato com os mortos, os criminosos, etc.) derivam dessa ambivalência das hierofanias e cratofanias. O que está "maculado" – e, portanto, "consagrado" – é ontologicamente distinto de tudo o que pertence à esfera do profano. Os objetos ou seres maculados estão, portanto, praticamente proibidos à experiência profana, assim como as cratofanias e hierofanias. Não se pode se aproximar impunemente de um objeto manchado ou consagrado quando se está em condição profana, ou seja, quando não se está preparado ritualmente. [...] (Eliade, 2011, p. 81-82).

A ambivalência do sagrado expressa claramente que o homem é, a um só tempo, atraído e repelido pelo mistério e pela força criadora. São as cratofanias do funesto, do insólito, do misterioso etc. Para concluirmos este tópico, citemos novamente José Severino Croatto (p. 55), que fez uma excelente síntese à pergunta: "Afinal de contas, o que é o sagrado?"

> - Na sua estrutura essencial, o sagrado é sempre o mesmo ato misterioso, a saber, a manifestação de algo "totalmente Outro", que não pertence a esta ordem natural e profana. Todo fenômeno religioso é uma hierofania.

- O sagrado de fato é experenciado quando se manifesta. Ao se manifestar no espaço e no tempo, deixa-se ser descrito.

- O sagrado/divino, no entanto, se manifesta através de outra coisa que não ele próprio. Está mediado. Permanece inobjetivável, Mistério. Manifestado, permanece como não manifesto [...].

- Por isso, se manifesta de *forma heterogênea*, em uma pluralidade de sinais: objetos (qualquer elemento do mundo físico), fenômenos da natureza, pessoas, eventos, palavras sagradas (oração, recitação de um mito, leitura de um texto sagrado, etc.).

Cada mediação revela *uma modalidade* do sagrado e uma situação particular do ser humano em relação a ele. Uma árvore sagrada é sagrada porque mostra outra coisa, mas sem deixar de ser uma árvore. Como sagrada, no entanto, tem um efeito religioso que não vem apenas por ser uma árvore. Sem deixar de ser o que é, ela aponta para outra Realidade, captada apenas pelo homo religiosus enquanto tal [a isso chamamos de *símbolo*].

A manifestação do sagrado é uma cratofania; é experenciada feito uma força, de outro tipo sem dúvida, e implica eficácia, perenidade. Tal *força* se manifesta em diferentes níveis, sendo o principal deles o urânico, já que o céu é o símbolo por excelência da transcendência e do poder.

Foi importante abordar o tema do sagrado, da hierofania e do *maná* porque, mais adiante, nos capítulos 3 e 4, teremos a oportunidade de observar vários desses elementos na obra de Nicolau, razão pela qual foi necessário compreender os aspectos básicos desse tema das religiões. Além disso, há outros elementos que precisam ser analisados antes de chegarmos à Itália. Continuemos com este estudo. Antes de analisarmos o mito e suas estruturas, devemos entender o que são o símbolo e o rito.

## O que é o símbolo?

Dentro da perspectiva do fenômeno religioso,[49] o símbolo é um elemento mediador que permite a comunicação do misterioso, do sagrado e do hierofânico. Em outras palavras, quando o sagrado se manifesta no campo profano, consagra um objeto, que se torna hierofânico; esse objeto estará imbuído de sacralidade, de sentido e significado; aos olhos humanos, será precisamente um símbolo que transmite e comunica ao

---

[49] No campo da linguagem há a possibilidade de se investigar as diferenças entre símbolo, metáfora, alegoria e signo, no entanto essas nuances não fazem parte objeto do presente estudo.

homem algum aspecto do divino.[50] Nas palavras magistrais de Francisco García Bazán,

> O símbolo é uma entidade sensível ou um suporte psíquico (um veículo material, verbal, gestual ou mental) que manifesta um significado não aparente, mas oculto. O símbolo necessariamente possui um duplo nível de significado, apontando para um significado real e diferente daquilo que sua estrutura imediata comunica ao conhecimento empírico e habitual. Assim, o símbolo é uma linguagem simultaneamente reveladora e encobridora de sentidos que estão inicialmente ocultos à vista. O simbólico tem a capacidade de conectar eficazmente, ou seja, de conduzir intuitivamente quem o contempla, não por meio da atividade racional, do que é externamente visto ao significado (ou significado livre e latente), confirmando com essa experiência que tanto o suporte tangível participa daquilo que o constitui em sua essência e do que ele oculta, quanto a interioridade do sujeito a quem o símbolo se revela (Bazán, p. 20-21).

Agora, depois de explorar o que é o sagrado e o símbolo, podemos entrar no mito.

## O que é o mito?

Severino Croatto resume a resposta à pergunta em uma frase: "O mito é um relato de um acontecimento fundacional, no qual os deuses agem, e cuja intenção é dar sentido a uma realidade significativa" (1994, p. 145-146). Na mesma página, ele afirma que o mito, por ser um relato, deve ser interpretado "feito um discurso e que pertence ao fenômeno literário" (p. 146).

Dentro dessa perspectiva, de relato, Francisco García Bazán definirá que o mito é o "fundamento da palavra religiosa, relato epifânico e tradicional". Como narrativa que "não se baseia no discurso racional, mas na história que relata uma experiência primordial e é envolta pelo prestígio que mantém a sucessão dos contadores qualificados, ilustra a origem,

---

[50] "[...] El símbolo es la clave de todo lenguaje de la experiencia religiosa. Así como la experiencia de la Realidad trascendente (el Misterio o como se le llame) es el núcleo del hecho religioso, así también el símbolo es, en el orden de la expresión, el lenguaje originario y fundante de aquella experiencia religiosa, el primero y el que alimenta a todos los otros. Se ha señalado ya que la vivencia de lo hierofánico (lo trascendente manifestado) tiende a la comunicación. Es uno de sus rasgos más 'humanos'; aun el místico necesita *decir* que lo divino es *indecible*, inefable. [Lo sagrado clama, pide por una *mediación*]. El Misterio es percibido en el nivel de la mediación: lo sagrado en cuanto realidad trascendente se muestra (hierofanía) y, al hacerlo, se limita. Pero de esa manera, al revestir a un objeto o persona de sacralidad, hace posible al ser humano la comunicación de lo trascendente, lo sagrado en su forma absoluta, lo divino. 'Entre' lo totalmente Otro y el sujeto humano que lo experimenta se sitúa en primer lugar eso que llamamos *símbolo* religioso" (Croatto, 1994, p. 61-63).

o significado último e a realidade dos acontecimentos do mundo e da existência". Mas o mito é "símbolo mítico", ou seja, uma vivência oculta do primordial que se desdobra por meio de uma narrativa e, dessa forma, indissociável do rito [que é] coexistente em seu âmago.

As escrituras sagradas das grandes religiões têm suas raízes na experiência do mito. Nesse sentido, também buscam substituí-lo, mas não anular o que é essencial em sua natureza, o valor do segredo divino que transportam. Os dogmas, as confissões de fé e a teologia surgem da inspiração dos dados revelados por Deus, por isso as Escrituras têm a autoridade da crença, sendo testemunhos dignos de crédito ou fidedignos da vontade e do conhecimento divinos. O que o símbolo implica em síntese, o mito desdobra por meio de um relato e a doutrina desenvolve intelectualmente (Bazán, 2000, p. 53).

O mito, dentro de uma perspectiva fenomenológica, é um fenômeno da existência humana, culturalmente vivenciado, sendo a maneira peculiar de conceber e expressar a realidade, não apenas de inúmeras civilizações antigas, mas também de diversas comunidades primitivas ou etnológicas atuais. Diz Francisco García Bazán que o mito é, portanto, "a confirmação da *concepção mítica ou tradicional* que o ser humano teve de si mesmo e de seu entorno; a forma mais antiga e espontânea pela qual o homem chegou a ilustrar ou esclarecer o mistério, a incógnita de sua própria natureza no mundo, por meio do conteúdo de narrativas, histórias, relatos e lendas que foram sendo transmitidos coletivamente, de geração em geração". Isso implica fazer referência a uma atitude humana que é um estilo direto de reconhecimento da inevitável irrupção do sagrado na existência e à expressão de um desejo inconfesso de retorno, ou nostalgia, pelo sagrado como Princípio. O *homem mítico* é, assim, o *homem arcaico* por excelência, pois vive plenamente quando logra viver no Princípio (Bazán, 2000, p. 17).[51]

Como instaurador de uma realidade, o acontecimento mítico confere-lhe sentido, uma vez que remonta, em última instância, à primordialidade transcendente. Em toda cultura humana há diversos elementos (leis, instituições, objetos, animais, lugares etc.) que são significativos para a vida da comunidade, vividos e experimentados como carregados de algo divino,

---

[51]  O mito se insere no nível descritivo, como um fenómeno ou fato cultural, como uma palabra que é reveladora ou epifânica, já que comunica uma mensagem, e não é uma mera fabulação "fantasiosa". "Decir *mito* es igual que decir *símbolo mítico*. El mito es un símbolo desplegado por la lengua que relata una cadena o serie de hechos que tuvieron lugar en el marco del *origen*, una instancia que es exterior de la sucesión y el movimiento temporal. Fueron protagonistas de estos hechos seres sobrenaturales, los autores directos de unas acciones extraordinarias que dieron nacimiento al cosmos o a algún aspecto nuevo de él" (Bazán, p. 17-19).

hierofânico, sagrado; portanto, o que é significativo para um povo precisa ser originado pelos deuses. O mito é, precisamente, o relato de origem dessas coisas e instituições. Esse é o "modo" como o mito expressa a experiência religiosa do originário; como denota a sacralidade hierofanizada naquilo que diz respeito profundamente à sua realidade (Croatto, 1994, p. 152).

Dessa forma, a mentalidade mítica inclina o homem para momentos fortes ou fundacionais que relembram o nascimento ou a regeneração, a história como registro e crônica de eventos humanos é insignificante, mas como "recordação memorial" e "atividade da memória hierofânica ou teofânica é fundamental, porque é funcional" (Bazán, 2000, p. 30).

É dentro dessa perspectiva que se pode compreender a afirmação que Eliade faz em todas as suas obras: "O mito é uma história sagrada". Isso significa que para o homem arcaico e antigo, o mito não tinha a concepção de "ficção" ou de uma história fantástica e mentirosa. Pelo contrário, o mito era uma história sagrada e completamente verdadeira.[52] Como o mundo está dividido em dois campos (o profano e o sagrado), o mito tem dois aspectos que tratam desses campos.

A origem da existência está relacionada ao sagrado, realizada pelos deuses, seres sobrenaturais ou feitos de um grande homem, um herói salvador de um povo. Nesse ponto está o aspecto verdadeiro do campo sagrado: então o mito é uma história verdadeira que dá significado, sentido e ordem à vida do homem.[53] Dentro desse contexto, da verdade do sagrado, "mito e religião" não têm diferenças.[54]

---

[52] «Depuis plus d'un demi-siècle, les savants occidentaux ont situé l'étude du mythe dans une perspective qui contrastait sensiblement avec, disons, celle du XIXème siècle. Au lieu de traiter, comme leurs prédécesseurs, le mythe dans l'acception usuelle du terme, i.e. en tant que «fable», «invention», «fiction», ils l'ont accepté tel qu'il était compris dans les sociétés archaïques, où le mythe désigne, au contraire, une «histoire vraie», et, que plus est, hautement précieuse parce que sacrée, exemplaire et significative» (Eliade, *Aspects du mythe*, p. 11).

[53] «[...] dans les sociétés où le mythe est [...] vivant, les indigènes distinguent [...] les mythes – «histoires vraies» – des fables ou contes, qu'ils appellent «histoires fausses» [...]. Parmi les histoires «vraies», en premier lieu, toutes celles qui traitent des origines du monde ; les acteurs en sont des êtres divins, surnaturels, célestes ou astraux. Tout de suite après viennent les contes qui rapportent les aventures merveilleuses du héros national, un jeune homme d'humble naissance, qui est devenu le sauveur de son peuple [...]. Bref, dans les histoires «vraies» nous avons affaire au sacré et au surnaturel; dans les «fausses», au contraire, à un contenu profane» (Eliade, *Aspects du mythe*, p. 20).

[54] "Si la palabra 'mito' significa 'ficción' en todos los idiomas europeos es porque los griegos lo establecieron así hace veinticinco siglos. Desgraciadamente casi no conocemos a un mito griego dentro de su contexto ritual religioso. Esto no sucede con las religiones paleo-orientales y asiáticas; y mucho menos con las así llamadas religiones primitivas. Como se sabe, el *mito vigente y vivo* siempre está relacionado con el culto, que inspira y justifica una conducta religiosa. La mitología que inspira a Homero, Hesíodo y los poetas trágicos es una selección e interpretación de materiales arcaicos, algunos de los cuales habían llegado a ser casi ininteligibles. Nuestra mayor posibilidad de comprender la estructura del pensamiento mítico radica en el estudio de las culturas donde el mito es una realidad vigente, donde conforma la base misma de la vida religiosa; en otras

Por ser real e sagrado, o mito se torna exemplar e, portanto, repetível, pois ele serve como modelo e, ao mesmo tempo, como justificativa para todos os atos humanos. Em outras palavras, um mito é uma história verdadeira que ocorreu no início dos tempos e que serve de modelo para os comportamentos dos homens. Ao imitar os atos exemplares de um deus ou de um herói mítico, ou simplesmente ao contar suas aventuras, o homem das sociedades arcaicas se desliga do tempo profano e se une magicamente ao Grande Tempo, o tempo sagrado (Eliade, 1963, p. 22).

Nessa citação de Eliade, já abordamos alguns pontos que serão explorados profundamente mais adiante, quando começaremos a analisar a estrutura básica dos mitos cosmogônicos (os mitos que narram as origens do cosmos e dos objetos que constituem o mundo material): a imitação dos atos paradigmáticos e exemplares.

## O que é o rito?

O rito é um tema complexo. Analisá-lo requer atenção a diversas nuances. Aqui abordo somente os pontos essenciais do assunto. Nessa explanação, o rito pode ser considerado como uma norma que orienta o desenvolvimento de uma ação sagrada. É uma prática periódica, de caráter social, sujeita a regras precisas.

O rito não é uma ação puramente humana ou inventada por uma pessoa qualquer. É, de certa forma, uma ação divina, uma imitação do que fizeram os deuses e, portanto, deve ser repetida exatamente como ocorreu. Isso significa que o rito não é apenas a "cerimônia religiosa" como a entendemos comumente (esta, obviamente, é um rito), mas a própria ação do *homo religiosus*. Podemos dizer mais: o rito é equivalente ao mito. O mito recita o que o rito encena e teatraliza. Ao discurso, que é o mito, corresponde ao rito como conjunto de ações e gestos (Croatto, p. 226-227).

Dado que o mito é um modelo exemplar, decorre naturalmente que ele impulsiona o homem a uma ação específica, que é precisamente sua imitação. A imitação ocorre, assim, dentro do rito.[55] O mito "narra" uma

---

palabras, allí donde el mito, lejos de denotar una ficción, se considera como revelador de la verdad por excelencia [...]" (Eliade, *La Búsqueda*, p. 25-26).

[55] El rito constituye el aspecto más característico de la religión. El ritual por medio de sus gestos, la manipulación de objetos y el recitado de fórmulas y relatos por parte de magos y sacerdotes trata de conservar y recuperar la situación original íntegra que abarca la conducta, pensamiento y voluntad de los dioses. El

ação dos deuses que fundamenta uma realidade presente. A própria recitação do mito, em um contexto de sacralidade, tem um poder atualizador do acontecimento primordial. Mas é no rito que a repetição dessa ação divina é mimetizada como um ato litúrgico. As duas "ações" se sintonizam, mas o ritual reencena a primeira. Os atos divinos são assim atualizados na cena ritual (Croatto, p. 227).

## Os mitos cosmogônicos, a Idade de Ouro e a escatologia

Inicialmente, podemos resumir a "linha do tempo" da história mitológica humana. Primeiro, temos o momento da criação, a cosmogonia. Depois, o mundo passa por algumas eras em um estado de plenitude e perfeição; essa condição paradisíaca comumente se chama "Idade de Ouro" ou "paraíso primordial", um "paraíso terrestre". Esse momento muitas vezes está relacionado a imagens de perfeita comunhão entre os seres humanos, a natureza e os seres metafísicos (os deuses, as ninfas, outros elementais etc.) em um ambiente geralmente apresentado como um jardim de delícias, sem a presença de doenças, de velhice etc., a plenitude parecia ser a grande companhia humana.

Em seguida ocorre a queda e a realidade se torna desordenada, fazendo com que os homens percam sua comunhão. O pecado, a discórdia, a miséria, o sofrimento e a morte entram no mundo e na vida. O contato entre o Céu e a Terra é perdido e os deuses já não estão mais em relação direta com a humanidade. A plenitude paradisíaca não está mais ao alcance das mãos mortais e as memórias daquele tempo de felicidade permanecem esquecidas nos ecos de um passado imemorial, vindo a ser cada vez mais distante.

---

rito es inseparable de la revelación primera: "Así han hecho los dioses, así hacen los hombres" (*Taittiriya Brâhmana* 1, 5, 9, 4), "Debemos hacer lo que los dioses hicieron al comienzo" (Çatapatha Brâhmana VII, 2, 1, 4), y es fundamentalmente cosmogónico lo recreativo e indisociable de esos mismos rasgos del comienzo. Por esa razón es inseparable de los mitos y de las imágenes objetivas que con él se integran. El rito, por tanto, carga de sacralidad, es decir, de vitalidad renovada y de energía, al tiempo, al espacio y a la dispersión y la disolución, pero el rito inherente hacia el cambio, la dispersión y la disolución, pero el rito en la medida en que procura repetir con cuidadosa veneración comportamientos paradigmáticos y de calidad extraordinaria, torna esta actividad contemporánea de un tiempo pleno sin desplazamiento interno ni exterior, rompe con la indiferencia con el espacio sin localizaciones apenas organizado por las necesidades mudables y se traslada a un ámbito impregnado de significación sagrada y que así otorga emplazamiento al orientarse desde un polo estable, y permite, desvaneciendo las relaciones de las causas y efectos que se desarrollan en el movimiento continuo y sucesivo, extenso y anterior y posterior, del espacio y del tiempo, alcanzar inmediata y directamente un nivel de realidad invisible y metaempírico que es la vida misma de los dioses [...] (Bazán, 2000, p. 51).

A partir daí, após a queda, geralmente são encontrados relatos que apontam para o fim dos tempos: a escatologia. Há incontáveis mitos sobre a destruição do mundo por meio de eventos naturais, de cataclismos que irão renovar o vigor e a saúde da Terra. E, assim, os sobreviventes iniciarão novamente o ciclo de ascensão e queda; de renovação e degeneração, indefinidamente. Ao lado desse intenso anseio pela regeneração, encontramos os mitos e as doutrinas do tempo cíclico.

As crenças em um tempo cíclico, no eterno retorno, na destruição periódica do universo e da humanidade que precedem um novo universo e uma nova humanidade "regenerada", testemunham, antes de tudo, o desejo e a esperança de uma regeneração periódica do tempo decorrido, da *história*. Nas palavras de Eliade, "em essência, o ciclo é um grande ano, como diríamos usando a terminologia bem conhecida da terminologia greco-oriental: o grande ano começava com uma criação e terminava com um caos, ou seja, com uma fusão completa de todos os elementos. Um ciclo cósmico compreende uma 'criação', uma 'existência' e um 'retorno ao caos'" (Eliade, 2011, p. 570).

Essa estrutura básica da cosmogonia é observada em diferentes relatos, de diversas tradições, em diferentes momentos da história e entre sociedades que não tiveram contato direto entre si; separadas por muitos séculos ou por distâncias geográficas intransponíveis. O mito cosmogônico é o mito central. Ele narra os primórdios de tudo. Do cosmos, da vida, dos seres, do mundo, das plantas, dos animais, de uma instituição social etc. Descreve o que aconteceu em tempos primordiais e imemoriais. De forma geral, pode-se afirmar que todo mito relata como algo veio a existir.

O mito cosmogônico serve como paradigma para todos os outros mitos de origem. Essa história sagrada, verdadeira e primordial, é significativa para uma cultura. É fundamental porque não apenas explica, mas também justifica a existência do mundo, do homem e da sociedade. Pelo mito cosmogônico e sua sequência, o homem vai descobrindo, de forma progressiva, as estruturas da realidade e de seu próprio ser.

O que aconteceu no princípio descreve a perfeição original, bem como o destino de cada indivíduo (Eliade, 1984, p. 28-32). O relato sagrado desempenha uma função e o homem pode, por meio do mito cosmogônico e pela força do rito, repetir o que ocorreu nos primórdios de tudo. Em outras palavras, conhecer o mito permite "repetir" a história.[56]

> O homem simplesmente repete o ato da Criação; seu calendário religioso comemora ao longo de um ano todas as fases cosmogônicas que ocorreram desde o início. Na verdade, o ano sagrado recapitula a Criação, e o homem é contemporâneo da cosmogonia e da antropogonia porque o ritual o projeta para a era mítica do começo. Um seguidor de Baco, por meio de seus ritos orgiásticos, imita o drama patético de Dionísio; um órfico, pela sua cerimônia iniciática, repete os gestos fundacionais de Orfeu. O sábado judaico-cristão também continua sendo um *imitatio dei*. O descanso sabático reproduz o gesto primordial do Senhor, pois é o sétimo dia da criação em que Deus "descansou de todo o trabalho que havia feito" (*Gênesis* II, 1). A mensagem do Salvador é antes de tudo um exemplo que deve ser imitado [...]. Os rituais matrimoniais também têm um modelo divino, e o casamento humano reproduz a hierogamia, especialmente a união entre o Céu e a Terra [...]. O que importa é que tanto a orgia quanto o casamento eram rituais que imitavam gestos divinos ou certos episódios do drama sagrado do Cosmos; o que importa é a legitimação das ações humanas por meio de um modelo extra-humano (Eliade, 1969, p. 35-40).

Todos os mitos de alguma forma participam do mito cosmogônico, por isso pode ser considerado o mito mais importante. O homem repete o modelo exemplar de ação criadora e repete as ações dos deuses ou heróis civilizadores.[57] Os mitos continuamente relembram os grandes eventos que ocorreram na Terra e que esse glorioso passado é parcialmente recuperável.

---

[56]  «[...] Constantinople a été conquise par les Turcs en 1453 et la Bastille est tombée le 14 juillet 1789. Ces événements sont irréversibles. Sans doute le 14 juillet étant devenu la fête nationale de la République Française, on commémore annuellement la prise de la Bastille, mais on ne réactualise pas l'événement historique proprement dit. Pour l'homme des sociétés archaïques, au contraire, ce qui s'est passé *ab origine* est susceptible de se répéter par la force des rites. L'essentiel est donc, pour lui, de connaître les mythes [...]» (Eliade, *Aspects du Mythe*, p. 26); a mesma ideia é retomada na obra *Le Mythe de l'Eternel Retour* (p. 35 y, p. 90-97) e no *Tratado* (p. 558-559).

[57]  «[...] Le mythe se définit par son mode d'être: il ne se laisse saisir en tant que mythe que dans la mesure où il révèle que quelque chose s'est pleinement manifesté, et cette manifestation est à la fois créatrice et exemplaire, puisqu'elle fonde aussi bien une structure du réel qu'un comportement humain. Un mythe raconte toujours que quelque chose s'est réellement passé, qu'un événement a eu lieu dans le sens fort du terme – qu'il s'agisse de la création du Monde, ou de la plus insignifiante espèce animale ou végétale, ou d'une institution. Le fait même de dire ce qui s'est passé révèle comment l'existence en question s'est réalisée (et ce comment tient également la place du pourquoi). Or, l'acte de venue à l'être c'est à la fois émergence d'une réalité et dévoilement de ses structures fondamentales. Lorsque le mythe cosmogonique raconte comment a été créé le Monde, il révèle à la fois l'émergence de cette réalité totale qui est le Cosmos, et son régime ontologique : il dit en quel sens le Monde est. La cosmogonie est aussi une ontophanie, la manifestation plénière de l'Être. Et puisque tous les mythes participent en quelque sorte au type du mythe cosmogonique – car toute histoire de ce qui s'est passé *in illo tempore* n'est qu'une variante de l'histoire exemplaire: comment le Monde est venu à l'être – il s'ensuit que toute mythologie est une ontophanie. Les mythes révèlent les structures du réel et les multiples modes d'être dans le monde. C'est pourquoi ils sont le modèle exemplaire des comportements humains :

Imitar os atos presentes nos mitos significa reviver tais eventos. A imitação de gestos paradigmáticos[58] também tem um aspecto positivo: o rito obriga o homem a transcender os limites, a se colocar diante dos deuses e heróis míticos para completar seus atos. Direta ou indiretamente, o mito opera uma elevação do homem, e esse recurso é ainda mais evidente quando se considera que nas sociedades arcaicas, a recitação de tradições mitológicas continuava sendo o privilégio de alguns indivíduos. Em certas sociedades, os receptores eram recrutados entre xamãs ou curandeiros, ou entre membros de irmandades secretas.[59]

A estrutura da cosmogonia traz o modelo perfeito para o comportamento humano, razão pela qual o homem deve imitar, repetir as ações dos deuses, dos heróis ou de outros personagens mitológicos dentro de um ritual. Os mitos criadores são reiterados nas cerimônias religiosas mais importantes – nascimento, iniciação, casamento, morte etc. De fato, tudo o que é significativo aos olhos humanos é uma imitação de modelos que servem como paradigmas e uma repetição dos eventos relatados no mito cosmogônico. "Não há mito se não for revelado um 'mistério', a revelação de um evento primordial que fundamentou uma estrutura da realidade ou do comportamento humano"[60] (Eliade, 1957, p. 14):

---

ils révèlent des histoires vraies, se référant aux réalités. Mais ontophanie implique toujours théophanie ou hiérophanie. Ce sont les Dieux ou les Êtres semi-divins qui ont créé le Monde et ont fondé les innombrables mode d'être dans le Monde, depuis celui qui est particulier à l'homme jusqu'au mode d'être de l'insecte. En révélant l'histoire de ce qui s'est passé *in illo tempore*, on révèle du même coup une irruption du sacré dans le monde. Lorsqu'un Dieu ou un Héros civilisateur ont institué un comportement – par exemple, une manière particulière de se nourrir –, ils n'ont pas seulement assuré la réalité de ce comportement (car jusque-là, ce geste n'existait pas, on ne le pratiquait pas, il était donc «irréel»), mais du fait même que ce comportement est leur invention, il est également théophanie, création divine. En se nourrissant à la manière des Dieux ou de Héros civilisateurs, l'homme répète leurs gestes et participe en quelque sorte à leur présence» (Eliade, *Mythes, Rêves et Mystères*, p. 12-13).

[58] Ver: *Aspects du Mythe*, p. 31-32, e 175 et segs.; *Le Mythe de l'éternel Retour*, p. 49.

[59] Para mais detalhes ver a obra *Aspects du Mythe* (p. 181 et segs), e *Initiation, Rites et Société Secrètes*, ambas de Mircea Eliade.

[60] "[...] La operación se lleva a cabo en dos momentos: 1) el regreso a la totalidad primordial, y 2) la repetición de la cosmogonía, o sea, la destrucción de la unidad primitiva. La misma operación se vuelve a repetirse durante las ceremonias anuales colectivas. La vida individual y la colectiva tienen una estructura cosmológica: cada vida es un ciclo cuyo modelo es la sempiterna creación, destrucción y re-creación del mundo. Esta concepción no es particular a uno u otro pueblo, sino que es una estructura básica del tema mismo. La totalidad primordial es el punto clave para esta forma en la cual el hombre vivía en los tiempos pasados. "Si el cosmos debe ser abolido y re-creado periódicamente, no es porque la primera creación no haya salido bien, sino porque únicamente la etapa que precede a la creación constituye una plenitud que, de otra manera, resultarían inaccesibles en el mundo creado". También el mito destaca que es necesario hacer una re-creación; de romper la unidad primitiva. Así, la perfección original se restablece periódicamente, pero en un carácter transitorio. De esta manera se ha desarrollado una "historia sagrada", y ésta debe perpetuarse mediante repeticiones periódicas [...]". (Eliade, *La Búsqueda*, p. 32-34).

O valor dos atos humanos reside em imitar o exemplo mítico proposto pelos deuses ou heróis, e esse ato transforma a história sagrada real por meio do poder do rito.

> [...] não podemos realizar um ritual se não conhecemos a "origem", ou seja, o mito que conta como foi realizado pela primeira vez [...]. Na maioria dos casos, não é suficiente conhecer o mito da origem, é necessário recitá-lo; [...] Mas isso não é tudo: ao recitar ou celebrar o mito da origem, ficamos impregnados pela atmosfera sagrada na qual esses eventos miraculosos ocorreram. O tempo mítico dos primórdios é um tempo "forte", porque foi transfigurado pela presença ativa e criativa dos Seres Sobrenaturais. Ao recitar os mitos, reintegramos esse tempo fabuloso e, consequentemente, nos tornamos de certa forma "contemporâneos" dos eventos evocados, compartilhamos a presença dos Deuses ou dos Heróis. Ao "viver" os mitos, saímos do tempo profano e cronológico e entramos em um tempo qualitativamente diferente, um tempo "sagrado" ao mesmo tempo primordial e indefinidamente recuperável (Eliade, 1963, p. 31-32).[61]

O que é necessário perceber, diz Eliade (1969, p. 67-69), é que existe, por um lado, uma concepção do final e dos começos dos períodos temporais, fundamentada na observação dos ritmos biocósmicos, dentro de um sistema mais amplo: o das purificações periódicas. Os expurgos, a confissão dos pecados, jejuns e outros ritos feitos nos momentos de conclusão das colheitas etc. A regeneração periódica do tempo pressupõe uma nova criação: a repetição do ato cosmogônico. E tal concepção, de uma criação periódica, significa a regeneração cíclica do tempo, e, além disso, coloca no horizonte o problema da abolição da história.[62]

---

[61] *Cf.* o capítulo 2 de la obra *Le Sacré et le Profane* (1965, p. 70-93).

[62] «[...] la nécessité pour les sociétés archaïques de se régénerer périodiquement par l'annulation du temps. Collectifs ou individuels, périodiques ou sporadiques, les rites de régénération renferment toujours dans leur structure et leur signification un élément de régénération par répétition d'un acte achétypal, la plupart du temps l'acte cosmogonique. Ce qui nous retient principalement dans ces systèmes archaïques est l'abolition du temps concret et, partant, leur intention anti-historique [...]» (Eliade, *Le mythe de l'éternel retour*, p. 104); «[...] Comme pour les autres sociétés archaïques l'Histoire se réduit [...] à quelques événements qui ont eu lieu dans le Temps mythique, *in illo tempore*: les actes des êtres divins et des Héros civilisateurs. Les hommes ne se reconnaissent aucun droit d'intervenir dans l'Histoire, de faire, eux aussi, une histoire qui leur soit propre et exclusive, une Histoire «originale»; en somme, ils ne se reconnaissent aucune originalité : ils répètent les actions exemplaires effectuées à l'aube des temps. Mais puisque ces actions exemplaires ont été l'œuvre des dieux et des êtres divins, leur répétition, périodique et implacable, trahit chez l'homme archaïque le désir de se maintenir dans l'atmosphère sacrée de la cosmogonie. Le refus de l'originalité traduit en fait le refus du monde profane, le manque d'intérêt pour une Histoire humaine. L'existence de l'homme archaïque consiste en fin de compte dans une éternelle répétition des modèles exemplaires révélés au commencement du Temps [...] les mystères poursuivent la réactualisation périodique de ces révélations primordiales [...]» (Eliade, *Mythes, Rêves et Mystères*, p. 234-235); "Las fiestas tienen lugar en un tiempo sagrado, es decir [...], en la eternidad. Pero ciertas fiestas periódicas – seguramente las más importantes – nos hacen entrever algo más: el deseo de abolir el tiempo

Os ritos dos mitos fundacionais buscam expulsar os pecados, as doenças, os demônios do mundo. Em última análise, resumem-se em uma busca pela restauração, embora passageira, do tempo mítico e primordial, do tempo "puro", do "instante da criação". "O primordial e o essencial da idéia de regeneração é a repetição da cosmogonia" (Eliade, 1969, p. 80). Esses são, além disso, os pontos básicos presentes nos mitos do eterno retorno.

Na verdade, em várias culturas, em várias tradições ao longo da história, encontramos uma estrutura, se não idêntica, muito similar. Os mitos têm consequências: existem variações do mito do *deus otiosus*, ou *dei otiosi*: os mitos que informam que uma vez que a vida foi criada e a hierarquia estabelecida no mundo, as comunicações entre a Terra e os céus terminam; e os deuses se retiram para um céu mais distante, permanecendo no além, em maior ou menor medida, intocáveis e indiferentes aos acontecimentos no mundo humano.

A partir desse momento, apenas alguns poucos personagens (heróis, xamãs, curandeiros, profetas) podem ascender aos céus e tocar a divindade. Sem entrar em detalhes desta ou daquela tradição religiosa, encontramos em muitos relatos o anseio e a nostalgia por esse tempo que se foi e por esse vínculo direto entre "homens e deuses" que foi perdido. A ausência da situação primordial, essa situação que indica um paraíso terreno.

> Esta primordialidade terrena e paradisíaca – que constitui tanto uma história quanto uma propedêutica – [...] Foi durante este tempo mítico que o homem se tornou o que é hoje, não apenas porque naquela época foi formado e instruído pelos ancestrais, mas porque ele tem que repetir continuamente tudo o que os ancestrais fizeram *in illo tempore* [...]. Por outro lado, através da iniciação, todo jovem [...] aprende [não apenas] o que aconteceu *in principio*, mas, em última análise, descobre que *ele já esteve lá*, que de alguma forma participou nesses eventos gloriosos. A iniciação produz uma *anamnese*. No final da cerimônia, o noviço percebe que o herói dos mitos que acabaram de ser comunicados a ele é ele próprio (Eliade, 1984, p. 37).

A cosmogonia indica um paraíso, um passado de glória, uma Idade de Ouro que foi perdida, mas também aponta para o homem que esse paraíso é recuperável para o futuro. Em outras palavras, o mito cosmogônico traz consigo imagens de uma escatologia: um paraíso que espera ser

---

profano ya transcurrido e instaurar un "tiempo nuevo". Dicho en otros términos: las fiestas periódicas que cierran un ciclo temporal y abren otro nuevo acometen una *regeneración total del tiempo* (Eliade, *Tratado*, p. 559).

reconstituído. A escatologia não aponta apenas para esse passado imemorial e paradisíaco que foi perdido, que o homem tenta recriar e resgatar por meio do ritual mítico, mas também para um futuro de glória no *porvir*.

Os começos e os fins dos tempos ficam, então, sob controle humano. Mas como as visões míticas do início e do fim dos tempos são homólogas, a escatologia reúne, pelo menos em certos aspectos, a cosmogonia; o *escathón* reatualiza a plenitude do paraíso primordial (Eliade, 1969, p. 90). Além das diferenças simbólicas e dos detalhes entre os relatos nas diferentes civilizações, o homem arcaico sentia a necessidade de renovar o mundo periodicamente, seguindo o modelo da cosmogonia, e a razão para essa renovação está fundamentada no medo da destruição do mundo.

Após a criação, o tempo em curso altera a situação ontológica do mundo. O que antes estava pleno, cheio de "saúde", sofre com a corrupção, com o pecado, com a falta de vigor. O mundo, após ser criado, já não é mais o mundo dos grandes seres metafísicos. A situação da queda fundamenta a necessidade da renovação periódica. Em cada crise decisiva e em cada rito de passagem, o homem retoma *ab initio* o drama do mundo:

> O mundo deve se renovar periodicamente, caso contrário corre o risco de perecer. A ideia de que o Cosmos está ameaçado de ruína se não for recriado anualmente [...] Mas este Mundo não é mais o Cosmos atemporal e imutável no qual habitavam os Imortais. É um mundo vivo – habitado e usado por seres de carne e osso, sujeitos à lei do devir, do envelhecimento e da morte. [O mundo] clama por reparação, renovação, fortalecimento periódico. Mas só é possível renovar o Mundo repetindo o que os Imortais fizeram *in illo tempore*, reiterando a criação. É por isso que o sacerdote reproduz o itinerário exemplar dos Imortais e repete seus gestos e palavras [...] O ritual de renovação anual do mundo é a cerimônia religiosa mais importante [...] O mundo não apenas se torna mais estável e regenerado, mas também é santificado pela presença simbólica dos Imortais (Eliade, 1963, p. 61-63).[63]

---

[63] «[...] ceci est leur « monde », et il doit être périodiquement renouvelé, autrement il risque de perir. L'idee que le Cosmos est menacé de ruine s'il n'est pas recréé annuellement [...]. Mais ce Monde n'est plus le Cosmos atemporel et inaltérable dans lequel vivaient les Immortels. Il est un monde vivant, - habité et usé par des êtres en chair et os, soumis à la loi du devenir, de la vieillesse et de la mort. Aussi réclame-t-il une réparation, un renouvellement, un raffermissement périodique. Mais on ne peut renouveler le Monde qu'en répétant ce que les Immortels ont fait *in illo tempore*, en réitérant la création. C'est pourquoi le prêtre reproduit l'itinéraire exemplaire des Immortels et répète leurs gestes et leurs paroles [...]. [l]e rituel de renouvellement annuel du Monde est la plus importante cérémonie religieuse [...]. Le Monde n'est plus seulement rendu plus stable et régénéré, mais il est aussi sanctifié par la présence symbolique des Immortels [...]» (Eliade, *Aspects du Mythe*, p. 63); a renovação periódica do mundo por meio da repetição da cosmogonía também é analisada no capítulo 2 de *Le Sacré et le Profane* (1965).

Resta claro que a concepção de tais sistemas mitológicos "envolve uma destruição simbólica e a recreação do universo para começar de novo, periodicamente, uma existência 'pura' em um mundo fresco, forte e fértil" (Eliade, 1984, p. 194-195). A concepção cíclica, nos apocalipses e nas antropogonias arcaicas, traz aspectos relacionados à destruição do mundo por meio de cataclismos, dilúvios e inundações.

Em sua obra *Le Mythe de l'Éternel Retour* e no *Tratado de la Historia de las Religiones*, Eliade abordará essa concepção analisando também os ciclos lunares. Dentro desse contexto, o surgimento e o desaparecimento da Lua simbolizam o surgimento, o desaparecimento e um novo surgimento da própria humanidade.[64] Para além do ritmo cósmico, a aparição e a ocultação da Lua em diferentes fases, temos os mesmos arquétipos em outras culturas históricas.

Nos âmbitos helênico, romano e bizantino existe a doutrina caldeia do "Grande Ano": o universo, apesar de eterno, é destruído e reconstruído[65] periodicamente em cada "grande ano". Sob diferentes variações astrológicas (de diferentes escolas), a doutrina sugere que o mundo será purgado por um dilúvio ou pelo fogo. "É provável que Heráclito também tenha compartilhado dessa doutrina das conflagrações universais periódicas [...]. Em todo caso, ela dominou o pensamento de Zenão e toda a cosmologia

---

[64]   «[...] Cela signifie que le rythme lunaire non seulement révèle des intervalles courts (semaine, mois), mais sert aussi d'archétype pour des durées considérables; en fait, la «naissance» d'une humanité, sa croissance, sa décrépitude (son «usure») et sa disparition sont assimilées au cycle lunaire. Et cette assimilation n'est pas seulement importante parce qu'elle nous révèle la structure «lunaire» du devenir universel, mais aussi par ses conséquences optimistes : car tout comme la disparition de la lune n'est jamais définitive, puisqu'elle est nécessairement suivie d'une nouvelle lune, la disparition de l'homme n'e l'est pas davantage, en particulier la disparition même d'une humanité tout entière (déluge, inondation, engloutissement d'un continent, etc.) n'est jamais totale, car une nouvelle humanité renaît d'une couple de survivants [...]» (Eliade, *Le Mythe de l'éternel Retour*, p. 106).

[65]   O poeta romano Ovídio relata em *As Metamorfoses* a destruição do mundo por meio de um dilúvio e também por uma conflagração. No livro I, Júpiter caminha disfarçado pelo mundo dos homens. Após testemunhar todos os pecados e a infâmia dos atos humanos, ele se convence de que o mundo precisa ser purgado para que uma nova geração humana possa nascer livre e justa. Sabendo que havia uma profecia de que o mundo, o mar e os palácios celestiais seriam consumidos por infinitas chamas, ele preferiu, então, provocar outra forma de catástrofe: o dilúvio. "[...] Ya estaba por lanzar sus rayos sobre toda la tierra, / pero temió que con tanto fuego el sagrado éter ardiera en llamas / y se incendiara la gran cúpula del cielo. / Entonces recordó que, según había sido escrito por los hados, / llegaría un tiempo en que el mar y la tierra y los palacios celestiales / arderían invadidos por el fuego, y el inmenso mundo sufriría enormemente. [...] / y otro castigo prefirió: acumular nubes de lluvia en todo el cielo / y destruir con un diluvio a la estirpe de los hombres [...]" (Ovídio, 2010, I, vv. 250-261, p. 50-51). Será no livro II que o poeta narrará o mito de Faetonte, filho de Febo (versos 1-339), que montou no carro de Apolo, transportado por alguns cavalos selvagens, e que levava o Sol para o mundo. Faetonte tentou controlar os cavalos sem sucesso. Desviou-se do caminho e o sol fez o mundo inteiro arder, até que Júpiter o matou com um raio.

estoica. O mito da combustão universal desfrutou de uma verdadeira popularidade no século I d.C. em todo o mundo romano-oriental [...]. De fato, [...] se reduz à consciência da normalidade da catástrofe cíclica, à certeza de que ela tem um significado e, especialmente, de que nunca é definitiva" (Eliade, 1969, p. 107).

> A experiência de um tempo mutável que retorna sobre si mesmo e, assim, não se sente como irreversível, preservada e extraída da matriz mítica, foi vivida nas grandes culturas do Oriente e da Antiguidade de diferentes maneiras. A concepção do "grande ano", com sua repetição indefinida de períodos [...] únicos, nos quais se observa a sucessão cíclica de ordem e caos, coincidindo com cada conjunção astral, como é refletido nas cosmologias dos gregos (Platão, estoicos, Plotino) e dos romanos (Tito Lívio, Virgílio) [...] (Bazán, 2000, p. 31).

Esses pontos que abordam o ciclo cosmogônico indicam uma repetição sem fim. Segundo Joseph Campbell (1959, p. 238): "de acordo com uma versão asteca, cada um dos quatro elementos encerra um período do mundo: a era das águas terminou em um dilúvio, a da terra com um terremoto, a do ar com uma tempestade e a era presente será destruída pelo fogo". Na doutrina estoica, a conflagração cíclica envolve todas as almas individuais e a alma do mundo no fogo primordial. "Quando esta dissolução universal chega ao fim, começa a formação de um novo universo (a *renovatio* de Cícero) e todas as coisas se repetem, cada divindade, cada pessoa, repete seu papel anterior. Sêneca descreveu essa destruição em seu *De Consolatione ad Marciam*, e parece que esperava viver novamente em um ciclo futuro" (Hasting, p. 375, *citado por* Campbell, p. 238).

Muito bem, esses são os pontos centrais que devem ser abordados. Os elementos aqui analisados serão retomados posteriormente, no capítulo 4, no qual poderemos vê-los dentro do contexto da obra de Nicolau. Ali nós temos a concepção do paraíso primordial, e uma atenção especial será dada ao ato fundacional, à repetição da cosmogonia e à sua visão sobre a renovação periódica da política e da religião. O capítulo 2 demonstrará o mundo corrupto, que clama por uma renovação. Além disso, nosso autor discute o fim do mundo por meio de uma catástrofe ordenada pelos "céus".

## Espaço sagrado e o simbolismo do Centro

No presente tópico eu farei uma síntese dos principais pontos abordados no primeiro capítulo de *Le Sacré et le Profane* (1965, p. 21-59), de

Eliade, seguindo à risca a sequência descrita nesse clássico das religiões comparadas. É necessário abordar essa concepção do *centro do mundo* e sua relação com a consagração do lugar físico para que se possa entender alguns tópicos, nos capítulos 3 e 4, mais adiante. Ainda que Mircea escreva a respeito desses assuntos de maneira polvilhada em inúmeros livros, optei por seguir a linha apresentada nessa obra por razões de praticidade. Sem maiores demoras, vejamos os seus postulados.

Para o *homo religiosus*, o espaço não é homogêneo: há rupturas e quebras que criam porções de espaço ontologicamente diferentes. Um exemplo bíblico é a instrução de Deus a Moisés para tirar as sandálias, pois o solo era sagrado. O *espaço sagrado* é significativo e forte, contrastando com os espaços não sagrados, *profanos*, que são amorfos e sem estrutura. A experiência religiosa da não homogeneidade do espaço é primordial e constitui uma "fundação do mundo". Porém isso não é uma especulação teórica, mas uma experiência religiosa fundamental que precede qualquer reflexão filosófica ou racional a respeito do mundo que circunda o homem. A ruptura no tempo e no espaço, causada por uma *hierofania*, permite a constituição do *mundo real*, revelando um "ponto fixo" ou eixo central para a orientação existencial futura.

Para a experiência profana, o espaço é homogêneo e neutro, sem rupturas que diferenciem ontologicamente suas partes. Pode ser delimitado em qualquer direção sem diferenciação qualitativa e sem orientação inerente. No que se refere à "Consagração de um lugar", observamos uma repetição da cosmogonia. A "cosmização" de territórios desconhecidos é sempre uma consagração, reiterando o ato fundacional e paradigmático dos deuses, o que significa que organizar um espaço é repetir a criação divina, tornando-o *habitável* e *sagrado*.

O exemplo dado por nosso fenomenólogo é o dos *achilpa*, uma tribo *Arunta*, que acreditavam que o ser divino *Numbakula* "cosmizou" seu território, criando seu antepassado e fundando suas instituições. Ele moldou o *poste sagrado* (*kauwa auwa*) e subiu ao céu, desaparecendo. Esse *poste* representa o *eixo cósmico* ao redor do qual o território se tornou habitável, transformando-se em um "mundo real", tendo uma função cosmológico-soteriológica, pois permite que os achilpa se comuniquem com o céu. Durante suas peregrinações, os membros dessa tribo carregam o poste e escolhem a direção conforme sua inclinação. Se ele se quebra é uma catástrofe, simbolizando o "fim do mundo" e a regressão ao caos.

Spencer e Gillen relatam que quando o poste se quebrou, a tribo entrou em desespero e, eventualmente, deixou-se morrer.

O poste sagrado dos achilpa é um protótipo de uma imagem cosmológica difundida: os pilares cósmicos que sustentam o céu e abrem a via para o mundo dos deuses. Esse conceito está presente em várias culturas, como celtas, germanos e romanos (Horácio, *Odes*, III-3), e na Índia antiga (*skambha*). Inúmeros exemplos incluem o famoso *Irmensûl* dos saxões, que Carlos Magno mandou demolir (p. 33).

Uma *hierofania* cria uma ruptura nos níveis do espaço, abrindo uma comunicação entre o mundo divino (acima) e o mundo dos mortos (abaixo). Essa ruptura conecta os três níveis cósmicos (Terra, regiões inferiores e Céu) através de uma coluna universal, o *Axis mundi*, que não apenas conecta, mas também sustenta o Céu e a Terra, com sua base cravada no mundo inferior (Inferno).

Já que um lugar sagrado constitui uma ruptura na homogeneidade do espaço, essa ruptura é simbolizada por uma "abertura" que permite a passagem entre diferentes regiões cósmicas; e essa comunicação com o Céu é expressa por várias imagens simbólicas diferentes do *Axis mundi*: o pilar, a escada (como a de Jacó), a montanha sagrada, a árvore da vida etc.

O "Mundo real" se estende ao redor desse eixo cósmico, que está no "umbigo da Terra", ou seja, no *Centro do Mundo*. A montanha é uma das imagens mais expressivas do simbolismo da ligação entre Céu e Terra, sendo considerada esse *Centro do Mundo* simbólico em muitas culturas. Na obra de Nicolau há uma passagem importante que rememora esse simbolismo da montanha sagrada, que veremos no capítulo 4.

Exemplos de centros sagrados incluem regiões inteiras (como a Palestina), cidades (Jerusalém) e santuários (o Templo de Jerusalém), todos representando uma *imago mundi* – imagem do mundo (p. 39). No contexto da obra de Nicolau Maquiavel veremos mais adiante que essa representação é apresentada no coração de sua especulação. Os *centros* existenciais são, justamente, às vezes *Florença*, às vezes a *Roma Antiga*, mas sempre a *Itália* e a atual *Igreja de Roma* em seu projeto de redenção da pátria.

A *imago mundi* e o conceito de centro são repetidos em várias escalas dentro do mundo habitado. Palestina, Jerusalém e o Templo de Jerusalém são vistos como *imagens* do Universo e *Centros*. Esse fenômeno reflete a necessidade do *homu religiosus* de viver o mais perto possível do *Centro do Mundo*, que, por sua vez, é vizinho à morada dos deuses: um espaço "aberto" ao transcendente, em que a comunicação com o outro mundo é ritualisticamente possível.

A criação do Universo a partir de um ponto central é um modelo exemplar para toda construção física humana. Cada habitação ou estabelecimento humano repete a cosmogonia a partir de um eixo de igual verdade ontológica. A aldeia, por exemplo, é constituída por meio de um cruzamento central, formando um quadrado, que é uma *imago mundi*. A divisão em quatro setores corresponde à divisão do Universo em quatro horizontes. Na Roma antiga, o *mundus* era uma fossa circular dividida em quatro, representando o Cosmos e o modelo exemplar do hábitat humano. A *Roma Quadrata, a Urbs,* era vista como estando no meio do *orbis terrarum* (p. 43-44).

O cosmos é sempre ameaçado por ataques exteriores que tentam transformá-lo em caos. A fundação de uma cidade é feita pela imitação da obra exemplar dos deuses: a cosmogonia. Os adversários que atacam o cosmos são equiparados aos inimigos dos deuses, como os demônios e o dragão primordial, que foi vencido pelos deuses nos primórdios dos tempos. Toda destruição de uma cidade equivale a uma regressão ao caos; toda vitória contra os atacantes reitera o triunfo exemplar do deus contra o dragão, ou seja, contra o próprio caos.

O dragão é a figura exemplar do monstro marinho, da serpente primordial, símbolo das águas cósmicas, das trevas, da noite e da morte – em resumo, do amorfo e do virtual, de tudo o que ainda não tem forma nem verdade ontológica. Foi necessário que o dragão fosse vencido e esquartejado pelo deus para que o cosmos pudesse surgir. Alguns exemplos incluem Marduk, que deu forma ao mundo a partir do corpo do monstro marinho, Tiamat. A vitória do deus sobre o dragão deve ser repetida simbolicamente todos os anos para que o mundo seja criado novamente. Da mesma forma, cada vitória da cidade contra invasores repete essa vitória mítica contra as forças do caos.

As defesas de lugares habitados e cidades, como fossas, labirintos e muralhas, eram originalmente defesas mágicas para impedir a invasão de demônios e almas dos mortos. Na Índia, durante uma epidemia, um círculo é traçado ao redor da aldeia para impedir a entrada dos demônios da doença. Na Idade Média, no Ocidente, os muros das cidades eram consagrados ritualmente como defesa contra o demônio, a doença e a morte, e o inimigo humano é facilmente assimilado aos demônios, pois os resultados dos ataques são sempre a ruína, a desintegração e a morte.

Esse ponto será visto no próximo tópico, a respeito do "inimigo" no contexto do "mito político".

Passando agora para o comportamento religioso em relação à habitação, vemos que o ato de se instalar num território e construir uma morada implica em assumir a "criação do mundo" escolhido para habitar, e isso requer repetir a cosmogonia. Nesse contexto existem cosmogonias trágicas que o homem deve imitar, realizando sacrifícios sangrentos ou simbólicos durante as construções. Em sociedades tradicionais, a habitação é sempre sagrada, pois constitui uma *imago mundi* e o mundo habitável é uma criação divina.

Existem algumas maneiras principais de transformar a morada em um cosmos. Uma delas é repetir, mediante um rito de construção, o ato exemplar dos deuses, em que o mundo nasce do corpo de um dragão marinho ou de um gigante primordial. O pilar central das habitações tem um papel ritualístico importante, sendo o local de sacrifícios em honra ao Ser supremo celestial.

Por fim, o simbolismo envolvendo o templo, o santuário e a catedral. Não são apenas uma *imago mundi*, são também uma reprodução terrestre de um modelo transcendente. O judaísmo, por exemplo, herdou essa concepção, vendo o templo como uma cópia de um arquétipo celeste e, sendo a casa de Deus, o lugar santo por excelência, ressantifica continuamente o mundo. Mesmo que esse esteja impuro, poderá ser purificado pelo *sagrado* que permeia os santuários. A santidade do templo está protegida de qualquer corrupção terrestre, pois seu projeto arquitetônico é obra dos deuses e, portanto, incorruptível. Teremos oportunidade de ler as censuras que Nicolau faz aos profanadores dos locais sagrados e das cerimônias religiosas.

Mais alguns exemplos históricos testemunham o fato da sacralidade do templo: o rei babilônico Gudeia, por exemplo, recebeu o projeto do templo em um sonho em que a deusa *Nidaba* lhe mostrou um painel com as estrelas benéficas. No judaísmo, Jeová revelou os modelos do tabernáculo e do templo a Moisés e Davi. Moisés foi instruído a construir o tabernáculo exatamente conforme o modelo mostrado por Jeová (*Êxodo* 25:8-9, 25:40). Davi recebeu de Jeová o projeto do templo, que ele transmitiu a Salomão (*I Crônicas* 28:19).

A Jerusalém terrestre era vista como uma reprodução aproximada da Jerusalém celeste, criada por Deus junto ao Paraíso. O modelo celestial é incorruptível e não está sujeito ao tempo, enquanto a cidade terrestre pode ser maculada pelos homens. A basílica cristã e a catedral retêm e prolongam esses simbolismos, sendo concebidas como imitações tanto da Jerusalém celeste quanto do Paraíso (p. 54-56).

O *homo religiosus* deseja habitar um "mundo divino", ter uma casa semelhante à "casa dos deuses". Essa nostalgia expressa o desejo de viver num Cosmos puro e santo, como era no início, quando saiu das mãos do Criador, e a experiência do tempo *sagrado* lhe permite encontrar periodicamente o cosmos tal como era no instante mítico da Criação.

Agora, concluindo este tópico, vimos entre as páginas de Eliade a variedade da experiência religiosa; a unidade sagrada do espaço; a irrupção da hierofania e a criação do "centro"; o mundo como obra dos deuses; o terror do caos e a necessidade de orientação; e, por fim, o simbolismo do centro do mundo. Em maior ou menor medida, todos esses pontos estão presentes nas páginas de Nicolau, e teremos oportunidade de observá-los explicitamente ou diluídos nas sutilezas de suas entrelinhas. Passemos agora aos mitos políticos.

## Os mitos políticos

O mito busca situar o indivíduo em uma orientação existencial em relação ao mundo e às coisas que o compõem. Não é sem razão que muitos estudos sobre mitologias costumam abranger perspectivas, métodos e temas relacionados não apenas à antropologia, mas também à psicanálise.[66] Nas palavras de García-Pelayo, o mito

> [...] não se trata de satisfazer uma necessidade de conhecimento e de conduta racionais, mas sim de uma necessidade existencial de instalação e orientação diante das coisas, fundamentada na emoção e no sentimento e, em alguns casos, em profundas intuições, tudo isso não exclui que subsidiariamente o mito possa incluir alguns componentes racionais ou que, sem colocá-lo em questão, certos argumentos lógicos possam ser desenvolvidos a partir dele. Em todo caso, é essencial para o mito que constitua "uma realidade vivida" [...]; isto é, que só exista enquanto é vivido coletivamente, pois quando não é vivido se transforma em fábula, fantasia, ilusão, lenda, etc., como são para nós os que em outros tempos foram os mitos de César, Carlos Magno, Santiago, Napoleão, etc., ou como são também os erros, fraudes ou ocorrências poéticas que não se transformaram em ideias, crenças e ações coletivas. E sendo uma reali-

---

[66] A obra *Mythe, Rêves et Mystères*, de Eliade, e *El Héroe de las Mil Caras*, de Joseph Campbell, são dois exemplos que mesclam belamente a antropologia, a etnografia e a psicanálise.

dade emocionalmente vivida, pertence também à essência do mito [...] (García-Pelayo, p. 22).

Na perspectiva política, os mitos continuam expressando os anseios mais íntimos dos homens. Apesar de diferentes narrativas e de uma suposta infinidade em relação à capacidade imaginativa humana, observamos que os mitos que deságuam no campo político costumam trazer as mesmas estruturas.

São lugares-comuns do imaginário político coletivo: narrativas sobre uma conspiração que pretende destruir uma ordem política específica, subjugando o povo sob um novo domínio, uma nova ordem, que coloca em risco a forma de vida que conhecemos; narrativas que evocam a Idade de Ouro ou um chamado para a realização de uma grande revolução que irá libertar os homens das forças do mal e da servidão, precipitando a redenção; o clamor por um grande líder, um herói salvador, para restaurar a ordem, etc.

Raoul Girardet, pesquisador francês, afirma que esses três tipos de narrativas costumam estar presentes na essência das grandes doutrinas políticas da história: a grande conspiração, a Idade de Ouro e o herói redentor. Para ele, a análise dessas mitologias ajuda a explicar a irresistível atração que muitas ideologias exercem sobre seus seguidores. Além disso, esses mitologemas têm um elemento importante: o chamado à ação. "O mito é essencialmente apreendido em sua função de animação criativa. 'Conjunto conectado de imagens de condução'; segundo a fórmula de Sorel, o mito é o apelo ao movimento, a incitação à ação, e aparece, em última análise, como um estimulador de energias de grande potência" (Girardet, 1987, p. 13).

Sob uma perspectiva mais moderna e contemporânea, o mito e a mitologia perdem seu caráter sagrado, que expressa o real, e adquirem o sentido de fábula. No entanto, mesmo assumindo um sentido fantasioso e irreal, o mito continua a influenciar a vida humana e a cumprir sua função mobilizadora. Neste tópico veremos alguns arquétipos e algumas construções simbólicas amplamente utilizadas pelos mitos políticos; no entanto o detalhe crucial dessas narrativas é o contexto de onde emergem: o momento de crise. Para Ernst Cassirer, os momentos críticos da vida social são o "terreno natural para o desenvolvimento dos mitos políticos" (1974, p. 296).

[...] mesmo em sociedades primitivas, onde o mito permeia e governa toda a vida e todo o sentimento social do homem, ele não opera sempre da mesma maneira nem aparece sempre com a mesma força. Alcança o ápice de sua força quando um homem se vê diante de uma situação incomum e perigosa [O mito é utilizado em momentos em que] o homem é confrontado com uma tarefa que transcende seus poderes, [diante de uma atividade] perigosa com resultados imprevisíveis. [Esta descrição da função do mito] na sociedade primitiva também é válida para estágios altamente evoluídos da vida política do homem. Em situações desesperadas, o homem recorre a meios desesperados – e os mitos políticos atuais foram esses meios desesperados. [...] Em tempos de paz e tranquilidade, em períodos de relativa estabilidade e segurança, a organização racional da sociedade é facilmente mantida. Parece estar segura contra todos os ataques. No entanto, na política, nunca se alcança um equilíbrio completo. O que se encontra aqui é um equilíbrio mais dinâmico que estático. Na política, vive-se em terrenos vulcânicos. Devemos estar preparados para convulsões e erupções abruptas. Em todos os momentos críticos da vida social do homem, as forças racionais que resistem à explosão das antigas concepções míticas já não estão mais seguras. É o momento em que o mito retorna. Porque o mito não foi realmente vencido e subjugado. Está lá, aguardando sua hora [...] (Cassirer, 1974, p. 296-298).

Na história do imaginário político, há papéis que os personagens desempenham. Personagens simbólicos, através dos quais se expressa uma visão coerente e completa do destino coletivo. Ao redor deles são cristalizados poderosos impulsos de emoção, expectativa, esperança e adesão. Heróis, em resumo, no sentido do antigo mito greco-latino atribuído a esse termo (Girardet, 1987, p. 70).

Geralmente, a nostalgia das Idades de Ouro que terminaram se transforma em uma espera e anúncios proféticos sobre seu retorno. No entanto é bastante raro que os messianismos revolucionários não alimentem sua visão do futuro com imagens ou referências retiradas do passado. O salto é dado rapidamente, por outro lado, da denúncia das conspirações malignas até o apelo ao Salvador, ao líder redentor; é sobre ele que recai a tarefa de libertar a cidade das forças perniciosas que têm a intenção de estender seu domínio sobre ela (Girardet, p. 101). Assim como o mito religioso, o mito político é essencialmente polimorfo. Girardet (p. 15) afirma que é necessário entender com isso que uma mesma sequência de imagens oníricas pode ser encontrada veiculada por mitos aparentemente distintos. Da mesma forma, é provável que um mesmo mito ofereça múltiplas ressonâncias e não menos numerosos significados:

> Para além de sua ambivalência, além de sua fluidez, existe, no entanto, o que se pode chamar de lógica – uma certa forma de lógica – no discurso mítico [...]. Também os mecanismos combinatórios da imaginação coletiva

parecem ter um número relativamente limitado de fórmulas. O poder renovador da criatividade mítica é, de fato, muito mais restrito do que as aparências poderiam sugerir. Se o mito é polimorfo, se é uma realidade ambígua e comovente, ele encontra o equivalente de uma coerência nas regras das quais parece depender seu curso. Isso pode ser representado e apresentado, de fato, como uma sucessão ou combinação de imagens. Mas nesta sucessão, nem esta combinação escapa de uma certa forma de ordenamento orgânico. [As imagens] se inserem em um sistema, em uma "sintaxe" [...], em outras palavras, agrupam-se em séries idênticas, estruturadas em associações permanentes, que apresentam os elementos construtivos da narrativa que compõem (Girardet, p. 17).

Essas estruturas mencionadas por Girardet são vistas quando, por exemplo, dentro do mito das "conspirações políticas",[67] a conspiração e os membros que participam da conspiração sempre serão referenciados a um certo símbolo da mácula. O conspirador, um inimigo político,[68] floresce em uma

---

[67] Em relação às conspirações, Girardet (1987, p. 25-62) busca extrair a estrutura básica dos relatos mitológicos, surgidos de obras literárias, em três narrativas distintas: três complôs, três conspirações diferentes: o complô judaico, o jesuíta e o maçônico. Todos de caráter universal: tais conspirações têm a intenção de dominar o mundo.

[68] As palavras desta longuíssima citação são do professor brasileiro, doutor em História, André Azevedo da Fonseca. O comentário a seguir, feito por André Fonseca, foi realizado a partir da leitura da obra de Raoul Girardet, que utilizo na bibliografia deste livro. A referência completa estará ao final, na seção pertinente. "[...] Em várias peças de propaganda ideológica do século XX, podemos observar que o padrão das narrativas das teorias da conspiração, em geral, reproduz essencialmente as imagens míticas do declínio progressivo para o abismo, para o submundo e para as trevas. Capitalistas contra comunistas; antissemitas contra judeus; liberais contra socialistas; nazistas contra comunistas, etc. Todas as doutrinas ideológicas [...] têm se empenhado em utilizar esses tipos de imagens para carregar o inimigo com um espectro sombrio, maléfico e diabólico. É sempre à noite que os conspiradores se reúnem para tramarem seus planos secretos. Esses inimigos usam vestes escuras e sombrias. Homens de preto são a representação clássica da organização secreta, que atua para controlar o mundo. E a noção de que eles agem debaixo da terra e todas as suas variações: a caverna, a gruta, a cripta, o porão, o andar secreto no subsolo – todos esses símbolos desempenham um papel essencial na construção do discurso da conspiração [...]. A partir de imagens arquetípicas, que nos causam medo desde sempre, como a escuridão, a sombra, a neblina, a tempestade que se anuncia, os escritores introduzem os leitores a um mundo incompreensível e, precisamente por isso, aterrorizante. Surgidos sempre de lugares distantes, misteriosos, os homens de preto têm a função de encarnar a ameaça do 'não familiar', do 'outro', do estrangeiro no sentido mítico do termo. A ameaça que essas figuras inspiram é aquela que jamais deixou de assombrar os pesadelos das cidades pacíficas e ordenadas: [...] o forasteiro misterioso que traz a doença e a epidemia, fazendo a colheita apodrecer e o rebanho morrer. Ou a do invasor que viola as casas das famílias, provocando a ruína [...]. Também é na sombra que se escondem os animais imundos. É da sombra que eles surgem. Não por acaso, as imagens cuidadosamente escolhidas para representar os inimigos de maneira repulsiva sempre tentam associar o outro a um bestiário mítico que causa medo em nosso inconsciente. Este bestiário reúne todos os animais que rastejam, se infiltram e se escondem, que são ondulantes e viscosos, que transportam sujeira e infecções. A serpente, o rato, a sanguessuga, o polvo [...] e entre os animais repulsivos, a imagem da aranha é uma das mais poderosas. E não é por acaso: a aranha é o animal venenoso que tece sua armadilha com meticulosa paciência. Envolvem suas vítimas, entrelaçando sua presa na teia de suas redes, até que as devore lentamente. Devido à sua capacidade de multiplicar e propagar a doença de maneira invisível, a imagem da praga foi amplamente utilizada em anúncios ideológicos para atribuir um significado repulsivo e incitar o ódio e o desejo de exterminar o inimigo. O porco que se alimenta de lixo, de podridão e de terra, assim como o lobo assassino, com olhos de fogo e sede de sangue, são outros animais que geralmente

escuridão fétida; metaforicamente referenciado e confundido com animais sujos, serpenteia e se insinua; viscoso ou com tentáculos, propagando o veneno, a infecção. "[...] Seja qual for a natureza e a aparente motivação da conspiração, sempre corresponde àqueles que controlam seus fios, responder a uma vontade insaciável de poder e retomar o sonho eterno de construir um Império em escala universal, da unificação do globo sob uma autoridade total" (Girardet, p. 36-37).

Nas palavras de Fonseca, "todas as doutrinas ideológicas [...] se empenharam em usar [...] imagens buscando carregar o inimigo com um espectro sombrio, maléfico e diabólico". Os "personagens maus" são representados de maneira degradante. "Primeiro como um demente psicopata, depois como um monstro antropomórfico: uma fera sangrenta e, finalmente, como um espírito sobrenatural, um fantasma, uma entidade apocalíptica, até atingir o nível mais baixo de representação: a besta, um demônio integrante das legiões de Satanás, ou o diabo em pessoa" (Nota 66).

Em um sentido semelhante, García-Pelayo classifica esse fenômeno como "a bipolaridade da pugna":

> [...] a atitude mítica tende a ver a realidade histórica e social como uma luta dramática entre poderes conflitantes. É compreensível que esta perspectiva se estenda facilmente ao campo político, no qual, junto com a busca por uma ordem estável, sempre estão presentes a tensão e o conflito [...]; a característica da política, o que confere sentido político aos atos, é a distinção entre amigo e inimigo, da mesma forma que a distinção entre belo e feio ou entre bom e mau lhes confere sentido estético ou ético; é certo que se trata do inimigo público (*hostis*, em latim; *foe*, em inglês) e não do inimigo privado (*inimicus*) e que, em princípio, o antagonismo político tem caráter setorial, ou seja, refere-se apenas à dimensão política ou politizada do comportamento, mas não é menos verdade que a dialética da luta política conduz à totalização, ao apro-

---

fornecem imagens poderosas nas disputas simbólicas da propaganda ideológica. Mas em uma perspectiva mitológica, os anúncios criados para associar uma imagem grotesca ao oponente político podem evoluir muito rapidamente desse bestiário sombrio e repulsivo para uma representação literalmente maligna e diabólica do outro. Assim, as propagandas começam a criar e disseminar imagens para associar o adversário ao reino das trevas, e, a partir daí, o defensor da ideologia oposta deixa de ser um adversário para se tornar um inimigo. O outro é aquele que se apodera das crianças na noite. É o assassino cruel e estrangulador. É o bárbaro que mata por prazer. É o inimigo desumano [...]. Dessa forma, o outro passa a ser representado sucessivamente de maneira degradante. Primeiro feito um psicopata insano, depois feito um monstro antropomórfico: uma fera sangrenta e, finalmente, feito um espírito sobrenatural, um fantasma, uma entidade apocalíptica, até atingir o nível mais baixo de representação: a besta, um demônio integrante das legiões de Satanás, ou o próprio diabo [...]" (Fonseca, 2014).

fundamento da inimizade e à correspondente tendência de imputar ao inimigo as piores qualidades de todo tipo [...] (García-Pelayo, p. 32).

É nesse momento, quando a rivalidade política e o conflito por ela ocasionados atingem esse grau, que se vê a vinculação do nome do inimigo a imagens simbólicas e arquetípicas; daí surge a perspectiva da luta entre o mal e o bem, e o conflito político desagua no campo mitológico:

> Quando a pugna política atinge esse grau de totalização e intensidade, abre-se o caminho para a substituição da perspectiva racional pela perspectiva mítica e, mais concretamente, (i) para transformar o adversário no compêndio das piores qualidades de todos os tipos: o inimigo é mau, ignóbil, odioso, feio, tolo (embora astuto: nunca se sabe que terríveis idéias podem germinar em seu cérebro deformado), imoral, falacioso, etc., e como contraponto necessário – já que somos sua negação radical – (ii) para nos transformarmos nós mesmos no compêndio das qualidades ótimas; (iii) para generalizar essa bipolaridade – especialmente em momentos de forte tensão – até incluir no campo adversário todos aqueles que não estão conosco, mesmo que também não estejam com "o outro". Tudo isso dá origem a um complexo mito recorrente e, portanto, reproduzido em diferentes contextos e com diferentes conteúdos, mas sempre respondendo ao mesmo arquétipo ou mitologema original: a luta irreconciliável entre Deus e seu antagonista Satanás, este último significando o inimigo arquetípico, e cujas imagens a atitude mítica recorrerá de tempos em tempos para configurar o inimigo político e o sistema político adversário (García-Pelayo, p. 33).

Enquanto o Salvador, o herói, o líder providencial, sempre estará relacionado aos símbolos de purificação, o herói redentor é aquele que liberta, que quebra as correntes, aniquila os monstros, faz com que as forças do mal se retirem, sempre associado também a imagens de luz (o ouro, o sol nascente, o brilho dos olhos) e a imagens de retidão (a espada, o cetro, a árvore centenária, a montanha sagrada etc.).

Nos momentos de crise e quando o Estado está ameaçado por inimigos, reais ou imaginários, as pessoas começam a ansiar pela presença de um herói salvador para libertá-las do mal. Assim como nas narrativas mitológica e teológica, existem personagens que representam as forças do mal e do bem. É nesses momentos de angústia coletiva que os heróis[69] surgem:

---

[69] "[...] Muitas vezes, os heróis são criados através de uma série de manipulações conscientes por parte dos agentes históricos, que sabem ler os sinais de seu tempo. Eles identificam o código das angústias sociais e passam a encenar o papel que a sociedade espera de seu herói. Napoleão é um caso clássico. Ele compreendia

> A necessidade de liderança só pode ser sentida quando um desejo coletivo atingiu uma força avassaladora e, por outro lado, todas as esperanças de satisfazer este desejo por meios ordinários fracassaram. Neste momento, o desejo não só é profundamente sentido, mas também personificado. Ele se apresenta diante dos olhos do homem de forma concreta, plástica e individual. A intensidade do desejo coletivo é personificada no líder. Os antigos laços sociais – lei, justiça e constituições – são considerados inúteis. O que resta é apenas o poder e a autoridade mística do líder, e sua vontade é a lei suprema. [...] (Cassirer, 1974, p. 298-299).

Girardet falará de tempos distintos. O "tempo da espera e do apelo" é o momento em que se forma e se difunde a imagem de um Salvador desejado, cristalizando ao seu redor a expressão coletiva de um conjunto confuso de esperanças, nostalgia e sonhos. E o tempo da presença do Salvador, finalmente surgido, trazendo a ocasião em que o curso da história se realizará. E ainda há o momento da lembrança, o momento em que a figura do Salvador, lançada de novo no passado, vai se modificar sob os caprichos dos jogos ambíguos da memória, de seus mecanismos seletivos, de seus rejeitos e suas amplificações (Girardet, p. 72).

Aqui, neste ponto, encontramos quatro modelos arquetípicos dos personagens mitológicos que nos interessam para este estudo, porque os encontramos nas páginas de Nicolau. Tais modelos estão expressos nas figuras de Cincinato, com o símbolo da *gravitas*; de Alexandre, o Grande, e a *celeritas*; de Sólon, o *Legislador*; e, por fim, de Moisés, o grande *profeta*. No entanto as análises pertinentes serão feitas mais adiante, nos capítulos 3 e 4, quando finalmente articularei a estrutura básica dos mitos à obra do pensador florentino. Por enquanto é suficiente apenas mencioná-los.

"Os sistemas políticos são sustentados", diz Manuel García-Pelayo (1981, p. 16), "plenamente sobre uma cultura política mítica, baseada na distinção radical entre o sagrado e o profano". O tema do profano e do sagrado na obra de Pelayo deriva de Mircea Eliade, e, dentro desse contexto, tudo o que é real está dentro do campo sagrado. O sagrado é, mais precisamente, o "mais real", a realidade que importa para o homem; tudo o que existe, que serve para sua própria existência terrena, está permanentemente relacionado e imbuído pelo sagrado: a natureza, os animais, a comida, as doenças, os remédios, a caça, a pesca, a hierarquia

---

a necessidade de encomendar pinturas que o retratassem de forma heroica, de patrocinar peças de música e teatro onde sua figura era enaltecida, e, assim, conquistava a reverência [...]. Mas para criar um herói nacional, alguns elementos são necessários. 1) É necessária uma certa 'disponibilidade social". O que Girardet chama de 'o tempo da espera e do apelo'. 2) Depois vem o tempo da presença, quando o herói salvador finalmente se apresenta. 3) Por fim, há o tempo da memória, quando a figura do salvador do passado muda devido aos movimentos da memória coletiva. Dependendo do momento histórico, a sociedade necessita de um herói com esta ou aquela característica [...]" (Fonseca, 2015).

etc., e, portanto, a ordem política. "Assim sendo", afirma Pelayo, "a ordem política se constitui como uma hierofania".[70]

A função do mito é proporcionar ordem e orientar o homem dentro do mundo. Em um aspecto político, o mito serve, além disso, como combustível para a ação, como um chamado para o homem realizar algum projeto maior do que ele próprio: "[...] a função histórico-social do mito, ou seja, sua utilidade para manter sistemas ou promover movimentos sociopolíticos [...]" (García-Pelayo, 1981, p. 20).[71]

Como estamos vendo, o sistema político também pode absorver a estrutura básica das narrativas mitológicas, e, é claro, a cosmogonia, como o tipo de mito mais importante, não estaria excluída desse processo. É precisamente nesse contexto que vemos Eliade escrever, em *Méphistophélès et l'Androgyne* (1964, p. 193-194), a respeito da "fonte das futuras escatologias históricas e políticas":

> De fato, mais tarde, passamos a esperar a renovação cósmica, a "salvação" do mundo, a partir da aparição de um certo tipo de rei, de herói ou de um salvador, ou mesmo de um líder político. Embora sob um aspecto fortemente secularizado, o mundo moderno ainda mantém a esperança escatológica de uma *renovatio* universal, operada pela vitória de uma classe social, ou mesmo de um partido político, ou personalidade [...] (p. 194).

Um argumento central encontrado em muitas obras de Eliade, especialmente em *Le Sacré et le Profane* e no *Tratado*, é que o homem é basicamente um *homo religiosus*; isso significa que sua experiência básica está relacionada

---

[70] Eu tratei detalhadamente da ideia da constituição mítica do mundo feito uma hierofania no tópico sobre o sagrado. Eliade escreve sobre esse tema em todos os seus livros, com ênfase especial em duas obras principais: *Le Mythe de l'Éternel Retour* e *Le Sacré y le Profane*; «[...] vivre au coeur du réel [...] il n'est de véritablement réel que les archétypes. Vivre conformément aux archétypes revenait à respecter la "loi", puisque la loi n'était qu'une hiérophanie primordiale, la révélation *in illo tempore* des normes de l'existence, faite par une divinité ou un être mythique. Et [...] par la répétition des gestes paradigmatiques et par le moyen des cérémonies périodiques, l'homme archaïque réussissait [...] à annuler le temps [...]» *(Eliade, Le Mythe de l'Éternel Retour, p. 114)*.

[71] "[...] Sólo a partir del siglo XIII y en base a la distinción escolástica entre Gracia y Naturaleza comienzan a establecerse los supuestos filosóficos para una instalación secular y racional del orden político [...]. en épocas bajo la hegemonía de la concepción racional de las cosas, la mentalidad mítica no sólo continúa operando en las capas incultas de la población, sino que continúa formando parte de la cultura política global del tiempo. Como ejemplo entre otros muchos, puede señalarse la idea carismática que ciertos pueblos tenían en sí mismos como particularmente elegidos por el destino o por la divinidad para misiones histórico-universales, o para conducir al género humano a la 'plenitud de los tiempos', o el 'mito de la realeza', que considera a ésta como eje entre el cielo y la tierra, dotada de carismas sacros e incluso de poderes taumatúrgicos, como fue el caso de los reyes de Inglaterra y de Francia [...]. 'Toda cultura – dice Gotesky – crea y valora sus propios mitos, no porque sea incapaz de distinguir entre verdad y falsedad, sino porque su función es mantener y conservar una cultura contra la desintegración y destrucción. Sirven para sostener a los hombres frente a la derrota, la frustración, la decepción, y para conservar las instituciones y el proceso institucional' [...]" (García-Pelayo, 1981, p. 18-19).

a um tipo religioso de interação com o mundo e seus objetos. Em tal contexto, a política e seus movimentos não estariam livres dessa estrutura religioso-mitológica. Assim, torna-se comum ver movimentos políticos que trazem aspectos de fanatismo religioso e elementos escatológicos, salvíficos, proféticos e messiânicos em seus postulados, feito o marxismo. [72]

> Imagens míticas, feito a Idade de Ouro no início dos tempos, a subsequente decadência [da humanidade] na servidão e degeneração, a recuperação na era de ouro no fim dos tempos, a redenção pelo sacrifício do redentor, a catástrofe que sinaliza a liquidação do mundo caduco e o nascimento de um novo éon, todas essas são intuições míticas que são racionalmente desdobradas pelo marxismo: uma sociedade sem classes da comunidade original, caindo na sociedade classista, com os correspondentes fenômenos de servidão e alienação, uma sociedade sem classes no fim dos tempos, na qual o homem cancelará a escuridão e a servidão para se concentrar em si mesmo; o sacrifício do proletariado pela libertação total e radical da humanidade, e o *Zusammenbruch* [colapso] do capitalismo entre essa libertação e a era caduca (García-Pelayo, 1981, p. 15).

Severino Croatto também reserva algumas páginas de seu estudo para tratar certos aspectos do mito político. Ele afirma que, no campo político, "o Revolucionário substitui o herói das façanhas míticas" (1994, p. 214).

> Alguns mitos políticos ocupam o lugar de antigos mitos religiosos. A "Idade de Ouro" é substituída pelo paradigma da "sociedade sem classes". O mito da raça é outro exemplo. O mito da raça ariana tem traços da mitologia germânica: o *Ragnarök* (literalmente "destino dos deuses") ou o fim do mundo catastrófico envolve uma batalha gigantesca com a consequente

---

[72] Qual teria sido o destino do marxismo, por exemplo, se tivesse mantido seu sistema conceitual e método de análise, e não tivesse tido esse atrativo profético e essa visão messiânica que o caracteriza? Ver o tópico *Le Sacré et le Profane dans le Monde Moderne* (p. 171-181), no capítulo 4: «[...] Nous ne faison pas non plus allusion aux divers mouvements politiques et prophétismes sociaux, dont la structure mythologique et le fanatisme religieux sont facilement discernable; il suffira, pour donner un seul exemple, de rappeler la structure mythologique du communisme et son sens eschatologique; Marx reprend et prolonge un des grands mythes eschatologiques du monde asiano-méditerranéen, à savoir: le rôle rédempteur du Juste (l' «élu», l' «oint», l'«innocent», le «messager»; de nos jours, le prolétariat), dont les souffrances sont appelées à changer le statut ontologique du monde. En effet, la société sans classes de Marx et la disparition conséquente des tensions historiques trouvent leur plus exact précédent dans le mythe de l'Age d'Or qui, suivant des traditions multiples, caractérise le commencement et la fin de l'Histoire; Marx a enrichi ce mythe vénérable de toute une idéologie messianique judéo-chrétienne: d'une part, le rôle prophétique et la fonction sotériologique qu'il reconnaît au prolétariat; de l'autre la lutte finale entre le Bien et le Mal, qu'on peut rapprocher sans peine du conflit apocalyptique entre Christ et Antéchrist, suivi de la victoire décisive du premier. Il est même significatif que Marx reprenne à son compte l'espoir eschatologique judéo-chrétien d'une fin absolue de l'Histoire ; il se sépare en cela des autres philosophies historicistes (par exemple Croce et Ortega y Gasset), pour qui les tensions de l'Histoire sont consubstantielles à la condition humaine et ne peuvent jamais être complètement abolies [...]» (Eliade, *Le Sacré et le Profane*, p. 175-176).

destruição de todos os deuses e heróis e o retorno do mundo ao caos; então vem a renovação: a nova raça, em um mundo novo (p. 215).

Baseando-se na obra *O Mito do Estado*, de Cassirer, Croatto afirmará:

> Não menos eficaz tem sido o mito do Estado (com sua expressão filosófica em Hegel), que herda elementos do culto da Raça (Gobineau), que por sua vez desenvolve formas do culto ao Herói [desenvolvido pelas conferências de Carlyle], muito característico da tradição grega e da antiguidade clássica. Note-se que a convergência de todas essas linhas ocorreu no nacional-socialismo de Hitler (p. 215).

É dentro do contexto do mito e da religião que Eric Voegelin desenvolveu seu estudo sobre a *gnose política*. O filósofo de Viena vê nas ideologias políticas, como o nazismo e o comunismo, um substrato metafísico religioso. No entanto tal substrato tem um caráter deformado e demoníaco. As ideologias são frutos da especulação de pensadores com consciência deformada e pervertida, feito Hitler, Comte e Marx.[73] O ponto mais importante que Voegelin observa dentro desses sistemas políticos é a presença de um anseio messiânico e salvífico no fim dos tempos, ocorrido não no *além-teológico*, mas dentro da própria história: a *imanentização do escatão*.

Não posso adentrar mais profundamente nesse campo da gnose política, pois isso nos afastaria muito do objeto de estudo. Essa questão demanda uma publicação à parte. Em suma, Voegelin utilizou o termo *gnosticismo* para falar sobre os problemas na interseção da espiritualidade, do mito, da religião, da política e da cultura da modernidade. Uma abordagem que não tem relação com o gnosticismo do cristianismo primitivo. O mito, nos movimentos políticos, torna-se vivo e atuante, mobilizando os homens ao redor de um projeto determinado.

## Antes de irmos à Itália para conversar com Nicolau

Estes pontos são cruciais para a articulação da nova interpretação que proponho neste estudo: as imagens do herói salvador, que põe fim ao sofrimento de um povo ou de um país; do paraíso primordial; dos inimigos da pátria retratados em uma propaganda teológico-difamatória; a cosmogonia, a queda, a destruição do mundo, a *renovatio universal*

---

[73] Por exemplo, na obra *From Enlightment to Revolution* (p. 136), Voegelin chama Auguste Comte de um "ditador espiritual da humanidade" e "o homem do apocalipse". Em suas *Reflexões Autobiográficas*, Voegelin até considerou Marx um charlatão intelectual. Para compreender dito conceito, de *gnosis*, na obra de Voegelin, é necessário entender todo um conjunto de elementos e de práticas, feito os fenômenos da *fraude intelectual* e da *proibição-de-perguntar*. Infelizmente, este livro não é o lugar apropriado para abordar essas questões.

periódica, o centro do mundo como sendo o eixo existencial do qual o homem comunga com os seres divinos. Todos esses pontos contribuem para entendermos o mito no pensamento do nosso amigo Nicolau.

Veremos que em sua obra há uma forte presença de vários seres metafísicos (capítulo 3) e que a estrutura do mito cosmogônico e sua repetição estão completamente presentes em sua especulação (capítulo 4). Mas o campo de atuação da hierofania, o mundo profano, está em crise e pede por uma regeneração (capítulo 2).

Trago boas notícias, pois Nicolau respondeu minha carta e nos aguarda no jardim de sua casa. Então, leitor, embala teus presentes para entregá-los quando chegarmos. Tenho certeza que ele vai gostar.

*Francesco Rosselli – A Execução de Savonarola e dois Companheiros na Piazza della Signoria – Galeria Corsini, século XVI*

*A Morte em Pé sobre o sarcófago em que descansam o Papa e o imperador. Detalhe de "O Triunfo da Morte e a Dança da Morte", de 1485, pintado em um muro, ao lado do Oratorio dei Disciplini em Clusone, Itália*

# CAPÍTULO II

# O MUNDO DESORDENADO

## Sob o Sol da Toscana, recebidos amorosamente

Finalmente chegamos. Nicolau nos abraça e pergunta como foi a viagem. Ele nos convida para sentarmos à sombra perfumada dos ciprestes de seu jardim. Logo mais ele começará a nos falar, suscintamente, sobre a situação geral da política italiana. Em seguida daremos os primeiros passos em direção ao tema principal do livro e o leitor começará a ter contato com os elementos centrais da obra maquiaveliana para que se possa compreender a incidência do mito e da religião.

Tais elementos estão relacionados à compreensão de Nicolau de que o mundo está mergulhado no caos e na desordem; que o período presente vivido pela humanidade é um momento de crise; que a corrupção tem distorcido os tempos e o comportamento dos homens; que a realidade é caída, no sentido bíblico do termo, e precisa de uma regeneração.

Nicolau nos contará um mito cosmogônico: a criação do mundo, dos astros, da humanidade. Naquele tempo tudo era bom e beatífico, mas houve uma queda e o homem passou a viver sob o pecado. Os pecados que afligem o mundo são: a *ambição*, a *inveja*, a *preguiça*, o *ódio*, a *crueldade*, a *soberba* e o *engano*. Também veremos alguns elementos relacionados ao tempo cíclico.

Agora nosso amigo senta-se na cadeira e começamos a conversar.

## A situação política da Itália

Na época do nosso autor, a Itália sofria com divisões internas, com Estados possuindo domínios territoriais, modelos políticos e econômicos diferentes. Havia cinco grandes cidades-Estado, desunidas e com interesses opostos, o que causava conflitos regulares. Havia os Estados Pontifícios, em Roma; o Estado Florentino, nas mãos dos Médici; o Reino de Nápoles, sob controle dos aragoneses; o Ducado de Milão e a República de Veneza. Essa fragmentação territorial servia como combustível para frequentes rivalidades, resultando em consequências catastróficas para a península.

"O equilíbrio temporal", escreve Paul Larivaille, "laboriosamente construído pela habilidade diplomática de Lorenzo, o Magnífico, não sobreviverá à sua morte em 1492".[74] Dois anos depois, os Médici serão expulsos de Florença e, em Roma, Alexandre VI (da família Bórgia) tornar-se-á o novo Papa.

Além das ambições pessoais dos Bórgias, as disputas entre Milão e Nápoles voltarão a acontecer, terminando por dividir a península ainda mais gravemente, pois, a partir daí, a Itália tornar-se-á presa de dois grandes países: Espanha e França. "Longe de provocar uma aliança dos estados italianos, as incursões estrangeiras, que ocorrem na península, revelam claramente a ausência de uma consciência política nacional. É verdade que, nos textos da época – especialmente os poéticos –, não faltavam apelos à união sagrada contra o invasor, particularmente contra o *ímpio Gallo* (*o cruel galo* – os franceses)" (p. 9-10) (havia uma expressão comum na época, atribuída ao Papa Júlio II, clamando pela expulsão dos invasores: *Fuori i barbari!*).

A conjuntura explicada por Paul Larivaille é vista em vários lugares da obra de Nicolau. No capítulo 12 d'*O Príncipe*, por exemplo, ele elabora um longo comentário sobre o problema de a Itália ter confiado, por muitos anos, em tropas mercenárias. No início do capítulo encontramos a expressão que se tornou uma de suas máximas mais conhecidas: "Os principais fundamentos de todos os Estados, tanto os novos quanto os antigos ou mistos, são as boas leis e as boas armas; e não pode haver boas leis onde não há boas armas; e onde há boas armas, convém que as leis sejam boas".[75]

---

[74] "[...] A consolidação das três monarquias ocidentais [Inglaterra, França e Espanha] foi concluída com sucesso quando caiu a tempestade sobre a Itália em 1494. À época, o equilíbrio de poder entre as cinco maiores unidades políticas na península – Milão, Veneza, Florença, Estados Pontifícios e Nápoles – era o sistema política da Itália, descrito admiravelmente por Guicciardini em *Storia Fiorentina*. No cerne desse sistema estava a aliança próxima entre Nápoles, Florença e Milão que, por volta do século XV, Cosimo de' Médici tinha planejado com o propósito de equilibrar o poder do papado e Veneza. Era precário o equilíbrio, e depcis de 1474 encontramos um realinhamento de Milão, Florença e Veneza contra o papado e Nápoles. As perturbações sangrentas resultantes terminaram em 1480 com os esforços diplomáticos de Lourenço, o Magnífico; o velho sistema, com a tripla aliança de Cosimo em seu cerne, foi restaurado e durou até a morte de Lourenço, em 1492. A aliança secreta subsequente entre Nápoles e Florença, para a espoliação de Milão, levou Ludovico Sforza a apelar à ajuda da França e à invasão. O equilíbrio de poder tinha sido, de fato, a organização política nacional da Itália. A despeito de perturbações menores frequentes e perturbações maiores ocasionais, poderia ter durado e se transformado no fundamento para um desenvolvimento interno em direção a uma organização nacional mais estável. Deve-se considerar esse ponto na ponderação dos efeitos revolucionários do choque nos reinos das ideias [...]" (Voegelin, *HPI*, IV, p. 43).

[75] "[...] E principali fondamenti che abbino tutti li stati, così nuovi come vecchi o mixti, sono le buone legge e le buone arme: e perché non può essere buone legge dove non sono buone arme, e dove sono buone arme conviene sieno buone legge [...]".

Mais adiante, nesse mesmo capítulo, nosso autor criticará as ações da Igreja, a busca do Papa por mais poder temporal, a divisão do país e a queda do poder nas mãos de algumas repúblicas comandadas por homens sem *virtù*. Nicolau lamenta, então, a sucessão desses eventos, dizendo que "a consequência [da ação desses homens] é que a Itália foi devastada por Carlos, saqueada por Luís,[76] submetida por Fernando e vilipendiada pelos suíços".[77] As últimas palavras do capítulo são que a Itália está *stiava e vituperata*, "escrava e vituperada".

Na dedicatória de seu poema *I Deccennale*, nosso poeta (aqui assinando como *Nicolaus Maclavellus*) inicia sua escrita anunciando o objetivo de explicar "as fadigas italianas de dez anos e a minha de quinze" (*le fatiche di Italia di dieci anni e la mia di quindici* – p. 939)

> Eu cantarei as itálicas fadigas,
> ocorridas já há dois lustros
> sob as estrelas com sua bem inimiga
>
> Quantos caminhos alpinos, quantos pantanosos
> narrarei eu, de sangue e mortes, plenos
> pelo passar de reinos e estados ilustres! [...].[78]

Em seguida, imitando o estilo dos antigos poetas, ele invoca a musa para que o inspire e o ajude a contar as batalhas e aventuras: "Oh Musa, sustenta esta minha cítara, e tu, Apolo, para me dar socorro, acompanhado de tuas irmãs, vem!".[79]

Esse texto, *Os decenais*, foi escrito em 1504, e Nicolau expõe os eventos que começaram a ocorrer em seu país a partir de 1494, ano em que Carlos VIII, o rei da França, invadiu a Itália com seu exército. Ao longo de todo o poema encontram-se diversas referências aos invasores de sua pátria, retratando-os como os grandes inimigos do país, responsáveis pela destruição de suas terras e pelo sofrimento de seu povo. Tais adversidades afetam o próprio poeta, que compartilha do drama existencial de sua pátria.

---

[76] Luís XII, o Duque de Orleães (1462-1515), futuro sucessor de Carlos VIII. Ele ocuparia a cidade de Novara, que pertencia ao Ducado de Milão. Nicolau o menciona no início de seu *primeiro decenal*.

[77] "[...] e'l fine della loro virtù è stato che Italia è stata corsa da Carlo, predata da Luigi, sforzata da Ferrando e vituperata da' Svizzeri [...]".

[78] "Io canterò l'italiche fatiche / seguìte già ne' duo passati lustri / sotto le stelle al suo bene inimiche; Quanti alpestri sentier, quanti palustri / narrerò io, si sangue e morti pieni, / pe 'l variar de' regni e stati illustri!" (p. 940).

[79] "[...] O Musa, questa mia cetra sostieni, / e tu Apollo, per darmi soccorso, / da le tue suore accompagnato vieni [...]" (p. 940). Homero abre a Ilíada e a Odisseia invocando as musas. O mesmo que faz Virgílio em sua Eneida.

É oportuno demonstrar nos versos da segunda estrofe, um tema já presente em todos os seus escritos políticos, históricos, poéticos, literários e epistolários *"Quantos caminhos alpinos, quantos pantanosos / narrarei eu, de sangue e mortes, plenos / pelo variar dos reinos e Estados ilustres!"*: justamente a mudança das *ordenações*, a inevitabilidade da guerra e a *impermanência* de todas as *coisas humanas*. Esses temas serão vistos e revistos ao longo de todas as páginas que se seguem, pois eles constituem, digamos, o núcleo de suas inquietações tanto políticas quanto existenciais. Sigamos.

Como se sabe, Nicolau foi um oficial de chancelaria entre 1498 e 1512. Sua atividade diplomática, agindo em nome dos negócios exteriores da República de Florença, estava sob o comando de Piero Soderini. Mas quando os Médici derrubaram o governo republicano, pouco depois nosso autor foi preso junto a outros homens, acusados de participarem de uma conspiração contra essa tradicional família florentina.

No ano de 1513,[80] perdeu seu cargo e seu trabalho. Já preso, foi torturado e quase executado.[81] Após ser solto, foi exilado e proibido de voltar a Florença. Justamente a tal sorte ele lamenta na *dedicatória* d'*O Príncipe* a Lorenzo de Médici, que foi vítima da "malignidade da fortuna". Nas cartas escritas ao seu sobrinho, Giovanni Venarcci, e ao seu amigo, Francesco Vettori, Nicolau relata que havia acabado de sair da prisão e que as coisas não estavam fáceis.[82]

No famoso capítulo 25 d'*O Príncipe*, em que o nosso autor faz uma de suas célebres menções à *Fortuna* (aqui, por meio de metáforas) e sua capacidade de interferir no mundo humano, comparando-a a "rios torrenciais que, ao enfurecer-se, inundam as planícies, arrastam árvores e edifícios,

---

[80] "[No ano de 1513] – Sospechoso en una conjura antimedicea, es arrestado y torturado (febrero); una vez liberado (marzo), inicia su retiro en su casa de campo, a pocos kilómetros de Florencia. Intenta un reacercamiento con los Médicis. Piensa en dedicar *El Príncipe* a Giuliano, y tal vez el *Canto degli spiriti beati* (de datación imprecisa) así como la carta a Vettori (10-12-1513), que relata un día de su vida cotidiana, y menciona la composición del *De Principatibus* (*El Príncipe*), completado quizás en los meses siguientes. Inicia su célebre intercambio epistolar con Vettori" (Monge, 2011, p. CXIII).

[81] "La conjura en la que Agostino Capponi y Pier Paolo Boscoli intentaron asesinar a Giovanni de Medici. Descubiertos por un escrito donde figuraban los nombres de los conjurados, estos fueron interrogados pero los únicos condenados por los Ocho de Guardia fueron Capponi y Boscoli. Según Ugo Dotti, esta conjura no había sido políticamente relevante sino más bien un gesto en el que se fundían la herencia humanística, la religiosidad savonaroliana y la filosofía platónica, discutida especialmente esta última en las reuniones de los *Orti Oricellari*. En esta oportunidad, Maquiavelo – que figuraba séptimo en la lista de los sospechosos – fue condenado a ser torturado con seis tratos de cuerda. La inesperada elección de Giovanni de Médici como nuevo pontífice (León X) hizo que, junto con extraordinarios festejos, se promulgara una amnistía general" (Sforza, 2010, nota 7, p. 320).

[82] Cf. (*Cartas* 196 a Vettori, 13 de março de 1513, p. 1.128); (*Cartas* 203, a Vettori, 16 de abril de 1513, p. 1.133); (*Cartas* 206 a Giovanni, 26 de junho de 1513, p. 1.141); (*Cartas* 228, a Vettori, 10 de junho de 1514, p. 1.177).

arrancam terra de um lado e a levam para o outro", ele indica que os homens não podem resistir ao seu poder, pois "todos fogem em sua presença, todos cedem ao seu ímpeto sem que possam detê-lo de forma alguma".[83] Caberia à *virtù* do homem prepará-lo para suportar os futuros ataques da Fortuna, "mas mesmo que as coisas sejam desse modo, isso não impede que, nos tempos tranquilos, os homens não possam precaver-se por meio de diques e barragens, de modo que, nas cheias subsequentes, as águas fluiriam por um canal ou seu ímpeto não seria nem tão desenfreado nem tão prejudicial".[84]

No entanto, aqui, a Itália se mostra totalmente despreparada. "E se agora concentrais vossa atenção na Itália, que é o cenário de todas essas transformações e quem as tem posto em movimento, vereis que se trata de um campo que carece de diques e de todo tipo de barragens: e que, se tivesse sido protegida com a *virtù* adequada, feito a Alemanha, a Espanha ou a França, a inundação não teria produzido essas grandes transformações, ou sequer teria ocorrido [...]".[85]

Sinalizei nesses derradeiros parágrafos o caráter metafórico das menções à *Fortuna* no capítulo 25. Mais adiante, no capítulo 3, iremos analisá-la mais de perto para entender o contexto intelectual florentino e a questão ontológica da deusa do acaso.

## A natureza humana: o homem caído e o pecado da ambição

É comum encontrar na obra de Nicolau referências à natureza humana. No entanto é difícil organizar e sistematizar sua opinião sobre o assunto. São demasiadamente extensas e numerosas para que se possa apresentá-las completamente.[86] Começarei a análise por um texto pouco

---

[83] "[...] Et assimiglio quella a uno di questi fiumi rovinosi che quando si adirano allagano e piani, rovinano li albori e li edifizii, lievano da questa parte terreno, pongono da quella altra: ciascuno fugge loro dinanzi, ognuno cede allo impeto loro sanza potervi in alcuna parte obstare [...]".

[84] "[...] E benché sieno così fatti, non resta però che gli uomini, quando sono tempi quieti, non vi potessino fare provedimenti e con ripari e con argini: in modo che, crescendo poi, e eglino andrebbono per uno canale o l'impeto loro non sarebbe né sì dannoso né sì licenzioso [...]" (*Príncipe*, 25).

[85] "[...] E se voi considerete la Italia, che è la sedia di queste variazioni e quella che ha dato loro il moto, vedrete essere una campagna sanza argini e sanza alcuno riparo: ché, s'ella fussi riparata della conveniente virtù, come è la Magna la Spagna e la Francia, o questa piena non arebbe fatto le variazioni grande che la ha, o ella non ci sare' venuta. E questo voglio basti avere detto quanto allo opporsi alla fortuna, in universali [...]" (*Príncipe*, 25).

[86] As referências à natureza humana estão espalhadas por praticamente todos os lugares de sua obra. Sem mencionar suas cartas e outros escritos menores, temos menções ao tema em: (*Príncipe*, 4, 7, 9, 10, 17, 24) / (*Discursos*, I-Proemio; 1, 2, 3, 5, 6, 18, 27, 29, 30, 32, 33, 34, 37, 40, 41, 42, 44, 46, 47, 49, 57, 58) / (*Discursos*, II-Proemio, 3, 13, 20, 21, 22, 27, 28, 31) / (*Discursos*, III-1, 3, 4, 5, 6, 8, 9, 20, 21, 27, 29, 30, 35,43, 48) / (*HF*, I-Proemio, 5) / (*HF*, II-2, 31, 32) / (*HF*, III-5, 11, 13) / (*HF*, IV-14, 18) / (*HF*, V-19) / (*HF*, VI-9, 18, 20, 24) (*HF*, VII-13, 24).

conhecido: na *Exortação à Penitência*, Maquiavel narra que Deus criou o mundo e as coisas para o benefício do homem. Além disso, o gênero humano era bom, dotado de inteligência e inclinado ao seu Criador.

> [...] Pensai, portanto, como todas as coisas feitas e criadas são feitas e criadas em benefício do homem. A ele Deus deu a palavra para que pudesse louvá-Lo, deu-lhe o rosto não voltado para a terra como aos outros animais, mas direcionado ao céu, para que continuamente pudesse vê-Lo; deu-lhe as mãos para que pudesse construir templos e fazer sacrifícios em Sua honra; deu-lhe a razão e o intelecto para que pudesse especular e conhecer a grandeza de Deus [...] (*Exortatione Alla Penitenza*, p. 933).

Mas o homem está "confinado nas profundezas do pecado", lamenta nosso autor nesse mesmo texto. Aqui vemos a compreensão do homem como criatura, que não estaria perdida em um mundo caótico criado por um demiurgo, mas por um Deus amoroso, inteligente e ordenador; nesse texto, a *Exortação*, o homem pode ter esperança porque não está abandonado à desesperança em um mundo hostil, pois "todas as coisas feitas e criadas são feitas e criadas em benefício do homem". Com base na leitura dessas linhas, não seria possível considerar Maquiavel um *gnóstico*.

O mundo, então, é bom. Porém essa situação beatífica não permaneceu após a criação. O desenrolar dos eventos do mundo, o resultado das ações humanas e de outros seres espirituais mostram que ocorreu uma mudança na situação do mundo dos homens.

Nicolau escreveu alguns poemas curtos que trazem novamente várias menções à criação e à condição do homem ao longo do tempo. São algumas canções, pastorais e poemas sobre a *Fortuna*, a *Ambição* e a *Ingratidão*. De maneira geral, para além dessa exortação, a tonalidade do tratamento que nosso autor dá à natureza humana é mais pessimista e negativa. Maquiavel fala do mal e do bem, do pecado e da justiça, e embora não negue a existência do bem e/ou a possibilidade de o homem agir dentro dos ditames da bondade, sua postura mais comum indica que é necessário "supor que todos os homens são maus e que usarão a malignidade do ânimo sempre que houver ocasião" (*Discursos*, I-3).

Essa forma de abordagem permanece praticamente a mesma em *O Príncipe*, *Discursos* e *Histórias Florentinas*. Nesta última obra, há um capítulo interessante, em que nosso historiador coloca suas palavras na boca de um personagem que atua nos eventos narrados. No capítulo 5, livro III, Nicolau nos conta que muitos cidadãos florentinos, "movidos pelo amor à sua pátria, se reuniram em *San Piero Scherragio*", e depois de terem discutido muito sobre os distúrbios que afetavam a cidade, buscaram um velho sábio, de grande autoridade, que lhes proferiu um longo discurso.

O velho começa a falar no primeiro parágrafo e continua até o final do capítulo, por algumas páginas. Nessas linhas, encontramos mais ou menos sintetizadas as formulações mais importantes não apenas sobre o tema que nos ocupa agora (a natureza humana), mas praticamente todas as questões que Nicolau aborda em seus escritos políticos, histó-ricos e literários, além de suas cartas pessoais. Ele fala do amor à pátria, condena a corrupção, o ócio, a ambição e a forma inescrupulosa com a qual os homens de pouca fé tratam a religião; ainda, censura as facções, a falta de respeito às leis, às ordenações etc.

> [...] O amor que temos, magníficos senhores, por nossa pátria, primeiro nos reuniu, e agora nos faz vir até vós para falar do mal que já é grande e que, ainda assim, continua crescendo em nossa república; e para oferecer nossa ajuda para extingui-lo. E nisso, embora a empreitada pareça difícil, vós podereis ter sucesso, se quiserdes abandonar os interesses privados e utilizar vossa autoridade com as forças públicas. A corrupção, comum a todas as cidades da Itália, magníficos Senhores, corrompeu e continua corrompendo vossa cidade; porque quando esta província se separou das forças do Império, suas cidades, não tendo um freio capaz de corrigi-las, não organizaram seus governos como Estados livres, mas como cidades divididas em facções.
>
> Daí surgiram todos os outros males e todas as outras desordens que nestes governos aparecem. Em primeiro lugar, não se encontra entre os cidadãos união nem amizade, exceto entre aqueles que compartilham alguma maldade, empreendida contra sua cidade ou contra os outros cidadãos. E porque a religião e o temor a Deus se extinguiram em todos os homens, o juramento e a fé são valiosos apenas na medida em que são úteis, já que os homens os utilizam, não com o propósito de observá-los, mas como meios para enganar mais facilmente; e quanto mais fácil e seguro o engano se torna, mais glória e louvor ele adquire: por isso que os homens maus são elogiados considerados industriosos, e os bons, tratados por tolos.
>
> E, verdadeiramente, nas cidades italianas se encontra tudo o que pode ser corrompido e o que pode corromper qualquer homem: os jovens estão ociosos, os velhos são lascivos, e ambos os sexos e todas as idades estão repletos de costumes vis [*brutti*]; as boas leis, por estarem arruinadas pelos maus costumes, não resolvem essa condição; o resultado é a avareza que os cidadãos demonstram, e sua sede, não pela verdadeira glória, mas por

honras desprezíveis, que são causa de ódios, inimizades, disputas, e facções; das quais nascem as mortes, os exílios, a aflição dos bons, as honras para os maus. Os bons, confiando em sua inocência, não buscam, como os maus, aqueles que os defendam e os honrem ilegalmente; portanto, caem indefesos e sem honra. Desse exemplo surgem o amor pelos partidos e seu poder; os malvados se unem às facções através da ganância e da ambição, os bons por necessidade [...] (*HF*, III-5).

Esse discurso continua por mais algumas páginas, de fato, bastante extenso. Um leitor já habituado a tal estilo e a tais temas poderia facilmente imaginar Nicolau proferindo as mesmíssimas palavras diante de seus amigos, em reuniões nos *Orti Oricellari*, ou em suas cartas pessoais, ou até mesmo pela boca de *Fabrizio Colonna*, personagem do diálogo *Dell'Arte della Guerra*.

Nesse discurso – e nos outros tantos que nosso autor escreve de forma semelhante nas *Histórias Florentinas* [87] – vemos seu lado moralista; observamos as figuras retóricas, as formulações e opiniões que estão totalmente de acordo com suas máximas; encontramos sua constatação amarga sobre a natureza humana, sobre a corrupção dos costumes; tocamos em sua triste conclusão sobre a lamentável situação atual do mundo e de seu país.

No poema *Sobre a Ambição*, encontramos outro relato cosmogônico. Nosso poeta ensina que "não havia passado muito desde que Deus havia feito / as estrelas, o céu, a luz, os elementos e o homem, / dominador de tantas coisas belas". Não havia passado muito desde que Deus tinha vencido a soberba dos Anjos e expulsado Adão e "sua mulher" do paraíso. Ali, Caim e Abel viviam "felizes em sua humilde morada", quando uma "força oculta que se alimenta no céu", duas Fúrias, a "Ambição e a Avareza", "da natureza humana, pouco amigas", surgiram no mundo para privar a humanidade da paz e da tranquilidade, causando a guerra e contaminando a Terra com a sua praga: "Inveja, Preguiça e Ódio", além da "Crueldade, Soberba e Engano".

A primeira vítima da peste dessas Fúrias é a *Concórdia* (união), que "por estas é lançada ao fundo" (é expulsa da morada dos homens). Além disso, esse "veneno" fez com que a "Paz e Caridade" fugissem da morada de Adão, ocasionando a atitude de Caim contra seu irmão, que "fez a

---

[87]   Nicolau utiliza esse tipo de redação em vários capítulos das *HF*: II-34; III-5, 13; V-8, 21; VI-20; VII-18. Vejam o longuíssimo discurso de Sócrates em (*República*, I, 343b-344c), que é idêntico a este discurso de nosso autor. Antes de começar o relato do mito de Giges, é dito que, se forem dados ao injusto e ao justo os mesmos poderes, veríamos o justo seguindo os mesmos passos do injusto (*República*, II, 359c).

primeira morte violenta" no mundo, maculando o solo com um sangue derramado pela primeira vez:

> Ó mente humana insaciável, altera,
> subtil e mutável, e sobre toda coisa
> maligna, iníqua, impetuosa e fera,
>
> pois, por tua vontade ambiciosa,
> se fez a primeira morte violenta
> no mundo, e a primeira relva sanguinolenta! [...] (p. 984)

Crescida, então, "esta semente má", o mal no mundo se proliferou rapidamente. No poema *Sobre a Ingratidão*, Nicolau escreve um mito similar, "quando o céu e as estrelas desaprovaram / a glória dos vivos, por despeito, / então nasceu no mundo a Ingratidão". Filha da Avareza e da Suspeita, "nutrida nos braços da Inveja / vive no peito de príncipes e reis". Com "o veneno de sua perfídia / ela mancha o coração dos outros, / então, por toda parte, este mal é sentido".

Ao lado das Fúrias, vemos os diabos, anjos caídos, "expulsos do Céu", que são o princípio dos males presentes no mundo:

> [...]
> Já fomos, mas não somos mais, Espíritos beatos,
> pela soberba nossa
> do céu fomos todos expulsos,
> e nesta cidade sua
> tomamos o comando,
> pois aqui claramente se revela
> confusão [e] mais dor do que no inferno.
> E fome e guerra e sangue, gelo e fogo
> sobre cada mortal
> temos trazido ao mundo pouco a pouco,
> [...]
> pois de todo mal
> fomos e seremos o princípio.
> [...] (*De'Diavoli Iscacciati di Cielo*, p. 988).

Na *Exortação*, Nicolau escreve que "Deus deu a palavra" ao homem "para que pudesse louvá-lo, deu-lhe o rosto não voltado para a terra como aos outros animais, mas direcionado ao céu, para que pudesse vê-lo constantemente"[88] No entanto, apesar de ter recebido tão belo presente, o homem, com

---

[88] "Deus deu a palavra [ao homem] para que pudesse louvá-Lo, deu-lhe o rosto não voltado para a terra como aos outros animais, mas direcionado para o céu, para que continuamente pudesse vê-Lo; deu-lhe as mãos

[...] essa língua feita para honrar a Deus, o amaldiçoa, a boca com a qual deveria alimentar-se, a transforma em um esgoto e uma via para satisfazer o apetite e o ventre com alimentos delicados e fúteis; essas meditações de Deus ele [as] converte em meditações mundanas, esse desejo de preservar a espécie humana, em luxúria e, muitas outras vezes, em lascívia [...] (p. 933).

Dessa forma, a humanidade cai, perde sua perfeição ontológica; o homem, "por meio dessas obras vis, se torna de um animal racional em um animal irracional". A ingratidão para com Deus "transforma, portanto, de anjo em demônio, de senhor em servo, de homem em besta". O homem fora desse bem primordial, desse estado original paradisíaco, parece ser outra criatura, inferior, de fato, caída.

Nosso autor levava a sério a tarefa de educar. Se suas obras históricas e políticas, escritas com uma pena severa e pesada, não conseguissem convencer, ele, como um bom escritor dinâmico que era, abordava os mesmos temas em seus poemas e comédias. É o que vemos em suas palavras iniciais na comédia *Clizia*. O caráter pedagógico do teatro está presente quando o autor pode ensinar, agora com uma linguagem mais leve e simples:

As comédias são escritas para serem úteis e entreter os espectadores. Na verdade, é proveitoso para qualquer pessoa, especialmente para os jovens, conhecer a avareza de um velho, o furor de um apaixonado, as artimanhas de um servo, a avidez de um oportunista, a miséria de um pobre, a ambição de um rico, as lisonjas de uma meretriz, a falta de fé de todos os homens. Todos esses exemplos estão presentes nas comédias e todas essas coisas podem ser representadas com grande honestidade. No entanto, desejando entreter, é necessário fazer o público rir: o que não pode ser feito mantendo um tom sério e grave, pois as palavras que fazem rir são ou estúpidas, ou injuriosas, ou amorosas; portanto, é necessário representar pessoas tolas, maledicentes ou apaixonadas: e é por isso que as comédias cheias desses três tipos de palavras são cheias de risos; aquelas que faltam, não encontram quem as acompanhe com risadas [...] (*Clizia*, Prólogo, p. 892).[89]

---

para que pudesse construir templos e fazer sacrifícios em Sua honra; deu-lhe a razão e o intelecto para que pudesse especular e conhecer a grandeza de Deus: vejam então com quanta ingratidão o homem se rebela contra tal benfeitor!, e quanto castigo merece quando este perverte o uso dessas coisas e as direciona para o mal! [...]" (*Exortação à Penitência*).

[89] "[...] Sono trovate le commedie, per giovare e per dilettare alli spettatori. Giova veramente assai a qualunque uomo, e massimamente a' giovanetti, cognoscere la avarizia d'uno vecchio, d'uno servo, la gola d'uno parassito, la miseria d'uno povero, l'ambizione d'uno ricco, le lusinghe d'una meretrice, la poca fede di tutti gli uomini. De' quali essempli le commedie sono piene, e possonsi tutte queste cose con onestà grandissima rappresentare. Ma, volendo dilettare, è necessario muovere gli spettatori a riso: il che non si può fare mantenendo il parlare grave e severo, perché le parole che fanno ridere, sono o sciocche, o iniuriose, o amorose; è necessario, pertanto, rappresentare persone siocche, maledice, o innamorate: e perciò quelle commedie,

Mas o tom geral e constante de sua abordagem ao tema é quase sempre severo e amargo. Nicolau abre o primeiro *prólogo* de seus *Discursos* alertando sobre a "natural inveja dos homens". Além disso, rotula o gênero humano como mau, ganancioso, cheio de inveja, egoísta, que só faz o bem se houver alguma vantagem futura.[90] A maldade humana é evidenciada por "todos aqueles que falam sobre a vida civil, e todos os exemplos dos quais a história está repleta" (*Discursos*, I - Prólogo).

É por essa razão que se fazem necessários o cuidado e a prudência de quem busca estabelecer uma república ou um principado, pois esse *fondatore* precisa supor que "todos os homens são maus e utilizarão a malignidade do *ânimo* sempre que houver uma oportunidade"; no entanto, se essa malignidade permanecer "oculta por algum tempo", é devido a uma razão desconhecida e à falta de "motivo para se mostrar". Assim, se não existisse a lei, se os homens fossem "livres para agir com licença", o caos, "a confusão e a desordem" seriam vistas "em toda parte" (*Discursos*, I-3).

O homem também nunca está satisfeito com sua condição,[91] tem paixões e impulsos desordenados que levam ao desarranjo social e à corrupção. Cabe à lei e às instituições políticas impor ordem e barreiras contra tais impulsos. De fato, Nicolau nos mostra que a ambição é fruto da queda, um mal ontológico que nasce do desejo de possuir as coisas, que é menor do que o poder e a capacidade para adquiri-las, porque "a natureza criou o homem de tal forma que ele pode desejar tudo, mas não pode tudo conseguir", o que abre espaço para o descontentamento e a insatisfação.[92] "Não sabes tu", pergunta a si mesmo, Calímaco, perso-

---

che sono piene di queste tre qualità di parole, sono piene di risa; quelle che ne mancano, no truovano chi con il ridere le accompagni [...]" (p. 892).

[90] "Come dimostrano tutti coloro che ragionano del vivere civile, e come ne è piena di esempli ogni istoria, è necessario a chi dispone una republica, ed ordina leggi in quella, presupporre tutti gli uomini rei, e che li abbiano sempre a usare la malignità dello animo loro, qualunque volta ne abbiano libera occasione; e quando alcuna malignità sta occulta un tempo, procede da una oculta cagione, che, per non si essere veduta esperienza del contrario, non si conosce; ma la fa poi scoprire il tempo, il quale dicono essere padre d'ogni verità [...]. Gli uomini non operano mai nulla bene, se non per necessità; ma, dove la elezione abonda, e che vi si può usare licenza, si riempie subito ogni cosa di confusione e di disordine [...]".

[91] Ponto que tem gerado dúvidas em seus intérpretes, como sendo uma contradição da obra, pois há capítulos em que Nicolau exorta a pobreza, aconselhando que os cidadãos devem ser mantidos pobres, pois, assim, longe das riquezas, a ordem seria preservada (*Discursos* I-37); o que não parece coerente, pois, se o homem é ganancioso, logicamente não estará satisfeito em ser mantido pobre. Leo Strauss (1958, p. 245 et segs) faz uma nova leitura do conceito de "necessidade" na obra do florentino sob essa contradição de sua escrita.

[92] "[...] Os escritores da Antiguidade dizem que os homens costumam ser afligidos pelo mal e se fartarem no bem: duas inclinações que, embora de natureza diversa, produzem os mesmos resultados. De fato, os homens, se não lutam por necessidade, lutam por ambição. [A ambição] é tão forte no coração humano que nunca os abandona, qualquer que seja o patamar que o ambicioso alcance. A natureza criou o homem de tal maneira que ele pode desejar tudo e não conseguir tudo; de modo que, sendo o desejo sempre maior que os meios

nagem d'*A Mandrágora*, "quanto pouco bem se encontra nas coisas que o homem deseja, em comparação com o que ele pressupôs encontrar?" (Ato IV, cena 1).

Da mesma forma, os homens "naturalmente desejam coisas novas e aspiram a novidades, aqueles que vivem bem ou mal [a vida boa os] cansa e [a má os] aflige" (*Discursos*, III-21). A insatisfação humana com os bens possuídos é um elemento constante na história do homem, visto que a encontramos nas páginas dos historiadores. "Os escritores da Antiguidade", frisa Nicolau, dizem que os homens se "afligem com o mal e se fartam com bem" (*Discursos*, I-37); além disso, "os apetites humanos são insaciáveis", porque os homens "foram dotados pela natureza do poder e vontade de desejar todas as coisas", mas a força humana lhes permite alcançar somente alguns dos objetos desejados; "o resultado é o constante descontentamento nas mentes humanas e o enfado pelas coisas já possuídas" (*Discursos*, II-Prólogo).

Nicolau frequentemente explora as mesmas ideias em diferentes obras, sob contextos diversos. A ambição, as paixões desordenadas, por exemplo, são tratadas nos *Discursos* sob um aspecto mais relacionado ao campo histórico-político, enquanto em seu teatro tais pecados surgem como elementos constitutivos da personalidade dos personagens, e também como os responsáveis por algumas situações nas quais tais personagens vivem dentro da trama. Um de seus personagens diz: "Sempre se deseja mais aquilo que menos se pode ter" (*Clizia*, Ato I, Cena 1, p. 893). Frade Timóteo, d'*A Mandrágora*, é um sacerdote ganancioso que só pensa em dinheiro. Em *Histórias Florentinas* (VI-20), o personagem que faz um discurso lança frases neste estilo: "Quem deseja o todo não pode a parte satisfazê-lo".

Em seu poema *O Asno* (capítulo V), vemos sua ideia tão explorada nas obras históricas e políticas: a ambição como causa da ruína dos Estados. Ela tem destruído a condição original e pura do homem, e continuará destruindo tudo o que tocar.

> Aquilo que mais arruína os reinos, desde as altas colinas,
> mais que qualquer outra coisa, é isto: os poderosos
> nunca estão satisfeitos com o seu poder.
> Deste fato ocorre [*nasce*] que nunca estão contentes
> aqueles que perderam, [inclinam] os ânimos
> para arruinar aqueles [que foram] vitoriosos;

---

de realizá-lo, o que é possuído não satisfaz a alma, nem detém as aspirações. Daqui nascem as mudanças de fortuna, porque, ambicionando uns ter mais e temendo outros perder o adquirido, chega-se à inimizade e à guerra, causa da ruína para uns e de engrandecimento para outros [...]" (*Discursos*, I-37).

> assim ocorre que um surge e o outro morre;
> e aquele que surgiu sempre se consome
> por nova ambição ou por medo.
> Este apetite destrói os estados:
> e é tanto mais admirável que todos
> conhecem este erro, mas ninguém o evita.[93]

Achei por bem deixar o trecho em italiano na nota de rodapé, para que o leitor possa perceber as sutilezas, as métricas e as rimas do poema, que é, de fato, muito bem escrito e agradável aos ouvidos. Infelizmente não tenho condições de fazer uma tradução que mantenha o prazer estético literário.

Quanto ao conteúdo filosófico-antropológico do texto, podemos ver claramente a presença de temáticas caras ao nosso autor, que sempre são abordadas em todos os seus escritos: a instabilidade e a impermanência das coisas do mundo e o seu constante movimento (*onde avvien che l'un sorge e l'altro muore*); a insatisfação com os próprios bens e a inveja pelos bens alheios (*Da questo nasce che son mal contenti / quei ch'han perduto, e che si desta umore / per ruinar quei che restan vincenti*); a ambição desmesurada como um elemento da natureza dos homens e causa da ruína dos Estados, além desse vício, da ambição, ser inevitável (*Questo appetito gli stati distrugge / e tanto è più mirabil, che ciascuno / conosce questo error, nessun lo fugge*). As mesmas concepções são repetidas em outros textos, como no poema dedicado exclusivamente à ambição:

> Ó mente humana insaciável, altera,
> subtil e mutável, e sobre toda coisa
> maligna, iníqua, impetuosa e fera,
> pois, por tua vontade ambiciosa,
> se fez a primeira morte violenta
> no mundo, e a primeira relva sanguinolenta!
> Crescida depois esta semente má,
> multiplicada a causa do mal,
> não há razão [que de fazer o mal] se arrependa.[94]

---

[93] Quel che ruina da' più alti colli, / più ch'altro, i regni, è questo: che i potenti / di lor potenza non son mai satolli. / Da questo nasce che son mal contenti / quei ch'han perduto, e che si desta umore / per ruinar quei che restan vincenti; / onde avvien che l'un sorge e l'altro muore; / e quel ch'è surto, sempre mai si strugge / per nuova ambizione o per timore. / Questo appetito gli stati distrugge: / e tanto è più mirabil, che ciascuno / conosce questo error, nessun lo fugge.

[94] O mente umana insaziabil, altera, / subdola e varia, e sopra ogni altra cosa / maligna, iniqua, impetuosa e fera, / poi che, per la tua voglia ambiziosa, / si fe' la prima morte violenta / nel mondo, e la prima erba sanguinosa! / Cresciuta poi questa mala sementa, / multiplicata la cagion del male, / non c'è ragion che di mal far si penta.

A ambição, de fato uma paixão fundamental, faz parte da natureza humana e impulsiona o homem em direção às "coisas do mundo". Lemos há algumas linhas que "este apetite [destrói] os estados"; um elemento poderoso, fruto do mal das Fúrias que mancharam as profundezas da alma humana.

No entanto nosso poeta demonstra "que é tanto mais admirável", ou seja, para seu espanto e surpresa, que, mesmo sendo a ambição um mal atroz (o mal responsável pela "primeira morte violenta"), "todos conhecem esse erro", mas ainda assim os homens não o evitam: "ninguém o evita". A ambição é um mal que, segundo nosso autor, o homem não pode evitar nem impedir.

Pois essa paixão se relaciona com a necessidade: ambas são causas da ação humana. De forma geral, para Maquiavel, os homens agem por escolha, por ambição ou por necessidade (*Discursos*, I-1; III-12).[95] A necessidade assume um duplo caráter em seus escritos. O primeiro está relacionado à ideia de privação material. É o que Nicolau quer dizer quando escreve que os homens "nunca fazem nenhum bem a não ser por necessidade; mas onde florescem [as possibilidades de] escolha e se pode usar a licença, tudo se enche de confusão e desordem. Por isso se diz que a fome e a pobreza tornam os homens industriosos, e as leis os tornam bons" (*Discursos*, I-3).

No entanto a ação causada pela ambição e pela necessidade pode não ser estritamente uma exigência das circunstâncias. Dito com outras palavras: mesmo que os homens não sejam levados a agir por necessidade, mesmo que a necessidade não exista (quer dizer, que os homens não sofram com privações materiais), eles ainda agirão por ambição. Nesse sentido, a ambição está relacionada à ideia de escolha. Porém, sob outra perspectiva, a ambição pode ser uma necessidade, algo "necessário", porque está ontologicamente presente no homem. É aqui, nesse contexto, que vemos o segundo caráter da compreensão de Nicolau sobre a necessidade: a ambição existirá "necessariamente" porque faz parte da natureza humana. Isso quer dizer que a ambição é inevitável.

Nesse ponto que toca à ambição e à necessidade, está presente a questão do livre arbítrio: se o homem é livre para escolher suas formas de conduta e se pode alcançar os resultados por meio de sua ação voluntária.

---

[95]   A mesma ideia é retomada em (*Discursos*, III-12); agora dentro de um contexto militar. O título do capítulo é: "Como um comandante prudente deve impor a seus soldados a necessidade de combater, e retirá-la de seus inimigos". No primeiro parágrafo escreve nosso autor "[...] e como escreveram alguns filósofos morais, as mãos e as línguas dos homens, dois nobilíssimos instrumentos, capazes de enobrecê-los, não teriam operado com perfeição, nem teriam conduzido as obras humanas à grandeza se não fossem obrigadas pela necessidade".

Exploraremos a visão de Nicolau sobre o tema mais adiante, no capítulo 3, dentro do tópico da Fortuna. Agora, veremos brevemente algo relacionado aos vícios ou pecados, resultados das sementes da peste daquelas duas Fúrias.

## Os pecados da ingratidão e da inveja

O problema para os homens não é o pecado, "mas, sim, a perseverança no pecado". Por essa razão, para salvar o homem e permitir que ele suba ao céu, Deus abriu a via da penitência para que ele possa encontrar o caminho que "havia perdido". "É, portanto, a penitência o único remédio para apagar todos os males, todos os erros dos homens". Quais males e erros seriam esses que afligem a humanidade? Nicolau sintetiza a grande lista para apenas dois pecados: "embora sejam muitos e cometidos de muitas e várias maneiras, podem, no entanto, ser divididos em duas partes: uma é ser ingrato a Deus; a outra é ser inimigo do próximo" (*Exortação à Penitência*).

A primeira forma de pecado, a Ingratidão contra Deus, é considerada "gravíssima". Quem é ingrato a Deus, também, necessariamente, será inimigo do próximo.[96] A segunda forma, ser inimigo do próximo, é vista em outra obra: Nicolau pergunta, em *Dell'arte della Guerra*, "como podem aqueles que desprezam a Deus respeitar os [outros] homens?" (VII, p. 388).

Nesse texto, a *Exortação*, Nicolau demonstra conhecer bem as Epístolas de São Paulo, os Evangelhos de São Mateus, São João e os Salmos. Mais adiante também veremos que ele conhecia muito bem o *Êxodo*. Quando nosso autor relaciona a ingratidão contra Deus e a inimizade contra o próximo, parece-me uma instrução inspirada nos dois mandamentos presentes no Evangelho de São Mateus 22:37-39, em que se pode ler as palavras de Jesus: "Ele respondeu: Amarás ao Senhor teu Deus de todo o teu coração, de toda a tua alma, e de todo o teu espírito" (versículo 37); "Esse é o maior e o primeiro mandamento" (versículo 38); "O segundo é semelhante a esse: Amarás o teu próximo como a ti mesmo (versículo 39) ".

---

[96] Essa afirmação é semelhante às formulações de diversos autores de sua época: "[...] Charity does not accept being divided, and therefore one cannot love God without loving men [...]. The theme of charity is a fundamental principle of living as a true Christian, more than any acts of penitence, vigils, or flagellations; we find it as well in sermons delivered in the presence of the pope in solemn masses held in the Vatican. Even Brandolini in his *Christiana paradoxa*, and in a sermon on the Passion of Christ, delivered on 1 April 1496, insisted on the duty of a Christian to practice toward others the same charity that God gave to all men. Giovanni Antonio Campano, to cite another example, explained in a sermon on the Holy Spirit published in 1495 that when man practices charity, he obeys a divine impulse at work within him [...]" (Viroli, 2010, p. 53-54).

Em seu poema sobre a ambição, as duas Fúrias, a "Ambição e a Avareza", são as responsáveis por plantar as sementes do mal no mundo. Esse mal, então, é a própria *ambição*, a *inveja*, a *preguiça*, o *ódio*, a *crueldade*, a *soberba* e o *engano*. Aqui vemos adaptações dos sete pecados capitais: *avareza, inveja, gula, ira, luxúria, preguiça* e *soberba*. Pecados postos em diferentes círculos do *Inferno*.

Sebastian De Grazia, que também se debruçou sobre essas linhas, e traçou conclusões idênticas às que eu apresento aqui, disse que "se se pode traçar uma equivalência entre a ambição e a cobiça ou avareza (como várias vezes o próprio Nicolau o faz), e mudar o ódio pela ira, restam apenas dois substitutos na lista. A luxúria e a gula dão lugar a duas entidades políticas mais importantes: a crueldade e o engano" (De Grazia, p. 79).

"Ao olhar para o mundo como um homem derrotado e pobre, Nicolau teve a oportunidade de ver o poder e os efeitos da ingratidão dos homens" (Viroli, 1998, p. 12).[97] Lamentou nosso autor, forçado ao exílio, "eu nunca faltei àquela república [Florença], onde pude ajudá-la, se não com ações, com palavras, se não com palavras, com gestos" (*Carta* 261, a Guicciardini, 17 de maio de 1521). "Estarei assim, imerso na minha má sorte, sem encontrar um homem que se lembre dos meus serviços ou que acredite que eu possa ser útil para algo" (*Carta* 228, 10 de junho de 1514).

"Eu bem sei", reclama amargamente o personagem d'*O Asno*, "o quão surda é a gratidão / às plegarias de alguém, e bem sei quanto / um Asno se recorda dos benefícios" recebidos (*ch'io so ben quanto gratitudo è sorda / a' preghi di ciascuno, e so ben quanto / de' benificii un Asin si recorda*) (*Asno*, I). Fato também reconhecido pela bela dama, serva de Circe, os

---

[97] "[...] The passion in theses outbursts against ingratitude, envy, and ambition, suggests autobiography. Our political philosopher may identify in these sins of mankind the causes of the fall of republican government in Florence, of his own downfall, and then of people's avoiding him who once sought him out. It was men's envy that toppled the Gonfalonier Soderini, Niccolo's supporter and chief executive of the republican government, and toppled Savonarola before him [...]" (De Grazia, p. 82).

"[...] In truth, when [Niccolò] served as *Secretario* from 1498 to November 1512, he enjoyed a few moments of glory. One of these was the institution of the civic militia in 1506 – a personal triumph secured by a number of orations in which he persuaded his fellow-Florentines that liberty must be defended with valor and not with money, and that it is neither safe nor honorable, to continue to rely on mercenary troops, or on somebody else's sword. Another was the conquest of Pisa in 1509, a diplomatic and military success for which he was highly praised. He was often praised for the precision, the insight, and the clairvoyance of his reports from the various courts he visited as orator of the Republic. But, for the most part, personal rewards were meagre, and the pains and the risks high. Yet, after the fall of the Republic, he tried over and over again to re-enter the world of active politics. He was prepared, as he did so, to accept humble and even mortifying assignments: 'I am prepared to accept any job from 'our present Medici lords', he wrote to Vettori, 'even if they begin by making me roll a stone'. He was not prepared, however, to serve a foreign prince. When he was offered the chance to become the secretary of Prince Prospero Colonna in Rome – with a very generous salary – he refused. He preferred to remain in his country villa in Sant'Andrea in Percussina to write the *Florentine Histories*, for a modest salary offered by the Medici Pope, Clement VII" (Viroli, 1998, p. 13-14).

dramas e infortúnios vividos por nosso herói: "Entre as pessoas modernas e entre as antigas, / – começou ela, – ninguém jamais suportou / mais ingratidão, nem maiores fadigas [*Tra la gente moderna e tra l'antica, / – cominciò ella, – alcun mai non sostenne / più ingratitudin, né maggior fatica*] (*Asno*, III).

A ingratidão controla o comportamento humano de três formas distintas. A primeira faz com que o homem "apenas mencione o benefício" que recebeu, "mas sem recompensá-lo, ele o confessa"; a segunda, "que depois se desdobra", faz com que a pessoa "esqueça o bem recebido / mas sem ofendê-lo [o benfeitor], apenas o nega". E, por fim, a terceira e mais infame, faz com que alguém "nunca se lembre" do benefício, desprezando seu benfeitor; o homem "morde e fere" quem o ajudou no passado.[98]

Em *Discursos*, vemos formulações semelhantes: "o modo de vida livre pressupõe que honrarias e outros prêmios sejam dados, quando merecidos, e a quem, de fato, os mereça; [mas] aqueles que se julgam merecedores dos benefícios e honrarias, se os obtêm, não confessam gratidão a quem lhes deu" (*Discursos*, I-16). Em seus livros temos a sinceridade de um autor que escrevia aquilo em que ele próprio acreditava. Numa carta a Guicciardini, alertou o amigo: "A verdade, que vós sabeis muito bem, é que se os homens fazem 10 coisas com honra e depois falham em uma, especialmente quando essa [falha] é de alguma importância, ela tem a força de anular todas as demais" (*Carta* 291, após 21 de outubro de 1525).

Em seu poema, nosso poeta diz que a ingratidão é "filha da Avareza e da Suspeita", e que foi "nutrida pelos braços da Inveja"; ela não vive apenas no "peito dos príncipes e reis", mas o "veneno de sua perfídia tinge o coração" de absolutamente todos os homens, por isso esse mal se faz sentir "em todos os lugares".[99] Já em *Discursos* (I-29), discutindo "quem é mais ingrato, se o povo ou o príncipe", no início do capítulo Nicolau trata a ingratidão como um vício (sinônimo de pecado), retomando a formulação de que "o vício da ingratidão nasce da avareza ou da suspeita". Em seguida, explica-nos mais detalhadamente como é a relação entre essa mãe e sua filha.

---

[98] "[...] La prima de le tre, che vien da essa, / fa ce l'uom solo il benefizio allega, / ma senza premiarlo lo confessa; / e la seconda che di poi si spiega, / fa del ben ricevuto l'uom si scorda, / ma sanza iniuriarlo solo il niega; / l'ultima fa che l'uom mai non ricorda / né premia il ben, ma che, iusta sua possa, / il suo benefattor laceri e morda [...]" (*De Ingratitudine*, p. 980-981).

[99] [...] "Fu d'Avarizia figlia e di Sospetto: / Nutrita ne le baccia de la Invidia: / de' principi e de' re vive nel petto. / Quivi il suo seggio principale annidia; / di quindi il cor di tutta l'altra gente / col venen tinge de la sua perfidia; / onde, per tutto, questo mal si sente [...]" (*De Ingratitudine*, p. 980).

[...] Quando um povo ou um príncipe envia um capitão a uma expedição importante e, ao vencê-la, o capitão adquire muita glória, o príncipe ou o povo deve recompensá-lo. Se, em vez de recompensá-lo, o desonra ou o ofende, movido pela avareza, sem querer recompensá-lo por se sentir limitado por essa cobiça, cometerá um erro imperdoável que o cobrirá de infâmia eterna. Há, no entanto, muitos príncipes que cometem este pecado [...] (*Discursos*, I-29).[100]

Vemos que Nicolau afirma veementemente que o vício da ingratidão, motivada pela avareza, pela ganância, é um "pecado", um "erro imperdoável", que traz para quem o comete "infâmia eterna". Em seguida, afirmará que se o povo ou um príncipe não oferecem prêmios e honrarias a um capitão por conta da suspeita, e não a avareza, então dito povo ou príncipe merece "alguma desculpa". Nesse caso, a suspeita passa a ser um atenuante porque já que "a natureza dos homens é ambiciosa", esse capitão, que granjeou fama, passa a representar uma ameaça ao poder do príncipe ou da cidade.[101] Veremos alguns exemplos dessa situação mais adiante, quando nosso autor conta a história de *Francesco Sforza*.

Nosso historiador escreveu alguns capítulos exemplares em *Histórias florentinas* para narrar os males da ingratidão. Por exemplo, a execução de *messer Giorgio Scali*[102] em 1382: os inimigos do *messer* sabiam que "os favores do povo se ganham ou se perdem pelo menor acontecimento".[103] No momento de sua morte, "desde que viu que estava a ponto de morrer na presença [daquelas mesmas] pessoas que pouco antes o adoravam,

---

[100] "[...] Perché, quando il uno popolo o uno principe ha mandato fuori uno suo capitano in una espedizione importante, dove quel capitano, vincendola, ne abbi acquistata assai gloria, quel principe o quel popolo è tenuto allo incontro a premiarlo: e se, in cambio di premio, o e' lo disonora o e' l'offende, mosso dall'avarizia, non volendo, ritenuto da questa cupidità, satisfarli; fa uno errore che non ha scusa, anzi si tira dietro una infamia eterna. Pure si truova molti principi che ci peccono [...]".

[101] "[...] E [exemplos] de ingratidão por tal motivo podemos ler [na história] muito facilmente, porque o capitão que virtuosamente conquistou um império para seu senhor, superando os inimigos, enchendo-se de glória e seus soldados de riquezas, necessariamente adquire no exército, entre os inimigos e até entre os súditos do príncipe, tanta fama que sua vitória pode não soar muito bem ao senhor que lhe deu o comando. E como a natureza dos homens é ambiciosa e suspeitosa, e não sabe impor limites à fortuna, é impossível que a suspeita que nasce no príncipe após a vitória de seu capitão não seja aumentada por este mesmo com algum ato ou frase altiva ou insolente que obrigue o príncipe a meditar o modo de se livrar dele, seja fazendo-o morrer ou privando-o da fama ganha no exército e no povo; para o qual procura habilmente mostrar que a vitória não se deve à sua virtude, mas à fortuna ou à covardia dos inimigos, ou à prudência dos capitães que o acompanhavam na guerra [...]" (*Discursos* I-29).

[102] No capítulo 9 d'*O Príncipe*, discute-se a situação de um cidadão que chega ao poder com a ajuda do povo ou dos nobres. Giorgio Scali é mencionado como um exemplo de pessoa que confiou no povo e se arruinou após perder seus favores.

[103] "[...] perché sapevono che la grazia dello universale per ogni piccolo accidente si guadagna e perde [...]" (*HF*, III-20).

lamentou seu destino terrível e a maldade dos cidadãos, que, ao injuriá-lo injustamente, o obrigaram a ajudar e honrar a uma multidão, na qual não havia fé, nem gratidão". Em suas últimas palavras, lamentava "ter confiado demais em um povo, cuja opinião muda e se corrompe diante de qualquer ato, diante de qualquer suspeita" (*HF*, III-20).

Mas um destino não tão diferente tiveram alguns homens que o sucederam. Nicolau diz, dois capítulos depois:

> Este estado [o governo instituído após a morte de Giorgio Scali] não foi menos prejudicial para os cidadãos florentinos nem menos severo em seus primórdios do que o dos plebeus, pois muitos dos nobres populares, que eram conhecidos como defensores da plebe, foram exilados junto a um grande número de líderes plebeus, entre os quais se encontrava Michele di Lando. Nem mesmo a consideração pelos muitos bens que ele havia feito com sua autoridade o salvou da ira partidária, quando a multidão desenfreada devastou toda a cidade. Sua pátria, portanto, foi pouco grata por suas boas obras: um erro em que príncipes e repúblicas frequentemente incorrem, e por essa razão os homens, assustados por exemplos semelhantes, tentam atacar seus príncipes antes de sentirem sua ingratidão (*HF*, III-22).

A ingratidão contra Deus, já nos disse nosso orador em *Exortação*, é um pecado gravíssimo, que foi a causa da queda do homem. Além disso, "aqueles que são ingratos a Deus é impossível que não sejam inimigos do próximo", até mesmo "como podem aqueles que desprezam a Deus respeitar os homens?". De fato, estamos vendo que a ingratidão não apenas afasta o homem de Deus, mas também o impede de viver em paz com o próximo. Quem é ingrato a Deus terá uma relação de conflito com seu semelhante, olhando-o com suspeita, medo ou inveja, cobiçando seus bens.

Já vimos que a Ingratidão é filha da Ambição e da Suspeita e que a Inveja é sua ama de leite. É verdade que em vários capítulos em que nosso autor trata da ingratidão, também vemos a presença da inveja. No tópico anterior, vimos que Nicolau abre o *Prólogo* do primeiro livro de seus *Discursos* alertando sobre a "inveja natural dos homens". No capítulo 17 d'*O Príncipe*, encontramos uma síntese das más qualidades humanas. Discutindo o dilema sobre "se é melhor ser amado do que temido", Nicolau pondera que os homens são "ingratos, volúveis, falsos, covardes e gananciosos; e enquanto tu os tratas bem, eles são todos teus, te oferecem seu sangue, seus bens, sua vida e seus filhos [...], mas sempre e quando tu não precisas deles; [porque] quando é assim, eles te abandonam".

A conquista da cidade de *Arezzo* foi um evento importante para os florentinos, razão pela qual muitas famílias celebraram o sucesso dessa campanha. As celebrações da família Alberti foram as de maior "esplendor e magnificência". Dignas de qualquer príncipe, despertaram "muita inveja" contra a família. Essa grande inveja, "somada às suspeitas" que tinham contra *Benedetto*, mais tarde foi a "causa da ruína" de *messer Benedetto Alberti*.

Ele foi exilado da ingrata pátria, que agora seria serva de homens tiranos. "[*Benedetto Alberti*] foi ao sepulcro de Cristo e [...] morreu em Rhodes. Seus ossos foram trazidos para Florença e enterrados com grande honra por aqueles que, em vida, o haviam perseguido com calúnias e injúrias" (*HF*, III-23). Essas mudanças repentinas das multidões são uma característica natural dos homens: "Nada é mais instável e inconstante que a multidão, é o que afirmam Tito Lívio e todos os historiadores. Pois, quando narram os fatos humanos, muitas vezes percebem que a multidão condenou alguém à morte, para depois chorar e sentir sua falta" (*Discursos*, I-58).

Tanto a inveja quanto a ingratidão são dois venenos que afetam os grandes homens, impedindo-os de fazerem grandes feitos e boas obras. Moisés e Camilo estabeleceram suas *ordenações* porque conseguiram vencer a inveja dos homens que se opunham aos seus desígnios (*Discursos*, III-30).

Piero Soderini acreditava que poderia continuar agindo com paciência e prudência em um momento que exigia ações mais enérgicas e violentas (*Discursos*, III-9). Savonarola, "que fazia seus sermões cheios de acusações contra os sábios do mundo e de invectivas contra eles, porque era assim que ele chamava os invejosos e aqueles que se opunham às suas *ordenações*", também não conseguiu vencer a inveja de seus inimigos. Tanto Savonarola quanto Piero Soderini não tiveram a mesma sorte de Moisés e Camilo e, por isso, perderam o poder (*Discursos*, III-30).[104]

A inveja arruinou o mundo, o homem, a República de Florença e a vida pessoal do nosso autor, que caiu em desgraça após a queda de Soderini, chegando a ser preso, torturado e quase executado por uma falsa acusação. Da mesma forma, há algo que "sempre foi assim, e assim sempre será",

---

[104] Esses pontos que tocam os capítulos 9 e 30 do livro III dos *Discursos* serão analisados mais adiante no tópico sobre a "Fortuna" e no tópico "O amigo de Deus e o uso que Nicolau faz da Bíblia", ambos no meu capítulo 3.

escreve Nicolau, que, em uma república, "durante os tempos pacíficos, os grandes homens, raros e excelentes, são desvalorizados [*negletti*]; porque, "muitos cidadãos invejando a fama que a *virtù* lhes deu, não desejam ser seus iguais, mas seus superiores" (*Discursos*, III-16).[105]

Nosso autor, como veremos nas próximas páginas, deseja demonstrar aos seus leitores que os grandes homens são admiráveis e justamente por sua *virtù* e pelo exemplo de suas condutas, tanto nas adversidades quanto em tempos tranquilos, devem ser *imitados*. Mas a inveja cega os homens, impedindo-os de ver a *virtù* alheia. O invejoso não quer imitar ou se inspirar em outra pessoa excelente, mas ser seu superior. Ele quer ser valorizado, admirado, ter a mesma fama e glória, porém não quer fazer os mesmos sacrifícios e levar o mesmo estilo de vida rústico e severo (veremos esse "estilo de vida" no tópico destinado ao *ócio*).

---

[105] "Todo aquele que é testemunha das deliberações dos homens pode ver como muitas vezes são falsas suas opiniões, pois se tais deliberações não são tomadas por homens excelentes, muitas vezes serão contrárias à verdade. E como os homens excelentes, nas repúblicas corrompidas, especialmente em tempos de paz, são tratados como inimigos, seja por inveja ou por outras razões de ambição, todos se guiam por aquele que o engano geral induz a considerar bom, ou por aquele que é apresentado por homens mais desejosos de favores pessoais que do bem geral. E tal engano logo se revela em tempos difíceis, quando por necessidade se recorre àqueles que em tempos de paz haviam sido quase esquecidos" (*Discursos*, II-22).

*Inveja – Léon Davent (França), inspirado em Luca Penni (Itália) 1550-1555*

## Os pecados da crueldade e da soberba

Presentes no poema como duas pestes das Fúrias, a *Crueldade* e a *Soberba* aparecem no verso ao lado do *Engano*. Lemos as duas palavras, *crudeltà*[106] (e seus derivados adjetivos *crudele*: "cruel / cruéis") e *superbia*[107] (ou o adjetivo *superbo*), em muitos capítulos de suas obras políticas e históricas. A crueldade aparece em oito capítulos d'*O Príncipe*, o que configura cerca de trinta por cento do opúsculo. Está muito mais marcada do

---

[106] As referências à crueldade são vistas em (*Príncipe*, 7, 8, 10, 15, 17, 19, 21, 26); (*Discursos*, I-10, 16, 18, 41, 58); (*Discursos*, III- 6, 19, 21, 22); (*HF*, I-4, 5, 6, 29); (*HF*, II-16, 36, 37); (*HF*, IV-21); (*HF*, V-11); (*HF*, VI- 20); (*HF*, VIII-9, 34).

[107] As referências à soberba são vistas em (*Príncipe*, 15); (*Discursos*, I-3, 40, 41, 47); (*Discursos*, II-14); (*Discursos*, III-23, 43); (*HF*, I-18); (*HF*, II-14, 36, 39); (*HF*, III-1, 5, 7, 17, 23, 25); (*HF*, IV-30); (*HF*, V- 13, 14, 16, 18, 19); (*HF*, VI-17, 20); (*HF*, VII-3, 31); (*HF*, VIII-9, 10, 21); (*Carta* 221 a Francesco Vettori, San Andrés de Percussina, 10 de agosto de 1513 p. 1.147 et segs); (*Carta* 224 a Francesco Vettori, Florença, fevereiro-março de 1514, p. 1.172); (*Carta* 239 a Francesco Vettori, Florença, 31 de janeiro de 1515, p. 1.190).

que a soberba, que aparece apenas em um único capítulo. No capítulo 15, Nicolau nos conta parte de seu objetivo ao escrever suas obras: descrever *a verdade efetiva das coisas.*[108]

Em *O Príncipe*, a crueldade é apresentada como uma estratégia essencial, uma parte integrante da política que deve ser compreendida e empregada por aqueles que governam um Estado quando a *necessidade* exigir. Embora fosse ideal agir com bondade, a vida política demanda a capacidade de "não ser bom". É nesse contexto que a crueldade se torna relevante: esse pecado é uma realidade nas ações humanas, e um príncipe não pode ignorá-lo, independentemente de seus objetivos, seja para expandir seu poder ou para proteger suas posses.

No âmbito desse tema, os intérpretes do nosso autor frequentemente apresentam a figura de César Bórgia como um paradigma da ação política, como um suposto modelo ideal a ser imitado. Aqui, no presente tópico, analisarei apenas alguns pontos referentes a esse personagem. Outras nuances sobre ele serão estudadas mais adiante, no capítulo 4, dentro do tópico "Celeritas". Bem, Bórgia, após ter conquistado a Romanha,

> [...] a encontrou comandada por senhores impotentes, os quais eram mais inclinados a explorar do que corrigir seus súditos, causando mais motivos para desunião do que união, de modo que aquela província estava cheia de roubos, conflitos e todo tipo de insolência, motivo que o fez julgar necessário, para torná-la pacífica e obediente ao braço régio, dar-lhe um bom governo. Para tanto, propôs Ramiro de Lorqua, homem cruel e diligente, a quem deu plenos poderes. Este em pouco tempo a tornou pacífica e unida, com grande reputação [...] (*Príncipe*, 7).

No entanto Bórgia sabia que a forma de ação rigorosa e severa de Ramiro despertou o ódio do povo. Desse modo, estrategicamente, quis mostrar que "se alguma crueldade havia sido cometida, não era nascida dele, mas da natureza de seu ministro"; assim, "para purgar o ânimo daquela população", matou Ramiro e "expôs seu corpo na praça dividido em duas

---

[108] "[...] Mas como a minha intenção é escrever algo útil para quem vier a ler, me parece mais conveniente ir direto à verdade efetiva das coisas, do que à sua representação imaginária [...]. Porque é tão diferente a forma como se vive da que se deveria viver, que quem abandona o que de fato se faz pelo que se deveria fazer, aprende mais sua ruína do que sua preservação: porque um homem que busca ser bom em todas as ocasiões se arruína entre tantos que não são bons. Onde se mostra necessário que o Príncipe que busca manter seu Estado deva aprender a não ser bom e a usar ou não usar [esta capacidade] conforme a necessidade [...]. Eu sei que todos podem considerar coisa louvável que um príncipe tenha, entre todas as qualidades mencionadas anteriormente, aquelas consideradas boas. Mas como não é possível ter todas nem as observar completamente, visto que as condições humanas não permitem, é necessário ser prudente para evitar a infâmia dos vícios que lhe tirariam o Estado [...]" (*Príncipe*, 15).

partes, com um pedaço de madeira e um punhal ensanguentado ao lado: a ferocidade daquele espetáculo fez com que aquele povo ficasse ao mesmo tempo satisfeito e atônito" (*Príncipe*, 7).

Em *Histórias Florentinas* (II-37) vemos uma cena semelhante, na qual o povo extravasa sua crueldade purgando os ânimos. Nosso autor narra um tumulto ocasionado entre o Duque de Atenas, que se tornou um tirano em Florença, e o povo florentino, em 1343. O duque estava sitiado no *palazzo*, enquanto a multidão exigia que lhe fossem entregues seu filho e dois de seus funcionários.

> Sem dúvida, a indignação mais profunda e grave são as feridas de quem recupera a liberdade do que de quem a defende: Guglielmo e o filho [do duque] foram colocados no meio de milhares de inimigos; o filho não tinha nem dezoito anos, mas nem a idade, nem a beleza, nem a inocência puderam salvá-lo da fúria da multidão; e, quem não conseguiu feri-los vivos, os feriu mortos; e, não satisfeitos em dilacerá-los com a espada, os rasgavam com as mãos e com os dentes. E, para que todos os sentidos se satisfizessem na vingança, depois de ouvir seus gemidos, de olhar seus ferimentos, de tocar suas carnes dilaceradas, também quiseram que o paladar as degustasse, para que, depois de saciar os sentidos externos, também os internos se saciassem [...] (*HF*, II-37).

Em *Discursos* (I-58), nosso autor também menciona a "crueldade das multidões". No final do capítulo escreve que as crueldades da "multidão são contra aqueles que ela teme que atentem contra o bem comum; as de um príncipe são contra aqueles que ele teme que ameacem seu interesse pessoal".

Embora nosso historiador defenda a opinião de que o povo muitas vezes é mais sábio que os príncipes (tese defendida nesse capítulo I-58), não deixa de ser verdadeira a opinião de que "os homens são tão ingênuos e estão tão sujeitos às necessidades presentes, que quem engana sempre encontrará quem possa ser enganado"; então não é necessário que o príncipe tenha realmente as qualidades, basta que ele pareça tê-las. A razão para isso é que os homens, "em geral, julgam mais com os olhos do que com as mãos, mais pelas aparências [...]. Todos veem o que tu aparentas, mas poucos sabem o que tu és [...]; porque o vulgo se deixa levar pelo que parece e pelo resultado das coisas; e no mundo não há nada mais que o vulgo [...]" (*Príncipe*, 18).

Nicolau também compara o povo ao "animal bruto" e selvagem, que precisa de alguém que o ordene, que lhe dê leis e o coloque sob uma *forma* de governo (*Discursos*, I-16). Diferentemente das ambições dos grandes, dos nobres, as ambições da gente comum são mais simples. Afinal de contas, não é tão difícil lidar com o povo; ele quer apenas ser livre (veremos o tema da liberdade mais adiante). É por essa razão que, para lidar com o povo, não é necessário muito: "para governar uma multidão, é melhor ser humano do que arrogante, piedoso do que cruel" (*Discursos*, III-19).

O príncipe que não é cruel não será odiado pelo povo; quem não é odiado e tem o povo como seu amigo não terá que temer as conspirações. As histórias mostram o trágico destino de todos os cruéis imperadores romanos (*Príncipe*, 19). Eles tiveram problemas com a crueldade de seus soldados. As tropas queriam imperadores insolentes, cruéis e rapaces para desabafar sua ambição e crueldade. "Crudelíssimos e rapacíssimos" foram os imperadores Cômodo, Severo, Antônio, Caracala e Máximo. Somente Severo, *príncipe nuovo*, conseguiu escapar do assassinato. Os outros foram eliminados mais cedo ou mais tarde (De Grazia, p. 93).

Essas passagens d'*O Príncipe*, junto ao poema que narra a peste das Fúrias, fazem-nos acreditar que a *Crueldade* (assim como a *Ambição* e a *Ingratidão*) é natural ao homem caído. Lemos muito brevemente em *Histórias Florentinas* (I-5) sobre as mudanças que ocorriam na Itália nos tempos bárbaros, entre os anos de 395-493 d.C. Mencionando as variações de língua, costumes e religião, nosso historiador diz que tais eventos causaram inúmeros distúrbios por todo o mundo e a região da África foi a que padeceu de "mais sofrimentos em razão da seita ariana [...], do que por qualquer outra ambição ou *crueldade natural*".

O que seria, então, uma *crueldade natural*? Nicolau fala em diversos capítulos sobre ações variadas às quais ele atribui o adjetivo de "cruéis". Um Estado novo, que acaba de nascer, tem muitíssimos "partidários inimigos" e poucos "partidários amigos". E "para remediar tais inconvenientes e os distúrbios que estas dificuldades ocasionam, não existe remédio mais poderoso, mais válido, mais seguro e mais necessário do que matar os filhos de Bruto" (*Discursos*, I-16),[109] pois eles traíram a pátria conjurando

---

[109] Nicolau repete o tema relacionado à execução dos filhos de Brutus em três capítulos distintos dos *Discursos*: I-16, III-1 e III-3. Para ele, Brutus é, de fato, um grande exemplo de homem que amava a liberdade e o

contra Roma. Nesse capítulo, a crueldade aparece como um remédio; não um remédio qualquer, mas um remédio "poderoso", "válido", "seguro" e "necessário". São adjetivos fortes, cujas inferências que não podem ser ignorados pelo leitor.

No entanto o uso da crueldade não pode ser descontrolado e imprudente. "Na verdade", escreve, "considero infelizes os príncipes que, para manter seu Estado, precisam valer-se de meios extraordinários [...]; quanto mais crueldade utilizar, mais fraco se tornará seu principado" (*Discursos*, I-16). Dessa maneira, a crueldade, como um remédio, deve ser utilizada somente quando a necessidade demandar, sob alguns limites. As censuras feitas a Agatocles são claras:

> Não se pode considerar *virtù* o fato de assassinar seus concidadãos, trair seus amigos, não ter fé, piedade nem religião. Desse modo é possível adquirir o poder [*império*], mas não a glória. Mas, ao considerar a *virtù* com a qual Agatocles entrou e saiu dos perigos, e a força de seu ânimo ao suportar e superar as adversidades, não há razão para julgá-lo inferior a qualquer outro grande capitão. No entanto, sua feroz crueldade e desumanidade, além de sua infinita maldade, não permitem que seja celebrado entre os homens excelentes (*Príncipe*, 8).

Nosso autor argumentará que embora seja possível corrigir os homens por meio da força, são "empresas crudelíssimas", sendo "quase impossível" de serem alcançados os bons efeitos desejados. Os dois únicos bons exemplos disso são Cleômenes (em Esparta), que teve que matar os éforos, e Rômulo (em Roma), que matou o seu irmão e Tito Sabino, um amigo. Porém ambos não estavam maculados pela corrupção e utilizaram corretamente a autoridade conquistada após terem realizado a ação "cruel" (*Discursos*, I-18). Veremos o tema da corrupção mais adiante neste capítulo, e abordarei os atos de Rômulo e Cleômenes com mais detalhes no capítulo 4.

Voltemos aos exemplos de César Bórgia, considerados pelos intérpretes o "modelo de príncipe ideal":

---

bem comum, visto que nem sua própria linhagem poderia impedi-lo de fazer o necessário e o correto para salvar a pátria. Em um sentido similar, podemos ver o mesmo conteúdo em *Discursos*, III - 41: "A pátria deve ser sempre defendida, seja com ignomínia, seja com glória, porque de qualquer modo a defesa é indispensável [...]; deve ter isso em mente todo cidadão que se encontre na situação de aconselhar sua pátria, porque quando se trata de resolver acerca de sua salvação, não cabe parar para considerações de justiça ou de injustiça, de humanidade ou de crueldade, de glória ou de ignomínia. Antes de tudo, e sobretudo, o indispensável é salvar sua existência e sua liberdade".

> [...] Todo príncipe deve desejar ser considerado clemente e não cruel, mas deve estar atento para não fazer mau uso dessa piedade. César Bórgia era considerado cruel e, no entanto, sua crueldade restabeleceu a ordem na Romanha, restaurou a unidade e a reduziu à paz e lealdade ao soberano. Se examinarmos tudo isso corretamente, veremos que o duque havia sido muito mais clemente do que o povo florentino, que por evitar a fama de cruel permitiu em última instância a destruição de Pistóia [...] (*Príncipe*, 17).

"E entre todos os príncipes, ao príncipe novo é impossível evitar a fama de cruel por estarem os estados novos cheios de perigos", palavras do nosso autor, nesse mesmo capítulo 17. Imediatamente depois, ele citará as palavras de Dido, d'*A Eneida*, de Virgílio: *Res dura, et regni novitas me talia cogunt / Moliri, et late fines custode tueri* (A difícil situação e a novidade do reino me forçam a usar tais medidas e a vigiar incansavelmente suas fronteiras – *Eneida*, I, vv. 562-563).

Agora, no contexto do capítulo 27 do livro III, o florentino discorre sobre as formas adequadas de lidar com as facções em uma cidade. Suas análises vislumbram três modos de agir frente a esse problema. O mais adequado seria o primeiro proposto, a saber: a execução dos líderes dos grupos, um modo violento. Já os outros dois são o exílio e os acordos forçados de paz. Os dois últimos são considerados inúteis, que não resolvem verdadeiramente o problema. Novamente, o bom exemplo é retirado da história antiga, demonstrado pela ação dos cônsules romanos, enquanto o mau exemplo é visto na história contemporânea, pois Florença havia adotado as vias de ação consideradas impróprias, não conseguindo pôr fim aos distúrbios, mantendo a cidade dividida e sem paz.

> Através do exemplo dos cônsules romanos para manter Ardea unida, percebe-se como deve ser o modelo para aqueles que desejam acabar com as facções em uma cidade, para o qual o melhor meio é matar os líderes das sedições. Porque é necessário escolher uma das três formas: ou a morte dos líderes, como foi feito em Ardea, ou o exílio, ou forçá-los a assinar a paz, mediante a obrigação de que não se ofendam mais. Destes três modos, o último é o mais danoso, menos seguro e mais inútil. Porque é impossível, onde se derramou muito sangue, ou outras ofensas similares, fazer com que a paz forçada dure [...] (*Discursos*, III-27).[110]

---

[110]  "Per lo esemplo de' Consoli romani che riconciliorono insieme gli Ardeati, si nota il modo come si debbe comporre una città divisa: il quale non è altro, né altrimenti si debbe medicare, che ammazzare i capi de' tumulti, perché gli è necessario pigliare uno de' tre modi: o ammazzargli, come feciono costoro; o rimuovergli della città; o fare loro fare pace insieme, sotto oblighi di non si offendere. Di questi tre modi, questo ultimo

O motivo da censura que Nicolau faz contra a ação fraca de Florença, causando uma paz falsa e passageira, já foi explorado no capítulo 17 de *O Príncipe*. Aqui, em *Discursos* III-27, vemos o autor repetir seu clássico ensinamento de que as condutas falsamente consideradas clementes podem causar mais desgraças, mais tumultos, mais sofrimentos e mais instabilidades, enquanto outras condutas fortes, enérgicas e violentas, erroneamente tidas por cruéis, são as ações necessárias para acabar com os verdadeiros distúrbios, unir a cidade e, em outras palavras, "salvar o Estado". Portanto o príncipe ou o governante de uma república não deve temer a fama de cruel se a necessidade exigir ações dessa índole, porque o bem público será preservado.

> Sobre isso, não há melhor exemplo do que a cidade de Pistóia, que já estava dividida como agora, há quinze anos sob o controle dos Panciatichi e dos Cancellieri [...]. Após muitas disputas entre eles, chegaram ao derramamento de sangue, à destruição de casas, roubos e todos os comportamentos hostis. Os florentinos, para restabelecer a paz [em Pistóia], sempre utilizavam o terceiro modo [de conduta]; mas sempre surgiam maiores tumultos e maiores escândalos: até que, fartos, os florentinos empregaram o segundo modo, de remover da cidade os líderes das facções; alguns foram colocados na prisão e outros confinados em diferentes lugares. Assim foi firmado o acordo de paz que ainda permanece vigente. No entanto, sem dúvida, mais seguro teria sido o primeiro modo. Contudo, aplicá-lo exigia uma grandeza e um poder que uma república fraca não possui, que mal teve energia para empregar o segundo [...].[111]

Em muitos momentos, Nicolau trata a crueldade como simples exemplos de ações individuais dos personagens que compõem suas páginas. Como vemos na história da família Cancellieri, em Pistoia. Lore, filho de *messer* Guglielmo, estava brincando com Geri, filho de *messer* Bertacca, todos da mesma família. Geri foi levemente ferido enquanto brincavam. Para evitar

---

è più dannoso, meno certo e più inutile. Perché gli è impossibile, dove sia corso assai sangue, o altre simili ingiurie, che una pace, fatta per forza, duri [...]".

[111] "[...] Sopra che non si può dare il migliore esempio che la città di Pistoia. Era divisa quella città, come è ancora, quindici anni sono, in Panciatichi e Cancellieri; ma allora era in sull'armi, ed oggi le ha posate. E dopo molte dispute infra loro vennono al sangue, alla rovina delle case, al predarsi la roba, e ad ogni altro termine di nimico. Ed i Fiorentini, che gli avevano a comporre, sempre vi usarono quel terzo modo; e sempre ne nacque maggiori tumulti e maggiori scandali: tanto che, stracchi, e' si venne al secondo modo, di rimuovere i capi delle parti; de' quali alcuni messono in prigione alcuni altri confinarono in vari luoghi: tanto che l'accordo fatto potette stare, ed è stato infino a oggi. Ma sanza dubbio più sicuro saria stato il primo. Ma perché simili esecuzioni hanno il grande ed il generoso, una republica debole non le sa fare, ed ènne tanto discosto, che a fatica la si conduce al rimedio secondo [...]".

futuras discórdias, Guglielmo, com um "ato humano", enviou seu filho, Lore, à casa de Bertacca, para pedir desculpas pelo ocorrido.

Bertacca fez com que seus empregados cortassem a mão do garoto, dizendo-lhe: "Volta para teu pai e diz-lhe que, o que é ferido com ferro, não se cura com palavras". "A crueldade deste ato", diz nosso historiador, "enfureceu tanto a *messer* Guglielmo, que fez com que seus homens tomassem as armas para se vingar, e *messer* Bertacca também se armou para se defender. Assim, não só essa família, mas toda a cidade de Pistóia estava dividida" (*HF*, II-16).

Vemos que Nicolau considera como cruéis os atos que obrigam grandes multidões a buscar refúgio em outros lugares. Tratando dos eventos que ocorreram entre os anos 500-600, ele diz que os habitantes da Lombardia estavam fugindo das "crueldades" do rei Clefi, por isso começaram a povoar outras regiões da Itália (*HF*, I-29). Em *Discursos* também vemos algo similar. Nosso autor utiliza o adjetivo "crudelíssimo" para tratar dos atos do pai de Alexandre Magno, Filipe da Macedônia. Os historiadores dizem que ele "transferia os homens de uma província para outra, como os pastores fazem com seus rebanhos". Considera que "são modos crudelíssimos e contrários à vida, não somente cristã, mas humana" (*Discursos*, I-26).

Nosso estrategista militar considera que há dois tipos de guerras. Um tipo classificado como "perigoso", que é motivado pela ambição das repúblicas ou príncipes, quando buscam expandir seus domínios e territórios. Foram as guerras travadas por Alexandre Magno. "Tais guerras são perigosas, mas não expulsam todos os habitantes de um lugar, pois o vencedor fica satisfeito com a obediência dos povos, permitindo-lhes, na maioria das vezes, que continuem vivendo com suas leis, com suas casas e seus bens".

O outro tipo de guerra "é aquela em que um povo inteiro, com todas as suas famílias, sai de um lugar, pela necessidade da fome ou da guerra, e vai buscar novas terras, não para governá-las, como no primeiro caso, mas para se apoderar de tudo, expulsando ou matando seus antigos habitantes". Essas guerras são "muito mais cruéis e pavorosas".

Um príncipe ou uma república, quando "ataca uma região, se contenta em matar somente aqueles que comandam" o lugar, no entanto, no segundo caso, o tipo de guerra mais cruel e "perigosíssima", mata-se "a todos, porque querem viver daquilo de que os outros viviam" (*Discursos*, II-8).

Há algumas páginas vimos a crueldade da multidão florentina a purgar seus ânimos, destroçando o filho do duque e um de seus empregados (*HF*, II-37). Sabemos que isso ocorre porque "as crueldades da multidão são contra aqueles que ela teme que atentem contra o bem comum" (*Discursos*, I-58). De fato, o duque de Atenas era um tirano, um homem que enganou o povo, demonstrando depois sua crueldade e sua soberba.

> O duque, após conquistar a senhoria, para privar de autoridade aqueles que costumavam ser defensores da liberdade, proibiu os Senhores de se reunirem no palácio [...]. Retirou as insígnias dos gonfaloneiros das Companhias do Povo; aboliu as Ordenanças de Justiça feitas contra os nobres; libertou os prisioneiros das cadeias; fez com que Bardi e Frescobaldi retornassem do exílio. Proibiu a todos de portarem armas; e, para se defender melhor dos de dentro, fez-se amigo dos de fora [...]; fez as pazes com os pisanos, embora tivesse sido nomeado príncipe para lhes fazer guerra; suspendeu os pagamentos de juros aos comerciantes que haviam emprestado dinheiro à república na guerra de Lucca. Aumentou os impostos antigos e estabeleceu outros novos; privou os Senhores de toda autoridade [...]. Os impostos que impunha sobre os cidadãos eram elevados e seus julgamentos injustos; a severidade e a humanidade que havia fingido se transformaram em *soberba* e *crueldade*; muitos cidadãos Grandes ou nobres populares eram atormentados com tributos ou com a morte [...]. [Estabeleceu] seis reitores para o campo, que oprimiram e saquearam os camponeses [...] (*HF*, II-36).

Esse mesmo duque havia enganado o povo florentino ao longo do tempo, em diversas ocasiões. Ele escondeu sua *soberba* e *crueldade* sob um disfarce.[112] Outro nome célebre que aparece nas páginas do nosso autor é o de Francesco Sforza. Em um parágrafo (*Príncipe* 12), Nicolau nos explica que após a morte do Duque Filippo, os milaneses contrataram Sforza, que na época era um chefe mercenário, para combater os venezianos. No entanto, após derrotá-los em Caravaggio, em 1448, Sforza traiu os milaneses juntando-se a Veneza, que o ajudou a tomar o poder em Milão, em 1450.

Vemos detalhadamente esse mal-estar público na cidade de Milão, narrado em *Histórias Florentinas*: "Os príncipes se queixavam, o povo lamentava, as mulheres e as crianças choravam e todos chamavam o Conde de traidor e infiel", e, tentando dissuadi-lo de seus planos malig-

---

[112] "[...] O duque, para parecer possuir religiosidade e humanidade, optou por viver no convento dos frades [...] e, querendo realizar suas intenções malignas, proclamou que todo o povo, na manhã seguinte, deveria ir à praça [...]" (*HF*, II-34).

nos, enviaram embaixadores para confrontá-lo. Assim, diante do Conde, uma personagem profere um longo discurso de censura e reprovação. "[...] Nós, pois, conhecendo agora – embora demasiado tarde – a tua *crueldade*, *ambição* e *soberba*, vimos a ti, não porque pretendemos pedir algo, nem acreditamos que o receberemos se te pedirmos, mas para te lembrar dos benefícios que recebeste do povo milanês e para te mostrar com que ingratidão os recompensaste [...]" (*HF*, VI-20).

Nas palavras de pesar desse cidadão milanês, vemos como caminham juntas as pragas das Fúrias. Os atos do conde estavam carregados de *ambição, ingratidão, crueldade, soberba* e *engano*. O que parece interessante é que em vários capítulos nosso autor demonstra que os homens, que se valem do engano, fazem-no para esconder tais vícios. Na realidade, em *Discursos* e *Histórias Florentinas*, a soberba quase sempre aparece como simples adjetivo para tratar determinados personagens. Não é raro ver os adjetivos "insolente" e "arrogante", que são sinônimos na linguagem comum, atribuídos a personagens soberbos. Claro exemplo vemos nos atos de Apio, que constituiu o decenvirato em Roma (*Discursos*, I-35, 40 e 41).

Em I-35, Nicolau escreve que a ambição de Apio fez com que seus apoiadores se tornassem insolentes. Em I-40, Apio, após revelar sua real personalidade, "começou a mostrar sua soberba inata e, em poucos dias, inculcou seus costumes [maus] em seus companheiros", de modo que, não somente o povo, mas também o senado, queixava-se dos membros do *decemvirato*. Muitos senadores "falavam contra a soberba dos Dez". Pacuvio quis o apoio do povo para "domar a soberba da nobreza e vingar-se das injúrias sofridas". Dessa maneira, um dos primeiros que seriam castigados era um "homem *soberbo, cruel* e *arrogante*" (*Discursos*, I-47).

Igualmente, nosso autor diz no título de um de seus capítulos: "Enganam-se muitas vezes os homens ao crer que a humildade vence a soberba". Ele abre o capítulo afirmando que "vemos muitas vezes que a humildade, em vez de trazer benefícios, prejudica; sobretudo quando é utilizada contra homens *insolentes* que, por inveja ou outra razão, te odeiam" (*Discursos*, II-14). Mariotto Baldovinetti, em uma reunião em Florença, alertou sobre o perigo da instalação de uma tirania por parte da elite, acusando "a *soberba* dos Grandes e sua índole insuportável" (*HF*, IV-30).

A soberba aparece n'*O Príncipe* uma única vez. No capítulo 15, o tema que ocupa nosso autor já havia sido explorado por muitos escritores que o precederam. "E porque sei que muitos escreveram sobre isso, temo, escrevendo, eu também, ser considerado presunçoso (*prosumptuoso*)". Mais adiante, nesse mesmo capítulo, a soberba será mencionada dentro de um conjunto de vícios e qualidades que os príncipes podem ter e que são a razão das críticas ou dos elogios que eles receberão: "[quando se fala sobre os homens e, sobretudo os príncipes] a um se considera liberal, a outro, mesquinho; a um se o tem por desprendido, a outro, por rapace; a um por cruel, a outro, por clemente; a um por traidor, a outro, por leal; a um por afeminado e pusilânime, a outro, por feroz e valente; a um por humano, a outro por soberbo [*superbo*]".

Não parece que nas principais obras de Nicolau a soberba vá além do sentido comum atribuído ao termo. No entanto, quando olhamos para seus poemas, o tema passa a ser um pouco mais curioso. Em uma canção carnavalesca, de título "Sobre diabos expulsos do Céu", a soberba aparece junto à concepção clássica da *hybris*:

> Já fomos, agora não somos mais, Espíritos beatos;
> por nossa soberba
> fomos todos expulsos do céu;
> e nesta cidade vossa
> assumimos o governo,
> porque aqui se demonstra
> mais confusão e dor do que no inferno.

Junto às pragas das Fúrias, os anjos caídos são os responsáveis pelo sofrimento terreno:

> E fome e guerra e sangue e gelo e fogo,
> sobre cada mortal,
> fomos colocando no mundo pouco a pouco;
> e neste carnaval
> viemos para estar convosco,
> porque de cada mal
> fomos e seremos o princípio [...].

Já no *Primeiro Decenal*, Nicolau relata as invasões francesas na Itália: "[na Itália se abriu] o caminho para os gauleses, e sofreu ao ser / pisoteada pelas bárbaras gentes [...] porque vistes vosso estado destroçado: / vistes a cidade em grande perigo / e dos franceses, a *soberba* e a pompa [...]". Em um verso, referindo-se ao rei francês, Carlos VIII, ele o chama de "rei soberbo"; e os italianos, "estando dos franceses todos fartos / por seus modos e desonestos termos / e pelos pesos que os haviam quebrado".

Assim, dentro desse contexto, de inimizade política, e de representação do inimigo político que vimos no primeiro capítulo deste livro, parece que Nicolau realiza uma manobra similar. No capítulo 43 do terceiro livro de *Discursos*, vemos outra crítica aos povos estrangeiros que estão prejudicando a "nossa cidade". Escreve nosso autor que "quem ler as coisas passadas em nossa cidade de Florença, e considerar também as que ocorrem em tempos recentes, verá que os povos alemães e franceses são cheios de *ganância, soberba, ferocidade* e *infidelidade*". Sobre o rei Carlos VIII, suas ações demonstraram que ele era um homem de "pouca fé e grande *ganância*" (*Discursos*, III-43).

Nosso autor atribui aos estrangeiros as práticas comuns a todos os tiranos ou homens naturalmente considerados maus. Dito de outro modo, os inimigos políticos são retratados como pecadores vulgares, insolentes, cruéis, mentirosos e ambiciosos. As inúmeras menções ao pecado da soberba podem parecer triviais, podem soar como uma mera ferramenta estilística e retórica para adornar os textos. Entretanto, no capítulo 4 retornaremos a analisar o tema da inimizade política.

## Tempo cíclico: corrupção; ascensão e queda; conflito e liberdade

Lendo os escritos do nosso autor, temos a impressão de que a condição caída do homem não mudou desde a criação. Em seus poemas e na *Exortação*, a cosmogonia menciona a criação do mundo, da natureza e do homem. Ele é um ser integrante da natureza que, por sua vez, corresponde aos elementos, ao céu e ao sol.

Ao que parece, a única coisa que se transformou com o tempo foi a condição ontológica original do homem. Antes era puro, agora está sob o pecado. Tudo o mais permanece. Nicolau diz que nada disso mudou: "[...] o céu, o sol, os elementos, os homens [têm] hoje a mesma ordem, movimento e poder que na Antiguidade" (*Discursos*, I, *prólogo*). De fato, "quem considera as coisas do presente e as antigas, percebe que em todas as cidades, e em todos os povos, sempre existiram os mesmos desejos e os mesmos humores" (*Discursos*, I-39). "Os homens prudentes costumam dizer, não por acaso nem de forma indevida", que quem quer saber o que vai acontecer deve "considerar o que já aconteceu; porque todas as coisas do mundo, em todos os tempos, encontram correspondência nos tempos antigos". Isso acontece porque, já que as coisas foram feitas por homens, "que têm e sempre tiveram as mesmas paixões, tais coisas só poderão, necessariamente, produzir os mesmos efeitos" (*Discursos*, III-43).

Na natureza invariável dos homens existem os *humores*, os apetites, a razão, a imaginação (*fantasia*), os impulsos e as disposições, distribuídos entre eles de maneira desigual (De Grazia, p. 75). É o que Nicolau escreveu em sua carta a Giovan Battista:[113] "como a Natureza fez os homens com rostos diferentes, também os criou com diferentes engenhos e diferentes fantasias". Esses diferentes tipos de engenho e de fantasia estão relacionados aos "modos" como cada homem tem para "proceder" nas adversidades dos "tempos".[114]

Nesse contexto, nos capítulos em que nosso autor trata do tema,[115] surge a questão de como homens, que agem de maneira semelhante, fazendo as mesmas coisas, tomando as mesmas decisões, chegam a resultados diferentes; ou ainda, como dois homens agindo de maneiras diversas alcançam resultados idênticos.

"A conduta de cada indivíduo é diferente da dos demais; isto é, existe variação dentro da espécie devido à desigualdade de distribuição. *O Príncipe* [cap. 25] sustenta que 'não se pode desviar daquilo para o qual a natureza o inclina', e, aqui, 'que ao perseguir seus fins respectivos, a glória e as riquezas, os homens se comportam de modo distinto: um com precaução, o outro impetuosamente; um com violência, o outro com sagacidade; um com paciência, o outro ao contrário; e cada um, com esses diversos procedimentos, pode [alcançar seus objetivos]" (De Grazia, p. 76).

No entanto, mesmo que o "mundo permaneça sempre o mesmo", os homens sofrem algumas mudanças com o passar do tempo. Eles têm "outros gostos, outros desejos e outras considerações na velhice que na juventude". Com a idade, os homens vão perdendo as "forças e aumentando sua prudência e seu julgamento, e necessariamente o que lhes parecia, na juventude, suportável e bom, na velhice os têm por mau e insuportável;

---

[113] (Carta 116 a Giovan Battista Soderini, Perugia, 13-21 de setembro de 1506, p. 1082-1083).

[114] *Cf.* (Parel, 1992, p. 86-93) – "Although *virtù* operates according to *animo*, the humours, *ingegno*, and *fantasia*, its effectiveness, according to Machiavelli's thought, depends on certain cosmological factors. The most well-known of these, as we have already seen, is the quality of the times. The need to conform modes of behavior to the quality of times is a basic presupposition of both *The Prince* and the *Discourses*. Thus, the secret of Julius II's successes is that his behavior was in accord with the quality of his times. The same is true of the successes of Fabius Maximus and Scipio. Manlius Capitolinus, Sulla, and Marius could not have done what they did, unless the times were favorable to their *nature* [...]" (Parel, p. 92).

[115] *Príncipe*, 25 / *Discursos* III – 9, 43; Carta 116; este tema será analisado mais adiante, no tópico destinado à Fortuna, no capítulo 3.

não são, pois, os tempos que mudam, mas o juízo [*giudizio*] dos homens" (Discursos, II - *Prólogo*).

Além disso, ao longo de toda a obra de Nicolau vemos uma concepção cíclica dos eventos humanos e da história. Em uma carta escrita ao amigo Vettori, ele comenta que "todas as coisas que existiram, creio que possam voltar a existir". Nos tópicos anteriores, vimos os elementos da natureza humana que estão sempre causando os mesmos conflitos na história. Tudo se repete. "Se retornassem ao mundo os mesmos homens", diz nosso dramaturgo no *prólogo* de sua comédia *Clizia*, "como retornam os mesmos fatos, jamais passariam cem anos sem que nos encontrássemos outra vez juntos fazendo as mesmas coisas que agora".[116]

Igualmente, Nicolau frequentemente explora a ideia de ciclos numa perspectiva naturalista. Dito de outro modo, seu pensamento passeia em torno da ideia da vitalidade dos corpos: em um momento estão saudáveis, com vigor, mas gradualmente se degeneram. Em *Discursos* I-2, inspirado em Políbio,[117] ele descreve as formas de governar uma cidade. Há seis modos de governo – três modos bons e três modos perniciosos, que são os três modos bons quando corrompidos. Olhemos esta passagem mais atentamente:

> Portanto, para discutir sobre as ordenações da cidade de Roma e os acontecimentos que a tornaram perfeita, direi o que alguns que escreveram sobre as repúblicas dizem, ou seja, que nelas existem três estados, chamados *Principado*, *Optimates* [aristocrático] e *Popular*; e aqueles que ordenam uma cidade devem escolher um deles, de acordo com o que lhes pareça mais apropriado. Outros [autores] – que na opinião de muitos são mais sábios – são da opinião de que existem seis formas de governo, três delas péssimas e outras três boas em si mesmas; mas tão fáceis de corromper, que chegam a ser perniciosas. As três boas são as três citadas anteriormente; as três más são degradações delas, e cada qual é de tal modo

---

[116]  "[...] perché tutte le cose che sono state io credo che possano essere [...];" (Carta 235, de 20 de dezembro de 1514, p. 1187). / "[...] Se nel mondo tornassino i medesimi uomini, come tornano i medesimi casi, non passerebbono mai cento anni, che noi non citrovassimo un'altra volta insieme a fare le medesime cose che ora [...]" (Clizia, p. 891). / "His vision of history is cyclical" (Viroli, 2010, p. 28). / A interpretação de Maurizio Viroli parte das descobertas de Anthony Parel (1992) e indica que Nicolau não esperava um "triunfo final do mal ou do bem". "Ele acreditava", diz Viroli, "que os eventos humanos estão relacionados ao movimento dos céus" (p. 28).

[117]  Ao abordar a polêmica sobre o suposto conhecimento da língua grega por parte de Nicolau, Mansfield escreve: "É possível concordar com a maioria dos estudiosos, que afirmam que ele não conhecia grego. No entanto, considerando a competência de Maquiavel, é mais plausível pensar que ele dominava o idioma, mas optou por ocultar esse conhecimento, extinguindo de forma jocosa a tradição filosófica que o antecedeu e distorcendo a memória da antiguidade à sua própria maneira" (1979, p 206); o autor J. H. Hexter elaborou uma teoria para explicar como Nicolau fez uso do livro 6 de Políbio para escrever seu capítulo (*Discursos* I-2), dado que supostamente não sabia grego e que, naquele momento, não havia uma tradução da obra de Políbio impressa e disponível. *Cf.* (Hexter, 1956).

semelhante àquela de que procede que, facilmente, se passa de uma para outra, porque o *Principado* facilmente se torna tirania; os *Optimates* com facilidade se tornam um governo de poucos [uma oligarquia], e o *Popular* sem dificuldades se torna licencioso. De modo que, se um ordenador de uma república ordena um desses três estados em uma cidade, o ordena por pouco tempo, pois nada poderá impedir que degenere para seu oposto, por conta da semelhança que há, neste caso, entre a virtude [*virtute*] e o vício [...] (*Discursos*, I-2).[118]

Essa ideia de ciclo, de queda e ascensão, é abordada em outra obra com algumas leves alterações. No primeiro capítulo do quinto livro das *Histórias Florentinas*, Nicolau a apresenta sob a dicotomia "desordem-ordem":

As províncias, na maior parte das mudanças que sofrem, costumam sair da ordem e entrar na desordem, para depois passar novamente da desordem à ordem; porque, não permitindo a natureza que as coisas mundanas permaneçam paradas, quando chegam à sua máxima perfeição, não podendo subir mais, é necessário que desçam; e, assim também, depois de descer e pelas desordens chegarem à máxima baixeza, como já não podem descer mais, terão necessariamente de subir, e, assim, sempre se desce do bem ao mal, e do mal se sobe ao bem. Porque a *virtù* gera a tranquilidade, a tranquilidade gera o ócio; o ócio a desordem, e a desordem, ruína; de modo semelhante, da ruína nasce a ordem; da ordem, a *virtù*; desta, a glória e a boa fortuna [...] (*HF*, V-1). [119]

É necessário estar atento à palavra *ócio* nesse capítulo das *Histórias*, porque mais adiante veremos o que Nicolau pretendia quando escrevia sobre o prazer. Daquela explicação do ciclo de corrupção nas formas de gover-

---

[118] "[...] Volendo adunque discorrere quali furono li ordini della città di Roma, e quali accidenti alla sua perfezione la condussero; dico come alcuni che hanno scritto delle republiche dicono essere in quelle uno de' tre stati, chiamati da loro Principato, Ottimati, e Popolare; e come coloro che ordinano una città, debbono volgersi ad uno di questi, secondo pare loro più a proposito. Alcuni altri, e, secondo la opinione di molti, più savi, hanno opinione che siano di sei ragioni governi: delli quali tre ne siano pessimi; tre altri siano buoni in loro medesimi, ma sì facili a corrompersi, che vengono ancora essi a essere perniziosi. Quelli che sono buoni, sono e' soprascritti tre: quelli che sono rei, sono tre altri, i quali da questi tre dipendano; e ciascuno d'essi è in modo simile a quello che gli è propinquo, che facilmente saltano dall'uno all'altro: perché il Principato facilmente diventa tirannico; gli Ottimati con facilità diventano stato di pochi; il Popolare sanza difficultà in licenzioso si converte. Talmente che, se uno ordinatore di republica ordina in una città uno di quelli tre stati, ve lo ordina per poco tempo; perché nessuno rimedio può farvi, a fare che non sdruccioli nel suo contrario, per la similitudine che ha in questo caso la virtute ed il vizio [...]".

[119] "Sogliono le provincie, il più delle volte, nel variare che le fanno, dall'ordine venire al disordine, e di nuovo di poi dal disordine all'ordine trapassare; perché, non essendo dalla natura conceduto alle mondane cose il fermarsi, come le arrivano alla loro ultima perfezione, non avendo più da salire, conviene che scendino; e similmente, scese che le sono, e per li disordini, ad ultima bassezza pervenute, di necessità, non potendo più scendere, conviene che salghino; e così sempre da il bene si scende al male, e da il male si sale al bene. Perché la *virtù* partorisce quiete, la quiete ozio, l'ozio disordine, il disordine rovina; e similmente dalla rovina nasce l'ordine, dall'ordine virtù, da questa gloria e buona fortuna.

nar uma cidade está presente o detalhe de que a corrupção política é um fenômeno inevitável na vida do Estado.

Igualmente, em *Histórias Florentinas*, a natureza não permite que as coisas mundanas permaneçam paradas,[120] de modo que, alcançada a máxima perfeição, necessariamente terão que descer para depois subir. Como os homens são naturalmente gananciosos, é inevitável que, mais cedo ou mais tarde, corrompam as ordenações, levando a república ou o principado à ruína, ocorrendo, assim, a perda da "liberdade". Essa liberdade perdida, causando a ruína de um Estado, motivará em seguida a busca por sua grandeza futura, repetindo, então, a história e os ciclos humanos.

Vejamos agora um ponto importante sobre o tema: Nicolau, em *Discursos* I, 16-18, analisa a corrupção política sob o hilemorfismo, ou seja, a compreensão de que as coisas são constituídas por *matéria* e *forma*.[121] A forma, nos escritos do florentino, representa as ordenações políticas e os legisladores, que tentam impor uma ordem, uma lei à matéria, que é o povo.[122]

Esse movimento que compõe um dos vários *humores* da vida civil é responsável por manter a vitalidade política, o equilíbrio das forças internas do Estado: os grandes que querem dominar e o povo que deseja ser livre (*Príncipe*, 9),[123] culminando na liberdade, que depende da ordem, e a ordem, que depende da liberdade, em um tipo de ciclo hermenêutico.

A corrupção, desse modo, é compreendida como um rompimento das forças internas vitais do Estado, já que, sob essa compreensão, as

---

[120] Afirma em *Discursos*: "as coisas humanas estão sempre em movimento, às vezes sobem, às vezes descem" (*Discursos*, II-*Prólogo*).

[121] "[a corrupção] começa a afetar o povo (que é a *matéria* do Estado); [o povo] que também faz parte das *ordenações* da cidade (a *forma* do Estado), começa a corromper o sistema político e as *ordenações* (instituições – *forma*). Assim, com o tempo todo o sistema está quebrado e a cidade extremamente corrompida de tal maneira, que os bons costumes já não existem. Nem os costumes, nem as leis, antigas ou novas, são capazes de reestruturar a ordem (os meios ordinários), então será necessário um tipo de revolução, a utilização de meios extraordinários e o surgimento de um governo forte para reduzir aquele Estado a um governo régio" (Aires, Cintra, 2015, p. 45).

[122] Em várias ocasiões, a palavra "povo", na obra de nosso autor, não tem o sentido de um conceito sociológico. Na verdade, a palavra "povo" aparece tanto como *popolo* (em menos frequência) quanto *universale*, quando nosso autor se refere a um grande número da população.

[123] "[...] Perché in ogni città si truovano questi dua umori1 diversi: e nasce, da questo, che il populo desidera non essere comandato né oppresso da' grandi, ed e'grandi desiderano comandare e opprimere el populo; e da questi dua appetiti di versi nasce nelle città uno de' tre effetti, il principato o libertà o licenza [...]". A mesma ideia de conflito entre os grandes e o povo será retomada em *Discursos* (I, 4-5). Esse é um ponto central para a interpretação marxista que vê esse conflito dentro de chaves de luta de classes.

ordenações também são consideradas organismos vivos,[124] ou seja, ocorre quando a *matéria* deixa de estar em contato, de ser ordenada pela *forma*, ficando de fora do âmbito de ação do Estado, a ordenação se afasta de seus princípios e, para recuperá-la, os remédios vão tentar fazê-la voltar a tais princípios (*Discursos*, III-1).

Nesse sentido, em *Discursos* I-7, Nicolau trata da importância para uma república que seus cidadãos possam fazer acusações sem medo. Porém as calúnias devem ser combatidas, os caluniadores punidos e os acusadores, se comprovados seus relatos, beneficiados. O combate às calúnias se motiva porque tal prática deixa a cidade vulnerável ao caos, aos tumultos e à desordem, enquanto as acusações são feitas dentro da esfera pública, sob o olhar vigilante da lei.

> Os homens são acusados diante dos magistrados, diante do povo ou diante dos conselhos. São caluniados nas praças ou no interior das casas, e a calúnia prospera menos à medida que o regime permite mais a acusação. Por essa razão, o *ordinatore* de uma república deve estabelecer o princípio de que cada cidadão pode ser acusado sem medo nem perigo; uma vez estabelecido e observado este ponto, os caluniadores devem ser punidos rigorosamente [...]. Onde esta disposição não está perfeitamente estabelecida, sempre surgem grandes desordens [...] (*Discursos*, I-8).

As calúnias são mais insidiosas, feitas nas sombras, causando danos difíceis de se reparar. Esse ambiente relaxado, sem a mão do Estado, abre espaço para o surgimento das facções, tratadas em (*Discursos*, I - 7 e 8), que representam um perigo para a vitalidade política, a liberdade e a ordem, porque esses bandos atuam fora da lei, contra o bem comum e em benefício próprio. As palavras do nosso autor são claras: a Florença de seu tempo não está bem ordenada:

> Esta foi uma das medidas bem ordenadas em Roma, mas sempre esteve mal ordenada em Florença. Assim como a ordem estabelecida em Roma tinha grandes méritos, da mesma forma em Florença, a desordem causou os males mais desastrosos [...]. Aqueles que leem a história desta cidade verão quantas calúnias foram sempre dirigidas aos cidadãos envolvidos

---

[124] "Filósofos como Heráclito, Platón y Aristóteles, cuando analizaron el ciclo de vida de los seres, percibieron que todo organismo pasa por los momentos de nacimiento, crecimiento y desenvolvimiento hasta llegar al ápice, para, en seguida, empezar un proceso de degradación, en que el cuerpo pierde su vigor, y el individuo muere. Los filósofos, tras comprendieren la corrupción en el aspecto biológico naturalista, pasaron a examinar los entes políticos y la sociedad como cuerpos naturales, habiendo de esa manera el mismo ciclo de nacimiento, crecimiento, desenvolvimiento y decadencia en la sociedad e instituciones políticas. Bajo esta mirada naturalista, la entidad pública señalaría sus primeros indicios de corrupción en el momento en que empezase a perder su fuerza y vigor, desviándola de sus primeros principios (Martins, 2008, p. 13-15).

nos assuntos públicos mais importantes. Dizia-se de um que havia roubado dinheiro do Tesouro público; de outro que não realizou determinada empresa por ter-se vendido, e de um terceiro que, por ambição pessoal, havia criado tais ou quais inconvenientes. Daqui nascia que por todos os lados surgisse a má vontade, que desta nascessem as divisões, das divisões as facções, e das facções, a ruína do Estado [...].[125]

Nesse ponto há um entendimento corrente e amplamente aceito pelos intérpretes do florentino: que os conflitos são benéficos para a vida política.[126] A tensão entre as forças existentes em uma sociedade, os *humores* dos grandes, que desejam dominar, e do povo, que deseja ser livre, deve ser acolhida pelas ordenações porque, além de ser inevitável a existência de conflitos, quando o legislador é omisso ocorre o distanciamento da *matéria* da *forma*, surgindo a corrupção. Quando uma cidade está corrompida em grandes níveis não há outro remédio, o organismo político está quebrado e a liberdade será perdida.

Agora, resumindo a lógica prática da teoria de Nicolau: o conflito é uma realidade permanente, porque a inclinação natural do homem para fazer o mal e ser ambicioso representa uma ameaça à liberdade e à ordem; é a responsável por constituir a corrupção nas entidades políticas, de modo que os homens republicanos, ou o príncipe, devem ser capazes de controlar as pulsões da *matéria*, aproveitando a ocasião correta para aplicar a lei, para dar-lhe uma *forma*.

Quanto ao movimento de controlar as pulsões das forças internas do Estado sob o poder coercitivo e ordenador de uma autoridade, é algo que

---

[125] "[...] Accusansi gli uomini a' magistrati, a' popoli, a' consigli; calunnionsi per le piazze e per le logge. Usasi più questa calunnia dove si usa meno l'accusa, e dove le città sono meno ordinate a riceverle. Però, un ordinatore d'una republica debbe ordinare che si possa in quella accusare ogni cittadino, sanza alcuna paura o sanza alcuno rispetto; e fatto questo, e bene osservato, debbe punire acremente i calunniatori [...]. E dove non è bene ordinata questa parte, seguitano sempre disordini grandi [...]. Questa parte, come è detto, era bene ordinata in Roma; ed è stata sempre male ordinata nella nostra città di Firenze. E come a Roma questo ordine fece molto bene, a Firenze questo disordine fece molto male. E chi legge le istorie di questa città, vedrà quante calunnie sono state in ogni tempo date a' suoi cittadini, che si sono adoperati nelle cose importanti di quella. Dell'uno dicevano, ch'egli aveva rubato i danari al Comune; dell'altro, che non aveva vinta una impresa per essere stato corrotto; e che quell'altro per sua ambizion aveva fatto il tale ed il tale inconveniente. Di che ne nasceva che da ogni parte ne surgeva odio: donde si veniva alla divisione, dalla divisione alle sètte, dalle sètte alla rovina [...]".

[126] O título de um capítulo dos *Discursos* diz: "A desunião entre o Senado e a plebe fizeram daquela cidade livre e poderosa" (*Discursos*, I-4); de modo geral, a opinião de muitos comentaristas de nosso autor é que seu objetivo em Discursos era constituir e alcançar a liberdade dos povos contra os tiranos. Essa opinião é motivada porque quase toda a obra tem menções à liberdade: *Cf.* (*Discursos*: I, 2, 4, 5, 6, 7, 8, 13, 16, 17, 18, 22, 24, 25, 28, 33, 35, 37, 40, 46, 47, 49, 50, 51, 52, 53, 55); (*Discursos*: II, 12, 21); (*Discursos*: III, 1, 3, 5, 6, 7, 8, 11, 12, 26, 37, 41); (*Histórias Florentinas; Prólogo*, I, 4, 5, 25); (*HF*: II, 4, 5, 6, 12, 21, 25, 33, 34, 35, 36, 37); (*HF*: III, 1, 17); (*HF*: IV, 1, 3); (*HF*: V, 8); (*HF*: VI, 20, 24); (*HF*: VII, 1).

corresponde ao que Nicolau compreendia como liberdade interna, que é condição para que haja a liberdade externa, o que significa que o Estado não será dominado por uma nação estrangeira. Em *Discursos* I-2 há o alerta quanto à impossibilidade de um reino manter sua unidade se lhe passar o ciclo de corrupção, porque tal ciclo, tal mudança de sorte e de ordenações, debilitá-lo-á ao ponto de ser dominado por outro país ou dividir seu território em vários reinos menores e independentes.[127] Cumpre agora averiguar o curioso caso da exortação à pobreza feita pelo nosso autor.

## O pecado da preguiça: o ócio

Lembremos as bem conhecidas palavras iniciais do *prólogo* do livro primeiro dos *Discursos*. A famosa frase "reveladora" – *ho deliberato entrare per una via, la quale, non essendo suta ancora da alcuno trita* / "decidi entrar por um caminho que ainda não foi trilhado por ninguém" – é precedida por outra revelação, de ordem mais íntima: antes de afirmar que ele havia decidido entrar por essa nova via, Nicolau nos revela seus próprios impulsos, o combustível que o move, o que o seu coração ama: seu natural desejo de trabalhar: "Motivado pelo natural desejo que sempre tive de trabalhar, sem hesitar, pelas coisas que me parecem proporcionar benefícios comuns aos outros, decidi entrar por um caminho que ainda não foi trilhado por ninguém".

A conduta pessoal do nosso autor parece coerente com os postulados presentes em suas obras e sua censura a qualquer tipo de preguiça. O pecado da preguiça aparece claramente em suas páginas sob o substantivo *ozio*, representado de uma maneira extremamente negativa. No tópico anterior não me foi possível aprofundar um ponto relacionado ao tema da ambição, que é justamente o ócio e a moleza. Aqui, inicialmente, é necessário apontar que junto a tais concepções está presente uma censura que Nicolau faz à religião cristã. No entanto, por razões de organização, parte das críticas feitas à religião foram abordadas na introdução e também serão abordadas mais adiante, no tópico "O problema da Igreja", no capítulo 4.

Bem, meu ponto de partida será o contexto da história romana, de onde Nicolau pôde ter retirado sua compreensão sobre as coisas do mundo, a disciplina cívico-militar e a forma ideal de conduta para os

---

[127] "[...] Dessa forma, se uma parte daquela cidade estiver insatisfeita, a cidade se perde na primeira guerra que vier a ocorrer, não sendo possível conservá-la contra os inimigos de fora e os de dentro [...]" (*Discursos*, III-27).

homens. Lendo suas obras percebemos que ele censurava os homens covardes, sem *virtù*, enquanto valorizava os fortes, cheios de vontade para a guerra e para a ação em situações de conflito, elogiando os homens que buscaram a glória mundana.

Um dado incontestável, que será repetido neste livro diversas vezes, mas sob ângulos diferentes, é o fato de Nicolau ensinar aos homens de seu tempo a olharem a Antiguidade para venerá-la e imitá-la em tudo o que for possível e necessário, pois nos tempos passados havia virtudes louváveis, enquanto hoje "o mundo está corrompido".[128] De fato, uma paisagem sempre presente em várias partes de suas obras é a situação do mundo atual: devastado pela desordem e pela corrupção. Os tempos presentes estão impregnados de vícios:

> [Os homens de nosso tempo] têm razão em criticar os tempos presentes e em elogiar os tempos passados. Porque os tempos de outrora eram cheios de coisas que os tornavam maravilhosos; enquanto no presente nada pode compensar a profunda miséria, a infâmia e o vitupério; porque não há respeito pela religião, pelas leis, nem pela ordem militar; manchando todas as consciências os vícios mais repugnantes. Vícios tanto mais detestáveis quanto que se destacam naqueles que formam os tribunais, ou exercem autoridade, ou pretendem ser adorados [...] (*Discursos* II – *Prólogo*).[129]

Já pudemos averiguar, no tópico anterior, que os homens estão sempre sob os impulsos e desejos insaciáveis, portanto o *ordenador* de um Estado deve saber contê-los. Como, então, os antigos buscavam frear os desejos e os apetites humanos? Segundo Nicolau, a reta disciplina e a constante atividade poderiam alcançar bons resultados. Em seus postulados e na exortação aos antigos vemos, então, uma clara e notável *ascese*.[130]

---

[128] Alan Gilbert, (vol. 2, p. 752) traduz a passagem da seguinte maneira: "[...] and everyone may learn how the world has grown bad, [...]"; a passagem em italiano é: "[...] e ognuno, a suo modo [...] sentirassi come il mondo è *guasto* [...]. Optei traduzir como "mundo corrompido" por duas razões: a primeira é que o adjetivo *guasto* tem como sinônimo *corrotto*, ou seja, *corrompido*; e a segunda, o adjetivo *guasto* também significa *malato* ("doente") quando se refere a um organismo vivo. Nesse contexto, a palavra "corrupção", como sinônimo de "doença", traz consigo o sentido de vitalidade política, que está totalmente relacionada aos postulados de nosso autor. Ao dizer que o mundo está corrompido, Nicolau não se refere apenas à corrupção política das *ordenações* públicas em um caráter meramente relacionado à *forma*, mas também indica que a *matéria* está comprometida. Ou seja, a conduta dos homens, os costumes estão deteriorados. É nesse sentido que ele se refere, no capítulo 26 d'*O Príncipe*, quando menciona a *matéria* da Itália à espera de alguém que lhe dê uma *forma*.

[129] "[...] ha ragione di biasimare i tempi suoi, e laudare gli altri: perché in quelli vi sono assai cose che gli fanno maravigliosi; in questi non è cosa alcuna che gli ricomperi da ogni estrema miseria, infamia e vituperio: dove non è osservanza di religione, non di leggi, non di milizia; ma sono maculati d'ogni ragione bruttura. E tanto sono questi vizi più detestabili, quanto ei sono più in coloro che seggono pro tribunali, comandano a ciascuno, e vogliono essere adorati [...]".

[130] (*Príncipe* 14), (*Discursos* I, prólogo, 2, 6, 10, 21, 55; II, 2, III, 16); (HF, V,1), (DAG, Livros, I, II, III e IV).

A república que tem a presença de um homem prudente que a ordena, que lhe impõe ordem e leis, permitindo que possa viver seguramente sob tais ordenações, sem "necessidade de corrigi-las", será considerada uma república "feliz". "Esparta", diz Nicolau, "viveu mais de oitocentos anos sem corrompê-las e sem sofrer nenhum tumulto perigoso". Licurgo foi o responsável por tão grande façanha: "quem ordenou as leis de Esparta, que, distribuindo o poder entre o rei, os grandes e o povo, fundou um estado de mais de oitocentos anos de duração, com grande glória sua e perfeita tranquilidade do Estado" (*Discursos* I-2).[131]

Roma e Esparta são as duas cidades antigas que merecem elogios. Em uma leitura superficial poderíamos dizer que, apesar do florentino não escolher Esparta como seu modelo ideal, ele não a excluiu da lista de bons modelos antigos a serem imitados por seus contemporâneos (ou homens de gerações futuras), sendo apenas necessário que o seu leitor escolha qual modelo queira seguir e que tipo de Estado queira fundar. "Quem examinar o assunto sutilmente, chegaria à seguinte conclusão: ou se trata de uma república que quer construir um império, feito Roma, ou de uma que só quer manter-se. No primeiro caso tem que fazer tudo tal qual Roma fez, e no segundo pode imitar [...] a Esparta" (*Discursos*, I-5).[132]

Assim, dado incontroverso e incontestável, visto nas palavras mesmas do nosso autor: o modelo espartano era digno de imitação. Sigamos. Historicamente, em relação ao ócio e ao prazer, essa cidade[133] tinha uma grande disciplina para controlar os desejos e impulsos. E, de fato, na

---

[131] "Talché, felice si può chiamare quella republica, la quale sortisce un uomo sì prudente, che gli dia leggi ordinate in modo che, sanza avere bisogno di ricorreggerle, possa vivere sicuramente sotto quelle. E si vede che Sparta le osservò più che ottocento anni sanza corromperle, o sanza alcuno tumulto pericoloso [...]. Intra quelli che hanno per simili constituzioni meritato più laude, è Licurgo; il quale ordinò in modo le sue leggi in Sparta, che, dando le parti sue ai Re, agli Ottimati e al Popolo, fece uno stato che durò più che ottocento anni, con somma laude sua e quiete di quella città".

[132] "[...] Ed in fine, chi sottilmente esaminerà tutto, ne farà questa conclusione: o tu ragioni d'una republica che voglia fare uno imperio, come Roma; o d'una che le basti mantenersi. Nel primo caso, gli è necessario fare ogni cosa come Roma; nel secondo, può imitare Vinegia e Sparta [...]".

[133] [...] [em Esparta] Nos agrupamentos religiosos, não apenas a *areté* se despojou de seu aspecto guerreiro tradicional, mas se definiu por sua oposição a tudo que representasse como comportamento e forma de sensibilidade o ideal de *habrosyne*: a virtude é o fruto de uma longa e penosa *áskesis*, de uma disciplina dura e severa, a *meleté*; emprega uma *epiméleia*, um controle vigilante sobre si mesmo, uma atenção sem descanso para escapar das tentações do prazer [...] (Vernant, 2002, p. 88).
"[...] Las mismas tendencias rigurosas que percibimos de cierta manera en gran escala en los medios sectarios, donde definen una disciplina de ascesis que permite a los iniciados escapar de las injusticias de este mundo, salir del ciclo de las reencarnaciones y volver al divino, volvemos a encontrarlas en acción en plena vida social, cambiando las conductas, los valores, las instituciones, esa vez fuera de toda preocupación de orden escatológica. (p. 88) [...]

compreensão do nosso historiador, uma vida rústica e difícil deixava os homens livres da influência perigosa do ócio.

Agora, se olharmos para Roma, parece-me que o florentino considerou o modelo romano da segunda metade do século quinto antes de Cristo, como o seu modelo proposto de imitação, digno de louvores e elogios. A época em que Roma era ainda uma república aristocrática de camponeses, quando, mesmo cheia de conflitos internos,[134] conseguiu expandir-se e vencer as demais cidades e confederações da Itália porque

> [...] em sua constituição incentivava uma vigorosa disciplina, capaz de conter essa grande força destrutiva das nações que se chama o prazer, domando os vícios na classe rica e poderosa, ou seja, naquela que se corromperia mais facilmente e teria propagado por todos os lugares a embriaguez, a gula, o luxo dos metais preciosos e o orgulho pessoal, que deseja satisfazer-se, mesmo que seja em detrimento de todos. Roma soube ser bárbara sem os vícios da barbárie, e por isso venceu a tantos povos mais civilizados, mas enfraquecidos pelos vícios de sua própria civilização. A antiga sociedade romana pode ser comparada a certas ordens monásticas que conservavam em vigor essas engenhosas combinações de ensinamentos, exemplos, vigilância e ameaças, com as quais um grupo de homens, submetendo cada um de seus membros à tirania da opinião e dos

---

[...] {el *Nomos* que sustituye el papel del rey} guarda por su vez relación con la *Dike* {personificación de la justicia}, una especie de resonancia religiosa; pero se exprime también y sobre todo un esfuerzo positivo de legislación, en una tentativa racional de poner fin a un conflicto, equilibrar fuerzas sociales antagónicas (p. 91) [...] la ponderación de la *sophrosyne* {virtud del justo medio, corresponde a la imagen de un orden político que impone un equilibrio a fuerzas contrarias, que establece un acuerdo entre elementos rivales} iba a tomar, en el clima religioso de las sectas, una colaboración ascética. Virtud de inhibición, abstinencia, consiste en alejarse del mal, en evitar toda impureza: no solamente recusar las solicitaciones criminosas que un demonio malo puede suscitar en el hombre, sino mantenerse puro del comercio sexual, frenar los impulsos del eros y de todos los apetitos relacionados a la carne, hacer el aprendizaje, por medio de las pruebas previstas por el 'camino de vida' de iniciación, de su capacidad de dominarse, de vencerse a sí propio (p. 94) [...].

[-] ya en una institución como la agogé espartana, la *sophrosyne* aparece con un carácter esencialmente social. Es un comportamiento impuesto, reglamentado, marcado por el 'comedimiento' que el joven debe observar en todas circunstancias" (p. 96) (Vernant, 2002, p. 88-96).

[134] "[...] el ejército romano se componía de pequeños propietarios mandados por los propietarios ricos, pues mientras quien no poseía tierras carecía del derecho de ser soldado, todos los propietarios [...], desde los diecisiete hasta los cuarenta y seis años, tenían que presentarse, cada vez que el cónsul proclamaba la leva, para formar en legiones y partir a las órdenes de los magistrados [...]. Desgraciadamente, odios feroces se incubaban entonces entre ricos y pobres; la población aumentaba demasiado en el estrecho territorio; las guerras se convertían a menudo en causas de devastación y ruina; la tierra se agotaba con facilidad por el cultivo demasiado intenso de los cereales. Y mientras los desventurados pequeños propietarios estaban agobiados de deudas, la nobleza, cuyas familias también eran numerosas, se apropiaba de las mejores tierras conquistadas al enemigo y aumentaba sus propios rebaños en detrimento de los pastos públicos, cuyo disfrute arrebataba así a los pobres; y lo que es peor, prestaba usurariamente a los propietarios pobres, reduciéndolos después a la esclavitud por la ley del *nexum*. Por otra parte, los plebeyos ricos aborrecían a los patricios, que les excluían de las magistraturas; cosa que originaba pendencias, tumultos, divisiones, aun cuando la guerra fuese inminente [...]" (Ferrero, 1959, p. 15).

sentimentos comuns, e privando-os de todos os meios de viver fora desse grupo, pôde fazê-los desdobrar, pelo menos em certas obras, mais zelo, abnegação e disciplina, do que poderia esperar-se deles, considerando-os individualmente. Tudo na Roma Antiga estava direcionado para conservar e aumentar nas classes altas a força dessa combinação de exemplos, de ensinamentos e de ameaças recíprocas: o estado das fortunas, a religião, as instituições, a severidade das leis; as exigências do sentimento público que desejava vê-las aplicadas inexoravelmente pelos pais aos filhos [...]. Graças a essa disciplina das classes altas, Roma pôde vencer na empresa que custou o fracasso aos etruscos e elevar-se paulatinamente sobre as demais repúblicas da Itália [...] (Ferrero, 1959, p. 15-16).

Nicolau não apenas condena a Itália de seu tempo nas artes da guerra, como também diz que "com as guerras [de seu tempo] não se conquistava glória, e com a paz não se conquistava tranquilidade" (*HF*, V-2).

As repúblicas antigas e bem ordenadas, quando vitoriosas, costumavam encher o tesouro de ouro e prata, distribuir presentes ao povo, perdoar os súditos dos tributos e celebrar a vitória com jogos e festas solenes; mas as repúblicas dos tempos que descrevemos, primeiro esgotavam o tesouro, depois empobreciam o povo e não se garantiam contra os inimigos. Tudo isso provinha da desordem com que essas guerras eram feitas (*HF*, VI-1).[135]

Em suma, as guerras travadas por Roma viabilizaram primeiro a sua soberania sobre as outras zonas italianas, e posteriormente sobre as demais províncias europeias. Entretanto, mais importantes que as consequências políticas foram as econômicas e as sociais dessas guerras, porque a república aumentou consideravelmente suas riquezas:

No final do terceiro século antes de Cristo, Roma dominava a Itália porque as mais altas virtudes de todas as classes eram as das sociedades rurais bem disciplinadas: sobriedade, pudor, simplicidade de idéias e de costumes, força tranquila de vontade, integridade, lealdade, paciência, tranquilidade peculiar ao homem que carece de vícios, que não gasta suas forças nos prazeres e que sabe poucas coisas [...]. A parcimônia, a simplicidade, a rude austeridade dos tempos antigos ainda era considerada como uma das mais altas virtudes de uma família nobre. A riqueza crescente não conseguiu refinar a massa nem aumentar os prazeres dos indivíduos; mas consolidou o poder em uma forte aristocracia militar de ricos proprietários, forjada no molde da educação tradicional, para o governo e para a guerra [...] (Ferrero, 1959, p. 18-21).

---

[135] "[...] Solevono le antiche e bene ordinate republiche, nelle vittorie loro, riempiere d'oro e d'ariento lo erario, distribuire doni nel popolo, rimettere a' sudditi i tributi, e con giuochi e con solenne feste festeggiarli; ma quelle di quelli tempi che noi descriviamo, prima votavono lo erario, di poi impoverivano il popolo, e de' nimici tuoi non ti assicuravano. Il che tutto nasceva da il disordine con il quale quelle guerre si trattavano [...]".

Não é difícil saber de onde Nicolau retirou e incorporou tais concepções. Foi justamente das páginas de Tito Lívio que nosso autor encontrou essa mesmíssima forma de condenar o prazer e o luxo, de elogiar a pobreza e a austeridade como meios para controlar as ambições. No *prefácio* do livro I, o historiador romano elogia os tempos passados e lamenta os tempos presentes nos seguintes termos:

> [...] ou me cega o carinho pela tarefa que empreendi, ou nunca houve Estado algum maior, mais íntegro e mais rico em bons exemplos [feito Roma]; nem em povo algum foi tão tardia a penetração da cobiça e do luxo, nem o culto à pobreza e à austeridade foi tão intenso e duradouro: a tal extremo que quanto menos meios havia, menor era a ambição; ultimamente, as riquezas desencadearam a avareza, e a abundância de prazeres o desejo de se perder e perder tudo entre luxo e desregramento (Lívio, *prefácio*, Livro I, 11-13, p. 5).

Parece que o secretário florentino interpretava a história romana dessa exata maneira. Por conta disso condenou o ócio, considerando tal modelo antigo digno de imitação por seus contemporâneos. Nesse aspecto, considerou a Roma antiga superior a Florença porque, segundo suas próprias palavras, as guerras feitas por Roma serviram para expandir o domínio, o poder, a riqueza e a glória da República, enquanto as guerras realizadas pela Itália de seu tempo serviram somente para aumentar a desordem e a miséria do povo.

O desprezo pelo ócio e pela inatividade não está presente apenas em suas obras políticas, mas também em alguns escritos literários e em sua correspondência pessoal.[136] Nicolau escreveu seus *Discursos sobre a Primeira Década de Tito Lívio* entre 1513 e 1517; em 1521, a obra *A Arte da Guerra*. Nela, o florentino continuou escrevendo enfaticamente a respeito dos malefícios do ócio.

*A Arte da Guerra* é um tratado de estratégia e de reforma militar apresentado em forma de diálogo. As cenas mostram a conversa de homens cultos, experientes e amantes do conhecimento, nos jardins do *palazzo Rucellai*, em Florença. É pela boca de *Fabrizio Collona*, personagem de seu diálogo, mas um homem que de fato existiu, que lemos as próprias opiniões de Nicolau a respeito dos temas discutidos. A questão principal apresentada

---

[136] "[...] No longer Secretary, Niccolò has time of his own. No meetings to attend, no letters and documents to draft, no horsebacking to foreign courts. He hates the very thought of such inactivity. Forced out of politics, Niccolò writes about politics; unsuccessful in writing about politics, he turns to writing of a less serious kind. Gradually, he grows to like getting away from the city, it seems, though he never admits it, and goes back to his villa to write. And the idea of inactivity in his doctrines of sloth, temporizing, and indolence will assume a major negative role. He holds it to be 'a great and continuous malice of fortune' that forced inactivity as a public official on him at age forty-three. That it was instead a boon of providence never dawns on him [...]" (De Grazia, 1989, p. 28).

pela obra indica que os problemas militares contemporâneos devem ser tratados, pensados e reestruturados à luz das ordenações antigas. Segundo nosso autor, nenhum exército foi mais habilidoso e ordenado que o romano.

A conclusão de seus postulados indica que a arte da guerra dos antigos ainda era insuperável e que é na adoção de seu exemplo e na aplicação de suas lições que se encontra a melhor orientação para o estabelecimento de uma força militar que, nos novos tempos modernos, especificamente na Itália, será capaz de atender efetivamente às necessidades dos conflitos bélicos, que são sempre inevitáveis (Torres, 2014, p. 15).[137]

Bem, o que me interessa, neste ponto, é mencionar que toda a obra, em minha compreensão, é construída sobre dois pilares: 1) a necessidade de imitar os antigos, ocasionada pela superioridade da Roma antiga e de suas *ordenações*; essa supremacia tem sua razão porque o país de seu tempo está destruído, corrompido e em franca decadência. Por isso Nicolau responsabiliza o prazer, que é justamente o segundo pilar da tese defendida nesse diálogo: 2) a condenação do ócio.[138]

Na verdade, não há um único momento nesta obra que não contenha alguma crítica a essas questões envolvendo o lazer e a vida "delicada". Nos quatro cantos do livro são constantes os clamores para que os seus contemporâneos pratiquem os exemplos antigos e desprezem o ócio. Por esse motivo, não me parece viável fazer citações diretas, ou menções em notas porque resultariam intermináveis. Voltemos aos *Discursos*.

No início de sua obra mais importante (I-1), nosso autor analisa se é melhor fundar uma nova cidade em um local que tenha terras mais férteis ou mais áridas. As terras mais áridas trazem a vantagem de criar a "necessidade", de tirar os homens da inatividade, forçando-os a trabalhar para a sobrevivência, porque "os homens trabalham, ou por necessidade ou por escolha, e se sabe que a *virtù* tem maior domínio onde a escolha ocupa menos espaço".

As terras férteis são comodamente perigosas, deixando seus habitantes próximos do ócio e da preguiça. As conclusões de seus racio-

---

[137] Um tema bem visível em toda a obra de Nicolau é a inevitabilidade da guerra, já presente no capítulo 3, d'*O Príncipe*, mas também em vários capítulos dos Discursos e até nas *Histórias Florentinas*.

[138] "[...] Quanto meglio arebbono fatto quelli, sia detto con pace di tutti, a cercare di somigliare gli antichi nelle cose forti e aspre, non nelle delicate e molli, e in quelle che facevano sotto il sole, non sotto l'obra, e pigliare i modi della antichità vera e perfetta, non quelli della falsa e corrotta; perché poi che questi studi piacquero ai miei Romani, la mia patria rovinò [...] (*DAG*, I, p. 303)". É necessário prestar atenção para a relação entre a "ruína" da pátria e em "apreciar os estudos". Mais adiante, neste mesmo capítulo, tratarei o *ócio das letras*.

cínios apontam para a prudência: o fundador deve escolher um lugar de boas terras, mas controlar os efeitos de tais facilidades (o ócio, a corrupção etc.) por meio das leis.

> É necessário considerar que seria melhor escolher, para a edificação das cidades, lugares estéreis, para que os homens, constrangidos ao trabalho, não podendo estar no ócio, vivam mais unidos, havendo, pela pobreza do local, menos razões para discórdia [...]. Mas como a única forma de se defender é por meio do poder, é necessário evitar as terras estéreis e situar-se em lugares muito férteis; onde se possa, pela riqueza da terra, expandir a cidade, defender-se de quem os atacar e constranger aqueles que se oponham à sua grandeza. E sobre o ócio que o lugar favorece, devem-se criar *ordenanças* para que as leis obriguem os homens a essas necessidades, não existentes no lugar; e imitar os sábios que, habitando em terras amenas e férteis, propícias a produzir homens ociosos e inábeis para as ações virtuosas, a fim de evitar os danos que o ócio pela riqueza natural do solo causaria, impuseram a necessidade de penosos exercícios aos que haviam de ser soldados, chegando assim a ter melhores tropas que nas regiões naturalmente ásperas e estéreis [...]. Digo, portanto, ser mais prudente ocupar um lugar fértil, se por meio das leis se reduzirem as consequências da fertilidade [...] (*Discursos*, I-1).[139]

Em seus textos literários vemos as mesmas censuras. No poema *O Asno* (capítulo V) encontramos novamente a mesma ideia de ciclos de ascensão e queda.

> A *virtù* faz as regiões tranquilas:
> e da tranquilidade então resulta
> o ócio: e o ócio incendeia os países e as cidades.
> Depois, quando uma província foi envolvida
> nas desordens por um tempo, costuma
> a virtude [*virtute*] habitar ali, outra vez.
> Esta ordem assim permite e deseja

---

[139] "[...] E perché gli uomini operono o per necessità o per elezione; e perché si vede quivi essere maggior virtù dove la elezione ha meno autorità; è da considerare se sarebbe meglio eleggere, per la edificazione delle cittadi, luoghi sterili, acciocché gli uomini, constretti a industriarsi, meno occupati dall'ozio, vivessono più uniti avendo, per la povertà del sito, minore cagione di discordie [...]. Pertanto, non potendo gli uomini assicurarsi se non con la potenza, è necessario fuggire questa sterilità del paese, e porsi in luoghi fertilissimi; dove, potendo per la ubertà del sito ampliare, possa e difendersi da chi l'assaltasse e opprimere qualunque alla grandezza sua si opponesse. E quanto a quell'ozio che le arrecasse il sito, si debbe ordinare che a quelle necessità le leggi la costringhino, che il sito non la costrignesse, ed imitare quelli che sono stati savi, ed hanno abitato in paesi amenissimi e fertilissimi, e atti a produrre uomini oziosi ed inabili a ogni virtuoso esercizio, che, per ovviare a quelli danni i quali l'amenità del paese, mediante l'ozio, arebbe causati, hanno posto una necessità di esercizio a quelli che avevano a essere soldati; di qualità che, per tale ordine, vi sono diventati migliori soldati che in quelli paesi i quali naturalmente sono stati aspri e sterili [...]. Dico, adunque, essere più prudente elezione porsi in luogo fertile, quando quella fertilità con le leggi infra i debiti termini si ristringa [...].

quem nos governa, para que nada fique
ou possa ficar sempre quieto sob o sol.
E assim é, e sempre foi, e sempre será
que o mal suceda o bem, o bem o mal,
e um sempre seja causa do outro [...].

Aqui, novamente, Nicolau repete a ideia cíclica dos eventos humanos, submetidos aos processos de ascensão e queda. Surge, então, a pergunta: "Por que o ócio é tão ruim para a vida pública e privada?". Sua lógica é simples: a ociosidade existente nos tempos de paz faz com que os cidadãos esqueçam da *virtù*, dos exemplos e dos homens excelentes do passado. Até mesmo na *Exortação à penitência* encontramos um elogio a uma vida mais rústica, ascética e austera: a penitência é o caminho salvífico, o presente dado ao homem por ninguém menos que Deus:

> Oh, imensa piedade de Deus! Oh, infinita bondade! Sabia o altíssimo Deus quão fácil era para o homem cair em pecado; viu que, devendo permanecer no rigor da vingança, era impossível que algum homem se salvasse; nem pôde com o mais piedoso remédio prover à humana fragilidade mais do que com admoestar a geração humana, da qual, não o pecado, mas a perseverança no pecado, o poderia tornar implacável; e por isso abriu aos homens o caminho da penitência, pelo qual, tendo o outro caminho perdido, pudessem eles subir ao céu por aquele [...].

De fato, a ambição nunca deixará de existir na vida política e privada dos homens, no entanto, como nosso autor se propõe a dar conselhos aos seus leitores, ele considera que haja uma fórmula capaz de impedir, ou pelo menos de ajudar, os *ordenadores* contra esse mal perene da humanidade. Para evitá-lo, as Repúblicas devem ser ricas, mas seus cidadãos, pobres.[140] Uma ideia que o florentino repetirá em diversos outros capítulos, por exemplo:

> É algo que sempre ocorre, e sempre ocorrerá, que, em uma república, nos tempos de paz, façam pouco caso dos homens grandes e raros; porque, invejando muitos cidadãos a fama que a *virtù* lhes deu, não desejam ser seus iguais, mas seus superiores. E sobre isso há um bom exemplo em Tucídides, historiador grego [...]. Existe, portanto, como se pode ver, nas repúblicas esta desordem de estimar pouco os homens valentes nos tempos tranquilos [...]. Tal desordem causou grandes ruínas às repúblicas [...]. E meditando sobre quais remédios são apropriados, não vejo mais que dois: um é manter os cidadãos pobres, a fim de que não possam, com riquezas e sem *virtù*, corromper os demais; o outro é ordenar-se de tal modo para a guerra, que sempre se possa fazer guerras, e sempre se tenha necessidade

---

[140] "[...] E perché le republiche bene ordinate hanno a tenere ricco il publico e gli loro cittadini, poveri [...]".

dos serviços dos cidadãos respeitados, como fizeram os romanos durante seus primeiros tempos [...] (*Discursos*, III-16).[141]

É importante notar aqui a menção a Tucídides, um "historiador". Mais adiante, no capítulo 4, será explorado o papel dos historiadores como uma fonte de confiança e autoridade. No escopo do capítulo 31, livro III, Nicolau afirma que a educação é fundamental para definir se os homens serão virtuosos nos tempos difíceis e também nos momentos de "boa fortuna"; ou, se, ao contrário, durante os tempos de "boa fortuna" serão abjetos e insolentes.

Os tempos de "boa fortuna" indicam um tempo favorável ao ócio, mas, se bem educados, mantendo a disciplina, o controle dos impulsos e apetites, os homens serão parecidos com os romanos. "Porque a *virtù* gera a tranquilidade, a tranquilidade gera o ócio; o ócio a desordem, e a desordem, ruína; de modo semelhante, da ruína nasce a ordem [porque a ruína ocasiona a necessidade]; da ordem, a *virtù*; desta, a glória e a boa fortuna" (*HF*, V-1); enquanto a insolência de Veneza indica que, de fato, os tempos atuais estão corrompidos.

> O exato oposto disso, viu-se que fizeram os Venezianos: que na boa fortuna, parecendo-lhes que haviam vencido com uma *virtù* que, na verdade, não possuíam, tornaram-se tão insolentes que [zombavam do Rei da França] nem respeitavam a Igreja [...]. De tal modo que, se em Veneza e em suas *ordenações* houvesse qualquer traço de *virtù*, facilmente poderiam se reerguer e novamente enfrentar a fortuna, e estar em tempo de vencer ou de perder com glória, ou de ter um acordo mais honroso. Mas a vileza de seu *ânimo*, causada pela [má] qualidade de suas ordenações no quesito militar, fez com que, a um só tempo, perdessem tanto o Estado quanto o *ânimo*. E sempre acontecerá assim a qualquer um que se governe de forma semelhante a eles. Porque esse tornar-se insolente na boa fortuna e abjeto na má, nasce do modo de proceder e da educação na qual tu foste nutrido: a qual, quando é fraca e vã, te faz semelhante a ela; quando é diferente, também te faz de outra

---

[141] "Egli fu sempre, e sempre sarà, che gli uomini grandi e rari in una republica, ne' tempi pacifichi, sono negletti; perché, per la invidia che si ha tirato dietro la riputazione che la virtù d'essi ha dato loro, si truova in tali tempi assai cittadini che vogliono, non che essere loro equali, ma essere loro superiori. E di questo ne è uno luogo buono in Tucidide, istorico greco [...]. Vedesi, pertanto, adunque, come nelle republiche è questo disordine, di fare poca stima de' valenti uomini, ne' tempi quieti [...]. Il quale disordine nelle republiche ha causato di molte rovine [...]. E pensando quali potessono essere e' rimedi, ce ne truovo due: l'uno, mantenere i cittadini poveri, acciocché con le ricchezze sanza virtù e' non potessino corrompere né loro né altri, l'altro, di ordinarsi in modo alla guerra, che sempre si potesse fare guerra, e sempre si avesse bisogno di cittadini riputati, come e' Romani ne' suoi primi tempi [...]".

sorte; e, quanto mais te torna conhecedor [das coisas do] mundo, menos te alegrarás com o bem, e menos te afligirás com o mal (*Discursos*, III-31).[142]

Esse é um dos motivos que fazem os tempos atuais decadentes, fracos, sem *virtù*. Os príncipes não são capazes de empregar tais medidas, além de serem ineptos no conhecimento dos tempos antigos. A razão para tal situação reside na educação afeminada da época presente, que impede que os homens possam ver e imitar as gloriosas ações da Antiguidade.[143]

Este ponto é muito importante para a tese central deste livro, e Nicolau o abordará dentro de um contexto até mesmo religioso (*Discursos*, I-*Prólogo*, II-*Prólogo*, II-2). O aspecto religioso será analisado em outro momento, mas neste parágrafo cabe mencionar que a "educação da paz", que favorece o ócio, contrária à educação romana,[144] torna os homens insolentes, fazendo-os agir sem *virtù*, deixando-os suscetíveis a serem corrompidos.

Na lógica interna de seu pensamento encontramos uma relação simbiótica entre a pobreza e a virtude; e entre o luxo, o supérfluo, o ócio, e a abjeção. Isso é um postulado de inspiração claramente romana que nosso autor leu e absorveu em seus estudos da história antiga. Nesse sentido, temos o capítulo 25, do livro III dos *Discursos*. Um capítulo dedicado a tratar da pobreza de Cincinato e de outros cidadãos romanos. Aqui a pobreza é considerada um ambiente que favorece a *virtù* e, por isso, fazia com que os homens a buscassem.

A pobreza de Cincinato será elogiada como um elemento de prestígio social e também de ordem, pois a república era rica e ele, um homem nomeado ditador, pobre feito seus concidadãos. Reservei um espaço apro-

---

[142] "[...] Al contrario appunto di questo si è veduto fare ai Viniziani: i quali nella buona fortuna, parendo loro aversela guadagnata con quella virtù che non avevano, erano venuti a tanta insolenza [...]. La viltà dello animo loro, causata dalla qualità de' loro ordini [...] gli fece ad un tratto perdere lo stato e l'animo. E sempre interverrà così a qualunque si governa come loro. Perché questo diventare insolente nella buona fortuna ed abietto nella cattiva, nasce dal modo del procedere tuo, e dalla educazione nella quale ti se' nutrito: la quale, quando è debole e vana, ti rende simile a sé; quando è stata altrimenti, ti rende anche d'un'altra sorte; e, faccendoti migliore conoscitore del mondo, ti fa meno rallegrare del bene, e meno rattristare del male. E quello che si dice d'uno solo, si dice di molti che vivono in una republica medesima; i quali si fanno di quella perfezione, che ha il modo del vivere di quella [...]".

[143] "[...] E questi sono di quegli errori che io dissi nel principio, che fanno i principi de' nostri tempi, che hanno a giudicare le cose grandi; perché doverrebbono volere udire come si sono governati coloro che hanno avuto a giudicare anticamente simili casi. Ma la debolezza de' presenti uomini, causata dalla debole educazione loro e dalla poca notizia delle cose, fa che si giudicano i giudicii antichi, parte inumani, parte impossibili [...]" (*Discursos* III-27).

[144] "[...] Así educado, el noble romano hacía sus primeros ensayos en la guerra cuando aún era muy joven, militando en la caballería" (Ferrero, 1959, p. 16).

priado para analisar mais a fundo os capítulos em que Nicolau escreve sobre Cincinato. Por ora me parece que já basta desse tema.

Antes, porém, uma pequena ressalva: mais adiante, no capítulo 4, após explicar a figura de Cincinato e sua respectiva pobreza, prosseguiremos com uma análise sobre a figura de Cosimo de Médici, apresentada em *Histórias Florentinas*. Ali, um elemento conflitivo sobre a coerência dos postulados de Nicolau surgirá inevitavelmente. A saber: Cosimo era um dos homens mais ricos de Florença e, desse modo, sua riqueza será apresentada ao leitor não como um vício, mas como um elemento de sua *virtù*. Diferentemente do que vimos nos *Discursos*, a riqueza estará, então, sob os elogios do nosso autor.

Nicolau faz elogios a Cosimo de Médici por razões retóricas. Além disso, as *Histórias Florentinas* foram encomendadas pelo Papa Clemente VII, um membro da família Médici. Logicamente, nosso autor não poderia criticá-lo nessas páginas. No entanto há um detalhe pertinente: a pobreza à qual ele faz menção não é um estado de miséria e de completa privação dos meios de subsistência. Nas palavras de Sebastian (p. 256), "é uma pobreza ocupada, na qual se trabalha, mas nunca se obtém um excedente que permita parar de trabalhar".

Além disso, a riqueza de Cosimo de Médici faria parte de sua *virtù* porque, segundo nosso autor, era bem utilizada para a glória pública e o bem comum. Como veremos mais adiante, a sua riqueza permitiu-lhe realizar grandes obras em favor da cidade.

## O ócio das letras

O argumento que Nicolau sempre utiliza sobre a importância de se conhecer a história para extrair dela bons exemplos foi inspirado pelas páginas de Tito Lívio. Nesse contexto, o estilo do nosso escritor/historiador é justamente uma imitação (no significado positivo que ele mesmo atribui ao termo) dos grandes escritores do passado.

> O que o conhecimento da história tem de particularmente saudável e proveitoso é captar as lições de todo tipo de exemplos que aparecem à luz da obra; daí deve-se assumir o que é imitável para o indivíduo e para a nação, daí o que se deve evitar, vergonhoso por suas origens ou por seus resultados. Além disso, ou me cega o carinho pela tarefa que empreendi, ou nunca houve Estado algum mais grandioso [que Roma], nem mais íntegro, nem mais rico em bons exemplos [...]; (Lívio, *Prefácio,* Livro I, 10-11, p. 5).

No *prólogo* do livro I dos *Discursos*, ele lamenta que seus contemporâneos não tenham um conhecimento adequado da história. Os homens leem a história por diversão e não por instrução. Alguém obtém o verdadeiro conteúdo da história somente se a vê como o registro da *virtù*. Se os tempos atuais carecem de *virtù*, é ainda mais necessário que os contemporâneos leiam a história e imitem aqueles homens virtuosos que existiram na Antiguidade.

A atitude errônea de seus contemporâneos com as palavras da história antiga contrasta fortemente com sua atitude em relação à arte antiga, à jurisprudência e à medicina, porque os homens de sua era patrocinam os artistas que buscam inspiração na arte antiga e gastam grandes somas de dinheiro para comprar até mesmo um fragmento de estátuas antigas.

Da mesma forma, os juristas contemporâneos cultivam a jurisprudência dos tempos passados e estudam os julgamentos dos juristas antigos como um meio de compreender os princípios de suas próprias leis. O mesmo ocorre com os médicos contemporâneos, que estudam a medicina de Hipócrates e Galeno (Parel, 1992, p. 26). "Porque as leis civis não são nada mais do que os julgamentos dados pelos antigos juristas, que criaram a ordem que hoje se ensina a nossos juristas atuais a julgar [...]. E a medicina também não é outra coisa senão os experimentos realizados pelos médicos antigos, nos quais os médicos atuais baseiam seus julgamentos" (*Discursos* I, *Prólogo*).[145]

No entanto, nem os reis contemporâneos, nem os líderes das repúblicas, nem os generais, nem os legisladores, observam as práticas virtuosas dos tempos antigos: "ao ordenar repúblicas, ao manter estados, ao governar reinos, ao organizar exércitos, ao administrar guerras, ao executar leis entre súditos, ao expandir impérios, nenhum único príncipe ou república recorre ao exemplo dos antigos" (*Discursos* I, *Prólogo*).[146]

Ideia semelhante é abordada em vários capítulos: "Quem considera as coisas do presente e as antigas percebe que em todas as cidades e em todos os povos sempre existiram os mesmos desejos e os mesmos humores" (*Discursos*, I, 39); "Costumam dizer os homens prudentes, e não

---

[145] "[...] perché le leggi civili non sono altro che sentenze date dagli antiqui iureconsulti, le quali, ridutte in ordine, a' presenti nostri iureconsulti judicare insegnano. Né ancora la medicina è altro che esperienze fatte dagli antiqui medici, sopra le quali dondano e' medici presenti e' loro judizii [...]".

[146] "[...] nello ordinare le republiche, nel mantenere li stati, nel governare e' regni, nello ordinare la milizia ed amministrare la guerra, nel judicare e' sudditi, nello accrescere l'imperio, non si truova principe né republica che agli esempli delli antiqui ricorra [...]".

por acaso nem injustamente, que quem quiser ver o que acontecerá, deve considerar o que tem acontecido [*consideri quello che è stato*]; porque todas as coisas do mundo, em todos os tempos, têm seu [exemplo] equivalente nos tempos antigos. Isso ocorre porque, sendo as coisas realizadas pelos homens, que têm e sempre tiveram as mesmas paixões, necessariamente produzem o mesmo efeito" (*Discursos*, III, 43). Tudo se repete: "Se retornassem ao mundo os mesmos homens, como retornam os mesmos fatos, jamais passariam cem anos sem que nos encontrássemos outra vez juntos fazendo as mesmas coisas que agora" (*Clizia, Prólogo*).

A constância e a imutabilidade da natureza humana permitirão ao homem que "[examinar] com diligência as coisas passadas", perceberá que é "fácil prever o futuro em todas as repúblicas, e aplicar os remédios que os antigos utilizaram". No entanto, se "não encontrar remédios já utilizados", pelo menos poderá pensar "em novos pela semelhança dos acontecimentos. Mas como essas considerações são negligenciadas [*neglette*], ou não compreendidas por quem lê, ou se são compreendidas, não são conhecidas por quem governa, razão pela qual em todos os tempos ocorrem os mesmos tumultos" (*Discursos*, I, 39).

A razão pela qual a ciência política contemporânea fica atrás da arte contemporânea, da jurisprudência e da medicina, é a falta de conhecimento de como opera a história. E essa falta deve-se, por sua vez, em parte à debilidade em que o cristianismo, "a religião atual", levou o mundo europeu (Parel, p. 27). "Creio que isso não se deve tanto à debilidade em que a religião atual trouxe ao mundo, nem ao dano causado a muitas províncias e cidades cristãs por um *ócio ambicioso*, mas a não ter um verdadeiro conhecimento da história, ou a não compreender, ao lê-la, seu verdadeiro sentido nem o sabor que há nela".[147]

Os cristãos interpretaram sua religião de acordo com o ócio, não a virtude, e ao fazerem isso foram influenciados por sua cosmologia. Leem a história pagã não para aprenderem lições morais; é simplesmente para desfrutarem do prazer estético de suas qualidades literárias (Parel, p. 27). No início deste capítulo, quando tratamos sobre os ciclos de corrupção (*Discursos* I-2), mencionei um trecho de *Histórias Florentinas* no qual Nicolau apresentava uma ideia cíclica semelhante. Vejamos novamente o trecho que foi colocado no *corpus* de meu texto:

---

[147] "[...] Il che credo che nasca non tanto dalla debolezza nella quale la presente religione ha condotto el mondo, o da quel male che ha fatto a molte provincie e città cristiane uno ambizioso ozio, quanto dal non avere vera cognizione delle storie, per non trarne, leggendole, quel senso né gustare di loro quel sapore che le hanno in sé".

> As províncias, na maior parte das mudanças que sofrem, costumam sair da ordem e entrar na desordem, para depois passar novamente da desordem à ordem; porque, não permitindo a natureza que as coisas mundanas permaneçam paradas, quando chegam à sua máxima perfeição, não podendo subir mais, é necessário que desçam; e, assim também, depois de descer e pelas desordens chegarem à máxima baixeza, como já não podem descer, terão, necessariamente, de subir, e, assim, sempre se vai do bem ao mal, e do mal se sobe ao bem. Porque a *virtù* gera a tranquilidade, a tranquilidade gera o ócio; o ócio a desordem, e a desordem, ruína; de modo semelhante, da ruína nasce a ordem; da ordem, a *virtù*; desta, a glória e a boa fortuna [...] (*HF*, V-1).

A continuação desse parágrafo traz uma ideia complementar sobre a censura ao ócio, a saber: o ócio das letras e da vida intelectual. Vejamos, agora, a segunda parte do texto:

> Por isso, foi observado pelos prudentes que as letras vêm depois das armas e que, em províncias e cidades, os capitães nascem antes dos filósofos. Porque, como bons e ordenados exércitos geram vitórias e vitórias geram a tranquilidade, a força dos espíritos bem armados não pode ser corrompida por um ócio mais honesto [*onesto ozio*] do que o das letras, nem o ócio pode entrar em cidades bem instituídas com um engano maior e mais perigoso do que este [...].

Depois que Catão percebeu que os filósofos enviados por Atenas haviam atraído seguidores da juventude romana, "reconheceu o mal que poderia resultar em sua pátria desse *ócio honesto*". Roma fez bem quando proibiu os filósofos na cidade, julga Nicolau.[148]

De maneira semelhante ao apresentado anteriormente por Parel, segundo Sullivan (1996, p. 15), o ócio está relacionado ao cristianismo. Nicolau entenderia que o cristianismo é prejudicial a uma política vigorosa porque fomenta um ócio ambicioso, uma forma de inatividade que atrai os seres humanos com a promessa de recompensas que os esperam em outro mundo se repudiarem adequadamente as recompensas de sua cidade terrena. Sullivan diz que, para o florentino, esse é o cúmulo da corrupção política. No entanto, em sua opinião, existe outra forma de

---

[148] "[...] Il che fu da Catone, quando in Roma Diogene e Carneade filosofi, mandati da Atene oratori al Senato, vennono, ottimamente cognosciuto; il quale, veggendo come la gioventù romana cominciava con ammirazione a seguitarli, e cognoscendo il male che da quello onesto ozio alla sua patria ne poteva risultare, provide che niuno filosofo potesse essere in Roma ricevuto. Vengono per tanto le provincie per questi mezzi alla rovina; dove pervenute, e gli uomini per le battiture diventati savi, ritornono, come è detto, all'ordine, se già da una forza estraordinaria non rimangono suffocati [...]".

corrupção: uma forma filosófica. O ponto referente ao cristianismo e às religiões será abordado em um momento adequado.

Expostos esses pontos, é necessário frisar com certo espanto que, de fato, parece estranho ver um homem tão apaixonado pela Antiguidade censurar a filosofia. Nicolau teria um desprezo pela filosofia e pelos filósofos? A questão é polêmica e merece atenção especial. Antes de avançarmos nas análises de suas obras, vejamos algo que está nos diálogos de Platão.

Bem, em *Menéxeno* (234a, p. 401), Sócrates inicia o diálogo perguntando a Menéxeno de onde ele vem. Ele responde que vem da ágora e da sala do Conselho. Então Sócrates pergunta novamente, agora em um tom extremamente irônico: "– E que assunto te levou, exatamente, à sala do Conselho? Está bem claro que acreditas ter chegado ao fim da educação e dos estudos filosóficos e que pensas, convencido de que já estás capacitado, voltar-te para empreendimentos maiores [...]". Aqui é importante notar que a ironia platônica reside em criticar a opinião dos sofistas sobre a filosofia. Emilio Acosta, tradutor e comentarista da edição que consultei desse diálogo de Platão, escreveu uma nota (nota 4, p. 401) sobre esse trecho muito esclarecedora.

Segundo a tese de Cálicles (*Górgias* 485a et segs), é belo filosofar na juventude porque, dessa forma, a filosofia, fundamentada nos objetivos da Paideia, não perde seu caráter de estudo liberal. Para Cálicles, como para todos os jovens políticos com educação sofista, a atividade filosófica duradoura era estéril, pois constituía um importante condicionamento para as questões práticas, especialmente para a política.

Já em *A República* (487c), Adimanto responde a Sócrates que "todos aqueles que se entregam à filosofia, não só na juventude e para completar sua educação, mas que se mantêm nela por muito tempo, não tiram outro proveito senão a incapacidade de servir ao Estado".[149] "Para Platão, ao contrário, a filosofia era a coroação de todo o processo de formação humana, a perene Paidéia da qual as outras ciências faziam parte apenas como uma etapa de menor maturidade.[150] Quanto a Sócrates, a *Apologia de Sócrates* (29d) é explícita quanto ao seu esforço por um filosofar permanente. Daí que os sofistas consideraram Sócrates como o modelo exemplar do indivíduo politicamente incapaz" (p. 401).[151]

---

[149]  *Cf.* (*Teeteto,* 173c) e (*Fedon*, 64b).

[150]  *Cf.* (*Leis*, VII, 809e - 818d); (*República*, 525a-530c).

[151]  Para uma leitura mais profunda sobre as diferenças entre Sócrates e os Sofistas *cf.* Cassirer, 1976, p. 72-76.

Na compreensão do florentino, o que seria, então, um homem politicamente incapaz? A resposta se encontra em uma de suas máximas, que a boa ordem é fundamentada pelas boas leis e pelas boas armas (*Príncipe*, 12; *Discursos*, I-4). Quanto às boas armas, os Estados e os príncipes não podem depender de soldados mercenários (*Príncipe*, 13), sendo mais seguro, além de necessário, ter e assegurar-se em exércitos próprios. E quanto à disciplina militar, um príncipe "não deve ter outro objetivo nem outro pensamento, nem tomar outra arte como sua, além da guerra, suas modalidades e direção; pois é a única arte que concerne àquele que manda". A disciplina militar, além disso, "frequentemente promove os homens de fortuna privada [ao] posto [de liderança]". Ao mesmo tempo, "quando os príncipes dedicaram mais atenção à delicadeza [*delicatezze*] do que às armas, perderam o seu Estado [...]" (*Príncipe*, 14).

> Portanto, [um Príncipe] nunca deve desviar sua mente do treinamento [militar], e em tempos de paz deve exercitar-se ainda mais do que [em momentos de guerra], o que pode realizar de duas maneiras: uma, com ações [*opere*], e outra, com a mente. Quanto às ações [*opere*], além de manter seus exércitos bem organizados e treinados, ele deve participar [frequentemente] de caçadas, a fim de acostumar o corpo às penas, aprendendo ao mesmo tempo a natureza do terreno, conhecendo onde se elevam as montanhas, onde se abrem os vales, se estendem as planícies, compreendendo a natureza dos rios e dos pântanos, dedicando a isso máxima atenção [...]. Quanto a exercitar a mente, o príncipe deve ler história, prestando atenção às ações dos homens eminentes, observando como se conduziram nas guerras, examinando as causas de suas vitórias e derrotas, a fim de evitar estas e imitar aquelas. E, acima de tudo, fazer como já fizeram certos grandes homens: imitar aquele que, antes dele, foi digno de louvor e de glória, tendo sempre em mente seu ânimo e seu modo de agir; como se diz que fizeram Alexandre de Aquiles, César de Alexandre, Cipião de Ciro [...]. Tais modos devem ser observados pelo príncipe sábio, e nunca nos períodos de paz permanecer ocioso, mas com diligência fazer bom uso desses momentos para poder utilizá-los nos momentos adversos, de forma que, quando a fortuna variar, encontre-o em condição de enfrentá-la (*Príncipe*, 14).

Um tema recorrente em toda a obra do nosso autor é a inevitabilidade da guerra, motivo que fundamenta a necessidade de uma atividade constante e penosa para o corpo, preparando-o para os conflitos mesmo nos tempos de paz. Porém o alimento para a mente se encontra nas letras: o príncipe deve estudar a história.

Entretanto esse estudo não implicaria em lançar o homem em uma vida intelectual, no ócio das letras, porque o homem deve estudar a história apenas para ter os modelos excelentes, gloriosos e virtuosos; para conhecê-los e, assim, poder imitá-los. A imitação das personalidades do passado implica em mover o homem do presente. É um chamado para a ação: nesse sentido, a inatividade, a preguiça, combatidas por Nicolau, não existiriam em seu postulado para o príncipe "estudar a história".

Assim, em um contexto muito particular, o filósofo poderia ser o responsável por corromper o homem (lembremos que Sócrates foi condenado sob a acusação de "corromper a juventude ateniense"), lançando-o dentro do ócio das letras, havendo, assim, a queda da ordem política,[152] como é visto nesse capítulo das *Histórias Florentinas* (V-1).

Esse ócio das letras, no entanto, ao contrário de outros tipos de prazer, é considerado um *onesto ozio*, porque o gosto pelo estudo pode tornar o homem sábio. Se o homem é sábio, amará a sabedoria; e ao amar a sabedoria, julgaria Nicolau, amaria as ordens antigas porque perceberia os vícios e a corrupção dos tempos presentes. Mas há um problema grave na filosofia e nos filósofos. Um inconveniente. E vamos olhá-lo mais de perto.

Vejamos, inicialmente, um dos capítulos mais conhecidos de toda sua obra. O capítulo que faz com que muitos acadêmicos interpretem o florentino como um autor que não tem nenhum aspecto normativo, ou ético, em seu pensamento. Claro que nos referimos ao famoso capítulo 15 d'*O Príncipe*, e sua expressão ainda mais conhecida: a *verità effetuale della cosa* – "a verdade efetiva das coisas"; expressão que batizou o estilo de Nicolau Maquiavel como o autor que escrevia o que os outros homens faziam, *de fato*, e não o que *deveriam* fazer.

> Mas [considerando que] a minha intenção [é] escrever algo útil para quem [vier a ler], pareceu-me mais conveniente ir direto à *verdade efetiva das coisas* do que à sua [imaginária representação]. E foram muitos os que imaginaram repúblicas e principados que nunca foram vistos nem [existiram] de fato, porque há uma grande distância entre como se vive e como se deveria viver, de modo que aquele que ignora o que se faz pelo

---

[152] Até aqui, diante de tudo o que foi escrito, toco novamente neste ponto: a imitação dos antigos proposta por Maquiavel traz os aspectos rústicos de uma vida austera, baseada na ascese. "[...] Thus, military and political activities bring countries to *virtù* and order, while the practice of philosophy and religious contemplation (but not religion) brings them to 'leisure', disorder and decadence [...]" (Parel, p. 31).

que se deveria fazer, aprende mais rapidamente a [própria] ruína do que a sua preservação [...] (*Príncipe*, 15).[153]

De fato, a característica mais comum ao pensamento normativo e à ética é justamente o "dever-ser". Nesse postulado, Nicolau diz veementemente que se interessa apenas pela realidade dos fatos, a *verità effetuale*. Diversos acadêmicos interpretam esse trecho indicando que, supostamente, nosso autor rejeitaria qualquer tipo de idealização das ordens políticas e da forma de conduta dos homens.

Opinião absurda e infundada, feita por quem não leu com a atenção devida. A obra de Nicolau é claramente normativa,[154] sem mencionar o fato de que, ao longo deste capítulo, diversas vezes vimos nosso autor censurar e elogiar modelos de conduta e personagens das histórias, tanto antigas quanto contemporâneas. Em todo momento ele está tocando no "dever-ser". Poder-se-ia aceitar que, dito "dever-ser" é um "dever-ser à sua maneira", apartado dos modelos convencionais da ética ocidental, baseada na filosofia greco-latina e na moral cristã. Ainda assim teremos oportunidade de contemplar que a ética de nosso autor é cristã, baseada nas Sagradas Escrituras, apenas não muito vinculada à Igreja de seu tempo.

De outro modo não faria absolutamente nenhum sentido, visto que Nicolau frequentemente aponta o dedo condenando ou elogiando as ações dos homens. Somente um pensamento normativo teria a capacidade de olhar para a Antiguidade buscando não apenas conhecê-la, mas, sobretudo, *imitá-la*. A sua obra não apenas tem modelos considerados execráveis e

---

[153] "[...] Ma sendo l'intenzione mia stata scrivere cosa che sia utile a chi la intende, mi è parso più conveniente andare dreto alla verità effettuale della cosa che alla immaginazione di essa. E molti si sono immaginati repubbliche e principati che non si sono mai visti né conosciuti in vero essere. Perché gli è tanto discosto da come si vive a come si doverrebbe vivere, che colui che lascia quello che si fa, per quello che si doverrebbe fare, impara più presto la ruina che la preservazione sua: perché uno uomo che voglia fare in tutte le parte professione di buono, conviene rovini infra tanti che non sono buoni [...]" (*Príncipe*, 15).

[154] Na introdução de sua obra, Strauss (1958, p. 9-14) defende que Nicolau era um professor do mal. Para chegar a essa conclusão, o professor alemão analisa os principais argumentos que consideram o florentino como um analista científico da sociedade e/ou um patriota. De todas as formas, tanto o caráter patriótico quanto o científico levam à conclusão de que ele era, sim, um professor do mal: "[...] It is misleading to describe the thinker Machiavelli as a patriot. He is a patriot of a particular kind: he is more concerned with the salvation of his fatherland than with the salvation of his soul. His patriotism therefore presupposes a comprehensive reflection regarding the status of the fatherland on the one hand and of the soul on the other. This comprehensive reflection, and not patriotism, is the core of Machiavelli's thought. This comprehensive reflection, and not his patriotism, established his fame and made him the teacher of many men in all countries. The substance of his thought is not Florentine, or even Italian, but universal. It concerns, and it is meant to concern, all thinking men regardless of time and place. To speak of Machiavelli as a scientist is at least as misleading as to speak of him as a patriot. The scientific student of society is unwilling or unable to pass 'value-judgments', but Machiavelli's works abound with 'value-judgments'. His study of society is normative [...]" (p. 10-11).

outros ideais, como também o próprio autor pode ser considerado um moralista no sentido originalmente atribuído ao termo, visto que Nicolau criticava outras pessoas e as expunha ao ridículo.

Bem, voltando ao capítulo 15 d'*O Príncipe*, ali encontramos a afirmação de que "muitos imaginaram repúblicas e principados que ninguém jamais viu ou conheceu". À primeira vista, parece que nosso autor faz uma crítica aos filósofos que pensaram sobre as formas de governar ou que especularam sobre repúblicas e principados. Mas quando olhamos para um fragmento de sua escrita, não tão conhecido quanto *O Príncipe* ou *Discursos*, nossa suspeita torna-se certeza.

A obra é mais um "comentário" breve, classificado pelos editores como "escritos políticos menores", os *Discursus florentinarum rerum post mortem iunioris Laurentii Medices*, geralmente traduzido como *Discursos sobre a situação de Florença*, um discurso sobre a reforma política da cidade, escrito em 1520. Ali vemos mais um detalhe sobre sua opinião em relação aos filósofos:

> [...] nenhum homem é mais exaltado por nenhum ato seu como aqueles que, com leis e instituições, reformularam as repúblicas e reinos. Estes são, depois daqueles que foram deuses, os primeiros a serem elogiados. E como foram poucos os que tiveram a oportunidade de fazer isso, e muito poucos os que entenderam como fazê-lo, [menor ainda] é o número dos que conseguiram. E tanta glória tem sido estimada pelos homens que buscam nada mais do que a glória que, quando não podem formar uma república na realidade, fazem-no por escrito, como Aristóteles, Platão e muitos outros, que desejaram mostrar ao mundo que, se não fundaram um governo livre, como fizeram Sólon e Licurgo, não falharam por sua ignorância, mas por sua impotência para colocá-lo em prática [...].[155]

Os homens de verdadeira *virtù*, de real habilidade para atuarem no mundo político, fundam, organizam e reformulam os Estados, trazem as repúblicas à existência. Àqueles inábeis, como os filósofos, resta apenas a condição de

---

[155] "[...] Oltra di questo, non è esaltato alcuno uomo tanto in alcuna sua azione, quanto sono quegli che hanno con leggi e con istituti reformato le repubbliche e i regni: questi sono, dopo quegli che sono stati Iddii, i primi laudati. E perché e' sono stati pochi che abbino avuto occasione di farlo, e pochissimi quelli che lo abbino saputo fare, sono piccolo numero quelli che lo abbino fatto: e è stata stimata tanto questa gloria dagli uomini che non hanno mai atteso ad altro che a gloria, che non avendo possuto fare una repubblica in atto, l'hanno fatta in iscritto; come Aristotile, Platone e molti altri: e' quali hanno voluto mostrare al mondo, che se, come Solone e Licurgo, non hanno potuto fondare un vivere civile, non è mancato dalla ignoranza loro, ma dalla impotenza di metterlo in atto. Non dà, adunque, il cielo maggiore dono ad uno uomo, né gli può mostrare più gloriosa via di questa. E infra tante felicità che ha dato Iddio alla casa vostra e alla persona di Vostra Santità, è questa la maggiore, di darle potenza e subietto da farsi immortale, e superare di lunga per questa via la paterna e la avita gloria [...]" (p. 30-31).

pensar sobre as possíveis ordenações; resta a única opção de "[imaginar] repúblicas e principados que ninguém viu nem conheceu jamais" (*Príncipe*, 15). A eles não é possível criar nada, apenas representações imaginárias. Realmente, parece que a fascinação que Nicolau tinha pela *virtù* residia na capacidade criativa que ela confere a quem a tem. Até mesmo Dante, em seu tratado político, admite que os fins de sua obra não são de pura especulação, mas de ação.[156]

Antes de continuarmos a analisar a figura dos filósofos, preciso fazer um breve comentário sobre a condição de Nicolau e do quão curiosa ela passa a ser quando a enquadramos ao lado desse parágrafo dos *Discursus Florentinarum*. Dentro desse contexto, o que seria nosso autor senão um filósofo? Sem poder político, sem exércitos, sem condições de "formar uma república na realidade", ele a criou por escrito.[157] Ele mesmo ocupava um lugar próximo ao de Platão e Aristóteles que, desejando "mostrar ao mundo que, se não fundaram um governo livre, como fizeram Sólon e Licurgo, não falharam por sua ignorância, mas por sua impotência para colocá-lo em prática". No entanto, parece-me que o próprio Nicolau estava consciente de sua condição, pois as palavras finais do personagem *Fabrizio Collona*, em *A arte da guerra*, denunciam o conhecimento sobre sua própria realidade e a condição de seus sonhos de resgatar a gloriosa *virtù* dos antigos.

> Aquele que despreza essas idéias, se é um príncipe, despreza seu principado; se é cidadão, sua cidade. [Eu] condeno a Natureza, que não deveria ter me feito conhecedor [de tudo isso], ou deveria ter me dado a possibilidade de colocá-lo em prática. Como sou um homem velho, não imagino hoje que possa ter a oportunidade. Por isso, fui generoso com vocês que, sendo jovens e qualificados, podem, no momento adequado, se as coisas que disse lhes agradam, em benefício de seus príncipes, ajudá-los e aconselhá-los. [Pela condição da Itália] não quero que se assustem, ou que duvidem de si mesmos, porque esta província parece

---

[156] «[...] Cum ergo materia presens politica sit, ymo fons atque principium rectarum politiarum, et omne politicum nostre potestati subiaceat, manifestum est quod materia presens non ad speculationem per prius, sed ad operationem ordinatur. Rursus, cum in operabilibus principium et causa omnium sit ultimus finis – movet enim primo agentem – consequens est ut omnis ratio eorum que sunt ad finem ab ipso fine summatur [...]» (*Monarchia*, II, 6-8, p. 526).

[157] "[Se Maquiavel] n'avait pas vécu dans la seconde Chancellerie, s'il n'avait pas été l'envoyé de la République, si le produit de son génie avait eu réellement pour base l'étude ou la méditation, il n'eût pas atteint la grandeur. Ce qui le distingue de la plupart des auteurs, c'est la pratique de la vie, qui transpire à chaque page de ses écrits. Francesco Domenico Guerrazzi disait que, faute de pouvoir livrer une bataille, il composait un livre. Machiavel pouvait dire, avec plus de justesse encore, du coin où la misère l'avait relégué: «Ne pouvant gouverner la société humaine, j'écris ces ouvrages pour qu'ils la gouvernent à ma place» [...]" (Ferrara, 1928, p. 36).

ter nascido para ressuscitar coisas mortas, como se vê na poesia, na pintura e na escultura. Mas no que me diz respeito, já que avancei em anos, não tenho [mais esperanças]. No entanto, se a Fortuna me tivesse concedido no passado um estado suficientemente grande para permitir tal empresa, acredito que em pouco tempo poderia ter mostrado ao mundo quanto valem as ordens antigas. Sem dúvida, teria feito meu estado mais glorioso ou o teria perdido sem vergonha. [158]

Ao final do *prólogo* do livro II dos Discursos, nosso autor, além de mencionar novamente sua concepção de que o mundo está desordenado, cheio de vícios, traz a mesma ideia de que a "malignidade dos tempos" não lhe havia dado a capacidade de realizar os feitos que ele costuma louvar e elogiar. Razão pela qual lhe resta apenas a esperança de poder ensinar aos jovens.

Não sei se mereço ser posto entre aqueles que se equivocaram, se, em meus discursos, eu louvo muito os tempos dos antigos romanos e condeno os nossos; e verdadeiramente, se as virtudes que então reinavam não fossem tão claras como o sol, e os vícios que agora reinam, eu seria mais parcimonioso em minhas afirmações, temeroso de incorrer no mesmo erro que em outros observo. Mas sendo a coisa tão evidente, que qualquer um a vê, terei coragem para dizer abertamente o que penso daqueles e destes tempos, para que os jovens leitores de meus escritos possam evitar os atuais e se prepararem para imitar os antigos, se as vicissitudes da fortuna lhes derem ocasião para isso; porque é dever de um bom homem ensinar aos outros o bem que pela malignidade dos tempos e de sua sorte não pôde realizar. Talvez, sendo muitos os capazes de fazê-lo, algum mais amado pelo céu possa executá-lo. [159]

---

[158] "[...] Colui adunque che dispregia questi pensieri, s'egli è principe, dispregia il principato suo; s'egli è cittadino, la sua città. E io mi dolgo della natura, la quale o ella non mi dovea fare conoscitore di questo, o ella mi doveva fare facultà a poterlo eseguire. Né penso oggiamai, essendo vecchio, poterne avere alcuna occasione; e per questo io ne sono stato con voi liberale, che, essendo giovani e qualificati, potrete, quando le cose dette da me vi piacciano, ai debiti tempi, in favore de' vostri principi, aiutarle e consigliarle. Di che non voglio vi sbigottiate o diffidiate, perché questa provincia pare nata per risuscitare le cose morte, come si è visto della poesia, della pittura e della scultura. Ma quanto a me si aspetta, per essere in là con gli anni, me ne diffido. E veramente, se la fortuna mi avesse conceduto per lo addietro tanto stato quanto basta a una simile impresa, io crederei, in brevissimo tempo, avere dimostro al mondo quanto gli antichi ordini vagliono; e sanza duvvio o io l'arei accresciuto con gloria o perduto sanza vergogna" (*DAG*, VII, p. 389).

[159] "[...] Non so, adunque, se io meriterò d'essere numerato tra quelli che si ingannano, se in questi mia discorsi io lauderò troppo i tempi degli antichi Romani, e biasimerò i nostri. E veramente, se la virtù che allora regnava, ed il vizio che ora regna, non fussino più chiari che il sole andrei col parlare più rattenuto, dubitando non incorrere in questo inganno di che io accuso alcuni. Ma essendo la cosa sì manifesta che ciascuno la vede, sarò animoso in dire manifestamente quello che io intenderò di quelli e di questi tempi; acciocché gli animi de' giovani che questi mia scritti leggeranno, possino fuggire questi, e prepararsi ad imitar quegli, qualunque volta la fortuna ne dessi loro occasione. Perché gli è offizio di uomo buono, quel bene che per la malignità de' tempi e della fortuna tu non hai potuto operare, insegnarlo ad altri, acciocché, sendone molti capaci, alcuno di quelli, più amato dal Cielo, possa operarlo [...]".

Agora, voltando, o pouco caso que Nicolau faz dos filósofos parece ainda mais claro quando observamos outro detalhe importante. Primeiramente, a respeito de Aristóteles, em *Discursos* o florentino o menciona apenas uma vez, em III-26, o capítulo que se destina a analisar como as mulheres podem ser a razão da ruína de um Estado. A discussão gira em torno da história entre os nobres e os plebeus da cidade de Ardea e como um casamento foi responsável por causar um conflito entre os volscos e Roma.

Nosso autor cita Aristóteles para indicar que a ofensa contra as mulheres é uma injúria grave: "[...] E Aristóteles [diz que] entre as principais causas da ruína dos tiranos está a ofensa contra as mulheres, desonran-do-as, violando-as ou desmoralizando os matrimônios, do qual tratamos extensivamente no capítulo relativo às conjurações [...]".[160]

Tenho algumas considerações a fazer sobre esse capítulo. Em primeiro lugar, ao longo de sua obra mais importante, *Discursos*, Nicolau menciona Aristóteles apenas nesse capítulo. Em segundo lugar, o referido capítulo está entre os mais curtos de toda sua obra. Em terceiro lugar, o tema do capítulo não está entre os mais importantes temas aos quais o florentino se dedica: em III-25, nosso autor analisava a pobreza de Cincinato e de outros cidadãos; e o capítulo 26 não tem nenhuma relação com o capítulo anterior. O 26 parece servir, unicamente, para fazer uma introdução ao capítulo 27, já que, ao final do 26, Nicolau começa a falar sobre as divisões que ocorrem em uma cidade,[161] e no 27 dedica-se a tratar dessas divisões e facções (já analisei esse capítulo anteriormente). Em quarto lugar, tem-se a impressão de que, entre todos os magníficos temas existentes na obra de

---

[160] "[...] Nacque nella città d'Ardea intra i patrizi e gli plebei una sedizione per cagione d'uno parentado: dove, avendosi a maritare una femina ricca, la domandarono parimente uno plebeo ed uno nobile; e non avendo quella padre, i tutori la volevono congiugnere al plebeo, la madre al nobile: di che nacque tanto tumulto, che si venne alle armi; dove tutta la Nobilità si armò in favore del nobile, e tutta la plebe in favore del plebeo. Talché, essendo superata la plebe, si uscì d'Ardea, e mandò a' Volsci per aiuto: i nobili mandarono a Roma. Furono prima i Volsci, e, giunti intorno ad Ardea, si accamparono. Sopravvennono i Romani, e rinchiusono i Volsci infra la terra e loro; tanto che gli costrinsono, essendo stretti dalla fame, a darsi a discrezione. Ed entrati i Romani in Ardea, e morti tutti i capi della sedizione, composono le cose di quella città [...]. Ed Aristotile, intra le prime cause che mette della rovina de' tiranni, è lo avere ingiuriato altrui per conto delle donne, o con stuprarle, o con violarle, o con rompere i matrimonii; come di questa parte, nel capitolo dove noi trattamo delle congiure, largamente si parlò [...]" (*Discursos*, III-26). Em (*HF*, VII-29), Nicolau menciona novamente o problema de não aplicar os remédios necessários no início de algum problema enquanto se tem tempo.

[161] "[...] Dico, adunque, come i principi assoluti ed i governatori delle republiche non hanno a tenere poco conto di questa parte; ma debbono considerare i disordini che per tale accidente possono nascere, e rimediarvi in tempo che il rimedio non sia con danno e vituperio dello stato loro o della loro republica: come intervenne agli Ardeati; i quali, per avere lasciato crescere quella gara intra i loro cittadini, si condussono a dividersi infra loro; e, volendo riunirsi, ebbono a mandare per soccorsi esterni: il che è uno grande principio d'una propinqua servitù. Ma veniamo allo altro notabile, del modo del riunire le città; del quale nel futuro capitolo parlereno" (*Discursos*, III-26).

Aristóteles, nada teria valor aos olhos do secretário de Florença, já que ele o mencionou nessa mísera referência, em um capítulo de menor importância.

Agora vejamos: na referida citação a Aristóteles, nosso autor remete o leitor ao "capítulo relativo às conjurações": que é no capítulo III-6, que ele reservou para analisá-las. Porém, o que se deve observar atentamente é que esse capítulo, sem espaço para dúvidas, é o mais extenso de toda sua obra. Igualmente, o capítulo mais longo d'*O Príncipe* também se dedica a tratar das conjurações (o capítulo 19); além disso, nas *Histórias Florentinas* temos a presença desse tema nos capítulos II-6, III-27, VII-33 e 34, e no livro VIII, do capítulo 1 ao 10. Nessa última seção (*HF*, VIII 1-10), nosso autor discorre sobre a famosa conjuração dos Pazzi contra a família Médici, realizada na Páscoa de 1478.[162]

Bem, como vemos, a questão das conjurações é tão importante para nosso autor que ele mesmo indica que tal tema não pode ser tratado de forma breve,[163] e justamente por essa razão reserva grandes espaços em diferentes obras para analisá-lo. No entanto, no capítulo mais extenso dos *Discursos*, ele faz a única referência a Platão, o grande discípulo de Sócrates, pai da filosofia ocidental, como um simples mestre de conspi-

---

[162] Foi a conspiração que matou Giuliano de Médici, pai do papa Clemente VII (o papa que havia contratado o serviço de Nicolau para escrever as *Histórias Florentinas*). Sobre esse episódio: "[...] Niccolò is nine years old when the first event occurs – the Pazzi conspiracy [...] It displays some of the extreme features of Florentine turbulence and may have turned sour from the start a subject that our author is going to be concerned with and implicated in for much of his life: conspiracies, a subject that is not, he warns, one 'to pass over with brevity' [...]. 'There was not a citizen, armed or unarmed, who did not go to Lorenzo's house in that [hour of] need, and everybody offered himself and his sustenance to him [...]. Would this include Bernardo, Niccolò's father? And was Niccolò, the boy, an eyewitness to some of these dreadful acts? Or was he quickly shunted behind closed, bolted doors? Or were both father and son at the villa that fateful Easter Sunday. Bernardos's account book has no entry for the day. On Monday, an entry records the sale of one of his oxen. There is one thing neither he nor his son can avoid seeing over the next fifteen years, to wit, the alfresco paintings, on the walls of the Captain's Palace adjacent to the Palazzo, of the swinging bodies of the conspirators. They follow a tradition of so-called defaming paintings, portraits of wanted persons who had fled and escaped capital punishments. Usually, fugitives were painted upside down, hanging from the gallows by a foot. In the Pazzi case, several departures from tradition occur. Over eighty men are hanged in a couple of days, including the archbishop clothed in episcopal robes and miter. Men of good family, and there are many such among them, were normally decapitated rather than basely hanged. These men, however, are not only hanged, they are hanged out of palace windows rather than from gallows. They had not, moreover, been allowed the final rites given to condemned men. And the paintings of the chief conspirators are now drawn of wanted men but of men already captured, strung up and twisting in the wind. Lorenzo gives the commission to paint these figures to Sandro Boticelli, who executes the job in three months. Even figures are shown hanging by the neck, one (who was never caught) hanging by a foot. For each figure Lorenzo writes an epitaph (Only after Lorenzo's death and the overthrow of the Medici are these paintings canceled out) (De Grazia, p. 9-11).

[163] "[...] Il che si farebbe volentieri quando, o in altro luogo io non ne avesse parlato, o ella fusse materia da potere con brevità passarla [...]" (*HF*, VIII-1).

radores fracassados,[164] corroborando com a tese de que, para o secretário florentino, a filosofia seria algo ineficaz.

Poder-se-ia questionar se Nicolau não valorizou a filosofia por não ter tido a oportunidade de estudá-la. Essa hipótese não se fundamenta. Ele era um homem profundamente inteligente, com uma excelente bagagem[165] humanística e histórica. Estudou Aristóteles, Cícero, Cneo Pompeu, Justino, Tolomeu, Plínio, Terêncio, Macróbio, Tito Lívio, Lucrécio e muitos outros. Participou das reuniões dos *Orti Oricellari*, em que pôde ter conhecido mais de perto a obra de Platão, e da academia platônica de Florença, bem como os neoplatônicos renascentistas e outros naturalistas, feito Marsílio Ficino ou Pico della Mirandola.[166] Como homem da diplomacia, conheceu grandes personalidades políticas, militares e intelectuais de seu tempo.

Suspeito que o pouco caso que nosso autor faz da filosofia[167] se fundamenta em uma suposta "falta de prática" dessa matéria. Tenho a impressão de que Nicolau olhava para a política como algo apartado de

---

[164] "[...] Congiurorono certi giovani ateniesi contro a Diocle ed Ippia, tiranni di Atene. Ammazzarono Diocle ed Ippia, che rimase, lo vendicò. Chione e Leonide eraclensi e discepoli di Platone, congiurarono contro a Clearco e Satiro, tiranni; ammazzarono Clearco; e Satiro, che restò vivo, lo vendicò [...]". (*Discursos*, III-6).

[165] "[...] El padre de Maquiavelo anotó escuetamente en su *Libro di ricordi* algunos episodios de la educación que proporcionó a sus dos hijos varones. En concreto, hay cinco menciones a la educación de Nicolás [...] tras señalar el escaso conocimiento de Maquiavelo de las lenguas clásicas, afirma que sacó provecho de los conocimientos de Marcello Virgilio Adrani (profesor de retórica y poética del Estudio y futuro secretario de la Primera Cancillería), de quien recibió lecciones de griego y latín [...]. Al margen de este *curriculum* formal, Maquiavelo debió de familiarizarse con los clásicos, el humanismo y la literatura italiana gracias, en primer lugar, a la gran afición paterna por los libros. En el Libro *di ricordi* aparecen numerosas noticias referentes a la adquisición de ejemplares (prestados, pagados en metálico o en especie, etc.), que permiten hablar de una auténtica pasión por los libros. Entre los clásicos, sabemos que el padre de Maquiavelo consiguió las obras, entre otros, de Aristóteles, Cicerón, Cneo Pompeyo, Justino, Tolomeo, Plinio, Terencio, Macrobio, Tito Livio y Lucrecio [...]" (Monge, 2011, p. XIV-XV).

[166] "[...] la herencia humanística, la religiosad savonaroliana y la filosofía platónica, discutida especialmente esta última en las reuniones de los *Orti Oricellari* [...]" (Sforza, 2010, nota 7, p. 320). / "[...] The end of Catharism did not spell the end of Gnosticism. A major turning point in its fortunes came in 1452, when Constantinople fell to the Turks. This precipitated a huge exodus of scholars and priests, many of whom carried with them priceless manuscripts that had never been seen in the West. Amongst the texts that arrived in Europe was the Corpus Hermeticum, which came to the attention of Cosimo de Medici. Cosimo, apart from being the Pope's banker, was passionately interested in the new learning that was beginning to sweep Europe and he ordered the scholar Marsilio Ficino to abandon his then work-in-progress, a translation of the complete works of Plato, in favor of translating the Hermetic texts. The impact of these Gnostic texts is difficult to overstate in places such as Florence, where the Renaissance was flourishing, it was little short of revolutionary. In general, Renaissance philosophy tends towards celebrating both man and the world, rather than regarding them as a prison for the spirit. Human nature is seen as having an innate dualism to it, namely that it can be the arena for developing the divinity within oneself through conscious choice, or, if one does not choose to develop the divine spark within one, then human nature – the whole person – stagnates [...]" (Martin, 2006, p. 114-115).

[167] Maurizio Viroli também explora essa "prevalência" ou "superioridade" da *história* em relação à *filosofia*. Para o contexto intelectual de Florença, a história tinha mais valor como fonte de conhecimento.

uma "teorização" mais refinada ou mais "abstrata". Na dedicatória dos *Discursos*, a Zanobi Buondelmonti e Cosimo Rucellai, o secretário escreveu que ali estava "expressado quanto sei e aprendi em longa prática e contínua lição das coisas do mundo".[168]

Suspeito que as personalidades, os homens poderosos que foram observados por Nicolau em sua "longa prática e contínua lição das coisas do mundo", que, afinal de contas, foram os responsáveis pela queda da república de Florença e pelas invasões que levaram à destruição de seu país, além da corrupção dos costumes – ou, dito de outro modo, os homens ambiciosos e vulgares, que se tornam "insolentes nos tempos de boa fortuna e abjetos nos tempos de má fortuna", que não respeitam a história, a glória, homens sem *virtù* e que tornaram "o mundo desordenado" –, não estavam nem remotamente interessados na teoria das ideias, muito menos nas lições sobre os aspectos da felicidade de viver sob a reta razão, em um agir ético, ou na virtude do justo meio. Em outras palavras, não estavam interessados nas lições dos filósofos, buscavam somente a riqueza, o poder e o prazer. Encontramos uma síntese perfeita nas amargas palavras de Fabrizio Collona, nas últimas páginas do diálogo *Arte della Guerra*. A culpa pela situação da Itália encontra-se na insolência dos velhos príncipes:

> Mas [vamos analisar novamente a situação dos italianos], como não tiveram príncipes sábios, não conseguiram estabelecer nenhuma boa ordenação e, não sendo obrigados pela necessidade, como os espanhóis, também não foram capazes de se organizar por conta própria, tornando-se a vergonha do mundo. Desta situação, a culpa não é dos povos, mas dos príncipes, que foram severamente punidos e sofreram a justa pena que sua ignorância merecia, perdendo seus Estados com ignomínia sem dar nenhum exemplo de *virtù*.
>
> Querem saber se o que digo é verdade? Lembrem-se das guerras ocorridas na Itália desde a vinda do rei Carlos VIII da França até hoje. E embora as guerras façam os homens belicosos e renomados, quanto mais ferozes e

---

[1] "[...] History, moreover, has the power of instilling a love of virtue with its narrative of great examples from antiquity, and for that reason, history is far more effective than philosophy. The belief that history and historical examples were the best source of political wisdom was a commonplace in Florentine culture of the fourteenth and fifteenth centuries. History, writes Salutati, teaches us what we need to do, both in private life and in political life. Political advice based on historical examples is much more persuasive than advice based on abstract principles. Human affairs tend to repeat themselves, and men do not change over time, just as the laws of the world remain the same. Thanks to the knowledge of history, therefore, it is possible to understand the present and make conjectures about the future [...]" (Viroli, 2010, p. 125).

[168] "[...] Perché in quello io ho espresso quanto io so e quanto io ho imparato per una lunga pratica e continua lezione delle cose del mondo [...]".

grandiosas, mais arruinavam a reputação dos soldados e dos capitães. Isso é um claro indicativo de que as ordenações presentes não eram – nem são – boas; e que não houve ninguém que soubesse aproveitar algo de bom delas [...].

Nossos príncipes italianos acreditavam, antes de sofrerem os golpes das guerras ultramontanas, que bastava a uma pessoa de sua condição aprender a redigir uma resposta hábil, a escrever uma bela carta, a mostrar em seus discursos agudeza e rápida compreensão, saber preparar uma perfídia, adornar-se com joias de ouro e pedras preciosas, superar aos demais no luxo da mesa e do leito, cercar-se de pessoas viciosas, governar seus súditos com soberba e avareza, apodrecer no ócio, conceder cargos militares mediante favores, desprezar quem lhes desse algum conselho saudável e pretender que suas palavras fossem tomadas como respostas dignas de oráculos; também não percebiam, os avarentos, que se preparavam para ser presas do primeiro que os atacasse. Esta foi a causa do grande espanto, das fugas repentinas e das surpreendentes perdas que começaram em 1494. Desta forma, os três Estados mais poderosos que havia na Itália foram repetidas vezes saqueados e devastados. No entanto, a grande desgraça é que [os príncipes que restam] vivem sob a mesma desordem e não fazem o que, nos tempos passados, faziam aqueles que queriam conservar seus Estados, [não fazem] todas aquelas coisas de que me ocupei neste diálogo, [não] educam o corpo para resistir às fadigas, e o ânimo para não temer os perigos.

Alexandre, César e todos os grandes homens e famosos príncipes do passado, combatiam nas primeiras linhas, caminhavam armados a pé e, se perdiam seus Estados, perdiam também a vida, vivendo e morrendo virtuosamente. E se neles, ou em alguns deles, se pode censurar a grande ambição em governar, não se poderá condená-los pela moleza ou outra coisa vergonhosa que degrade os homens. Se nossos príncipes lessem e acreditassem nessas coisas, certamente mudariam de vida, de Estado e de Fortuna [...] (*DAG*, VII, p. 388-389).

Está claro que o novo caminho que Nicolau propõe, sua reverência e seu respeito ao passado, sua consideração pelo valor pedagógico da Antiguidade, não incluem a filosofia, nem a figura dos filósofos como os modelos ideais de imitação, ainda que nosso autor não os despreze, como faz com os velhos príncipes.

O mundo está completamente desordenado e necessita de correções. O estado atual de crise demanda ações enérgicas, pede ajuda da religião, de Deus, das hostes celestiais e de um herói. São alguns pontos que tentarei indicar no próximo capítulo.

## Antes de irmos à missa

Nessa situação vemos a receita para a desordem: o homem caído, submerso na "perseverança no pecado", não tem *virtù*, está cheio de vícios, é invejoso, ingrato e preguiçoso, não reconhece as qualidades dos grandes homens e, ainda assim, deseja superá-los. Os resultados são vistos na atual situação caótica do mundo. Esse mundo desordenado é o fruto das sementes lançadas pela peste das Fúrias.

O mal impregnou tudo desde a partida de Adão e Eva do Paraíso Terrestre no Jardim do Éden e, portanto, faz parte da queda, penetrando o peito dos homens, transformando a "mente humana", tornando-se em "instinto natural". O homem caído torna-se a matéria que deve ser moldada e remodelada, com tanto de ajuda que seja possível das forças de Deus, dos céus, da fortuna e até dos corpos etéreos inteligentes, que ocasionalmente devem desencadear uma catástrofe sobre o mundo para, ao que parece, expulsar as Fúrias e salvar a humanidade (De Grazia, p. 67). Esse panteão de deuses que ajudam o homem será visto agora mesmo, no capítulo 3.

Neste capítulo 2 foi possível compreender alguns elementos gerais da obra do nosso autor. Ao mesmo tempo, meu foco foi direcionado aos aspectos ontológico e antropológico da situação desordenada do mundo e das paixões humanas, a condição material como elemento perigoso para a instabilidade política de uma cidade e todas as censuras relacionadas ao ócio e ao prazer desordenados.

Mas por enquanto já basta disso. Precisamos esticar as pernas. Para a nossa alegria há uma capelinha bem perto daqui e Nicolau nos convida para irmos ver a missa. Ele aproveitará o ensejo do trajeto para explicar melhor a existência dos seres sobrenaturais que cercam a vida humana e interferem no mundo. Observaremos atentamente a presença e a participação de tais seres – quais são, como atuam e como interagem no mundo humano?

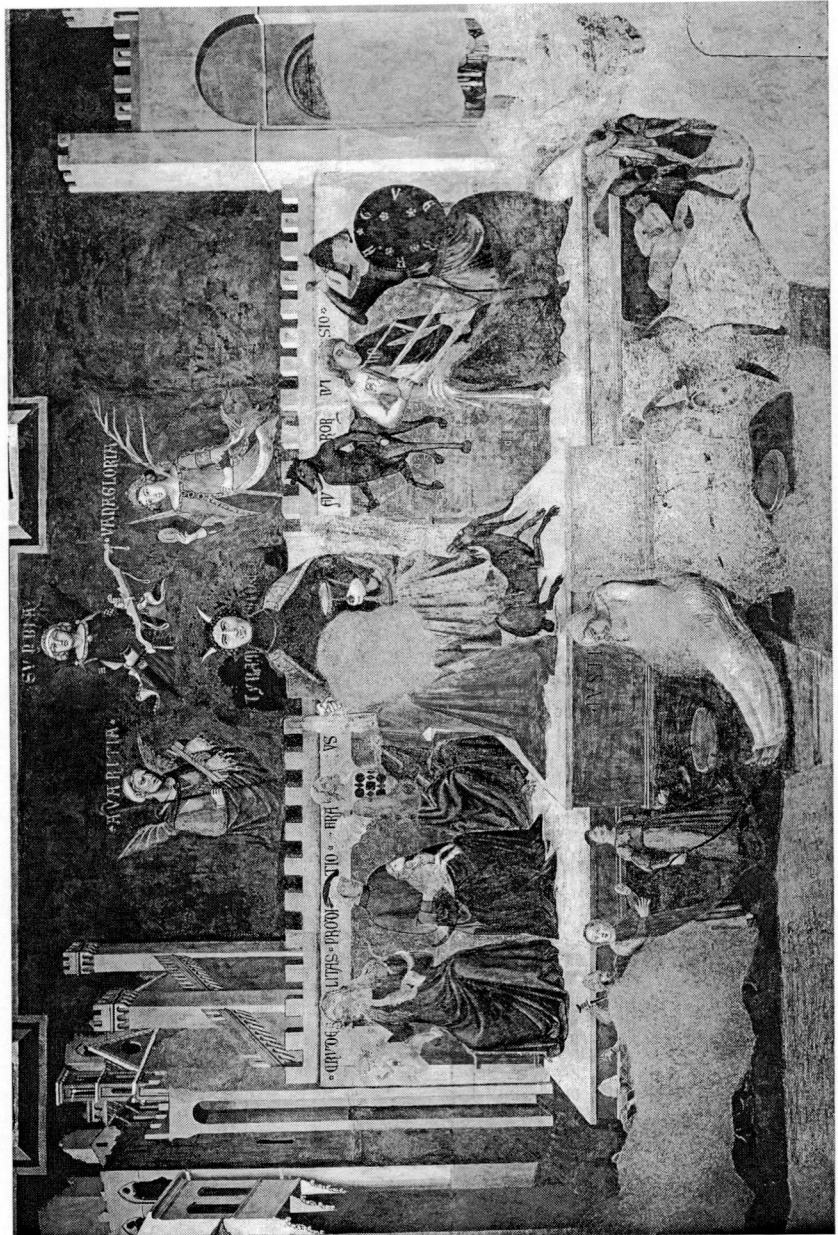

*Ambrogio Lorenzetti (1290 – 1348). O Mau Governo.*
*Abaixo: Crudelitas, Proditio, Fraus, Furor, Divisio, Guerra. Ao Centro o Tirano. Acima do Tirano: Avaritia, Suberba, Vanagloria*

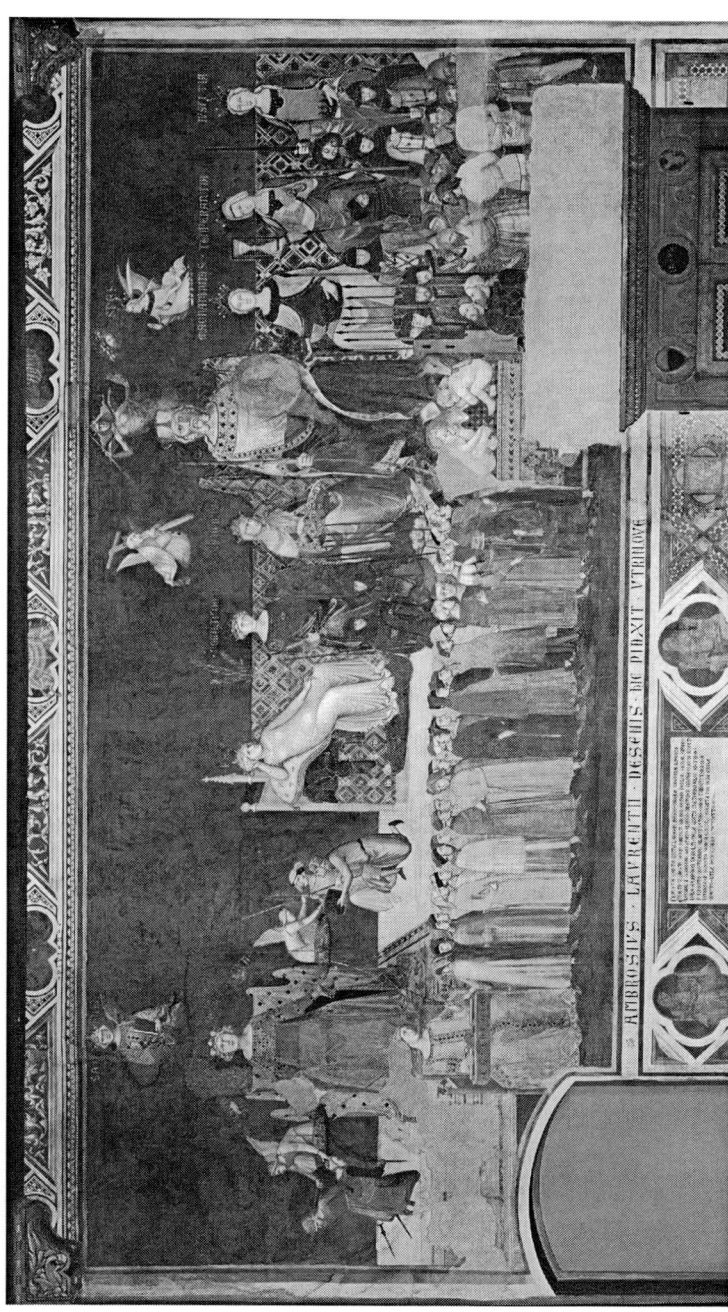

*Ambrogio Lorenzetti (1290 – 1348). O Bom Governo.*

*Na parte do alto à esquerda: Sapientia. Abaixo dela a Justiça, com sua balança que se divide em dois pratos: distributiva e comutativa. Abaixo, como consequência do bom direito, a Concórdia, mantendo todos os cidadãos unidos. Em torno do governante as virtudes: Paz, Fortaleza, Prudência, Magnanimidade, a Temperança e a Justiça.*

*Acima do governante: Fé, Esperança e Caridade*

*Ira* – Léon Davent (França). *Inspirado em Luca Penni (Itália) 1550-1555*

*Giotto di Bondone, Juízo Final, Capela Scrovegni, Padua*

# CAPÍTULO III

# AS HOSTES INFERNAIS E CELESTIAIS: O PANTEÃO DE NICOLAU

## Diante do eixo, onde a Terra se comunica com o Céu

O mundo precisa de ajuda, pois os homens sofrem com a devastação e a desordem. Contudo os céus não se esqueceram das penitências e em breve a humanidade receberá o socorro de que tanto precisa. Nicolau nos descreve um grande panteão que está em contato constante com o mundo humano. São personagens mitológicos e seres metafísicos que compõem suas páginas, assumindo um papel relevante nos eventos do campo profano.

Nicolau nos guia por um percurso pelos principais locais de sua obra, na qual encontramos referências a Deus e a esses seres. A leitura aqui proposta, como veremos no capítulo 4, sustenta que esse panteão tem a função de ajudar na salvação da humanidade, materializada na ideia de redenção da pátria e de sacrifício e apoteose.

Ao longo do presente capítulo, observando os textos perceberemos como Nicolau fez adaptações literárias das divindades pagãs para integrá-las em seus escritos. Além disso, nosso anfitrião costumava fazer sincretismos. Sobre isso, meu querido amigo Sebastian escreveu um parágrafo (p. 59) extremamente importante, com o qual estou inteiramente de acordo:

> [Nicolau] saltando de um período histórico a outro, com exemplos antigos, cristãos, modernos e contemporâneos, considera que Deus em todos os lugares e épocas passadas, qualquer que fosse seu nome, é o mesmo Deus de aqui e agora, e será o mesmo no futuro. Zeus dos Gregos, Javé dos Judeus, Dominus da Vulgata e Júpiter dos Romanos são o mesmo e único para ele. O Deus de Numa, Licurgo, Sólon ou Agátocles é o mesmo *Dio* ou *Altíssimo Iddio* universal. Deus, que foi amigo de Moisés, também foi amigo de Ciro e Teseu, e da mesma forma seria amigo de um novo príncipe. Além disso, [Nicolau] monoteíza Deus. Os deuses plurais temidos e reverenciados pelos romanos de Tito Lívio são idênticos ao [seu] Deus singular.

A seguir veremos o Grande Deus, a *divindade Justiça* e outras divindades menores. Veremos também a Cristo, os santos católicos, Nossa Senhora, os profetas, adivinhos e outros eremitas, alguns tipos de anjos, descritos como *espíritos astrais* ou "inteligências que estão no ar"; também veremos novamente as Fúrias e os demônios e, por fim, a figura mais conhecida: a célebre Fortuna, além de uma tratativa breve sobre o Inferno, o Purgatório e o Paraíso.

## Deus, a Justiça e outras divindades pagãs

Nicolau não oferece uma definição clara de sua compreensão de Deus. Contudo, ao longo de toda sua obra, encontramos diversas menções ao Deus cristão, bem como a outras divindades menores. Nosso autor costuma usar metáforas elegantes e frases mais refinadas para se referir à Fortuna, mas seu estilo sempre parece direto, mais simples, embora reverente, quando escreve sobre "Deus".

Começaremos analisando um discurso escrito por nosso autor em uma data desconhecida. O texto tem o título *Allocuzione fatta ad un Magistrato* (p. 36-37).[169] Diz-se que Nicolau o escreveu para ser lido por um

---

[169] Por se tratar de um texto que eu próprio nunca vi traduzido em alguma edição brasileira, acho por bem conceder a gentileza ao leitor e mostrá-lo traduzido na íntegra. Adicionei espaços entre os longuíssimos parágrafos para a comodidade da leitura: "Excelentíssimos Senhores, Magnífico Pretor, Veneráveis Colegiados, Ilustres Doutores e Honráveis Magistrados. Cada um de vossas Prestanças pôde ter visto como eu, não por minha vontade, mas por expresso comando de nossos excelentíssimos Senhores, vim falar diante de vós. Isso me alivia bastante a alma porque, se tivesse vindo por minha própria iniciativa, mereceria ser criticado como presunçoso, mas sendo constrangido pelo comando desses excelentíssimos Senhores, mereço ser, se não louvado, pelo menos desculpado como obediente. E embora minha inexperiência seja grande, o poder e a autoridade deles são tantos que prevalecem sobre mim mais do que a minha própria. No entanto não posso evitar o desprazer de ter sido levado a falar de coisas que não conheço, nem vejo outro remédio para satisfazer a mim e a vós senão ser brevíssimo para que, falando pouco, cometa menos erros e menos vos enfade. Nem acredito ainda que falar longamente seja conveniente, pois tendo de falar da justiça diante de homens justíssimos, parece mais uma coisa supérflua do que necessária.

No entanto, para satisfazer a essa cerimônia e antiga tradição, digo como os antigos poetas, que foram aqueles que, segundo os Gentios, começaram a dar leis ao mundo, referem que os homens eram na primeira idade tão bons que os deuses não se envergonhavam de descerem do céu e virem habitar a Terra com eles. Depois, faltando as virtudes e surgindo os vícios, começaram aos poucos a voltar para o céu; e a última que partiu da Terra foi a Justiça. Isso não mostra outra coisa senão a necessidade que os homens têm de viverem sob suas leis, mostrando que embora os homens tivessem se tornado cheios de todos os vícios e com o odor deles tivessem expulsado os outros Deuses, mesmo assim se mantinham justos.

Mas, com o tempo, faltando também a Justiça, faltou com ela a paz: de onde nasceram as ruínas dos reinos e das repúblicas. Essa Justiça, tendo ido para o céu, nunca mais voltou a habitar universalmente entre os homens, mas particularmente em alguma cidade; a qual, enquanto foi recebida, fez-la grande e poderosa. Ela [a Justiça] exaltou o estado dos Gregos e dos Romanos; ela fez muitas repúblicas e reinos felizes; ela ainda habitou nossa pátria em algum momento e a fez crescer e se manter, e agora também a mantém e cresce. Ela gera nos estados

magistrado, no momento de sua posse do cargo, em uma ocasião solene. No início, o autor pede desculpas afirmando sua própria incompetência para falar sobre a justiça diante dos magistrados, "homens justíssimos". No entanto afirma que a brevidade de seu discurso tornará "tolerável" a debilidade de suas palavras. A postura humilde, aqui, lembra as dedicatórias de *O Príncipe* e *Discursos*.

Referindo-se ao mito da Idade de Ouro retirado de Ovídio,[170] Nicolau cita os antigos poetas para afirmar que houve um tempo, "na primeira idade" (*nella prima età*), em que os homens eram tão bons que os deuses não sentiam vergonha de descer do céu para estarem junto aos habitantes da Terra. Mas com a corrupção da humanidade (a falta de *virtù* e os vícios), começaram a voltar ao céu, sendo a Justiça a última a partir.

Porém, relutante em abandonar os homens, a Justiça continuou descendo ao mundo esporadicamente em algumas cidades, as quais, justamente por sua presença, tornaram-se grandes e poderosas, como foi o caso da Grécia e da Roma da Antiguidade (lembramos que Nicolau elogiou Esparta e Roma em *Discursos*). Então nosso orador faz um longo elogio sobre os benefícios da justiça para os Estados e demonstra o respeito que Deus tem por ela: a justiça gera a "união nos Estados e nos Reinos;" ela defende os pobres e os impotentes, reprime os ricos e os poderosos, humilha os orgulhosos e os audaciosos, freia os rapaces e os avaros, cas-

---

e nos reinos união a união, o poder e a manutenção deles; ela defende os pobres e os impotentes, reprime os ricos e os poderosos, humilha os orgulhosos e os audaciosos, freia os rapaces e os avaros, castiga os insolentes e dispersa os violentos; ela gera nos estados aquela igualdade que, para mantê-los [íntegros], é desejável. Essa única *virtù* é aquela que, entre todas as outras, agrada a Deus. E Ele mostrou sinais particulares, como demonstrou na pessoa de Trajano, que, embora pagão e infiel, foi recebido pela intercessão de São Gregório entre os seus eleitos, não por outros méritos, mas por ter administrado justiça sem qualquer consideração. Do que nosso Dante, com versos áureos e divinos, faz plena fé, e diz: [segue-se uma longa citação do canto X do Purgatório, vv. 73-93].
Versos que, feito eu disse, são verdadeiramente dignos de serem escritos em ouro; pelos quais se vê quanto Deus ama tanto a justiça quanto a piedade. Deveis, portanto, prestantíssimos cidadãos, e vós outros que sois encarregados de julgar, fechar os olhos, tapar os ouvidos, amarrar as mãos, quando tiverdes de ver no julgamento amigos ou parentes, ou ouvir pedidos ou persuasões não razoáveis, ou receber qualquer coisa que corrompa a alma e vos desvie das piedosas e justas ações. Se fizerdes isso, quando a Justiça não estiver presente, ela voltará a habitar nesta cidade; quando estiver presente, ficará voluntariamente, sem desejar voltar ao céu: e assim, juntamente a ela, fareis esta cidade e este estado glorioso e perpétuo. E, portanto, para isso vos encorajo, e pelo dever de vosso ofício vos protesto. E vós, senhor [...], sereis solicitado".
[170] Hesíodo (*Trabalhos e Dias*, vv. 106-202) e Virgílio (*Geórgicas*, II, vv. 336-350) também falam de uma Idade de Ouro, embora Virgílio não utilize o termo, mas escreva sobre "a origem remota da formação do mundo", que vivia numa sempiterna "primavera". Na primeira idade, de Ovídio, não havia outra estação do ano: era sempre primavera. No entanto a Idade de Ouro de Virgílio tem certas diferenças e a vemos anunciada no canto VI da Eneida. Veremos mais adiante, no capítulo 4.

tiga os insolentes e dispersa os violentos. "A justiça gera nos Estados o equilíbrio. Esta única virtude, entre todas, é a que mais agrada a Deus".

E Deus demonstrou, por meio de vários sinais, que, de fato, a *Justiça* é sua virtude favorita. Ela o levou, por intercessão de São Gregório, a colocar um imperador pagão, Trajano, entre os seus eleitos. Tal argumento é reforçado pela presença de alguns versos dantescos[171] do canto X do Purgatório (vv. 73-93). Os versos de Dante são tão belos que "mereciam ser escritos em ouro". "Por meio desses versos podemos ver quanto Deus ama a Justiça e a piedade".

O texto termina com uma súplica, na qual o orador clama aos magistrados por uma administração da justiça sem concessões, sem favorecimentos privados. Pede-lhes que fechem os olhos, os ouvidos, que atem as mãos ao julgarem casos de amigos e familiares, quando enfrentarem pedidos irracionais ou forem tentados pela corrupção. Somente se agirem dessa maneira a Justiça voltará a viver entre os homens. O novo magistrado deve se comprometer solenemente em seu juramento.

O que é interessante nesse breve discurso, além da alusão ao mito da Idade de Ouro, a outra estrutura simbólica do paraíso perdido e dos *dei otiosi* (os deuses que abandonam a humanidade), é que Nicolau transformou os deuses em um único Deus, e a divindade Justiça em uma virtude, a *virtù iustitia*, que é a que mais agrada a Deus. Nesse ponto já se percebe a "adaptação literária" (por que não uma *metamorfose?*) e o sincretismo que o florentino faz em torno da figura de um Deus amante da piedade e da justiça. Em uma canção carnavalesca, *Degli Spiritti Beati*, nosso poeta traz novamente essa mesma ideia de que a Justiça agrada a Deus (veremos essa canção em outra ocasião).

É comum encontrar nas cartas pessoais e em outras obras literárias menções a heróis, a diversas divindades pagãs, a mitos e poemas do período clássico. Bom exemplo é o poema *Pastoral*, em que Nicolau cita Apolo, Júpiter, Diana, Hécuba, Céfalo, Ameto, Atalanta, Jacinto, Vulcano, Minerva, As Horas, Saturno, Mercúrio, Juno, Néstor e Marte. Praticamente todo o panteão greco-latino.

---

[171] A história já era muito conhecida na Idade Média. O papa Gregório Magno conseguiu fazer com que Deus retirasse Trajano do Inferno e o transportasse ao Paraíso, onde o leitor da Comédia o encontra no Canto XX (vv. 43-48), no céu em que está o sol. A referência a Trajano e Gregório, no Purgatório X, acontece no círculo dos soberbos e é feita para demonstrar a *virtude* da humildade, servindo como exemplo para as almas que estão a purgar esse pecado (da *soberba*) nesse círculo.

No *Primeiro Decenal* ele já havia invocado as musas e pedido o auxílio de Apolo, em companhia às suas irmãs, para ajudá-lo a escrever os versos que narrarão as fadigas italianas. No início do poema *O Asno*,[172] nosso poeta menciona Febo e o Monte Hélicon, lugar bem celebrado pela mitologia grega, apreciado por Apolo e as Musas, berço de nascimento do grande poeta Hesíodo. Menciona, além disso, Diana e suas ninfas. Em seu poema, o florentino faz o personagem principal encontrar uma bela mulher, uma donzela serva da deusa Circe. De modo semelhante a Beatriz de Dante, a dama guia o personagem pelos cenários.

O capítulo II do poema corresponde (quase que inteiramente) ao primeiro canto do Inferno de Dante. Em ambos, *Commedia* e *O Asno*, o poeta se vê perdido numa selva escura e ameaçadora. Após certas aflições consegue encontrar um guia. O Virgílio do Asno é a donzela que o ajuda a escapar dos perigos. É aí que nosso poeta mescla o mito de Circe com a obra de Dante. Também é possível haver uma inspiração em elementos presentes no canto X da *Odisseia*: justamente o canto que narra as desventuras de Odisseu nas terras de Circe, que transforma os marinheiros em porcos.

No final do capítulo II do poema, o personagem já havia encontrado a bela donzela guiando um rebanho. Ela se dispõe a ajudá-lo, mas para que Circe não o veja e a ajuda permaneça um segredo entre eles, propõe seguir o caminho escondido entre os animais do rebanho. É assim que diz o poeta: "Eu, não vendo já outro recurso / agachado com as feras segui atrás dela / sob os lombos de um cervo e de um urso". A cena descrita traz semelhanças com o canto IX da *Odisseia*, em que Odisseu faz um plano para ferir o olho de Polifemo, conseguindo escapar da caverna do ciclope agachado entre as ovelhas que o monstro pastoreava.

Em seguida, no capítulo IV, o poeta é convidado a jantar com a donzela e depois compartilha seu leito amoroso como um amante. Nicolau diz aos seus leitores que para poder falar da beleza da dama seria necessário invocar as musas porque, devido à beleza dela, parecia que havia sido criada pelas mãos de Júpiter.[173] Ainda nesse capítulo IV, a donzela fala

---

[172] Todas as citações originais em prosa, escritas em italiano e em latim, foram traduzidas por mim. Já os poemas foram traduzidos com o auxílio de uma tradução ao espanhol.

[173] Para elogiar a beleza feminina, Nicolau começa elogiando a beleza de seus cabelos "dourados como o ouro". Esse tipo de elogio à beleza da mulher, comparando os cabelos loiros ao ouro, é um lugar-comum na poesia italiana, visto, inclusive, em Petrarca. Dado curioso: esse fato não ocorre no Brasil. O ideal da beleza era visto na mulher morena.

dos "nados" de Leandro "entre Sestos e Abidos", o mito grego que já havia sido cantado por Dante, no Purgatório, XXVIII (vv. 73-74).

Contudo gostaria de ver um detalhe desse trecho. O poeta estava deitado, inquieto e longe da dama, envolto pelos lençóis, pensando:

E, como cansada e envergonhada jaz
e na cama enrolada, a noite primeira,
ao lado do marido, a recém-desposada,

assim, ao redor me enrolei, temeroso,
com o lençol do leito,
feito aquele que em sua *virtù* não confia.

Então a donzela reclama, dizendo:

— Estarei eu de urtiga ou de espinho armada?
Tu, suspirando, podes ter aquilo que
alguns, para obtê-lo, precisaram soltar

[muito] mais [que] um grito,
e travado mil questões e mil disputas.
Bem entrarias em algum lugar traiçoeiro,

para comigo reencontrar-te ou nadarias
como Leandro entre Sestos e Abidos,
já que tão escassa virtude tens, que esses

panos que estão entre nós te afligem,
e tanto de mim te afastaste [...]

Diante disso, o poeta, antes de responder diretamente à mulher, pondera sobre sua condição nos seguintes termos:

E como quando na prisão já se fecha,
duvidoso da vida, um pecador
que está com os olhos voltados para a terra,

mas logo, recebe a graça do senhor,
deixa ele qualquer pensamento estranho,
toma tanto ardor e valor [...].[174]

O que vemos nesse trecho é a utilização de termos e de uma linguagem pertencente mais ao mundo cristão e não tanto ao paganismo. As palavras "pecador" e "graça do Senhor" ecoam melhor com o linguajar bíblico do que os poemas antigos. Da mesma forma, no capítulo anterior, quando

---

[174] "E come quando nel carce si serra, / dubbioso de la vita, un peccatore, / che sta con gli occhi guardando la terra; / poi, s'egli avvien che grazia dal signore / impetri e' lascia ogni pensiero strano / e prende assai d'ardire e di valore".

a donzela estimula o poeta a ter esperança nos céus, surge a figura da *Providência*, que sustenta a espécie humana:

> Mas antes que estas estrelas
> se mostrem favoráveis a ti, é necessário
> que procures o mundo sob uma nova pele;
>
> pois aquela Providência que mantém
> a espécie humana, quer que tu suportes
> este desconforto para teu maior bem.[175]

Parece interessante observar que da boca de uma serva de uma deusa pagã é invocada a figura da Providência Divina para dar esperanças ao autor atormentado desses versos. Ao mesmo tempo, o poeta, em seu raciocínio, enquanto está deitado ao lado da bela dama, pensa em termos cristãos, e a "graça do Senhor" lhe deu vigor.

No capítulo V do mesmo poema, Nicolau escreve sobre Ícaro,[176] e 14 versos adiante, menciona Nino,[177] e no verso seguinte, Sardanápolo.[178] Bem, na nota que usei para explicar a figura de Sardanápolo, é mencionado que se trata do último rei da Assíria, Assurbanipal. Se, então, o Sardanápolo a quem o florentino se refere no poema é, de fato, Assurbanipal, então ele é, na verdade, um personagem bíblico, que aparece em Esdras 4:9-12.

Estamos diante de sua adaptação literária: nosso autor não faz distinções quanto à origem dos relatos antigos. Num momento menciona uma figura do mundo grego como exemplo pedagógico e quase imediatamente coloca uma figura bíblica ao seu lado, o grande Deus Pai, cuja Providência é louvada por um personagem pagão. Para ele, o mundo pagão e o mundo bíblico têm o mesmo valor histórico. Esse ponto será reforçado no tópico sobre "o amigo de Deus", mais adiante.

---

[175] "Ma prima che si mostrin queste stelle / liete verso di te, gir ti conviene / cercando il mondo sotto nuova pelle; / ché quella Provvidenza che mantiene / l'umana spezie, vuol che tu sostenga / questo disagio per tuo maggior bene".

[176] Diz o verso de Nicolau: "[...] como Ícaro após seu louco voo [...]". Não há razão para dúvidas de que ele se refere ao filho de Dédalo, que conseguiu escapar do labirinto do Minotauro voando com asas que ele mesmo confeccionou com penas de pássaros e cera de abelha.

[177] "Fundador mítico de la ciudad de Nínive y del Imperio babilónico, fue esposo de la legendaria Semíramis y es considerado el inventor del arte militar y el primero que reunió grandes ejércitos" (Sforza, nota 23, p. 221).

[178] "Se trata del último gran rey de Asiria, Asurbanipal, conocido, según los griegos y algunos textos latinos y medievales, como Sardanápalo. Es famoso por ser uno de los pocos reyes de la Antigüedad que sabía leer y escribir, habiendo sido el creador de la biblioteca de Nínive, la primera organizada de manera sistemática. Luego de un largo reinado (669 a. C.-627 a. C.), su muerte trajo un gran declive de Asiria, el que estaría caracterizado por una larga serie de guerras fratricidas entre sus descendientes" (Sforza, nota 24, p. 221).

## Deus, Criador do mundo e comandante da natureza

Não compreendo como alguns pesquisadores conseguem afirmar que Nicolau era ateu. Não se encontra, em nenhuma parte de sua extensa obra, uma única linha postulando a inexistência de Deus. Em todos os capítulos em que ele escreve a palavra "Deus", sua existência nem sequer é questionada ou colocada em dúvida. Não apenas a existência, mas também sua ação e sua intervenção no mundo são tomadas como verdades que não necessitam de discussão. Nosso autor até demonstra um profundo conhecimento da teologia cristã.

Em seu poema *Dell'Ambizione*, Deus é considerado o criador do mundo, da luz, do homem, que é "dominador de tantas coisas belas". N'*O Príncipe* (cap. 12), é dito que os homens "sem temor a Deus" não podem ter a "fé de outros homens", o que significa que os homens que não temem a Deus não são confiáveis.[179] Em *Histórias Florentinas* (I-5), ele diz que os miseráveis, que estão sofrendo, costumam ter esperanças em Deus,[180] a mesma esperança que ele mesmo demonstrou ter quando, recém-saído da prisão, após ter sido acusado de participar de uma conspiração contra os Médici, escreve uma carta a Vettori, aliviado, dizendo que, apesar da sorte ter tentado injuriá-lo com tal desgraça, "graças a Deus, ela [a desgraça] havia passado".[181]

No início do *Segundo Decenal*, nosso poeta começa seu poema afirmando que ele cantará "os árduos acontecimentos e feitos furiosos / que nos dez anos seguintes [entre 1505 e 1515] ocorreram". Nesse intervalo de tempo, entre os eventos narrados pelo primeiro decenal e o segundo, muitas "mudanças dos reinos, impérios e estados [...] também no solo

---

[179] Lembremos que o capítulo 12 (e também no 13) d'*O Príncipe* é exatamente aquele em que Nicolau apresenta sua máxima das "boas leis/boas armas" e critica os soldados mercenários. Ele afirma que os mercenários não são confiáveis porque não têm temor a Deus.

[180] "[...] Vivendo adunque gli uomini intra tante persecuzioni, portavano descritto negli occhi lo spavento dello animo loro, perché, oltre alli infiniti mali che sopportavano, mancava buona parte di loro di potere rifuggire allo aiuto di Dio, nel quale tutti i miseri sogliono sperare [...]".

[181] "[...] Né vi replicherò la lunga historia di questa mia disgrazia; ma vi dirò solo che la sorte ha fatto ogni cosa per farmi questa ingiuria: pure, grazia di Iddio, ella è passata [...]" (Carta 196 a Vettori, el 13 de marzo de 1513). "[...] Equally revealing are the words of Machiavelli's son Ludovico wrote to him in his letter dated 22 May 1527: "God help me. I send you my regards as always. God keep you always from ill. Give my regards to Madonna Marietta and tell her to pray God for me; greet the entire family". Would Ludovico ever have written those words to an atheist father? [...]. The references to a God that comforts the afflicted, redeems the oppressed, brings salvation to the innocent, and encourages and acknowledges earthly glory might very well be mannered phrases or bits of rhetorical artifice. But they might equally well be signs that he believed in a God who was not all that different from the Christian God, even if God was not that important for him [...]" (Viroli, 2010, p. 41-43).

itálico ocorreram" por "conselho divino predestinado".[182] Em *Histórias Florentinas* temos outros capítulos que demonstram que Deus atua no mundo humano, inclusive punindo os pecadores. Primeiro, em VI, 34, Nicolau fala de uma forte tempestade que assolou a Toscana, em 1456. Parecia que a ira de Deus atacava a região.

> Mas voltando a falar das coisas da Itália, no ano de 1456, quando terminaram os tumultos causados por Iacopo Piccinino, depois que os homens largaram suas armas, parecia que Deus queria empunhá-las, tal foi a tempestade de vento que assolou a Toscana, causando efeitos admiráveis e memoráveis, sem precedentes no passado [...].[183]

"No dia 24 de agosto", continua Nicolau, "uma hora antes do amanhecer, surgiu [no mar Adriático] um tornado, com uma grande massa densa de nuvens [...], atravessando toda a Itália [...] cobriu uma extensão de aproximadamente duas milhas de largura". Essa grande massa de nuvens era "impulsionada" por "forças superiores". Tais forças eram "naturais ou sobrenaturais", indicando que nosso historiador não sabia ao certo se o fenômeno não passava de um evento comum da natureza ou se correspondia a "Deus empunhando as armas" contra os homens.

Em outro capítulo (*HF*, VII-28), mais uma vez nosso autor traz seus postulados contra o ócio e os maus costumes ocasionados pelos tempos de paz. Os eventos ocorrem no ano de 1471:

> Depois desse tumulto [...] os cidadãos retornaram ao seu modo comum de viver, pensando que poderiam desfrutar daquele estado que haviam estabelecido e consolidado. Daí nascem nas cidades os males que costumam surgir, na maioria das vezes, nos tempos de paz; porque os jovens, mais desenfreados que o habitual, gastavam demais em roupas, banquetes e outras luxúrias similares e, como viviam ociosos, consumiam tempo e os bens em jogos e mulheres [...]. Tais costumes foram ainda mais acentuados pelos cortesãos do duque de Milão, que chegou a Florença acompanhado pela mulher e toda sua corte, segundo se diz, para cumprir uma promessa; onde foi recebido com aquela pompa que convém a tão grande príncipe e a um amigo tão caro à cidade. E viu-se algo que, naquela época, ainda não havia sido visto em nossa cidade, que, sendo o tempo da Quaresma, quando a Igreja proíbe de comer carne, aquela corte, sem respeito à Igreja

---

[182] "Gli alti accidenti e fatti furiosi, / che in dieci anni seguenti sono stati, / poi che, tacendo, la penna riposi, / le mutazion di regni, imperi e stati, / successe pur per l'italico sito, / dal consiglio divin predestinati [...]" (*Decennale secondo*, p. 950).

[183] "[...] Ma tornando alle cose di Italia, dico come e' correva l'anno 1456, quando i tumulti mossi da Iacopo Piccinino finirono, donde che, posate le armi dagli uomini, parve che Iddio le volessi prendere egli, tanta fu grande una tempesta di venti che allora seguì, la quale in Toscana fece inauditi per lo adietro e a chi per lo avvenire lo intenderà maravigliosi e memorabili effetti [...]".

ou a Deus, alimentava-se de carne. Foram muitos os espetáculos em sua honra [ao duque]; entre os quais houve na Igreja do *Santo Spirito*, uma representação da manifestação do Espírito Santo aos Apóstolos, com [muitos fogos de artifício], como costumam fazer em solenidades similares, e, desse modo, ocorreu um incêndio na Igreja. Muitos acreditavam que Deus, indignado conosco, quis mostrar sua ira com aquele sinal [...].

Esses dois capítulos servem para demonstrar que Deus é atuante no mundo humano, que não é omisso nem indiferente, que tem poder e controle sobre os fenômenos naturais e parece estar muito atento aos atos dos homens. No poema sobre a Ambição, como mencionei anteriormente, Deus é considerado o criador do universo. No texto *A exortação à penitência*, que Nicolau leu diante de uma companhia religiosa,[184] em Florença, temos outros pontos sobre a criação do mundo.

O texto é belo e parece ter sido escrito com cuidado e diligência. De tom extremamente religioso, um leitor que, sem conhecer a sua autoria e acostumado ao estilo político e histórico do secretário, poderia imaginar que o autor fosse um padre. De fato, ao ler essa *Exortação*, imagina-se um membro do clero lendo-a, do púlpito, como um sermão na missa. Ali vemos ensinamentos sobre o perdão, o pecado e, claro, a penitência. Já explorei

---

[184] Alan Gilbert, em sua tradução das obras completas de Nicolau para o inglês, comenta que as orações desse tipo, diante das companhias religiosas, eram comuns em Florença. E tais companhias tinham um papel importante na vida cívica e religiosa do país: "Orations of this sort, before religious companies, were common in Florence. In 1495 Machiavelli became a member of the Company of Piety, To the Company of Charity, Pope Clement VII in 1523 directed a Brief; for that fraternity Machiavelli's oration, in its praise of charity, would have been especially suitable" (p. 170). Orestes Tommasini, um dos mais célebres biógrafos de nosso autor, comenta que esse pronunciamento foi feito por convite de Giulio de Médici, naquele momento recém-investido como pontífice. Tal convite não poderia ser recusado por Nicolau: "[...] Eletto il cardinal Giulio a pontefice, che sopra ogni altro della famiglia Medici avevagli dato qualche segno di protezione, qualche cenno di voler metterlo alla prova, ebbe invito da persona a cui non potè ricusarsi, a tenere un'orazione religiosa in taluna fra le molte Compagnie devote, che solevano a Firenze in particolari oratori raccogliersi. V'era, ad esempio, la Compagnia de' Magi, v'era la Compagnia di San Marco, quella dei Tessitori, di San Vincenzo, della Pietà, di San Niccolò, di Sant'Antonio di Padova, dell'Annunziata, ed altre consimili. In tali Compagnie, che avevano aspetto di religione, ma in fatto servivano spesso a dimostrazione di clientela, si assembravano persone delle migliori famiglie, persone colte, capaci di ben parlare in pubblico, e che avevano una certa abilità letteraria. Una gran parte di queste orazioni morali, di questi sermoni, di queste esortazioni alla penitenza, a baciar la croce, ad onorare il Corpo e la passione di Cristo si conservarono nella biblioteca Strozzi e nella Riccardiana e ci rimangono ancora. Esse si tenevano in occasioni solenni; per lo più nel giovedì santo e nella settimana di passione. E ne recitarono uomini come il Landino e Bartolomeo Scala, come Alamanno Rinuccini, Pietro Parenti, Pierfilippo Pandolfini, Tommaso Ginori, Bernardo Canigiani. Non è quindi a maravigliare che fosse invitato a recitarne anche il Machiavelli. E siccome era costume che i potenti si adulassero anche per via delle opere di pietà, e il nuovo papa sin dal suo primo anno di governo alla Compagnia della Carità aveva mostrato il suo favore, indirizzandole un breve' – e ricordando d'averla frequentata mentr' era in minore officio; così non sembra improbabile che fosisero proprio i Guardiani di questa fraternità che provocassero il Machiavelli a fare il discorso, e che questi, se mai lo tenne, lo tenesse appunto a questa Compagnia; alla quale mal si sarebbe potuto ricusare, e nella quale ebbe forse altra volta a incontrare il caidinal Giulio [...]" (Tommasini, 1883, v. 2, p. 733-734).

muitos aspectos desse texto no capítulo 2, então não é necessário repetir os detalhes sobre os pecados, a ingratidão contra o próximo e contra Deus.

Aqui, na *Exortação*, Nicolau descreve a ordem da criação realizada por Deus: o Criador fez um mundo centrado no homem e o homem voltado para seu Criador, pois cada coisa que existe no mundo "é criada para a honra e o bem do homem, e o homem é o único criado para o bem e a honra de Deus". O homem é voltado para Deus e Deus vê no homem seu Bem e sua Honra. Uma afirmação que desmonta a imagem de um Maquiavel "maquiavélico", "diabólico" e "ateu".

Em suma, *A exortação à penitência* apresenta Deus como Criador, redentor e providente. Como eu havia explicado anteriormente, o mundo criado era bom, até que o pecado introduziu a desordem. Segundo a sabedoria divina, cada coisa que existe no mundo "é criada para a honra e o bem do homem" e a humanidade encontra seu *telos* ao adquirir a amizade com Deus por meio de Cristo. A fé em Cristo é baseada na caridade, que só pode existir no coração do homem que não é ingrato a Deus e não é inimigo de seu próximo (Parel, p. 55). A caridade, a maior das virtudes que o homem pode ter, é a "vestimenta celestial com a qual devemos nos vestir se quisermos participar das celestiais bodas do imperador, nosso Cristo Jesus, no reino celeste".[185]

O homem ingrato a Deus cai, perde sua condição boa, de anjo passa a diabo, de homem, a animal. No entanto Deus não é vingativo, e com sabedoria Ele sabia que "nós frequentemente caímos em tais vícios", por isso "nos mostrou o caminho do arrependimento", que é "a penitência", que purgará nossos pecados. Os exemplos da queda e da redenção são o Rei e Profeta Davi, São Pedro, São Francisco e São Jerônimo.

## Nossa Senhora, os santos e Cristo

Comecemos este tópico abordando a Virgem Maria, por ser a personagem que menos aparece nas páginas do nosso autor. Em *Histórias*

---

[185] "[...] Aqueles que são ingratos a Deus é impossível que não sejam inimigos do próximo. São esses inimigos do próximo a quem falta a caridade. Esta, padres e irmãos meus, é a única que conduz nossas almas ao céu; esta é a única que vale mais que todas as outras virtudes dos homens, esta é aquela sobre a qual a Igreja tanto fala: pois quem não tem caridade, nada tem; desta diz São Paulo: [Se eu falasse com todas as línguas dos homens e dos anjos, e não tivesse caridade, sou como um som sem fruto – *Carta do apóstolo São Paulo aos cristãos de Corinto, XIII*]. Sobre ela está fundada a fé de Cristo. Não pode estar cheio de caridade aquele que não está cheio de religião, porque a caridade é paciente, é benigna, não tem inveja, não é perversa, não se orgulha, não é ambiciosa, não busca seu próprio bem-estar, não se irrita, não tem em conta o mal, não se alegra dele, não goza das vaidades, tudo suporta, tudo crê, tudo espera [...]. Essa é a celestial vestidura com a qual devemos nos vestir se queremos participar das celestiais bodas do imperador nosso Cristo Jesus no reino celestial! [...]".

*Florentinas* (VII-33) lemos sobre um professor de latim que ensinava aos jovens das famílias nobres, em Milão. Ele, por ódio ao Duque[186] (um príncipe), instruiu alguns de seus alunos a conspirarem contra o soberano. No capítulo seguinte (VII-34) lemos que, no Dia de Santo Estêvão, o Duque ("sabendo que deveria ir à igreja, viu muitos sinais de sua futura morte") foi assassinado dentro da igreja pelos conspiradores.[187]

Rapidamente esfaqueado seis vezes, caiu ao chão sem que ninguém percebesse o que havia acontecido; a única coisa que pôde fazer foi chamar o nome de Nossa Senhora, uma única vez, para ajudá-lo.[188] A Mãe de Deus aparece aqui sob as súplicas de um homem desesperado, diante da morte. Em outro lugar, Maria também aparece sob as súplicas de alguém que lhe pede ajuda.[189] Lucrécia, a protagonista da *Mandrágora* (Ato III, Cena 11, p. 882), diz: "Deus me ajude, e Nossa Senhora, para que nada de mal me aconteça".

Vemos alguns santos aqui e ali nas páginas do florentino. Se Deus valoriza a justiça, logicamente os santos – que trilham o caminho do Senhor – também serão homens que apreciam a justiça. Para Nicolau, o homem justo, em uma ação justa, pode rogar aos Santos para que intercedam em favor da empresa dedicada ao bem comum.

Por exemplo, ainda em (*HF*, VII-34), o duque era considerado um tirano, e antes de matá-lo um dos conspiradores foi à igreja para rezar para Santo Ambrósio, pedindo-lhe que os ajudasse na empreitada que estavam prestes a realizar.[190] Diz o jovem em sua oração diante da estátua do Santo:

---

[186] O mesmo Duque que na Quaresma veio a Florença com sua corte – a mesma corte que comia muita carne em um banquete, maculando o mandamento da religião. E Deus, com sua ira, puniu os homens criando um incêndio na Igreja.

[187] O Duque desse relato, assassinado na conjura de 1476, é Galeazzo Sforza, sucessor de Francesco Sforza, que morreu em 1466. Nesse capítulo das *HF*, Nicolau demonstra o perigo que sofre um governante que é odiado. Tema já abordado em n'*O Príncipe*: "[...] Em relação aos súditos, quando as circunstâncias externas permanecem em calma, não se devem temer conspirações secretas, frente às quais o príncipe se assegura de maneira suficiente evitando que seja odiado ou desprezado, e ganhando a adesão do povo [...]" (*Príncipe*, 19).

[188] "[...] Il Duca fu prima in terra che quasi niuno del fatto si accorgesse; né quello potette altro fare o dire, salvo che, cadendo, una volta sola il nome della Nostra Donna in suo aiuto chiamare [...]" (*HF*, VII-34)".

[189] O que resulta curioso é que a virgem aparece em dois contextos de súplica, uma diante da morte, outra diante dos perigos. O florentino poderia ter retirado tal concepção da própria oração à virgem, o "Ave Maria", no entanto a reza como a conhecemos hoje, que traz as palavras *Santa Maria, Mãe de Deus, rogai por nós, pecadores, agora e na hora de nossa morte*, foi formulada pela reforma do Breviário Romano, em 1568-1569, realizada pelo papa Pio V, mais de quarenta anos após a morte de Nicolau.

[190] "[...] Na Filosofia medieval não podia ser admitido um direito de franca resistência contra o governante. Se o príncipe recebe diretamente de Deus a sua autoridade, qualquer resistência se torna numa aberta revolta contra a vontade de Deus, e, por consequência, num pecado mortal. Mesmo o governante injusto nem por isso deixa de ser representante de Deus, e por isso deve ainda ser obedecido. São Tomás de Aquino não podia

"Ó padroeiro desta nossa cidade, conheces nosso propósito e a razão pela qual nos colocamos em tantos perigos; sê favorável a este intento nosso e demonstra, ao favorecer a justiça, que a injustiça te é odiosa".[191] Sobre os santos cristãos em geral,

> [...] os quatro que parecem mais importantes são Francisco, Domingos, Jerônimo e Paulo. Niccolò menciona outros santos: Gregório, Benedito, Pedro, e, mais raramente, Hilário, Puccio, Brás, Clemente, Rômulo, Juan Gualberto e alguns outros [...]. Além disso, os santos praticamente não existem. A Virgem e o Espírito Santo, os santos, os deuses, a maioria deles não interessa a Niccolò, exceto, talvez, literariamente [...]. A terminologia dos documentos e boletins oficiais determina que, como secretário florentino, ele frequentemente invoque os nomes de São João Batista, o santo padroeiro da cidade, e da Virgem [...] (De Grazia, p. 61).

São Francisco e São Domingos aparecem ao lado de Cristo em um dos capítulos mais importantes da obra de Nicolau: o capítulo 1 do livro III dos *Discursos*.[192] Ali está presente o tema da renovação periódica da ordem.

---

negar ou repudiar esse argumento. Contudo, embora aceitando a opinião corrente *de jure*, deu-lhe uma interpretação pela qual lhe mudou praticamente seu sentido. Declarou que os homens são obrigados a obedecer às autoridades seculares, mas que essa obediência é limitada pelas leis da justiça, e que, portanto, os súditos não são obrigados a obedecer a uma autoridade usurpadora ou injusta. A sedição é, na verdade, proibida pela lei divina; mas resistir a uma autoridade usurpadora ou injusta, desobedecer a um "tirano", não tem o caráter de revolta ou sedição, sendo, pelo contrário, um ato legítimo [...]" (Cassirer, 1976, p. 122).

[191] "[...] Giovannandrea si volse ad una statua di Santo Ambrogio e disse: – O padrone di questa nostra città, tu sai la intenzione nostra e il fine a che noi voliamo metterci a tanti pericoli: sia favorevole a questa nostra impresa; e dimostra, favorendo la giustizia, che la ingiustizia ti dispiaccia [...]".

[192] São Francisco aparece em (*Discursos*, III-1; *HF*, I-20; VII-22; n'*A Exortação à Penitência* e na *Carta* 70, escrita por Angelo Tucci a Nicolau Maquiavel, de 8 de novembro de 1503).
São Paulo é visto em (*A Exortação à Penitência*; na *Carta* 3, a Ricciardo Becchi, de 3 de março de 1498; nessa carta, Nicolau explica a situação envolvendo Savonarola, e São Paulo aparece juntamente a Cristo; na canção carnavalesca *De' ciurmadori*, num sentido satírico).
São Domingo é visto em (*Discursos*, III-1; *HF*, I-20).
São Bento de Núrsia (*Benedetto da Norcia*) é visto no capítulo 6 do livro I, de *Histórias Florentinas*.
São Cipriano é visto num texto pouco conhecido, *Libro delle Persecutione d'Africa per Henrico Re De' Vandali, l'anno di Christo 500, et Composto per San Victore Vescovo d'Utica* (p. 934 et segs).
Santo Agostinho aparece nesse mesmíssimo texto (*Persecuttione d'Africa*). Esse texto relata a invasão e o impacto devastador dos Vândalos na África do Norte. Curiosamente, o título chama do Rei dos Vândalos de *Henrico*, Henrique, em português, mas essa invasão à África ocorreu durante o reinado de *Genserico*, no século V. Vemos o saque de cidades, a destruição de igrejas e a perseguição brutal dos cristãos, incluindo bispos e clérigos. É, talvez, o texto com as descrições mais violentas: até mesmo as crianças são massacradas pelos invasores com requintes de crueldade. Agostinho é mencionado como testemunha dos primeiros ataques, vivendo até ver a sua cidade, Hipona, cercada. Além de tudo, vemos cenas de profanações de Igrejas e dos túmulos dos santos.
São Bartolomeu é visto em (*Carta* 25, *de Agostino Vespucci a Niccolò Machiavelli, Roma, 25 agosto 1501*); São Gregório I é visto no texto (*Allocuzione fatta ad un magistrato*) e em *Discursos*, II-5).
São Gerônimo é visto em (*A Exortação à Penitência*).
Santo Ângelo, na *Prima Legazione alla Corte di Roma*, n.º 86 – *Lo stesso ai medesimi* (escrita por Nicolau aos *Dieci*, os Dez Magistrados), *em 14 de dezembro de 1503*.

Analisaremos isso no tópico destinado à repetição da cosmogonia. Aqui é suficiente mencionar que os dois santos são considerados bons exemplos de seguidores de Cristo, que ajudaram o cristianismo a seguir o modelo de seu fundador; eles salvaram a religião quando fizeram que ela voltasse aos seus princípios fundacionais, instituídos pelo seu Criador.

Quanto a Cristo, esse é o único capítulo dos *Discursos* em que Ele aparece. Vemos outras menções ao Filho de Deus em lugares diferentes, em suas cartas e em seus textos literários.[193] Em um trecho da peça *Clizia* (Ato III, Cena VI), nosso dramaturgo coloca um diálogo entre Pirro e Nicômaco. Pirro lamenta, dizendo que "temo ter feito o mal, porque me inimizei com vossa mulher, e com vosso filho, e com todos os demais da casa"; ao que Nicômaco responde: "O que isso importa? Fica bem com Cristo e zomba dos santos!". Ao que parece, a figura de Cristo é mais importante do que a dos santos.

No final do *Primeiro Decenal*, nosso poeta menciona que a derrota de César Bórgia foi um castigo, "um fardo que um rebelde contra Cristo merecia". No início do poema *O asno*, o personagem principal sofre com um problema que o impede de parar de correr. Em um determinado momento, ao chegar ao "extremo da rua", afirma que "aqui nem Cristo me deterá". Essa afirmação é uma expressão cotidiana florentina. Expressão similar vemos em suas cartas; por exemplo: em uma escrita a Bartolomeu Cavalcanti, Nicolau trata das desordens nas quais o Papa Clemente VII

---

Santo Hilário é visto em (*Carta 223, Niccolò Machiavelli a Francesco Vettori, Firenze, 25 febbraio 1514*).
Em *A Mandrágora* (Ato II, Cena 6), temos: "[...] Oh! Uh! potta di san Puccio! Costui mi raffinisce in tralle mani; guarda come ragiona bene di queste cose! [...]. Traduzindo de forma livre teríamos algo mais ou menos assim: "Pela puta de São Púcio! Este aqui me escapa entre as mãos; veja como ele fala bem dessas coisas!"; como se pode ver, é uma exclamação obscena que poderia fazer referência à história fictícia do frei Puccio e de monna Isabella no Decamerão III, 4, de Boccacio. Até onde eu sei sobre essa questão, não existe nenhum santo histórico chamado de Puccio.
[193] "[...] He speaks of Christ rarely. In letters to his family he sometimes writes 'May Christ watch over you,' or 'May Christ watch over you all as he should'; 'May Christ watch over you all'. In the First Decennale he begins with a reference to Christ who came to earth and shed his blood in order to free men from sin: 'One thousand and four hundred ninetyfour... / Since the time Jesus visited our towns / And with the blood He shed extinguished all / The diabolical, most evil sparks'. Cesare Borgia, 'as a rebel to Christ,' deserved his grim end. He certainly never mistakes Christ for the saints: 'Make sure you're good with Jesus, and thumb your nose at the saints,' he has Nicomaco say in the Clizia. In his most important political work, the Discourses on Livy, he acknowledges in an unambiguous manner Christ as the founder of the Christian religion and emphasizes that, had that religion remained faithful to the teachings of its founder, the republics of Christendom would have benefited greatly thereby. Christ, then, is not responsible for that religion of lazy idleness that so corrupted the world and led to the downfall of the republics [...]" (Viroli, 2010, p. 42). Em suas cartas é comum vermos o nome de Jesus ou de Maria no início da carta, depois do local e data, antes da mensagem. Por exemplo, na *minuta della lettera* (*Carta 204*, p. 1.252), vemos: "*Niccolò Machiavelli a Francesco Vettori, Firenze, 29 de abril de 1513 Ihesus Maria*".

estava envolvido. Os problemas eram tão variados e difíceis que nem Cristo poderia arrumar.[194]

*Em 2 de novembro de 1496, Savonarola realizou um célebre sermão a respeito da "boa morte", a maneira de se morrer bem. Em sua pregação enfatizou a importância das imagens para tornar a realidade da morte mais tangível. Ele sugeriu que o público mantivesse três imagens específicas em seus quartos para contemplação diária, pedindo, posteriormente, que seu sermão fosse impresso com xilogravuras dessas imagens. A edição incluía uma xilogravura do "Triunfo da Morte", usada anteriormente em uma edição florentina de 1499 da obra* Trionfi, *de Petrarca, que mostrava a morte e o destino das almas, destacando visões contrastantes do inferno e do céu. Na imagem podemos ver pessoas de todas as idades e classes sociais sendo esmagadas pelas rodas do carro da Morte. Ao fundo, à esquerda, demônios levam as almas dos condenados, e à direita as almas dos abençoados são levadas para o céu por anjos*

---

[194] "[...] Esses foram os erros que nos tiraram a vitória; tiraram, digo, por não termos vencido antes, porque nós teríamos adiado e não perdido o empreendimento se não tivessem ocorrido as nossas desordens, as quais foram também duas: o primeiro, foi o papa não ter feito dinheiro nos tempos em que poderia com reputação fazê-lo, e da maneira que fizeram os outros papas. O segundo, estar em Roma de modo que puderam surpreendê-lo igual a uma criança, o que fez embaralhar esta meada de tal modo que nem Cristo a arranja [...]" (*Carta* 313 a Bartolomeu Cavalcanti, 6 de outubro de 1526, p. 1.245).

*Representação do livre-arbítrio. O homem sempre deve escolher entre o vício e a virtude, entre o diabo e Deus, enquanto a morte, representada da forma clássica (caveira com foice), faz-lhe companhia durante a vida*

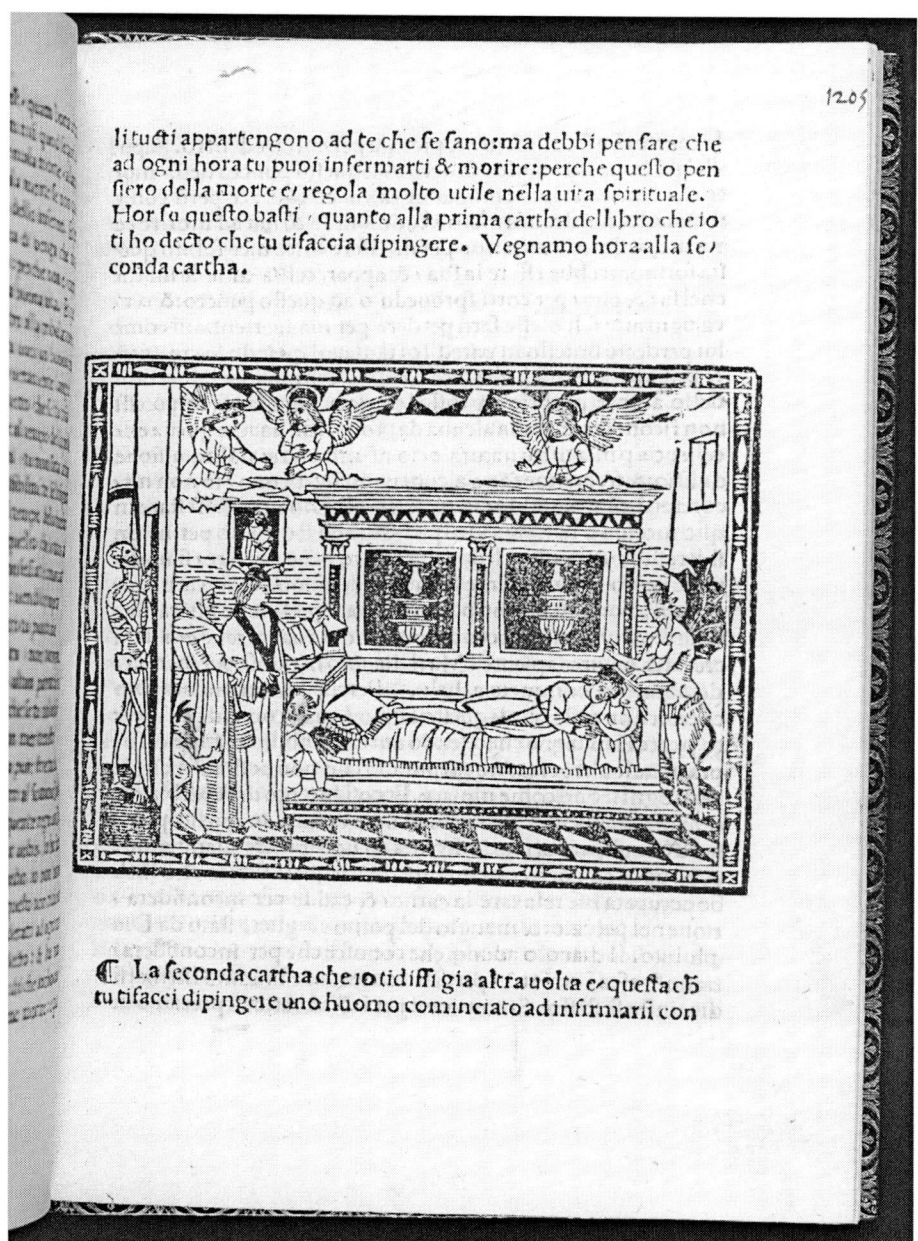

*Seres infernais e celestiais, em perfeita naturalidade e interação com o mundo humano, cercam o leito do moribundo*

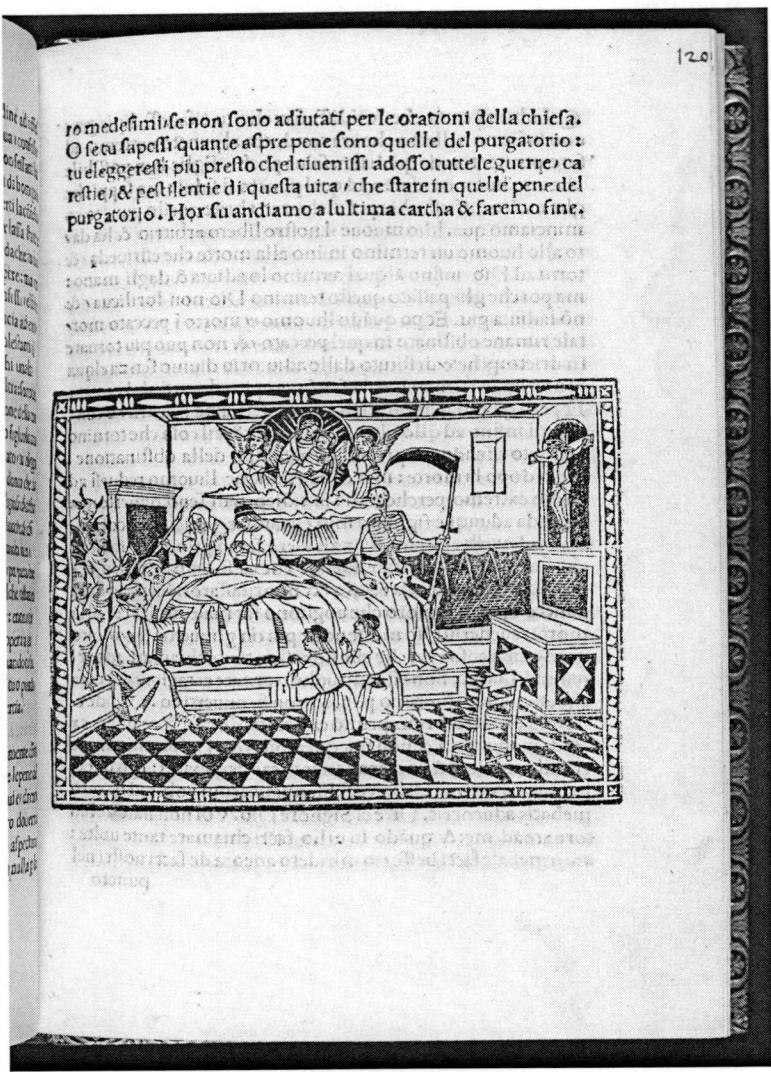

*A hora da nossa morte*

## Os profetas, os eremitas e os adivinhos

Nicolau, profundo conhecedor e estudioso da política, da história, do mito, da arte, da poesia e da religião, certamente não poderia deixar de analisar os profetas, personagens muito importantes para todos esses campos que lhe interessavam.

Em *Histórias Florentinas* (VI-29) ele admite a possibilidade da capacidade profética de alguns poetas, dizendo que "os poetas muitas vezes podem estar inspirados por um espírito divino e profético". As profecias realizadas por poetas são, certamente, um tema muito interessante, e nosso anfitrião voltará a mencioná-lo mais adiante, dentro do capítulo 4, no tópico sobre a redenção da pátria.

Em sua obra temos a presença significativa de dois profetas em particular. Um contemporâneo e outro antigo: Girolamo Savonarola e Moisés. Analisarei Moisés com profundidade no tópico destinado à amizade divina, também no próximo tópico. No presente tópico, embora Moisés seja mencionado, o foco será a figura de Savonarola.[195]

Profeta milenarista, pregador, fazia sermões que anunciavam um futuro sombrio se os homens não mudassem suas condutas. Reformador religioso e político, criticava a Igreja de seu tempo e a família Médici. Sem dúvida, uma das pessoas mais interessantes dessa época na Itália, que foi tomada por uma fervorosa atmosfera de superstição religiosa, da qual nenhuma política pretensamente secular conseguiria se desvencilhar. Sua figura despertou a curiosidade e o interesse de muitas pessoas ilustres da sociedade florentina, como o filósofo Marsílio Ficino.[196]

---

[195] "[...] Girolamo Savonarola (1452-1498), monje dominico denominado por sus seguidores cultos el 'Sócrates de Ferrara' y por la masa total de sus seguidores 'profeta de Dios', está indisolublemente vinculado a la Florencia de finales del siglo XV y junto con esta ciudad a las tradiciones de 'renovación' social y religiosa que, con independencia de transformaciones espacio-temporales, hundía sus raíces en los siglos inmediatamente anteriores. El primer contacto del dominico con la ciudad del Arno se había producido en los años de 1482-1487: ya durante esos años había predicado por Florencia y la Toscana, incluso incidiendo en los temas del castigo y renovación divinos de la Iglesia, pero parece que su predicación no obtuvo una gran resonancia. Pero en 1490 Lorenzo el Magnífico, por recomendación de Giovanni Pico, reclama de sus superiores la presencia de Savonarola en Florencia. Se abría con ello el período (1490-1498) que, muy en consonancia con la crisis del sistema político de *equilibrio* entre los Estados italianos y con la intervención francesa, iba a transformar decisivamente el ambiente cultural, las directrices del pensamiento, e incluso el aspecto total de la vida florentina. Ya en Florencia empieza a articularse desde el primer momento en torno a Savonarola un creciente movimiento popular; sus sermones (primero en San Marco, luego en la catedral, escuchados por ocho o diez mil personas que acudían con dos o tres horas de antelación para 'coger sitio') inciden sobre la crítica y la denuncia del tiempo contemporáneo, en la Iglesia y en Florencia: crítico de Lorenzo el Magnífico, de su régimen político y de la vida cultural y religiosa florentina, la predicación savonaroliana incide sobre la necesidad de una reforma religiosa y moral del mundo humano, esto es, de una regeneración total del hombre y de la comunidad social cristiana [...]. La población florentina mayoritariamente arrebatada por la palabra y por el uso que el fraile hace de la *profecía*, movilizando ansiedades, angustias, insatisfacciones, culpas y anhelos profundamente enraizados en la tradición religiosa: ante la profunda degradación y corrupción de la Iglesia, es decir, del mundo humano, Dios se apresta ya a intervenir directamente; muy pronto sobrevendrán el necesario castigo, la penitencia, y tras la ineludible purga – tras la separación de la cizaña – la cristiandad alcanzará la reforma [...]" (Granada, 1988, p. 14-16).

[196] "[...] Pero la adhesión a Savonarola y su reforma, su veneración como profeta, no se limitaba a los círculos populares 'llorones'; también prendió entre las filas de la aristocracia intelectual: el círculo platónico-ficiniano se dejó también seducir por el profetismo milenarista y purificador encarnado en el dominico de Ferrara. El

O clima de profetismo e de medo milenarista que girava em torno de Florença é relatado por Nicolau a Francesco Vettori em uma de suas cartas:

> Encontra-se em nossa cidade um ímã para todos os charlatães do mundo, um frade de São Francisco que é meio eremita, que para ter mais credibilidade em sua pregação, assume a profissão de profeta; e ontem de manhã em *Santa Croce*, onde ele prega, disse muitas coisas extraordinárias [*dixe multa magna et mirabilia*]. Que antes de muito tempo passar, aqueles que tiverem noventa anos poderão vê-lo, será criado um papa injusto sobre um papa justo, e ele terá falsos profetas com ele e criará cardeais e dividirá a igreja. Além disso, que o rei da França seria aniquilado e alguém da casa de Aragão predominaria na Itália. Nossa cidade seria incendiada e saqueada, as igrejas seriam abandonadas e arruinadas, os sacerdotes dispersos, e durante três anos não haveria serviços divinos. Haveria mortes e muita fome; na cidade não restariam dez homens, no campo não restariam dois. Que um diabo estaria encarnado em um corpo humano durante dezoito anos, e rezaria a missa. Que mais de dois milhões de demônios estariam livres para fazer as coisas que mencionei anteriormente, e que entrariam em muitos corpos moribundos, não permitindo que aquele corpo se decomponha, para que os falsos profetas e clérigos pudessem ressuscitar os mortos, e serem acreditados [...]. Não escutei o sermão [diretamente na igreja], mas o ouvi sendo repetido por toda Florença [...] (*Carta* 217 a Francesco Vettori, 19 de dezembro de 1513, p. 1161-1162).[197]

Mesmo no âmbito de sua correspondência pessoal, parece-me que Nicolau, de fato, levava a sério esses temas. Há outra carta, escrita para Guicciardini, na qual ele menciona que esteve dois dias em Modena com um profeta,

---

propio Marisilio Ficino consideró en un principio a Savonarola 'profeta elegido por Dios' y, en líneas generales, todo el círculo ficiniano se hace savonaroliano en una medida más o menos completa [...]" (Granada, 1983, p. 49). Mais adiante, em seu estudo, Miguel Ángel Granada demonstrará que Ficino passará a criticar Savonarola (p. 55et seg). A opinião desse filósofo será completamente oposta às suas impressões iniciais.

[197] "[...] E' si trova in questa nostra città, calamita di tutti i ciurmatori del mondo, un frate di S. Francesco, che è mezzo romito, el quale, per haver più credito nel predicare, fa professione di profeta; et hier mattina in Santa Croce, dove lui predica, dixe multa magna et mirabilia: che avanti che passassi molto tempo, in modo che chi ha 90 anni lo potrà vedere, sarà un papa iniusto, creato contro ad un papa iusto, et harà seco falsi profeti, et farà cardinali, et dividerà la Chiesia; item, che il re di Francia si haveva adnichilare, et uno della casa di Raona ad predominare Italia. La città nostra haveva a ire a fuoco et a ssacco, le chiese sarebbono abbandonate et ruinate, i preti dispersi, et tre anni si haveva a stare senza divino offitio. Moria sarebbe et fame grandissima; nella città non haveva a rimanere 10 huomini, nelle ville non harebbe a rimanere dua. Era stato 18 anni un diavolo in uno corpo humano, et detto messa. Che bene dua milioni di diavoli erano scatenati per essere ministri della sopradetta cosa, et che egli entravano in di molti corpi che morivano, et non lasciavano putrefare quel corpo, acciò che falsi propheti et religiosi potessono fare resuscitare morti, et essere creduti. [...]. La predica io non la udi', perché io non uso simili pratiche, ma la ho sentita recitare così da tutto Firenze [...]".

que falou sobre a fuga do papa, que os tempos ruins ainda não haviam passado, e que todos continuariam a sofrer.[198]

Em um poema, *De'Romiti* (*Os Eremitas*), vemos os profetas, os adivinhos, os eremitas e os astrólogos trazendo mais profecias do fim do mundo:

> Nos picos altos do nosso Apenino,
> Frades e eremitas, eis quem somos.
> A esta cidade chegamos em peregrinação,
> Pois astrólogos e videntes, em profecia uníssona,
> Amedrontam a todos com a previsão
> De um tempo atroz, de estranha mutação.
> Ameaça toda a terra
> Peste, dilúvio e guerra,
> Relâmpagos, tempestades, terremotos e ruína,
> Como se o fim do mundo já se aproxima [...]

O texto não termina aqui. Esse poema é carnavalesco e por essa razão mescla temas do furor popular, quase sempre de ordem erótico-amorosa, e algo vivido pelo contexto social do tempo em que foi escrito. De fato, na época de nosso autor ainda existiam muitos resquícios do milenarismo medieval. Para além dos furores amorosos (perceptíveis no poema), o imaginário coletivo estava repleto de anseios escatológicos e milenaristas: o que quer dizer que o povo temia o fim do mundo com uma catástrofe que se aproximava. Até que ponto nosso autor compartilhava desta ansiedade frente à destruição do mundo por eventos sobre-humanos? É difícil dizer. Mais adiante voltaremos a este tema, trazendo à luz outras nuances.

Uma questão presente em sua obra é que os grandes homens, agraciados pelos céus, costumam falar com Deus. Moisés, Numa, Licurgo, Sólon, por exemplo, falavam com Deus. Supõe-se que Savonarola também teria essa capacidade. Mas o florentino, quinze anos antes de escrever *O Príncipe*, em uma carta a Riciardo Becchi (9 de março de 1498, p. 1011), mostrou-se cético. [199] Ele opinou que o frade, na realidade, usava um disfarce

---

[198] "[...] Stetti in Modena duoi giorni, et praticai con un profeta che disse con testimonii haver predetto la fuga del papa et la vanità della inpresa, et di nuovo dice non essere passati tutti li cattivi tempi, ne' quali il papa et noi patireno assai [...]" (*Carta* 315, a Francesco Guicciardini, 5 de novembro de 1526, p. 1.247).

[199] A leitura de Miguel Ángel Granada é muito interessante: "[...] En Maquiavelo ya estamos en un tipo de reflexión y explicación de orden y naturaleza completamente distintos al vigente entre savonarolianos y ficinianos, como muestra claramente la ironía y el sarcasmo que rezuma la carta del 9 de marzo a propósito de los últimos sermones de Savonarola. Maquiavelo se niega a reconocer que Savonarola sea sincero y cuanto menos la realidad o la subsistencia de ese lenguaje savonaroliano con sus pretensiones de «inspiración divina», «ejecución de una obra divina», etc. Para él tal consideración de la predicación savonaroliana sólo puede ser consecuencia de la falta de análisis, de la seducción no por los demonios, como pretendía Ficino,

político, e que suas afirmações de estar próximo a Deus não eram mais do que um meio para "colorir suas mentiras": *et così, secondo el mio iudicio, viene secondando e tempi, et le sua bugie colorendo*. No entanto, em 1502 ou 1504, em seu *Decennale Primo*, versejou que "aquele grande Savonarola" estava "inspirado pela virtude divina", e muitos homens temeram a ruína da pátria que era anunciada "sob suas profecias", dando a entender, que nosso autor creditou a sua capacidade profética.

Em 1513, ao compor *O Príncipe*, Nicolau tratou de Savonarola no capítulo 6, e em dois capítulos importantes dos *Discursos* (escrito entre 1513 e 1517). Vejamos primeiro os *Discursos*. Em I-11, ao tratar da necessidade de um fundador recorrer à religião para poder estabelecer a ordem, é dito que Savonarola conseguiu persuadir os florentinos de que ele falava com Deus. Em seguida, na mesma linha, ao contrário da carta escrita em 1498, Nicolau já não se apresenta tão agressivamente. Diz: "eu não quero julgar se é verdade ou não [se Savonarola falava com Deus], porque de uma pessoa tão importante deve-se falar com reverência". [200]

E, ao que parece, no final do livro I, sua capacidade de profeta é reconhecida, [201] pois ele conseguiu prever corretamente alguns eventos

---

sino por el desarme crítico del auditorio; las de Savonarola son «razones eficacísimas para quien no las examina atentamente». Y para Maquiavelo la predicación savonaroliana, con toda su imaginería religiosa, tiene fundamentalmente (como dirá posteriormente de toda religión) una funcionalidad política; la distinción de las escuadras de Dios y del diablo, la mención del tirano y el destino de Florencia, la crítica al Papa, todo eso no es – piensa Maquiavelo – sino un momento de la lucha savonaroliana por la conservación del poder y el mantenimiento del consentimiento ciudadano. Savonarola no es, por tanto, sino un jefe político, un dirigente de facción al que Maquiavelo piensa evaluar por los resultados estrictamente políticos. Por eso dice Maquiavelo que Savonarola cambia de lenguaje según la situación del momento: «ha mutato mantello [...] et cosí, secondo il mio iudicio, viene secondando e 'tempi, et le sua bugie colorendo». Savonarola es, por tanto, un hipócrita (ya lo decía el título de la Apología de Ficino), pero mientras el filósofo platónico veía en ello un motivo de escándalo religioso y prueba de una filiación demoníaca, Nicolás Maquiavelo (que ha aplicado su juicio examinando atentamente las razones del fraile) no encuentra motivo sino para constatar irónicamente el motivo humano de la predicación savonaroliana: Savonarola hace lo que más o menos todo político; en 1513, en *El príncipe*, asumiendo la enseñanza de los quince años transcurridos desde 1498 en permanente contacto con las cosas de Estado, lo formulará claramente: es el necesario uso de la retórica, es decir, de la apariencia, por parte del poder (de todo poder; pero también por parte del príncipe nuevo, del profeta legislador); precisamente porque en la apariencia (lejos de la realidad de las cosas, de la *verità effetuale*) vive la mayoría, es decir, *el vulgo* (Príncipe, 18), por ello junto con el necesario recurso a fuerza es imprescindible la seducción por la apariencia, por la retórica, es decir, por la religión [...]" (Granada, 1988, p. 26-27).

[200] "[...] nondimeno da frate Girolamo Savonarola fu persuaso che parlava con Dio. Io non voglio giudicare s'egli era vero o no, perché d'uno tanto uomo se ne debbe parlare con riverenza [...]".

[201] "[...] Los «prodigios» y eventos milagrosos que acompañan la predicación savonaroliana y que se producen por doquier, pero sobre todo la misma capacidad de «profeta» presente en Savonarola garantizan a la población florentina, a las masas de sus fieles «llorones» (*piagnoni*; nombre con el que eran designados los savonarolianos por sus detractores), que el monje dominico es – como reza el pie del retrato contemporáneo más divulgado, obra de fra Bartolomeo – «propheta missus a Deo». Sobre toda Florencia pesarán, fundamentalmente, como testimonio de esa dimensión excepcional del fraile, dos de sus profecías: su predicción de la

que, de fato, ocorreram: a morte de Lorenzo de Médici e a invasão dos franceses nas terras da Itália.

> Todos sabem o quão antecipadamente o frei Savonarola predisse a vinda à Itália do rei Carlos VIII da França e como, além disso, se disse por toda a Toscana que se tinha visto e ouvido no ar, acima de Arezzo, pessoas armadas que combatiam entre si. Todo o mundo sabe também que antes da morte de Lorenzo de Médici, o Velho, a catedral foi sacudida na sua parte mais alta por um raio que causou grande dano ao edifício (*Discursos*, I-56).

Apenas a título de um comentário breve: essa menção aos exércitos vistos combatendo no ar, por cima de Arezzo, pode ser uma clara referência aos mitos da caçada selvagem. Ainda que fossem mais comuns em regiões de raiz nórdica, germânica e anglo-saxônicas, não eram de todo incomuns na península italiana. Esta questão mereceria uma investigação à parte. Agora vejamos o capítulo 6 de *O Príncipe*. No referido capítulo já se inicia com a persistente chamada para imitar os antigos:

> Porque, quando os homens caminham pelos caminhos seguidos por outros e procedem imitando suas ações, ao não poder percorrer inteiramente os caminhos de outros nem adquirir a *virtù* daqueles que tu imitas, um homem prudente deve sempre seguir os caminhos trilhados pelos grandes homens e imitar aqueles que foram excelentes, a fim de que, mesmo que não se alcance sua *virtù*, ao menos um certo aroma dela se desprenda [...].

Nicolau quer analisar a condição de um *príncipe novo*, que pode adquirir um Estado ou por meio da fortuna ou da *virtù*. Aqui, Moisés surge ao lado de Ciro, Rômulo e Teseu como aqueles que "se tornaram príncipes mais por *virtù* própria do que por fortuna". Nosso autor mostra que não há dúvidas quanto à capacidade de Moisés de falar com Deus: "e embora não se deva raciocinar sobre Moisés como sendo apenas um executor das coisas que lhe foram ordenadas por Deus, ele deve ser admirado simplesmente por possuir essa graça que o tornava digno de falar com Deus".

O profeta, além de ser um pregador que fala de novos tempos, é, em suas páginas, também um fundador, um homem que estabelece uma nova ordem. No capítulo 6 d'*O Príncipe*, Nicolau iguala Moisés aos grandes fundadores da Antiguidade: "Consideremos, no entanto, Ciro e os outros fundadores de reinos: todos eles serão considerados dignos de admira-

---

muerte de Lorenzo el Magnífico, ocurrida inesperadamente en 1492; su aviso de la inminente llegada desde más allá de los Alpes del «nuevo Ciro», es decir, de la espada (gladius) mediante la cual Dios dará comienzo a su obra de castigo, purgación y reconstrucción de su rebaño humano, en lo cual se vio a posteriori la profecía de la bajada a Italia en 1494 de Carlos VIII de Francia [...]" (Granada, 1988, p. 16).

ção; e se examinarmos as ações e ordenações de cada um em particular, parecerão semelhantes às de Moisés, que teve tão elevado preceptor".

Essa mesma idéia será repetida nos *Discursos* (I-9), capítulo destinado a analisar a fundação de Roma por Rômulo. Depois de defender as ações de Rômulo, considerando-as corretas, necessárias e dignas de imitação por aqueles que buscam fundar um reino ou república, Nicolau complementa sua argumentação dizendo que, "em corroboração ao que dissemos anteriormente, eu poderia citar infinitos exemplos como os de Moisés, Licurgo, Sólon e outros fundadores de reinos e repúblicas, que, atribuindo-se autoridade absoluta, fizeram leis favoráveis ao bem comum".

O profeta não é apenas um homem que fala e anuncia novos tempos; é mais do que isso: é um homem capaz de fundar uma nova ordem. Mas como todo bom homem da política, não está longe do perigo. Estabelecer novas ordens está entre as empresas mais difíceis e perigosas, porque "o fundador tem por inimigos todos aqueles que se beneficiavam da ordem antiga, e tímidos defensores entre todos os potenciais beneficiários da nova" (*Príncipe*, 6). Nessa situação de conflito, o fundador precisa de um poder que está além da persuasão e da oração. Aqui tocamos em sua famosa afirmação de que "todos os profetas armados vencem, e os desarmados se arruínam".

> Portanto, para discutir corretamente sobre isso, é necessário examinar se aqueles que inovam podem valer-se por si mesmos ou se dependem de outros, ou seja, se para levar adiante sua obra precisam de persuasão ou se podem impor-se pela força. No primeiro caso, o fracasso é certo e nada conseguem alcançar; mas quando dependem de si mesmos e podem impor sua força, raramente enfrentam perigo. Daí que todos os profetas armados vencem, e os desarmados se arruínam. Além disso, a natureza dos povos é mutável, sendo fácil persuadi-los de algo, mas difícil manter essa persuasão. Por isso, é conveniente estar organizado de modo que, quando deixarem de acreditar, se possa fazê-los acreditar pela força [...].

E dentro desse contexto, onde se encaixa Savonarola? Ele não pôde fazer com que as suas ordenações fossem duradouras justamente porque lhe faltava a força militar. Ele era um profeta desarmado:

> Moisés, Ciro, Teseu e Rômulo não teriam conseguido fazer com que seus ordenamentos fossem observados por muito tempo se estivessem desarmados; como ocorreu em nosso tempo com o frade Girolamo Savonarola, que arruinou suas novas ordens quando as pessoas começaram a não

acreditar nele, e ele não tinha como manter os que haviam acreditado, ou fazer com que os incrédulos acreditassem [...] (*Príncipe*, 6).

O sucesso de Moisés será abordado em *Discursos*, juntamente à figura de Camilo, um personagem da Roma Antiga. Mais uma vez: percebamos que Nicolau não faz distinções quanto à origem do relato histórico; seja do mundo pagão ou bíblico. Qualquer período tem valor pedagógico e serve para exemplificar os modos adequados de ação. Igualmente, nosso autor equipara a figura dos profetas à dos fundadores e também uma figura bíblica a outras pagãs. Analisarei tais detalhes sobre Moisés mais adiante.

Anteriormente, na citação sobre Savonarola em *Discursos* (I-56), vemos um detalhe relacionado ao presságio. Naquele parágrafo, Nicolau menciona os sinais celestiais, o tema da aparição de sinais na natureza que servem como previsão de um evento futuro. Vamos analisá-lo num tópico mais adiante, junto aos *espíritos astrais* e às Fúrias

## O amigo de Deus e como Nicolau utiliza a Bíblia

Estamos no capítulo 20, livro VI das *Histórias Florentinas*. Nosso autor narra os tumultos na cidade de Milão e o mal-estar coletivo causado pelas ações do conde Francesco Sforza: "Os príncipes reclamavam, o povo lamentava, as mulheres e crianças choravam e todos chamavam o Conde de traidor e infiel" e, tentando dissuadi-lo de seus planos maléficos, enviaram embaixadores para confrontá-lo.

Diante do Conde, um dos embaixadores proferiu um longo discurso. Ao final de suas palavras de censura e repreensão, disse que seus empreendimentos estavam condenados ao fracasso porque a ira de Deus não permitiria que tivessem sucesso. Além disso, "Deus não quer ser amigo de homens maus" (*Iddio* [...] *non vorrà essere de' malvagi uomini amico*). Então somos levados a crer que a razão pela qual o Conde não conseguiria realizar seus empreendimentos era exatamente esta: faltar-lhe-ia a amizade de Deus.

Nesse discurso, a expressão curiosa que salta aos olhos é que "Deus não quer ser amigo de homens maus"; dito de outra forma, "Deus não é amigo dos homens maus". De fato, é por demais curiosa a ideia de que Deus teria amizade com os homens. Mas poderia Deus ser amigo de um homem ou um homem ser amigo de Deus? Tal expressão "amigo de Deus", seria uma expressão isolada, utilizada por Nicolau apenas nesse capítulo, como um mero instrumento estilístico para tornar o texto elegante e eloquente?

Nosso autor escreve sobre o afeto e o sentimento entre os homens e os deuses ou Deus em outros lugares de sua obra. Ainda em *Histórias Florentinas* (VIII-36), falando sobre a vida de Lorenzo, o Magnífico, é afirmado que ele "foi amado plenamente pela fortuna e por Deus" (*Fu dalla fortuna e da Dio sommamente amato*). Em seu poema *Capitolo pastorale* (p. 994-997), Lorenzo teria muitas virtudes porque "o Céu quis mostrar sua *virtù*" quando deu ao mundo um homem da natureza de Lorenzo. Júpiter lhe deu o temperamento alegre, "ao redor de tua cabeça pôs Vênus suas imortais graças", Marte lhe deu um coração digno de César, Mercúrio implantou nele as sementes da astúcia, Juno deu a ele um espírito capaz de governar um império e Saturno "lhe deu de Nestor, os anos", ou seja, deu-lhe condições para ter uma vida longa.

Nicolau traduziu uma peça de teatro de Terêncio, *Andria*, que, ao final, na última cena do último ato, um personagem assegura a outro que "só ele é amado pelos deuses".[202] No final do *Prólogo* do livro II de *Discursos*, escreveu nosso autor que ele próprio esperava encontrar um jovem que fosse "mais amado pelo céu" (*più amato dal Cielo*) para poder executar a imitação dos antigos, ensinada em seus livros.

A noção de amizade entre o homem e os deuses é muito mais antiga que o humanismo italiano. Platão já falava sobre isso. Em *República* (352b; 362b-364d), vemos que os homens injustos não podem ser amigos dos deuses, enquanto os justos, sim, serão. Existem inúmeras passagens em vários poetas da Antiguidade, como Homero, Virgílio e Ovídio, que os deuses escolhiam determinados personagens e cidades como seus protegidos. Na Bíblia (*Gênesis*, 15), lemos que a fé de Abraão se ancora em confiar em uma promessa que é humanamente irrealizável. Desse modo, Deus reconhece o mérito de seu ato e o considera justo. Nesse caso, "justo" é o homem cuja retidão e submissão o tornam agradável a Deus. No cristianismo também vemos que determinados santos são padroeiros de uma cidade, como é o caso de São João Batista, padroeiro de Florença. Aí está o elemento da amizade divina.

---

[202] "[...] The Woman of Andros (*Andria*). Primarily a translation from Menander. It has a single plot: a young man of Athens falls in love with a 'foreign' girl, but is about to be forced to marry another. The 'foreigner is dicovered to be an Atheian after all [...]" (Trawick, 1958, p. 105). Para a fala do personagem: "Ha! Sta' saldo: tu se' solo amato dagl' Idii" (*Andria*, Cena 6, p. 867).

As palavras de repreensão do embaixador milanês contra o Conde Sforza indicam que Deus não é amigo dos homens maus, deixando implícita a afirmação contrária: que Deus é amigo dos homens bons. Considerando que o homem bom é, também, justo, além de *República*, o diálogo *Eutífron* discute sobre a possibilidade de o homem fazer as coisas que agradam aos deuses, e dentro de tais coisas está a justiça. Lembremos que para Nicolau a justiça é a divindade que mais agrada a Deus. Mas de onde o secretário pôde ter retirado sua concepção de amizade divina? Dos diálogos platônicos? Dos poemas de Virgílio ou de Homero? Continuemos analisando.

No capítulo 26 de *O Príncipe*, um dos mais importantes de toda sua obra, na exortação para que a família Médici unifique a Itália e expulse os bárbaros do país, Nicolau, ao afirmar que o momento é propício para empunhar as armas e salvar a pátria, não apenas menciona Deus em seu texto, mas também traz novamente a ideia de amizade entre Deus e o homem.

> No momento presente, não se vê em quem esperar melhor do que em vossa ilustre casa, pois com sua fortuna e sua *virtù*, favorecida por Deus e pela Igreja, da qual agora é príncipe, quem melhor para se colocar à frente dessa redenção? O que não suporá maior dificuldade se diante de vós tiverdes as ações e a vida dos que antes mencionei [Ciro, Moisés e Teseu]. E embora aqueles homens, e a *ocasião* para cada um deles, tenham sido inferiores à presente: sua empresa, de fato, não foi nem mais justa do que esta, nem mais fácil, nem Deus lhes foi mais amigo do que a vós [...] (*Príncipe*, 26).[203]

Em uma ocasião apropriada, analisarei o capítulo 26 com mais atenção. No momento é pertinente apenas destacar certos detalhes: nesse acalorado capítulo, nosso autor descreve a Itália como um país vítima da servidão estrangeira, insultado pela rapacidade e vulgaridade dos homens; clama pela esperança que reside no poder da casa dos Médici; traz a figura de Deus como partícipe no papel de sua redenção. Realmente, nos capítulos 6, 7, 11, 12 e 15, Nicolau já havia mencionado o nome de Deus em sua retórica. Segundo Sebastian De Grazia (p. 31) "as referências ao divino

---

[203] "[...] Né ci si vede al presente in quale lei possa più sperare che nella illustre Casa vostra, la quale con la sua fortuna e virtù, favorita da Dio e dalla Chiesa, della quale è ora principe, possa farsi capo di questa redemptione. Il che non fia molto difficile, se Vi recherete innanzi le actioni e vita de' sopra nominati; e benché quelli uomini sieno rari e maravigliosi, nondimeno furono uomini, e ebbe ciascuno di loro minore occasione che la presente: perché la impresa loro non fu più iusta di questa, né più facile, né fu Dio più amico loro che a Voi [...]".

n'*O Príncipe* trazem implicações metafísicas e teológicas significativas, com consequências políticas igualmente importantes".

No entanto é justamente a expressão "nem Deus lhes foi mais amigo do que a vós" que chamou a atenção de Sebastian. De fato, as análises sobre "o amigo de Deus" configuram um dos pontos mais interessantes e inovadores de sua interpretação, a qual subscrevo completamente. A compreensão do significado da expressão "amigo de Deus", nas palavras de Anthony Parel (p. 61), implicaria em conhecer a base, "os fundamentos da obra política, filosófica e moral de Maquiavel", e sobre isso me parece uma afirmação acertada em muitos aspectos.

Mas a dúvida sobre a origem da expressão ainda permanece. Olhemos detalhadamente a leitura de Sebastian. Vale a pena citá-lo diretamente.

> No final do século II e no século III, houve o surgimento da Igreja Cristã e a difusão da fama dos mártires. Os cristãos chamavam os mártires de "amigos de Deus". No final do século III surgiu no mundo romano os líderes religiosos que formariam a contraparte espiritual das autoridades temporais; esses líderes, em sua maioria bispos, também eram chamados de amigos de Deus. No século V, nas franjas orientais da Igreja Cristã, Santo Antônio deu início à linhagem dos famosos ascetas. Homens santos cujos sofrimentos, sacrifícios e devoção, provavam sua proximidade com o divino. Como seus antepassados martirizados, esses homens também eram amigos de Deus. Não somente o poder da Igreja Cristã neste mundo e no além, mas também sua arte e arquitetura giravam em torno da celebração e veneração desses diversos amigos de Deus. Após o ano 1000, o termo "amigo de Deus" parece ter surgido para se aplicar ao fiel excepcionalmente piedoso e, mais especificamente, como nos primeiros séculos da Igreja, ao indivíduo extraordinário, de natureza santa, com liderança ou qualidades místicas – como um Bernard de Clairvaux, ou um Meister Eckart. Nos séculos XIII e XIV, existiram alguns grupos, principalmente na Alemanha e Suíça, em regiões ao longo do Danúbio Superior e do Reno, que se denominavam amigos de Deus. Niccolò, em sua época [de secretário da chancelaria] havia viajado por essas terras como um enviado [...]. No entanto, para chegar ao significado existente nesse momento nessas regiões, é suficiente lembrar que a tese número oitenta e quatro, das noventa e cinco teses do contemporâneo Martinho Lutero, menciona a "amizade com Deus". Na Itália do *Trecento*, Petrarca, em suas *Reflexões sobre a Vida Solitária*, escreveu sobre as almas solitárias que são amigas de Deus. Niccolò é um leitor de seus poemas. No século XV, "amigo de Deus" aparece em um ou outro sermão. Girolamo Savonarola usou a expressão "amizade de Deus" no púlpito de San Marco, em Florença, e

aqui a pista é mais clara, porque Niccolò o ouviu pregar ali. O "amigo de Deus", portanto, tem uma longa história [...] (De Grazia, p. 50-51).

A expressão de Nicolau é "Deus mais amigo", sutilmente diferente de "amigo de Deus"; precisamos olhar para ela mais atentamente. Para isso, continuemos nos passos de Sebastian sobre as nuances do sentimento de amizade entre os homens e Deus. Qual é a direção do sentimento? Quem estima e quem é estimado?

> O uso do "de" em "amigo de Deus" (*amico di Dio, amicus Dei*) transmite uma certa direção do sentimento, que vai do humano para o sobrenatural: [sentimento do homem ↦ Deus]. Mas a construção do genitivo com o "de" pode ser ambígua e interpretada de ambos os lados [homem ↦ Deus; Deus ↦ homem]. Mesmo tomado no sentido unilateral [homem ↦ Deus], onde não se questiona os sentimentos divinos, pode existir a premissa de uma reciprocidade. Um amigo de Deus, buscando agradá-lo, faz o que ele acredita que Deus deseja que ele faça, e, portanto, pode-se supor que [Deus] corresponda à sua amizade. Quando Simeão, o Estilista, do alto de sua coluna, inclinava-se perante Deus mil vezes, obviamente muitas pessoas na multidão de espectadores acreditavam que essas devoções heróicas eram agradáveis a Deus, e que, portanto, Ele gostava, ou sentia amizade por Simeão. Essa ambiguidade não pode ser eliminada do genitivo de na expressão "amigo de Deus". No uso do genitivo em inglês ['s], como em *God's friend* (construção com a qual Niccolò não precisa se preocupar), prevalece o sentimento na direção do sobre-humano para o humano [Deus ↦ homem] mas não sem certa ambiguidade. Também pode ser interpretado ao contrário. Já na *epígrafe* d'*O Príncipe*, não deixa lugar a dúvidas. O pronome "lhes", e a preposição "a" deixam isso claro: "[...] nem Deus lhes foi mais amigo do que a vós". Não há necessidade de perguntar a direção do sentimento. É de Deus para o homem [...] (p. 51-52).

Um Deus que estima os homens. De onde Nicolau poderia ter retirado a concepção de que o homem pode ser amigo de Deus e que, com a ajuda d'Ele, pode realizar façanhas e feitos extraordinários, como salvar seu país?

No Antigo Testamento, em Êxodo 33:11, vemos que o "Senhor falava com Moisés face a face, como um homem fala com seu amigo". Na Vulgata, em latim, que ele provavelmente lia, "a última expressão desta passagem é *ad amicum suum*. Assim, é esta passagem, e não uma linha de Platão, ou de algum antigo mártir cristão, ou de um orador da idade média, que parece ter sido remodelada por Nicolau em seu 'Deus mais amigo'. E o modelo seria não um deus pagão, mas o Senhor do Antigo Testamento, que ama os heróis" (De Grazia, p. 52).

No capítulo 13 d'*O Príncipe*, nosso autor traz a história de Davi e Golias, afirmando que ele "deseja trazer à memória uma imagem do Antigo Testamento". Ao mesmo tempo, no capítulo 6 do mesmo livro, ele nem sequer questiona se, de fato, Moisés conseguia falar com Deus: "sobre Moisés [...] o simples fato de possuir essa graça que o fazia digno de falar com Deus [é razão para] admirá-lo". Como se vê, as figuras bíblicas têm grande estima e valor.

Nicolau cita Moisés e outros heróis nesse capítulo 26, mas também no 6, junto a Rômulo. Mas há alguns nomes que são citados pelo Antigo Testamento como amigos de Deus, feito Abraão, Moisés[204] e Ciro (este mencionado como *pastor meus*). Teseu, que não faz parte do mundo bíblico, é citado por último. Mas Moisés aparece na obra do nosso autor em diferentes lugares: em *O Príncipe*, capítulos 6 e 26, como já analisamos; em *Discursos*, livro I, capítulos 1 e 9; livro II, capítulo 8; e livro III, capítulo 30. Esse último tem uma importância especial. Vejamos mais atentamente.

Em *Discursos* III-30, discute-se um tema de importância capital: a forma adequada de tratar a inveja dos homens. Mais especificamente, o título do capítulo diz que "ao cidadão que deseja usar sua autoridade para fazer alguma obra boa em sua república, é necessário primeiro extinguir a inveja; e como se deve organizar a defesa de uma cidade quando o inimigo já é visto".[205] O que Nicolau está dizendo no título de seu capítulo já é completamente compreensível: o homem que tem algum grande projeto conseguirá realizá-lo apenas quando eliminar a inveja de seus concidadãos. Aqui ele traz dois maus exemplos de conduta e dois bons. Os dois maus são de seus contemporâneos, Savonarola e Piero Soderini, enquanto as duas personalidades que devem ser imitadas são Moisés e Camilo, cônsul romano.

Começando por Camilo: a região da Toscana havia feito alianças com célebres inimigos de Roma. O Senado considerou que tais manobras anunciavam uma guerra inevitável e perigosa. Assim, a salvação da pátria foi posta nas mãos de Camilo que, no passado, por suas ações,

---

[204] "[...] The very phrase in Exodus of the Lord's speaking as a man to his friend appears in the *Summa Theologica* of Thomas Aquinas, the great philosopher and theologian, who misquotes it as 'a friend to his friend,' thereby emphasizing however, the reciprocity of God's friendship with Moses. When scripture states that He spoke face to face, Aquinas continues, this is to be understood as expressing the opinion of the people, who thought that Moses was speaking with God, mouth to mouth [...]" (De Grazia, p. 54).

[205] "A uno cittadino che voglia nella sua republica fare di sua autorità alcuna opera buona, è necessario, prima, spegnere l'invidia: e come, vedendo il nimico, si ha a ordinare la difesa d'una città".

todos sabiam que ele era um homem excepcional, tendo sido "três vezes Ditador, ocupando sempre tal posto a serviço da utilidade pública, não em benefício próprio" e, para a salvação da pátria, "os tribunos se mostraram dispostos a obedecê-lo".

Bem, no capítulo chega-se à discussão da forma que se pode combater a inveja dos homens. Para nosso autor há apenas duas maneiras possíveis: uma indica que, quando existe um perigo eminente, que ameaça a todos, buscando a salvação os homens deixam de lado a sua natural ambição e passam a obedecer voluntariamente a quem julgam que sua *virtù* poderá salvá-los. Tal caso pacífico ocorreu no exemplo de Camilo: todos o respeitavam e a inveja dos homens não representava um obstáculo às suas ações, que seriam ainda mais gloriosas e que lhes dariam ainda mais prestígio. Um pecado mortal para todo e qualquer invejoso![206]

A inveja é um veneno tão perigoso, que pode fazer um homem chegar ao absurdo de se contentar em ver sua pátria destruída. Tal situação é tão calamitosa, tão extrema para a saúde de um Estado, que Nicolau não vê outra forma senão uma medida igualmente extrema para combatê-la: a morte do invejoso.

> O outro modo de extinguir a inveja é quando, por violência ou por ordem natural, morrem aqueles que são seus rivais na aspiração à fama ou à grandeza, e que, ao verem você mais reputado do que eles, não conseguem viver tranquilos nem suportar isso com paciência. E quando são homens habituados a viver em uma cidade corrompida, onde a educação não pôde fazer-lhes nenhum bem, é impossível que algum acontecimento contenha suas más inclinações. Ao contrário, para realizar seus propósitos e satisfazer sua perversidade, estariam contentes em ver a ruína da pátria. O único remédio para vencer esta inveja é a morte daquele que a alimenta; e quando a fortuna é tão propícia ao homem virtuoso que os homens invejosos morrem naturalmente, ele se torna, sem escândalos, glorioso; quando, sem obstáculos e sem ofensas, pode demonstrar sua *virtù*; mas quando não tem essa sorte, deve pensar na maneira de se livrar dos invejosos, e antes de tentar alguma empresa, ter vencido essa dificuldade [...] (*Discursos*, III-30).[207]

---

[206] Nesse mesmo capítulo é dito que a inveja, "em muitas ocasiões impede que os homens façam coisas boas, por não permitir que eles tenham a autoridade necessária nas coisas importantes".

[207] "[...] in un altro modo si spegne l'invidia quando, o per violenza o per ordine naturale, muoiono coloro che sono stati tuoi concorrenti nel venire a qualche riputazione ed a qualche grandezza; quali, veggendoti riputato più di loro, è impossibile che mai acquieschino, e stieno pazienti. E quando e' sono uomini che siano usi a vivere in una città corrotta, dove la educazione non abbia fatto in loro alcuna bontà, è impossibile che per accidente alcuno, mai si ridichino; e per ottenere la voglia loro, e satisfare alla loro perversità d'animo sarebbero contenti vedere la rovina della loro patria. A vincere questa invidia non ci è altro rimedio che la

É aqui que encontramos a figura de Moisés: ele se viu constrangido a matar muitos homens para alcançar o sucesso de sua empreitada. Novamente, a clássica formulação da necessidade de adequação da ação às conjunturas da realidade: "quem ler a Bíblia sensatamente, verá que Moisés foi forçado, para assegurar a observância de suas leis e suas ordenações, a matar infinitos homens, que, motivados unicamente pela inveja, se opunham aos seus projetos".[208]

Savonarola e Piero Soderini, gonfaloneiro de Florença quando Nicolau era um agente da diplomacia, conheciam muito bem tais questões, mas não souberam agir feito Moisés e Camilo, razão pela qual perderam tudo. Savonarola, a vida, e Soderini, o poder e seu cargo, quando os Médici retornaram a Florença, em 1512.[209]

> Esta necessidade foi muito bem compreendida pelo Frei Girolamo Savonarola; Piero Soderini também a conhecia [...]. Um não pôde vencê-la por não ter a autoridade necessária (o frade) e porque aqueles que o seguiam não o compreenderam bem, e que teriam tido essa autoridade. No entanto, ele não deixou de fazer o que podia, pois seus sermões estão cheios de acusações e invectivas contra os sábios do mundo, que assim chamava aos invejosos e aos que eram contrários às suas ordenações. O outro [Soderini] acreditava que, com o tempo, com bondade, com fortuna e com benefícios, conseguiria extinguir essa inveja. Vendo-se ainda jovem e com grande popularidade por seu comportamento, julgou poder vencer aqueles que por inveja se opunham a ele, sem escândalos, violências ou tumultos; mas não sabia que não se pode esperar o tempo, que a bondade não é suficiente, que a fortuna muda e que não há benefícios capazes de aplacar a malignidade. Tanto que um e outro se arruinaram, e sua ruina foi motivada por não saber, ou não poder vencer a inveja.[210]

---

morte di coloro che l'hanno; e quando la fortuna è tanto propizia a quell'uomo virtuoso, che si muoiano ordinariamente, diventa, sanza scandalo, glorioso, quando sanza ostacolo e sanza offesa e' può mostrare la sua virtù; ma quando e' non abbi questa ventura, gli conviene pensare per ogni via a torsegli dinanzi; e prima che e' facci cosa alcuna, gli bisogna tenere modi che vinca questa difficultà [...]".

[208] "[...] E chi legge la Bibbia sensatamente, vedrà Moisè essere stato forzato, a volere che le sue leggi e che i suoi ordini andassero innanzi, ad ammazzare infiniti uomini, i quali, non mossi da altro che dalla invidia, si opponevano a' disegni suoi [...]".

[209] Curiosamente, em 1512, com a ajuda de um exército espanhol, os Médici retornaram a Florença, depuseram Piero Soderini e o exilaram. Ele se refugiou em Orašac, na Dalmácia, atual Croácia. Mas o que é ainda mais curioso é o fato de ele ter permanecido por lá até a eleição do Papa Leão X, outro membro da família Médici, que o chamou a Roma e lhe concedeu muitos favores. Soderini passou o resto de sua vida em Roma, dedicando-se ao bem de Florença, embora nunca tenha sido autorizado a retornar à cidade.

[210] "[...] Questa necessità conosceva benissimo frate Girolamo Savonarola; conoscevala ancora Piero Soderini, gonfaloniere di Firenze. L'uno non potette vincerla, per non avere autorità a poterlo fare (che fu il frate), e per non essere inteso bene da coloro che lo seguitavano, che ne arebbero avuto autorità. Nonpertanto per lui non

No final desse capítulo encontramos o elevado grau de estima de que gozam os historiadores: "[...] e, verdadeiramente, não sem razão que os bons historiadores, feito o nosso [Tito Lívio], apresentam certos casos detalhadamente, para que a posteridade aprenda a defender-se em situações similares [...]". Agora, fazendo uma breve síntese das ideias apresentadas ao longo de seu capítulo, Nicolau novamente elogia Moisés e Camilo por terem sidos capazes de agir corretamente nas circunstâncias que lhes foram impostas. Assim, o ponto mais importante que merece destaque é o fato de Nicolau colocar um personagem do mundo cristão em pé de igualdade com uma personalidade da Roma Antiga, seu modelo político por excelência.

Aqui (*Discursos*, III-30), ele afirma que Moisés teve que matar diversos homens e, realmente, a referência bíblica (*Êxodo* 32: 27-30) mostra que os levitas mataram três mil irmãos, amigos e vizinhos por ordens de Moisés. Aquele que "ler a Bíblia sensatamente" perceberá o valor dos ensinamentos contidos em suas histórias e poderá realizar grandes feitos. Dessa forma, poderíamos chegar à conclusão de que Nicolau não nega a autoridade da Bíblia, feito postula Leo Strauss, mas que a reconhece e a indica como uma boa fonte para conhecer a história e retirar dela bons exemplos a seguir, evitando a ruína do Estado. A mesma conclusão tem Sebastian:

> [As referências ao Antigo Testamento] podem servir para demonstrar que Niccolò reconhece o Antigo Testamento como fonte, aconselha a lê-lo para recolher fatos históricos [...]. Sem questionar a divindade do Senhor ou os ensinamentos alegóricos da Bíblia, Niccolò atribui valor histórico e literal ao Antigo Testamento, da mesma maneira como faz com Tito Lívio ou qualquer outro historiador clássico. Nos *Discursos*, usando quase as mesmas palavras, ele aconselha a ler a história com sensatez (De Grazia, p. 54).

A expressão "Deus mais amigo" remonta ao "amigo de Deus" pagão e bíblico. A acepção de Nicolau é original e ainda mais forte, pois traz inequivocamente o afeto de Deus pelo homem virtuoso. Àquele que vai libertar a Itália da profanação estrangeira, nosso autor oferece não apenas a glória,

---

rimase, e le sue prediche sono piene di accuse de' savi del mondo e d'invettive contro a loro: perché chiamava così questi invidi, e quegli che si opponevano agli ordini suoi. Quell'altro credeva, col tempo, con la bontà, con la fortuna sua, col benificare alcuno, spegnere questa invidia; vedendosi di assai fresca età, e con tanti nuovi favori che gli arrecava el modo del suo procedere, che credeva potere superare quelli tanti che per invidia se gli opponevano, sanza alcuno scandolo, violenza e tumulto: e non sapeva che il tempo non si può aspettare, la bontà non basta, la fortuna varia, e la malignità non truova dono che la plachi. Tanto che l'uno e l'altro di questi due rovinarono, e la rovina loro fu causata dal non avere saputo e potuto vincere questa invidia [...]".

a fama e o destaque entre os homens, mas também – e principalmente – a amizade de Deus.[211] E é justamente servir à pátria o que agrada ao Senhor. Essas questões serão vistas exaustivamente no capítulo 4.

## Os presságios, os sinais celestiais e as Fúrias

Nosso escritor observa atentamente como os romanos utilizavam os presságios na política: a religião romana exigia que certas ações só poderiam ser realizadas após uma aprovação oracular. Ao longo das obras, as referências ao sobrenatural e seus presságios são bem variadas. Às vezes são os céus, em outros momentos os deuses, mas também vemos a fortuna e uns tipos de *espíritos astrais*, ou o próprio Deus, indicando os caminhos apropriados para os homens seguirem.

Nas páginas de Tito Lívio,[212] é dito que Rômulo foi escolhido líder, e não Remo, por um augúrio dos *deuses*. Posteriormente, *os céus*, julgando que as ordenações de Rômulo não eram suficientes para um império tão grandioso quanto Roma, inspiraram o coração do Senado a eleger Numa, que fundou novas ordens e uma nova religião (*Discursos*, I-11). No campo militar, os soldados não partiam para a guerra a menos que tivessem certeza, por meio de presságios, de que os deuses lhes dariam a vitória (*Discursos*, I-14).

Contudo não era raro haver um conflito entre "o presságio e a razão", isto é, um conflito entre o presságio e a ação correta a se fazer numa situa-

---

[211] "[...] The more that a prince is able to fascinate and strike terror, the more his power will be like that of God, and the more he himself will appear godlike. Beneath God, and beneath the full-fledged friends of God, Machiavelli placed a group of men who appear to have divine qualities but have not won the friendship of God. Those who obtain the friendship of God and eternal glory are not men like Hannibal and Cesare Borgia, but men like Moses, Scipio, Cyrus, Theseus, and Romulus. It is God who extends His friendship to those men who become similar to Him through the exercise of charity, and it is God who commands us to love the fatherland and to live according to virtue. If men 'considered how [our religion] permits us the exaltation and defense of the fatherland, they would see that it wishes us to love and honor it and to prepare ourselves to be such that we can defend it,' he writes in Discourses on Livy (II.2). God cannot wish the impossible. He must therefore be willing to forgive those who are forced to commit evil in order to defend the fatherland, that is, if He does not wish those great men whom He loves above all others to fail in their undertakings and for the weak to be oppressed as a result. As a product of his idea of God, Machiavelli succeeds in resolving the conflict between Christian religion and love of the fatherland, thus keeping alive the religion of virtue that was such an essential part of the Florentine republican experience [...]" (Viroli, 2010, p. 65).

[212] "[...] En estas reflexiones vino pronto a incidir un mal ancestral: la ambición de poder, y a partir de un proyecto asaz pacífico se generó un conflicto criminal. Como al ser gemelos ni siquiera el reconocimiento del derecho de primogenitura podría decidir a favor de uno de ellos, a fin de que los dioses tutelares del lugar designasen por medio de augurios al que daría su nombre a la nueva ciudad y al que mandaría en ella una vez fundada [...]" (Lívio, I, cap. 3. 4-7, p. 16-17). Nessas linhas de Lívio podemos ler que a ambição é mencionada como um mal inerente ao coração humano. Os postulados de Nicolau sobre esse tema logicamente foram inspirados, também, pela leitura dessa obra.

ção específica. A prudência indicava a necessidade de tomar uma atitude, mas o sinal sobrenatural dizia o contrário. Sem a aprovação dos deuses ou um sinal positivo dos céus, os soldados facilmente perdiam o ímpeto para o combate. Então, o que se pode fazer para superar esse impasse? Na formulação de Nicolau existem duas maneiras a serem utilizadas. Uma é um juramento (que analisarei no tópico "Armas e leis sagradas", no capítulo 4) e a outra é uma atitude inteligente por parte do capitão: a forma adequada de conduta já está descrita no título do referido capítulo (*Discursos*, I-14): "Os romanos interpretavam os auspícios segundo a necessidade. Aparentavam prudentemente observar a religião, quando se viam forçados a faltar com seus preceitos, e se alguém cometesse a temeridade de desprezá-la, o castigavam".

Os romanos, buscando saber os augúrios, atiravam comida às galinhas. Se as aves não a comiam, interpretavam que a empresa não teria sucesso; se bicavam o alimento, então estavam seguros de que conseguiriam vencer. Mas quando a razão indicava, com toda evidência, que os presságios estavam incorretos, que eles deveriam fazer algo oposto ao indicado pelos augúrios, faziam-no parecendo respeitar a religião.

> Estes meios foram utilizados pelo cônsul Papírio em uma batalha muito importante contra os samnitas, após a qual ficaram enfraquecidos e aflitos. Papírio encontrava-se com seu exército diante do dos samnitas e desejava dar batalha, pois julgava a vitória certa, ordenou aos poliários que fizessem os auspícios. Embora as aves não comessem, ao ver o chefe dos *pullarii* o grande ânimo dos soldados para combater, e a esperança do cônsul e dos capitães na vitória, para não privar o exército da oportunidade de alcançá-la, disse ao cônsul que os auspícios eram bons. Papírio organizava o exército para a luta, quando alguns soldados souberam pelos *pullarii* que as aves não haviam bicado, e relataram a Espúrio Papírio, sobrinho do cônsul. Espúrio disse isso a ele, mas o cônsul respondeu que ele deveria se concentrar em cumprir bem seu dever, pois os auspícios eram bons para ele e para o exército, e se os *pullarii* o haviam enganado, eles seriam punidos. Para que o efeito correspondesse ao prognóstico, ordenou aos legados colocar os *pullarii* à frente das tropas. E aconteceu que, ao marchar contra o inimigo, um soldado romano disparou um dardo, matando acidentalmente o chefe dos *pullarii*. O fato foi relatado ao cônsul, que exclamou que tudo ia bem e que os deuses lhes eram favoráveis, porque com a morte daquele mentiroso o exército tinha se livrado de toda culpa e desaparecido toda a indignação que os deuses tinham contra ele. Assim, Papírio soube acomodar seus propósitos com os auspícios e dar a batalha, sem que o exército suspeitasse que estava em desacordo com o que ordenava sua religião [...] (*Discursos*, I-14).

Em *A Arte da Guerra*, Nicolau volta a analisar os presságios e a forma adequada de interpretá-los conforme a necessidade. Entretanto nessa obra estão presentes novos elementos da questão: a superstição dos soldados e como os capitães devem superá-la.

> Os antigos capitães sofriam com um mal do qual os capitães de nossos dias estão praticamente livres: interpretar os maus presságios a seu favor. Se um raio caísse sobre o exército, se o sol ou a lua escurecessem, se houvesse um terremoto, se o capitão caísse ao montar ou ao descer do cavalo, esses eventos eram interpretados pelos soldados com desgosto e lhes causavam tanto medo que, quando iam à batalha, a perdiam facilmente. De modo que os antigos capitães, assim que um evento semelhante surgia, ou demonstravam sua causa, reduzindo-o a uma causa natural, ou o interpretavam a seu favor. César, ao cair na África quando desembarcava do barco, disse: "África, eu te tomei!". Muitos explicaram a razão do escurecimento da lua e a ação dos terremotos, algo que não pode acontecer hoje, seja porque nossos homens não são tão supersticiosos, ou porque nossa religião elimina todas essas crenças de nós. Mas, se ocorrer, as antigas *ordenações* [*ordini*] devem ser imitadas [...] (*DAG*, VI, p. 374-375).

Está dito claramente que os homens de hoje não são tão supersticiosos e, além disso, o cristianismo tem o mérito de combater essa superstição exagerada, porque ela causa medo e falta de vigor nas tropas, elementos que o nosso autor buscava corrigir com suas obras.

Contudo Nicolau desconhece as origens desses presságios. As primeiras palavras do capítulo 56, livro I dos *Discursos* são: "De onde isto nasce, não sei, mas se vê pelos exemplos antigos e modernos que nunca ocorre algum acidente grave, em uma cidade ou em uma província, que não tenha sido previsto por adivinhos, ou por revelações, ou por prodígios, ou outros sinais celestiais". Ele continua dizendo que a existência de eventos que são, na realidade, sinais e presságios, é uma questão conhecida por "todos": "todos sabem com quanta antecedência o frade Savonarola previu a vinda à Itália do rei Carlos VIII, da França", e como "todos falavam por toda a Toscana que se tinha visto e ouvido no ar, acima de Arezzo, pessoas armadas que combatiam entre si". Além disso, "todos sabiam" também que "antes da morte de Lorenzo de Médici" um raio (*saetta celeste*) causou grande dano ao *duomo* da catedral. E ainda em exemplos modernos, "todos sabem", também, que antes de Piero Soderini ser destituído de seu cargo e expulso de Florença, um relâmpago atingiu o *palazzo*, o edifício do *gonfaloniere*.[213] Igualmente, na carta a Vettori, "todos" em Florença falavam das profecias daquele eremita franciscano.

Segundo Tito Lívio, Marco Cédicio disse ao Senado que à meia-noite havia escutado uma "voz maior que a humana" (uma voz sobrenatural) que lhe ordenava dizer aos magistrados que os gauleses invadiriam Roma. Nicolau afirma que é necessário alguém estudar e interpretar as causas desses prodígios; alguém que tenha esse conhecimento "que eu não possuo, das coisas naturais e sobrenaturais". Mas ele não descarta a possibilidade de existirem inteligências no ar, "como asseguram alguns filósofos". Tais inteligências seriam "dotadas de *virtù* própria para prever o futuro, compadecidas dos homens, os advertiriam com tais sinais para que se preparassem para a defesa". As causas, ele ignora, mas atesta os fatos: "Seja como for, os fatos são certos, e sempre, após tais prodígios, ocorrem eventos extraordinários e novos nos Estados".

O florentino era um homem estudioso de diferentes temas. Conhecia profundamente a história, a poesia e a política, mas também conhecia a filosofia, a teologia e, aparentemente, a filosofia natural.[214] Típico das correntes renascentistas, influenciadas pelo neoplatonismo, que concebem organicamente o universo. Dito de outra forma: o universo seria um organismo vivo que tem pulsões e movimentos semelhantes a um corpo.[215]

Anthony J. Parel comenta que "a crença em 'inteligências' que estão no ar como sendo agentes dos céus fazia parte das especulações das cor-

---

[213] Analisando a obra *Laberinto de Fortuna* (escrita em 1444) do autor espanhol Juan de Mena, José M. González García (2006, p. 145-148) diz que "[...] El símbolo del rayo destruyendo la torre se convirtió, en ciertos momentos en un emblema del poder de la Fortuna [...]". Esse simbolismo está em consonância com o contexto da obra de Nicolau, pois o augúrio serviu para mostrar que Florença sofreria golpes da Fortuna, começando pela queda da república e a retomada do poder pelos Médici. Analisarei a Fortuna neste capítulo, mas também em um apêndice, para expor outros temas relacionados à deusa e a sua presença na obra do nosso autor.

[214] "La corriente del pensamiento y la ciencia renacentista, que puede denominarse 'naturalismo ocultista', es un esquema filosófico al que concurren la magia, la astrología, la alquimia, la mística, cierta metafísica, la cábala, etc." (Ruiz, 1987, p. 11).
Todos esses temas são tratados por pessoas cujos nomes e/ou obras Nicolau conhecia, feito Marsílio Ficino e os membros da academia platônica de Florença. Uma investigação interessante sobre o tarô no Renascimento foi feita por Ronald Decker. Seu livro sobre o tarô (2013) analisa minuciosamente a relação e o interesse dos filósofos neoplatônicos do Renascimento pela cabala, pela alquimia, pela astrologia, pelo hermetismo, pelo tarô e outras formas de ocultismo ou adivinhação. Tudo isso era uma realidade não muito distante de Nicolau e não seria imprudente nem absurdo imaginar que algo desse amplo universo possa ter tocado o interesse do nosso autor, embora ele não tenha incorporado nos textos que chegaram até nós.

[215] Na interpretação de Anthony J. Parel, *The Machiavelian Cosmos*, é desse contexto astrológico, de um universo naturalista, que Nicolau formulou sua teoria dos humores; a concepção de movimento político, que consiste nas pulsões de dois *humores* distintos: os grandes e o povo.

rentes astrológicas e neoplatônicas contemporâneas" (p. 39). De fato, Nicolau tinha interesse em astrologia. Em junho de 1509, antes de permitir a entrada dos comissários florentinos na cidade de Pisa, ele consultou um astrólogo para saber se os astros e as estrelas estariam em uma posição favorável para a empresa.[216]

Praticamente todo o longo capítulo 3 de *O Asno* é dedicado à astrologia. Os infortúnios sofridos pelo herói não foram "culpa" dele: uma força era-lhe superior e "contrária ao seu obrar", fechando-lhe as portas à piedade, conduzindo-o à selva escura, do início do poema. Mas é necessário resistir aos duros golpes da fortuna e enxugar as lágrimas:

> Vês as estrelas e o céu, vês a lua,
> vês os outros planetas errando
> ora altos, ora baixos, sem nenhuma pausa;
> às vezes vês o céu tenebroso, e outras vezes
> lúcido e claro; e assim nada na terra
> permanece no seu estado.
> Daqui nasce a paz e a guerra;
> daqui dependem os ódios entre aqueles
> que um muro e uma vala juntos encerra.[217]

O céu "ainda não mudou de opinião / nem mudará, enquanto o destino / mostre a ti sua intenção tão severa", porém, com o passar do tempo, os "céus se mostrarão mais benignos / e voltarão tempos mais felizes", em que o nosso herói será "novamente alegre e jocundo". Resultado da "Providência, que mantém o gênero humano". Calímaco, personagem de *A Mandrágora*, considera que o momento é bom para a ação: "Esta noite, após o jantar, porque a lua está bem disposta e o tempo não poderia ser mais apropriado" (Ato II, cena VI, p. 876).

---

[216]   A carta (mais um bilhete) de Lattanzio Tedaldi para Nicolau fala dos horários apropriados para a entrada dos florentinos na cidade. Eles, "de maneira alguma", deveriam entrar na cidade antes das 12h30: "Nicholò, fratello charissimo, salutem etc. Io vorrej che tu dicessi a' chomessari[i] che, havendo a pigliare govedì la possessione di Pisa, che in nessuno modo esse entrino avanti le 12 ore et ½, ma se possibile è, entrino a ore 13 passate di pocho pocho, che sarà hora felicissima per no[i]. Et se govedì non s'avessi a pigliare, ma sia venerdì, medesimamente a hore 13 et uno pocho pocho po[i] et non havanti le 12 ½: simile sabato mattina, quando non s'avessi el venerdì. Et quando noon si possa osservare né tempo né ora, faccisi et piglisi quando si può in nomine Domin[i]. Et questo dira[i] per mia parte ad Antonio da Filichaia. Et a tte mi rachommando. Che Christo di mal ti guardi" (*Carta* 160, de Lattanzio Tedaldi a Niccolò Machiavelli, 5 giugno 1509, p. 1.107).
[217]   "Vedi le stelle e 'l ciel, vedi la luna, / vedi gli altri pianeti andare errando / or alto or basso, senza requie alcuna; / quando il ciel vedi tenebroso, e quando / lucido e chiaro; e così nulla in terra / vien ne lo stato suo perseverando. / Di quivi nasce la pace e la guerra; / di qui dipendon gli odi tra coloro / ch'un muro insieme ed una fossa serra".

Sebastian faz uma interessante explicação sobre "o método" utilizado pelo nosso autor para estudar a realidade.

> O príncipe e algumas cartas revelam que ele estuda a arte do Estado lendo a história antiga e meditando sobre a relação da história com sua experiência pessoal na política, nas relações exteriores e na guerra. Ele se instrui sobre as esferas celestiais de forma bastante semelhante, apesar de não mencionar, além de ponderar sobre passagens bíblicas, a prosa de grandes teólogos como Agostinho e Tomás de Aquino, as palavras tocantes de poetas proféticos como Petrarca, de pregadores proféticos como Savonarola, ou de filósofos como Marsílio Ficino, e ainda [...] escutando e cruzando com pessoas que diziam prever o futuro nos sinais no céu [...]. Algumas das teorias mais interessantes da época em Florença, sobretudo as de Pico della Mirandola (Niccolò o tem em grande estima), enobrecem o culto à natureza e aos espíritos revestindo-os com o amor de Deus [...] (De Grazia, p. 64-65).

Essas inteligências no ar têm certa semelhança com os *espíritos* que aparecem em outro texto. Em uma canção carnavalesca, *Degli Spiriti Beati* (p. 989-990), eles são retratados como seres que vêm ao mundo ensinar aos homens que o Senhor valoriza a paz.

> Espíritos beatos somos,
> que, dos celestiais assentos,
> viemos aqui mostrar-nos na terra
> depois de ver o mundo
> em tantas aflições
> e por razões tão vãs em guerra tão cruel;
> e para mostrar àqueles que erram,
> como a nosso Senhor em tudo agrada,
> que se soltem as armas e haja paz.[218]

A forma próxima ao Senhor, como esses *espíritos* são apresentados nessa canção, poderia levar o leitor a considerá-los anjos. No capítulo tratado há pouco (*Discursos,* I-56), está posto que as inteligências presentes no ar podem ser benevolentes, pois tendo a capacidade de prever o que acontecerá, avisam aos homens para que possam preparar uma defesa.[219]

---

[218] Spirti beati siàno / che da' celesti scanni / siàn qui venuti a dimostrarci in terra, / poscia che noi veggiàno / il mondo in tanti affani / e per lieve cagion sì crudel guerra; / e mostrar a chi erra, / sì come al Signor nostro al tutto piace / che si ponghin giù l'arme e stieno in pace.

[219] "[...] A God that allows the presence of an occult force in heaven with such great power over the events on earth, and who allows a capricious and furious Fortuna to torment mortals, is a very different God from the Christian God that governs nature and the human world through divine providence; that God is just as different from the heterodox God of Giovanni Pontano, Lucio Bellanti, and to a certain degree, Pietro Pomponazzi. Their God governs nature and the human world by means of the heavens and by Fortuna. Machiavelli's God

Realmente, Nicolau demonstra acreditar que existe na natureza uma potência oculta, porém há outros momentos em que esses *espíritos* não conseguem ajudar os homens, porque em sua obra encontramos uma hierarquia celestial: há seres mais poderosos que outros, ocupando o topo do "comando espiritual", chamemos assim. Dessa forma, aqueles seres que estão acima desses *spiriti beati* podem tanto ajudar quanto impedir que o homem tenha sucesso em suas ações.

A Fortuna e os céus[220] são comumente mencionados como determinadores da ordem dos acontecimentos. Seus desígnios podem ser, aos olhos dos homens, maus ou bons, a depender da situação. Muitas vezes ocorrem fatos e acidentes que "os céus impedem de prever", e eles (os céus) também podem dar ou retirar dos homens os meios de ação (*dandogli occasione, o togliendogli*).[221] Por um lado, os *espíritos, as inteligências que estão no ar*, podem ajudar o homem; por outro lado, tal ajuda será possível apenas se a Fortuna, os céus ou Deus não tiverem outros desígnios. Analisarei a Fortuna detalhadamente mais adiante.

Está claro que os seres sobrenaturais ajudam os homens a prepararem as defesas contra os males futuros, e tais males são bem diversificados. Podem ser uma invasão de tropas estrangeiras, ou a ambição de determinados inimigos da Pátria e do bem comum, ou o desastre em uma batalha contra um exército mais poderoso. As situações e as possibilidades são amplas. Há, além disso, o curioso exemplo da destruição do mundo por fenômenos naturais.

Já vimos uma parte do poema *Os eremitas*. Nos versos que ainda não analisamos, o florentino escreve sobre os dilúvios e as conflagrações que destruirão o mundo. Em *Discursos* II-5, trata-se das causas que extinguem a memória das coisas do passado. "Em relação às causas que vêm do céu", diz que "são aquelas que destroem a geração humana e reduzem a

---

seems to compete with the heavens and with Fortuna for the honor of influencing the events of the worlds, rather than making use of the heavens and Fortuna. In the Florentine Histories, for instance, God intervenes on behalf of Florence: 'But God, who in such extremities has always had a particular care for it, made an unhoped for accident arise that gave the king, the pope, and the Venetians something greater to think about than Tuscany'. In the same book, Machiavelli attributes a similar intervention in human affairs to the heavens: 'Since the heavens willed that things prepare for future evil, he [the Duke of Athens] arrived in Florence precisely at the time when the campaign at Lucca had been lost completely'. In yet another passage, he chooses to cite Fortuna: 'And although the nobility had been destroyed, nonetheless fortune did not lack for ways to revive new trials through new divisions [...]'". (Viroli, 2010, p. 33).

[220] Na edição Gredos (tradução para o espanhol de *Discursos* por Luis Navarro e notas de Miguel Saralegui), na nota 161, da página 263, (em *Discursos*, II-29) está escrito: "Segundo Inglese, deve-se identificar este conceito de céu com a fortuna, e ambos com o movimento natural das coisas, tal como defendia a cultura hermético-astrológica".

[221] "[...] Perché il più delle volte si vedrà quelli a una rovina ed a una grandezza essere stati convinti da una commodità grande che gli hanno fatto i cieli, dandogli occasione, o togliendogli, di potere operare virtuosamente [...]" (*Discursos* II-29).

poucos habitantes parte do mundo". Tais causas são a peste, a fome ou as inundações; "a última destas é a mais importante, porque é a mais universal".[222] Minha análise sobre a destruição do mundo não será feita neste tópico, mas no capítulo 4. Sigamos adiante na observação de outros seres sobrenaturais que aparecem nas páginas de nosso autor.

Temos a presença das Fúrias, que aparecem no poema *Ambizione*. Deus, depois de ter criado o mundo e o homem, "fez Adão e sua mulher". Quando já haviam nascido Caim e Abel, "vivendo felizes em sua pobre morada"

> Do céu, força oculta se alimenta,
> Entre estrelas que giram em seu manto,
> Da humana natureza, pouco amiga,
> Para privar-nos da paz, dando guerra
> Para tirar de nós toda calma e encanto,
> Para causar-nos lágrimas e pranto
> Mandou duas Fúrias a viver na Terra
> Nuas elas vêm, com tal beleza,
> Que aos olhos de muitos, com certeza,
> Parecem de graça e alegria plenas [...].[223]

Mas são apenas aparências, pois elas plantam as sementes da "Inveja, Preguiça e Ódio vão / cobrindo o mundo com sua peste, / e com eles *Crueldade*, *Soberba* e *Engano*"; as sementes dessas duas Fúrias são responsáveis por todas as calamidades e todos os sofrimentos que assolam a humanidade. Já vimos detalhadamente os efeitos de suas sementes no capítulo dedicado aos pecados e à queda do homem.

A figura das Fúrias é a adaptação do mito grego das Erínias, geralmente apresentadas como três irmãs, Alecto, Tisífone e Megera, que aparecem em diversos autores gregos e romanos.[224] Nicolau, no entanto,

---

[222] "[...] Quanto alle cause che vengono dal cielo, sono quelle che spengono la umana generazione, e riducano a pochi gli abitatori di parte del mondo. E questo viene o per peste o per fame o per una inondazione d'acque: e la più importante è questa ultima, sì perché la è più universale [...]".

[223] "Potenzia occulta che 'n ciel si nutrica, / tra le stelle che quel girando serra, / a la natura umana poco amica, / per privarci di pace e porne in guerra, / per torci ogni quiete e ogni bene, / mandò duo furie ad abitare in terra. / Nude son queste, e ciascheduna viene / con grazia tale, che agli occhi di molti / paion di quella e di diletto piene".

[224] Aparecem como filhas de Gea na *Teogonía* de Hesíodo (vv. 185-186); em Homero estão na *Ilíada* (XV, v. 204, XIX, v. 259; 418, XXI, v. 413), e na Odisseia (II, v. 135; XI, v. 280; XV, v. 234; XX, v. 78); também aparecem na *Biblioteca Mitológica* de Apolodoro (I.1, 4), em Pausanias: (I. 28. 5-6); Eurípides: (Electra 1.272); Aristófanes: (Cavaleiros 1.312); Ésquilo: (Euménides 778-1.047); Heródoto (I. 34 e III. 40); no mundo romano, Ovídio menciona em *As Metamorfoses*, "a Erínia" em (I, 209-240 e IV, 480-511), e, em Dante, sua influência literária mais explícita, as Erínias estão no canto IX do *Inferno* (vv. 38- 60).

utiliza o mito adaptando-o à sua maneira: reduz o número de Fúrias para duas e as identifica como um pecado: a ambição, sinônimo de avareza, o grande mal que aflige a humanidade.

A imagem que Nicolau transmite por meio de seu relato poético é que as Fúrias são responsáveis pelos crimes: as sementes de sua peste fazem com que os homens se tornem criminosos. Na mitologia grega, as Erínias eram retratadas como as divindades que perseguiam e puniam os criminosos; em *As Metamorfoses*, de Ovídio, a Erínia (no singular) é retratada como uma entidade que inclina, que incita o homem a cometer delitos e a pecar.[225] Abordarei a influência de Ovídio na obra de Nicolau mais adiante, nos tópicos sobre a Idade de Ouro e do eterno retorno, no capítulo 4.

## A administração do Inferno e a topografia do mundo sobrenatural

Encontramos menções aos diabos e suas diabrices em diversas páginas do secretário. No poema que analisei no capítulo 2, eles são os anjos caídos, expulsos do céu por conta de sua soberba.

> Já fomos espíritos beatos;
> por nossa soberba
> fomos todos do céu lançados;
> e nesta vossa cidade
> tomamos o governo,
> porque aqui se demonstra
> confusão e mais dor que no inferno.
> E fome e guerra e sangue e gelo e fogo,
> sobre cada mortal,
> colocamos no mundo aos poucos;
> e neste carnaval
> viemos convosco ficar,
> porque de cada mal
> fomos e seremos nós o princípio.

---

[225] "[...] pues por donde se extiende la tierra gobernaba la fiera Erinia, / y se había creído que los hombres estaban conjurados para el crimen [...]" (*Metamorfosis*, I, vv. 241-242).

*Imagens dos diabos, em diferentes formas e em diferentes cores, do Livre de la vigne nostre Seigneur – 1450-1470*

No poema *Os Eremitas*, temos dois versos específicos: "Quem vê o diabo de verdade / o vê com menos chifres e menos negro". Há fontes primárias medievais e renascentistas que afirmam que o diabo e seus demônios eram capazes de assumir, ou parecer assumir, qualquer forma que desejassem. Eles eram descritos aparecendo como homens jovens e atraentes, mulheres bonitas, soldados, animais e até objetos.[226]

---

[226] "[...] Yet Caesarius's characterization of the "ancient enemy" is more complex than simply this malicious tempter. Indeed, his devil is – quite literally – a deeply conflicted personality. The devil and his demons are quite capable of taking on – or appearing to take on – any guise they wish. At various points, demons appear

Os demônios podiam ser retratados sob qualquer forma: humana, bestial, elemental; e pintados com qualquer cor: azul, preto, vermelho etc. As figuras medievais comumente retratam os demônios com a cor preta para antagonizar os anjos, representados em branco, na tradicional dicotomia entre as trevas e a luz. Essa capacidade de assumir a forma humana para se disfarçar entre os homens está registrada em um texto cômico escrito por Nicolau, intitulado *Belfagor, o Arquidiabo*.

No âmbito da tradição novelística florentina da *spicciolata* (a novela independente, não inserida em uma coletânea) se encontra *Favola*, pequeno *capolavoro* narrativo ficcional que Nicolau escreveu provavelmente entre 1518 e 1520, ocasião em que criava dois de seus textos literários mais importantes, *A Mandrágora* e *O Asno* (inspirados marcadamente pela tradição lírica florentina quatrocentista, de vertente polizianesca).

O breve conto também é conhecido como *Novella di Belfagor Arcidiavolo, o del Demonio che pigliò Moglie* (o demônio que desposou uma mulher), mas *Favola* é um título preferível, não apenas porque foi adotado pelo próprio Nicolau (visto que há a sua assinatura no texto original, conservado na Biblioteca Nacional de Florença), mas também porque parece indicar melhor uma tipologia narrativa distante do modelo realista da novela boccacciana (Varotti, p. 2.338-2.339).

A *Favola* narra, ao estilo dos contos medievais, uma história em que o Inferno e o mundo humano, os demônios e os homens, misturavam-se em uma cotidianidade natural e sem sentido de mistério (Varotti, p. 2.239). O rei dos Infernos, Plutão, intrigado pelo fato de que todos os condenados sempre culpavam as suas esposas por terem sido conduzidos à perdição, encarrega o *arcidiavolo* Belfagor de ir à Terra para sondar a verdade da questão. Munido de recursos e dinheiro, assume aparência humana e a identidade de um mercador castelhano, *Roderigo,* um homem muito belo. Belfagor vai a Florença, onde se casa com *Onesta de Amerigo Donati* e, assim, experimenta a condição humana.

as attractive young men, beautiful women, soldiers, as an enormous black Ethiopian and as a giant". The devil may also be a shape-shifter – or a master of illusion, deluding those who perceive him into thinking that he is something that he is not. He or his minions seem to become horses, apes and cats, and at other times, even tiny specks glittering in the shadows". Certainly, seeing him as a spirit is not possible, for gazing upon the devil is properly reserved as part of the punishment of the souls of the reprobate'. However, as Caesarius recounts, even seeing him in any of his embodied forms can prove deleterious to a person's health as he made clear from the example of two young men who espied the devil in the form of a woman. Though they made the sign of the cross before her when they came to realize her true identity, both the men subsequently languished to the point of death [...]" (Raiswell, 2012, p. 31).

O texto é hilário, pois o pobre diabo sofre terrivelmente nas mãos da megera, preferindo viver os tormentos infernais a se casar novamente com uma mulher, fazendo-nos ter pena do desgraçado ao ponto de esperarmos que Orígenes de Alexandria (185-253 d.C.) estivesse correto.[227] Voltaremos a esse *Favola* daqui a pouco.

A presença do diabo e de demônios pressupõe como certa a existência do Inferno nas crenças de nosso teólogo. Encontramos menções ao submundo e seus habitantes em cartas, discursos, peças, contos e poemas. Não vemos tais menções em suas obras mais importantes (as históricas e políticas), mas nas menores, mais leves e irreverentes, num estilo mais satírico, zombeteiro e cômico.[228]

Em *O Asno,* um texto literário ambicioso, porém inacabado, inspirado pelo *Asno de ouro*, de Apuleio, nosso poeta também adapta suas referências petrarquianas e dantescas. Nicolau já nos contou a respeito de alguns pontos referentes a esse poema em nossa conversa, mas aqui apreciaremos outras nuances.

Primeiro, o herói desconhecido inicialmente está perdido na selva de Circe, a deusa homérica que transforma os homens em porcos. Ainda que ele não vá até o seu palácio, sua presença é evocada sob uma aura intimidadora, compondo o aspecto sombrio do ambiente em que ele se encontra: uma selva escura, com fossos, água, cavernas e perigos variados, semelhante à *selva oscura* de Dante. A *ancilla* de Circe, uma bela dama que pastoreava vários animais, guia nosso poeta até os seus aposentos, escondendo-o do olhar fantasmagórico e ameaçador da deusa. Nesse ponto (capítulo IV) encontramos uma menção explícita às *Portas Infernais*.

---

[227] Segundo a sua doutrina, no fim dos tempos até mesmo o Diabo seria salvo pela misericórdia de Deus.

[228] No humor cômico-paródico está inteiramente baseada uma *opereta*. O *Capitoli per una Compagnia di Piacere*. Um estatuto burlesco de uma companhia de *bon vivants* que se constitui com regras rígidas e penas severas, mas cômicas (entre outras: "deve ser mantido por meia hora com a bunda levantada, e cada um da companhia deve soltar um peido"). A *Opereta* (cujo contexto e razão de ter sido escrita por Nicolau ainda permanecem desconhecidos pelos estudiosos de sua obra) se inspira na cultura florentina de profusão de inúmeras confrarias existentes na época (muitas vezes de caráter devocional), cujas normas e estatutos são aqui parodiados. Por se tratar de uma paródia, as regras impostas à *companhia* implicam a inversão completa de todas as convenções habituais. Os membros devem "sempre falar mal uns dos outros"; cada membro tem a obrigação de espalhar a todos os segredos que lhe são confiados e de deturpar sistematicamente as mensagens solicitadas ("sendo solicitados por alguém para mensagens, devem sempre relatá-las ao contrário"). Também não falta o clássico estereótipo da comédia relacionado à chatice das sogras. As mulheres da *companhia* não podem dar uma sogra aos seus maridos, tornando-se obrigatório para cada uma livrar-se delas "dentro de seis meses, com purga ou outros remédios semelhantes", no caso de a sogra ainda estiver viva no momento da inscrição (Varotti, p. 2.340-2.341).

Ela diz ao poeta que ele terá que atravessar tais portas, transformar-se em asno e ali permanecer, junto ao rebanho, porque "aquela providência que mantém / a espécie humana quer que suportes / este infortúnio para o teu bem maior" (cap. III). Mas antes dessa *catábase*, dessa travessia, antes dessa "viagem tua, esta penúria/ cantada seja por um historiador ou um poeta" ela "beijou mais de dez vezes o meu rosto" (cap. IV), achando melhor reservar tamanha aventura para o dia seguinte.

Nesse ponto, Nicolau não imita Dante, mas Apuleio, pois a dama, além de levar o herói para a cama, também lhe oferece comida. Feito o banquete de Lúcio e Fótide, no texto de Apuleio, ao protagonista do florentino é servido um jantar no qual se come frango, pão e salada, e bebe-se vinho. Após comerem, vão ao leito e trocam prazer carnal. As ocasiões em que o poeta louva as belezas da mulher demonstram a clara influência de *Vita Nuova*, de Dante, e de *Cancioniero*, de Petrarca.

Uma vez incumbido de conseguir um orador para Florença, em 1521, Nicolau, em tom jocoso conta as desventuras de sua missão a Guicciardini, diz: "Eles gostariam de um pregador que lhes ensinasse o caminho para o Paraíso, e eu gostaria de encontrar um que lhes ensinasse o caminho para mandá-los à casa do diabo" (*Carta* 261). Aqui temos uma pista de uma certa topografia do mundo espiritual: os caminhos que levam da terra ao Inferno, do Inferno ao Paraíso e aos locais entre ambos.

O lugar em que se passam as aventuras de *O Asno*, uma selva escura e ameaçadora, é também o local por onde se chega até as *portas infernais*. Dessa forma, poderíamos considerá-lo uma espécie de Limbo? A questão demanda atenção detalhada. O Purgatório é visto com muita dificuldade em seus textos. Uma viúva pergunta ao frade Timóteo a respeito do marido, recém-falecido, acostumado a cometer pecados veniais. "Acreditais que ele esteja no Purgatório?". Responde ele: "Sem dúvida" (*sanza dubbio*) (*Mandrágora*, Cena III, ato 3).

Tanto em sua feição moralista e zombeteira quanto na religiosa e piedosa, Nicolau nos ensina os caminhos para evitar o Inferno e chegar ao Paraíso. Há algumas páginas lemos que a *penitência* é o caminho salvífico, o presente dado ao homem por Deus. Tendo ele perdido a via do Paraíso Original, a penitência lhe permitiria "subir ao céu" novamente (*Exortação*). Entre frades hipócritas e mentirosos, entre religiosos que são maus exemplos de piedade e de fé, encontramos "o verdadeiro modo de ir ao Paraíso: aprender o caminho do Inferno [por meio do exemplo dos hipócritas] para evitá-lo" (*Carta* 261). Voltemos à *Favola*.

O texto já inicia com uma descrição de movimento entre os mundos: existe uma história na memória dos florentinos de que "um homem santíssimo, cuja vida era amplamente celebrada na época", sentou-se para meditar, e "enquanto estava profundamente absorto em suas orações, viu como inúmeras almas de pobres mortais, que morriam em desgraça diante de Deus, iam para o Inferno". O verbo "ir" não permite dúvidas quanto a isto: há um caminho a ser trilhado.

Ali, no submundo, foi deliberado que Belfagor deveria "descer" à Terra para viver entre os homens. Em nossa imaginação popular, geograficamente, o Inferno estaria sob a Terra e o Paraíso, o Céu Teológico, acima. Se um ser não humano está acima da Terra, para ir até ela terá que "descer", por isso um anjo (que está no céu) "desce" ao mundo dos homens. Como foi o caso do anjo, todo vestido de branco, que *desceu* do céu até o túmulo de Jesus para anunciar a sua ressureição (*Mateus*, 28:2); e também na história de Jacó, que sonhou com uma escada que ligava o Céu à Terra. Tanto os anjos quanto o próprio Deus, subiam e desciam por ela (*Gênesis*, 28:10-17). Nesse sentido, um demônio que habita "as profundezas" do Inferno, para atuar na Terra, teria que "subir".

Essa mesma posição geográfica é vista na *Divina Comédia*, de Dante, pois Virgílio o guia pelo Inferno, penetrando em diversas camadas da Terra até chegar ao *centro do mundo* e encontrar Dite, Satanás, no ponto mais profundo. Em seguida, os dois poetas começam a sair do Inferno "subindo". O movimento de ascensão ocorre desde a saída da morada de Dite, passando pela constante subida da Montanha do Purgatório, continuando a ascensão pelos diversos anéis do Paraíso, agora guiado por *Beatrice*, até o anel mais alto, quando Dante contempla a visão beatífica: a própria presença de Deus, no pináculo do universo.

Em *Allocuzione,* lembremos, houve um tempo, *na primeira idade*, em que os homens eram tão bons que os deuses não tinham vergonha de *descer do céu* para virem habitar a Terra junto a eles. Na *Favola*, quando diz que "Belfagor Arquidiabo [...] antes de *cair do céu* havia sido arcanjo", os verbos *descer* e *cair* não deixam dúvida: entre o Inferno e o Paraíso, o Inferno está embaixo e o Paraíso está em cima, mas ainda estamos sem respostas a respeito da posição do Inferno em relação à Terra.

Quando Belfagor era arcanjo, *caiu* do Paraíso; já sendo *Arquidiabo*, também precisou "descer" de onde estava para realizar a tarefa incumbida, sugerindo que a Terra está abaixo do Inferno. Mesmo Nicolau sendo um profundo conhecedor e apaixonado leitor de Dante, a cosmovisão que ele demonstra nessas linhas sutis parece mais próxima da visão medieval, que considerava que os demônios habitavam mais perto dos homens: nas densas camadas do ar. Era a visão defendida por diversos teólogos, incluindo o papa João XXII, contemporâneo de Dante.[229]

A literatura da época nos informa que os demônios poderiam entrar em corpos e controlá-los, sendo exatamente essa a necessidade de haver exorcistas nos quadros clericais. Nos textos do nosso autor, eles têm a capacidade de atuar no mundo dos homens e de possuir pessoas; os anjos podem ser expulsos do Paraíso e os condenados ao Inferno, além de sofrerem castigos, conseguiriam se comunicar com os vivos na Terra. O pecado transforma: "de animal racional se converte em animal irracional [...] de anjo, em diabo, de senhor, em servo, de homem, em besta" (*Exortação à Penitência*).

O furor apocalítico que aterrorizava Florença alimentava sermões inflamados, proferidos dos púlpitos de *San Marco* e de *Santa Croce*, alertando contra os tempos terríveis que se aproximavam. Neles, a questão da possessão demoníaca era explícita: "Um diabo estaria encarnado em um corpo humano durante dezoito anos, e rezaria a missa [e] mais de dois milhões de demônios estariam livres para fazer as coisas que mencionei anteriormente, e que entrariam em muitos corpos moribundos, não permitindo que aquele corpo se decomponha, para que os falsos profetas e clérigos pudessem ressuscitar os mortos, e serem acreditados" (*Carta* 217).

Outro caso de exorcismo é visto na *Favola*. Belfagor, vivendo os dramas de um homem constrangido pela perfídia de sua esposa, dilapida suas riquezas e não consegue pagar seus credores. Chegando ao ápice do desespero, decide fugir, escondendo-se com a ajuda de um camponês, *Gianmatteo del Brica*, a quem prometeu vastas riquezas em troca do auxílio. *Roderigo*, então, concebe um meio de fazer seu benfeitor ganhar muito

---

[229] "[...] Conhecemos a célebre história de Gregório Magno: uma freira comeu uma folha de alface sem tomar a devida precaução de fazer o sinal da cruz sobre sua comida. Foi imediatamente possuída pelo demônio escondido na folha. Essa concepção 'epidemiológica', por mais 'folclórica' que pareça, não era desprovida de fundamentos escriturários, pois, em Gerasa, Cristo fechou no corpo de dois mil porcos um espírito maligno cujo nome era 'legião'. Assim, seis mil demônios (segundo a conta da história militar, ratificados para 6.666 por são Jerônimo) precipitaram-se ao mar. Essa percepção da proximidade e da densidade dos demônios que viviam nas camadas obscuras e densas do ar, logo abaixo das camadas claras do céu dos humanos, era compartilhada pelo papa João XXII [...]. Ela não era incompatível com a narrativa da queda dos anjos, que caíram em número considerável, nem com a localização tradicional da queda, tomada em sentido literal, na medida em que ela teria precipitado os anjos desde o céu empíreo, última esfera acessível às criaturas, até a esfera baixa dos ares sombrios que cercam a terra" (Boureau, 2016, p. 115-116).

dinheiro e retribuir o favor recebido: ele entraria no corpo de duas mulheres (primeiro uma jovem dama florentina, depois a filha do rei de Nápoles), que Gianmatteo libertaria, fingindo ser um exorcista com poderes espirituais.

Como ele recebeu grandes riquezas do rei de Nápoles por seus serviços, Belfagor considera sua dívida quitada e ordena ao *contadino* que não o procurasse mais. Passou-se o tempo e o camponês foi chamado com urgência a Paris pelo próprio rei da França, cuja filha estava possuída por um demônio. Chegando ao palácio descobriu-se que era o próprio Belfagor quem a controlava. Como ele se recusava a deixar o corpo da jovem, o homem o enganou, fazendo-o acreditar que a sua esposa estava indo buscá-lo. Imediatamente, o diabo "preferiu voltar para o Inferno [...] do que novamente, com tantos aborrecimentos, desgostos e perigos, submeter-se ao jugo matrimonial".

Se um demônio pode controlar um corpo, certamente os sacramentos são o remédio contra esse mal sobrenatural. "Vossa Senhoria sabeis que estes frades dizem que, quando alguém está confirmado na graça, o diabo não tem mais poder para tentá-lo" (*Carta* 261). Uma afirmação semelhante às meditações de Santo Inácio de Loyola (contemporâneo de Nicolau) e de Santo Antônio María Claret (1807-1870), e de praticamente qualquer santo e teólogo da Igreja.

O ápice da zombaria se encontra nos detalhes: Belfagor, transformado em *Roderigo*, um homem *espanhol*, vai viver em Florença e aluga uma casa no *Bairro de Todos os Santos*. Além disso, Alexandre VI, o papa Bórgia, nascido como *Roderic Llançol de Borja* e italianizado em *Rodrigo Borgia*, também era espanhol (seria uma alfinetada no velho pontífice?).

Tanto a *Favola* quanto outros textos nos mostram que há uma hierarquia no Inferno. Vemos juízes, como Minos e Radamante, príncipes e o grande rei, Plutão, que se reuniam em um conselho para deliberarem sobre questões que demandavam atenção e zelo, afinal, o Inferno não é casa da mãe Joana, pois ali as coisas são organizadas! As autoridades infernais perceberam que entre aquelas "inúmeras almas de pobres mortais, que morriam em desgraça diante de Deus [e] iam para o Inferno [...], todas ou a maior parte se lamentavam [que, por causa de suas esposas], foram levadas a tamanha infelicidade".

Assim, temendo incorrer em injustiça e querendo evitar que o Inferno fosse ainda mais caluniado e difamado, deliberaram que um dos demônios deveria ir ao mundo averiguar se as mulheres são tão demoníacas quanto seus cônjuges praguejavam. "Podemos ser caluniados como crédulos demais" e, além disso, como "pouco severos e pouco amantes da justiça. E como um é pecado de homens leviandos e o outro de homens injustos, e querendo escapar a essas acusações [...] aqui vos convocamos [...] para que este reino, assim como no passado viveu sem infâmia, assim também viva no futuro", discursou Plutão, desde as profundezas.

Voltemos a um ponto: no Inferno descrito por nosso autor, parece que o tormento e o castigo pelos quais passam os condenados é a infelicidade. As autoridades infernais perceberam que entre as almas ali sofredoras, "todas ou a maior parte se lamentavam [porque foram] levadas a tamanha *infelicidade*". A canção carnavalesca dos *Diabos expulsos do Céu* nos diz que no mundo humano há mais sofrimento que em sua morada: "Já fomos espíritos beatos; / por nossa soberba / fomos todos do céu lançados; / e nesta vossa cidade / tomamos o governo, / porque aqui se demonstra / mais confusão e dor que no Inferno". Esses diabos expulsos do céu estão intrinsecamente relacionados aos amores conjugais e sentem prazer em fazer os casais sofrerem: "Toda alegria e tristeza do Amor / são geradas por nós, / e o choro e o riso, o prazer e a dor, / quem estiver apaixonado, / siga a nossa vontade / e será contente, / pois de causar todo mal, tiramos prazer" (*Diabos expulsos do Céu*).

Então os tormentos infernais nos textos de Nicolau mais parecem dores de cotovelo por amores não correspondidos e mal resolvidos. Em nenhuma passagem encontramos imagens parecidas com o Inferno tenebroso exposto na arte de seu tempo (como as pinturas dos mestres italianos e flamengos, Michelangelo, Botticelli, Hieronymus Bosch, Hans Memling, Luca Signorelli, ou Jan Mandijn, por exemplo), ou nos textos religiosos.

Santo Inácio descreveu o Inferno como um lugar vasto, profundo e cheio de grandes fogos, onde as almas são queimadas incessantemente por toda a eternidade. Ele sugeriu que se imaginasse um penhasco altíssimo sob o qual se abria um vale profundo com uma prisão no centro da Terra, cheia de fogo sulfuroso, onde os condenados estão amontoados como tijolos em um forno.

Além disso, o poder do fogo infernal é descrito como imensamente mais terrível do que o fogo natural da Terra, porque esse fogo infernal é utilizado pela justiça divina para vingar as ofensas cometidas contra a majestade suprema de Deus e tem uma função abrasadora que atinge praticamente o infinito. É tão poderoso que, segundo os mestres ascéticos, se uma única faísca caísse sobre um pedregulho, ele seria reduzido a pó instantaneamente; se caísse sobre um globo de bronze, derreteria feito cera; e se caísse em um lago congelado, faria a água ferver imediatamente. Como se não bastassem esses tormentos, os condenados são desprezados, por toda a eternidade, tanto por Deus quanto pelos eleitos do Paraíso.

Mas Nicolau pinta um Inferno diferente. Seus condenados são amantes mal resolvidos e desesperados. Em outro canto carnavalesco, *sobre amantes e mulheres desesperadas*:

> Ouçam, amantes, o lamento doloroso
> de nós que, desesperados,
> ao centro profundo, medonho e feio [o inferno],
> somos pelos demônios guiados;
> pois tantas penas nos atormentaram
> no tempo em que amávamos essas pessoas,
> que aos [infernos] nos entregamos para fugir delas.
> As preces, os choros, os suspiros e os lamentos
> foram jogados ao vento;
> pois sempre encontramos os desejos delas
> prontos para nossos tormentos;
> de modo que, abandonados esses pensamentos ardentes,
> julgamos agora, na nova servidão,
> que fora delas não há maior crueldade.[230]

"Porque" perder o amor das mulheres "nos dói demais", então "nós vos seguiremos, / com sons, cantos e palavras doces, / apaziguando os espíritos [infernais], / pois, retirando-vos da viagem nefasta / vos devolverão a vossa liberdade, / ou de vós e de nós farão presa" (*Mulheres*). Se houve algum homem "sujeito ao amor" das mulheres, elas não poderão nos "enviar ao reino maldito" [o Inferno], porque quem "provoca a danação de alguém / é condenado a uma pena semelhante pelo Céu" (*Mulheres*).

Quando Belfagor vai ao mundo dos homens para se casar com Onesta, os demônios que o acompanhavam na qualidade de subordinados o abandonam: "preferiram voltar ao Inferno e queimar no fogo eterno do que viver no mundo sob o império daquela mulher", dada a sua natureza

---

[230] "Udite, amanti, il lamentoso lutto / di noi che, disperati, / al basso centro, pauroso e brutto, / da' dimon siàn guidati; / perché da tante pene tormentati / fummo in quel tempo, amando già costoro, / ch'agli infernali ci diàn per fuggir loro. / Le prece, i pianti, i singulti e' sospiri / furno buttati a' venti; / perché trovammo sempre i lor desiri / pronti a' nostri tormenti; / tal che, deposti quei pensieri ardenti, / giudichiàno or, ne la servitù nuova, / che crudeltà fuor di lor non si trova".

soberba, insolente e insuportável. "Os desejos delas" sempre estão "prontos para os nossos tormentos", por isso vivemos em servidão, sob a "maior crueldade" (*Amantes e mulheres desesperadas*). No Inferno sofre-se com a dor da infelicidade, mas sofre-se menos do que com a dor experimentada pelos amantes na Terra, pois "nesta vossa cidade [se vê] mais confusão e dor que no Inferno" (*Diabos*).

Não nos esqueçamos que Belfagor, vivendo sob a pele de *Roderigo*, estaria "submetido a todos aqueles incômodos e males a que estão submetidos os homens, e que acarretam a pobreza, o cárcere, a doença e todos os outros infortúnios em que os homens incorrem, exceto se se liberasse deles com engano ou astúcia". O pobre diabo encarnado também sofreu com o descontrole das paixões humanas: tão logo começou a conviver com as pessoas, passou a "sentir prazer com as honras e as pompas do mundo, e a apreciar ser louvado entre os homens, o que lhe custava despesas não pequenas". Além disso, "não morou muito tempo com sua esposa Onesta sem se apaixonar desmedidamente".

Voltemos um pouco à assembleia convocada por Plutão. Ele se mostrou preocupado com a questão envolvendo as mulheres: "Minos e Radamante, juntamente com os outros juízes infernais, ficaram extremamente perplexos". E não podendo acreditar que "certas calúnias atribuídas ao sexo feminino fossem verdadeiras, e crescendo cada dia as queixas", Plutão decidiu realizar um "exame maduro sobre o caso junto com todos os príncipes infernais e tomar então a decisão que fosse considerada melhor para descobrir essa falácia ou conhecer toda a verdade".

Continua o comandante supremo do submundo: "Embora eu, meus queridíssimos, por disposição celeste e sorte fatal totalmente irrevogável, possua este reino e, por isso, não possa estar obrigado a nenhum julgamento, seja celeste ou mundano". Plutão, *príncipe* absoluto, segue o ensinamento temporal que Nicolau deu aos príncipes e homens da política: respeitar a justiça e preocupar-se com a própria reputação perante o julgamento alheio, mesmo se possuidor de um poder despótico: "Dado que é maior a prudência daqueles que mais podem se submeter às leis e mais estimar o julgamento alheio, deliberei ser aconselhado por vós sobre como, em um caso que poderia provocar certa infâmia ao nosso império, eu deveria agir" para evitar ser caluniado "como crédulos demais, e além disso como pouco severos e pouco amantes da justiça".

Os membros do conselho concordaram que a verdade deveria ser investigada e a questão esclarecida. Havia somente uma divergência quanto ao método a ser implementado. "[A cada um desses príncipes] discordavam quanto ao modo, pois [alguns diziam que deveria ser enviado] ao mundo um [demônio, e outros] mais de um, [para que], sob a forma de homem, conhecesse pessoalmente essa verdade; a muitos outros parecia que isso poderia ser feito sem tanto incômodo, obrigando várias almas a descobri-la com diferentes tormentos" [*costringendo varie anime con varii tormenti a scoprirlo*].

Talvez esses "diferentes tormentos" fossem diferentes formas de tortura. Curiosamente, infligir mais tormentos às almas penadas parece ser uma medida extrema e pouco usual, visto que a maioria do conselho infernal optou que "se enviasse alguém", mas "não encontrando ninguém que assumisse voluntariamente essa tarefa, deliberaram que *a sorte* o decidisse".

Note-se de que maneira nosso autor utiliza a comicidade ao fazer o rei do Inferno formular o ideal humano do príncipe. Embora ainda se discuta a data exata da composição dessa *Favola*, é evidente que nesse discurso de Plutão encontram-se em germe muitas das ideias que, em relação ao principado, Nicolau desenvolverá em *O Príncipe* (Sforza, p. 138).

Semelhante a uma repartição pública, a missão tem diretrizes a serem seguidas e Belfagor recebe ordens claras e precisas: seriam consignados cem mil ducados, "com os quais deveria vir ao mundo, e sob forma de homem, se casar" e viver com a esposa durante "dez anos e, depois, fingindo morrer, voltar" ao Inferno e relatar sua experiência aos seus superiores, "quais eram os encargos e incômodos do matrimônio". Isso seria deliberado pela maioria e decidido por sorteio. Não há maneira mais democrática do que essa para se incumbir uma obrigação a outrem.

Em *A Mandrágora*, Calímaco, o amante frustrado, mostra-nos o tipo de companhia que existe no Inferno, repreendendo a si próprio: "Ai de mim! que não encontro repouso em lugar algum! Às vezes eu tento me controlar, repreendo-me por essa minha fúria, e digo a mim mesmo: – O que estás fazendo? Estás louco? [...] O pior que pode acontecer é morrer e ir para o Inferno, e tantos outros já morreram! e há tantos homens de bem no Inferno! Tens vergonha de ir para lá, também? Volta teu rosto para a sorte; foge do mal ou, se não puderes fugir, suporta-o feito um homem; não te prosternes, não te degrades como uma mulher" (Ato 4, Cena 1).

*Voilà*: o Inferno é um lugar de homens ilustres. Há uma história que é contada e discutida pelos biógrafos do nosso autor: a tradição hermenêutica chamada de *il sogno di Machiavelli*. Em um suposto sonho, Nicolau teria visto uma pequena multidão de pessoas pobres e esfarrapadas. Quando ele perguntou quem eram, foi informado serem almas abençoadas do Paraíso: *Beati pauperis quoniam ipsorum est regnum caelorum* (Os pobres beatos a quem pertence o reino dos céus).

Em seguida, viu uma grande multidão de pessoas nobres, vestidas com trajes reais e cortesãos, discutindo seriamente assuntos de Estado. Entre eles reconheceu Platão, Plutarco, Tácito e outros homens famosos da Antiguidade. Perguntando quem eram esses novos homens que passavam diante de seus olhos, foi informado de que eram os condenados ao Inferno, porque *sapientia huius saaeculi inimica est Dei* (a sabedoria deste mundo é inimiga de Deus).

Ao ser perguntado onde gostaria de permanecer, Nicolau, então, teria respondido que preferiria ir para o Inferno com os grandes homens para discutir política do que estar no Paraíso com aquele primeiro contingente de mendicantes.

Roberto Ridolfi (p. 330) faz um pequeno esclarecimento a respeito da origem desse relato na história, pela letra de contemporâneos de Nicolau, como Giovio e Busini. Ele teria sido registrado pelo jesuíta Stefano Binet (1569-1639), mas não se exclui a possibilidade de que esse relato seja, na verdade, uma anedota, e não um sonho de fato. Uma anedota contada por Nicolau, completamente coerente com a sua visão irônica e zombeteira sobre a vida e a sociedade, e não um sonho que ele realmente teve enquanto dormia. Ridolfi sugere que a história pode ter sido criada ou exagerada por contemporâneos. De qualquer forma, muitos outros biógrafos se debruçaram sobre essa questão e suas opiniões são divergentes.[231]

---

[231] Essa longa tradição é complexa. Encontrei menções a ela em todas as biografias que li. Maurizio Viroli, Sebastian de Grazia, Pasquale Villari, Orestes Ferrara, Orestes Tommasini e Corrado Vivanti abordam-na. Na página 241, nota 89, Vivanti menciona que a narrativa completa desse sonho chegou até nós por Pierre Bayle (1647-1706), em seu *Dictionnaire historique et critique*. Mas essa tradição é muito mais antiga. Felizmente podemos contar com o excelente trabalho de estudiosos competentes, que têm acesso a documentos históricos originais. Vejamos em *Enciclopedia Italiana di Scienze, Lettere ed Arti*. Ali nós temos a *Enciclopedia machiavelliana*,

de 2014. No verbete *Sogno' di Machiavelli*, escrito por Cecilia Castellani, lê-se: "No leito de morte, em 20 ou 21 de junho de 1527 – agravada a doença corporal pela dor da marginalização política e o naufrágio geral das coisas na Itália – M. teria confiado aos amigos que o rodeavam, na forma de um sonho ou de uma visão, o segredo de seu próprio desejo ultraterreno. Naquele «*tanto celebrato sogno*», M. preferia unir-se aos hóspedes do Inferno em vez das almas do paraíso. A blasfêmia do último discurso de M. aperfeiçoava, na impiedade ateísta, pagã, epicurista, libertina, a já duvidosa fama do autor".

O exame das fontes atesta dois principais ramos de tradição, um contexto italiano e um ambiente franco-ale-mão: o primeiro é relativamente mais antigo do que o segundo em marcar o ponto de origem, identificável, ao que parece, em uma carta de Anton Francesco Doni a Gabriele Giolito, datada de Pádua, 15 de fevereiro de 1544, e publicada naquele mesmo ano em *Lettere del Doni* (Le novelle, t. 1, La moral filosofia. Trattati, a cura di P. Pellizzari, 2002, p. 388-93) com o título *Visione d'un galante uomo che stava per morire, e così fece*; o «*homem galante*» em questão é um «*messer Nicolò*» não melhor especificado, que relata sua visão a «*muitos cavalheiros*». A ela segue a alusão contida em uma missiva de Giovan Battista Busini a Benedetto Varchi, de 23 de janeiro de 1549: «onde [M.] contou aquele tanto celebrado sonho a Filippo [Strozzi], a Francesco del Nero e a Jacopo Nardi, e a outros, e assim morreu malissimamente contente, zombando». O caráter «*tanto celebrado*» do sonho deixa supor que o destinatário da carta, e um público mais vasto, fossem capazes de entender o que ali se mencionava. No entanto a pista, já fraca e tardia, do «*sonho*» não tem difusão e se eclipsa na Itália, até 1752, quando a carta de Busini é pela primeira vez publicada na introdução de Angelo Maria Bandini à sua *Collectio veterum aliquot monimentorum ad historiam praecipue litterariam pertinentium* (p. XXXII-XXXIV). Antecipando a notícia que, mesmo não acreditando nela, Bandini a colocava à disposição, Pierre Bayle [no verbete] *Machiavel* de seu *Dictionnaire historique et critique* (1695-1696, 1715, p. 874-79), retomou os testemunhos de Étienne Binet, François Hotman e Hieronymus Wolf, iniciadores dos dois ramos independentes de uma tradição que penetrou e se difundiu na França até Denis Diderot, e muito mais na Alemanha, com a *Historia critica philosophiae*, de Johann Jacob Brucker (1742-1744).

O conteúdo do sonho, muito próximo à *Visione* descrita por Doni, é referido em um trecho do livro do jesuíta Binet sobre a salvação de Orígenes (*Du salut d'Origène*, 1629, p. 359-62), no qual se lê que M. «teve essa alu-cinação (*illusion*) pouco antes de expirar»: ele viu um pequeno grupo de pessoas pobres e desamparadas, humildes na aparência e pouco agradáveis, e ouviu dizer que eram os eleitos do Paraíso, dos quais está escrito *Beati pauperes, quoniam ipsorum est regnum coeli*. Viu, então, um segundo grupo, numerosíssimo, de persona-gens graves na aparência e solenes, como um senado que discutisse assuntos de Estado muito sérios, entre os quais reconheceu Platão, Aristóteles, Sêneca, Plutarco, Tácito e outros de igual qualidade. Soube que eles eram os condenados, pois *Sapientia huius saeculi inimica est Dei*. Questionado, M. expressou o desejo de se juntar a eles no inferno, onde se entreteria com eles sobre os assuntos de Estado. Binet, com Busini, fala de «ilusão» ou «sonho» e, da mesma forma, não declara a origem da anedota.

Uma linha diferente tem origem no comentário de Wolf sobre sentenças escolhidas das *Tusculanae*, de Cícero. Wolf relata que alguns *faceti homunculi*, seguindo M., declaram preferir o Inferno ao Paraíso porque é povoado de reis, pontífices, príncipes, infinitos jovens belíssimos e mulheres elegantíssimas. Esses "seguidores" de M. são talvez os libertinos adversos a Calvino (Sasso, 1988). A nota de Wolf foi deturpada por Hotman (em uma carta a Rudolf Gwalther, antistes de Zurique, de 28 de dezembro de 1580), de quem chegou a Bayle a notícia de que M. teria escrito, em certo lugar (*quodam loco scripsisse*), que preferia, após a morte, a descida ao Inferno entre os demônios à ascensão ao Paraíso.

«*Fantasia*» caluniosa do antimachiavelismo investigado por Oreste Tommasini, «falso» imaginado por outros sobre materiais maquiavelianos para Pasquale Villari, o sonho de M. é aceito por Roberto Ridolfi. Sasso interroga e integra as riquíssimas anotações de Bayle e transforma o ceticismo sobre a lenda do sonho em pesquisa de sua «*estrutura erudita*». Em proximidade a fontes escritas, de autores e de tradições que M. pode ter acolhido, encontra-se a atmosfera dantesca do «*nobre castelo*» (Inferno IV 106-44) e o além platônico da *Apologia de Sócrates* (40c-41c). E pela singular analogia de estrutura depara-se com a antiga lenda do rei frisão Rathbod (*Vita Wulframni*, séculos VIII-IX) e na cantafábula de Aucassin et Nicolet (séculos XII-XIII). São variações sobre um acordo fundamental, que confere ao inferno o caráter de um exemplar lugar protetivo para um mundo de valores aos quais os protagonistas são ligados, e ao paraíso o da sua traição".

*Cristo no Limbo – Luca Penni (1547-1548)*

*Luca Signorelli – detalhe – Predica e fatti dell'Anticristo, Storie degli ultimi giorni (1499-1502)
– Duomo della Basilica di San Brizio*

Entretanto a opinião de que o Inferno jamais deveria servir àqueles sem méritos para as grandes ações é vista em outras passagens dos escritos do nosso autor. Lembremos de uma crítica feita aos cristãos submissos: "A maioria dos homens, para ir ao Paraíso, pensa mais em suportar as ofensas do que em vingar-se delas" (*Discursos*, II-2). Em *Vita di Castruccio*, quando perguntaram ao protagonista se ele alguma vez pensou em se tornar frade para salvar sua alma, ele respondeu que não, porque lhe parecia estranho que Frei Lázaro fosse para o Paraíso e Uguccione della Faggiuola, capitão da cidade de Pisa, para o Inferno. Quando Piero Soderini, antigo patrão de Nicolau na Chancelaria, faleceu, nosso autor escreveu quatro versos em um *Epigrama*: "Na noite em que morreu Pier Soderini, / sua alma à boca do Inferno se aproximou; / 'Que Inferno? Alma tola!', Plutão gritou / 'Vais para o Limbo ficar com as crianças' [*bambini*]".[232]

---

[232] «[...] L'opinion que l'enfer ne devait point servir à ceux qui ne l'avaient pas mérité par de grandes actions est exprimée dans d'autres passages des écrits de Machiavel, et c'est ainsi que, pour le fond aussi bien que pour la forme, il nous faut, indépendamment d'autres preuves, conclure que ces vers sont authentiques [os versos do *Epigrama*, sobre a morte de Soderini]. Une tradition veut qu'avant de mourir, il ait dit qu'il ne voulait

Nicolau considera que Soderini não foi ao Inferno, mas ao Limbo, local destinado às crianças não batizadas, que não sofrerão nenhum castigo, mas também não entrarão no Paraíso nem serão glorificadas. Há uma doutrina oficial da Igreja que nos conta que Cristo foi ao Inferno para resgatar muitas almas virtuosas, nascidas antes da aliança, maculadas somente pelo pecado original da natureza humana: a *Descensus Christi ad Inferos,* também chamada de "descida à mansão dos mortos", ou, também, *Limbo dos Justos – limbus patrum* (Ott, p. 301).

Esse Inferno pintado por nosso autor é destinado aos grandes e honrados. Soderini se assemelhava às crianças: em tempos que demandavam ímpeto e violência, agiu com prudência e paz, além de não ter conseguido vencer a inveja dos homens. A fraqueza e a omissão de Soderini foram responsáveis pela queda da República Florentina e a desgraça na vida privada e profissional de Nicolau. Nosso amigo já nos contou sobre isso, assim que chegamos em sua *villa*, lá atrás.

No Limbo de Dante (*Inferno*, IV) encontram-se as almas dos homens virtuosos que não sofrem nenhum tormento, mas não podem ser beatificados porque não foram batizados. A esse lugar pertencem seu guia, Virgílio, mas também Homero, "poeta soberano", Horácio, Ovídio e Lucano. Sócrates, Platão, Aristóteles, Demócrito, Anaxágoras, Tales, Empédocles, Heráclito, Zenão, Pedanius Dioscórides, Túlio, Lino, Diógenes, Orfeu, Sêneca, Euclides, Ptlomeu, Hipócrates, Avicena, Galeno e Averróis. Mas não apenas filósofos, poetas, médicos, botânicos e historiadores, também os heróis guerreiros: Enéas, Heitor e César estavam entre as grandes almas pagãs, que não mereciam sofrer castigos.

Para além desses detalhes, o Inferno de Nicolau é levemente diferente. Voltemos uma vez mais à *Favola*. Vimos que os demônios fizeram uma assembleia para decidir qual entre eles deveria vir à Terra para viver disfarçado de humano. Já que nenhum dos presentes quis assumir voluntariamente a tarefa, "deliberaram que fosse a *sorte* a decidir".

Na comédia *Clizia* (Ato III, Cena VII) vemos outro impasse: Pirro e Nicômaco não chegavam a um acordo. Assim, diz Nicômaco: "Pensei, dado que não nos entendemos, que a questão seja posta nas mãos da *Fortuna*". "Como assim, da *Fortuna*?", contesta Sofronia, ao que responde Nicômaco: "Que em uma bolsa se coloquem seus nomes e em outra o nome de Clizia

---

pas aller au paradis, à cause des pauvres d'esprit qui l'habitaient, mais en enfer où l'on trouvait les savant et les habiles [...]» (Ferrara, 1928, p. 170).

e uma papeleta em branco, e que primeiro se extraia o nome de um deles e [assim terá Clizia], [enquanto] o outro tenha paciência [por ter perdido o sorteio]". Voltaremos a esse ponto daqui a pouco.

A visão tradicional da cristandade define que o diabo é o Inimigo, o Adversário. Os demônios são seus acólitos e seguidores. A história da composição dessa hoste do mal oposta à hoste celeste é muito conhecida: inúmeros anjos seguiram Satanás em sua queda, tornando-se seus servos fiéis. No entanto representações diferentes chegariam para alterar a simplicidade desse esquema. Desde o Antigo Testamento apareciam forças obscuras do mal, sem laço preciso com Satanás, como Asmodeus, no livro de Tobias, Lilite em Jó e em Isaías, Azazel no Levítico, ou como os sátiros em forma de bode em diversos livros bíblicos. Na história cristã, séculos de pastoral construíram ou confirmaram a imagem de uma presença abundante e multiforme dos demônios no mundo, ou perto do mundo dos homens, sem que essa população fosse vista em uma ação coordenada e precisa do diabo, pouco presente nas mentalidades comuns (Boureau, 2016, p. 115).

A visão de Nicolau é em parte adequada à tradição cristã. Conseguimos traçar uma hierarquia entre os seres do mal e do bem, e uma topografia do mundo em que habitam. Temos o Limbo, destinado às crianças e homens pouco viris, feito Soderini; o Inferno, apresentado reformado, pelo visto sob nova diretoria; local em que se encontra a *infelicidade*, onde se sofre por *amor*, mas também onde se discute política e se está em companhia de grandes homens; o Purgatório, local talvez irrelevante, onde se pune os pecados veniais de velhos anônimos (o marido da mulher d'*A Mandrágora*); e o Paraíso. Morada de Deus, dos *Espíritos Beatos*, das *Inteligências que estão no ar*, da *Fortuna* (no próximo tópico será explicada a "Fortuna como *ministra* de Deus"). Em suas páginas vemos os possíveis habitantes do Paraíso e soldados de Deus: homens que experimentaram a *apoteose* (veremos no próximo capítulo).

Embora na *Favola di Belfagor* não seja narrado como os demônios chegaram ao resultado de quem deveria "descer" à Terra, imaginamos que teria sido um sorteio similar ao narrado em *Clizia*. O que parece curioso é que os diabos submetem seus planos ao acaso, à *sorte*, enquanto os humanos, Pirro, Nicômaco, Sofronia, estão submetidos à *Fortuna*. Certamente, dentro da simbologia da Fortuna, no renascimento, estava a de uma entidade relacionada à sorte, ao imprevisível e ao azar, como veremos no tópico seguinte e no longo *Apêndice* dedicado a ela.

Dentro do campo idiomático, a expressão "deixar nas mãos da Fortuna" significava que algo seria decido pela sorte. Porém, se considerarmos que a Fortuna está na hoste oposta à infernal, então esse postulado parecerá inteiramente coerente com as alianças dos seres sobrenaturais que permeiam as páginas de nosso *secretário*: a Fortuna, na qualidade de ministra de Deus, será, à sua maneira, aliada dos homens, por isso os príncipes do Inferno não puderam contar com seus serviços para realizar o sorteio.

Se o submundo de Nicolau não é o mar de fogo e tormentos meditado pelos Santos Padres e Mestres Ascestas; se houve um tempo em que "os homens eram tão bons que os deuses não sentiam vergonha de descer do céu" para estarem junto aos habitantes da Terra, mas que com a corrupção da humanidade começaram a abandonar a Terra; se "em vossa cidade encontramos mais dor e sofrimento" que no Inferno, então o verdadeiro Inferno é a própria Terra. Ao longo de todo o capítulo 2 nosso anfitrião nos falou a respeito dos responsáveis pelos sofrimentos passados aqui, no mundo dos homens. Você, querido leitor, lembra da longa citação d'*Arte da Guerra* no final daquele capítulo? Por ali recordamos que o homem caído é o responsável pela calamidade terrestre, enquanto os velhos príncipes pela destruição da pátria.

Se o leitor se recorda da figura do amigo de Deus, o homem que serve ao Diabo é inimigo de Deus, e o que se sacrifica pela pátria agrada ao Senhor. Desse modo, junto aos diabos e seus asseclas estão os velhos príncipes, corruptos, corruptores e corrompidos pelos pecados da preguiça, do ódio, da ingratidão, da ambição, da crueldade, da inveja e da suspeita. Não é sem razão que as representações iconográficas da época retratavam o tirano secular com chifres na cabeça. Do lado oposto, sob os estandartes celestiais, teríamos, então, o novo príncipe, o herói salvador da pátria, que se sacrifica pelo bem comum. Nicolau nos deixou algumas pistas que esse herói é um herói salvífico sob os moldes clássicos. Um homem diferente, virtuoso, amigo e escolhido por Deus, mas isso será visto com mais detalhes no capítulo 4.

Voltemos uma vez mais ao *sogno di Machiavelli*. Se considerarmos a palavra *inferno* em sua acepção puramente linguística, excluindo-se qualquer atribuição teológica a ela vinculada, temos *infernum*, *infernus* ou *inferos*, que significa, simplesmente, "aquilo que está em baixo" ou "profundezas". Independentemente de sofrimentos, castigos ou qualquer tipo de pena justificada por algum delito ou pecado (deixemos tudo isso de lado por um momento), o *inferno* é, nesse sentido, apenas um "lugar" que "está abaixo". Em todos os relatos que conhecemos de viajantes do submundo e que Nicolau também conhecia, sempre há uma gradação geográfica: existe um ponto do Inferno em que não se vê castigos nem sofrimentos às almas que ali se encontram.

Nosso poeta conhecia com a palma de sua mão o trajeto de Dante, na *Divina Comédia*; de Enéas, na *Eneida*, de Virgílio; de Orfeu, nas *Metamorfoses*, de Ovídio; de Odisseu, na *Odisseia*, de Homero; e de Er, na *República*, de Platão; ele também conhecia os mitos de Hércules. Todos esses heróis aventureiros realizaram a *catábase* e a *anábase*. Mesmo que o seu *sogno* seja considerado pelos biógrafos a última de suas memórias, vindo a falecer logo em seguida (acometido por intensas dores intestinais, em 1527), nosso contador de histórias deixou, ainda em vida, um registro de suas próprias viagens ao submundo. Esse registro abre o livro que você tem agora em mãos, caro leitor, lá na *epígrafe*.

> Ao chegar a noite, volto para casa e entro no meu escritório; e no limiar me dispo daquela vestimenta cotidiana, cheia de barro e de lama, e visto roupas reais e curiais; e novamente vestido como se condiz, entro nas antigas cortes dos homens antigos; recebido amorosamente por eles, nutro-me daquele alimento que é somente meu e para o qual eu nasci; por isso, não me envergonho de falar-lhes e de perguntar-lhes as razões de suas ações, e eles, por sua humanidade, me respondem; e durante quatro horas, não sinto nenhum tédio, esqueço minhas preocupações, não temo a pobreza, não me perturba a morte, transporto-me inteiramente para eles [...]. (*Carta* 216, a Francesco Vettori, de 10 de dezembro de 1513).

Novamente: o Inferno é um lugar de homens ilustres. Pouco importa que as jornadas do nosso autor a esse campo especial e seleto sejam simples e breves (durando somente um expediente de trabalho intelectual, e não décadas, feito as provações de Enéas ou Odisseu). Foi na presença dos *antiqui huomini* que nosso autor, por eles *ricevuto amorevolmente*, escreveu *O Príncipe*: "E porque Dante diz que não se chega a um verdadeiro conhecimento se não se assimila o que se entendeu, anotei aquilo que por sua conversação encontrei fundamental, e compus um opúsculo: *De Principatibus*". Igual a Moisés, que conversava com Deus "cara a cara", como se conversa com um amigo, Nicolau "conversava" com Dante. Provavelmente com a mesma intimidade.

Ainda que a carta não mencione suas obras posteriores, não há razão para supor que ele teria abandonado esse ritual de comunhão com os *antiqui huomini* enquanto escrevia os *Discursos*, as *Histórias Florentinas* ou qualquer outro texto, visto que eram nessas ocasiões em que se nutria "daquele alimento que é somente meu e para o qual eu nasci".

Nicolau desce ao Inferno para aprender com a companhia de homens ilustres e retorna ao mundo dos vivos para ensinar àqueles que estiverem dispostos a lê-lo e a ouvi-lo, as formas adequadas de se comandar as tropas, de se organizar um reino, de lidar com os inimigos, de respeitar a religião, de punir os soberbos, de servir a Deus. O herói de Nicolau talvez não precise descer ao Inferno para se instruir. Ele próprio já o fez em seu benefício. Talvez, ao herói já bastaria o sacrifício de agir e de pôr a si próprio à disposição do bem comum para salvar a pátria.

Desde a queda e a expulsão da humanidade do Paraíso primordial, o homem busca reencontrar ou até mesmo recriar esse Éden perdido. A teoria político-teológica de nosso autor visa exatamente isto: resgatar o Paraíso Primordial que se perdeu por conta da maldade e do pecado. Como Nicolau tenta fazer isso? Ele nos contará no capítulo 4. Já vimos a Deus, outras divindades, parte dos céus, os *espíritos astrais*, Cristo, a Virgem, os profetas, os eremitas, os santos, os presságios e outros sinais na natureza, as *inteligências que estão no ar*, as Fúrias e os diabos. Falta agora a enigmática figura da Fortuna.

## A Fortuna

Não é fácil definir a Fortuna na obra do nosso autor.[233] Ele a retrata em diversas ocasiões, sob diferentes metáforas, dentro de vários contextos, relacionando-a a muitos outros conceitos. Nicolau frequentemente fala da Fortuna juntamente aos *tempos*, à *ocasião*, ao *hilemorfismo*, aos *céus* e aos *deuses*, além de apresentar a palavra *fortuna* em contextos puramente idiomáticos cotidianos. De fato, explicar o que nosso historiador, teólogo, dramaturgo, poeta e filósofo político pensava exatamente sobre ela é uma das tarefas mais complexas nos trabalhos de interpretação. Anthony J. Parel sintetizou parte dessa dificuldade:

---

[233] Escrevi um apêndice para abordar vários detalhes relacionados à deusa tanto na obra de Nicolau quanto na arte do Renascimento, em poetas medievais e antigos. Neste tópico, tratarei somente de algumas caracterizações gerais encontradas nas páginas do florentino.

Maquiavel herda diferentes tradições de pensamento sobre a Fortuna e o peso dessa herança o pressiona demasiadamente. Isso explica por que ele utiliza o conceito de maneiras diferentes e sob distintos contextos, e por que nem todos os seus significados são compatíveis entre si. Então, às vezes encontramos [na obra de Nicolau] a noção de Fortuna em um sentido como um agente causal, superior aos humanos. Em outros momentos, vemos que fortuna se refere aos eventos fortuitos que acontecem na vida e afetam os resultados de nossas ações. Aqui, esse tratamento pode lembrar algo do tratamento dado a *Tyché* na literatura filosófica, como, por exemplo, na *Física* (II, 4) de Aristóteles. E, novamente, encontramos o termo Fortuna referindo-se à condição de vida favorável ou desfavorável, ou à relação favorável ou desfavorável que alguém tem com o outro. Se Maquiavel tivesse falado da Fortuna apenas nesses dois sentidos [como um agente causal e como os eventos fortuitos], praticamente não haveria dificuldades em explicar sua posição sobre o tema [...] (Parel, p. 64).

Dado incontestável, ela tem domínio e controle sobre os homens. "A Fortuna exerce seu imenso poder sobre os assuntos terrenos de maneira arbitrária" (Viroli, 2010, p. 31). Em seu poema *Di Fortuna*, nosso poeta a considera uma deusa que reina sobre todo o mundo. Injusta, favorece os injustos enquanto castiga os bons.[234] Em outro poema, o *Segundo Decenal*,

---

[234] As palavras amargas do *Messer* Benedetto Alberti, antes de se exilar de Florença: "Vocês veem, meus pais e avós, como a fortuna me arruinou e os ameaçou? [tal fato não é motivo para espanto porque] é sempre isto que acontece àqueles que [estão] entre muitos [homens] maus, e que querem ser bons" (*HF*, III-23). Na *Carta* 234, escrita por Francesco Vettori a Nicolau, em 15 de dezembro de 1514, escrita tanto em italiano quanto em latim, encontramos outras referências melancólicas e fatalistas sobre o destino dos homens. "[...] Conversei várias vezes sobre você com meu irmão Paulo, que o estima muito. Ele deve retornar dentro de um mês, e você poderá saber por ele o quanto o valorizo e penso em você. Mas, acredite, somos guiados pelo destino. Li, há alguns dias, o livro de Pontano *De Fortuna*, recentemente impresso, que ele dedicou ao grande Consalvo. Nele, Pontano mostra claramente que o talento, a prudência, a coragem e outras virtudes não têm valor quando falta a fortuna. Em Roma, vemos exemplos disso todos os dias. Conhecemos algumas pessoas que, embora sem nobreza, sem estudos e sem talento, possuem grande autoridade. No entanto, devemos aceitar isso; especialmente você, que não desconhece os males e já sofreu coisas piores. Deus também porá fim a esses males. Eu vivo e estou bem aqui, mas não completamente. A tumoração no meu pescoço, como você sabe, cresce a cada dia, e estou incerto se deve ser removida. Acredito que sou suficientemente grato ao Papa e aos demais Médici, mas não peço nada a eles. Meu salário cobre minhas despesas, mas no final do mês não sobra nada. Estou livre do amor, reconciliado com os livros e com os jogos de cartas [...]".
No original: "[...] Pluries cum Paulo fratre meo qui te plurimum diligit, de te loquutus sum. Is, ut spero, intra mensem redibit, et ab illo scire poteris quantum tibi tribuam, et quantum de te cogitem. Sed, crede mihi, fatis agimur. Legi, superioribus diebus, librum Pontani De Fortuna, noviter impressum, quem ipse ad Consalvum magnum direxit: in quo aperte ostendit nihil valere ingenium neque prudentiam neque fortitudinem neque alias virtutes, ubi fortuna desit. Rome, de hac re, quotidie experimentum videmus. Aliquos enim cognoscimus ignobiles, sine literis, sine ingenio, in summa esse auctoritate. Tamen acquiescendum est; et presertim tu hoc facere debes, qui malorum non es ignarus, et qui graviora passus es. Dabit Deus his quoque finem. Ego hic vivo et valeo, non penitus tamen. Strumma quod in collo, ut scis, habeo, in dies crescit, animique dubius sum an resecandum sit. Pontifici Maximo et reliquis nostris Medicibus sum, meo iudicio, satis gratus; tamen nihil ab illis peto. De salario, mihi secundum leges concesso, sumptus facio, et mense finito nihil ex illo mihi reliqui est. Ab amore emancippatus sum: in gratiam cum libris redii, et cum lusoriis cartis [...]".

Antônio Giacomini Tebalducci, um dos poucos valentes comandantes militares que serviram à República Florentina, sofreu nas mãos da deusa:

> [*Giacomini*], por sua *virtù*, destino e fado
> Logrou tanta glória que a fama veio,
> Como a nenhum outro cidadão privado.
> Este à pátria sua deu esteio,
> E de vossa milícia o seu decoro
> Com grande justiça no tempo reveio
> Avaro por honra, pleno de ouro.
> E com tanta *virtù* viveu e foi capaz,
> Que mereceria mais que este meu louro.
> Agora desprezado e vilipendiado jaz
> Em sua casa, pobre velho e cego
> Pois não gosta, a fortuna, de quem o bem faz! [...]

A deusa também aparece no poema *Di Fortuna*, como senhora do tempo, e sob outros símbolos comuns ao imaginário coletivo sobre ela, feito a Roda da Fortuna, e como uma entidade imprevisível,[235] que concede favores, mas retira os dons ao seu bel-prazer ("como às antigas pessoas, famosas e nobres / fortuna muitas vezes ora acariciou, ora castigou" – *O Asno*, Cap. V). Uma deusa de origem desconhecida, mas sabemos que "até Júpiter teme seu poder".

No *Apêndice II*, escrevi um tópico sobre a figura da deusa como ministra de Deus na obra de Dante. Ali veremos quatro cantos da Divina Comédia, em que o poeta da *dolce lingua* a apresenta em diferentes círculos do Inferno e em um dos céus do Paraíso. No entanto a discussão sobre a deusa é muito mais antiga que Dante ou outros autores medievais. Em Agostinho já havia análises sobre a sua condição ontológica. O Santo se perguntou por que os homens consideraram a Fortuna uma deusa, junto à felicidade. Diferentemente de Maquiavel, Agostinho questionou por que eles adoravam a Fortuna e não a Júpiter, se se supõe que ele, Júpiter, poderia comandá-la.[236]

---

"[o injusto] com toda probabilidade, deve ser mais amado pelos deuses do que o justo. Assim dizem, Sócrates, que o homem injusto é providenciado tanto pelos deuses quanto pelos homens para ter uma vida melhor que a do justo" (*República*, II, 362c); no apêndice sobre a Fortuna tratarei brevemente de Tyché, deusa grega correspondente à Fortuna latina.

[235] "[...] le cose della fortuna sono tutte dubbie [...]" (*Carta* 235, a Vettori, 20 de dezembro de 1514). *Messer* Agnolo Acciaiuoli escreve uma carta para Nicolau Soderini, buscando uma reconciliação: "Me faz rir os jogos da fortuna e o modo como ela, a seu gosto, transforma amigos em inimigos e inimigos em amigos [...]" (*HF*, VII-18).

[236] "Supuesto que la Felicidad es también diosa, le fue erigido templo, mereció ara, la dedicaron ceremonias propias; luego deberían adorar a esta sola, porque donde ésta se halle ¿qué bien no habrá? Pero ¿qué

Entretanto será no *trecento italiano* que teremos a formulação de que Deus a comanda, utilizando-a para realizar Seus desígnios. A Fortuna se torna, então, uma ministra de Deus. Nesse aspecto, da Fortuna sob o poder da Providência Divina, a influência de Dante, Petrarca e Boccaccio é vista em vários autores contemporâneos de Nicolau, como no caso do poeta alemão, Sebastian Brant (1457-1521).

Em sua obra *A Nave dos Néscios*, Brant retoma a tradição medieval da Roda da Fortuna, aplicando-a fundamentalmente ao poder político, do ponto de vista do repúdio dos tolos e de sua crença de que o poder durará para sempre (González García, 2006, p. 122-124). Abordo o simbolismo da Roda da Fortuna no *Apêndice II*. Porém Nicolau tem uma postura moralista semelhante à de Brant, pois ambos criticam veementemente aqueles que têm poder sem temor a Deus; na obra de Brant, a mão de Deus aparece presidindo a composição e girando a Roda da Fortuna. De Deus depende, portanto, tanto o poder quanto a "fortuna" e a morte.

Sebastian De Grazia analisa o contexto ao redor de Maquiavel sobre essa posição hierárquica entre Deus e a Fortuna. "Deus criou o mundo para o benefício do homem, e Ele, por Si mesmo ou por meio dos céus, da

---

significa que del mismo modo tienen y adoran por diosa la Fortuna? ¿Es por ventura una cosa la felicidad y otra la fortuna? Sin duda la fortuna puede ser también mala; pero la felicidad, si feure mala, no será felicidad; pues ciertamente todos los dioses varones y hembras (si es que en ellos hay diferencia de sexos) no los debemos tener sino por buenos. Esto lo enseña Platón y lo enseñan otros filósofos y los más insignes príncipes de los pueblos. Y como la diosa Fortuna a veces es buena y a veces es mala, ¿acaso cuando es mala no es diosa, sino que de repente se convierte en espíritu maligno? ¿Cuántas son estas diosas? Sin duda cuantos son los hombres afortunados; esto es, de buena fortuna; porque habiendo otros muchos juntamente, esto es, en una misma época, de mala fortuna, pregunto: ¿si ella fuera tal, sería juntamente buena y mala; para éstos, una y para los otros, otra? O la que es diosa ¿es acaso siempre buena? Luego de esta manera ella es la felicidad, y si lo es ¿para qué las ponen diversos nombres? Pero esto, dicen, se puede sufrir, porque también acostumbramos llamar a una misma cosa con diferentes nombres. ¿A qué vienen entonces diversos templos, diversas aras y sacrificios? Dicen que la causa es porque felicidad es la que tienen los buenos por sus merecimientos; pero la fortuna que se dice buena viene fortuitamente a los buenos y a los malos, sin tener en cuenta sus méritos, y por eso se llama también fortuna. ¿Cómo es buena la que sin juicio ni discreción viene a los buenos y a los malos? ¿Y para qué la adoran siendo tan ciega y ofreciéndose a cada paso a cualquier persona, de modo que por la mayor parte desampara a los que la adoran y se hace de la parte de los que la desprecian? Y si es que aprovechan o sacan alguna utilidad los que la tributan culto de manera que ella los atienda y los ame ya tiene en cuenta los méritos y no viene por acaso. ¿Dónde está, pues, aquella definición de la Fortuna? ¿Y por qué se llamó Fortuna del caso fortuito? Porque es cierto que no aprovecha el rendirla adoración si es fortuna; pero si acude a sus devotos, y a los que la reverencian, de modo que utilizase su influjo, no es fortuna. ¿O es que Júpiter la puede enviar donde quiera? Entonces adórenle sólo a él; porque no puede resistir a sus mandatos ni dejar de ir a donde Júpiter quisiese. Pero, en fin, adórenla si quieren, los malos, que no se preocupan de adquirir méritos con que granjear el afecto de la diosa Felicidad" (Agustín, 2007, Tomo I, libro II, cap. XVIII, p. 240-241).

fortuna e de outros seres sobrenaturais, continua a exercer sua vontade nos fenômenos naturais e nos assuntos humanos" (De Grazia, p. 197).

Podemos concluir que muitos contemporâneos do nosso autor, incluindo Lorenzo de Médici, incorporaram essa concepção da Fortuna como ministra de Deus,[237] enquanto Nicolau a adotou em partes. Ele não a chama expressamente de ministra de Deus, ou de mensageira d'Ele, mas, por alguns elementos disponíveis, percebemos que o "Deus cristão" está acima dela, tendo mais poder que a deusa pagã.

> Um dos versos de Lorenzo, o Magnífico, a chama de "Fortuna, ministra de Deus". A linguagem dos cidadãos florentinos, tal como foi preservada nas atas das reuniões do governo no início do século XV, mostra que eles também concebiam a Fortuna como uma assistente ou ministra de Deus, sendo identificada com os desejos ou as instruções ditadas por Ele. Essa é aproximadamente a posição de Niccolò. Embora às vezes se queixe e a apresente como a personificação do mal no mundo, um diabo ou um demônio, ele também a trata em termos divinos. [Ao mencionar que Júpiter a teme] nosso poeta o menciona não para integrar uma divindade principal a outra, mas para evitar envolver Deus. Ele nunca opõe a fortuna à vontade divina. Em *O Príncipe*, em uma rara justaposição, afirma que a rejeição de Cesare Bórgia pela Fortuna, "no curso mais alto de sua ação", implicava que ele não havia sido ordenado por Deus. Nos escritos de Niccolò, a Fortuna é mais do que uma comissária ou mensageira. Possui caráter e desígnios próprios, que os homens devem conhecer e levar em consideração. Sua vontade às vezes parece quase rebelde. A Fortuna, como lamenta um capitão em seu leito de morte, "quer ser árbitra de todas as coisas humanas". Enquanto a Fortuna se mantém como serva poderosa e misteriosa de Deus, mais fiel e obediente, os homens não podem reclamar. É quando ela se converte em demiurgo e desliza para sua própria vontade que os homens precisam buscar uma solução [...] (De Grazia, p. 204 - 205).

---

[237] "O rei capturado por Constantino diz: / Ó imperador, eu também fui senhor; / agora sou servo e prisioneiro, eu e meus filhos. / Se a Fortuna, ministra de Deus, / assim o quis, que todos tomem exemplo; / e alertados pelo meu estado, / não se surpreendam com adversidades. / Vencer é um dom excelente de Deus, / mas ainda mais é ser clemente na vitória" (Lorenzo de' Médici, V. II, p. 96).
Em 17 de fevereiro de 1491, a *Rappresentazione di San Giovanni e Paolo*, de Lorenzo de Médici, foi encenada em Florença pela Companhia de São João Evangelista. A história representada é essencialmente derivada da *Legenda Aurea*, de Jacopo da Varagine. Com essa obra, Lorenzo reconectava seus laços com a tradição poética religiosa popular, experimentando um gênero apreciado por sua mãe, Lucrezia Tornabuoni, e já experimentado em Florença por escritores religiosos populares, como Feo Belcari, Antonio di Meglio, Bernardo e Antonia Pulci. Para Lorenzo, que estava atento aos humores políticos da cidade (em 1489, Girolamo Savonarola chegou a Florença como pregador no convento de San Marco), isso também significava uma renúncia pública à poesia de inspiração platônica e pagã de Ficino, para recuperar o vínculo com as tradições cristãs populares.

Bem, a palavra fortuna, nas páginas de Nicolau, também tem o significado de ordem política. É o que quer dizer nosso historiador quando escreve que após Florença ter sido destruída pelos ostrogodos, 250 anos depois foi reconstruída por Carlos Magno: "desse tempo até o ano de 1215 da era cristã, ela [Florença] viveu sob aquela fortuna" (HF, II-2), ou seja, a ordem constituída por Carlos Magno. Também em Discurso I-11, a ordem de Numa, fundada sobre o culto aos deuses, foi "uma das principais causas da felicidade de Roma, porque originou boas ordenações e as boas ordenações trazem boa fortuna; da boa fortuna nasce o bom sucesso nas empresas", significando "boa fortuna" a ordem e o poder do Estado.

Inconstante, volúvel, impermanente, Nicolau às vezes a considera como deusa, outras como diva, às vezes má, às vezes boa. O homem não consegue entender seus desígnios e sua vontade. É o que lemos no título do capítulo 29 do livro II dos Discursos: "a Fortuna cega o ânimo dos homens quando não quer que estes se oponham aos seus desígnios". E se está dentro de sua vontade, matará o homem que poderia representar uma oposição aos seus planos.

O céu significa, às vezes, o céu teológico; em outro momento signi-fica os deuses (quando nosso autor escreve que algo foi ordenado pelos céus – por exemplo, Discursos, I-11); às vezes significa o céu astrológico; em outros lugares o próprio Deus[238] e, também, a própria Fortuna. Para a interpretação de Parel (p. 63), os céus controlam basicamente as coisas relacionadas ao mundo sublunar, em que os eventos ocorrem com regu-laridade e previsibilidade, enquanto a Fortuna governaria basicamente, ou somente, as coisas que ocorrem por sorte ou acidente.

Nesse capítulo (Discursos, II-29), o título fala expressamente que a Fortuna cega os homens. Nicolau, em seguida, menciona diretamente Lívio e a aborda conjuntamente ao céu e aos céus. Ele abre seu primeiro parágrafo afirmando que "se considerarmos bem como procedem as coisas humanas, veremos que muitas vezes nascem coisas e ocorrem acidentes que os céus (i cieli - no plural) não querem que, de maneira alguma, sejam previstos". Depois segue narrando sobre o céu (del cielo – no singular):

---

[238] Em seu poema Pastorale (p. 994-997), dedicado a Lorenzo de Médici, Nicolau escreve que quando o céu quis mostrar sua virtù, ele (o céu) nos deu algo tão supremo, isto é, a criação de Lorenzo. Mais adiante, nesse mesmo poema, a decisão, a vontade de criar Lorenzo, foi de Deus. Nesse sentido, Deus e o céu se apresentam como sinônimos: Quando no princípio quis Deus criar-te. / No poema Os Eremitas, num verso lemos "o Céu quer nos salvar", mais à frente se assegura que "o Céu" não quer se vingar dos pecados humanos e, "portanto, Deus alegre vos assegura [...]". Aqui Deus é o Céu.

> E como este lugar [Roma] é notável para demonstrar o poder do céu [*del cielo*] sobre as coisas humanas, Tito Lívio o demonstra longamente com palavras eloquentes: dizendo que, por querer o céu [*il cielo*] para algum desígnio seu que os romanos conhecessem seu poder, fez com que os Fábios, enviados como embaixadores aos franceses, cometessem o erro que ocasionou a guerra contra Roma [...];[239]

Depois desse erro, *o céu* continuou agindo, impedindo que os romanos fizessem "qualquer coisa digna dos romanos", o que significa que eles não poderiam usar sua *virtù* para terminar a guerra, pois continuaram cometendo erros graves, diversas vezes: estavam os gauleses junto ao Rio Allia, a cerca de dez milhas de Roma; ali os romanos organizaram seu acampamento "sem nenhuma diligência comum, sem examinar primeiro o terreno, sem cercá-lo com fossos e parapeitos, sem usar nenhum remédio humano ou divino".

Os romanos, que eram conhecidos por sua *virtù*, prudência, inteligência e boa atuação na guerra, estavam fazendo as coisas de uma maneira tão diferente do usual que "quem tivesse lido as coisas feitas por aquele povo tantos anos antes, e lesse depois o que aconteceu então, não poderia acreditar que se tratava do mesmo povo". A única explicação possível para essa mudança na conduta romana era a interferência de alguma força sobrenatural, alguma força oculta. Sobre essa situação, Nicolau cita Lívio: *Adeo obcaecat animos fortuna, cum vim suam ingruentem refringi non vult* (a fortuna cega o entendimento, porque não quer que sua violência seja detida).

"Essa conclusão não pode ser mais verdadeira", comenta nosso autor sobre a afirmação de Lívio. E a Fortuna, "quando quer realizar grandes feitos",

> [...] escolhe um homem que tenha tanto espírito e tanta *virtù*, que possa perceber as ocasiões [*occasioni*] que ela lhe oferece. Igualmente, quando quer conduzir grandes ruínas, incumbe a homens que ajudam a ocasionar essa ruína. E se há alguém que possa interpor-se no caminho [para impedir a ruína ou outros de seus planos], o mata ou o priva de todas as faculdades de realizar algum bem [...] (*Discursos*, II-29).

Muito bem, estamos vendo que às vezes os *céus* e a *fortuna* são sinônimos. Ambos têm condições de impedir que os homens consigam se precaver

---

[239] "E perché questo luogo è notabile assai, a dimostrare la potenza del cielo sopra le cose umane, Tito Livio largamente e con parole efficacissime lo dimostra: dicendo come, volendo il cielo a qualche fine, che i Romani conoscessono la potenza sua, fece prima errare quegli Fabii che andarono oratori a' Franciosi, e, mediante l'opera loro, gli concitò a fare guerra a Roma".

para os eventos futuros, ao passo que também podem oferecer ao homem a ocasião adequada para agir. "Porque na maioria das vezes se verá que aqueles que foram levados à ruína ou à grandeza foram convencidos por uma grande conveniência [*commodità*] que *os céus* lhes proporcionaram, dando-lhes a oportunidade, ou retirando-a, de poderem agir virtuosamente" (*Discursos*, II-29). [240]

No primeiro capítulo d'*O Príncipe*, lemos que tanto a *virtù* quanto a fortuna são os dois meios com os quais se pode adquirir um Estado. Os grandes nomes mencionados no capítulo 6 – Ciro, Moisés e Rômulo –, são exemplos adequados para demonstrar que conquistaram "mais por *virtù* própria do que por Fortuna".[241] Aqui está outra maneira comum ao tratamento da deusa: a *Fortuna* como dispensadora da *ocasião*. Foi ela quem deu a ocasião a Ciro, a Moisés, a Rômulo e a Teseu (*Príncipe*, 6). Para eles, bastou simplesmente utilizar sua *virtù* para aproveitar a *ocasião*, o presente da deusa. Para eles também foi necessário simplesmente utilizar sua *virtù* para dar *forma* à *matéria*. De fato, dar ou retirar a ocasião adequada para agir é algo que "a Fortuna faz muito bem" (*fa bene la Fortuna questo* – *Discursos*, II-29).

Já que o mundo está completamente desordenado e corrompido, já que a *virtù* no presente se esvaiu e o vício reina, Nicolau será "ousado" e "direi claramente tudo o que penso sobre [os tempos antigos] para que o ânimo dos jovens que lerem meus escritos, possa fugir destes tempos presentes, e se preparar para imitar aqueles, *sempre que a fortuna lhes oferecer a ocasião*" (*Discurso*, II-prólogo).

Em *O Príncipe*, capítulo 26, "houve alguém (César Bórgia) que se pensava que era ordenado por Deus, que ia unificar a pátria, mas foi impedido pela Fortuna".[242] Da mesma forma, com grandes planos para Roma,

---

[240] "[...] Perché il più delle volte si vedrà quelli a una rovina ed a uma grandezza essere stati convinti da una commodità grande che gli hanno fatto i cieli, dandogli occasione, o togliendogli, di potere operare virtuosamente [...]" (*Discursos*, II-29).

[241] Justamente um dos primeiros autores a criar a fama "maquiavélica" do nosso autor, Innocent Gentillet (1576), um magistrado protestante, considera essa afirmação uma blasfêmia. Na página 334, nota 72, Strauss (1958) cita este trecho de Innocent Gentillet: «C'est atheiste voulant montrer toujours de plus fort qu'il ne croit point aux sainctes Escritures, a bien osé vomir ce blaspheme de dire que Moyse de sa propre vertu et par les armes s'est fait Prince des Hebreux [...]». C. Edward Rathé (1965) escreveu um excelente artigo sobre Gentillet, de título *Innocent Gentillet and the First Anti-Machiavel*.

[242] "[...] E benché insino a qui si sia mostro qualche spiraculo in qualcuno, da potere iudicare ch'e' fussi ordinato da Dio per sua redemptione, tamen si è visto come dipoi, nel più alto corso delle actioni sua, è stato dalla fortuna reprobato [...]".

ela a destruiu uma vez para que a cidade pudesse crescer e tornar-se mais forte: é o que nosso autor quer ensinar nos capítulos 29 e 30 do livro II dos *Discursos*. Essa deusa pode fazer algo que, à primeira vista, pareça mal aos olhos dos homens, mas passado o tempo e revelados seus desígnios, pode-se compreender o bem que ela fez. Deus faz a mesma coisa: permite que exista o mal enquanto "Ele atua por um bem oculto" (*HF*, VI-20); a curto prazo, os homens não compreendem seus desígnios. Nesse aspecto vemos que a fortuna tem uma face boa, que pode ajudar o homem.

Dentro do simbolismo comum à deusa está o tempo (ver o *Apêndice II*), e na obra de Nicolau essa questão também aparece sob diferentes modos. No poema *Di Fortuna* é dito que ela "dispõe do tempo a seu modo". O título do capítulo 9, livro III, dos *Discursos* diz: "De como convém variar com os tempos se se quer ter sempre boa fortuna". No capítulo 31 do mesmo livro é dito que a má educação tornará os homens insolentes nos tempos de boa fortuna, enquanto a boa educação gera a *virtù*, que os manterá íntegros. No capítulo 25 de *O Príncipe*, nosso autor diz que "se se mudasse de natureza com os tempos e as coisas", o homem "não mudaria sua fortuna".

O título do capítulo 25 é: "Qual é o poder da fortuna nas coisas humanas e como se pode enfrentá-la". Aí nosso autor pondera a razão que faz com que dois homens "atuando diversamente produzam o mesmo efeito, e que dois que atuam de igual modo, um alcança seu objetivo e o outro não". Aqui tocamos na chamada teoria do *riscontro*: quando dois homens agem de modo totalmente distinto, mas conseguem alcançar os mesmos resultados.

Esse fato curioso Nicolau costuma atribuir "à qualidade dos tempos": o homem deve saber se os tempos presentes demandam audácia, ímpeto e violência, ou se demandam prudência, cuidado e paciência. Na carta de título *Ghiribizi scripti in perugia al soderino*[243] (escrita a Giovan Battista Soderini, sobrinho de Piero Soderini), Maquiavel utiliza os exemplos de Cipião e Aníbal. Ambos com excelente disciplina militar, alcançaram "infinitas vitórias", mas Aníbal utilizou os meios da crueldade,

---

[243] A *teoria do riscontro* é a adequação da ação do homem no tempo. Tem grande importância para o nosso autor. As questões relacionadas a esse tema já estavam presentes em seus pensamentos muito antes da escrita de *O Príncipe*. No ano de 1506, Nicolau já tratava de tais matérias em sua correspondência pessoal, por exemplo: *Carta* 116, 13-21 setembro 1506, p. 1.082-1.083.

da irreligião e da perfídia, enquanto Escipião fez o caminho da piedade, da fidelidade e da religião.

A razão para o sucesso se encontra na harmonia entre o modo de proceder de cada um, com as características dos tempos e do lugar que lhes submetiam: na província da Itália havia a necessidade da crueldade de Aníbal e na Espanha os tempos demandavam a piedade e o modo de proceder cauteloso de Cipião.[244] Em *Discursos*, a mesma questão é analisada, agora nos exemplos de Mânlio Torquato e Valério Corvino:[245] "Por essa

---

[244] "[...] Vê-se com vários governos que é possível conseguir a mesma coisa e, agindo de maneiras diferentes, alcançar um mesmo fim [...]. Aníbal e Cipião, além da disciplina militar, na qual ambos eram excelentes, um com crueldade, perfídia, irreligião, mantiveram seus exércitos unidos na Itália e conseguiu ser admirado pelos povos que, para segui-lo, se rebelaram contra os romanos; o outro, com piedade, fidelidade e religião, foi também seguido na Espanha por aqueles povos; e ambos tiveram infinitas vitórias [...]. Nestes exemplos e em muitos outros que em matéria semelhante se pode citar, vimos e continuamos a ver a conquista dos reinos ou a dominação ou a queda segundo os acontecimentos; e, às vezes, aquele modo de proceder que, conquistando, era louvado, perdendo, é condenado [*vituperato*]; e às vezes, após uma longa prosperidade, perdendo, [os homens] costumam culpar o céu e a disposição dos fados, e não a si mesmos. Mas, de onde vem que ações diferentes às vezes funcionam igualmente ou igualmente prejudicam? Não sei, mas gostaria muito de saber [...]; acredito que, assim como a Natureza fez os homens com rostos diferentes, também os criou com diferentes talentos e diferentes fantasias. Daí provém que cada um, segundo seu talento e fantasia, se governa [a si mesmo].

E porque, por outro lado, os tempos são variados e as ordens das coisas são diferentes [...], felizes são aqueles que encontram seu modo de proceder conforme o tempo e, pelo contrário, é desafortunado quem diverge, com suas ações, do tempo e da ordem das coisas. Portanto é perfeitamente possível que dois homens, agindo de maneira diferente, tenham o mesmo resultado, porque cada um deles pode se ajustar ao seu encontro, pois são muitos os ordenamentos das coisas, assim como são muitos as províncias e os estados. Mas como os tempos e as coisas universais e particulares mudam com frequência, e os homens não mudam suas fantasias nem seus modos de proceder, resulta que um tem, por um tempo, boa fortuna, e, em outro tempo, má fortuna. E, realmente, quem fosse tão sábio para conhecer os tempos e a ordem das coisas e se ajustasse a eles, sempre teria boa fortuna e se guardaria da má, e veria que é verdade que o sábio comanda as estrelas e os fados.

Mas não sendo possível encontrar esses sábios, tendo os homens vista curta, e sem poder controlar sua natureza, ocorre que a Fortuna muda e comanda os homens e os mantém sob seu jugo. E para comprovar esta opinião, quero que os exemplos mencionados anteriormente sejam suficientes. Para dar reputação a um novo dominador, a crueldade, a perfídia e a irreligião são úteis em uma província onde a humanidade, a fé e a religião abundaram durante muito tempo; não muito diferente da humanidade, da lealdade e da religião onde a crueldade, a perfídia e a irreligião reinaram por um tempo; assim como as coisas amargas perturbam o paladar e as doces os enjoam, os homens se cansam do bem e se machucam com o mal. Essas razões, entre outras, abriram a Itália para Aníbal e a Espanha para Cipião, e assim cada um encontrou o tempo e as coisas segundo a ordem de seu modo de proceder [...]" (Carta 116 a Giovan Battista Soderini, Perugia, 13-21 settembre 1506, p. 1.082-1.083).

[245] E' furno in Roma in uno medesimo tempo due capitani eccellenti, Manlio Torquato e Valerio Corvino; i quali, di pari virtù, di pari trionfi e gloria, vissono in Roma; e ciascuno di loro, in quanto si apparteneva al nimico, con pari virtù l'acquistarono; ma quanto si apparteneva agli eserciti ed agl'intrattenimenti de' soldati, diversissimamente procederono: perché Manlio con ogni generazione di severità, sanza intermettere a' suoi soldati o fatica o pena, li comandava: Valerio, dall'altra parte, con ogni modo e termine umano, e pieno di una familiare domestichezza, gl'intratteneva. Per che si vide, che, per avere l'ubbidienza de' soldati, l'uno ammazzò il figliuolo, e l'altro non offese mai alcuno. Nondimeno, in tanta diversità di procedere, ciascuno fece il medesimo frutto, e contro a' nimici ed in favore della republica e suo (*Discursos*, III-22).

razão, em primeiro lugar, é necessário considerar por que Mânlio teve que agir com tanta rigidez; em segundo lugar, por que Valério pôde agir com tanta humanidade; e em terceiro lugar, por que esses modos diferentes produziram o mesmo efeito" (*Discursos*, III-22).

"E, realmente, quem fosse tão sábio para conhecer os tempos e a ordem das coisas e se adaptasse a eles, sempre teria boa fortuna e se guardaria do mal, e veria ser verdade que o sábio comanda as estrelas e os destinos". No entanto esses sábios são um tipo de homem que já "não é possível encontrar". Além disso, "tendo os homens visão curta, e sem poder controlar sua natureza, ocorre que a Fortuna muda e comanda os homens e os tem sob seu jugo" (*Ghiribizzi*, p. 1083).

Em *Discursos* III-9, "Piero Soderini mencionado outras vezes [I-7, 52, 56; III-3] procedia em todas as coisas com humanidade e paciência. Ele e sua pátria [a República Florentina] prosperaram enquanto os tempos se conformavam a seu modo de proceder; mas depois vieram outros tempos em que era necessário abandonar a humildade e a paciência, e ele não soube fazê-lo, sucumbindo junto à sua pátria". Um destino diferente teve o papa Júlio II, que procedia "sempre com ímpeto e fúria, e, como os tempos demandavam esse tipo de atitude, teve sucesso em suas empresas".

Os contornos do coração de sua argumentação começam a ser desenhados: às vezes, nosso autor pode discutir uma ação que, em outro lugar, considera submetida à fortuna simplesmente por estar em discordância com os tempos. Mas ignorando a fortuna ele pode abandonar todas as considerações sobrenaturais. É o que ele, de fato, faz no capítulo III-44 dos *Discursos*, intitulado "muitas vezes se consegue com o ímpeto e a audácia o que com os meios ordinários não se obteria jamais".

Tocamos na questão de que os tempos podem demandar ou ímpeto ou precaução. O capítulo (III-44) não precisa mencionar – e, de fato, não menciona – a fortuna. No entanto, desde o momento em que Nicolau eleva o nível da discussão para determinar como algumas pessoas têm a *ocasião* ou estão preparadas para *os tempos*, o discurso sobe para o plano mais alto da Fortuna como divindade. Se tentarmos combinar esses elementos, podemos chegar à conclusão de que a fortuna (o sucesso) consiste em ter fortuna (a boa-sorte), de variar segundo a fortuna (os tempos), que estão ao alcance do homem por meio da *ocasião* que lhe é dada pela Fortuna (a divindade) (De Grazia, p. 207).

Em relação ao tópico anterior, sobre as inteligências que ajudam os homens, elas poderão auxiliar desde que os *céus*, a *Fortuna* ou *Deus* não tenham outros planos. No entanto a Fortuna não está acima de tudo, porque Deus a comanda. Mas mesmo que Deus a comande, o homem não pode confiar nela, "nem crer evitar sua dura mordida / seus duros golpes, impetuosos e malvados; porque, enquanto te fez girar sobre o dorso / da roda, então satisfeita / ela costuma mudar os giros à metade do caminho"; esse é o lado mau do semblante dessa diva volúvel.[246]

Entretanto ela não pode tudo. Não pode mudar o homem nem a ordem da natureza. Diz nosso poeta que "não podendo transformar-te / nem deixar a ordem que te dota o céu, / no meio do caminho te abandona" (*Di Fortuna*). Novamente, no capítulo 25 d'*O Príncipe* temos: "se se mudasse de natureza com os tempos e as coisas, não mudaria sua fortuna", mas também é dito nesse mesmo capítulo que "não se pode desviar daquilo para o qual a natureza o inclina".[247]

Nosso autor começa a escrita de seu capítulo 25 divagando sobre a margem de liberdade que há nas mãos humanas. Diversos homens "têm sido e são da opinião de que as coisas do mundo estão governadas pela fortuna e por Deus," mas os homens, "com toda sua prudência, não estão em grau de corrigi-las, ou melhor, nem têm sequer remédio algum". Segue dizendo que "daí poderiam deduzir que não há razão para pôr demasiado empenho em mudá-las, melhor deixar que nos governe o acaso. As grandes mudanças que se têm visto e se veem todos os dias, além de toda conjectura humana, têm dado mais crédito a essa opinião em nossa época".

Essa afirmação parece demasiadamente pessimista, mesmo para um autor feito o nosso. "Pensando eu nisso de vez em quando, em parte me tenho inclinado para essa opinião. Contudo, e a fim de preservar nosso livre arbítrio, julgo que talvez seja certo que a fortuna seja árbitra da metade de nosso obrar, mas que o governo da outra metade, ou quase, a deixa para nós". Dentro do mar de possibilidades, a Fortuna tem a metade do obrar humano. A outra metade, então, poderia caber a Deus, mas Deus não quer retirar os meios de ação dos homens: no capítulo 26 de *O Príncipe*, vemos que "Deus não quer fazer tudo para não nos tirar o livre arbítrio e a parte de glória que nos incumbe".

---

[246] "[...] é um grande exemplo da Fortuna ver um homem [Iacopo de Pazzi] que tinha tanta riqueza e um estado tão feliz, ser arremessado com tanta ignomínia à tanta infelicidade e tanta ruína! [...]" (*HF*, VIII-9).

[247] "[...] um homem acostumado a proceder de certo modo, não muda [de costumes] [...]" (*Discursos*, III-9).

Se a Fortuna tem metade de nosso obrar e Deus não interfere em nosso livre-arbítrio,[248] deixando nas mãos humanas a outra metade, então o homem permanece frente às ações da Fortuna e às *ocasiões* que ela lhe oferece. Porém, a desgraça humana é que a roda sempre está girando. Quando o homem está no cume, em pleno sucesso de suas empresas, imediatamente depois seguirá sua queda; "sempre seria feliz e beato quem / pudesse saltar de roda em roda; mas, porque isso nos é negado / pela *virtù* oculta que nos governa, / se muda com seu curso nosso estado" (*Di Fortuna*).

Já que o homem não pode sair do cume de uma roda para outro cume de outra roda, o que lhe resta é esperar e suportar as mudanças e os golpes da fortuna; é necessário suportar os incômodos, os castigos e as dores reservados àqueles que ocupam a parte inferior da roda. Na dedicatória d'*O Príncipe*, Nicolau lamenta que está sofrendo "a malignidade da fortuna". Porém, o que pode ser, no momento presente, um flagelo, com o tempo as coisas podem melhorar: "Não há no mundo nada eterno / A fortuna assim o quer", está em seu poema; a diva ajuda alguns homens, mesmo que "não sempre lhe agrade favorecer alguém por todo o tempo", mas "também não [esmaga para sempre] aquele que jaz debaixo de sua roda" (*Di Fortuna*).

Por um lado, há uma visão fatalista e pessimista do destino humano nas mãos da Fortuna. Diz Calímaco, personagem de *A mandrágora*, que "a Fortuna e a Natureza se alternam: jamais te fazem um bem que não se transforme em um mal" (*Ato IV, Cena I*).[249] Por outro lado, o castigo e o sofrimento não são eternos. Tudo muda, inclusive a má fortuna e a má situação. Se alguém está debaixo da roda, com o tempo ela necessariamente terá que subir, porque "não permitindo a natureza que as coisas mundanas fiquem paradas, quando chegam à sua máxima perfeição, não podendo subir mais, é necessário que desçam; e, assim também, depois

---

[248] Dante (*Paraíso*, V, vv.19-24) considera o livre-arbítrio um dos presentes mais importantes que Deus nos deu.

[249] Esses versos de Lorenzo de Médici são elucidativos (opere, vol. 2): "Ma credo appellar possa ad una voce / Fortuna il mondo rigida e inimica, / perché pende ciascun nella sua croce. // "Mas creio que posso chamar de uma só voz / A Fortuna, mundo rígido e inimigo, / Pois cada um nela carrega sua cruz" (Capítulo I, vv. 160-162). "I primi la Fortuna da e toglie, / gli altri que' ben che al corpo da natura, / i terzi l'alma nostra in sé raccoglie" // "Os primeiros [bens], a Fortuna dá e tira, / Aos outros, os bens que a natureza dá ao corpo, / Os terceiros, a nossa alma em si recolhem" (X altercazione, vv. 111-114). "Onde veggiam che invan si pone il core / dove sanza ragion Fortuna impera, / poi che ognuna di queste e manca e muore. / Questi apparenti ben da mane a sera / ci toglie e da lei cieca ed importuna, / né saggio alcuno il pensier ferma o spera, / dove ha potenzia la crude! Fortuna" // "Assim, vemos que em vão se coloca o coração / Onde a Fortuna impera sem razão, / Pois cada uma dessas coisas falta e morre. / Esses bens aparentes, de manhã à noite, / Ela cega e importuna nos concede, / E nenhum sábio detém o pensamento ou espera, / Onde a cruel Fortuna tem poder" (Capítulo II, vv. 154-160)

de descer e pelas desordens chegar à máxima baixeza, como já não podem descer mais, terão necessariamente de subir" (*HF*, V-1).

Nesse aspecto há esperança em conseguir superar a diva e voltar a vencer, com prudência e paciência, já que, quando "a Fortuna quer fazer todas as coisas, é necessário deixá-la fazer, ficar tranquilo e não incomodá-la, e esperar que o tempo deixe fazer tudo aos homens", disse nosso secretário em sua famosa carta escrita a Francesco Vettori, em 10 de dezembro de 1513. De fato, é preciso ter esperança porque "a maldade da Fortuna pode ser vencida com a prudência" (*HF*, III-5) e o homem conseguirá sucesso no campo que a Fortuna está operando:

> Afirmo mais uma vez ser absolutamente verdadeiro e demonstrado em toda a história que os homens podem seguir a fortuna e não se opor a ela; podem tecer seus fios, mas não rompê-los. Não devem se entregar a ela porque, não sabendo quais são seus desígnios e caminhando a fortuna por caminhos desconhecidos e desviados, sempre há motivos de esperança que sustentarão o ânimo em qualquer adversidade e nas maiores contrariedades da fortuna [...] (*Discursos*, II-29).[250]

O homem que conseguir manter a prudência nos momentos em que a Fortuna estiver atuando, imitará o exemplo dos antigos. Lembremos de um trecho do capítulo 14 d'*O Príncipe*, o capítulo que traz o nome de grandes homens sobre os quais o príncipe, o líder, deve ler a história para conhecer seus exemplos e poder imitá-los. São eles: Aquiles, Alexandre, César, Escipião e Ciro. Imitando seus exemplos e modos de ação, o príncipe estará preparado para "quando varie a fortuna o encontre em disposição de enfrentá-la".

No *Apêndice II* farei uma passada de olhos sobre o simbolismo ao redor da figura da deusa, vistos durante o Renascimento e a Antiguidade. Para os gregos, a Fortuna era Tyché, divindade das águas; para os romanos, uma deusa marinha que protegia a nave do Estado das tempestades. Para ambos, a deusa tinha sexo e era uma mulher. Nicolau termina seu capítulo 25 de *O Príncipe* relacionando-a aos dois elementos: as águas e à mulher.

No capítulo 2 mencionei o capítulo 25, indicando que o florentino demonstra que o país está completamente desordenado. A Itália sofreu

---

[250] "[...] Affermo, bene, di nuovo, questo essere verissimo, secondo che per tutte le istorie si vede, che gli uomini possono secondare la fortuna e non opporsegli; possono tessere gli orditi suoi, e non rompergli. Debbono, bene, non si abbandonare mai; perché, non sappiendo il fine suo, e andando quella per vie traverse ed incognite, hanno sempre a sperare, e sperando non si abbandonare, in qualunque fortuna ed in qualunque travaglio si truovino [...]".

nas mãos da fortuna porque "esta mostra sua potência quando não há *virtù* organizada que a oponha, e por isso volta seus ímpetos para onde sabe que não se fizeram nem barragens ou diques para contê-la".

Daí, nesse capítulo de *O Príncipe*, Nicolau abordará os exemplos dos tempos; a dicotomia "ímpeto / prudência"; a influência da natureza dos homens como sendo determinante para a qualidade de suas ações; e os exemplos do papa Júlio II. E finalizará o capítulo afirmando que "é melhor ser impetuoso que prudente, porque a fortuna é mulher, e é necessário, desejando tê-la sob seu comando, golpeá-la. E se vê que ela se deixa submeter mais por estes [que a golpeiam] do que por aqueles que procedem friamente" (*Príncipe*, 25).

A *virtù*, que, quando organizada, pode prever os atos da Fortuna, e nos tempos de paz "precaver-se mediante barragens e diques", é o que o homem tem em defesa contra o ímpeto desse rio torrencial. Não são as "barragens e diques" meras metáforas de sua prosa que protegem os homens, mas a *virtù*. É ela que faz o homem abandonar o ócio para preparar as defesas. Desse modo, contrário à Fortuna temos a *virtude*, palavra que expressa a perfeição moral do caráter e da conduta, mas, etimologicamente, vem do latim, *virtus*, derivada de *vir*, "varão", "homem", também "força"; em seu sentido original, significa também "virilidade"; qualidades relacionadas ao polo masculino. No entanto a Fortuna é mulher e, seu contrário, o masculino.[251]

Quando nosso poeta estava, no poema *O Asno*, deitado no leito da donzela da deusa Circe, ele se sentia "temeroso", "como aquele que em sua *virtù* não confia". A dama o coloca contra a parede, dizendo-lhe: "dado que tão escassa *virtù* tens, que estes lençóis que estão entre nós te afligem, e de mim tanto te afastaste". Raciocinando sobre sua condição, o poeta volta a sentir "ardor e valor". Daí os dois compartilham as carícias e o amor.

[...] assim eu era, e em tal me transformei por seu humano

---

[251] "[...] How, then, can we persuade Fortune to look in our direction, to pour out the gifts from her cornucopia on us rather than on others? The answer is thast, although Fortune is a goddess, she is still a woman; and since she is a woman, she is most of all attracted by the *vir*, the man of thue manliness. One quality she especially likes to reward is thus held to be manly courage. Livy, for example, several times cites the adage that 'Fortune favours the brave'. But the quality she admires most of all is *virtus*, the eponymous attribute of the truly manly man. The idea underlying this belief is most clearly set out in Cicero's *Tusculan Disputations*, in which he lays it down that the criterion for being a real man, a *vir*, is the possession of *virtus* in the highest degree. The implications of the argument are extensively explored in Livy's History, in which the successes won by the Romans are almost always explained in terms of the fact that Fortune likes to follow and even wait upon *virtus*, and generally smiles on those who exhibit it [...]" (Skinner, 1988, p. 29).

> pensamento; e dela me aproximei,
> estendendo entre os lençóis a mão fria.
> E quando toquei seus membros,
> uma doçura tão suave ao coração me veio
> como a que não creio poder provar jamais.
> Nem em um só lugar a mão se deteve,
> Mas, percorrendo por entre seus membros,
> a perdida *virtù* voltou rapidamente [...].

Nesses versos, a *virtù* é apresentada como uma metáfora do vigor sexual. Quando o homem conseguiu recuperá-la, sentiu novamente ardor e valor para copular com a dama, serva da deusa. Isso quer dizer que o homem capaz de deter a Fortuna, de golpeá-la e submetê-la ao seu comando, de aproveitar a *ocasião* que ela lhe oferece, também é um homem viril, de grande vigor sexual, razão pela qual a deusa, "sendo mulher", é "amiga dos jovens, pois estes são menos cautelosos, mais ferozes e lhe dão ordens com mais audácia" (*Príncipe*, 25).

Uma mulher cujo reinado é violento precisa ser dominada por uma *virtù* igualmente violenta: "Sua força natural todo homem força / e seu reinado é sempre violento / se uma *virtù* excessiva não a contém" (*Sua natural potenza ogni uomo sforza / e 'l regno suo è sempre violento, / se virtù eccessiva non l'ammorza*) (*Di Fortuna*).

De maneira similar aos mitos antigos, nosso poeta traz o arquétipo dos grandes homens que tiveram relações sexuais com as deusas, nascendo, assim, os heróis. Aquiles era filho de Peleu com Tétis, uma divindade marinha; Enéas nasceu da união de Anquises com Afrodite/Vênus, a deusa do amor; o *novo príncipe* pode ser, simbolicamente, o grande herói que compartilhou o leito da Fortuna e que talvez, se não ele, sua linhagem, poderá salvar a pátria.[252]

---

[252] Uma pergunta que poderia surgir na cabeça do leitor é se Nicolau, de fato, acreditava nela. Se ele acreditava verdadeiramente em sua existência e em seu poder. Eu acredito que a resposta apropriada para a pergunta é que sim, Nicolau acreditava em toda sua complexidade, em sua dinamicidade e em suas aparentes contradições. O dinamismo de sua figura, tanto na imaginação popular da época, como nas linhas de Nicolau, é certamente interessante, mas, para nós, leitores do século XXI, talvez não seja tão simples de compreender ou de mensurar o significado que a deusa tinha para os homens do Renascimento. Frederick Kiefer assegura que as representações da Fortuna tinham um "impacto maior que hoje", pois vivemos em "um mundo de metáforas mortas". A isso complementa González García: "Ciertamente tiene razón Frederick Kiefer al establecer que tal vez nunca podamos volver a captar de una manera precisa los sentimientos de los hombres y mujeres renacentistas frente a la Fortuna, figura que era considerada entonces tanto una personificación, como una alegoría, un símbolo, una metáfora, una diosa, una abstracción, todo a la vez y en cualquier caso siempre presente también en su vida cotidiana en forma de locuciones idiomáticas, estatuas, figuras, cuadros, en un campo intermedio entre los dioses del Olimpo y las abstracciones del lenguaje" (p. 116-117).

## Antes de voltarmos à *Villa*

Em linhas gerais, esse é o grande Panteão que está em constante contato com os homens, atuando e gerando efeitos reais no mundo. Nicolau dá grande protagonismo aos seres que o compõem, tornando impossível para um intérprete ignorá-los. Já nos encaminhando para os momentos finais da viagem, no próximo capítulo serão vistos diversos tópicos já antecipados, bem como poderei fazer a operacionalização e a aplicação completa das ferramentas hermenêuticas explicadas no primeiro capítulo: como a estrutura dos mitos e da religião se comunica e se apresenta na obra do florentino?

Terminamos a missa e as conversas com Deus. Nicolau nos convida para voltarmos à *villa* para comermos os *tortelletti* de capão enquanto ele nos conta outras histórias pessoais, seu amor pela pátria e outros relatos imemoriais de Roma. Já prevejo o nosso brinde em comemoração ao herói que foi avistado lá no Monte Tarpeio.

---

*[...] En la época de Shakespeare, la fortuna era contemplada no sólo en grabados, xilografías y pinturas, sino también en monumentos públicos y cuadros. Un ciudadano de Londres podía encontrarse diariamente con una estatua de la Fortuna situada en Aldgate cuando fue reconstruida en 1609. Podía haber visto a la Fortuna en fiestas públicas: por ejemplo, en un arco diseñado para celebrar la entrada del rey James en Londres, en 1604. Y un aficionado al teatro pasaría por una representación de la Dama Fortuna al entrar en el segundo teatro de la Fortuna. La frecuencia de esta figura debió permitir a los contemporáneos de Shakespeare comprender a la Fortuna con una facilidad, inmediatez y vivacidad que hoy nos resultan imposibles. La mención del nombre de la Fortuna en la escena isabelina evoca en los ojos mentales del espectador una imagen de la Fortuna; y esto ejercería un impacto mayor que hoy, en un mundo de metáforas muertas [...] (Frederick Kiefer, 1983, p. 334-335).

*Giorgio Vasari – A Apoteose de Cosimo de Médici, afresco do teto do Palazzo Viechio, Florença*

# CAPÍTULO IV

# QUANDO OS HOMENS VOLTARÃO A VIVER COM OS DEUSES

## De volta ao jardim, sob a sombra perfumada dos ciprestes

Voltamos à casa do nosso anfitrião. Neste capítulo, finalmente poderemos finalizar a questão central. Apesar de já termos observado alguns aspectos sobre o mito em Nicolau (na introdução, especialmente no tópico sobre Eric Voegelin e as interpretações relacionadas à religião), a análise feita aqui será mais detalhada e contemplará outros matizes não exploradas anteriormente.

O presente capítulo começa com uma breve dissertação a respeito da história, depois adentrarei no contexto do mito político, analisando aqueles modelos arquetípicos já vislumbrados no primeiro capítulo, desenvolvidos na obra de Girardet: os modelos dos *heróis* ou grandes homens, que incorporam os símbolos da *gravitas* e da *celeritas*. Os *legisladores* e os *profetas*, embora façam parte dos modelos arquetípicos do mito político, serão estudados mais adiante, já dentro do contexto do mito religioso.

Na perspectiva do mito religioso, explicarei a cosmogonia, o ato fundacional, a repetição da cosmogonia, o fim do mundo por um cataclisma, o Paraíso primordial e a ordem política hierofânica. A situação atual do mundo e do homem caído demanda uma regeneração, que é realizada dentro de uma estrutura mitológica. Veremos também, já dentro de um aspecto tanto político quanto religioso, a redenção da pátria e a apoteose do homem.

## A história como paradigma mitológico e fonte sagrada

No capítulo 2, no tópico "O ócio das letras", observamos o pouco caso que Nicolau fazia em relação aos filósofos e à própria filosofia. O mesmo não acontece com a figura dos historiadores nem com a função da história. Na verdade, a história é a semente de onde brota toda a sua visão de mundo, da condição humana e da política.

As menções à história e aos historiadores[253] são tão numerosas que é impossível abordá-las inteiramente; inclusive, ao longo deste livro, até a presente linha, já apresentei diversos elementos relacionados ao tema, que termina sendo indissociável de toda a estrutura de seu pensamento. Sobre essas questões agora tratarei apenas de alguns matizes que são vistos em capítulos específicos, em que nosso autor nos fornece os fundamentos para a feição do argumento que busco defender e da visão que almejo divulgar.

Primeiramente, as histórias e os historiadores são fontes confiáveis que dão veracidade aos relatos postos em suas páginas. É o que vemos, por exemplo, em *Discursos* III-6, o capítulo que trata das conjurações. Nicolau escreve que não importa o quão absurdo possa parecer um relato, "se não fosse a reverência que tenho pelo historiador, jamais acreditaria ter sido possível o que Herodiano fala sobre Plautiano, [pois] se trata de coisa tão contrária à razão, que apenas a autoridade [de Herodiano, um historiador] me faz crer nela".[254]

Além disso, lemos diversas vezes que os historiadores têm uma função pedagógica para ensinar as gerações futuras: "Os bons historiadores, como o nosso [Tito Lívio], apresentam certos casos detalhadamente e de modo claro, para que a posteridade possa aprender como se defender em situações semelhantes" (*Discursos*, III-30). A história permite que o homem do futuro evite repetir os mesmos erros do passado, porque "quem considera as coisas do presente, e as antigas, percebe que em todas as cidades, e em todos os povos, sempre existiram os mesmos desejos e os mesmos humores" (Discursos, I-39).

Alguns desses pontos já vimos no capítulo 2. Uma das principais teses do nosso autor, considerada "uma verdade imutável" da vida humana na política, algo que "ocorre sempre e sempre se passará numa república, nos tempos de paz", é o fato de "fazerem pouco caso dos grandes e raros homens", porque "invejando muitos cidadãos a fama que a *virtù* lhes deu, não desejam ser seus iguais, mas seus superiores". Essa verdade universal e perene foi extraída das páginas de um historiador, como ele

---

[253] Lemos as palavras "história (as) / historiador (res)" em (*Príncipe*, 12, 13, 14, 20), e em quase todos os capítulos dos *Discursos* (*Discursos*, *Dedicatória*; I - *Prólogo*, 8, 9, 10, 11, 15, 16, 20, 23, 24, 26, 28, 29, 39, 43, 58, 60); (*Discursos*, II -1, 2, 4, 5, 8, 10, 13, 14, 16, 18, 19, 21, 24, 26, 27, 29, 30, 33). (*Discursos*, III- 1, 3, 4, 5, 6, 7, 8, 12, 15, 16, 19, 21, 22, 24, 26, 29, 30, 31, 33, 35, 36, 39, 40, 43).

[254] "E se non fosse la riverenza dello istorico, io non crederrei mai che fosse possibile quello che Erodiano dice di Plauziano [...]: perché la è cosa tanto discosto da il ragionevole, che altro che questa autorità non me lo farebbe credere".

próprio indica: "E sobre isso há um bom exemplo em Tucídides, historiador grego" (*Discursos*, III-16).[255] As ênfases ao historiador e à história são
sempre muito bem marcadas.

A função da história para a obra de Maquiavel é elevada ao patamar
do paradigma mitológico.

> [...] A natureza do homem é para Maquiavel parte da natureza da sociedade
> política na história. Daí a constância de paixões determinar recorrências
> na forma da história. Constelações de circunstâncias numa sociedade,
> formas de governo e sequências de acontecimentos são as unidades que
> recorrem. Sob esse aspecto, a história da Antiguidade, e em particular da
> Antiguidade romana adquire uma importância específica para o estudo
> da política porque oferece o espetáculo de uma sequência completa de
> acontecimentos políticos desde a fundação até a queda de uma república.
> Maquiavel não generaliza de uma coleção indiscriminada de casos, pois
> todos os casos recaem nas grandes classes de acontecimentos antigos e
> pós-antigos. Contra um pano de fundo do curso antigo, todos os acon-
> tecimentos posteriores adquirem a natureza de um *déjà vu*, ao passo que
> o modelo antigo se torna um paradigma mítico do qual acontecimentos
> mais recentes são a "repetição" [...] (Voegelin, *HPI*, IV, p. 73).

Essa é a razão pela qual encontramos em praticamente toda a sua obra,
formulações similares: constantemente afirma nosso autor que os "homens
prudentes frequentemente dizem, não por acaso ou indevidamente, que
quem quiser saber o que acontecerá, deve considerar o que já ocorreu",
porque "todas as coisas do mundo, em todos os tempos, encontram sua
correspondência na antiguidade". Isso se deve porque, "tendo sido [as
coisas] feitas por [outros] homens, que têm e sempre tiveram as mesmas
paixões, tais coisas [e causas] só podem produzir necessariamente os
mesmos efeitos" (*Discursos*, III-43).

Não nos esqueçamos de que na Antiguidade não havia distinção
entre a história e o mito. Sobre isso nos diz Mircea Eliade:

> Na antiguidade, não havia um hiato entre a mitologia e a história: os
> personagens históricos tentavam imitar seus arquétipos, os deuses e os
> heróis míticos. Por sua vez, a vida e os gestos desses personagens histó-
> ricos se tornaram paradigmas. Já Tito Lívio apresenta uma rica galeria de
> modelos para os jovens romanos. Plutarco, mais tarde, escreveu suas *Vidas
> Paralelas*, uma verdadeira compilação exemplar para os séculos vindou-
> ros. As virtudes morais e civis desses personagens ilustres continuaram

---

[255] Nicolau também menciona Tucídides em *Discursos*, II-2, juntamente a Xenofonte. Abordei o conteúdo deste
capítulo lá atrás, na introdução, quando escrevi sobre as interpretações dos críticos relacionadas à religião.

a ser o modelo supremo para a pedagogia europeia, especialmente após o Renascimento. Até o final do século XIX, a educação cívica europeia ainda seguia os arquétipos da antiguidade clássica, os modelos que se manifestaram *in illo tempore*, neste período de tempo privilegiado que foi, para a Europa letrada, o apogeu da cultura greco-latina.[256]

Essa questão descrita por Eliade é completamente aplicável ao caso do nosso autor. Vejamos, outra vez, o importantíssimo capítulo 14 d'*O Príncipe*:

[...] Quanto ao exercício da mente, o príncipe deve ler história, prestando atenção às ações dos homens eminentes, vendo como se conduziram nas guerras, examinando as causas de suas vitórias e derrotas, a fim de evitar estas e imitar aquelas. E, acima de tudo, fazer como já fizeram certos grandes homens: imitar a quem, antes dele, foi digno de louvor e de glória, tendo sempre em mente seu temperamento e seu modo de agir; como se diz que fizeram Alexandre de Aquiles, César de Alexandre, Escipião de Ciro [...]. Modos semelhantes a esses deve observar o príncipe prudente, e nunca nos períodos de paz permanecer ocioso, mas com diligência fazer tesouro deles para poder utilizá-los nos momentos adversos, de forma que quando varie a fortuna o encontre em disposição de enfrentá-la (*Príncipe*, 14).

Provavelmente, Nicolau teve Plutarco como fonte para dizer que Alexandre imitava Aquiles[257] e Suetônio para afirmar que César imitava Alexandre.[258] Como eu disse várias vezes no primeiro capítulo, o mito não é apenas

---

[256] «Dans l'Antiquité, il n'y avait pas d'hiatus entre la mythologie et l'histoire: les personnages historiques s'efforçaient d'imitier leurs archétypes, les dieux et les héros mythiques. A leur tour, la vie et les gestes de ces personnages historiques devenaient des paradigmes. Déjà, Tite-Live présente une riche galerie de modèles pour les jeunes romains. Plutarque écrit plus tard ses *Vies des hommes illustres*, veritable somme exemplaire pour les siècles à venir. Les vertus morales et civiques de ces personnages illustres continuent d'être le modèle suprême pour la pédagogie européenne, surtout après la Renaissance. Jusque vers la fin du XIXème siècle, l'éducation civique européenne suivait encorne les archétypes de l'Antiquité classique, les modèles qui se sont manifestés *in illo tempore*, dans ce laps de temps privilégié que fut, pour l'Europe lettrée, l'apogée de la culture gréco-latine» (Eliade, 1957, p. 31-32).

[257] "[...] Eran muchos, como se deja conocer, los destinados a su asistencia [a la educación de Alejandro], con los nombres de nutricios, ayos y maestros, a todos los cuales presidía Leónidas, varón austero en sus costumbres y pariente de Olimpíada; sin embargo de que no rehuía éste la denominación de ayo, que significaba una ocupación honesta y recomendable, era llamado por todos los demás, a causa de su dignidad y parentesco, nutricio y director de Alejandro; y el que tenía todo el aire y aparato de ayo era Lisímaco, natural de Acarnania; el cual, sin embargo de que consistía toda su crianza en darse a sí mismo el nombre de Fénix, a Alejandro el de Aquiles y a Filipo el de Peleo, agradaba mucho con esta simpleza y tenía el segundo lugar [...]" (Plutarco, *Vidas Paralelas, Alejandro y César*, V, p. 489).

[258] "[César] exercia a questura ao obter a Espanha Ulterior. Enquanto ali, por ordem do pretor (7), se realizavam as assembleias destinadas a administrar a justiça, ele foi a Gades (8). Nesta cidade encontrou, no templo de Hércules, uma estátua de Alexandre, o Grande (9). Diante dela lamentou-se e confessou-se como que tomado por uma certa pusilanimidade, por nada ter ainda feito de memorável, numa idade em que Alexandre já havia subjugado o mundo. Imediatamente pediu uma licença, a fim de procurar em Roma, dentro do mais breve prazo, oportunidade em que pudesse realizar as mais altas façanhas. Confuso ainda por causa de um sonho que tivera na véspera (sonhara que estuprava a própria mãe), viu as suas esperanças atingirem o auge, graças

uma história *sagrada*, é também uma história *verdadeira*. Embora o relato possa parecer demasiado fabuloso ou contrário à razão, continua sendo verdadeiro porque dá sentido e orienta o homem dentro do mundo e da vida, porque o homem vive em função desse mito.

Tito Lívio, narrando a história das origens de Roma, também a considerava uma história sagrada, uma verdade, um mito fundacional *par excellence*: "[...] Estes são, em linhas gerais, os eventos civis e militares do reinado de Rômulo; nada neles contradiz a crença em sua origem divina nem a divinização que lhe foi atribuída após [a morte de Rômulo]" (Lívio, I, 15, 6-7, p. 33).

Estudaremos mais adiante os tratamentos que nosso autor dá a diversos aspectos da história romana e a presença de grandes heróis e seres metafísicos. Em nenhum momento ele questiona ou duvida da real existência de tais relatos e personagens. Da mesma forma, a grande importância que Nicolau atribui à fundação de Roma para a estrutura de sua obra evidencia que, para ele, esse mito não significava uma mera fábula, fantasia ou mentira, sendo uma *história real*, da qual se extrai sentido e se usa como *modelo ideal* para a *educação* dos homens. Dessa constatação percebemos que o próprio Maquiavel se enquadra na forma de viver sob o mito, na *atitude mítica*.

O único momento em que o florentino desacredita um historiador ou uma obra histórica, tratando tais relatos como "coisas fabulosas que ninguém lhes dá fé", é em *Discursos* (II-5), no capítulo destinado a explorar as razões que fazem com que as gerações futuras esqueçam das coisas do passado (abordá-lo-ei detalhadamente mais adiante): "A história escrita por Diodoro de Sículo, que, apesar de falar de acontecimentos de quarenta ou cinquenta mil anos, estes são considerados falsos, como eu acredito que sejam" (*Discursos*, II-5). Diferentemente da obra de Lívio, Tucídides e Plutarco, Nicolau expressa abertamente que não crê na história de Diodoro.

Não é possível falar de mito sem que se tenha em vista a necessidade de abordá-lo como um paradigma, como um modelo ideal que a partir dele se tem uma ação, que é a imitação dos fatos presentes no relato mitológico. E é sobre essa estrutura que toda a obra de Maquiavel se baseia. Seu postulado mais elementar é uma *imitatio*, o fato mais importante de

---

à interpretação que lhe deram os áugures, segundo a qual ele seria o árbitro do mundo, pois a mãe que ele violara outra não era senão a Terra, a nossa mãe comum [...]" (Suetônio, *César*, 7-9, p. 13-14).

sua escrita se encontra na necessidade de imitar[259] o modelo ideal que ele aponta ter existido em tempos muito antigos. Isto é: um mito vivo e vivente.

Agora, passemos a analisar os modelos arquetípicos existentes na perspectiva política dos mitos: a *gravitas* e a *celeritas*. O arquétipo do *legislador* será explicado mais adiante, dentro do contexto do mito religioso. O *profeta* foi abordado no capítulo anterior, mas veremos a figura de Moisés com mais detalhes, também dentro do contexto religioso, mais à frente.

## A *gravitas*

Em relação ao primeiro modelo de ação, condensado na palavra latina *gravitas*, o arquétipo político traz a imagem de um homem velho, sábio e ilustre, que realizou grandes feitos nos tempos árduos da guerra para alcançar a paz e a ordem. O cônsul romano Cincinato é o personagem que incorporou esse modelo:

> [O homem da *gravitas* é aquele que] ocupou altos cargos com honra, comandou grandes operações e, após tudo, escolheu um retiro modesto, longe da agitação da vida pública. Interrompendo uma velhice tranquila e respeitada. A angústia de todo um povo, confrontado abruptamente com o desastre, o chama e o traz de volta à frente do Estado. Tendo "sacrificado sua própria pessoa" ao seu solo natal, investido provisoriamente com um poder supremo de essência monárquica, sua tarefa é apaziguar, proteger, restaurar. As virtudes que lhe são atribuídas, e se espera que salvem a cidade em perigo de extinção, correspondem muito precisamente ao termo global usado pelos latinos para designar uma determinada forma de exercício da autoridade política – *gravitas*: a firmeza na provação, a experiência, a prudência e a moderação. De fato, a referência à história e o peso da memória desempenham um papel essencial aqui: não é mais que o passado, um passado de ordem ou glória, o que está chamado a ajudar ao presente, um presente de confusão ou de ruína [...] (Girardet, p. 74).

Cincinato aparece brevemente em *Discursos*. Uma vez no Livro I, capítulo 50, e outra vez no Livro III, capítulo 25. Em I-50, um capítulo curto, e mais um, entre muitos, em que nosso autor trata da necessidade de haver leis dentro do Estado para controlar a ambição dos poderosos. O cônsul romano é mencionado em uma disputa para a instauração de uma ditadura.[260]

---

[259] "[...] E perché questo giudizio è notabile, e merita di essere osservato, per poterlo imitare quando simili occasioni sono date a' principi, io voglio addurre le parole di Livio, poste in bocca di Cammillo [...]" (*Discursos*, II-23).

[260] "Erano consoli in Roma Tito Quinzio Cincinnato e Gneo Giulio Mento, i quali, sendo disuniti, avevono ferme tutte le azioni di quella Republica. Il che veggendo il Senato, gli confortava a creare il Dittatore, per fare

Em outro capítulo, Nicolau traz a imagem mitológica relacionada à figura do homem virtuoso e honesto, que saiu da vida pública para desfrutar da tranquilidade e do silêncio em sua propriedade rural, longe do tumulto urbano. Mas agora, motivado pelo perigo que ameaça a cidade, retorna à vida política para ajudar a reestruturar a ordem.

> [...] quando os *Equi* cercaram o exército do cônsul Minúcio. Temendo a perda do exército, Roma decidiu nomear um ditador, o último remédio contra o perigo do desastre. Foi nomeado Cincinato, que estava em sua pequena extensão de terra que cultivava com suas próprias mãos [...]. Cincinato estava arando sua pequena fazenda [...] quando chegaram os enviados do Senado para anunciar que ele havia sido nomeado ditador, informando-o do perigo iminente que ameaçava a república. Cincinato vestiu sua toga, viajou para Roma; reuniu um exército e de lá correu para ajudar Minúcio. Tendo derrotado o inimigo e resgatado o cônsul, não quis que os soldados que havia salvo participassem do saque, pronunciando estas palavras: "Não permito que participem do que foi tomado daqueles de quem vocês quase foram presa". A Minúcio ele retirou o consulado e o fez legado, dizendo-lhe: "Permanecerás neste cargo até que aprendas a ser cônsul". Escolheu para chefe da cavalaria a Lúcio Tarquínio, que combatia a pé por carecer de recursos para adquirir um cavalo. Veja, portanto, como a pobreza era honrada em Roma e como a um homem tão valente e meritório como Cincinato, bastavam para as necessidades da vida [uma porção tão pequena] de terra. Ainda no tempo de Marcus Regulus, não desonrava ser pobre porque, estando na África com seu exército, pediu licença ao Senado para voltar a cuidar de sua fazenda, deteriorada pelos encarregados de cultivá-la (*Discursos*, III-25).

A citação dos capítulos demonstra que o arquétipo está presente, no entanto a participação de Cincinato na obra do florentino é muito breve. Em minha compreensão, Nicolau apresenta o arquétipo em outros momentos, em outros livros, sob algumas adaptações particulares. No livro VII das *Histórias Florentinas* são relatados os eventos relacionados aos conflitos e disputas políticas na época de Cosimo de Médici. Os fatos começam a ser narrados desde o VII-1, até o VII-4; já nos capítulos 5 e 6, a escrita passa a fazer elogios calorosos e intensos louvores a Cosimo.

---

quello che per le discordie loro non potevon fare. Ma i Consoli, discordando in ogni altra cosa, solo in questo erano d'accordo, di non volere creare il Dittatore. Tanto che il Senato, non avendo altro rimedio, ricorse allo aiuto de' Tribuni; i quali, con l'autorità del Senato, sforzarono i Consoli a ubbidire. Dove si ha a notare, in prima, la utilità del Tribunato; il quale non era solo utile a frenare l'ambizione che i potenti usavano contro alla Plebe, ma quella ancora ch'egli usavano infra loro: l'altra, che mai si debbe ordinare in una città, che i pochi possino tenere alcuna diliberazione di quelle che ordinariamente sono necessarie a mantenere la republica [...]" (*Discursos*, I, 50).

Conforme nos é contado por Nicolau, Cosimo fez fortuna e boa reputação graças à sua inteligência, à sua prudência e a outras tantas qualidades excelentes em suas ações. Dentro do contexto florentino, as disputas e as intrigas – inevitáveis em todos os Estados – existiam, mas não causavam maiores danos à cidade porque Cosimo conseguia administrá-las bem com sua influência.

Lembremos de uma das máximas do nosso escritor: os conflitos, se bem administrados, podem levar a cidade à glória. Os *humores* devem ser direcionados para que não causem tumultos e maiores prejuízos. Quando bem controladas, as disputas internas são capazes de gerar a liberdade política. Essa ideia de que o dinamismo do conflito é um elemento perene, mas positivo, foi inicialmente apresentada nos *Discursos* e é novamente abordada agora nas *Histórias Florentinas*, dos capítulos 1 ao 6, do livro VII. O lado negativo do conflito é visto quando tal "administração" é falha, abrindo espaço para a atuação das *facções* (*sette*), que atuam à margem da lei.[261]

Por volta dos anos 1455, as disputas internas em Florença e no partido de Cosimo já aconteciam, no entanto, graças a ele e à sua "prudência", as dissensões não causavam tumultos. Em meados dos anos 1464, as facções instalaram um tipo de governo "insuportável e violento, que durou oito anos; porque Cosimo, já velho e debilitado pela falta de força do corpo, não podia estar presente como costumava fazer nas atividades públicas, fazendo com que a cidade se tornasse presa de poucos" (*HF*, VII-4).[262] Sua morte foi lamentada por amigos e até mesmo inimigos, pois seus opositores políticos, percebendo

> [...] a rapacidade de alguns cidadãos que governavam enquanto [Cosimo] estava vivo, e sabendo que o respeito [por Cosimo] os tornava menos insuportáveis, temiam que, após sua morte, nada mais que a ruína ocorreria. Todos sentiram a falta de Cosimo. Foi o cidadão mais ilustre e famoso. Não só superou todos os seus contemporâneos em riqueza e autoridade, mas

---

[261] "[...] quem espera que uma república possa ser unida, engana-se enormemente com tal esperança. A verdade é que algumas divisões prejudicam as repúblicas enquanto outras as ajudam. As prejudiciais estão acompanhadas por facções e partidários; as benéficas são aquelas que permanecem sem facções e sem partidários. Portanto, quem funda uma república, já que não pode evitar que nela haja inimizades, deve ao menos ter cuidado para que não haja facções [...]. As inimizades de Florença sempre foram acompanhadas de facções e, por isso, sempre causaram danos; e uma facção vencedora permanecia unida apenas enquanto a facção inimiga continuava viva, mas assim que a facção derrotada desaparecia, a facção vencedora, já não restringida pelo medo ou sujeita à disciplina, se dividia" (*HF*, VII-1).

[262] "Fu questa qualità di governo, per otto anni che durò insopportabile e violento; perché Cosimo, già vecchio e stracco e per la mala disposizione del corpo fatto debole, non potendo essere presente in quel modo soleva alle cure publiche, pochi cittadini predavano quella città [...]".

também em generosidade e prudência; e entre as qualidades que contri-
buíram para torná-lo príncipe em seu próprio país, estava sua superação
a todos os demais em magnificência e generosidade (*HF*, VII - 5).

A partir daí, no capítulo 6, Nicolau expõe uma infinidade de frases inteligentes ditas pelo ilustre membro da família Médici em ocasiões distintas.
Ainda, narra diversas obras públicas que beneficiaram os cidadãos de
Florença, até as construções em Jerusalém, que ajudavam os peregrinos
à Terra Santa. E menciona como ele era benfeitor das artes e da filosofia,
financiando os "homens de letras" etc.[263]

Ao contrário de Cincinato, Cosimo de Médici não aparece como o
homem virtuoso que havia saído da vida pública, buscando refúgio na
tranquilidade do campo, esquecendo dos tumultos existentes na cidade.
Além disso, Cosimo não era pobre, como Cincinato, mas é apresentado
como um velho homem sábio, prudente, que alcançou prestígio e, graças às
suas ações, o Estado prosperou em diversas áreas, de modo que, segundo
essa retórica, Florença perdeu muito após a sua morte. Não apenas por
ter perdido um homem ilustre, promotor de eventos importantes e grandiosos, mas também porque sua presença representava o freio, o remédio
contra a ambição de alguns poderosos, que, agora, sem ele para lhes ser
um obstáculo, tinham a cidade como presa.

Nicolau evoca a figura mitológica de Cincinato para indicar que ele
havia salvado Roma. Em torno da imagem de Cosimo se constrói o mito
político do grande benfeitor, do protetor, e, com sua ausência, a cidade

---

[263] "Fu ancora Cosimo degli uomini litterati amatore ed esaltatore; e per ciò condusse in Firenze lo Argilopolo,
uomo di nazione greca e in quelli tempi literatíssimo, acciò che da quello la goiventù fiorentina la língua greca
e l'altre sue dottrine potesse apprendere; nutrì nelle sue case Marsilio Ficino, secondo padre dela platônica
filosofia, il quale sommamente amò; e perché potesse più comodamente seguire gli studi dele lettere, e per
poterlo con più sua commodità usare, uma possessione propínqua ala sua di Careggi gli dono. Questa sua
prudenza adunque, queste sue ricchezze, modo di vivere e fortuna, lo fecíono, a Firenze, da' cittadini temere
e amare, e dai principi, non solo di Italia, ma di tutta la Europa, maravigliosamente stimare" (*HF*, VII -6).
Ainda que Parel não mencione Cosimo de Médici, suas palavras sobre o dever príncipe se aplicam inteiramente
a ele: "[...] But again, it is easier to satisfy the humours of the people. First of all, they pose no threat to the
prince; ordinarily, members of the populace do not aspire to the throne. Secondly, the needs of the people
are normally decent and easy to meet: they expect only protection for their property and their honour. As
long as the prince does not confiscate their property or violate their women, they are easily satisfied. Above
all, Machiavelli warns, a prince should refrain from taking the property of others 'because men forget more
quickly the death of a father than the loss of a father's patrimony'. A popular innovator, therefore, would be
a patron of all arts and sciences, patronizing accomplished individuals and honouring those who excel in any
profession. He would encourage his subjects to think that they can carry on their business peacefully, both in
commerce and agriculture, so that no one would be afraid of increasing his/her wealth for fear that it might
be confiscated or unduly taxed. Moreover, he rewards those who through trade and commerce increase the
wealth of the principality, and thereby furnish the prince with greater resources [...]" (Parel, p. 118).

ficava exposta ao perigo e à destruição. Em ambos os casos, os elementos comuns do chamado e da espera pelo herói estão presentes, mesmo sob certas diferenças específicas de cada relato.

Além disso, não nos interessa tentar interpretar esses capítulos das *Histórias Florentinas* (VII 1 - 6) indagando se o nosso historiador estava fazendo as vezes de um adulador vulgar (semelhante aos aduladores analisados no capítulo 23 d'*O Príncipe*), já que, afinal de contas, ele estava escrevendo essa obra a pedido da própria família Médici.

O que nos parece mais interessante é olhar para o constructo retórico do florentino visando transformar Cosimo em um personagem de relevo em suas páginas. Ao fazer isso, termina incorporando elementos de um mitologema político, um personagem ao estilo das figuras das histórias antigas, digno de receber os mais altos louvores, de homem justo e detentor da *virtù*. Um homem que ao redor de sua imagem se cristalizam símbolos comuns ao imaginário coletivo.

Porém aqui surge um conflito com algo que eu explorei com certa profundidade no capítulo 2. A saber: a importância da pobreza dos cidadãos e os elogios que Nicolau faz à riqueza pública e à pobreza particular. O problema salta à vista quando, em *Discursos*, a pobreza de Cincinato se apresenta como um elemento constitutivo de sua *virtù*, e em *Histórias Florentinas* a riqueza de Cosimo se mistura aos atributos de sua prudência, fazendo-o capaz de realizar grandes façanhas.

Aqui não é o espaço para discutirmos com profundidade algumas inconsistências na obra do autor. O que me cabe sinalizar é que tais questões em seus livros são motivadas pelo estilo do nosso poeta, escritor, teólogo, dramaturgo, historiador e analista político. Ele não era um filósofo no sentido estrito, muito menos um cientista. Sua escrita é solta, sem o rigor metodológico de um filósofo ou cientista político. Seus livros foram escritos pelo deleite da escrita e pelo prazer da atividade intelectual, para serem lidos e discutidos nos círculos de eruditos ilustres.

No *Apêndice I*, dedicado à leitura de Leo Strauss (1958), o leitor encontrará uma tratativa mais detalhada a respeito desta celeuma: as supostas incoerências, desatinos, erros e "fraudes" de Nicolau. De minha parte não comungo da opinião de Leo Strauss, apesar de achá-la interessante e minuciosa. Acredito que Maurizio Viroli (1998) resolveu o enigma ao considerar o florentino um escritor retórico, não científico.

## A *celeritas*

À *gravitas* e à prudente sabedoria de um ilustre aposentado opõe-se outro substantivo que evoca o sentido contrário: a *celeritas*, que traz o símbolo do ímpeto, da audácia conquistadora dos jovens capitães, ávidos por glória. O arquétipo de Cincinato estabelece simetria, segundo Girardet, com o de Alexandre, o Grande. Ele não traz nem o cetro, nem o símbolo da justiça real, mas o da espada. A legitimidade de seu poder não vem de grandes feitos realizados no passado, não depende do fervor da memória; está inscrita no brilho da ação imediata. O gesto de seus braços não é um símbolo de proteção ou de abrigo, mas uma convocação para a aventura e a guerra. Ele atravessa a história como um raio fulgurante. Herói da juventude e do movimento, sua impetuosidade chega ao nível de dominar a natureza. É um homem cujas ações transcendem montanhas, atravessam desertos, saltam sobre rios e conquistam os reinos mais distantes do mundo (Girardet, p. 75).

É verdade que Alexandre, o Grande, aparece em várias ocasiões na obra do nosso autor. Tanto em *O Príncipe* quanto em *Discursos*, lemos o nome do conquistador macedônico.[264] Entretanto apenas no capítulo 20 do livro I e no 27 do livro II, encontramos contextos mais ou menos semelhantes ao arquétipo mencionado. Em todas as outras menções, Alexandre não é protagonista,[265] os capítulos não giram ao redor de sua figura e de seus feitos. Seu nome é mencionado simplesmente como mais um exemplo que os historiadores e escritores da Antiguidade forneceram para a posteridade. Em Nicolau, Alexandre não se cristaliza como um personagem simbólico de grande relevo. No entanto há a presença de outros dois personagens que, ao meu ver, encarnam alguns elementos do símbolo da *celeritas*. Um é César Bórgia e o outro é Castruccio Castracani, que serão analisados agora, começando por Bórgia.

As referências ao filho do papa Alexandre VI nas linhas de nosso autor são numerosas e relacionadas a diferentes contextos históricos. Muito antes de escrever *O Príncipe* (em 1513), César já havia sido mencionado em seus escritos literários, por exemplo, no *Decennale Primo* (de 1504); também o

---

[264] *Cf.* (*Príncipe*, 4, 13, 14, 16, 19); (*Discursos*, I-1, 20, 26, 58); (*Discursos*, II-8, 10, 27); (*Discursos*, III-14).

[265] Em *Discursos*, I-20, em um capítulo extremamente curto, que ocupa um único parágrafo, é dito somente que "[...] a sucessão de dois príncipes virtuosos – como Filipe e Alexandre, o Grande – é suficiente para a conquista do mundo [...]"; em II-27, tratando das palavras injuriosas contra os inimigos e a insolência da república de Tiro, Nicolau narra que Alexandre, sentindo tanta indignação, intensificou o cerco e "tomou a cidade; destruindo-a, matou e escravizou seus homens [...]".

encontramos em sua correspondência oficial com o governo florentino, as *Legazioni*, fruto de uma missão diplomática que lhe foi incumbida em 1502; já em 1503, ele redigiria o texto *Descrição de como procedeu o Duque Valentino para matar Vitellozzo Vitelli, Oliverotto da Fermo, Paolo Orsini e o Duque de Gravina Orsini*.

Em 1503, entre os meses de março e agosto, o secretário escreveria diversos informes destinados ao governo de Florença. Nesse contexto, diante das crises política e militar da república florentina, Bórgia se apresentava como uma grave ameaça à cidade. Nicolau redigiu dois textos: *Discurso sobre a provisão do Dinheiro, com um breve Prólogo e Justificação e Como tratar os Povos Rebeldes de Valdichiana*. Ao analisar esses textos, percebe-se uma evolução na figura de César Bórgia nas análises do nosso diplomata. O papel do duque e o julgamento que nosso autor faz sobre as suas ações mudam lentamente. Aqui não me aprofundarei nesses textos, detalhando as análises e as *metamorfoses* da figura de César, de homem enérgico a um suposto modelo ideal de *príncipe novo*. Para isso, faço menção à excelente leitura de Miguel Angel Granada (2000, p. 169-192).[266]

Tocarei, simplesmente, nos pontos essenciais que interessam ao nosso estudo. Granada baseia-se nos escritos de Gennaro Sasso, indicando que os primeiros contatos entre o secretário e o filho do papa serão fundamentais para a sua construção teórica sobre a ação política que lemos n'*O Príncipe*, escrito quase dez anos depois.[267] Nas páginas d'*O Príncipe*,

---

[266] "[...] Como muestran las primeras cartas de la legación, Maquiavelo se encuentra en Imola ante un César Borgia *consciente* de la gravedad de la situación y por ello *temeroso* ante el grave peligro que se cernía sobre su persona y su construcción política (su *stato*), pero comprueba cómo el miedo no se traduce en parálisis de la reflexión realista y de la acción consecuente y eficaz, sino por el contrario en señal para un planteamiento sereno, reflexivo, previsor y organizado de la defensa. Borgia aparece ante Maquiavelo – y ello admiró extraordinariamente al legado florentino – firme, decidido, seguro de sí mismo, buscando por todos los medios, armas, aprendiendo de sus propios errores, esperando la ocasión propicia para devolver el golpe; astuto, recurriendo eficazmente al engaño (gran *simulador* y *disimulador*), con un enorme sentido de la *oportunidad* y un decidido uso de la misma en el momento preciso, con una voluntad decidida de ejecutar la perfidia, traición y crimen necesarios políticamente. Las abundantes cartas de esta larga legación muestran que César Borgia se ha convertido para Maquiavelo en 'príncipe nuevo' modélico (pero en este momento el concepto de *príncipe nuevo* no tiene todavía la dimensión teórica que adquirirá en 1513 y es un concepto neutro: un príncipe advenedizo e innovador, carente del apoyo y sostén de una tradición hereditaria y que por ello está sometido a riesgos mayores para su conservación y permanencia en el poder). Consciente de los riesgos de su posición, Borgia se muestra a Maquiavelo decidido a hacer todo lo *necesario* para asegurarse y mantenerse en su estado [...]" (Granada, 2000, p. 175-176).

[267] "[O exercício político de Bórgia] se muestra al mismo tiempo al legado florentino desarrollándose en el marco de una realidad móvil y peligrosa, marcada por el riesgo, que es el mundo de la *fortuna*; y la buena fortuna de César Borgia – el triunfo finalmente conseguido sobre sus lugartenientes rebelados – se evidencia como el resultado de su acción sabia y decidida, de su *virtù*, de una competencia y decisión que,

Bórgia ganha protagonismo nos capítulos 7, 13 e 17. Mencionado dentro de um contexto de *figuras excepcionais*,[268] o duque agora é apresentado como modelo, um exemplo a ser imitado pelo *príncipe novo*: "Eu mesmo não saberia dar a um *príncipe novo* outros preceitos melhores que o exemplo de sua conduta", afirmação do nosso autor, no capítulo 7.

No entorno militar, postulando a necessidade de evitar o uso de tropas mercenárias e auxiliares, considera-se que "os príncipes prudentes, portanto, sempre evitaram este tipo de tropas e recorreram às próprias, preferindo perder com as suas, a vencer com as de outro, e estimando que não é uma vitória verdadeira a que se consegue com armas alheias. Não

---

sin retroceder ante el crimen necesario y aprovechando la oportunidad, parecen a Maquiavelo (gracias al ejemplo del duque) poder contener y domar la fortuna. La legación, además de configurar a César Borgia como *príncipe nuevo* lleno de *virtù*, había evidenciado algo más, tremendamente problemático: la necesidad inevitable del mal en la política, la aguda percepción de que la traición y el crimen pueden ser – y de hecho son – inevitables y el ingreso en la vía del mal [como un componente necesario y] fundamental de la virtud y de la sabiduría políticas. Con el magnicidio de Sinigallia – la ejecución sumaria de sus lugartenientes confiados tras haber sellado con ellos un acuerdo de paz – Borgia mostraba a Maquiavelo la naturaleza felina y salvaje de la política, el hecho de que la necesidad de asegurarse imponía inevitablemente una conducta contra la fe, contra la moral y contra la religión, el disimulo y la retórica como consustanciales a la política; mostraba un uso ejemplar de lo que Maquiavelo llamará más tarde (en el capítulo XVIII de *El Príncipe*) la *zorra* y el *león* [...]. La *virtù* de César Borgia, príncipe nuevo en su acción concreta que permite controlar y dominar la *fortuna*, el papel de las armas propias en la seguridad del estado y de su príncipe, y la escisión entre ética y política como problema doloroso y no resuelto; tal es la enseñanza de la segunda legación ante el duque Valentino, la cual – como acertadamente dice Sasso "se non constituisce l'atto di nascita della filosofía política di Machiavelli, è certamente un episodio decisivo nella storia della sua mente" (Granada, 2000, p. 176-178).

[268]    Cassirer fez observações interessantes sobre a figura do Duque Valentino: "[Quando Nicolau redige suas considerações sobre o novo tipo de poder político e os novos homens, percebemos que ele está completamente fascinado] Sentimos essa forte e estranha fascinação em cada uma das suas palavras sobre César Bórgia. A narração de Maquiavel do método utilizado por César Bórgia para se desembaraçar dos seus inimigos é, tanto pelo estilo como pelo pensamento, um dos seus escritos mais característicos. E muito depois da queda de César Borga ele continuava a sentir da mesma maneira. [O] 'Duca Valentino' permaneceu sempre o seu modelo clássico. Confessa francamente que se tivesse que fundar um novo Estado seguiria sempre o famoso modelo de César Bórgia. Tudo isso não pode explicar-se por uma simpatia pessoal. Maquiavel não tinha qualquer razão para gostar dele; pelo contrário, tinha as melhores razões para temê-lo. Tinha sempre combatido contra o poder temporal do Papa, no qual via um dos maiores perigos para a vida política da Itália. E ninguém tinha feito mais para dilatar o poder temporal da Igreja do que César Bórgia. Por outro lado, Maquiavel sabia muito bem que o triunfo de César Bórgia significava a ruína da República de Florença. Como se explicar então que, a despeito de tudo isso, ele falasse do inimigo de sua cidade natal não somente com admiração, mas com uma espécie de veneração – com uma reverência que nenhum outro historiador sentiu por César Bórgia: Isso só é compreensível se tivermos em mente que a verdadeira fonte da admiração de Maquiavel não era o próprio homem, mas a estrutura do novo Estado que ele tinha criado. Maquiavel foi o primeiro pensador que compreendeu o real significado dessa nova estrutura política. Tinha assistido à sua origem e previu os seus efeitos. Antecipou no seu pensamento toda a evolução da futura vida política da Europa. Foi essa realização que o convenceu a estudar a forma dos novos principados com o maior cuidado e pormenorização [...]" (p. 151-152).

hesitarei jamais em colocar como exemplo a César Bórgia e suas ações" (*Príncipe*, 13).

No capítulo 17, destinado a um tema mais político, "diplomático" e "administrativo", analisando a forma adequada do príncipe tratar aliados e súbditos, encontramos a famosa discussão sobre se é melhor ser amado que temido.

> Todo príncipe deve desejar ser considerado clemente e não cruel, mas deve estar atento para não fazer mau uso desta clemência. César Bórgia era considerado cruel, no entanto, sua crueldade restabeleceu a ordem na Romanha, restaurou a unidade e a [conduziu] à paz e lealdade ao soberano. Se tudo isso for examinado corretamente, ver-se-á que o duque havia sido muito mais clemente que o povo florentino, que, para evitar a fama de cruel, permitiu, em última instância, a destruição de Pistóia [...]. E entre todos os príncipes, ao *príncipe novo* é impossível evitar a fama de cruel, pois os estados novos estão cheios de perigos [...] (*Príncipe*, 17).

Apesar do poder do Duque Valentino ter suas origens na fortuna de seu pai, o papa Alexandre VI, e ter recebido apoio de "armas auxiliares" (as tropas francesas), ele, contudo, fez tudo o que a *virtù* exige. Nas palavras de Miguel Angel Granada (p. 185), Bórgia conseguiu sair da "dificílima circunstância de devedor da fortuna para se estabelecer em seu novo estado e criar raízes indeléveis". Desse modo, as considerações que lemos no sétimo capítulo são um conjunto completo de ações necessárias a um *príncipe novo* que são, no fim das contas, as qualidades que César Bórgia teria demonstrado ter:

> [...] ter recorrido a todo tipo de meios e ter feito todas aquelas coisas que um homem prudente e virtuoso deveria fazer para estabelecer suas raízes naqueles estados que as armas e a fortuna de outros lhe haviam proporcionado [...]. Assim, se se estudar atentamente todas as ações do duque, poder-se-á ver que ele havia procurado fundamentos sólidos para seu futuro poder [...]. Recolhidas, pois, todas as ações do duque, não saberia censurá-lo. Acredito mais, como disse, que ele deve ser proposto como modelo a ser imitado por todos aqueles que, pela fortuna e pelas armas alheias, ascendem ao poder [...]. Consequentemente, quem julgar necessário para seu principado novo assegurar-se frente aos inimigos, ganhar amigos, vencer seja pela força ou pelo engano, fazer-se amar e temer pelos povos, ser seguido e respeitado pelos soldados, destruir aqueles que podem ou devem fazer-lhe dano, renovar com novos métodos a antiga ordem das coisas, ser severo e estimado, magnânimo e liberal, dissolver a milícia infiel, criar outra nova, man-

> ter a amizade de reis e príncipes de modo que te recompensem com cortesia solícita ou pensem duas vezes antes de te fazerem dano, não encontrará exemplos mais vivos que as ações do duque (*Príncipe*, 7).

Porém existe uma questão controversa em acerca do filho do papa na obra do nosso autor. Raffaele Ruggiero (p. 255) diz que "a figura de Valentino carrega em si um elemento aporético na lógica interna d'*O Príncipe*". Os pesquisadores, em linhas gerais, questionam se César Bórgia pode ser considerado, de fato, o modelo do príncipe que salvará a Itália,[269] porque o próprio Nicolau, dez anos antes de escrevê-lo, já havia reconhecido que o duque, apesar de todas as suas qualidades, cometeu um erro fatal.[270] Em minha compreensão, as conclusões de M. A. Granada sobre o tema são apropriadas. Ele escreveu acertadamente:

> A *virtù* de César Bórgia não foi, portanto, absoluta ou "extraordinária". O duque foi certamente um príncipe novo, mas não é *o príncipe novo* necessário nas duras condições do presente. Assim, a [sua] falha não compromete, em princípio, o triunfo do *príncipe novo*. Mas este último deverá possuir uma *virtù* extraordinária e – a julgar pelo fracasso de Bórgia – não poderá cometer um único erro, pois um único erro levou Bórgia definitiva e irremediavelmente ao desastre. Assim, a tentativa de

---

[269]   Garrett Mattingly, historiador americano, defende que a escolha de César Bórgia como modelo ideal seria uma sátira, uma ironia nos escritos de Nicolau, e não uma afirmação verdadeira: "[...] Only in a satire can one understands the choice of Cesare Borgia as the model prince. The common people of Tuscany could not have had what they could expect of a prince's rule made clearer than by the example of this bloodstained buffoon whose vices, crimes, and follies had been the scandal of Italy, and the conduct of whose brutal, undisciplined troops had so infuriated the Tuscans that when another band of them crossed their frontier, the peasants fell upon them and tore them to pieces [...]" (p. 490).

[270]   "El papa Alejandro VI, padre de César, murió en el mes de agosto de 1503. El nuevo papa, Pio III, tiene un pontificado corto, murriendo en octubre del mismo año. La elección para el nuevo papa llevaría Julio II al pontificado. El problema es que este papa era un gran enemigo del Duque Valentino. En una correspondencia oficial al gobierno florentino, Nicolás expone: '[...] Este pontífice [Julio II] ha sido elegido con un grandísimo apoyo. El motivo de estos apoyos ha sido que él ha prometido lo que se le ha pedido, por lo que se piensa que las dificultades vendrán a la hora de observar las promesas. Se dice que al duque Valentino, de quien se ha servido más que de ningún otro, le ha prometido restituirle de nuevo en la Romaña [...]. Otros creen, y no son los menos prudentes [aquí vemos la opinión de Maquiavelo sobre el caso] que, como el papa ha necesitado al duque para su elección y le ha hecho grandes promesas, le conviene entretenerlo de esta manera y temen [...] que se quede en la estacada, porque es sabido el odio natural de que su santidad ha sentido siempre hacia él, y no puede haber olvidado tan pronto el exilio en que ha estado durante diez años. Pero el duque se deja llevar por esa animosa confianza suya y cree que las palabras de los demás han de ser más firmes de lo que han sido las suyas [...]' (*Carta* de 4 de novembro de 1503, citada e traduzida por M. A. Granada, 2000, p. 182). *Cf.* A interessantíssima interpretação de Vickie Sullivan, indicando que o erro de César Bórgia foi, no fim das contas, ter confiado no perdão (Sullivan, 1996, p. 19-24); "[...] Se para Maquiavel existe algo de repreensível em César Bórgia, não é o seu caráter; não é a sua falta de escrúpulos, a sua crueldade, as suas traições, a sua capacidade. Para tudo isso, ele não tem uma palavra de censura. O que censura nele é o único erro de sua carreira política: o fato de ter permitido que Júlio II, seu inimigo declarado, fosse eleito Papa após a morte de Alexandre VI [...]" (Cassirer, p. 163).

dar um exemplo histórico contemporâneo da figura teórica cuja necessidade se demonstrava, quebrava-se, em última instância, em pedaços e o *príncipe novo* configurava-se como um paradigma sem exemplo concreto no presente. No mesmo momento em que César Bórgia parecia encontrar sua apoteose heróica, seu "mito" era destruído pela verdade histórica e política (e pelo mito do *príncipe novo* todo *virtù*) e Maquiavel se libertava definitivamente dele. Bórgia poderá fornecer ao *verdadeiro príncipe novo* ensinamentos pontuais, incluída a lição do erro de sua queda final, mas não poderá ser o modelo global [...] (p. 191).

Alguns anos depois, em 1520, Nicolau teve que escrever um texto para provar que era capaz de receber a tarefa de produzir as volumosas páginas de *Histórias Florentinas*. Esse texto se chama *La Vita de Castruccio Castracani di Lucca*. Nele vemos o verdadeiro símbolo da *Celeritas*. Embora Castruccio tenha sido uma pessoa real (1281-1328), o que lemos nesse texto é uma narrativa fictícia.[271] O Castruccio *di Machiavelli* é o modelo exemplar de

---

[271] Nicolau precisou demonstrar aos Médici que era apto a escrever a obra que viria a ser *Histórias Florentinas*. Dita obra seria escrita dentro do padrão da escrita humanística da época. Então criou-se a *Vida de Castruccio Castracani*. Apesar de basear-se na vida de um personagem real, a *Vita di Castruccio*, de Nicolau, é uma obra de ficção que mescla elementos comuns às narrativas de sua época e menções mitológicas a certos arquétipos. Piero Soderini, antigo gonfaloneiro florentino a quem nosso autor era subordinado na Secretaria de Chancelaria, sabia da incumbência dada a Nicolau para escrever *As histórias*. Na *Carta 258*, escrita por Soderini, de Roma, em 13 de abril de 1521, lemos: "Querido Nicolò. Desde que a proposta de Ragusa não o satisfez, o senhor Prospero me pediu um homem competente para gerenciar seus assuntos. Conhecendo sua lealdade e competência, eu o indiquei. Ele está satisfeito porque tem boas referências suas e me encarregou de fazer-lhe a oferta. A provisão será de 200 ducados de ouro e as despesas. Pense nisso, e se estiver de acordo, eu o aconselharia a ir imediatamente, antes que sua partida seja conhecida. Não vejo outra proposta melhor no momento, que considero muito superior a ficar aí escrevendo histórias por alguns florins".
Infelizmente, as correspondências anteriores e posteriores se perderam. Não sabemos como foi o contato que fez Soderini saber do projeto de escrita da obra histórica nem quais pedidos por emprego e comissões nosso autor teria feito ao seu antigo amigo, e porque teria recusado. Sobre a escrita da *Vita di Castruccio*, essa citação é completa. Aborda suas razões, contextos de escrita e recepção por parte de seus amigos: «[...] Entre temps, pendant ses loisirs forcés, en attendant la décision du gouvernement lucquois, il écrivit deux ouvrages l'un, court, composé d'observations ou plutôt d'une exposition du régime de cette ville; l'autre, très original, assez hybride, car il lui manque les éléments émotifs qui constituent le roman, et ce n'est pas non plus de l'histoire, car il raconte des batailles imaginaires et des faits jamais arrivés: mais non point par erreur, car il s'agit d'une période que l'auteur connaissait bien, comme il le prouve plus tard dans son Histoire de Florence. Il appela le premier: *Sommaire des affaires de la ville de Lucques*, et le second: *Vie de Castruccio Castracani*. C'était l'histoire d'un tyran italien de 1300, aux grandes vertus militaires. On s'est fort inquiété de savoir pourquoi Castruccio Castracani présente ce mélange de vérité et d'imagination, alors que l'observation de l'exactitude historique dans cette biographie du vieil aventurier aurait permis un travail aussi intéressant. Là aussi, il faut recourir à l'hypothèse logique. Machiavel composa rapidement cet ouvrage, pour prouver son aptitude à la narration historique et, comme l'histoire d'alors était le récit de guerres continuelles, il n'eut qu'à augmenter le nombre des batailles livrées par Castruccio. Et comme, d'autre part, il craignait de ne pas relater exactement les détails de la vie de son héros, il préféra donner libre cours à son imagination. J'incline vers cette hypothèse, non seulement par induction, mais à cause de la lettre que Zanobi Buondelmonti lui écrit de Florence, le 6 septembre 1520, et où il lui dit avoir reçu, le 2g du mois dernier, la Vie de Castruccio Castracani que vous avez composée. J'en ai eu beaucoup de plaisir, non seulement à cause de sa valeur intrinsèque, mais aussi parce

homem político: uma mistura de líder militar e homem de Estado. É a idealização que César Bórgia não conseguiu alcançar com seus atos. Nas palavras de François Franzoni, Nicolau, afetado por sua própria miséria, além da miséria da Itália, ansioso por encontrar a figura de um herói, encontra no passado da cidade de Lucca uma personalidade "coerente com a figura que o obcecava". Castruccio seria, então, a representação exata de seu *principe nuovo*.[272]

---

qu'elle prouve que l'auteur, où qu'il se trouve, se souvient de ses amis. Un certain nombre de nos collègues des Orti Oricellari sont en train de la lire et ils la trouvent bien [...].

[...] Toutes ces données nous font penser que la Vie de Castruccio Castracani fut une composition qui devait servir à établir les aptitudes de Machiavel à ce genre littéraire. On la lui demanda, comme Vettori lui avait demandé la lettre de 1514 sur la politique internationale, pour la présenter au pape; et, avec cette fébrile activité qui le caractérisait, il fit comme en 1514, il ne différa pas un instant d'écrire ce qu'il avait dans la tête, mettant en beau style batailles, administration de cités, victoires et principes de gouvernement. Remarquons qu'alors la composition historique devait se faire dans le genre sublime, sans aucun égard à la réalité des faits. De nos jours, où la critique est si scrupuleuse, l'auteur aurait obtenu l'effet contraire; mais à cette époque, où commençait la réaction contre les chroniqueurs, l'histoire, revenant aussi à la conception antique, rentrait dons le genre solennel, grandiloquent, sévère» [...] (Ferrara, 1928, p. 300-301).

A *Carta* 254, de Zanobi Buondelmonti a Nicolau Maquiavel, de 6 de setembro de 1520, menciona a recepção da *Vita* por parte de seus amigos. Gostaram bastante do texto; a de número de 256, escrita por Filipo de' Nerli, em 17 de novembro de 1520, também toca nesse assunto.

[272] «En 1520, Machiavel fait un séjour prolongé à Lucques, pour une affaire qui lui a été confiée par la Seigneurie de Florence et le cardinal de Médicis, et dont la solution traîne et longueur. Besogne marchande peu proportionnée à l'ampleur de son génie. Faute de pouvoir donner sa mesure dans l'action, il prend sa revanche dans le domaine de la pensée, toujours victime de son double destin. Au sentiment de sa propre misère ajoutant pour surcroît la misère de l'Italie, ses idées de régénération nationale ne le lâchent point; il porte partout avec lui, hantise héroïque, formée et nourrie de sa propre substance, la vision du Prince nouveau, moitié condottiere moitié homme d'Etat, d'une trempe d'acier, à la fois souple et ferme, énergique et sans scrupule, se plaçant d'emblée au-dessus, des foi faites pour le commun des hommes, tel enfin qu'il crut l'entrevoir un jour sous les traits de César Borgia. Machiavel va chercher dans le passé de Lucques le tyran le plus conforme à la figure qui l'obsède et, pour le soulagement de son esprit, le ressuscite, non point tel qu'il fut, mais tel qu'il le veut. Il ne se soucie nullement de l'exactitude historique, mais pour donner au héros de son choix plus de ressemblance avec son modèle intérieur, il ne lui laisse que son nom, son siècle, sa ville, quelques particularités de sa vie vécue, et, pour ainsi dire, les contours de son caractère. Il se sert de lui pour mettre en lumière quelques-unes des idées qui lui tiennent au cœur; si les faits relatés par les vieilles chroniques, ne s'y prêtent pas, Machiavel les modifie à son gré, avec une merveilleuse désinvolture. Ainsi, pour montrer que la fortune tire le plus souvent d'une origine basse ceux qu'elle élève ensuite au faîte de la grandeur pour l'accomplissement de ses desseins mystérieux. Machiavel fait de son héros un enfant trouvé alors qu'il fut en réalité fils légitime d'une des plus illustres familles de Lucques. Ou bien, voulant prouver que l'infanterie est supérieure à la cavalerie, thèse qu'il entreprendra plus tard de démontrer dans son *Art de la Guerre*, il décrit une bataille qui n'a jamais eu lieu, passant sous silence plusieurs combats réels où condottiere s'est couvert de gloire. Cela ne suffit pas à Machiavel; pour donner à son récit plus d'intérêt, à la figure de son héros plus de relief encore, il recourt à l'antiquité; à la manière de Montaigne, de la Fontaine et des autres, il prend son bien où il le trouve, emprunte des anecdotes à la vie d'Agathocle par Diodore de Sicile, des dits mémorables à la vie de Diogène Laerce, et se ressouvient peut-être de la Cyropédie de Xénophon. Mais tous ces éléments disparates, Machiavel les fond au feu de son imagination créatrice, comme des métaux dans une fournaise ; en compose un alliage homogène, le coule d'un seul jet dans le moule de

No texto, Nicolau coloca diversos elementos comuns aos mitos antigos, tanto na trama da história quanto na personalidade de seu herói. Para Voegelin, ele cristaliza as ideias da época (inspirada pela vida de Tamerlão),[273] no símbolo do príncipe que, por fortuna e *virtù*, será o salvador e restaurador da Itália. Esse "símbolo" está melhor representado não em nenhuma das obras mais importantes ou mais conhecidas, mas em *Vita*. Ali vemos muitos arquétipos de heróis e redentores. No quarto volume da série *History of Political Ideas*, Voegelin faz um perfeito resumo da estrutura do texto do nosso secretário.

> A própria *Vita* segue o padrão clássico do mito do herói que vimos empregado na *Vita Tamerlani*. A consciência da interpretação aparecerá mais claramente quando caracterizarmos a sequência de cenas da mesma maneira que fizemos para a imagem de Tamerlão. As principais fases da *Vita* são as seguintes: (1) um infante de nascimento desconhecido é encontrado no jardim pela irmã de Antônio Castracani, um sacerdote; (2) Castracani adota o garoto e tenta levá-lo aos ideais de seu estado e educá-lo como um futuro padre; (3) aos catorze anos, o garoto faz valer seus direitos, abandona os livros teológicos e volta-se para a arte das armas; (4) ultrapassa todos os seus camaradas nesses exercícios; (5) adquire um tipo de liderança real sobre os outros garotos e comanda a confiança e lealdade; (6) então vem o descobrimento; o garoto é observado em seus jogos com seus amigos por Francesco Guinigi, um nobre; (7) Guinigi persuade o sacerdote a confiar-lhe o futuro do garoto; (8) aos dezoito anos, Castruccio embarca em sua carreira como líder militar e político, com sucesso momentoso na expansão do domínio de Lucca; (9) no meio dessas empresas mais promissoras, a *fortuna* despedaça-lhe a vida; Castruccio morre de uma febre contraída mediante um vento noturno miasmático, logo após uma batalha vitoriosa (Voegelin, *HPI*, IV, p. 69).

No início do texto, dirigindo-se a Zanobi Buondelmonte e Luigi Alamanni, o florentino escreve que "todos" aqueles que "realizaram neste mundo coisas grandiosas e que foram excelentes entre outros homens" têm as

---

sa pensée et en tire cette figure de bronze, une des plus hardies de la Renaissance, qui a nom Castruccio Castracani» (Franzoni, 1928, p. 271-272).

[273] "[...] Desde Enea Silvio, a *vita Tamerlani* tem as seguintes partes principais: (1) insistência na origem humilde de Tamerlão; (2) descrições de sua habilidade em ganhar os primeiros seguidores em casa; (3) um relato da expansão inicial desde a Transoxiana à Anatólia; (4) a história da vitória de Ancara e o destino de Bayezid; (5) informação concernente à disciplina militar do seu exército e às técnicas de cerco; (6) um relato da segunda expansão para a Síria e o Egito; (7) uma série de anedotas que mostram a crueldade na conquista, seus truques inescrupulosos em obter vantagens e o uso sistemático do terro para enfraquecer a resistência do inimigo; (8) uma anedota em que Tamerlão se designa como uma fora sobre-humana, como a *ira Dei* [ira de Deus] e o *ultor peccatorum* [vingador dos pecados]; (9) uma comparação com Aníbal; (10) a história do enriquecimento de Samarcanda [...]".

"origens e nascimento" desconhecidos. Mais adiante, numa manhã, *madonna* Dianora, irmã de Antônio Castracani, passeava pelo jardim colhendo ervas para preparar seus temperos quando "ouviu um barulho debaixo de uma trepadeira entre as folhas e, voltando o olhar para lá, ouviu algo como um choro. Atraída pelo som, descobriu ali as mãos e o rosto de uma criança", escondida entre as folhas.

Eis aqui, nesse breve relato, o clássico arquétipo da criança abandonada e de origem desconhecida. Diversos mitos apresentam a mesma estrutura, como a vida de Rômulo e Remo, que nosso autor leu no primeiro livro de Tito Lívio[274] e, provavelmente, em *Vidas Paralelas*, de Plutarco.[275]

---

[274] "Pero tenía que ser, en mi opinión, cosa del destino el nacimiento de tan gran ciudad y el comienzo de la mayor potencia después de la de los dioses. La vestal fue forzada, dio a luz dos gemelos y, bien por créelo así, bien por cohonestar la falta remitiendo su responsabilidad a un dios, proclama a Marte padre de esta dudosa descendencia. Pero ni los dioses ni los hombres la libran a ella ni a los hijos de la crueldad del rey: la sacerdotisa es encadenada y encarcelada, y se ordena que los niños sean arrojados a la corriente del río. Por un azar debido a los dioses, el Tíber, desbordado, no permitía el acceso hasta el cauce habitual a causa de los estancamientos en remanso, y a los que llevaban a los recién nacidos les hizo concebir la esperanza de que éstos se ahogasen en esas aguas a pesar de estar remansadas. En la idea, pues, de cumplir así el mandato del rey, abandonan a los niños en la primera charca, lugar en que actualmente se encuentra la higuera Ruminal, antes llamada Romular, según dicen. Había, en esta zona, por entonces, extensos parajes solitarios. La tradición sostiene que, cuando el agua, al ser de poco nivel, depositó en seco la canastilla a la deriva en que había sido colocados los niños, una loba, que había salido de los montes circundantes para calmar la sed, volvió sus pasos hacia los vagidos infantiles; que se abajó y ofreció sus mamas a los niños, amansada hasta tal punto que la encontró lamiéndolos el mayoral del ganado del rey – dicen que se llamaba Fáustulo –, y que el mismo los llevó a los establos y los encomendó a su mujer Larentia para que los criase. Hay quienes opinan que Larentia, al prostituir su cuerpo, fue llamada 'loba' por los pastores y que esto dio pie a la leyenda maravillosa. Tal fue su nacimiento y su crianza [...]" (Lívio, I, 4, 0-8, p. 13-14).

[275] "Este grande nombre de Roma, que con tanta gloria ha corrido entre todos los hombres, no están de acuerdo con los historiadores sobre el origen y causa por donde le vino a la ciudad que con él se distingue [...] (*Vidas, Rómulo*, I, p. 37); [Algunos] designan a Rómulo como denominador de aquella ciudad no convienen entre sí acerca de su origen, porque unos sostienen que fue hijo de Eneas y Dexítea hija de Forbante, y que siendo niño fue traído a Italia con su hermano Remo, y habiéndose perdido en el río, que había salido de madre, los demás barcos, aquel en que navegaban los dos niños había arribado a una orilla muelle, y salvos, por tanto, inesperadamente, se puso al sitio el nombre de Roma; otros, que Roma, hija de aquella troyana, la cual hija casó con Latino hijo de Telémaco, dio a luz a Rómulo; y otros que fue Emilia hija de Eneas y Lavinia, conocida por Marte. Finalmente, otros hacen en este punto del nacimiento relaciones del todo fabulosas: que Tarquecio, rey de los albanos, hombre sumamente injusto y cruel, tuvo dentro de su palacio una visión terrible: un falo que salió entre el fuego y estuvo permanente por muchos días. Había en el país etrusco un oráculo de Tetis, del cual vino a Tarquecio la respuesta de que una virgen se ayuntase a un fantasma, porque nacería de ella un hijo muy esclarecido, excelente en virtud, en fortuna y en fuerza. Dio parte del oráculo Tarquecio a una de sus hijas, mandándole que se ayuntase a la fantasma; mas ella lo miró como indigno y envió a una de sus criadas [...]. Dio a luz la criada dos gemelos, y Tarquecio los entregó a Terancio, con orden de que les diese muerte; pero éste los expuso a la orilla del río, donde una loba acudió a darles de mamar, y diversas aves, trayéndoles de su cebo, lo ponían en la boca a los niños, hasta que un vaquero que lo vio y lo tuvo a maravilla se atrevió a acercarse y los llevó consigo; y habiéndose salvado por este medio, acometieron siendo ya mayores a Tarquecio y le vencieron. Así cuenta un historiador llamado Promatión, autor de una *Historia de Italia*" (*Vidas... – Teseo y Rómulo, Rómulo*, II, p. 38-39).

Igualmente, o arquétipo é visto na vida de *Édipo Rei*, da tragédia grega de Sófocles.

O sacerdote Antônio Castracani decide educar a criança para que ela fosse um futuro padre. No entanto Castruccio não demonstrava "nenhuma conformidade com o ânimo sacerdotal", ou seja, sua natureza não o inclinava para essa forma de vida. E aos 14 anos "abandonou os livros religiosos e passou a se ocupar das armas". Nada lhe dava mais prazer que "as correrias, os saltos, as lutas e exercícios similares, praticados com seus companheiros". Nessas práticas demonstrou uma "imensa *virtù* de ânimo e de corpo", superando a todos os outros meninos de sua idade. "E se, por alguma razão, chegasse a ler algo, nada mais lhe interessava senão as lições sobre a guerra ou sobre as coisas realizadas por grandes homens".

Novamente encontramos semelhanças com a vida de Rômulo, pois na juventude o futuro rei de Roma, junto aos seus companheiros da mesma idade, já demonstrava grande inclinação e capacidade para o combate.[276] Igualmente, lemos nessas linhas o mesmo ensinamento do capítulo 14 de *O Príncipe*. A partir desse ponto surge Francesco Guinigi, que por diversas vezes viu o jovem com seus amigos se exercitando naquelas atividades. Percebeu a *virtù* do rapaz e o convidou a acompanhá-lo, abandonando os estudos de padre para se tornar um soldado.

É após essa descoberta, desse "chamado à aventura", que encontramos o símbolo da *celeritas*. Nicolau narra que Castruccio, já com 18 anos, estava encarregado por toda a companhia militar do *messer* Francesco. "Nesta expedição ele deu tantas provas de prudência e coragem" que "ninguém conquistou tanta popularidade quanto ele, e não somente em Paiva, mas em toda a Lombardia seu nome passou a ser grande e honrado".

Após alguns eventos e a escalada das tensões entre os guelfos e os gibelinos, um grande combate foi realizado entre as tropas de Castruccio (gibelinos) e os guelfos. Nosso autor descreve detalhadamente a formação dos soldados e a forma como seu herói os comandou. A batalha foi feroz e logo os inimigos começaram a fugir. "A derrota e matança foram grandes, pois mais de dez mil homens foram mortos, assim como muitos coman-

---

[276] "[...] Al llegar a la mocedad, él y los demás jóvenes no permanecían inactivos en los establos o junto al ganado: recorrían los bosques cazando. Cobraron vigor con ello sus cuerpos y mentes, y ya no sólo acechaban a las fieras, sino que atacaban a los salteadores cargados de botín, se lo arrebataban y lo repartían entre los pastores, y se reunían con éstos para el trabajo y la diversión, siendo cada día más numeroso el grupo juvenil [...]" (Lívio, I, 4, 8-9, p. 13-14).

dantes e grandes cavaleiros de toda a Toscana, partidários dos guelfos". Mas da parte dos gibelinos, "os mortos não chegaram a trezentos [...]. Esta vitória deu grande fama a Castruccio", tornando-se praticamente o novo príncipe de Lucca.

Nicolau continuará por diversas páginas explicando o movimento dos eventos políticos, demonstrando que a habilidade política de Castracani era tão acertada quanto sua prudência e sua *virtù* militares. A narrativa do nosso autor abordará as intrigas, os acordos, as conjurações, as traições, a ascensão e a queda de diversos personagens para, ao final, chegar ao seu confronto contra os florentinos, todos armados com dezenas de milhares de soldados em seus exércitos. Ele conclui a descrição do violento combate dizendo que "os inimigos foram derrotados e toda a glória e honrarias foram para Castruccio; e de tão grande multidão não restou mais que um terço [...]; do exército florentino morreram vinte mil duzentos e trinta e um homens, e o de Castruccio foram mil quinhentos e setenta".

Mas "a fortuna, inimiga de sua glória, quando era tempo de dar--lhe vida, a tomou e interrompeu os desígnios que, por muito tempo ele pensou que realizaria, pois somente a morte poderia impedi-lo". Assim, após a grande batalha, "cheio de suor e fadigas", permaneceu na entrada do forte para "esperar pelos soldados" e agradecer-lhes pelo empenho na vitória. Exposto ao vento "quase sempre pestilente" que vem do Arno, na noite seguinte foi acometido por uma febre mortal.

Morreu Castruccio Castracani ainda jovem, no ponto máximo de seu destino, com todo o mundo por conquistar. Nosso autor parece ter se inspirado na morte de Alexandre Magno, grande conquistador que também morreu jovem acometido por uma febre.[277] As palavras finais de Eric Voegelin sobre Castruccio *di Machiavelli* são muito interessantes:

> [A história de *Castruccio*] combina o mito do tipo de Moisés e Ciro com as circunstâncias que Maquiavel queria ver em seu herói nacional ita-liano. Os desvios da história que ele se permitiu são muito reveladores. O Castruccio histórico não era de maneira nenhuma um *esposito*, mas pertencia a uma das famílias gibelinas de Lucca. Além disso, foi casado e deixou filhos – ponto que Maquiavel omitiu; pois queria um herói que faria seu trabalho de salvação política e, então, convenientemente sem ligações familiares, deixaria o estado para o povo. O fato de o Castruccio histórico ter sido um vigário imperial e duque, de novo é judiciosamente suprimido, pois essas honras não pareceriam tão boas no salvador que

---

[277] Plutarco narra a morte de Alexandre em (*Vidas... – Alejandro y César, Alejandro –* LXXV – LXXVI, p. 565-568).

liberta a Itália dos bárbaros, incluindo o imperador. Na descrição da carreira política e militar, por outro lado, encontramos informação variada sobre a organização de Castruccio da infantaria e da cavalaria, assim como de sua tática de batalha, que por acaso coincide com as próprias ideias de Maquiavel para a reforma militar. E coloca-se ênfase considerável na circunspeção com que Castruccio se envolve em traições e destruição completa de seus inimigos – mais precisamente segundo o modelo da época de Cesare Bórgia de Sinigaglia (*HPI*, IV, p. 69-70).

Independentemente do modelo ao qual se refira, seja Cincinato, Alexandre, Sólon ou Moisés, e mesmo que expresse um poder institucional ou sacerdotal, o homem providencial aparece como um lutador, um combatente. Ameaçado, ele resiste à beira do precipício, recusa-se a se submeter ao destino. Seja restaurando a ordem estabelecida ou subvertendo-a, organizando ou anunciando o que está por vir, ele sempre está em uma linha de ruptura com os tempos em que seu personagem está situado. É na manifestação do presente imediato, um presente de decadência, de confusão ou de escuridão, que ele se afirma e se define; com ele, e graças a ele, o "depois" já não será como o "antes" (Girardet, p. 80).

Na leitura de Girardet sobre os modelos do homem providencial, ainda são analisados os arquétipos do *legislador* e do *profeta*. Tanto os legisladores (na obra de Nicolau também chamados de *ordenadores* ou *fundadores*) quanto os profetas aparecem nas páginas do secretário, mas em circunstâncias também relacionadas à religião. Embora eu tenha mencionado o modelo exemplar do *príncipe novo*, cristalizado em Castruccio Castracani, minha escrita esteve limitada aos aspectos políticos e militares que envolvem o mitologema. Falta, ainda, observar o herói redentor dentro do contexto religioso. Para isso, preciso, primeiramente, desembaraçar o tema da religião nos textos maquiavelianos. Só assim poderemos compreender o símbolo dentro de sua complexidade mais ampla.

Se se esmiúça a ideia de Nicolau a respeito de seu herói, percebe-se que é inteiramente baseada no modelo clássico e mitológico. Ele tem um nascimento miraculoso, mas humilde, sendo, muitas vezes, um *esposito* (Moisés, Rômulo, Castruccio Castracani), compensado pelo apoio de fortes guardiões ou preceptores (Moisés, amigo de Deus; Teseu, auxiliado por Cônida; Aquiles, pelo centauro Quíron) e marcado por demonstrações precoces de talento e força (Castruccio, nas páginas de Nicolau; Rômulo, no livro de Tito Lívio). Ele passa por uma rápida ascensão ao poder e pela vitória sobre o mal (Moisés, Teseu e Ciro como salvadores de seus povos, Teseu como salvador também de Ariadne, e São Jorge, que salva uma princesa, igual a Perseu, que salva Andrômeda) e a grande impressão causada nos italianos pela figura de Tamerlão.

Por vezes, o herói atravessa uma fase de orgulho e queda. Nicolau não adverte a possibilidade de orgulho em seus heróis após a ascensão de uma posição privada à pública (exceto indiretamente, talvez, em suas observações republicanas sobre o culto à personalidade, ou comentários sobre a *húbris* pela fortuna, ou a ingratidão dos homens, que podem derrubar os homens de destaque). Em todo caso, os heróis de Nicolau, em termos abstratos, são, como sabemos, o indivíduo único, o grande legislador que funda ou organiza a sociedade, o outorgador da religião, o príncipe novo que traz em si uma mescla do religioso e do político, o príncipe redentor ou messiânico (De Grazia, p. 357-358).

Cabe agora tentarmos penetrar nas páginas do nosso autor para que possamos vislumbrar o mito em seu aspecto também religioso. No capítulo anterior busquei representar o seu *panteão* e vimos as referências a Deus, aos santos, às divindades pagãs, à fortuna etc. Agora tocaremos na trama mitológica da cosmogonia, da perda do Paraíso, da recuperação da Idade de Ouro. Veremos outras razões que me fazem afirmar que a ordem política de Nicolau é hierofânica.

## Eterno retorno: cosmogonia, Idade de Ouro, queda, destruição do mundo e recuperação do Paraíso

No capítulo 1, quando abordei a estrutura básica dos mitos, eu escrevi a respeito do mito cosmogônico e alguns aspectos relacionados ao mito da Idade de Ouro. Eu disse que a cosmogonia narra a criação do mundo e do homem, assim como narra as origens de tudo, dos seres e das instituições que compõem a sociedade do homem primitivo.

Estritamente relacionado ao mito cosmogônico temos os mitos que narram os momentos seguintes à criação, que indicam uma existência terrena harmoniosa, plena e beatífica. É a chamada "Idade de Ouro", os primórdios do tempo, a aurora da humanidade. Esse estágio inicial, primordial da vida humana, encontra-se na nostalgia, nos ecos de um passado imemorial em que não havia doenças, dores, nada que incomodasse o gênero humano.

Já vimos que Nicolau escreve a respeito da criação do mundo em seus poemas sobre a *Ambição* e a *Ingratidão*, e em seu texto *A Exortação à*

*Penitência*. Antes de olharmos para os momentos posteriores à criação, narrados nos *Discursos*, vejamos um capítulo das *Histórias Florentinas* (VI-34), em que nosso historiador menciona a tempestade de vento que assolou a região da Toscana, em 1456.

Ele descreve o terrível espetáculo da imensa massa de nuvens, de mais de duas milhas de largura, chocando-se contra o solo, movendo-se em direção ao céu e destruindo tudo que tocava, havendo tremores e ruídos que "nenhum terremoto ou trovão de nenhum tipo ou magnitude" havia causado antes. "E o ruído foi tão terrível que aqueles que o ouviram pensaram que o fim do mundo havia chegado, acreditando que a terra, a água e o restante do céu e do mundo, confundindo-se, voltariam ao *antigo caos*".[278]

De fato, o mito cosmogônico também está relacionado ao mito escatológico, e o passado ao futuro.[279] O começo e o fim do mundo, do *cosmos*, misturam-se. Nessas linhas de Nicolau encontramos a presença do simbolismo comum à cosmogonia. No entanto o termo que ele utiliza, *antico caos*, traz semelhanças com o relato presente em *Teogonia*, de Hesíodo (vv. 130-160) e em *As Metamorfoses*, de Ovídio (I, vv. 1-10).

Hesíodo era lido e estudado nas universidades italianas da época,[280] mas não sabemos se Nicolau era leitor de seus poemas. Mas sabemos com certeza que ele lia Ovídio: na famosa *carta* a Vettori (10 de dezembro de

---

[278] "[...] Da queste così rotte e confuse nebbie, da questi così furiosi venti e spessi splendori, nasceva uno romore non mai più da alcuna qualità o grandezza di tremuoto o di tuono udito; dal quale usciva tanto spavento che ciascuno che lo sentì giudicava che il fine del mondo fusse venuto, e la terra, l'acqua e il resto del cielo e del mondo, nello antico caos, mescolandosi insieme, ritornassero [...]" (*HF*, VI-34).

[279] "[...] De fato, existem bem poucas representações do passado que não desembocam em uma certa visão do futuro, como também, paralelamente, há bem poucas visões do futuro que não se apóiem em certas referências ao passado. Talvez fosse conveniente evocar, em relação a isso, a própria tradição das religiões de salvação (ao menos tal como estas foram vividas pela imensa maioria de seus fiéis), para as quais o destino do homem situa-se entre duas épocas abençoadas, a de antes da queda e a de depois da redenção, a do Éden perdido e a de Jerusalém redescoberta, sendo o final dos tempos, no caso, percebido apenas como um retorno ao começo dos tempos. No plano mais imediato da análise política, a constatação não havia, em todo caso, escapado a Marx, que tinha esmo muito fortemente sublinhado, em especial por ocasião da revolução francesa de 1848. 'É quando os homens', escrevia Marx, 'parecem ocupados em criar alguma coisa completamente nova, é precisamente nessas épocas de crise revolucionária que eles evocam [...] os espíritos do passado [...]'" (Girardet, p. 103).

[280] *Cf*. a obra de Paul F. Grendler, *The Universities of the Italian Renaissance* (p. 223-241). Grendler afirma que o humanista e poeta Angelo Poliziano, que tinha estreitas relações com a família Médici (foi secretário de Lorenzo e depois tutor de seus filhos Piero [nascido em 1472] e Giovanni [nascido em 1475, que seria o Papa Leão X]), ministrava cerca de duas aulas diárias na Universidade de Florença, a partir de 1491. A lista dos temas e dos textos estudados incluía diversos autores gregos e latinos, entre eles, Hesíodo e Ovídio. Algumas décadas depois, entre 1565 e 1600, na Universidade de Pisa, *Os trabalhos e dias*, de Hesíodo seriam estudados pelos acadêmicos italianos.

1513), narrando seus dias na vila, "ao me afastar da floresta, vou a uma fonte, e daí a uma reserva de caça que é minha. Trago comigo um livro, ou Dante ou Petrarca, ou um desses poetas menores, como Tíbulo, Ovídio e outros do mesmo estilo".

Em *Os Trabalhos e Dias*, de Hesíodo, podemos ler uma sucessão de idades mitológicas da humanidade, baseada nos metais em ordem degenerativa de perfeição (ouro, prata, bronze e ferro), e uma Era dos Heróis, entre a terceira e a quarta idade. Ovídio formula algo similar. Mas antes de explicar a criação do próprio homem, o poeta romano fala da modelagem do *caos* por um deus benevolente, que colocou ordem e separou os céus da terra e das águas (I, vv. 15-25). Ovídio, então, verseja sobre os feitos desse deus para organizar a natureza; explica as idades de ouro, prata, bronze e ferro; fala dos pecados que começam a surgir no mundo; os atos bárbaros realizados pelos homens; a fuga dos deuses do mundo; a destruição da Terra por um grande dilúvio e outras histórias mais.

Virgílio (*Geórgicas*, II, vv. 336-350) também fala de uma Idade de Ouro, embora em *Geórgicas* não utilize o termo, escrevendo sobre "a origem remota da formação do mundo", que vivia em uma sempiterna "primavera". Essa estação do ano é o símbolo do tempo primordial harmônico e perfeito. Na *primeira idade* de Ovídio, também vemos que não havia outra estação no ano, pois os dias estavam sempre aquecidos por uma primavera eterna. Em *Bucólicas* (também chamada de *Éclogas*) há um sentimento escatológico pela Idade de Ouro que virá no futuro:

> <O menino> receberá a vida dos deuses; e verá com deuses
> os heróis misturados; e ele próprio será visto por eles;
> e regerá um mundo pelas paternas virtudes apaziguado.
> Primeiro para ti, menino, a terra, sem cultivo algum
> derramará presentinhos: heras errantes com ciclâmen
> e colocásios misturados com o sorridente acanto.
> As próprias cabritas para casa trarão inchadas de leite
> as tetas; e os rebanhos não temerão os grandes leões;
> brandas flores o próprio berço para ti derramará.
> Perecerá também a serpente; e a erva, enganadora de veneno,
> perecerá; nascerá sem cultivo o amomo assírio.
> E logo que os louvores de heróis e as façanhas do pai
> já possas ler e reconhecer o que seja a virilidade,
> o campo pouco a pouco, flavo ficará com a espiga acariciável;
> e a uva vermelha penderá dos espinheiros incultos;
> e os carvalhos duros suarão orvalhos melados.

Poucos vestígios restarão porém da fraude antiga,
os quais obrigarão a tentar Tétis com naus; a cingir com muros
as cidadelas; a fender sulcos à terra [...] (*Bucólicas*, 4, vv. 15-33, p. 20)[281]

Não obstante, dentro da *Eneida* encontra-se outra profecia que a Idade de Ouro será resgatada. Continuarei a leitura desse mito pelas páginas de Voegelin. No primeiro volume do *History of Political Ideas*, o filósofo vienense aborda o sentimento romano por uma futura Idade de Ouro que retornaria ao mundo após o fim da Idade de Ferro: "[...] a primeira expressão famosa desse sentimento é a *Quarta Écloga* de Virgílio. O ciclo das idades terminou e, após a Idade de Ferro, começará um novo ciclo com o tempo de Saturno. Uma raça de ouro seguirá à raça de ferro e o criador será uma criança ainda não nascida [...]" (p. 190).[282]

---

[281] No tópico "Restauração do tempo", do capítulo XI do seu *Tratado*, Eliade analisa: "Por cualquier ritual y, por consiguiente, por cualquier gesto significativo (caza, pesca, etc.), el primitivo se inserta en el "tiempo mítico". Porque "no debe pensarse que la época mítica [...] es simplemente un tiempo pasado, sino también un presente y un futuro: tanto un estado como un período [...]. Este período es 'creador' [...] en el sentido de que fue entonces, *in illo tempore*, cuando tuvieron lugar la creación y la organización del cosmos, así como la revelación – llevada a cabo por los dioses, los antepasados o los héroes civilizadores – de todas las actividades arquetípicas. *In illo tempore*, en la época mítica, todo era posible. Las 'especies' todavía no estaban fijadas y las formas eran 'fluidas'. (Un recuerdo de aquella fluidez sobrevive incluso en las tradiciones mitológicas ya muy elaboradas; en la mitología griega, por ejemplo, con la época de Uranos, la de Cronos, etc.). de otro lado, la misma fluidez de las 'formas' constituye, en el otro extremo del tiempo, uno de los síndromes del *ésjaton*, del momento en que la 'historia' tocará a su fin y el mundo entero empezará a vivir en un tiempo sagrado, en la eternidad. 'Entonces, el lobo morará con el cordero y el leopardo se acostará junto al cabrito, etc.' (Is 11,6s). Entonces, *nec magnos metuent armenta leonês*, 'los rebaños de bueyes no temerán a los grandes leones (Virgilio, *Écloga* IV, 22) [...]'" (Eliade, 2011, p. 555).

[282] "[...] É incerto a quem se refere a profecia. W.W. Tarn supõe que a Écloga foi escrita por ocasião do casamento de Antônio com a irmã de Otaviano e que o portador da Idade de Ouro seria o filho de ambos. Mas a criança era uma menina, e Antônio apaixonou-se por Cleópatra. O casamento deles originou uma nova série de símbolos, fundindo a profecia virgiliana com predições semelhantes no Oriente e com a ideia da realeza divina. Os filhos gêmeos do casal foram chamados Alexandre Hélios e Cleópatra Selene. O nome do menino une várias linhas do mito e vaticínio. O nome Alexandre continua a tradição macedônia com a reivindicação do império de Alexandre, dando substância, até certo ponto, aos preparativos de Antônio para a guerra contra os partos, a fim de reconquistar o reino persa para o império como herança do filho. O nome Hélios retoma a profecia sibilina do governo de Hélios que precede a Idade de Ouro, sugerida pela *Quarta Écloga*; refletia, além disso, o simbolismo faraônico do sol (Cleópatra, como governante do Egito, era filha de Rá); e finalmente o nome reivindicava o simbolismo persa e parto do sol. A concentração de símbolos imperiais percorreu mais uma etapa por ocasião do triunfo 'armênio' de 34 a.C. O triunfo foi celebrado em Alexandria, e não em Roma, e foi seguido pelas chamadas 'Doações', uma distribuição profusa de títulos e territórios a Cleópatra e aos seus quatro filhos. Cleópatra e o mais velho, Ptolomeu César, filho de César, foram declarados rainha e rei dos reis, monarcas comuns do Egito e de Chipre, e curadores das outras crianças e seus reinos; Alexandre Hélios recebeu Armênia, Partia e Média; Cleópatra Selene, o reino de Cirenaica e Líbia; e o mais novo, Ptolomeu Filadélfio, a Síria e a Cilícia; Antônio permaneceu na sombra, não sendo oficialmente mais do que um magistrado romano. Não se conhece o seu plano, mas Tarn supõe plausivelmente que, no tempo devido seria governante do império, com Cleópatra como imperatriz romana. Consequentemente, as relações com Otaviano e o Ocidente deterioraram-se em 32; a guerra, oficialmente conduzida pelas províncias ocidentais contra Cleópatra, terminou em 31

No entanto a profecia falha, e é quando Virgílio resgata o mito da linhagem troiana, anunciando um novo herói e salvador para uma nova Idade de Ouro:

> A profecia da Quarta Écloga tinha fracassado. Após o *Actium*, Virgílio anunciou outra vez a Idade de Ouro na Eneida, desta vez ligando o advento definitivamente a Roma e à Casa Juliana [...]. A *Eneida* não é uma epopeia de Roma, da pólis e das suas gentes, mas de Roma como o instrumento da ordem imperial e do imperador que a unifica; não cria o mito de um povo, mas de um salvador, portador da Idade de Ouro da paz. Ao realçar o caráter não romano da epopeia, não devemos nos esquecer, entretanto, de que a ideia da Roma vitoriosa sobrevive no mito do império e que o nome romano continua no *orbis terrarum* que Virgílio vê pacificado, tal como é continuado no imperium Romanum. A completa dissolução física de Roma no império, no que se refere ao pessoal dos imperadores e ao exército, levou mais um século; mas no tempo de Virgílio, a situação era ainda a da Roma vitoriosa, dominando as nações: "Tu, ó romano, lembra de governar as nações com o poder (*imperium*); e estas serão as tuas artes: impor a lei da paz, poupar os submetidos e destruir os orgulhosos" [*soberbos*] [VI: 851-853] [...]. O mito da ascendência troiana é o tópico principal da epopeia, mas não é um elemento independente na textura mítica de Virgílio. O mito da ascendência era corrente em Roma e, nesse sentido, estava disponível para Virgílio; permaneceria uma curiosidade antiquada e inconsequente se não fosse enxertado no mito da Idade de Ouro imperial que despertara para a humanidade após a vitória de Roma sobre o Oriente helenizado. O gênio de Virgílio, grande poeta, viu essa possibilidade e compreendeu o seu pleno significado. Até então, Roma fora um poder, forte e bem-sucedido, mas bárbaro e ilegítimo, sem o mesmo fundamento civilizacional das pólis helênicas e dos impérios helenísticos. Com o mito da ascendência troiana, Virgílio elevou Roma ao círculo do mito helênico e legitimou-a no mundo de então [...] (p. 192-194).

Na obra de Nicolau o mito da Idade de Ouro aparece, em aspectos poéticos, sob a influência da Bíblia, também da leitura de Virgílio e de Ovídio, mas a estrutura e o exemplo paradigmático vêm da história de Tito Lívio. Para a influência de Virgílio abordarei mais adiante, no tópico "Armas e leis sagradas". Quanto a Ovídio, se olharmos atentamente a alguns parágrafos dispersos ao longo de diferentes escritos, poderemos "remontar" um

---

com a batalha de *Actium*. Com o consentimento de Otaviano, Cleópatra cometeu suicídio, deixando-se morder por uma áspide, o símbolo do deus Sol na coroa do Egito; o deus preservara assim a sua filha da [humilhação de ser exibida como prisioneira no triunfo Romano]. Em 29, o templo de Jano foi fechado como um sinal de que Roma já não estava na guerra com qualquer povo, o que acontecera somente duas vezes na sua história [...]" (Voegelin, HPI, I, p. 191-192).

relato cosmogônico semelhante ao de *As metamorfoses*. Pois bem, Nicolau se reclina na cadeira, dá um gole de vinho para molhar a garganta, pigarreia e começa a nos contar a história.

No início de tudo havia o *antigo caos*, onde a terra, a água e o restante do céu e do mundo se confundiam (*HF*, VI-34). Deus, no entanto, com Seu amor, criou a Terra, não permitindo que ela fosse completamente cercada pelas águas, deixando uma parte descoberta para que os homens pudessem viver, e tudo foi criado para o benefício humano.

> [...] Inicialmente, vós vedes o imenso espaço da terra, a qual, para que pudesse ser habitada pelos homens [Deus] não permitiu que fosse completamente cercada pelas águas, mas deixou uma parte descoberta para seu uso. Depois fez nascer nela tantos animais, tantas plantas, tantas ervas, e qualquer coisa sobre ela se gera em benefício [do homem]; e não só quis que a terra providenciasse a vida a partir disso, mas também ordenou às águas que nutrissem infinitos animais para [a] alimentação [do homem]. Mas, afastemo-nos destas coisas terrenas, elevemos os olhos ao céu, consideremos a beleza daquilo que vemos, das quais, parte foi feita para nosso uso, parte para que, conhecendo o esplendor e a admirável obra dessas, nos venha sede e desejo de possuir aquelas outras que nos estão escondidas [*epístola de São Paulo aos Romanos*, I, 20]. Não vedes quanto se fatiga o sol para nos fazer parte de sua luz, para fazer viver com seu poder tanto a nós quanto àquelas coisas que por Deus foram criadas para nós? (*Exortação*).

"Como dizem os antigos poetas [...] na primeira idade os homens eram tão bons, que os deuses não tinham vergonha de descer do céu para habitar na terra junto a eles" (*Allocuzione fatta ad un magistratto*). Entretanto

> [...] não havia passado muito tempo
> desde que Deus havia feito
> as estrelas, o céu, a luz, os elementos e o homem,
> dominador de tantas coisas belas,
> e a soberba dos Anjos vencida,
> fez Adão e sua mulher,
> rebeldes do paraíso, por provar do fruto,
> quando, nascidos Caim e Abel,
> com seu pai e de seu trabalho
> vivendo felizes em sua humilde morada (*Dell'Ambizione*)

Nesse momento, "força oculta que no céu se alimenta", duas Fúrias, a *Ambição* e a *Avareza*, surgem, trazendo as sementes do mal e cobrindo o mundo com sua peste: "Inveja, Preguiça, Ódio, Crueldade, Soberba e

Engano". Esses pecados surgiram "quando desaprovaram o céu e as estrelas / a glória dos vivos, por despeito, / então no mundo nasceu a Ingratidão. / Foi filha da Avareza e da Suspeita: / nutrida nos braços da Inveja", e com o "veneno de sua perfídia" afeta o coração de todos os homens, e esse mal se sente "por toda parte" (*Dell'Ingratitudine*).

Assim, ocorre a primeira "morte violenta" e a "primeira erva ensanguentada"; as Fúrias matam a *Concórdia*, expulsam a *Paz* e a *Caridade* da morada de Adão e trazem as guerras para o mundo (*Dell'Ambizione*). Enquanto isso, o homem, com seu coração afetado pela *Ingratidão*, torna-se inimigo do próximo e ingrato a Deus. Sua língua, que foi "feita para honrar a Deus, o amaldiçoa". Assim, o gênero humano cai, perde sua condição primordial: o homem, "por meio dessas feias obras, de animal racional se converte em animal irracional". Ele "se transforma, portanto, de anjo em diabo, de senhor em servo, de homem, em besta" (*Exortatione alla Penitenza*).

Desse tempo primordial, dessa primeira idade, resta apenas a nostalgia, porque os "vícios começaram a afetar a humanidade" e os homens estavam "carentes de *virtù*", razão pela qual os deuses "começaram, pouco a pouco, a retornar ao céu, e, a última que partiu da terra, foi a Justiça" (*Allocuzione fatta ad un Magistratto*). Assim, os homens, "no início do mundo, sendo poucos os habitantes, viveram por muito tempo dispersos, à semelhança dos animais" (*Discursos*, I-2).

Depois, "multiplicando-se", reuniram-se em grupos e, "para sua melhor defesa escolhiam ao que era mais robusto e valente, nomeando-o chefe e obedecendo-lhe". Então, nesse momento o homem passou a conhecer a "diferença entre as coisas honestas e boas, [que eram] diferente[s] das perniciosas e más", porque eles viam que "quando alguém prejudicava seu benfeitor, suscitava o ódio e a compaixão entre os homens, censurando o ingrato e honrando os agradecidos". Os homens, assim, passaram a perceber que "essas ofensas poderiam ser feitas contra eles mesmos; e, a fim de evitar tal mal, [começaram a fazer] leis e ordenar punições para quem as infringisse, nascendo, então, o conhecimento da justiça, e [passaram a utilizar dito conhecimento para a] escolha de um líder; [assim o príncipe escolhido já não era o] mais forte, mas o mais prudente e justo" (*Discursos*, I-2).

Depois, porém, já não se elegiam os príncipes, tornava-se príncipe por herança. Logo, "os herdeiros começaram a degenerar e, abandonando as obras virtuosas, acreditavam que os príncipes só estavam obrigados a superar os demais em luxo, lascívia e toda classe de prazeres". Começou, pois, o ódio contra os príncipes; os monarcas, então, começaram a temer tal ódio, e passando do temor à ofensa surgiu a tirania. "Esta deu origem às desordens, conspirações e conjuras contra os soberanos, tramadas não pelos humildes e fracos, mas pelos que superavam os demais em riqueza, generosidade, nobreza e ânimo valoroso, que não podiam suportar a vida desregrada dos príncipes" (*Discursos*, I-2).

A multidão, seguindo a autoridade desses poderosos, armava-se contra o príncipe, que havia se tornado um tirano, e, morto ele, "obedecia àqueles como a seus libertadores". Odiando a autoridade suprema sob o comando de uma só pessoa, eles constituíram por si mesmos um governo. No início, estando ainda viva a lembrança da tirania passada, estabeleceram leis às quais submetiam os interesses pessoais ao bem público, e obedecendo às leis por eles próprios instituídas, administraram com suma diligência e retidão os assuntos públicos e privados (*Discursos*, I-2).

Quando a administração passava para seus filhos e seus descendentes, que não haviam conhecido as variações da fortuna nem experimentado os males da tirania, não se satisfazendo com a igualdade civil, entregaram-se à avareza, à ambição, à "usurpação das mulheres", convertendo o governo aristocrático em oligarquia, "sem respeito algum pela civilidade (*civilità*)". Essa nova tirania oligárquica teve a mesma sorte do antigo governo principesco (que tinha se transformado em uma tirania), porque o povo, irritado com tal governo, "se fez instrumento dos que, de algum modo, tentavam atacar os governantes", e logo houve quem se valesse da ajuda da multidão e os matasse (*Discursos*, I-2).

Mas ainda estando viva a memória da tirania do príncipe e das injúrias recebidas da tirania oligárquica, destruída essa, não quiseram restabelecer o governo de um príncipe. Voltaram-se, então, para um Estado mais popular e o ordenaram de tal forma que a autoridade não seria dada a uma só pessoa ou a uns poucos poderosos. "Como a todo regime novo se lhe presta ao princípio obediência, durou algum tempo o Estado popular, mas não muito, sobretudo quando desapareceu a geração que o havia instituído, porque imediatamente se chegou à licença e à anarquia, desaparecendo todo respeito, o mesmo entre autoridades que entre cidadãos, vivendo cada qual como lhe aprazia e causando-se mil injúrias". Desse modo, obrigados pela necessidade, ou por sugestões de algum homem honrado, ou pelo desejo de terminarem tão grande desordem, voltaram de novo ao principado e dele, de grau em grau "e pelas causas já ditas", chegou-se outra vez à anarquia. "Tal é o círculo em que giram todas as repúblicas" (*Discursos*, I-2).

Assim, desde a queda a humanidade sempre viveu as mesmas coisas e está a repetir os mesmos eventos narrados nos parágrafos anteriores. "Quem considerar as coisas presentes e antigas verá facilmente que sempre existiram os mesmos desejos e humores em todas as cidades e em todos os povos". Como os homens não conhecem adequadamente a história, não podem nem utilizar os remédios antigos para as desordens, nem formular novos, razão pela qual "se veem os mesmos tumultos em todos os tempos" (*Discursos*, I-39). Tudo se repete. "Se retornassem ao mundo os mesmos homens, como retornam os mesmos fatos, jamais passariam cem anos sem que nos encontrássemos outra vez juntos fazendo as mesmas coisas que agora" (*Clízia*, Prólogo).

Todas as nações e repúblicas passaram por esses tumultos e nós temos o conhecimento de seus exemplos porque os historiadores os registraram e nos ensinaram a respeito de tais acontecimentos por meio de suas obras. No entanto "alguns filósofos" afirmam que o mundo seria eterno. Se essa eternidade do mundo fosse, de fato, verdadeira, seria possível, então, que "houvesse memória de mais de cinco mil anos", mas o que ocorre é que a memória dos tempos se extingue, por diversas razões: pela ação "dos homens", ou "pelos céus" (*Discursos*, II-5).

O surgimento de outras religiões e seitas destrói a memória das religiões e seitas que lhes eram anteriores, porque elas perseguem e impõem seus costumes e línguas, como fez o cristianismo com a religião pagã, e como fez também o paganismo com as religiões que o precederam.[283] É por essa razão que não é possível que a memória das coisas dure mais de cinco ou seis mil anos. E se, por acaso, restar algum indício de tempos mais antigos, trata-se de "coisas fabulosas, que ninguém lhes dá fé: foi o que ocorreu com a história escrita por Diodoro de Sículo, que apesar de falar de acontecimentos de quarenta

---

[283] "[...] Mas, entre tantas mudanças, não foi de menor importância a mudança de religião, porque da luta entre os costumes da antiga fé e os milagres da nova nasceram tumultos e discórdias gravíssimas entre os homens; e, se ao menos a religião cristã tivesse sido unida, os tumultos teriam sido menores; mas as lutas entre a Igreja grega, a romana e a de Ravena, além das lutas entre seitas heréticas e católicas, de muitos modos desolaram o mundo [...]" (*HF*, I-5).

ou cinquenta mil anos, esses são considerados falsos, como eu acredito que sejam" (*Discursos*, II-5).

Além da ação humana, que busca impor seu domínio subjugando outros povos, os fenômenos naturais também são responsáveis por apagar a memória do passado. "Em relação às causas que vêm do céu", diz Nicolau, "são aquelas que destroem a geração humana e reduzem parte do mundo a poucos habitantes". Tais causas são a peste, a fome ou as inundações, "a última destas é a mais importante, porque é a mais universal".

> Não creio que seja possível duvidar de que tenham ocorrido inundações, pestes e fomes, seja porque sobre elas estão repletas todas as histórias, seja porque se vê esse efeito do esquecimento das coisas [do passado], seja porque parece razoável que tais coisas aconteçam, pois a natureza, assim como ocorre nos corpos simples, quando acumulam muita matéria supérflua, têm movimentos repetidos espontâneos para expurgá-las [recuperando a] saúde do corpo. Assim acontece neste corpo misto da geração humana, que quando todas as províncias estão repletas de habitantes, de modo que eles não podem viver, nem sair dali por estarem ocupados e cheios todos os lugares, e quando a astúcia e a malignidade humanas alcançaram o ápice, é necessário que o mundo se purgue por um dos três modos [anteriormente mencionados: peste, fome ou inundação], para que, os homens, sendo agora poucos e derrotados, tenham meios para viver mais confortavelmente e se tornem melhores [...] (*Discursos*, II-5).[284]

Quando "a astúcia e a malignidade humanas atingem o ápice", é necessário que o mundo seja purgado ou pela peste, ou pela fome, ou por um grande dilúvio, que é a forma "mais universal". Na especulação escatológica, além do dilúvio encontramos outro mito marcante: a conflagração universal. Rememoremos um pouco o tópico do capítulo 3, que fala a respeito dos profetas e adivinhos. Naquele espaço eu toquei brevemente em alguns versos de um poema maior: *Os eremitas*. Vejamos novamente esse poema e as partes subsequentes. Os versos começam da seguinte maneira:

> Nos picos altos do nosso Apenino,
> Frades e eremitas, eis quem somos.

---

[284] "[...] E che queste inondazioni, peste e fami venghino, non credo sia da dubitarne; sì perché ne sono piene tutte le istorie, sì perché si vede questo effetto della oblivione delle cose, sì perché e' pare ragionevole ch'e' sia: perché la natura, come ne' corpi semplici, quando e' vi è ragunato assai materia superflua, muove per sé medesima molte volte, e fa una purgazione, la quale è salute di quel corpo; così interviene in questo corpo misto della umana generazione, che, quando tutte le provincie sono ripiene di abitatori, in modo che non possono vivervi, né possono andare altrove, per essere occupati e ripieni tutti i luoghi; e quando la astuzia e la malignità umana è venuta dove la può venire, conviene di necessità che il mondo si purghi per uno de'tre modi; acciocché gli uomini, sendo divenuti pochi e battuti, vivino più comodamente, e diventino migliori [...]".

> A esta cidade chegamos em peregrinação,
> Pois astrólogos e videntes, em profecia uníssona,
> Amedrontam a todos com a previsão
> De um tempo atroz, de estranha mutação.
> Ameaça toda a terra
> Peste, dilúvio e guerra,
> Relâmpagos, tempestades, terremotos e ruína,
> Como se o fim do mundo já se aproxima [...].

O fim do mundo se aproxima, ocasionado por eventos naturais e humanos: a visão mesma do *apocalipse*.[285]

> E eles querem principalmente que as estrelas
> influenciem com tantas águas,
> que o mundo todo se cubra novamente.
> [...]
> mas quem acredita estar seguro, está enganado.
> As águas serão o choro de quem morre
> [...]
> os terremotos, ruínas e seu sofrimento,
> as tempestades e as guerras [...]:
> [...], que os fazem morrer.
> Não temam outro dano,
> e será o que costuma ser.
> O céu quer nos salvar:
> e então, quem vê o diabo de verdade,
> o vê com menos chifres e menos negro.
> Mas ainda, se o céu quisesse vingar
> os falhos mortais e as desonras,
> e que a prole humana fosse ao fundo,
> de novo entregaria o carro solar
> nas mãos de Febo,
> para que viesse a queimar o mundo.
> Portanto, Deus alegre
> vos assegura da água:
> do fogo tenhais cuidado.
> Este julgamento nos aflige muito mais,
> se segundo o falhar, o céu condena.
> Contudo, se eu acreditasse nesses vãos rumores,

---

[285] (*Apocalipse*, 6:1-8): "Os Quatro Cavaleiros do Apocalipse, cada um com sua montaria e representando um aspecto do julgamento divino, trazem consigo guerra, morte, fome e peste. O primeiro cavaleiro, montado em um cavalo branco, representa a conquista e a guerra"; (*Apocalipse*, 11:13-14): "Um forte terremoto atinge a décima parte da Terra, seguido por uma grande guerra, com a morte de sete mil homens"; (*Apocalipse*, 19:11-21): "O julgamento final de Deus sobre as nações é descrito como uma grande batalha, com o exército de Cristo combatendo e derrotando as forças do mal".

> venham conosco
> sobre o cume de nossos altos rochedos;
> aí farão os vossos eremitérios,
> vendo depois chover
> e inundar todos os lugares baixos;
> onde bom tempo se faz
> quanto em qualquer outro lugar:
> e nos importaremos pouco
> com a chuva; pois quem for levado até lá em cima,
> não temerá a água que estará abaixo.

Já mencionei a cor e a forma dos diabos. Estejamos atentos aos versos que dizem que o mundo seria inundado, ou queimado, caso "o Céu quisesse [se] vingar". Nicolau faz várias menções, em diversos textos, que Deus/o Céu quer salvar a humanidade, por isso dá a ela oportunidades de ação. Mas, ao que parece, os homens desperdiçam o presente divino e continuam a "perseverar no pecado". Essa questão da salvação ficará mais clara à medida que passemos pelos outros tópicos, nas páginas seguintes.

Além desses pontos, temos a explícita menção ao mito da conflagração universal, retirado das páginas de Ovídio.[286] Em relação ao dilúvio, Nicolau teve por inspiração também a Bíblia, apesar de não mencionar nem Deucalião, nem Noé. Ao mesmo tempo, ele demonstrou claramente que conhecia bem o texto do apocalipse. Aqui podemos ver que nosso autor incorporou a estrutura do mito do eterno retorno: o mundo é criado, destruído e recriado periodicamente. Ao longo dos próximos tópicos ainda veremos outros detalhes dessa concepção cíclica.

Então, seguindo com a narrativa dos ciclos, após a criação e o surgimento das sementes do mal com a peste das Fúrias, os homens viveram mudando as ordenações e as formas de governo. Sempre que a corrupção atingia o ápice, saíam do regime monárquico e passavam para um aristocrático, que depois se degenerava, e instituía-se um governo popular, que não tardava em se corromper, trazendo a necessidade de se voltar a um Estado comandado por um único príncipe.

---

[286] A partir do verso 210 (*Metamorfosis*, I), Júpiter começa a narrar a infâmia dos tempos e da humanidade, que ele próprio havia testemunhado enquanto caminhava disfarçado entre os homens. Do verso 250 em diante, encontramos a decisão do rei dos deuses para submergir à Terra sob as águas dos céus e dos oceanos. Deucalião também aparece junto a sua esposa como sendo os únicos sobreviventes da humanidade (vv. 315 et segs.). Virgílio (*Geórgicas*, I, cc. 60-65) também fala do mito de Deucalião e do dilúvio universal como um castigo divino motivado pelos pecados dos homens.

Os homens estiveram todo esse tempo fazendo guerras, desejando os bens alheios, olhando seu próximo com suspeitas e inveja, roubando, matando, saqueando, conspirando contra seus governantes (tanto os maus quanto os bons) e sendo ingratos a seus benfeitores. Mas quando os vícios e os pecados atingiam o ponto máximo e a infâmia e as desordens eram tão grandes que impediam que os homens agissem virtuosamente, os céus purgavam o mundo para que as futuras gerações pudessem "viver mais comodamente" e os novos homens pudessem "ser melhores".[287]

Como a cosmogonia mostra um passado primordial paradisíaco, ocorrido *illo tempore*, ela também indica uma escatologia que é justamente esse mesmo Paraíso perdido que será recuperado no fim dos tempos. O mito da criação traz a concepção de um Paraíso na Terra que é em parte recuperável pelo homem e, ao que parece, os antigos, tão amados por Nicolau, conseguiram recuperar esse estado de bem-aventurança.

Entre o último dilúvio que ocorreu e os tempos vividos por Nicolau houve exemplos de excelentes homens que conseguiram recuperar aquele Paraíso perdido. "Quem ler a história do início da cidade de Roma e de como tudo foi ordenado, e por quais legisladores, não se espantará em ver que tanta *virtù* se manteve por vários séculos naquela cidade" (*Discursos*, I-1). As cidades são ordenadas ou por homens nascidos no local ou por forasteiros. Teseu, Alexandre, Moisés, Enéas e Rômulo aparecem aqui

---

[287] Quando observamos as palavras de Hesíodo, percebemos um sentimento negativo e um lamento seme-lhante ao estado de espírito de Nicolau quando critica a situação da Itália e censura os tempos presentes, como em *Discursos*, II-*Prólogo*, em *Histórias Florentinas*, III-5, e em diversas outras passagens de sua obra. O poeta grego fala da quarta geração de homens, a dos heróis: "[...] Y ya luego, desde que la tierra sepultó también esta estirpe [los hombres de bronce], en su lugar todavía creó Zeus Crónida sobre el suelo fecundo otra cuarta más justa y virtuosa, la estirpe divina de los héroes que se llaman semidioses, raza que nos precedió sobre la tierra sin límites" (*Trabajos y Días*, vv. 156-161). Em seguida, surge a idade presente – de ferro –, na qual vivem os homens. Hesíodo lamenta fazer parte desses tempos, pois gostaria ter vivido na era dos grandes homens: "[...] Y luego, ya no hubiera querido estar yo entre los hombres de la quinta generación sino haber muerto antes o haber nacido después; pues ahora existe una estirpe de hierro. Nunca durante el día se verán libres de fatigas y miserias ni dejarán de consumirse durante la noche, y los dioses les procurarán ásperas inquietudes; pero no obstante, también se mezclarán alegrías con sus males" (vv. 174-179).
Como costumam ocorrer as coisas, quando os pecados dos homens chegam ao ápice, a humanidade será destruída – "Zeus destruirá igualmente esta estirpe de hombres de voz articulada, cuando al nacer sean de blancas sienes. El padre no se parecerá a los hijos ni los hijos al padre; el anfitrión no apreciará a su huésped ni el amigo a su amigo y no se querrá al hermano como antes. Despreciarán a sus padres apenas se hagan viejos y les insultarán con duras palabras, cruelmente, sin advertir la vigilancia de los dioses – no podrían dar el sustento debido a sus padres ancianos aquellos [cuya justicia es la violencia –, y unos saquearán las ciudades de los otros]. Ningún reconocimiento habrá para el que cumpla su palabra ni para el justo ni el honrado, sino que tendrán en más consideración al malhechor y al hombre violento. La justicia estará en la fuerza de las manos y no existirá pudor; el malvado tratará de perjudicar al varón más virtuoso con retorcidos discursos y además se valdrá del juramento. La envidia murmuradora, gustosa del mal y repugnante, acompañará a todos los hombres miserables" (vv. 180-196).

como fundadores. Quem examinar "a fundação de Roma, se considerar que Enéas foi seu primeiro fundador, dirá que é uma cidade edificada por um forasteiro; se considerar que foi Rômulo, dirá que é das edificadas por homens nascidos no local".

Esse é um detalhe sem muita importância para esse ponto de *Discursos*, pois o que interessa a Nicolau é indicar que "seja qual for o modo considerado [se fundada por forasteiro ou por um homem ali nascido], verá que Roma teve um início livre, sem depender de ninguém: verá também quantas necessidades as leis ditadas por Rômulo, Numa e outros a obrigaram, de tal modo que a fertilidade do solo, a comodidade do mar, as numerosas vitórias e a grandeza do império não a puderam corromper durante muitos séculos, permanecendo cheia de tanta *virtù*, que não houve algo similar em nenhuma outra república" (*Discursos*, I-1).

Então chegamos à fundação de Roma, realizada por Rômulo (*Discursos*, I-9), a reforma religiosa de Numa (*Discursos*, I-11) e o tempo imperial de Marco Aurélio[288] (*Discursos*, I-10). Trataremos dos detalhes dos atos de Rômulo mais adiante, no tópico que fala sobre a repetição da cosmogonia, e os atos de Numa no tópico sobre a função da religião.

O homem que repetir os atos de Rômulo, Numa e outros grandes nomes virtuosos existentes nas histórias, conseguirá sanar a república, expulsar os pecados e a corrupção; poderá regenerar os tempos. Nicolau acaba de nos mostrar a estrutura da forma existencial do homem arcaico. A repetição dos gestos paradigmáticos, ensinados pelos grandes heróis, a "repetição da cosmogonia", recriará o Paraíso Primordial perdido desde a queda. E que Paraíso seria esse? Como nosso poeta o descreve?

> Examine, portanto, um príncipe os tempos entre Nerva e Marco Aurélio; compare-os com os de antes e os seguintes; depois escolha em qual teria querido nascer e em qual governar. Nos tempos governados pelos bons [imperadores] verá o príncipe e os cidadãos seguros, o mundo cheio de paz e de justiça; o Senado desfrutando de sua autoridade, os magistrados de suas honras, os ricos de sua riqueza, a nobreza e a *virtù* exaltadas; verá a paz e o bem; e, por outro lado, verá a extinção do rancor, da licenciosidade, da corrupção e da ambição; verá a Idade de Ouro [*vedrà i tempi aurei*] em que cada um pode ter e defender a opinião que queira; verá, finalmente,

---

[288] No capítulo 19 de *O Príncipe*, Marco Aurélio aparece como "Marco, o Filósofo", em oposição aos imperadores que eram odiados, e por isso não morreram de causas naturais, mas vítimas de conjurações motivadas pelo ódio do povo

> o mundo triunfar; o príncipe cheio de reverência e glória; os povos cheios de amor e segurança [...] (*Discursos* I.10).[289]

Enquanto isso, o mundo no qual nosso autor vive e em que ele tanto busca educar os homens para que possam salvá-lo, apresenta-se, como vimos tantas vezes ao longo destas páginas, completamente corrompido:

> Se depois considerar, particularmente, os tempos de outros imperadores, verá que foram atrozes, pelas guerras, cheios de discórdia, pelas sedições, cruéis na paz e na guerra: muitos príncipes mortos pela espada, tantas guerras civis, tantas externas; [verá] a Itália aflita e cheia de novos infortúnios, com suas cidades arruinadas e saqueadas; verá Roma queimada, o *Capitólio* destruído por seus cidadãos, os antigos templos profanados, os ritos corrompidos, a cidade infestada de adultérios, o mar cheio de exilados e os escolhos de sangue; verá em Roma inúmeras crueldades, e a nobreza, a riqueza, as honras e, acima de tudo, a *virtù* imputadas como pecados capitais; verá os caluniadores recompensados; os servos corrompidos contra seus senhores, os libertos contra seus patronos; e verá aqueles que não tinham inimigos serem perseguidos por suas amizades [...] (*Discursos*, I-10). [290]

Todas as censuras, todos os elogios, todos os ensinamentos que nosso autor faz, têm como objetivo recuperar esse estado harmônico e virtuoso que existiu na Antiguidade. Quando Nicolau diz que espera encontrar alguém que imite os antigos, que aproveite a ocasião oferecida pela Fortuna, sua esperança é que os homens voltem a viver em um Estado similar ao descrito no capítulo 10, que os tempos se regenerem e que os vícios sejam expurgados do coração humano.

---

[289] "Pongasi, adunque, innanzi un principe i tempi da Nerva a Marco, e conferiscagli con quelli che erano stati prima e che furono poi; e dipoi elegga in quali volesse essere nato, o a quali volesse essere preposto. Perché, in quelli governati da' buoni, vedrà un principe sicuro in mezzo de' suoi sicuri cittadini, ripieno di pace e di giustizia il mondo; vedrà il Senato con la sua autorità, i magistrati co' suoi onori; godersi i cittadini ricchi le loro ricchezze, la nobilità e la virtù esaltata; vedrà ogni quiete ed ogni bene; e, dall'altra parte, ogni rancore, ogni licenza, corruzione e ambizione spenta; vedrà i tempi aurei, dove ciascuno può tenere e difendere quella opinione che vuole. Vedrà, in fine, trionfare il mondo; pieno di riverenza e di gloria il principe, d'amore e sicurtà i popoli" (*Discursos*, I-10).

[290] "Se considererà, dipoi, tritamente i tempi degli altri imperadori, gli vedrà atroci per le guerre, discordi per le sedizioni, nella pace e nella guerra crudeli: tanti principi morti col ferro, tante guerre civili, tante esterne; l'Italia afflitta, e piena di nuovi infortunii; rovinate e saccheggiate le cittadi di quella. Vedrà Roma arsa, il Campidoglio da' suoi cittadini disfatto, desolati gli antichi templi, corrotte le cerimonie, ripiene le città di adulterii: vedrà il mare pieno di esilii, gli scogli pieni di sangue. Vedrà in Roma seguire innumerabili crudeltadi e la nobilità, le ricchezze, i passati onori, e sopra tutto la virtù, essere imputate a peccato capitale. Vedrà premiare gli calunniatori, essere corrotti i servi contro al signore, i liberti contro al padrone; e quelli a chi fussero mancati inimici, essere oppressi dagli amici".

As diversas tradições mitológicas que falam do fim do mundo, seja por um incêndio ou por um dilúvio, que destrói completamente o planeta, postulam que essa catástrofe voltará a se repetir em um futuro mais ou menos próximo. Dessa forma, a concepção e a busca pelo Paraíso estão diretamente relacionadas ao medo da catástrofe que se avizinha.

A busca por restaurar o Paraíso é uma tentativa de viver em uma "terra-sem-mal" (Eliade, 1984, p. 59). Nicolau parece temer que o mundo sofra com a ira de Deus. Dada a situação dos tempos atuais e da insolência dos homens contemporâneos, Deus tem diversas razões para destruir a presente geração humana. Esse ponto será reforçado em outras ocasiões.

## A repetição da cosmogonia e a renovação periódica dos Estados

Enquanto nós andávamos pelo bazar, buscando por provisões para a nossa viagem empreendida no capítulo 1, pudemos entender que a estrutura do mito cosmogônico comporta os ensinamentos que são transmitidos às futuras gerações. Naquele capítulo lemos a respeito dos segredos e as chaves para regenerar os tempos por meio da repetição dos atos arquetípicos realizados pelos seres metafísicos, os deuses, os heróis ou outros grandes homens das eras passadas. O mito cosmogônico é o mito central, girando em torno de seu relato as vidas pública e privada do homem arcaico.

Após a criação, o mundo no qual o homem vive já não é mais o mundo puro dos ancestrais, dos deuses criadores. É um mundo afetado pela decadência, que se degenera enquanto ocorre a passagem do tempo. No princípio das coisas tudo tem vitalidade, vigor e saúde, no entanto a perda de seus atributos demanda que o homem repita a criação original em um rito. O homem que vive mitologicamente tem a necessidade de renovações periódicas do mundo para expurgar os vícios, os pecados, o mal; repetir a criação faz que o Paraíso perdido seja novamente habitado no presente.

O interessante é que encontramos essa mesma estrutura nas páginas do secretário florentino. Na história vista em *Discursos*, I-2, o ciclo de corrupção deixa claro que no princípio de cada regime político há ordem, vigor e vitalidade, mas passado o tempo as entidades começam a perder a saúde, afetada pela corrupção. Então é necessário fazê-las "voltar a seus princípios" (*Discursos*, III-1). Porém grandes legisladores, como Licurgo, reconheceram o mal que havia nas três formas de governo e, por isso, fundaram uma cidade sob a constituição mista, em que as três formas – a monarquia, a aristocracia e o Estado popular – permaneciam reunidas.

"Pode chamar-se feliz uma república" em que aparece um homem tão prudente e sábio que a ordene, que lhe ponha ordem e leis, permitindo que possa viver sob tais ordenamentos seguramente, sem "necessidade de corrigi-las". Licurgo "ordenou as leis de Esparta e, distribuindo o poder entre o rei, os grandes e o povo, fundou um estado de mais de oitocentos anos de duração, com grande glória sua e perfeita tranquilidade do Estado". Pela fundação de Licurgo, "Esparta viveu oitocentos anos sem corrompê-las e sem sofrer nenhum tumulto perigoso" (*Discursos* I-2). [291]

Sobre o caso de Roma, quem o examinar verá "quantas necessidades as leis ditadas por Rômulo, Numa e outros a obrigaram, de tal modo que a fertilidade do solo, a comodidade do mar, as numerosas vitórias e a grandeza do império, não a puderam corromper durante muitos séculos, permanecendo cheia de tanta *virtù*, que não houve em nenhuma outra república" algo similar (*Discursos*, I-1).

Além disso, Roma, permanecendo mista, pelos atos de sua fundação, chegou a ser uma cidade "perfeita" (*Discursos*, I-2). Em *Discursos* I-1 há a dúvida sobre o protagonismo do ato fundacional de Roma: se foi realizado por Rômulo ou por Enéas. Nicolau, em *Discursos* I-9 narra, no entanto, os atos de Rômulo, deixando claro que a cidade nasceu das mãos do herdeiro do herói troiano e não pelo filho de Afrodite.[292]

O que devemos notar é que Nicolau explica os passos dos fundadores; seus feitos, indicando as ações de forma mais ou menos detalhada. A finalidade para tal narrativa é justamente dotar seu leitor do conhecimento necessário para que ele possa imitar a fundação. O exemplo de Rômulo pode ser considerado mau segundo a língua de alguns, porque para fundar a cidade teve que matar seu irmão, Remo, e aceitar a morte de Tito Sabino,

---

[291] "Talché, felice si può chiamare quella republica, la quale sortisce uno uomo sì prudente, che gli dia leggi ordinate in modo che, sanza avere bisogno di ricorreggerle, possa vivere sicuramente sotto quelle. E si vede che Sparta le osservò più di ottocento anni sanza corromperle, o sanza alcuno tumulto pericoloso [...]. Intra quelli che hanno per simili constituzioni meritato più laude, è Licurgo; il quale ordinò in modo le sue leggi in Sparta, che, dando le parti sue ai Re, agli Ottimati e al Popolo, fece uno stato che durò più che ottocento anni, con somma laude sua e quiete di quella città".

[292] Nas páginas de Tito Lívio, entre a queda de Troia, a fuga de Enéas do ataque grego e a fundação de Roma por Rômulo (livro I, caps. 1-7, 3), existe um espaço temporal de muitas gerações. A tradição costuma chamar o período iniciado após a morte de Enéias como o período do *Alba Longo*. Os editores da edição que consultei sugerem algo em torno de 400 anos entre a queda de Troia e a fundação de Roma (Lívio, I, nota 9, p. 13).

um grande amigo. Essa opinião (que seu exemplo é mau) seria considerada verdadeira se não fosse observada a "finalidade que motivou o homicídio". A regra geral que nosso autor retira da história de Lívio é simples: quem deseja fundar ou reformar uma república ou reino deve fazê-lo sozinho, deve ter uma autoridade absoluta para estabelecer a ordem.

> É necessário ter como regra geral que, nunca, ou raramente, ocorre que uma república ou reino seja bem ordenado em seu princípio, ou reformado completamente com ordenações diferentes das antigas, se não for ordenado por uma só pessoa; é necessário que um homem só dite o modo, e que de sua mente dependa qualquer uma das ordenações. Por isso, se um ordenador prudente, que tenha a intenção de favorecer, não a si mesmo, mas ao bem comum, não à sua própria descendência, mas à pátria, deve esforçar-se para exercer a autoridade sozinho; nenhum homem sábio censurará o emprego de algum procedimento extraordinário para fundar um reino ou constituir uma república. Cumpre que, se o fato o acusa, o efeito o escuse; e quando o efeito é bom, como o foi o de Rômulo, sempre o desculpará: porque devemos repreender quem é violento para destruir, e não quem o é para reparar [...] (*Discursos*, I-9).

"Deve, no entanto, o ordenador ser prudente e virtuoso para não deixar como herança a outro a autoridade de que se apoderou", porque, "sendo os homens mais inclinados ao mal do que ao bem, poderia o sucessor usar ambiciosamente aquilo que por ele foi usado virtuosamente". Além disso, embora um só homem "seja suficiente para ordenar [um Estado], a coisa ordenada não durará muito tempo se permanecer sobre as costas de um só homem", em vez de confiá-la ao cuidado de muitos interessados em mantê-la (*Discursos*, I-9).

Para nosso autor, a vida pública exige os maiores sacrifícios, e o bem comum deve estar acima de tudo, mesmo que isso signifique sacrificar os laços de amizade e familiares, como vemos nos exemplos da vida de Rômulo. E o fato que indica que Rômulo merece "perdão pela morte do irmão e do colega", comprovando que tudo o que fez foi "pelo bem comum e não por ambição própria", é que Rômulo organizou imediatamente um "Senado para servir-lhe de conselho", ao qual ele se submetia. "E quem observar atentamente a autoridade que Rômulo reservou para si mesmo, verá que sua autoridade não ia além do comando dos exércitos, quando havia a decisão de declarar guerra ou de reunir o Senado" (*Discursos*, I-9). Além disso, as ordenações foram mantidas.

> E foi visto, quando Roma se tornou livre com a expulsão dos Tarquínios, que os romanos não fizeram nenhuma modificação nas ordenações antigas, apenas substituíram um rei perpétuo por dois cônsules anuais, o que atesta que as primeiras ordenações da cidade eram mais conformes à vida civil e livre dos cidadãos, do que despóticas e tirânicas (*Discursos*, I-9).

O caso de Roma foi muito semelhante a outros na história, inclusive ao exemplo de Moisés: "para sustentar o que foi dito anteriormente", escreve nosso historiador, "poderíamos dar infinitos exemplos: como Moisés, Licurgo, Sólon e outros fundadores de reinos e repúblicas, que, atribuindo-se autoridade absoluta, conseguiram criar leis favoráveis ao bem comum" (*Discursos*, I-9).

No entanto, a tentativa de estabelecer uma ordem semelhante, que necessite de uma autoridade absoluta, pode ser interpretada negativamente por outros cidadãos, pois eles pensarão que aquele que tenta ordenar o Estado quer instituir uma tirania. Foi justamente o que ocorreu em Esparta. "Aqueles que querem ser ordenadores de boas leis" devem conhecer o exemplo de Ágis, que queria reordenar:

> Agis, rei de Esparta, desejava restabelecer a estrita observância das leis de Licurgo entre os espartanos, pois parecia-lhe que [seus concidadãos estavam afastados dessas antigas leis, e, por isso] a cidade havia perdido muito da antiga *virtù* e, portanto, a força e o poder; mas Agis foi, imediatamente, morto pelos Éforos espartanos, acusando-o de tentar impor uma tirania. Mas [Agis foi sucedido no trono por] Cleômenes, que, pelas lembranças e pelos escritos de Agis, nasceu nele o mesmo desejo, onde se via claramente quais eram os pensamentos e intenções de seu antecessor; compreendeu que não poderia fazer este bem à sua pátria, se não se tornasse a única autoridade e, dada a ambição dos homens, parecia-lhe que não seria possível fazer o bem para muitos contra a vontade de poucos; e aproveitando a ocasião oportuna, ordenou a morte de todos os Éforos e de quantos pudessem opôr-se a ele, restabelecendo depois as leis de Licurgo (*Discursos*, I-9).

Essa repetição da cosmogonia vista em Esparta teria sido muito bem-sucedida se não fosse a invasão macedônica: "[essa] deliberação [seria] capaz de reviver Esparta e dar a Cleômenes a reputação que teve Licurgo, não fosse o poder dos macedônios e a debilidade das outras repúblicas gregas. Devido a isso, após tal ordenação, foi atacado pelos macedônios, [contra os quais] era militarmente inferior, e como não tinha a quem recorrer, foi derrotado". Desse modo, aquele desígnio, apesar de "justo e louvável, não foi cumprido" (*Discursos*, I-9).

Os exemplos de Ágis e Cleômenes indicam a necessidade de atos severos e "cruéis" contra os opositores. Lá atrás, quando Nicolau nos falou dos atos de Moisés para extinguir a inveja de seus inimigos, percebemos que aquele grande homem, um profeta e, principalmente, um fundador, teve que "matar inúmeros homens", como Cleômenes, que buscava renovar as leis da cidade conforme a fundação de Licurgo. Os exemplos são todos semelhantes: "Como dissemos anteriormente, foi o que fez Cleômenes que, para governar sozinho, matou os éforos, e Rômulo que, pelas mesmas razões, matou o irmão e Tito Tácio Sabino, mas depois utilizaram bem a autoridade conquistada" (*Discursos*, I-18).

Ao longo de toda a história de diversos ciclos de ascensão e queda que nosso rapsodo narrou em *Discursos* I-2, é visível que nos princípios de todas as sociedades, de todos os regimes políticos, há vigor, vitalidade, respeito à lei e à ordem. O problema surge no momento em que os descendentes dos príncipes, ou dos aristocratas, ou os novos políticos do Estado popular, chegam ao poder.

Após instituído um determinado ordenamento, as futuras gerações são as que sofrem com a corrupção e as desordens. É justamente nesse sentido que nosso autor diz, em *Discursos* I-9, que é necessário fazer como fez Rômulo: não passar sua autoridade, não deixá-la de "herança" para as futuras gerações.

Em *Discursos* I-17, Nicolau voltará a observar o tema da sucessão do comando de uma cidade, agora olhando mais de perto a corrupção e os modos como ela destrói os Estados. A regra geral é que a bondade e a *virtù* de um governante podem ordenar e manter controlados os maus impulsos dos homens; no entanto, assim que o bom líder morre, e com ele sua *virtù* que sustentava a paz, o reino se arruína. Caso semelhante ocorreu em Florença, quando Cosimo de Médici faleceu, deixando a cidade desprotegida contra a rapacidade de um grupo de homens corruptos e insolentes.

> [...] é necessário considerar como verdade indubitável que uma cidade corrompida, que viva sob o domínio de um príncipe, jamais poderá viver livre após a morte do príncipe e de sua linhagem; mais ainda [...] sem a presença de um novo senhor a cidade nunca estará em tranquilidade, a menos que a bondade [de um grande homem], aliada à *virtù*, a mantenha livre; porém tal liberdade durará enquanto durar a vida [deste novo líder]: foi o que ocorreu em Siracusa, com Díon e Timoleão. Cada um em seu tempo, enquanto viviam, sua *virtù* manteve a cidade livre; após suas

> mortes, voltou-se à antiga tirania [...]. Se uma cidade [está] em decadência pela corrupção da matéria, [só pode ser regenerada] pela *virtù* de um homem ainda vivo [que lhe dará boas ordenações e sustentação], e não pela *virtù* do povo; e, [quando este homem morre], a cidade retorna a seus antigos costumes [corrompidos] [...]. Foi o que aconteceu em Tebas, que, enquanto Epaminondas viveu, graças à sua virtude, pôde manter forma de república e de império; mas, após sua morte, voltaram as antigos desordens (*Discursos*, I-17).

A razão disso se dá porque "não é possível a um homem ter uma vida tão longa que sua duração seja suficiente para regenerar uma cidade", que estava acostumada a viver no vício há muito tempo; e, mesmo que fosse possível uma vida extremamente longa ou uma sucessão de dois príncipes virtuosos, se eles "não fizerem a cidade voltar [aos bons] costumes", a falta de tais virtudes será a razão da "decadência imediata", além de haver os perigos de conflitos violentos e guerras civis (*Discursos*, I-17).

A mesma ideia sobre o problema das sucessões do poder sem que haja antes uma renovação, o leitor dos *Discursos* já tinha visto outras vezes: "Já que a vida dos príncipes é curta, o reino desaparecerá ao desaparecer sua *virtù*. Razão pela qual os reinos que dependem somente da *virtù* de um homem, não são duradouros, pois a *virtù* desaparece com a vida deste homem; e são raras as vezes que ela seja renovada com a sucessão" (*Discursos*, I-11).

Porém, em *Discursos*, I-19, Nicolau apresenta argumentos que, apesar de seguirem a mesma lógica, comportam algumas diferenças. Tais diferenças são capazes de levar o leitor a considerá-las como algumas das incoerências da escrita do florentino. No início do capítulo, nosso historiador fala da boa fortuna de Roma, que teve um fundador forte, virtuoso e belicoso. Os bons modelos da ordem fundada por Rômulo permitiram que Numa, seu sucessor, governasse com as artes da paz e da religião. Mas Roma teria se arruinado se o sucessor de Numa, Tulio, também fosse pacífico e religioso. E Roma prosperou porque Tulio seguiu o modelo de Rômulo: ele foi igualmente feroz e belicoso.

A lógica dos argumentos permanece a mesma, ou seja: há problemas referentes à sucessão do comando, razão pela qual se faz necessário repetir os modelos ideais, presentes na história da fundação da cidade. A "incoerência" está, agora, no momento em que Nicolau coloca a presença de um terceiro governante, quando, em *Discursos* I, 16-17, havia apenas dois príncipes em sua prosa. O problema não é a sucessão, simplesmente, mas a sucessão de dois príncipes pacíficos. O coração da argumentação aponta para o seguinte cenário: um fundador guerreiro ordena as coisas de tal modo que é possível que um príncipe religioso e pacífico o suceda, mas esse segundo príncipe pacífico deve ser sucedido por um príncipe guerreiro, que imite o primeiro, não o segundo.

Além disso, mais adiante, quando Nicolau nos contar a respeito da fundação de Numa, perceberemos outro detalhe em seus postulados (*Discursos*, I-11). Ele chegará a afirmar que Numa pode ser considerado um fundador mais importante do que Rômulo. No entanto, em I-19, Rômulo leva o título de fundador mais importante: Roma não caiu, porque Tulio o imitou e não continuou com o modelo implementado por Numa.[293] Para convencer seus leitores, nosso autor dá outros exemplos: o rei Davi e a linhagem dos sultões turcos.

> Davi, sem dúvida, foi um homem excelente nas armas, na doutrina e no julgamento; e foi tanta sua *virtù*, que, após vencer e derrotar todos os vizinhos, legou a seu filho, Salomão, um reino pacificado que este pôde conservar com a arte da paz, e não com a guerra, conseguindo desfrutar com felicidade dos frutos da *virtù* de seu pai. Mas [Salomão] não pôde legar o mesmo a seu filho, Roboão, que, não se assemelhando em *virtù* ao avô, e em fortuna, ao pai, com muita dificuldade conseguiu manter a sexta parte do reino. Bayaceto, sultão dos turcos, por ser mais amante da paz do que da guerra, pôde gozar dos frutos do trabalho de Mehmet, seu pai, que, como Davi, venceu seus vizinhos, deixando um reino seguro e fácil de ser conservado com as artes da paz. No entanto, este reino já teria sido destruído se Solimão, filho de Bayaceto, que reina atualmente, se parecesse ao pai e não ao avô; no entanto, o que vemos é que Solimão está superando a glória de Mehmet. Quero, portanto, demonstrar com esses exemplos, que, após um príncipe excelente, um príncipe fraco pode se manter; mas, após um fraco, nenhum reino pode se manter com outro príncipe fraco, a não ser que seja mantido por suas antigas ordenações [...] (*Discursos*, I-19).

Além dessas "inconsistências" na obra de Nicolau, vimos que "para ordenar uma república é necessário estar sozinho; e que Rômulo merece desculpas e não censuras pela morte do irmão e de Tito Tácio [Sabino]" (*Discursos*, I-9). No caso romano, além dos atos de Rômulo, a imitação dos atos de Numa

---

[293] "[...] Que isso sirva de exemplo a todos os príncipes que governam um Estado; pois aqueles que se assemelham a Numa manterão ou não o Estado, de acordo com aquilo que for determinado pelos tempos ou pela fortuna; mas quem se assemelha a Rômulo, agindo como ele: armado de prudência e de armas, o manterá de qualquer modo, salvo se uma força tenaz e invencível o tirar [...]" (*Discursos*, I-19).

também deve ser realizada, porque "a religião introduzida por Numa foi uma das principais razões da felicidade de [Roma], pois ocasionou boas ordenações; as boas ordenações trazem boa fortuna; e da boa fortuna nasce o bom sucesso das empresas". Igualmente, o respeito ao culto divino é a razão da grandeza das repúblicas, enquanto sua profanação é a razão de sua ruína (*Discursos*, I-11).

Analisarei mais detalhadamente o tema da ordenação de Numa em outro momento, no tópico "Armas e leis sagradas". O problema relativo à sucessão do governante após a fundação de uma cidade é o surgimento da corrupção que ocasionará a degeneração da ordem, culminando na ruína do Estado. Portanto, em vez de deixar que as coisas sigam seu curso natural, Nicolau demonstra que os homens são capazes de intervir nos ciclos de degeneração. Como, então, pode-se impedir a ruína de um Estado? Fazendo-o voltar aos seus princípios. Se algo degenera, pode ser regenerado, e a chave do mito é repetir a cosmogonia.

Há algumas páginas, dentro do contexto do capítulo 9, livro I, tomamos conhecimento dos exemplos de Ágis e Cleómenes em Esparta, que tentam renovar suas ordenações voltando aos seus princípios – a lei de Licurgo –, mas o tema da repetição periódica da cosmogonia é visto em outro capítulo. Nosso historiador, em *Discursos*, III-1, trata da importância das renovações periódicas dos corpos políticos e das religiões, baseadas em uma fundação exemplar. Diz o título do capítulo: "Quem quiser que uma seita ou uma república viva longamente, precisa fazê-la voltar frequentemente a seu princípio".

Os Estados estão sob uma ordem maior. Seguem um curso ditado pelos deuses ou por Deus. Não surgem do nada, mas são fundados:

> A grande verdade é que todas as coisas do mundo têm seu tempo de vida; mas aquelas que seguem todo o curso que lhes é ordenado pelo céu, geralmente são aquelas cujo corpo não se desordena, mas se mantém de modo ordenado, sem alterações; ou, havendo alterações, [as coisas serão] mais saudáveis e [as alterações não] lhes [causarão] danos. E referindo-me a corpos mistos, como são as repúblicas e as seitas [religiosas], digo que são saudáveis as alterações que as levam de volta aos seus princípios. Por isso estão melhor constituídas e têm vida mais longa aquelas que, mediante suas próprias ordenações, podem renovar-se muitas vezes, ou que, por algum acontecimento independente de tal ordenação, procedem a tal renovação. E é mais claro que a luz o fato de que os corpos não podem durar se não buscam renovar-se (*Discursos*, III-1).

O princípio das coisas é seu ato fundacional. O princípio de Roma é a fundação feita por Rômulo, que nos foi ensinada por Nicolau em *Discursos* I-9, e depois por Numa, além das ações corretas dos grandes homens que imitavam Rômulo e Numa nos séculos seguintes. O princípio de Esparta é a fundação realizada por Licurgo. Ágis e Cleômenes estavam corretos em buscar renovar a cidade por meio do exemplo paradigmático de sua fundação; não conseguiram sucesso, no entanto, por outros motivos.

Ágis não foi capaz de se livrar de seus inimigos para exercer a autoridade absoluta que o ato demandava, mas seus pensamentos, sua vontade e sua intenção estavam completamente corretos. Cleômenes agiu corretamente e teria recuperado Esparta, alcançando as mesmas façanhas gloriosas de Licurgo, não fosse a invasão macedônica, algo que ele não tinha como prever nem impedir.

Renovar é fazer o corpo político ou religioso voltar aos seus princípios. Renovar é a chave para reverter a degeneração, que é constante, perene e inevitável. A renovação das ordenações, mediante o modelo exemplar, dará, novamente, vigor, vitalidade e saúde à república.

> [...] Para renovar, feito dissemos, é necessário fazer [os corpos] voltarem aos seus princípios. Porque os princípios das religiões, repúblicas e reinos, necessariamente devem ter alguma bondade, pela qual se fundamenta seu prestígio e seu vigor primordiais. E como com o decorrer do tempo aquela bondade se corrompe, esse corpo terá de, necessariamente, morrer, se nada o reconduzir às condições iniciais (*Discurso*, III-1).

Na história de Roma pode-se ver a presença dos problemas da passagem do tempo, da perda do vigor das ordenações e da corrupção nos costumes civis e religiosos. Mas também vemos que certos príncipes e alguns homens prudentes souberam repetir os gestos paradigmáticos dos heróis fundadores para regenerar a cidade.

> [Era necessário para Roma] renascer e, ao renascer, ganhar nova vida e nova *virtù*; e também retomar o respeito pela religião e pela justiça, que haviam começado a se macular. O que é bem compreensível pela história de Tito Lívio [...], ao enviar os exércitos para combater [...], ao instituir os tribunos com poder consular, os romanos não observavam nenhuma cerimônia religiosa. Da mesma forma, não só deixaram de punir os três Fábios que, *contra jus gentium*, combateram contra os gauleses, mas também os nomearam tribunos. É fácil supor, então, que as boas constituições, ordenadas por Rômulo e por outros príncipes prudentes [Numa, Túlio,

etc.], começavam a ser menos valorizadas do que é razoável e necessário
para manter a vida livre (*Discursos*, III-1)

Os romanos perceberam que era necessário manter a religião e a justiça
para retomar "todas as ordenações da cidade"; além disso, "era necessário
apreciar os bons cidadãos e valorizar sua *virtù*" (*Discursos*, III-1). Roma se
renovou devido à guerra contra a Gália em 390 a.C. Os primeiros reveses
nessa guerra fizeram com que Roma tivesse cuidado com o respeito pela
religião e pela justiça.

Mas Roma também se renovou por sua prudência interna. Os exemplos citados são os dos terríveis castigos infligidos aos infratores da lei,
sendo o mais desumano o espetáculo de Bruto presidindo a execução de
seus próprios filhos, que ele mesmo havia condenado à morte, porque
conspiravam contra a pátria (Parel, p. 35-36; *Discursos*, III-1).

> [...] após a retomada de Roma, foram renovadas todas as *ordenações* da
> antiga religião; foram punidos os Fábios [...], e, em seguida, a *virtù* e a
> bondade de Camilo passaram a ser valorizadas, tanto que o Senado e os
> outros, abandonando a inveja, voltaram a depositar nele todo o peso da
> república [...]. Portanto, esse bem surge nas repúblicas pela *virtù* de um
> homem ou pela *virtù* de uma ordenação. Quanto a esta última, as orde-
> nações que fizeram a república romana voltar a seus princípios foram os
> tribunos da plebe, os censores e todas as outras leis contra a ambição e a
> insolência dos homens. Ordenações que precisam nascer graças à *virtù*
> de um cidadão que, valorosamente, faça tudo para colocá-las em prática,
> contrariando o poder daqueles que as transgridem. [Antes da tomada de
> Roma pelos gauleses] foram notáveis, como execuções [a aplicação da lei]
> a morte dos filhos de Bruto, a dos decênviros, e a de Melio Frumentário:
> e depois da tomada de Roma, a morte de Mânlio Capitolino, a do filho de
> Mânlio Torquato, o castigo que Papírio Cursor impôs a Fábio, general de
> sua cavalaria, e a acusação contra os Cipiões [...] (*Discursos*, III-1).

Já conhecemos o exemplo de Camilo. Nicolau Continua dizendo que "foram
execuções extraordinárias e notáveis", que sempre que ocorriam faziam
renascer nos cidadãos o respeito pelas antigas leis: "Fazia com que os
homens retornassem às condições iniciais". Mas quando tais punições e
exemplos começaram a se tornar mais raros e menos frequentes, aumentou
a corrupção dos homens e, com ela, quando era necessário impor a lei,
resultava uma tarefa mais difícil, pois "a imposição das leis começou a
ocorrer em meio a maiores perigos e tumultos" (*Discursos*, III-1).

É aqui, então, que nosso autor propõe renovações periódicas. No
contexto do parágrafo de sua escrita, nosso escritor escreveu somente

sobre "punições periódicas", mas, no contexto geral do capítulo, como o próprio título indica, é necessário renovar as ordenações periodicamente: "Quem quiser que uma seita ou uma república viva longamente, precisa fazê-la voltar frequentemente a seu princípio". As punições são uma das ferramentas úteis e necessárias nesse processo.

Bem, é necessário que as renovações sejam periódicas. Entre cada renovação [punição] "não deveriam passar mais de dez anos, porque, passado mais tempo, os homens começam a mudar de costumes e a infringir as leis; e se não ocorre algo que traga à sua memória o castigo e ao seu espírito o temor de sofrê-lo, chega logo a ser tão grande o número de delinquentes, que é perigoso puni-los". A fórmula parece infalível: "E se as execuções [renovações] mencionadas anteriormente [...] tivessem repetido a cada dez anos naquela cidade, certamente jamais chegaria a corromper-se".

Nesse ponto do capítulo, Nicolau terminará de expor a história e os exemplos das repúblicas e dedicará sua atenção à renovação religiosa. Serão mencionados Cristo, São Francisco e Santo Domingo. O que podemos deduzir, segundo a lógica aqui apresentada, é que na especulação do nosso amigo, as renovações a cada dez anos seriam ideais e impediriam o ciclo de corrupção, regenerando a vitalidade. Vinte e um capítulos depois, em III-22, comparando os atos de Mânlio Torquato e Valério Corvino, ele elogia os atos severos de Mânlio porque foram bons para fazer a república voltar aos seus princípios e à sua "antiga *virtù*". "Seria perpétua uma república tão feliz que tivesse frequentemente alguém que, com seu exemplo, renovasse suas leis, e não apenas as mantivesse com o objetivo de evitar a ruína, mas que as fizesse voltar às suas origens".[294]

Devemos estar atentos a um detalhe importante: em seu postulado para as punições periódicas há menções ao medo e ao temor dos homens comuns frente aos atos grandiosos realizados pelos grandes homens, que estavam imitando os atos fundacionais. Tais menções me parecem que são uma estrutura relacionada ao campo do sagrado e da hierofania, que serão observados mais detalhadamente em outro momento.

---

[294] "[...] i quali sono utili in una republica, perché e' riducono gli ordini di quella verso il principio loro, nella sua antica *virtù*. E se un republica fusse sì felice, ch'ella avesse spesso, come di sopra dicemo, chi con lo esemplo suo le rinnovasse le leggi; e non solo la ritenesse che la non corresse alla rovina, ma la ritirasse indietro; la sarebbe perpetua [...]" (*Discursos*, III-22).

*Rômulo dedica a Júpiter a armadura do rei Acron – Aniballe Carracci*

*Rodrigo Bórgia – Papa Alexandre VI, Museu do Vaticano*

*César Bórgia, por Altobello Melone (1490/1491-1543)*

## O problema da Igreja

Ao longo de todo o capítulo 2 estávamos no jardim, "sob o sol da Toscana", ouvindo nosso anfitrião falar a respeito da situação do mundo: completamente desordenado. A Itália também sofre de muitos problemas, de muitas *fatigas*. Agora, em nossa conversação, voltamos a tratar de outros problemas desta terra. Com dedo em riste, Nicolau se apresenta contrário a uma opinião comum entre alguns de seus contemporâneos: "Que o bem-estar das cidades italianas vem da Igreja Romana". Ele, ao contrário, via na corte de Roma a razão de grandes males existentes nas vidas política e religiosa do país.

"Por [seus] maus exemplos", censura o secretário, "a Itália perdeu toda devoção e toda religião, o que ocasiona infinitos problemas e infinitas desordens". Uma das razões para que os italianos tenham se tornado "sem religião e maus" é por causa da Igreja. O clero também é culpado, por outras razões, pela ruína do país: "A Igreja manteve e continua mantendo esta terra dividida" (*Discursos*, I-12).

> De fato, nenhuma terra jamais foi unida e feliz, a menos que seja inteiramente submetida a uma única república ou a um único príncipe, como ocorre na França e na Espanha. E a razão para que a Itália não esteja nas mesmas [boas] condições, e de não ter também uma única república ou um único príncipe para governá-la, é unicamente a Igreja, porque, tendo ela adquirido e instituído aqui seu governo temporal, não teve força e *virtù* suficiente para ocupar toda a Itália e tornar-se seu príncipe, enquanto, por outro lado, não foi suficientemente fraca para, por medo de perder o domínio sobre suas coisas temporais, pedir ajuda de algum poderoso que a defendesse contra aquele que chegasse a ser demasiadamente poderoso na Itália (*Discursos*, I-12).

Portanto, não sendo suficientemente forte para controlar a Itália, nem fraca ao ponto de permitir que a península fosse completamente dominada por outra nação ou poder, a Igreja leva parte da culpa pelo país estar dividido e cheio de tumultos ocasionados por suas dissensões internas. "A igreja impediu que [a Itália] fosse governada por um único príncipe", e por estar submetida a vários príncipes e senhores, que "nasceu tanta desunião e tanta fraqueza", transformando o país em presa dos bárbaros.[295]

A falta de unidade política italiana é um dos grandes problemas que preocupam nosso autor, por isso seu intento é que ela volte a ser "unida

---

[295] "[...] A miséria da Itália é causada pela decadência da Cristandade; isso, a seu turno, é causado pelo papado degenerado. As atitudes dos papas são duplamente responsáveis pelo transe italiano. Em primeiro lugar, o papado mostrou-se sempre forte o bastante para evitar a ascensão da supremacia de um dos poderes italianos, evitando assim a unificação da Itália, e chegou até a chamar os bárbaros em socorro contra os italianos. Que o país se tenha tornado uma presa para os invasores 'nós, italianos, devemos à igreja e a ninguém mais'. O luxo e a corrupção da corte papal, em segundo lugar, é a causa da corrupção moral e da irreligiosidade do povo italiano; a igreja, então, destruiu a fundação indispensável de uma república nacional saudável. Embora o primeiro desses males pudesse ser remediado pela destruição do papado como um poder secular, a corrupção moral e a irreligiosidade do povo são matéria de preocupação infinita. Não apenas é a corrupção da religião pelo papado um problema, mas o valor da Cristandade em si está em xeque [...]" (Voegelin, *HPI*, IV, p. 81).

como era no tempo dos [antigos] romanos" (*Ritratto di cose di Francia*). De fato, Nicolau parece muito irritado com tal situação, visto que repete diversas vezes a mesma afirmação no capítulo 12, culpando a Igreja por grande parte dos infortúnios do país: "Tudo isso devemos nós, italianos, somente à Igreja e a nenhum outro". Além disso, a corrupção do clero é tão escandalosa que pode arruinar qualquer lugar onde a corte venha a se instalar:

> [...] e quem quisesse experimentar para ver a verdade mais claramente, precisaria ter poder suficiente para enviar a corte romana, com a autoridade que tem na Itália, para estabelecer sua sede nas terras dos suíços, o único povo que hoje vive de acordo com os costumes antigos, tanto no que se refere à religião, quanto com respeito às ordenações militares: e veria que em pouco tempo os maus costumes de tal corte causariam mais desordem nessas terras do que qualquer outro evento que pudesse ocorrer lá em qualquer momento (*Discursos*, I-12).

Mas as críticas aos clérigos não se limitam a *Discursos*. Elas são encontradas em diversos lugares de sua grande obra. Em *Histórias Florentinas*, por exemplo:

> [O aumento do poder dos lombardos obrigou a Igreja a buscar favores com o rei da França] De tal modo que a grande parte das guerras que, a partir daí, foram realizadas pelos bárbaros na Itália, foi causada pelos pontífices; e todos os bárbaros que a invadiram foram, muitas vezes, chamados por eles [os pontífices]. E tal maneira de proceder permanece até os nossos dias, o que mantém a Itália desunida e doente (*HF*, I-9).

Ao longo desse capítulo das *HF*, Nicolau relaciona a queda do Império Romano com a ascensão dos pontífices: "Por isso, ao descrever as coisas que aconteceram desde aqueles tempos até os nossos dias, já não se mostrará a ruína do Império, que está todo destruído, mas sim a ascensão dos pontífices e de outros principados que governaram a Itália".

Submetidos aos papas temos os prelados. Segundo nosso moralista, eles também têm grande parte da culpa pelos males da Itália. Analisando o contexto dos tumultos e discórdias entre as facções dos *Colonna* e dos *Orsini*, escreve nosso secretário que "os cardeais são as origens dos tumultos entre eles"; os barões de Roma e as duas facções "nunca estarão em paz [...] enquanto tiverem cardeais, porque estes alimentam as facções dentro e fora de Roma e, portanto, da ambição, discórdia e confusão dos prelados nascem os tumultos entre os barões" (*Príncipe*, 11).

Apesar de criticar a política externa da Igreja como uma das causas da ruína italiana, Nicolau reconhece algumas boas ações temporais do pontificado de Alexandre VI junto ao seu filho, César Bórgia, que pavimentaram o caminho que permitiu a outro Papa, Júlio II, deixar os Estados papais tão poderosos que, "diante deles, até o rei da França teme" (*Príncipe*, 11).

Mas seus elogios a Alexandre VI terminam por aí, visto que seu pontificado escandaloso não era bom exemplo para nada além de suas maquinações político militares. O "pai enganador" do Duque Valentino (César Bórgia), após a morte seu "espírito glorioso" (aqui Nicolau é sarcástico, naturalmente) foi seguido em seus "santos passos por três de suas damas queridas: *luxúria, crueldade* e *simonia*" (*Decennale Primo*). Lembremos que Dante põe os praticantes da simonia em um dos círculos mais profundos do Inferno; tal pecado não era inócuo.

Alguns versos adiante nosso poeta escreve que "assim que Alexandre foi pelo céu assassinado", a fortuna de seu filho começou a ruir. Igual à Fortuna, o Céu ou Deus também eliminam algum homem que atrapalha seus desígnios ou que não era seu amigo. No entanto as más condutas dos prelados e dos pontífices não causaram apenas a desunião da Itália, teriam causado, também, a ruína do próprio cristianismo. Não é raro encontrar ocasiões em que Nicolau critica homens da religião e os retrata como desonestos,[296] sem temor a Deus e ao castigo divino. Por isso agem conforme a ambição e os vícios (*Discursos*, III-1).

---

[296] Na emblemática carta a Guicciardini, em 17 de maio de 1521, há menções a frades loucos, pouco inteligentes e hipócritas ("et io ne vorrei trovare uno più pazzo che il Ponzo, più versuto che fra Girolamo, più ippocrito che frate Alberto"). As más condutas desses religiosos são o exemplo perfeito para que o fiel aprenda a ir ao inferno: "[...] porque me pareceria uma coisa bela, e digna da bondade destes tempos, que tudo o que experimentamos em muitos frades, fosse experimentado em um só; porque acredito que esse seria o verdadeiro modo de ir ao Paraíso: aprender o caminho do Inferno para evitá-lo. Vendo, além disso, quanto crédito tem um perverso que se esconde sob o manto da religião, pode-se facilmente conjecturar quanto teria um bom que andasse na verdade e não na simulação, pisando na lama de São Francisco".
"[...] Anticlericalism is nothing to write home about, nor has it been for the last one thousand years. Wherever there existed a hierarchical, privileged clergy, a current of scorn and hatred could be felt running through numbers of students, scholars, physicians, lawyers, the commercial classes, and the aristocracy. Recall Boccaccio's tale upon tale of women, money, deception, and priest. The epigraph for the present chapter incorporates a saying popular in many lands. Henry VIII knows it as: "Monks! Know one and you know them all". Nor is criticism of the church's foreign policy anything new. Dante and, after him, the scholary Marsilius of Padua had blamed the papacy for Italy's civil wars and foreign invasions. No one is about to brand Niccolò heretic. His position in the community is firm. No record shows that any relative or friend was ever cut off from the church. Cardinals are still his friends and are going to write him letters of recommendation or stand as godfather to a son; popes are still going to give him jobs, ask that his plays be performed, commission his writings, or listen to his views on military affairs. In writing to his son, Guido, a few months before his death,

Há um lugar comum em diversas obras dos intérpretes: muito se escreveu sobre o "paganismo" do secretário; tais intérpretes costumam utilizar as afirmações presentes em *Discursos* II-2, em que se critica veementemente o cristianismo. "Nossa religião", escreve, "glorificou mais aos homens humildes e contemplativos do que aos homens ativos [...]. Depois colocou o sumo bem na humildade, na abjeção e no desprezo pelas coisas humanas", e se "nossa religião nos pede que tenhamos força, é mais para suportar a força de certas ações [*i.e.* suportar o mal que fazem contra nós] do que para realizá-las" (*Discursos*, II-2).

"A tradição religiosa, portanto, tem uma grande carga de responsabilidade por ter sufocado nos homens modernos o amor pela liberdade republicana" (Viroli, 2010, p. 85). "Esse modo de viver, portanto, parece ter enfraquecido o mundo, que se tornou presa de homens [maus]; e estes podem realizá-lo facilmente", porque "[veem que a maioria] de homens, para ir ao Paraíso, pensa mais em suportar as ofensas do que em vingar-se delas" (*Discursos*, II-2).

Porém o problema não está na religião, mas em sua interpretação. Embora pareça que "o mundo tenha se afeminado e o céu se desarmado, na verdade isso vem da covardia dos homens, que interpretaram nossa religião conforme o ócio e não a *virtù*. Pois se [os homens] considerassem que a religião permite a exortação e a defesa da pátria, veriam que ela [a religião] quer que a amemos [a pátria], que a honremos e que nos preparemos para ser capazes de defendê-la" (*Discursos*, II-2).

Parte do problema causado pela fraqueza que o cristianismo causou ao mundo já havia sido mencionado no prólogo do livro I dos *Discursos*,[297]

---

Niccolò boasts a bit to convince the boy of the importance of study: 'besides the great friendships I have, I have made a new friendship with Cardinal Cibo [papal legate to Bologna], and so great that I my self marvel at it, which will redound to your benefit, but you must learn [...]' In the last decade of his life, our author will find more support for his ideas and works in popes and cardinals than in Florentine public officials. Niccolò is not a priest-hater. Strictly speaking, his position is not anticlerical: it is better described as reform clerical. It is not indiscriminate. He admires somes popes for certain things, and some clerics, notably St. Francis and St. Dominic, whom he credits with rejuvenating and maintaining Christianity against the worst efforts of prelates. In his comedies, he pokes fun at clergy and laity both – at everyday invocation of divine intervention, at clerical cupidity, concupiscence, and insistence on cult observance without care for true faith of belief [...]. In some other ways, Niccolò seems a religious conservative. Unlike Marsilius of Padua, he does not bother to deny the papacy's divine connection. He does not disapprove of the church's temporal power; he disapproves of the inept use of it [...]" (De Grazia, p. 91-92).

[297] "[...] Nondimanco, nello ordinare le republiche, nel mantenere li stati, nel governare e' regni, nello ordinare la milizia ed amministrare la guerra, nel iudicare e' sudditi, nello accrescere l'imperio, non si truova principe né republica che agli esempli delli antiqui ricorra. Il che credo che nasca non tanto da la debolezza nella quale

juntamente às censuras ao ócio das letras. Em *Discursos* II-2, Nicolau explora mais detalhadamente o problema da religião: não é o cristianismo que enfraqueceu o mundo, mas a forma como foi interpretado.[298]

---

la presente religione ha condotto el mondo, o da quel male che ha fatto a molte provincie e città cristiane uno ambizioso ozio, quanto dal non avere vera cognizione delle storie, per non trarne, leggendole, quel senso né gustare di loro quel sapore che le hanno in sé. Donde nasce che infiniti che le leggono, pigliono piacere di udire quella varietà degli accidenti che in esse si contengono, sanza pensare altrimenti di imitarle, iudicando la imitazione non solo difficile ma impossibile; come se il cielo, il sole, li elementi, li uomini, fussino variati di moto, di ordine e di potenza, da quello che gli erono antiquamente" (*Discursos*, I, prólogo).

[298]  Nos tempos vividos por nosso autor, algumas províncias cristãs seguiam a religião segundo os mandamentos da *virtù*, o amor à pátria e o amor a Deus; Estados cristãos que não foram corrompidos, feito a Igreja de Roma: "[...] Machiavelli contrasted with Christian education, as an example to be emulated instead, the pagan education that taught the young to esteem the honor of the world and to place in it 'the highest good,' which beatified only men who were 'full of worldly glory, as were captains of armies and princes of republics,' which celebrated 'greatness of spirit,' strength of body, and 'all other things capable of making men very strong'. Many conscientious critics and writers therefore judged him to be a pagan. They failed to notice that Machiavelli also found in modern Christian peoples examples of a religion that instills good moral and political customs. Like others before him, Machiavelli looked to Germany, where he had traveled in 1508, passing, in part, through the same hamlets and cities that Vettori mentions in his *Viaggio in Alamagna*. Of the religiosity of the Germans, and the good customs that derive therefrom, Machiavelli wrote in *Discourses on Livy* to emphasize that in the 'province of Germany' there was still a great 'goodness' and a 'religion' that were very similar to that of the Romans. Thanks to that goodness of customs, and that good religion, those peoples lived securely and in freedom. Th e contrast between Italy and Germany was quite distinct: on the one side was irreligion and wickedness, on the other was religion and goodness. Th is, however, is not a contrast between Christianity and paganism, but rather between two ways of being Christians [...]" (Viroli, 2010, p. 85-86). "[...] Even before they began to hear about Martin Luther, the Florentines had an idea of Germany as a land of peoples who lived in accordance with a sincere Christian faith, which translated into a powerful civil conscience. Francesco Vettori had already noted this in 1512, when he narrated an account of his diplomatic mission to the court of Maximilian I from June 1507 to March 1508. Vettori's account is a savory and impressive document of the corruption rampant among priests and monks. In nearly every tavern and inn at which he stopped, he heard tales of priests and monks guilty of every sort of wrongdoing. In the district around Verona, he was able to hear, from the mouths of several Germans returning home, the disgust with which true Christians judged the papal court: 'If you ask me the reason that I am leaving Rome, I will tell you that we from the Rhine land are good Christians, and we have heard and read that the faith of Christ was founded with the blood of the martyrs upon good customs, and strengthened by many miracles, so that it would be impossible for someone from the Rhine to question the true faith. I have been in Rome for a number of years, and I have seen how the prelates and others live, such that I was afraid that if I lingered there any longer, not only might I lose the faith of Christ, but that I might become an epicurean and lose my immortal soul'. Years later, in his *Sommario della istoria d'Italia*, Vettori wrote that the Roman papacy had 'created a new religion with nothing in it of Christ save for the name': Christ 'commanded poverty, and they desire wealth, Christ commanded humility, and they pursue pride, Christ commanded obedience, and they want to command everyone else'. In the lands through which he was traveling, Vettori also met street artists, charlatans, and frauds, like the one he encountered near Verona who claimed that he had miraculously survived hanging in Bologna and was going to see the Blessed Simon in Trent to fulfill a vow. With this fairytale, he managed to pry money out of 'poor men,' which he then cheerfully spent in the nearest tavern. The episode, in itself of minimal importance, caused Vettori to think about the countless modes, arts, industries, and wiles that men, first and foremost among them the religious, employ to deceive their fellow men. Alongside the corrupt prelates and the charlatans were those heralding new religions meant to restore the authenticity and simplicity of the evangelical message and to dissolve the wicked religion that popes and priests have established through deception and force. In Mirandola, for instance, he heard the story of Piero Bernardino who 'was proselytizing a certain new religion', and for that reason was burnt at the stake" (Viroli, 2010, p. 80-81).

Os cristãos interpretaram sua religião segundo o ócio, não a virtude. Leem a história pagã não para aprender lições morais, mas para simplesmente desfrutarem do prazer estético de suas qualidades literárias (Parel, p. 27). Daí surge o problema de que o homem contemporâneo, mergulhado na preguiça, pensa que não é possível imitar os exemplos da Antiguidade (*Discursos*, I-prólogo).

Os modelos que a Igreja e os príncipes cristãos consideram ideais são completamente equivocados. Se a "religião, com os príncipes das repúblicas cristãs, tivesse sido mantida tal como foi ordenada por seu fundador [ninguém menos que o próprio Cristo!], os Estados e as repúblicas cristãs seriam muito mais unidos e mais felizes do que hoje" (*Discursos*, I-12).[299] O diagnóstico é a decadência do presente em comparação com o modelo fundacional cristão: "[Os] príncipes ou as repúblicas que queiram se manter íntegros devem, sobretudo, manter íntegras as cerimônias de sua religião e venerá-las sempre, porque não pode haver indício mais claro da ruína de um Estado do que o desprezo pelo culto divino" (*Discursos*, I-12).

Até aqui, nosso autor culpou os príncipes cristãos e o clero pela corrupção da religião; a fraqueza do mundo, as más condutas dos prelados e pontífices, o desprezo pelo culto divino e pelo modelo do fundador da cristandade. Em *Discursos*, III-1, Nicolau considera que a fundação do cristianismo foi realizada por Cristo. Além disso, esse é o único lugar onde Jesus é mencionado no livro. Em sua escrita, o modelo exemplar da vida de Cristo aparece no capítulo destinado às renovações das repúblicas e religiões. Nesse sentido, nas páginas do nosso autor a cosmogonia da religião está indissociável de sua renovação periódica.

---

[299] "[...] Che negli scritti del Machiavelli si veda per la prima volta chiarissima la necessità di riunire l'Italia, e sia con una profondità maravigliosa d'osservazione della lui notato il grande ostacolo, che la Chiesa ed il suo potere temporale vi avevano sempre posto e vi ponevano, è stato già da molti riconosciuto. La sua acrimonia contro i Papi fu sempre grandissima, appunto perchè, occupato com'era sopra ogni cosa del pensiero di costituire l'unità dello Stato, scopo supremo della politica e della società al suo tempo, egli avrebbe voluto distruggere e rimuovere tutto ciò che vi si opponeva. E però sentiva un grandissimo disprezzo per quelle istituzioni medievali, che avevano rotto e impedito l'unità sociale, massime quando al suo tempo ritenevano ancora forza sufficiente per resistere. Infatti non si fermò mai dal biasimare le compagnie di ventura, e ciò non solo perchè avevano corrotto l'arte della guerra, impedendo la formazione degli eserciti nazionali; ma anche perchè formavano come un potere indipendente dentro lo Stato o di fronte ad esso. Voleva estirpare il feudalismo, perchè rendeva impossibile la civile uguaglianza, secondo lui e secondo le tradizioni fiorentine, necessaria alle repubbliche, e perchè nella monarchia s'opponeva alla forza ed alla unità del potere regio. Delle associazioni di arti e mestieri, che avevano diviso e suddiviso la società medievale, taceva come se non esistessero, avendo esse al suo tempo perduto l'antico vigore. Più grande che mai doveva essere ed era la sua avversione alla Chiesa, che col suo potere temporale aveva formato uno Stato, il quale a lui pareva contrario ad ogni principio di buon governo; ed aiutata dall'autorità religiosa, seminava disordine e confusione per tutto, impediva in Italia, e rendeva assai difficile in Europa la costituzione delle nazionalità [...]" (Villari, v. 2, p. 275).

Desse modo, Nicolau traz a estrutura básica do mito, que é a relação inseparável entre "cosmogonia e repetição" dessa mesma cosmogonia. Ele defende que São Francisco e São Domingo, com os "exemplos da vida de Cristo", salvaram o cristianismo. Suas ordenações foram tão fortes e tão boas que nem "a desonestidade dos prelados e pontífices" pôde arruiná-las.[300] No entanto as gerações que sucederam aos dois santos não mantiveram a ordem e não regeneraram a religião. "E quem considerasse seus fundamentos [da Igreja de Roma] e visse a grande diferença que existe entre os costumes atuais e [os antigos], consideraria estar perto, sem dúvida, da ruína ou do *flagelo*" (*Discursos*, I-12). A palavra "flagelo" foi utilizada por orador muitos anos antes da escrita de *Discursos*; já em 1503, em um texto breve, de título *Parole da dirle sopra la provisione del danaio, facto un poco di proemio et di scusa* (p. 11-13),[301] nosso secretário começa sua escrita tocando na importância das armas e da prudência:

> Todas as cidades que, por algum tempo, foram governadas por um príncipe absoluto, pelos aristocratas ou pelo povo, feito esta é governada, colocaram em sua defesa a força combinada com a prudência: porque esta última não é suficiente sozinha, e a primeira ou não produz nada ou, quando produz, não sustenta. São, portanto, essas duas coisas o coração de todos os Senhorios que existem ou que existirão no mundo. De modo que, qualquer homem que tenha considerado a mudança de reinos e a destruição de províncias e cidades, não os viu causados por outra coisa que não seja a falha das armas ou da prudência. E dado que vossas excelências [as autoridades políticas do conselho dos Dez] me concedeis que isso seja verdade, como de fato o é, necessariamente se deduz que vós quereis que em vossa cidade [Florença] haja [ambas dessas] duas coisas [tanto a força, quanto a prudência], e que vós procurais, se existem, preservá-las; e se não existem, providenciá-las. E eu, de fato, há dois meses tinha boas esperanças de que vós tenderíeis a esse objetivo; mas depois

---

[300] "[Referindo-se às religiões] vemos que essas renovações também são necessárias pelo exemplo de nossa religião, que teria se extinguido completamente se São Francisco e São Domingos não a tivessem feito voltar aos seus princípios. Porque eles [os dois santos], com a pobreza e com o exemplo da vida de Cristo, a ressuscitaram na mente dos homens, onde já estava extinta. E é por serem tão fortes as novas ordenações [dos dois santos] que a desonestidade dos prelados e pontífices religiosos não a arruínam [...]. Portanto, tal renovação manteve e mantém essa religião [...]" (*Discursos*, III-1).

[301] O texto é de março de 1503 e analisa um problema tributário. Um dos primeiros desafios enfrentados por Piero Soderini, recentemente encarregado como gonfaloneiro (desde setembro de 1502), era a necessidade de conseguir fundos para contratar mercenários e pagar pela proteção do rei da França. De acordo com as conjunturas da política internacional da época, os favores da corte francesa poderiam impedir eventuais ataques contra Florença, realizados por outras potências italianas ou Estados estrangeiros. O cerco de César Bórgia com o apoio de Veneza, o Papa Alexandre VI e o rei da França, Luís XII, aumentaram os problemas e os conflitos internos na Toscana e em Florença.

de ter visto tanta teimosia vossa, fiquei atônito. E vendo que podeis ouvir e ver, mas que não ouvis nem vedes, e só isso, espanta vossos inimigos, me persuado de que Deus [ainda] não nos castigou à sua maneira, e que nos reserva um flagelo maior.

Muitos meses antes, em junho de 1502, Nicolau já havia escrito sobre a ameaça que César Bórgia[302] representava para a República de Florença.[303] A razão de seu espanto nesse texto reside em ver que as autoridades florentinas não mudaram nada desde então. A falta de prudência e de diligência com os assuntos do Estado, o descuido com as armas e com o trato com a cidade, são motivos para o castigo divino, o "flagelo de Deus".

Além disso, a palavra "flagelo" pertence ao vocabulário típico dos sermões de Savonarola, que profetizava o flagelo divino sobre a corrupção da Itália. Nicolau junta sua voz ao coro, assegurando que Deus "nos reserva um flagelo maior" (*Parole*, p. 11). Anos depois, "quem considerasse seus fundamentos [da Igreja de Roma] e visse a grande diferença que existe entre os costumes atuais e [os antigos], consideraria estar perto, sem dúvida, da ruína ou do flagelo" (*Discursos*, I-12).

Deus ainda não tinha castigado a Itália, mas o faria se os homens não mudassem o modo como estavam vivendo. Porque quando "a astúcia e a malignidade humanas chegaram ao ápice", é necessário que o mundo

---

[302] "[...] Nell'estate-autunno del 1500, durante la prima legazione in Francia, mentre è in gioco la misura del contributo finanziario di Firenze alle imprese italiane di Luigi XII al fine di assicurarsene l'alleanza, anche nell'auspicio di un sostegno per la riconquista di Pisa, Machiavelli guarda al Valentino come esecutore e beneficiario delle strategie orchestrate dal padre, papa Alessandro VI. Negli anni successivi, l'ascesa del duca e il suo tentativo di consolidare un principato autonomo nell'Italia centrale, estendendo progressivamente verso la Toscana il proprio dominio in Romagna, sono oggetto di una vigile e preoccupata attenzione da parte del governo fiorentino: nell'estate del 1501, attraverso le scorrerie di Vitellozzo Vitelli, il Valentino minacciava il dominio fiorentino (lettera di Agostino Vespucci a Machiavelli del 25 agosto 15013), e l'anno dopo i luogotenenti del duca avrebbero occupato Arezzo e la Valdichiana, poi restituiti ai fiorentini solo grazie all'intervento diretto francese [...]" (Ruggiero, 2016, p. 257).

[303] Em uma carta ao *Conselho dos Dez*, de 26 de junho de 1502, Nicolau foi testemunha de um diálogo muito tenso entre o duque Valentino e o embaixador florentino, Francesco Soderini. Naquela ocasião, o filho do Papa não hesitou em se apresentar de maneira ameaçadora; nosso autor escreve as palavras de Bórgia por meio de um discurso áspero e direto. Disse Bórgia: "Estou bastante seguro de que você é sábio e pode me entender, mas direi novamente com palavras simples: não gosto deste governo [de Florença] e não posso confiar nele; você deve mudá-lo e deve garantir que está cumprindo sua palavra; caso contrário, logo entenderá que não tenho intenção de viver desta maneira. E se escolher não me ter como amigo, verá como é ter-me como inimigo" (*Legazioni*, p. 120-121).
*Cf.* Os comentários de Viroli sobre essa missão diplomática (2010, p. 113 et segs.). Miguel A. Granada analisa todo o contexto dos encontros diplomáticos entre Nicolau e César Bórgia: "[Bórgia é visto] como una de las cuatro *potencias* presentes en Italia, capaces de amenazar la supervivencia y libertad de Florencia; la amenaza emana de la fuerza militar de Borgia y de la debilidad – falta de armas – florentina, lo cual permite a Maquiavelo enunciar dramáticamente un principio teórico universal de la política: estado es seguridad, seguridad es armas y un estado sin armas es una contradicción [...]" (Granada, 2000, p. 178 et segs).

seja purgado pela peste, pela fome ou por um grande dilúvio, que é a forma "mais universal" (*Discursos*, II-5). Mas "o Céu quer nos salvar" (*Eremitas*), e Deus ainda dá alguns sinais de que se podia salvar a Itália e evitar Sua ira, Seu castigo, Seu *flagelo*.

*Savonarola pregando. Ilustração de 1496, presente no livro* Compendio di Revelationi – Biblioteca Centrale di Firenze

In dei nomine Amen. Anno domini nostri ab eius salu-
tifera incarnatione. M.CCCC.XCVIII. In ditione die
uero. viiii. Aprilis.

La infrascripta et la examina di fra Hieronymo di Nico
lo sauonarola da Ferrara dellordine de predicatori facta di
lui dalli spectabili & prudenti huomini commessarii & exa-
minatori delli excelsi signori Fiorentini dalle loro excelse si-
gnorie solemnemente electi & deputati cioe.

SIC TRANSIT GLORIA MVNDI.

Dua del numero deghonfalonieri di compagnia del populo

Carlo di Danielo canigiani.

Giouãni di messer Giannozo manetti.

Dua del numero de. xii. buoni huomini.

Giouani di Antonio canacci

Baldassari di Bernardo brunetti.

Dua del numero de. x. nuoui di liberta et pace.

Piero di Daniello delli Alberti.

Benedecto di Tanai de nerli.

Doffo dagnolo Spini. Vno del numero delli. viii. nuoui.

Tomaso di Bernardo Antinori.

Francescho di Luca di messer Maso delli Albizi.

Giuliano di Iacobo Mazinghi.

Piero di Bertoldo Corsini.

Braccio di messer Domenico Martelli.

Lorenzo di Matteo Morelli.

Antonio di Iacopo di pagnozo Ridolfi.

Andrea di Giouanni Larioni.

Alfonso di Filippo Strozi.

Tutti Citadini Fiorentini. I quali nella infrascripta examina procedéno in questo modo infrascripto: incompagnia
anchora et in presentia di messer Simone Rucellai. Et messer
Tomaso Arnoldi Canonici Fiorentini p ordine & cómissio
ne della sanctita del Papa.

Adi. viiii. del presente mese daprile il dicto fra Hieronymo fu iterrogato & examinato nella sala disopra del Bargiel

*Parte do documento oficial do processo instaurado contra Savonarola, que levaria à sua exco-
munhão e à sua execução, em 1498 (Processo di fra Girolamo Savonarola)*

## O inimigo político

No *Primeiro Decenal*, César Bórgia encontrava-se cercado de inimigos. "E, voltando-se entre si, essas serpentes / cheias de veneno começaram a atacar-se, / e com as garras a dilacerar-se e com os dentes". A serpente é um clássico símbolo tanto da mácula quanto do inimigo. Não é à toa que ela é a própria representação de Satanás no Éden. Nosso autor compõe imagens atávicas e arquetípicas tanto em sua prosa quanto em sua poesia.

Em 9 de março de 1498, ele escreveu uma carta a Ricciardo Becchi, para contar-lhe sobre os eventos relacionados a Savonarola que ocorriam em Florença. Nicolau comenta sobre as conjunturas sociais, as disputas entre seus adversários e apoiadores e os sermões que o frade fazia em *San Marco*:

> E após este breve discurso, ele indicou a presença de dois partidos: um que serve a Deus, que era ele mesmo e seus seguidores; o outro que servia ao diabo, que eram seus opositores. E tendo falado disso longamente, entrou na exposição das palavras do Êxodo [...], e disse que através das tribulações, os homens bons cresciam de duas maneiras, em espírito e em número; em espírito, porque o homem se une mais estreitamente a Deus superando a adversidade, e se fortalece quanto mais se aproxima de sua causa ativa, assim como a água quente que se aproxima do fogo se torna mais quente, porque está mais perto de sua causa ativa. Crescem ainda em número porque há três tipos de homens; os bons (e estes são seus seguidores), os perversos e obstinados (e estes são seus adversários); [e também os] homens de vida livre, dados ao prazer, não teimosos em fazer o mal nem dedicados a fazer o bem, porque não veem [nem o mal, nem o bem] claramente. Mas quando entre o bom e o perverso aparece alguma diferença prática, "já que os opostos quando colocados perto uns dos outros se destacam mais claramente," reconhecem a malícia dos maus e a simplicidade dos bons, e se aproximam dos segundos e evitam os primeiros; porque todos naturalmente evitam o mal e seguem o bem com prazer [...]

Na manhã seguinte, Savonarola continuou fazendo seus sermões, agora falando sobre a ameaça que surgia com a possibilidade de um homem mau instalar uma tirania na cidade: "E disse que Deus lhe havia dito que um homem em Florença estava tentando se tornar um tirano, e estava negociando e usando manobras para alcançar esse objetivo; e que seu intento era de expulsar o Frei, de excomungar o Frei, de perseguir o Frei, [tais ações indicavam claramente que seu intento era de] se tornar um tirano".

Dentro dos termos da "bipolaridade da pugna", explicados no primeiro capítulo, encontramos as mesmas atitudes por parte do Frei Savonarola: ele pintou a figura de seus inimigos como servos do diabo, enquanto ele e seus seguidores eram os representantes de Deus; mobilizou seus seguidores para apoiá-lo contra os adversários; incutiu medo nos homens, alertando sobre os perigos de uma conjuração que colocaria a vida dos cidadãos em risco, acusando "um homem", o adversário, de tentar instituir uma tirania.

Como vimos no capítulo 2, os inimigos políticos que Nicolau representa em seus escritos são os estrangeiros, os bárbaros invasores da Itália. Tomarei emprestadas as palavras de Juan Manuel Forte Monge; no glossário de termos maquiavelianos da edição Gredos encontramos a seção "bárbaros" (*barbari*):

> A expressão designa os estrangeiros que ameaçavam a península italiana ou que a haviam invadido: exércitos franceses, alemães, espanhóis ou suíços que, já desde os tempos de Carlos Magno, aspiravam dominar certas partes da Itália ou alcançar uma posição hegemônica sobre ela. A libertação da Itália dos "bárbaros" é uma fórmula já presente em Petrarca e frequentemente usada com fins retóricos ou como justificativa de estratégias e decisões questionáveis (como ironicamente observaria Erasmo). No caso de Maquiavel, trata-se de um tema recorrente em toda a sua obra e a motivação prática e explícita d'O Príncipe. Os males derivados do domínio estrangeiro são para o florentino algo mais que um exercício de retórica: é o problema urgente que precisa ser pensado e remediado, e que propicia suas duras críticas à Itália e aos líderes políticos de seu tempo (p. CXV-CXVI).

Desse modo, em *O Príncipe* se considera que o "pecado dos príncipes" italianos foi ter governado muitos anos utilizando-se de armas mercenárias (*Príncipe*, 12), e por essa razão a Itália passou a ser "serva dos estrangeiros" (*Discursos*, II-18). A falta de *virtù* dos antigos líderes do país abriu novamente "o caminho para os bárbaros, e a Itália voltou a ser serva" (*HF*, V-1).

Ao longo dos próximos tópicos, Nicolau voltará a nos explicar essa questão envolvendo os estrangeiros e os velhos príncipes. Mas na maior parte dos textos, nosso poeta, historiador e analista político não chega a representar seus inimigos exatamente daquela forma, num "embate teológico" aberto, considerando os bárbaros declaradamente membros das hostes infernais, irmãos do diabo ou demônios encarnados na Terra, enquanto os italianos seriam soldados de Deus.

As suas linhas são mais sutis e elegantes. Ele os pinta como pecadores insolentes, cruéis, mentirosos e ambiciosos, responsáveis por parte dos males presentes no país. Nicolau chega a fazer uma metáfora no *primeiro decenal*, relacionando os inimigos à serpente e, em uma carta, cujo contexto será visto em um momento oportuno, faz esta exortação em latim: *"Liberate diuturna cura Italiam, extirpate has immanes belluas, quae hominis, preter faciem et vocem, nichil habent"* (Libertai a Itália de sua perene aflição, extirpai esses monstros horrendos, que de homens, fora da aparência e da voz, nada têm" – *Carta* 299, de 17 de maio de 1526).

Entretanto, veremos ao longo dos tópicos seguintes que, apesar do perigo do flagelo divino, Deus demonstra estar a favor da Itália. Nesse sentido, os bárbaros estariam no partido oposto ao de Deus, pois Ele favorecerá a Itália, que será salva por um herói que tem Sua amizade.

## Armas e leis sagradas: a função da religião

Os dois grandes problemas analisados pelo nosso autor no tema militar são: 1) a falta de exércitos próprios e 2) a necessidade de ter soldados ligados ao país por amor à pátria e não por um simples interesse econômico. Em *O Príncipe* (escrito em 1513), Nicolau indica tais problemas na Itália: a pátria não tem soldados! O país arruinou-se por ter confiado em tropas mercenárias por muitos anos. Esse foi "o pecado" dos italianos e dos velhos príncipes. Além disso, os avanços da Igreja para alcançar mais poder temporal resultaram na "[queda da Itália] nas mãos da Igreja e de algumas repúblicas", que estão cheias de cidadãos e sacerdotes "não familiarizados com o uso das armas", por isso "começaram a contratar soldados estrangeiros" (*Príncipe*, 12).

As armas mercenárias e auxiliares são "inúteis e perigosas; se alguém tem seu Estado baseado em armas mercenárias, nunca estará firme, nem seguro", porque elas são "desunidas, ambiciosas, sem disciplina, não confiáveis, valentes entre os amigos, vis entre os inimigos, sem temor a Deus". A razão para sua vileza se fundamenta porque os mercenários não têm "outro amor nem outra razão que os mantenha em campo [de combate], senão um pouco de salário", que nunca será "suficiente para fazer com que eles queiram morrer por ti [pelo príncipe que os contrata]" (*Príncipe*, 12).

As armas auxiliares são as pertencentes a Estados aliados, que eventualmente podem, justamente, auxiliar o príncipe em um combate específico. Contudo são, em alguns aspectos, mais perigosas que as mercenárias. O exemplo contemporâneo que nosso analista utiliza é o do Papa Júlio II, que havia contratado tropas mercenárias para combater em Ferrara. Fracassando essas, pediu ajuda ao rei da Espanha, Fernando, que lhe enviou seus próprios soldados (*Príncipe*, 13).

Mesmo que as histórias antigas "estejam cheias de exemplos similares", adverte, "não quero me afastar [do exemplo do Papa], cuja decisão imprudente", desejando Ferrara, acabou colocando a si mesmo "nas mãos de um estrangeiro". O problema da vitória em uma batalha realizada com o uso de armas auxiliares, é que não é uma vitória do Príncipe que pediu auxílio, mas daquele que mobilizou suas tropas para ajudar: "Vencendo com armas alheias, não com as tuas [...]. Quem, portanto, não quiser vencer, que se valha dessas armas, porque são muito mais perigosas que as mercenárias" (*Príncipe*, 13).

Expressamente, o título do capítulo 21, livro I, de *Discursos*, diz: "Sobre a censura que merece o príncipe ou a república que não tem armas próprias". Agora, usando exemplos antigos, nosso historiador apresenta novamente a mesma ideia. O modelo de Túlio, sucessor de Numa e terceiro rei de Roma, deve servir para fazer os velhos príncipes e as repúblicas atuais, que não têm armas próprias, sentirem vergonha.

Túlio não encontrou nenhum soldado em Roma porque a cidade gozava há mais de 40 anos da paz e da tranquilidade ocasionadas pelo reinado de Numa. No entanto ele jamais cogitou a possibilidade de utilizar outros exércitos. Túlio poderia valer-se dos samnitas, dos toscanos ou de outros homens "habituados ao uso das armas", mas como era um "homem prudentíssimo", deliberou utilizar seus próprios homens. "E foi tão grande sua *virtù* que, ao longo de seu governo, em pouquíssimo tempo conseguiu criar soldados excelentes. E a mais verdadeira das verdades é que, se não há soldados onde há homens, isso provém de uma falta do príncipe, e não de outra falha qualquer, do lugar ou da natureza" (*Discursos*, I-21).

Corroborando esse argumento, Nicolau encerra o capítulo citando dois versos proféticos de *Eneida*: "E Virgílio não poderia expressar mais claramente essa opinião, nem com outras palavras poderia demonstrar que está de acordo com ela, quando diz: *"Desidesque movebit / Tullus in arma viros"* (E Túlio levará os homens ociosos às armas).[304]

O leitor deve se lembrar da nossa jornada ao submundo no capítulo passado. Igual a Odisseu, que busca no *Hades* a previsão do futuro, dita por Tirésias, o grande adivinho grego, o Canto VI de *Eneida* é precisamente o momento em que Enéas vai ao mundo dos mortos para falar com seu pai, Anquises, e ele lhe profetiza toda a glória que virá ao mundo por meio de sua linhagem.

A menção ao canto profético da Eneida em um capítulo que trata da importância das armas, tem significados muito mais profundos para o texto do nosso autor, que vão além do mero adorno estilístico e retórico. Nesses versos de Virgílio estão condensados a espera e o anúncio pela Idade de Ouro, que voltará a existir com a fundação de Roma. Para Virgílio, a recuperação do Paraíso Terreno e a fundação de uma nova Troia será feita pelas armas e pela virtude de um herói e, ao que parece, a salvação da Itália de Nicolau também seguirá o mesmo curso: será salva pelas armas de um *novo príncipe* detentor da *virtù*, dominador da *Fortuna*, e amigo de Deus.

Agora, precisamos retroceder um pouco. Entre os anos de 1506 e 1507, nosso autor, em plena atividade política, recebe um pedido de Piero Soderini para compor um texto sobre o estatuto do recrutamento das milícias. Naquela época, como vimos, a prática dos líderes políticos era contratar tropas mercenárias, os *condottieri*. No texto, escrito em forma de carta e cujo título completo é *La cagione dell'ordinanza, Dove la si truovi, et quel che bisogni fare* (A razão da ordenação [i.e., as forças militares], onde a encontramos e o que é necessário fazer), entre os pontos mais importantes está o firme argumento quanto à necessidade de uma cidade se assegurar em armas próprias, rejeitando as contratadas.

O que chama nossa atenção nesse texto, *dell'ordinanza*, é que Nicolau recomenda "reunir os soldados" para infundir a religião em suas mentes, para torná-los "mais obedientes".[305] Logo após esses escritos prévios, o memorando será aprovado provisoriamente e as milícias florentinas

---

[304] Na belíssima tradução de Carlos Alberto Nunes: "[...] Mas, a quem vejo, cingida a cabeça com um ramo de oliva, / sacras oferendas nas mãos? Pelas cãs o conheço e essas barbas: / é o rei de Roma, sim, Numa, o primeiro a dar leis à sua gente, / e que da cúria modesta partindo há de alçar-se ao domínio / de um vasto império, seguido ali mesmo de *Túlio potente, / que porá termo a essa fase de paz para armar seus guerreiros,* / desabituados em tanta inação às belezas do triunfo [...]" (*Eneida*, VI, p. 806-812).

[305] "[...] El capo che bisogna dare loro è fare una leggie che ne disponga et uno magistrato che l'observi; et in questa leggie bisogna provedere ad questo, che il scripti stieno bene ordinati, che non possino nuocere, et che si remunerino. Ad tenerli ordinati, bisogna che questo magistrato habbi autorità di punirli et facultà di farlo, et che la leggie lo necessiti ad fare tucto quello che è in substantia della cosa, eet che, stralasciandola, le facessi danno. Et però constringerlo ad tenerne armati un numero almeno ad tenere le bandiere, et e connestaboli,

começarão a ser recrutadas. O texto será reformulado, tornando-se um estatuto mais longo e detalhado. Seu título posterior será *Provvisioni della Repubblica di Firenze per istituire il Magistrato de' Nove Ufficiali dell'Ordinanza e Milizia Fiorentina, dettate da Niccolò Machiavelli* (Provisões da República de Florença para instituir a magistratura dos nove oficiais da Ordenação e da Milícia Florentina, ditadas por Nicolau Maquiavel).

Nesse estatuto é dito que os oficiais devem fazer periodicamente um juramento e celebrar "a primeira missa do Espírito Santo". Além disso, o símbolo dessa magistratura deve ser a imagem de São João Batista, o santo padroeiro da cidade de Florença. Porém, tais cerimônias são habituais para os membros de uma magistratura; em relação aos soldados, há um ponto importante: devem realizar desfiles militares periodicamente, e no dia seguinte ao desfile, o oficial responsável deve:

> [...] ordenar uma missa solene do Espírito Santo em um local onde todos que estiverem reunidos possam assistir. E após essa missa, o oficial responsável pelo desfile deve proferir os discursos apropriados para tais cerimônias, depois deve ler todas as regras que devem observar e fazer com que jurem solenemente respeitá-las, tocando com a mão [o livro dos] Santos Evangelhos. Deve ler-lhes, antes deste juramento, todas as penas às quais podem ser submetidos, e todas as advertências que serão ordenadas por esses oficiais na conservação e firmeza da união e da confiança entre eles; tornando o juramento mais severo com todas as palavras que forem consideradas úteis para empenhar o corpo e a alma: e feito isso, que todos sejam liberados e retornem às suas casas [...].

Percebemos que muitos anos antes de compor *O Príncipe, Discursos* e *A Arte da Guerra*, Nicolau já demonstrava considerar importante a infusão da religião na vida militar. Os juramentos e os ritos são essenciais para manter a unidade das tropas e a lealdade dos soldados. O Estado precisa, além de armas próprias, de soldados unidos por um vínculo que não se restrinja a um âmbito político e econômico: os juramentos e os ritos religiosos entram em cena para compor o espetáculo.

"Para manter os antigos soldados em boa disposição", escreve nas últimas linhas do livro IV d'*A Arte da Guerra*, "tinha grande valor a religião e o juramento que se impunha [aos soldados] quando se alistavam no exército", pois "seus erros não estavam ameaçados apenas pelos castigos que poderiam temer vir dos homens, mas também daqueles que poderiam

---

ad provedere all'armi, ad far fare loro le mostre et vicitarli, ad rivederne ogni anno conto e cancellare in certi dì et in certo tempo e rimetterli, ad mescolarci qualche cosa di religione per farli più ubbidienti [...]" (p. 39).

esperar vir de Deus". Adicionado a "outras práticas religiosas", muitas campanhas dos antigos capitães "tornaram-se mais fáceis" e "sempre serão [mais fáceis] onde se temia ou se observava a religião".[306]

De fato, essa relação intrínseca entre religião, exércitos, juramentos nos ritos, outras cerimônias que envolvem sacrifícios, os modelos exemplares para imitação do homem contemporâneo e a educação para moldar o cidadão e o soldado para a *virtù*, foi extraída por nosso autor em sua leitura da obra de Tito Lívio (De Grazia, p. 94). Esse é um forte significado que a obra do historiador romano tem para as páginas do secretário. Tanto em *O Príncipe* quanto em *A Arte da Guerra*, atribui-se grande parte da maldade das tropas mercenárias à falta de religião e considera-se o soldado que serve voluntária e virtuosamente à sociedade um homem religioso (Gilbert, p. 170).

Na história de Roma, "os céus" julgaram que as ordenações fundadas por Rômulo não seriam suficientes para o futuro do Império, por isso "inspiraram no peito do Senado romano a eleição de Numa como sucessor de Rômulo". Numa, encontrando um "povo indômito", desejando "conduzi-los à obediência civil, com as artes da paz recorreu à religião, como algo completamente necessário para manter a civilidade". Numa fez um acréscimo nas ordenações de Rômulo, instituindo uma nova religião; a sua constituição permitiu grande sucesso na cidade, e "por vários séculos nunca houve tanto temor a Deus como naquela república", o que facilitou a execução de muitas empresas projetadas pelo Senado ou por qualquer outro grande homem (*Discursos*, I-11).

A história de Roma mostra como a religião é útil para "comandar os exércitos, para reunir o povo, para manter e encorajar os bons e envergonhar os maus". Seu valor é tão grande que transforma Numa em um fundador tão importante quanto Rômulo: "Se fosse necessário decidir a quem Roma deveu mais, se a Rômulo ou a Numa, acredito que Numa obteria o primeiro lugar" (*Discursos*, I-11), porque Numa trouxe para Roma aquilo que possibilita o fundamento de todo bom Estado, que são as boas leis e as boas armas. No entanto, nem as boas leis, nem as boas armas, podem existir sem a religião: "[Numa seria o escolhido porque] onde há religião, facilmente

---

[306] "[...] Valeva assai, nel tenere disposti gli soldati antichi, la religione e il giuramento che si dava loro quando si conducevano a militare; perché in ogni loro errore si minacciavano non solamente di quelli mali che potessono temere dagli uomini, ma di quegli che da Dio potessono aspettare. La quale cosa, mescolata con altri modi religiosi, fece molte volte facile a' capitani antichi ogni impresa, e farebbe sempre, dove la religione si temesse e osservasse [...]" (p. 354).

se pode introduzir armas; mas onde há armas, mas não há religião, esta só com grande dificuldade poderá ser introduzida" (*Discursos*, I-11).

Em *O Príncipe* (12), Nicolau formula essa máxima afirmando que "os principais fundamentos comuns a todos os Estados [...] são as boas leis e as boas armas; porque não pode haver boas leis onde não há boas armas, e onde há boas armas convém que as leis sejam boas". Acabamos de ler em *Discursos* que as ordenações de Numa poderiam torná-lo mais importante que Rômulo porque "onde há religião, facilmente se pode introduzir armas" (*Discursos*, I-11). Além disso, foram raras as vezes em que um fundador não recorreu à religião para instituir as leis de uma cidade e levar o povo à obediência.

Ao lado de Numa, nosso historiador também menciona Sólon e Licurgo como grandes nomes que fundaram boas ordenações baseadas na religião. "Portanto, concluo que a religião introduzida por Numa foi uma das principais razões da felicidade de Roma, pois ocasionou boas ordenações; as boas ordenações trazem boa fortuna; e da boa fortuna nasce o bom sucesso das empresas. E, como o respeito ao culto divino é a razão da grandeza das repúblicas, também seu desprezo é a razão de sua ruína" (*Discursos*, I-11).

Nicolau começará o primeiro parágrafo do capítulo seguinte com as mesmas afirmações: "[Os] príncipes ou as repúblicas que querem se manter incorruptos devem, sobretudo, manter incorruptas as cerimônias de sua religião e venerá-las sempre, porque não pode haver indício mais claro da ruína de um estado do que o desprezo pelo culto divino". Além disso, "os homens incrédulos são propensos a perturbar" a ordem (*Discursos*, I-12).[307] Sobre o culto, as orações e a importância da religião para a vida civil, nosso poeta (*Asno*, cap. V) ensina:

> Bem necessárias são as orações:
> e totalmente louco é aquele que ao povo proíbe
> as cerimônias e suas devoções,
> porque daquelas verdadeiramente parece que se colhe
> união e boa ordem; e disso depende logo

---

[307]  "[...] Niccolò cites these different factors sometimes as institutions, sometimes as persons, sometimes as concepts. He refers to laws as justice or as the legislator or, implicitly as legal punishment or as the ideals sought by constitutional or customary law. They interlap and sustain each other. Thus, laws as sanctions imply the use of force or arms, and arms as organized force imply ordinances or laws, so that it is impossible to lay them in a linear sequence like religion ↦ arms ↦ customs and morals ↦ laws. Laws without arms are soap bubbles. With the support of good customs, law may need less, yet needs at least some, armed sanction [*Discursos*, I-3]. And arms without religion will have difficulty in securing the morale and discipline of arms-bearers. For Niccolò, then, law is not selfnourishing. Apart from an ecology of custom, arms, and religion, it withers on the vine [...]" (De Grazia, p. 107).

a boa e feliz fortuna.[308]

Os homens sem religião são perturbadores da ordem, violentos e incivilizados. Igualmente, a religião introduzida por Numa que trouxe o temor a Deus, foi a responsável pela felicidade da pátria e também foi o que permitiu que o Senado realizasse grandes façanhas. Nesse capítulo, Nicolau afirma que os homens "temem mais romper os juramentos" do que as leis ordinárias, porque "os homens estimam mais o poder de Deus do que o poder de outros homens" (*Discursos*, I-11). O exemplo em que podemos "ver claramente" essa situação é no caso de Cipião e Mânlio Torquato:

> [Depois de Aníbal derrotar os romanos em Canas] muitos cidadãos se reuniram; desesperançosos com a pátria, planejavam abandonar a Itália e ir para a Sicília; quando Cipião soube disso, foi falar com eles empunhando a espada; obrigou-os a jurar que não abandonariam a pátria. Lúcio Mânlio, pai de Tito Mânlio, chamado depois Mânlio Torquato, foi acusado por Marco Pompônio, tribuno da plebe; e antes do dia do julgamento, Tito procurou Marco; ameaçando-o de morte, obrigou-o a jurar que retiraria a acusação contra seu pai, o que, tendo jurado por medo, retirou a acusação. E aqueles cidadãos que não permaneciam na Itália por amor à pátria e por suas leis, foram retidos lá por um juramento que foram obrigados a fazer; e aquele tribuno abandonou o ódio que sentia por [Lúcio Mânlio] para obedecer ao juramento prestado, o que veio somente daquela religião que Numa introduziu na cidade (*Discursos*, I-11).

Esparta não era uma cidade que buscava se expandir. Os espartanos queriam um Estado pequeno, mas estável, sem muitas alterações nem muitos habitantes. Por isso todo estrangeiro que buscava viver lá era obrigado a "aceitar as leis de Licurgo com reverência". Esse juramento, feito pelo futuro "cidadão" espartano, "eliminava todas as razões para os tumultos" (*Discursos*, I-6), já que, "os homens incrédulos são propensos a perturbar" (*Discursos*, I-12).

Em *Discursos* I-15, encontramos o efeito prático da religião para recuperar o ímpeto dos soldados. Os samnitas estavam derrotados e seus soldados desanimados. Como último recurso, os capitães sabiam que "para vencer precisavam infundir obstinação no ânimo dos soldados e, para tanto, não havia melhor meio para alcançá-lo do que utilizar a religião". Assim, "pensaram em repetir um antigo sacrifício [...] que seria realizado por Ovio Paccio, seu sacerdote". Realizado o "sacrifício solene, todos os

[308] "E' son ben necessarie l'orazioni:/ e matto al tutto è quel ch'al popol vieta / le cerimonie e le sue divozioni; / perché da quelle in ver par che si mieta / unione e buono ordine; e da quello / buona fortuna poi dipende e lieta".

comandantes do exército foram obrigados a jurar, entre as vítimas mortas e os altares acesos, que jamais abandonariam a batalha".

Em seguida, os soldados foram chamados "um a um, diante dos altares e entre diversos centuriões com espadas em punho, eram obrigados a jurar, primeiramente, que nada repetiriam do que estavam vendo ou ouvindo, e, depois, com palavras cheias de imprecação e versos repletos de temor, deveriam prometer aos deuses que obedeceriam diligentemente a tudo que os imperadores lhes ordenassem, que não fugiriam do combate, matando a quantos vissem fugir". Se tais coisas não fossem observadas, "o castigo cairia sobre sua família e sua linhagem". Aqueles que estavam assustados e não queriam jurar, "foram mortos imediatamente pelos centuriões, de tal modo que os outros que iam atrás, amedrontados pela ferocidade do espetáculo, juravam" (*Discursos*, I-15).

Apesar de tudo, os samnitas não conseguiram vencer a luta contra os romanos, "porque a *virtù* dos romanos e o temor que eles [os samnitas] sentiam pelas derrotas anteriores" foram superiores ao ímpeto infundido pelo rito e pelos juramentos. Entretanto Nicolau não deixa de perceber que, de fato, não havia outro recurso naquela situação senão utilizar a religião, "o que demonstra plenamente quanta confiança se pode alcançar utilizando bem a religião" (*Discursos*, I-15).

Nosso historiador, alguns anos depois de ter escrito o estatuto para as milícias florentinas, repete as mesmas lições nos *Discursos*: 1) utilizar a religião para tornar os soldados mais obedientes; 2) fazê-los jurar lealdade à pátria dentro de um rito e 3) ameaçá-los por eventuais descumprimentos desse juramento. Igualmente, nos ritos dos samnitas vemos a exigência do segredo da cerimônia, um elemento comum nas iniciações.

A interpretação equivocada da religião cristã foi responsável não somente por debilitar o mundo e tornar os homens mais afeminados, mas também por corromper os próprios ritos do cristianismo. Os cristãos estão fracos e suas cerimônias igualmente. A debilidade dos ritos é mais um dos indícios da decadência dos tempos presentes.

> Meditando, portanto, sobre as razões que faziam com que, naqueles tempos antigos, os povos fossem mais amantes da liberdade do que no presente, digo que isso procede do mesmo motivo que faz agora os homens menos fortes, ou seja: a diferença da educação entre a nossa religião e a antiga. Porque a nossa religião, ao mostrar a verdade e o verdadeiro caminho, nos faz estimar menos as honras mundanas, enquanto os gentios, que as estimavam e, considerando-as o sumo bem, eram mais ferozes em suas

ações. E isso se pode ver em muitas de suas constituições [*constituzioni*], começando pela magnificência dos seus sacrifícios [pagãos], comparada com a humildade [de nossas cerimônias religiosas]; pois na nossa há uma certa pompa mais delicada do que magnífica, mas sem nenhuma ação feroz ou vigorosa. [Nas cerimônias da antiguidade] não faltavam nem pompa nem magnificência; além disso, adicionavam a elas ferozes e sangrentos sacrifícios, matando uma infinidade de animais, cujo terrível espetáculo dava energia e dureza ao caráter dos homens [...]" (*Discursos*, II-2).

Na história de Lívio, ao interpretar os augúrios e definir o primeiro fundador, Rômulo fortifica o Palatino e realiza uma cerimônia oferecendo "sacrifícios, conforme havia sido estabelecido por Evandro, a Hércules, segundo o ritual grego, e aos demais deuses segundo o ritual albano" (I-7, 3, p. 17-18).

Como eram tais sacrifícios? Não sabemos exatamente. No entanto, nas páginas da *Ilíada*, de Homero, encontramos inúmeras menções, por toda a obra, às grandes hecatombes, sacrificando milhares de ovelhas e bois aos deuses. Imaginamos que os ritos realizados por Rômulo tenham sido similares. Além disso, quando Tito Lívio conta sobre a fundação do primeiro templo de Roma, descreve um rito cheio de vigor e ferocidade, realizado após uma batalha causada pelo rapto das sabinas.[309] Ainda no contexto da guerra contra os sabinos, na obra de Lívio está presente uma cena em que Rômulo usa a religião para inspirar as tropas romanas;[310] referências que, naturalmente, serviram para as formulações do nosso rapsodo.

---

[309] "[...] Después de hacer volver al ejército victorioso, él [Rômulo], tan grande por sus hazañas como jactancioso de sus hechos, subió al Capitolio llevando los despojos del jefe enemigo, al que había dado muerte, suspendidos de una parihuela debidamente construida al efecto y los depositó junto a la encina sagrada de los pastores; a la vez que hacía esta ofrenda, trazó el emplazamiento de un templo de Júpiter y añadió una nueva advocación al dios: "Júpiter Feretrio, dijo, yo Rómulo, rey vencedor, te traigo estas armas de un rey, y en este recinto que acabo de delimitar en mi mente te consagro un templo que ha de recibir los despojos opimo que, después de dar muerte a los reyes y jefes enemigos, mis sucesores te traerán siguiendo mi ejemplo". Éste es el origen del primer templo que fue consagrado en Roma. Fue, en adelante, voluntad de los dioses que no resultasen vanas las palabras del fundador del templo, con las que proclamó que sus sucesores llevarían allí los despojos, y que no se degradase la gloria de tal ofrenda al ser muchos los que la consiguiesen [...]" (Livio, I-10, 6-7, p. 25).

[310] [Os sabinos tomaram a cidadela do Palatino] al día siguiente, a pesar de que el ejército romano había cubierto en formación la planicie situada entre el monte Palatino y el Capitolino, no descendieron al llano hasta que los romanos, aguijoneados por la ira y las ganas de recuperar la ciudadela, se lanzaron contra ellos desde abajo. En cabeza de ambas formaciones animaban la lucha Metio Curcio, del lado de los sabinos, y Hostio Hostilio, del de los romanos. Éste sostenía a los romanos, en posición desventajosa, en primera línea con su coraje y valentía. Cuando Hostio cayó, automáticamente el frente romano se repliega en desbandada. Arrastrado también Rómulo por el revuelo de los fugitivos hasta la antigua puerta del Palatino, dice levantando sus armas hacia el cielo: "Júpiter, impulsado por tus auspicios asenté aquí en el Palatino los primeros cimientos de Roma. Los sabinos tienen ya en su poder la ciudadela, conseguida por una traición; desde ella se dirigen en armas hacia aquí, ya han rebasado el valle que hay en medio. Pero tú, padre de los dioses y de los hombres, al menos de

Entre um gole de vinho e um mordiscado de *tortelletti*, Nicolau nos conta a respeito da hierarquia entre os homens. Existem os que são mais estimados e quais são as ações mais valorosas entre a infinidade de possibilidades do agir humano.[311]

> Entre todos os homens elogiados, os mais elogiados foram os chefes e fundadores de religiões. Depois, os que fundaram repúblicas ou reinos. Após estes, são celebrados os que, comandando exércitos, ampliaram seu domínio ou o de sua pátria. A estes se acrescentam os homens de letras. E, como estes são de diversos tipos, são eles celebrados segundo o mérito de cada um. A qualquer outro homem, cujo número é infinito, atribui-se a parte dos elogios que lhe é dada por sua arte e atividade [...] (*Discursos*, I-10).

Além dos modelos ideais e louváveis, esse trecho traz uma lista dos modelos detestáveis que os homens devem censurar e evitar. O grande problema

---

aquí aparta al enemigo; libera del pánico a los romanos y detén esta huida vergonzosa. Yo prometo levantar en este lugar un templo a Júpiter Stator, que recuerde a la posteridad que Roma se salvó gracias a tu ayuda protectora". Después de hacer esta súplica, exclamó, como si hubiese percibido que sus ruegos habían sido escuchados: "Romanos: Júpiter, el mejor, el más grande, ordena que os detengáis y desde aquí reemprendáis el combate". Los romanos se pararon como si se lo hubiese ordenado una voz de lo alto; Rómulo en persona se lanza a la primera línea [...]" (Lívio, I-12, 1-8, p. 28-29). // Deste ponto em diante, as mulheres sabinas pedirão que a luta termine, porque não queriam ver seus pais e irmãos lutando contra seus maridos.

[311] Sobre esse ponto, a leitura de Eric Voegelin é uma das mais interessantes que já vi: "[...] Começam a ficar claros os esboços do sistema de Maquiavel. No centro está uma metafísica de força cósmica que se manifesta na produção de várias formas de ser, entre elas as repúblicas. No caso das repúblicas, as entidades são compósitas; a forma política vem à luz pela operação de força cósmica em raros indivíduos – ou seja, através da *virtù* de fundadores e restauradores. A própria eficácia dessa força fundante determina a ascensão e queda cíclicas das repúblicas: *Virtù* engendra tranquilidade; tranquilidade, descanso; descanso, desordem; desordem, ruína; e, similarmente, de ruína surge ordem, de ordem, *virtù*; e esta última engendra fama e boa fortuna [*HF*, V-1]. A estabilidade da ordem, entretanto, não pode estar apenas na *virtù* dos fundadores e príncipes, pois um estabelecimento não duraria muito mais do que a vida do criador. A comunidade precisa de uma ligação sacramental. Daí, na tábua de valores, os fundadores de religião estarem em primeiro lugar, antes dos fundadores políticos. A metafísica da força cósmica não é um naturalismo de variedade científica ou orgânica; a 'natureza' é entendida no sentido estoico como abrangendo a ordem total da existência humana em uma comunidade religiosa, assim como em civilizações históricas. Daí a metafísica de Maquiavel não degenera numa filosofia de 'política de poder'. Toda tábua de valores – religiosos, morais, civilizacionais, ocupacionais etc. – é aceita como matéria de tradição; em consequência, ele pode distinguir entre a *virtù* que tende para o estabelecimento de uma ordem objetivamente boa e a força vital individual não se estabelece senão o domínio pessoal. A única fala nesse sistema – da qual o próprio Maquiavel estava muito a par – é o fato de que não vivemos na Antiguidade helênico-romana, mas numa civilização cristã ocidental. A metafísica da força cósmica e o mito da *virtù* só fazem sentido sob a condição de que o *onore del mondo* seja aceito religiosamente como *summum bonum*. Quando o *summum bonum* é colocado na visão beatífica de Deus, então a honra do mundo afunda para um segundo lugar na hierarquia de valores, e não a manifestação ordenadora heroica da força cósmica, mas o *amor Dei* tornar-se-á o princípio orientador de conduta. Nesse ponto Maquiavel está inseguro. Reconhece o fato da Cristandade, mas sua própria alma está fechada para ela; na verdade, está morta. Daí ele hesita entre uma invectiva nietzschiana contra a Cristandade como a causa da miséria contemporânea e um respeito, igualmente nietzschiano, por suas qualidades originais. O mito pagão obviamente já não está vivo; o próprio Maquiavel não é um cristão nem o fundador de uma nova religião; ele espera uma reforma – que na verdade começou no ano seguinte à dedicatória do seu *Príncipe* [...]" (Voegelin, *HPI*, IV, p. 83-84).

está na ignorância humana, que faz com que os homens sigam "os passos daqueles que merecem mais censuras do que elogios":

> São, ao contrário, infames e detestáveis os homens que destroem as religiões, dissipam reinos e repúblicas, que são inimigos da *virtù*, das letras e de qualquer outra arte que proveja utilidade e honra à humanidade; tais são os ímpios, os violentos, os ignorantes, os incapazes, os ociosos, os covardes. E ninguém jamais será tão louco ou tão sábio, tão mau ou tão bom, que, sendo encarregado da escolha entre os dois tipos de homens, não elogie o que deve ser elogiado e não censure o que deve ser censurado; contudo, depois, quase todos, enganados por um falso bem e por uma falsa glória, deixam-se levar, voluntária ou involuntariamente, pelos passos daqueles que merecem mais censuras que elogios; e, embora possam criar uma república ou um reino, para sua glória eterna, optam pela tirania, sem perceber quanta fama, quanta glória, quanta honra, segurança, tranquilidade, com satisfação do ânimo, se perde com tal decisão, e quanta infâmia, vitupério, censura, perigo e inquietação surgem disto [...] (*Discursos*, I-10).

Os modelos ruins e os ideais estão claramente descritos. Lembremos de um trecho de *Discursus florentinarum rerum post mortem iunioris Laurentii Medices*, que eu já citei no tópico "O ócio das letras", no capítulo 2. Mas nessa ocasião não vimos o parágrafo completo, apenas a parte que se referia aos filósofos. Agora é o momento apropriado para olharmos a continuação. Nicolau expõe o que mais agrada a Deus: o bem que alguém faz à sua pátria.

> Eu acredito que a maior honra que um homem pode ter é dedicar-se voluntariamente à sua pátria. Acredito que o maior bem que alguém pode fazer, e o que mais agrada a Deus, é o bem que se pode fazer à sua cidade natal. Além disso, nenhum homem é mais exaltado por nenhum ato seu do que aqueles que, com as leis e instituições, reformaram repúblicas e reinos. Estes são, depois daqueles que foram deuses, os primeiros a serem elogiados [...] (p. 30).

A seguir, citará o caso de grandes legisladores, Sólon e Licurgo, e os filósofos Platão e Aristóteles, que não conseguiram criar repúblicas na realidade – já vimos esse trecho. E seguindo adiante no mesmo parágrafo, Nicolau fala diretamente a Giulio de Médici, que em 1523 seria o Papa Clemente VII:

> Não há maior presente, então, que o Céu possa dar a um homem, nem possa mostrar-lhe um caminho mais glorioso que este. E entre tantas felicidades que Deus deu à vossa casa e à pessoa de Vossa Santidade, é

justamente esta a maior: dar-lhe poder e condições de tornar-se imortal, e de superar, por meio deste caminho, a glória de seu pai [...]".[312]

Deus, então, ainda não decidiu punir os italianos. Ele está oferecendo a oportunidade de alcançarem a glória, de reformularem a cidade. Ser um fundador ou reformador de uma cidade garante a imortalidade e elogios. Em *Discursos*, lemos as mesmas afirmações:

> E o príncipe que realmente buscar a glória mundana deverá desejar ter em suas mãos uma cidade corrompida, não para destruí-la [...], mas para reordená-la, feito Rômulo. E, de fato, os céus não podem dar aos homens maior ocasião de glória, nem os homens podem desejar glória maior [...]. Em suma, aqueles a quem os céus dão tal ocasião devem considerar que possuem dois caminhos: um que lhes permite viver em segurança e, depois de mortos, os torna gloriosos, e outro que os faz viver em constantes angústias e, depois da morte, deixar a sempiterna infâmia (*Discursos*, I-10).

Em ambos os textos, Nicolau expressa claramente que o maior bem que alguém pode fazer – e ao mesmo tempo agradar a Deus –, é dedicar-se voluntariamente à sua pátria, salvá-la, organizar suas ordenações, restaurar sua ordem e equilibrar suas forças com as leis, que estão em harmonia com as armas. Depois dos deuses, os homens que alcançaram tais feitos foram os mais elogiados.[313] Voltarei à questão do sacrifício mais adiante.

Em *Exortação à Penitência*, nosso orador recomenda a penitência como o caminho para nos libertar da constância no pecado e como gratidão pelos dons que Deus nos deu. Os dois grandes exemplos de homens virtuosos e penitentes nesse texto são Pedro e Davi.[314] Deus perdoou Davi

---

[312] "[...] Non dà, adunque, il cielo maggiore dono ad uno uomo, né gli può mostrare più gloriosa via di questa. E infra tante felicità che ha dato Iddio alla casa vostra e alla persona di Vostra Santità, è questa la maggiore, di darle potenza e subietto della farsi immortale, e superare di lunga per questa via la paterna e la avita gloria [...]" (p. 30-31).

[313] *Cf.* A leitura interessante de Maurizio Viroli (2010, p. 38 et seqs) sobre a questão envolvendo a imortalidade. "[...] Without any reference to God, or Christ, or religion, Machiavelli knows a way to become similar to God and live eternally. It is surely a different path from that offered by the church, since it does not involve confessions, processions, special prayers, fasting, or penitence. Is it different from the true path that God and Christ showed men? In order to answer this question, it is crucial to examine the theme of the yearning for immortality and man's desire to become godlike, in the Florentine religious and philosophical tradition [...]" (p. 38).

[314] "[...] Essas ofensas contra o próximo são grandes: a ingratidão contra Deus é grandíssima: dado que nós frequentemente caímos em tais vícios, o benigno Deus criador nos mostrou o caminho do arrependimento, que é a penitência. O poder dela nos foi mostrado com obras e palavras, quando ordenou a São Pedro que perdoasse setenta vezes sete ao dia ao homem que lhe pedisse perdão [*Evangelho segundo São Mateus*, XVIII, 21-22]; com obras, quando perdoou a Davi o adultério e o homicídio [*II Livro de Samuel*, XI-XII] e a São Pedro a injúria de tê-lo negado, não apenas uma, mas três vezes [*Evangelho de São João*, XIII, 38; XVIII, 25-26]. Qual pecado não perdoará Deus a vós, irmãos meus, se verdadeiramente vos amparais na penitência, depois de ter perdoado a eles? E não somente perdoou, mas os honrou entre os primeiros escolhidos no céu: somente porque Deus perdoou Davi

pelo "adultério e o homicídio" e São Pedro pela "injúria de tê-lo negado não só uma, mas três vezes". Pedro e Davi não foram apenas perdoados, Deus "os honrou entre os primeiros escolhidos no céu", porque "Davi, prostrado por terra, cheio de aflição e em lágrimas gritava: *Miserere mei, Deus*" e Pedro também "chorou amargamente seu pecado".

Pedro pode ser considerado uma figura "exclusivamente religiosa", porque ele não aparece na obra do nosso autor fora de um contexto religioso. No entanto Davi aparece, tanto em *O Príncipe* quanto em *Discursos*, em um ambiente militar. No capítulo 13 d'*O Príncipe*, ele é elogiado como um bom exemplo de homem virtuoso, que combateu seu inimigo com armas próprias, sem utilizar as armas de outra pessoa. Em *Discursos* lemos que "Davi, sem dúvida, foi um homem excelente nas armas, na doutrina e no julgamento". Sua *virtù* foi tão grande que "legou a seu filho, Salomão, um reino pacificado que este pôde conservar com a arte da paz, e não com a guerra, conseguindo desfrutar felizmente dos frutos da *virtù* de seu pai" (*Discursos*, I-19). Nicolau utiliza o *Antigo Testamento*, os *Salmos* e os *Evangelhos* do *Novo Testamento* para falar de Davi, um grande homem, grande militar, profeta, amado e perdoado por Deus, um pecador que está entre os "primeiros eleitos".

Moisés, seu icônico modelo de conduta, que falava com Deus como se fala com um amigo,[315] também foi excelente nas ações militares, pois "todos os profetas desarmados" se arruinaram (*Príncipe*, 6). "Consideremos [...] a Ciro e aos demais fundadores de reinos: a todos os encontraremos suscetíveis de admiração; e se examinarmos as ações e ordenações de cada um em particular, parecerão semelhantes às de Moisés, que teve tão alto preceptor [Deus]" (*Príncipe*, 6). Se os homens "considerassem que a religião permite a exortação e a defesa da pátria, veriam que ela [a religião] quer que a amemos [a pátria], que a honremos e que nos preparemos para ser

---

Davi, prostrado por terra, cheio de aflição e em lágrimas gritava: *Miserere mei, Deus* [*Salmo* 51, *Miserere*, 1-8]; somente porque São Pedro *flevit amare* [*Evangelho de São Mateus*, VII, 26, 62 e 75], sempre chorou amargamente seu pecado, assim como Davi; um e outro mereceram o perdão [...]".

[315] "Machiavelli's God is the God of Florentine republican Christianity. Even if he was unfamiliar with many of the texts that I have cited, Machiavelli accepted the humanistic ideal of man who became godlike through virtue and obtained God's friendship. Machiavelli's true hero was Moses. God speaks with him as His friend: 'And the LORD spake unto Moses face to face, as a man speaketh unto his friend'" (Exod. 33: 11). With clear reference to this passage from Exodus, Machiavelli placed Moses foremost among the 'rare and marvelous' men to whom God was a friend. God gave His friendship to Moses as a grace and a favor, and it was in virtue of that grace received that Moses was able to speak with God: 'And although one should not reason about Moses, as he was a mere executor of things that had been ordered for him by God, nonetheless he should be admired if only for that grace which made him deserving of speaking with God [...]'" (Viroli, 2010, p. 61).

capazes de defendê-la" (*Discursos*, II-2). As armas, que servem e defendem a pátria, são abençoadas, são sagradas como suas leis e como o culto divino que mantém o Estado incorrupto e íntegro. Os soldados devem temer a Deus para servir a pátria. As tropas mercenárias não O temem e por isso são perigosas e indignas de confiança (*Príncipe*, 12). É a pátria que a religião deve ajudar, servir e consagrar. A ordem política de Nicolau é hierofânica.

## A redenção da pátria

Já bebemos algumas garrafas de Chianti, Montepulciano e Vernaccia. Agora Nicolau está ainda mais efusivo em suas colocações. Ele começa a nos contar uma história que ele registou em *Histórias Florentinas* (VI-29): a conspiração tramada contra o Papa em 1453, realizada por Stefano Porcari.

Cidadão romano, "nobre de sangue e erudição", Porcari era um homem com "excelência de ânimo". Como costuma acontecer, os homens que buscam a glória querem "tentar fazer algo digno de memória". Em seu julgamento, o que deveria ser feito era "retirar a pátria das mãos dos prelados e devolver-lhe o antigo modo de vida". Stefano queria ser chamado de "novo fundador e segundo pai daquela cidade".

Esse nobre cidadão tinha esperanças de que seu intento alcançaria sucesso porque as "más condutas dos prelados" causavam o "descontentamento dos barões e do povo romano". Além disso, ele se inspirava em versos proféticos de Petrarca, que lhe davam "ainda mais esperanças". A poesia de Petrarca anunciava a chegada de um homem virtuoso que poderíamos considerar um herói: "*Sopra il monte Tarpeio, canzon, vedrai / Un cavalier che Italia tutta onora, / Pensoso più d'altrui che di se stesso* (Sobre a Rocha Tarpeia, canção, verás / Um cavaleiro honrado por toda Itália / Que pensa mais nos outros que em si mesmo).

Stefano sabia que "os poetas muitas vezes podem estar inspirados por um espírito divino e profético", por isso acreditava no que era anunciando por tais versos, imaginando que não tardariam em ocorrer. Desse modo,

> [...] [considerou que] ele deveria ser o executor de tão gloriosa empresa, pois, em eloquência, erudição, popularidade e amigos, acreditava ser superior a qualquer outro romano. Deixando-se tomar por tais pensamentos, não conseguiu conduzir-se com cuidado [por isso] despertou as suspeitas do pontífice [...]. Quando [Stefano] pensou que já havia conseguido angariar um número suficiente de partidários, decidiu não prorrogar suas ações; e

> encarregou os amigos que viviam em Roma de, no tempo determinado, oferecer um esplêndido jantar, para o qual todos os conspiradores seriam convidados [...]. Stefano [apresentou-se diante dos convidados] vestido de ouro, com colares e outros ornamentos que lhe conferiam magnanimidade e respeito, e, abraçando os convidados, com um longo discurso os exortou a ter coragem e disposição para tão gloriosa empresa. Depois, expôs o modo de realizá-la; ordenou que, na manhã seguinte, uma parte deles deveria ocupar o palácio do pontífice, e que a outra saísse por Roma, chamando o povo às armas (*HF*, VI-29).

O papa soube dos planos e mandou prender Stefano e seus apoiadores na mesma noite do jantar e, depois, "segundo o peso de seus erros, os condenou à morte". Conclui a narrativa dizendo que "todos concordarão que suas intenções eram louváveis, mas seu discernimento nunca deixará de ser censurado, pois empreendimentos similares, se têm algum sinal de glória no momento em que são formulados, ao serem executados, quase sempre têm a ruína garantida".

Esse capítulo de *Histórias Florentinas* traz uma menção a um verso profético de Petrarca, que anuncia a vinda de um herói sobre um monte, justamente o simbolismo da montanha sagrada. Além disso, o referido capítulo tem algumas semelhanças com outro de *O Príncipe*, o 26. Em seu famoso opúsculo, nosso autor faz uma apelação enérgica à família Médici, agora líder dos Estados Pontifícios (em 1513, Giovanni de Médici era o novo papa, Leão X), para "assumir o comando da Itália e libertá-la dos bárbaros". A situação de seu país chegou aos limites do aceitável. "E casos similares foram vistos na história!". Foi necessário que "o povo de Israel estivesse escravo no Egito para perceber a *virtù* de Moisés, que os persas estivessem submetidos pelos medos para conhecer a grandeza de ânimo de Ciro, que os atenienses andassem dispersos para descobrir a excelência de Teseu".

Agora acontece o mesmo na Itália, vivendo um momento de crise; "para conhecer a *virtù* de um espírito italiano era necessário que a Itália se visse reduzida aos termos em que está hoje dia". E como está a Itália no presente? Nicolau assim responde: "Mais escrava que os judeus, mais serva que os persas, mais dispersa que os atenienses, sem líder, sem ordem, abatida, espoliada, lacerada, teatro de tumultos e vítima de toda classe de devastação".

A pátria, sem vida, espera por alguém que "lhe possa curar suas feridas", "pôr fim aos saques", que "a cure de suas chagas há tanto tempo putrefatas". A pátria roga a "Deus para que lhe envie alguém que a redima de tais crueldades e ultrajes bárbaros". Mas o momento da espera terminou. O herói redentor já está a caminho. Esse homem providencial, esse *príncipe nuovo*, poderá destruir as correntes que submetem a liberdade italiana e expulsar os carrascos.

Estamos no capítulo 26. Até aqui, ao longo dos outros 25, nosso autor manteve um tom discreto, comedido e moderado. Mas como bom retórico e excelente estilista que era, ele sabia que o final de uma obra é justamente o momento apropriado para utilizar a emoção e inflar os ânimos com o chamado às armas. O *clímax*, de fato, traz uma figura interessante, um tom profético, e Nicolau passa a ser o próprio profeta que fala desses tempos que estão por vir.

O clamor para libertar a Itália já havia sido cantado por outros poetas que Maquiavel amava demasiado. Dante, seu poeta favorito, também havia cantado os males de sua pátria e os sofrimentos de uma Itália dividida e flagelada. Curiosamente, também no canto de número XXVI (do Inferno), canta as vergonhas de Florença e sua má fama por seus costumes corrompidos. Já no canto VI do Purgatório, o grande poeta da *dolce lingua* faz uma violenta invectiva contra as divisões e guerras internas que assolavam o país, lamentando profundamente sua situação: "Ah escrava Itália, albergue de dores / nave sem timoneiro na tempestade / senhora não de províncias mas de bordéis!".[316] A crítica contemporânea costuma dizer que o próprio Dante também clamava pela unificação italiana, sob a figura de um imperador.[317]

Petrarca, autor do *Canzoniere Italia Mia*, faz um clamor semelhante, que o próprio Nicolau utiliza (versos 93-96) para concluir o capítulo 26: "*Virtù contro a furore / prenderà l'armi, e fia el combatter corto, / che l'antico valore / nelli italici cor non è ancor morto* (A *virtù* contra o furor / Empunhará

---

[316] "*Ahi serva Italia, di dolore ostello / nave sanza nocchiere in gran tempesta / non donna di province, ma bordello!*" (vv. 76-78).

[317] Já no início, no canto I do Inferno (vv. 49 ao 102), Dante trata da loba ("*Ed una lupa, che di tutte brame / sembiava carca ne la sua magrezza, / e molte genti fé già viver grame*" [49-51]). A loba, como símbolo de violência, causa desordens e instabilidades sociais e políticas. O "Lebrel" [*veltro*], mencionado no verso 101, apesar de ser um símbolo pouco claro, cujo significado não é unânime entre seus intérpretes, parece ter ganhado uma certa visão recentemente entre os comentaristas contemporâneos, de que "se trata do Imperador, que, ao unificar a Itália sob sua autoridade, manteria a violência e sua sequência de males sob controle"; comentário de Angel Crespo em (Dante, 2015, p. 10).
"*Molti son li animali a cui s'ammoglia / e più saranno ancora, infin che 'l veltro verrà / che la farà morir con doglia*" (vv. 100-102).

as armas, e será o combate curto: / Porque o antigo valor / No coração itálico ainda não morreu)".

Ao contrário da empreitada de Stefano Porcari, a salvação que Nicolau exorta nesse capítulo tem diversos elementos a seu favor. 1) não é uma conjura tramada contra as autoridades do país; 2) também é cantada profeticamente pelos poetas; 3) terá a mão do Papa em sua realização; e o elemento mais importante: 4) cumprirá a vontade de Deus.

O Deus de Maquiavel é um Deus ativamente político. Ao longo de diversos lugares em suas obras vemos a intervenção divina nos assuntos humanos. Nesse capítulo, o leitor de *O Príncipe* sabe que Deus está a favor da Itália. Além disso, Deus ajudou o país contra a Espanha.[318] Ele enviou uma grande tempestade para alertar os homens da Toscana (*HF*, VI-34). Deus é o responsável pela unidade e pela paz, embora temporárias e passageiras, da cidade de Florença (*HF*, VII-17). Ele salvou Florença do cerco do Papa, Nápoles e Veneza, fazendo que os turcos atacassem a Itália (*HF*, VIII-19). A eleição de Leão X ao papado é interpretada como algo que traz glória à família Médici, mas não apenas uma glória política, também é um sinal do desejo de Deus pela unificação italiana (*Príncipe*, 26; *HF*, VII-21; VIII-10 e 36; Parel, p. 56).

> No momento presente não se vê em quem esperar melhor do que em vossa ilustre casa, pois com sua fortuna e sua *virtù*, favorecida por Deus e pela Igreja, da qual agora é príncipe, quem melhor para se colocar à frente de tal redenção? O que não suporá maior dificuldade se diante de vós tiverdes as ações e a vida dos que antes mencionei [Ciro, Moisés e Teseu]. E ainda que aqueles homens, e a ocasião para cada um deles tenha sido inferior à presente: sua empresa, de fato, não foi nem mais justa do que esta, nem mais fácil, nem Deus lhes foi mais amigo do que a vós [...] (*Príncipe*, 26).[319]

---

[318] [Narrando os problemas da guerra iniciada pelo Papa]. "Porque o Papa retirou suas tropas do campo, e *messer* Francisco ainda está no campo, e hoje deve ter chegado lá o duque de Urbino. Muitos mercenários [*condottieri*] permaneceram, de muitas opiniões, mas todos ambiciosos e insuportáveis, e se não houver quem possa controlar seus humores, mantendo-os unidos, será uma briga de cães, da qual nasce um descuido dos negócios grandíssimo, e já o senhor Giovanni [de Médici] não quer estar mais lá, e creio que hoje partirá. Todas essas desordens eram corrigidas pelo zelo e pela diligência de messer Francisco. Além disso, se com dificuldade só de Roma chegava dinheiro, agora faltará por completo; de modo que vejo pouca ordem nos nossos assuntos, e se Deus não nos ajudar do sul como o fez do norte, não haverá muito remédio; porque assim como impediu que recebessem ajuda da Alemanha com a ruína da Hungria, assim deveria impedir a da Espanha arruinando a frota; por isso nós precisaríamos que Juno fosse rogar a Eolo por nós, e lhe prometesse a condessa e quantas damas tem em Florença, para que libere os ventos em nosso favor [...]" (*Carta* 313, a Bartolomeo Cavalcanti, em 6 de outubro de 1526, p. 1.245).

[319] "[...] Né ci si vede al presente in quale lei possa più sperare che nella illustre Casa vostra, la quale con la sua fortuna e virtù, favorita da Dio e dalla Chiesa, della quale è ora principe, possa farsi capo di questa redemptione. Il che non fia molto difficile, se Vi recherete innanzi le actioni e vita de' sopra nominati; e benché quelli

Porém essa tarefa salvífica está nas mãos dos homens apenas, porque "Deus não quer fazer tudo para não nos tirar o livre arbítrio e a parte da glória que nos cabe" (*Príncipe*, 26). A inércia humana frente aos assuntos do Estado causou grande ruína no país. "Crer que sem ti, por ti lute / Deus, estando ocioso e de joelhos, / arruinou muitos reinos e estados [...] / Mas não haverá ninguém de tão pouco cérebro / que creia, se sua casa se arruína, / que só Deus a salve sem outro suporte, / pois ele morrerá sob aquela ruína" (*O Asno*, V).

Claro que a Deus agrada a paz; é o que ensinam os *Espíritos Beatos* que vêm ao mundo "para mostrar a quem erra / tal como ao nosso Senhor em tudo agrada / que se deponham as armas e em paz se esteja". Mas Deus não suporta a injustiça, Ele não admite ver suas criaturas sofrendo:

> [...]
> O ímpio e cruel martírio
> dos míseros mortais,
> a longa dor e o dano irremediável,
> o pranto destes
> pelos infinitos males
> que dia e noite os fazem lamentar,
> com soluços e aflição,
> com altas vozes e gritos dolorosos,
> cada um clama e grita por misericórdia para si.
> Isso não apraz a Deus [...].

Por essa razão, para ajudar a humanidade, Deus enviou ao mundo esses *Espíritos Beatos*,

> [...]
> para que lhes mostremos agora
> quão justos são seu desdém e sua ira,
> já que vê seu reino
> pouco a pouco morrer, e seu rebanho
> [...].
> Tão grande é a sede
> de prejudicar esse país
> que a todo o mundo deu antes as leis
> que vocês não percebem
> que suas contendas
> abrem caminho para seus inimigos.
> [...]

uomini sieno rari e maravigliosi, nondimeno furono uomini, et ebbe ciascuno di loro minore occasione che la presente: perché la impresa loro non fu più iusta di questa, né più facile, né fu Dio più amico loro che a Voi [...]".

Deus gosta da paz, mas também valoriza o homem que empunha as armas em uma empresa justa, contra o mal, pelo bem comum, para salvar a pátria.

> [...]
> Erguei, pois, as mãos
> contra o cruel inimigo, socorrendo vossas gentes aflitas;
> deponham, cristãos,
> este vosso antigo ódio,
> e contra ele voltem as invictas armas
> de outra forma, interditas,
> as antigas forças do céu virão,
> havendo em vós apagado de piedade o zelo.
> Afastem-se o temor,
> as inimizades e rancores,
> a avareza, a soberba e a crueldade;
> ressurja em vós o amor
> dos justos e das verdadeiras honrarias;
> e volte o mundo a essa idade primeira;
> assim serão os caminhos
> do céu abertos à gente beata [...] (*Degli Spiriti Beati*).

Essa redenção, que permitirá que "o mundo retorne àquela idade primeva", será mais fácil, terá seu caminho mais curto "se vós [os italianos] reabrirdes o templo a Marte", palavras do último verso do *Primeiro Decenal*. Como na profecia de Virgílio, a Idade de Ouro virá pelas armas, a salvação da Itália profetizada por Nicolau virá pela *virtù* das armas italianas. Nosso poeta-profeta chama às armas e indica que todos os sinais são favoráveis para a empresa, pois ela é justa e realiza a vontade de Deus:

> Aqui a justiça é grande: *iustum enim est bellum quibus necessarium, et pia arma ubi nulla nisi in armis spes est* (a guerra é justa quando é necessária, e as armas são piedosas quando só nelas há esperança). Aqui a disposição é grandíssima, nem pode haver grandes dificuldades onde a disposição é grande, se vossa casa seguir as ordenações daqueles que propus como modelo. Além disso, aqui se veem feitos extraordinários, sem igual, conduzidos pelo próprio Deus: o mar se abriu, uma nuvem indicou o caminho, a água jorrou da rocha, aqui choveu maná. Tudo concorreu para a vossa grandeza. O que falta deveis fazer vós. Deus não quer fazer tudo para não nos tirar o livre-arbítrio e a parte de glória que nos incumbe (*Príncipe*, 26).[320]

---

[320] "[...] Oltre a di questo, qui si veggono extraordinarii senza exemplo, condotti da Dio: el mare si è aperto; una nube Vi ha scorto il cammino; la pietra ha versato acque: qui è piovuto la manna; ogni cosa è concorsa nella Vostra grandezza. El rimanente dovete fare Voi: Dio non vuole fare ogni cosa, per non ci tòrre el libero arbitrio e parte di quella gloria che tocca a noi [...]".

No *Primeiro Decenal* já havia uma menção a um grande homem que o povo esperava que lhes traria o *maná* do deserto. Mas esse homem era francês e não poderia ser um herói dos povos itálicos. A frase em latim é uma citação da história de Lívio;[321] em *Discursos* (III-44), Nicolau cita outra frase de Lívio, também em latim, colocada na boca dos Samnitas: *"Rebellasse, quod pax servientibus gravior, quam liberis bellum esset"* (os samnitas se "rebelaram porque a paz é mais pesada para os escravos do que a guerra para os homens livres).

Vimos que as armas são abençoadas pela religião, pelos ritos e pelos juramentos, pelo amor à pátria e pela amizade divina. Os poetas, que podem estar inspirados por um espírito divino, cantaram a redenção da pátria. Os antigos modelos dão o exemplo correto a ser imitado para que as armas e as ordenações alcancem sucesso. Deus favorecerá os homens que ali se aventurarem. Além disso, o próprio Deus se manifestou, a hierofania se apresenta no caso italiano: "O mar se abriu, uma nuvem indicou o caminho, jorrou água da rocha, aqui choveu *maná*" (*Príncipe*, 26).

Estamos diante do aspecto dinâmico, forte e criador do sagrado e da hierofania: a cratofania, como eu expliquei no primeiro capítulo. Em seu postulado, Nicolau termina consagrando a pátria, que passa a ser um objeto hierofânico, sagrado, ao qual os homens prestarão culto. Nesse momento, ela deixou de ser um simples elemento profano e adquiriu uma nova condição ontológica: a de sacralidade.

O exemplo mitológico presente nas páginas de Lívio comporta a hierofania, as ordenações políticas e as artes militares, tudo como foi fundado por Rômulo e renovado por seus sucessores. Assim, "Roma, sob a vontade dos deuses, será a capital do mundo".[322] Em Nicolau, a hierofania

---

[321] Citada, talvez, de memória, pois a frase correta é: "*Iustum est bellum, Samnites, quibus necessarium, et pia arma, quibus nulla nisi in armis rilinquitur spes*".

[322] "[...] levadas a cabo estas empresas inmortales, en una ocasión en que asistía a una concentración para pasar revista a las tropas en un campo junto a la laguna de la Cabra, se desató de golpe una tempestad con gran fragor de truenos y envolvió al rey [Rómulo] en una nube tan densa que los reunidos no podían verlo; después ya no reapareció Rómulo sobre la tierra. Los jóvenes romanos, recuperados al fin del susto cuando el día tan tempestuoso se tornó sereno y apacible, vieron vacío el asiento del rey, y aunque les merecían crédito suficiente los senadores que estaban de pie a su lado según los cuales había sido arrebatado a las alturas por la tempestad, sin embargo, sobrecogidos de desazón como si hubiesen quedados huérfanos, guardaron silencio entristecidos durante algún tiempo. Luego, primero unos cuantos y después todos a la vez saludan a Rómulo como dios hijo de un dios, rey y padre de la ciudad de Roma [...]. Estaba la ciudad desazonada, porque echaba de menos al rey [...], cuando Próculo Julio, hombre de peso según dicen, aunque avalase un acontecimiento fuera de lo común, se presenta a los reunidos y dice: 'Quirites: Rómulo, padre de esta ciudad, al rayar hoy el alba ha descendido repentinamente del cielo y se me ha aparecido. Al ponerme en pie, sobrecogido de temor, dispuesto a venerarlo, rogándole que me fuese permitido mirarle cara a cara, me ha dicho: 'Ve y anuncia a los

está presente conjuntamente à arte militar antiga, que ele resgatou por meio da história sagrada romana. Salvar a pátria está dentro da vontade de Deus, que enviou todos os seres sobrenaturais para ajudar o homem.

A esperança do florentino inspira e permeia o capítulo final. A situação do país é desesperadora, a profundidade da miséria italiana é mítica, como a profundidade da qual Moisés, Ciro e Teseu tiveram que ascender. Portanto nenhum momento parece ser mais propício para o surgimento de um novo príncipe, A Itália clama a Deus por um redentor e não há maior esperança do que a casa dos Médici, visivelmente distinguida por Deus através do papado. A constelação é a mais favorável e todas as dificuldades podem ser superadas se o príncipe seguir o exemplo e se mantiver firme nele. Então o tom de Nicolau sobe à invocação dos portentos apocalípticos enviados por Deus: o mar se abriu, uma nuvem indicou o caminho, jorrou água da rocha, choveu *maná*. Deus não fará tudo. O resto se deixa ao livre-arbítrio e à nossa glória.

Essa reflexão nos leva a uma breve recapitulação da necessária reforma militar. E a exortação termina com a apelação aos Médici para permitir que seja verdadeira a profecia de Petrarca (Voegelin, HPI, IV, p. 97): "A *virtù* contra o furor / Empunhará as armas, e será o combate curto: / Porque o antigo valor / No coração itálico ainda não está morto".

## A hierofania e o simbolismo do Centro

Ao longo de toda esta viagem, com uma ênfase especial nos capítulos 3 e aqui, no 4, Nicolau nos explicou diversos elementos que demonstram que a sua "política" é hierofânica. O uso que ele faz da história de Lívio, os relatos primordiais da fundação, os ensinamentos para imitar os atos dos grandes homens do passado, a repetição cíclica dos eventos no mundo e a interferência de diversos seres sobrenaturais são alguns exemplos suficientes para compreender que a estrutura de sua obra é inteiramente mitológica.

A presença de todo um panteão vivo e atuante no mundo humano, limitando, ameaçando, ajudando e guiando o homem na vida, também

romanos que es voluntad de los dioses que mi Roma sea la capital del orbe; que practiquen por consiguiente el arte militar; que sepan, y así lo transmitan a sus descendientes, que ningún poder humano puede resistir a las armas romanas'. Dicho esto – dijo –, desapareció por los aires'". Es sorprendente el crédito tan grande que se dio a aquel hombre al hacer esta comunicación y lo que se mitigó, entre el pueblo y el ejército, la añoranza de Rómulo con la creencia en su inmortalidad" (Lívio, I, 16, 1-8, p. 33-35).

é um claro indicativo da hierofania. Os símbolos hierofânicos por exce-lência também estão sempre bem marcados: os céus são frequentemente mencionados como ordenadores da política, além do *Maná*, chovendo para indicar que o caminho para a redenção italiana está sob a vontade de Deus. Tudo isso foi visto exaustivamente. O pensamento religioso de Nicolau expressa que existe uma hierarquia de seres teológicos: Deus, o céu ou os céus, a Fortuna e as *forças astrais*, seres que interrompem os eventos naturais, os diabos e as Fúrias.

Além disso tudo, reforçando a questão de que sua ordem política é hierofânica, encontramos o sobrenatural marcando uma forte presença em todos os seus escritos. Quando ele descreveu os ritos dos Samnitas (*Discursos*, I-15) e a repetição dos atos dos fundadores de Roma para a renovação periódica (*Discursos*, III-1), pode-se ver o espanto, o medo, o temor e a fascinação que aqueles atos causavam nas mentes dos homens que presenciavam tais eventos. Esse efeito nos ânimos humanos é devido ao poder, à *força* da hierofania, o elemento do sagrado da *cratofania*, que exploramos no primeiro capítulo. Assim, esses exemplos já bastam. Toquemos agora em outros aspectos.

Vejamos: célebres humanistas, cujas obras Nicolau conhecia "de trás para frente", defenderam com unhas e dentes a tradição de que Florença era herdeira legítima de Roma. Não a Roma dos Bórgia ou Médici, mas a *Roma Antiga*, da Idade de Ouro. Coluccio Salutati, em um embate contra um detrator milanês, valendo-se da autoridade de Cícero e de Salústio para fundamentar suas teses, argumentou em favor da honra florentina que "todos esses resquícios romanos [literatura e ruínas arquitetônicas], esses nomes romanos, a imitação de costumes romanos e a proteção de uma tradição famosa ainda em voga, quem ousaria dizer que os fundadores disso tudo seriam outros senão os romanos?". Além disso, em Florença havia um "Capitólio", um "Fórum", um "anfiteatro", termas e "um importante templo dedicado a Marte, pai do povo romano" (§24).

Leonardo Bruni, outro humanista, também rebatendo detratores milaneses, em suas obras *Laudatio Florentinae Urbis*, e *Historiae Florentini Populi* ("Elogio à cidade de Florença" e "História do Povo Florentino"), endossou a questão defendida por Coluccio, considerando que Roma era a legítima fundadora de Florença [323] (*Laudatio*, § 33-35).

Paralelamente a esses embates ideológicos, tanto na arte quanto na literatura, nos textos e nos discursos políticos florentinos, tem-se a impressão de que Florença era o *centro do mundo*. De fato, as especulações filosófica e política e a imaginação artística dos autores dessa terra nos passam uma substância genuinamente florentina. Um célebre exemplo disso são os afrescos na *Capela Tornabuoni*: Domenico Ghirlandaio frequentemente ambientava cenas bíblicas em contextos contemporâneos à sua época. Embora as suas cenas representassem eventos do Novo Testamento, os cenários e os detalhes arquitetônicos, assim como o vestuário das figuras, refletiam o ambiente toscano e a vida cotidiana da Florença de seu tempo. Inclusive, a famosíssima *cúpula* de *Santa Maria del Fiore*, pintada por Brunelleschi, tem uma inclinação ascendente e traz, justamente, a impressão de que essa cidade, com o povo toscano, é o *centro do mundo*. Já abordei longamente as estruturas da *simbologia do centro* no primeiro capítulo. Façamos agora uma indagação importante: até que ponto isso pode ter influenciado Nicolau?

Na *Divina Comédia*, Jerusalém está situada no centro do mundo, sendo essa cidade sagrada o ponto de conexão entre o Inferno, o Purgatório e o Paraíso. No canto XXXIV, do *Inferno* (vv. 106-126), Dante e Virgílio emergem no hemisfério sul e sobem a Montanha do Purgatório, diretamente oposta a Jerusalém, no hemisfério norte. Esse acidente geográfico é descrito como o local onde *Dite* (Lúcifer) caiu, criando a cavidade do Inferno, e a terra do hemisfério sul se deslocou para que não fosse profanada pelo toque de Satanás, vindo a formar a Montanha (*sagrada*) do

---

[323]  «Unde igitur huic populo genus est? Qui fuerunt eius parentes? A quibus mortalibus hec inclita urbs fondata est? Cognoscite, viri florentini, cognoscite stirpem ac prosapiam vestram! Reputate quam omnium gentium sitis clarissimi! Ceteri enim populi aut profugos aut extorres patriis sedibus aut agrestes aut convenas obscuros atque incertos habent auctores. Vobis autem populus romanus, orbis terrarum victor dominusque, est auctor. O Deus immortalis, tantane in hanc unam urbem bona contulisse, ut omnia que ubique sunt queve optare fas est ad eius ornamenta convenisse videantur!» (*Laudatio*) – numa tradução livre: "De onde, então, teve origem este povo? Quem foram seus progenitores? De quais mortais foi fundada esta nobre cidade? Aprendei a conhecer, ó florentinos, aprendei a conhecer a vossa linhagem e ascendência! Considerai quanto sois mais ilustres do que todos os povos! Todos os outros povos têm, como progenitores, ou fugitivos ou banidos de suas terras, ou camponeses, ou estrangeiros obscuros e incertos. De vós, porém, é progenitor o povo romano, conquistador e dominador do mundo inteiro. Ó Deus imortal, tantos grandes bens concedestes a esta única cidade, que todos aqueles que estão espalhados por todo lugar, e que se podem desejar, parecem ter sido reunidos para seu ornamento!".

Purgatório. Visto que a *hierofania* se manifesta no *centro do mundo*, Cristo não poderia ter sido crucificado em outro lugar senão esse.

Ademais, nesse *Centro* não temos somente o elo de ligação entre o Céu e a Terra, mas também seu sustentáculo: o poste sagrado, que é um símbolo dos pilares cósmicos que sustentam o céu e abrem a via para a morada dos deuses. Nas *Odes* de Horácio (III-3) lemos:

| | |
|---|---|
| *Si fractus inlabatur orbis,* | Mesmo se o mundo quebrado desabar, |
| *impavidum ferient ruinae.* | as ruínas o atingirão sem medo. |
| *Hac arte Pollux et vagus Hercules* | Com essa virtude, Pólux e o errante Hércules |
| *enisus arces attigit igneas,* | lutaram e alcançaram as alturas flamejantes, |
| *quos inter Augustus recumbens* | entre os quais Augusto reclinado |
| *purpureo bibet ore nectar.* | beberá néctar com lábios purpúreos. |

Nesse trecho, Horácio faz uma alusão à estabilidade cósmica e à força imperturbável dos deuses, sugerindo que mesmo que o *orbis* se desfaça em ruínas, há uma ordem e uma estrutura subjacente que sustentarão o universo. O poeta também dá exemplos de heróis elevados à glória dos deuses por sua vida de ação e esforços. Pólux, um dos *Dióscuros*, viveu numerosas aventuras com seu irmão Cástor, feito a expedição dos *Argonautas*. Nicolau era leitor de seus poemas e cita Horácio diretamente no *Discorso o dialogo intorno alla nostra lingua*.

Lembremos que uma *hierofania* cria uma ruptura nos níveis do espaço, abrindo uma comunicação entre o mundo divino, o mundo dos vivos e o mundo dos mortos, fazendo com que os três níveis cósmicos (Inferno, Terra e Céu) estejam conectados através do *Axis mundi*. Já sabemos que nosso autor considera a existência de um tempo em que os *deuses* vinham à Terra com frequência (*Allocuzione*). Vimos também a intensa correspondência entre esses três pontos cósmicos, com diabos e anjos "descendo" ao mundo dos homens. E já passamos os olhos pelos caminhos para ir "à casa do diabo" e para se "chegar ao Paraíso", seja pelo aprendizado do caminho do Inferno (a ser evitado) ou pela via da *penitência*, que assegura um lugar ao homem entre os eleitos, "ao lado de Cristo, nosso senhor e salvador". Voltarei a esse ponto em outro tópico.

É pertinente recordar outra divisão romana: a *Urbs* era vista como estando no meio do *orbis terrarum*. O próprio símbolo da *Roma Caput Mundi* e da *Roma Aeterna* encontram-se no centro existencial dos povos itálicos. Esse simbolismo indica que a criação do homem foi feita justamente no *eixo*. Tudo isso implica em entender que o *Paraíso Terrestre*, perdido após a queda, e a fundação de *Rômulo*, imitada por *Numa* e os outros detentores de *virtù*, ocorrida *illo tempore*, deu-se no *centro do mundo*. A redenção da pátria, que trará novamente a Idade de Ouro, também ocorrerá nesse mesmo "lugar".

Em certo sentido, o que expus no parágrafo anterior se comunica com a concepção tradicional de fama e glória do indivíduo, comumente aceita pela historiografia do período. Nas palavras de Jacob Burckhardt, "os autores romanos [...] estão impregnados da concepção de fama e seu próprio tema – o império universal de Roma – erguia-se na mente italiana como um ideal permanente" (p. 93).

A *Roma Quadrata*, dividida em quatro partes, também compartilha de certos símbolos comuns a esse imaginário. Em Dante, a Jerusalém celestial é quadrada. *Utopia*, de Thomas More, texto que Nicolau não apenas leu, mas discutiu com seu autor em correspondências escritas em latim,[324] tem ruas quadradas. O *mundus* Romano é um "fosso circular" dividido em quatro. A *Atlântida* platônica, texto que inspirou todas as utopias renascentistas posteriores à de More, tem sua estrutura geométrica em anéis, inclinada ao centro. A *Civitas Solis*, de Campanella, escrita em 1602, foi pensada de acordo com esse mesmíssimo simbolismo, em uma construção espiral em sentido ascendente, cujo centro almeja tocar os céus. A *Cristianópolis*, de Johannes Valentinus Andreae, outra utopia do século XVII, herdeira de Platão e de More, também é quadrada, havendo uma correspondência exata entre o seu modelo terreno e o celestial, que lhe dá vida.

Em igual medida é possível considerar que tal simbolismo seja o coração do adágio hermético, presente na segunda lei da Tábua de Esmeralda: "*Quod est inferius est sicut quod est superius, et quod est superius est sicut quod est inferius, ad perpetranda miracula rei unius*" ("O que está embaixo é como o que está em cima e o que está em cima é como o que está embaixo, para realizar os milagres de uma única coisa"). Simbolismos totalmente afins à filosofia natural e demais correntes de cunho neoplatônico,[325] comuns

---

[324]  Em meados do início dos anos 2000, foi descoberto nos arquivos do Palazzo Tuttofare, em Florença, um conjunto de cartas assinadas, trocadas entre Nicolau, Erasmo e More, de 1517 a 1521. Não se sabe como essas cartas permaneceram lá, esquecidas durante cinco séculos. Entretanto a autenticidade desses documentos foi confirmada já em 2003, por uma comissão de estudos especializada em estudar as utopias renascentistas. A longuíssima carta de More, escrita num latim dificílimo, endereçada a Nicolau, data de fevereiro de 1519, em que ele fornece a explicação de seu texto e de seu pensamento.

[325]  Michelangelo, um artista profundamente neoplatônico, que recheava suas criações com essas concepções filosóficas, era conhecido por nosso autor. Sua obra magna, a abóbada da capela Sistina, é completamente neoplatônica. Foi pintada entre 1508 e 1512, a pedido do papa Júlio II. Nicolau esteve em Roma em algumas ocasiões após 1520 e seguramente conheceu a obra.

entre os círculos de intelectuais florentinos. Todas essas simbologias não eram alheias ou totalmente desconhecidas por nosso autor.

Vejamos outros aspectos de símbolos, de mitos e até mesmo correntes esotéricas, que também incluem várias hierofanias e simbolismos de *centro*. Aqui, a coisa fica um pouco mais curiosa. Nicolau conhecia, ao menos por nome, *Gioacchino da Fiore*, visto que era leitor de Dante, e o monge calabrês aparece entre os espíritos sábios no 4º Céu (*Paraíso*, XII). Ao longo de sua vida, conviveu e conheceu dezenas de monges franciscanos[326] e, provavelmente, *Espirituais Franciscanos*. Dado o seu nível de

---

"[...] Michelangelo recognized that the story of the Creation could be transformed from a fanciful narrative into a profound philosophy. He did so by compelling us to read his 'histories' in a reverse order. Over our head, as we enter the chapel, is the *Drunkenness of Noah;* at the far end, over the altar, is the *Creation*. Thus, the ceiling illustrates the Neo-platonic doctrine, so dear to Michelangelo, and so often expressed in his sonnets, that life must be a progression from the servitude of the body to the liberation of the soul. It begins with the inert figure of Noah, where the body has taken complete possession, and ends with the figure of the Almighty dividing light from darkness, in which the body has been completely transformed into a symbol of the spirit, and even the head, with its too evident human associations, has become indistinct [...]" (Clark, p. 110).

[326]  Novos documentos dos arquivos de Florença mostram que desde a década de 1490 até a de 1520, Nicolau foi o membro da família *Machiavelli* que administrou o direito de patronato ancestral da família. Esse direito permitia indicar o novo reitor de uma igreja em pelo menos 13 paróquias e priorados rurais fora de Florença. Se o direito de patronato dos *Machiavelli* precisasse ser defendido contra uma reivindicação de uma família rival, feito os *Pazzi*, seria o nosso Nicolau quem redigiria a resposta formal.

Quando um padre, primo distante dos *Machiavelli*, queria passar sua igreja para seu filho bastardo, também padre, foi Nicolau quem encontrou uma maneira de contornar a proibição do direito canônico do século XII, que impedia um padre de receber benefícios de seu pai. Depois que a apresentação d'*O Príncipe* a Lorenzo fracassou, Nicolau providenciou para que seu irmão Totto se tornasse sacerdote na igreja da fazenda da família em *Sant'Andrea*, em Percussina, em maio ou junho de 1515. Considerados em conjunto, os documentos sobre essas propriedades eclesiásticas mostram que Nicolau estava no centro de uma pequena rede de parentes clericais e clientes. Reconstruir as carreiras desses padres teve resultados inesperados. Um dos primeiros clericais de Nicolau parece ter levado *O Príncipe* para o norte da Europa em 1515. E quando esse primo retornou a Florença em 1519, ele organizou uma publicação florentina da *Utopia* e das obras de Erasmo. A eficácia do trabalho do nosso autor em nome da família na negociação dessas nomeações pode ser vista nos brasões de armas da família *Machiavelli*.

Outro aspecto da vida religiosa de Nicolau é o seu interesse pelo franciscanismo. Ele não gostava de Savonarola, dominicano, embora houvesse detalhes em sua personalidade que nosso autor admirava. Mas o que nunca foi notado é o fato de que Nicolau tinha boas relações pessoais com a ordem franciscana. Ele era membro de uma família franciscana, por assim dizer, e manteve essa relação. Os franciscanos eram, não por coincidência, fortemente antiSavonarola. A cripta de sepultamento da família *Machiavelli* ficava do outro lado da cidade, na igreja franciscana de Santa Croce. O pai de Nicolau, Bernardo, redigiu nessa igreja um testamento que foi testemunhado por uma dúzia de frades franciscanos, incluindo um que era professor de Teologia. E nos anos após sua morte, em 1527, há uma questão controversa a respeito do seguinte episódio: alguns estudiosos acusam uma fraude. Os parentes de Nicolau, supostamente querendo limpar sua reputação contra acusações de irreligiosidade, teriam forjado uma carta, afirmando que em seu leito de morte, Nicolau havia confessado e recebido absolvição de um tal *frade Matteo*. Esse *frade Matteo* é completamente desconhecido e seu sobrenome não é mencionado na carta. Provavelmente fosse ninguém menos que *Fra Matteo da Bascio*, o fundador da ordem capuchinha dos franciscanos, que na década de 1520 andava pela Itália central pregando e profetizando, e em 1528 recebeu um privilégio especial do Papa Clemente VII, o Papa para quem Nicolau escreveu as *Histórias florentinas*.

conhecimento em teologia cristã, exegese bíblica (tanto do Novo quanto do Antigo Testamento), filosofia natural e neoplatonismo ficiniano, é perfeitamente possível afirmar que é bem provável que ele conhecia algumas teses joaquinitas. Façamos uma pausa para abrir um parêntese.

Vejamos algo mais de perto: Bernardo Machiavelli, pai de Nicolau, era quase íntimo da família de *Amerigo Vespucci*, e nosso autor conheceu muitos membros dessa família, inclusive o próprio Amerigo e Agostino Vespucci. Este último é mais conhecido por ajudar a confirmar a identidade da modelo da Mona Lisa, de Leonardo da Vinci, como Lisa del Giocondo, mas foi um funcionário da chancelaria florentina, escrivão e assistente do nosso autor. Encontramos vasta correspondência trocada entre eles por volta dos anos de 1500 a 1503.

Nicolau também conheceu muitas pessoas próximas ao navegador, como Lorenzo di Pierfrancesco de Médici, Guido Antonio Vespucci (embaixador florentino), Leonardo da Vinci (não nos esqueçamos que Nicolau trabalhou com ele num projeto para mudar o curso do Rio Arno) e, provavelmente, Paolo Toscanelli (amigo de Leonardo da Vinci, que lhe forneceu várias informações sobre navegação).

Em 1498, Guido Vespucci e Lorenzo di Pierfrancesco tiveram uma importante participação na seleção de Nicolau ao posto de segundo secretário de Chancelaria da República. Em dezembro de 1502, começou a circular em Florença um manuscrito que, embora não tenha sido escrito por Vespucci, baseava-se em uma carta (hoje perdida) que ele havia enviado a Lorenzo di Pierfrancesco sobre a sua terceira viagem ao hemisfério sul.

Um francês chamado Giovanni Giocondo traduziu esse manuscrito do italiano para o latim, adicionando detalhes, e o publicou em 1503, atribuindo-o a Vespucci. Essa é a origem do famoso documento conhecido por *Mundus Novus* ("O Novo Mundo"). A obra causou grande impacto e foi rapidamente reeditada em Lisboa, Colônia, Estrasburgo, Antuérpia, Veneza, Augsburg e em muitas outras cidades (Ingraham, 2013).

---

Lembremos que em *Discursos* III-1, Nicolau considerava os santos Francisco e Domingo essenciais para a sobrevivência da religião cristã. Se lembrarmos de uma das máximas do nosso autor, que os principais fundamentos de todos os Estados são boas leis e boas armas, encontramos uma correspondência com a própria história de São Francisco: quando o bispo Guido de Assis protestou a São Francisco que sua regra de não possuir terras era severa demais, São Francisco respondeu: "Meu senhor, se tivéssemos posses, então precisaríamos de armas e leis para protegê-las" (esta nota foi escrita com base em informações adaptadas que ouvi numa palestra do professor William Connell).

No ano seguinte, em 1504, foram publicadas em Florença seis cartas que Vespucci havia escrito para Piero Soderini, nas quais ele descrevia todas as suas quatro viagens. Essas cartas foram posteriormente traduzidas para o latim e reeditadas em diversas partes da Europa. Em abril de 1507, na cidade de Saint-Dié, na França, um grupo patrocinado por Renato II, Duque de Lorena – antigo colega de escola de Vespucci e Soderini –, publicou uma obra intitulada *Cosmographiae Introductio*. Essa obra incluía uma tradução, em latim, das cartas de Vespucci, de 1504, a Piero Soderini, além do famoso mapa de Waldseemüller, no qual, pela primeira vez, o novo mundo é chamado de América (Ingraham, 2013).

Expostos todos esses dados, temos certeza de que Nicolau conhecia a descoberta do novo mundo e das grandes navegações. Nesse sentido, não é fora de ordem indagar se ele também conhecia Cristovão Colombo. Ainda que eu nunca tenha encontrado nenhuma menção a esse navegador em suas *opere*, dado esse contexto que acabamos de ver, é muito pouco provável que ele não o conhecesse, ao menos por nome e fama.

Agora, fechando o parêntese de três parágrafos atrás: Colombo acreditava nos mitos de uma terra incógnita que estava no Ocidente e que tinha que predicar o fim do mundo. Ele fundamentava sua visão em mitos presentes em Sêneca e Dante, e na especulação trinitária de Joaquim de Fiore. O navegador acreditava que o fim do mundo ocorreria em 155 anos e, por isso, era necessário evangelizar outras nações, afinal, no Evangelho de Mateus (28:19) Jesus exorta: "Portanto, vão e façam discípulos de todas as nações, batizando-os em nome do Pai e do Filho e do Espírito Santo, antes que venha o fim". Suas cartas à coroa espanhola não nos deixam pestanejar: o "abade calabrês" influenciava sua visão de vida.[327]

Ainda que Nicolau fosse, em certos aspectos, um tanto milenarista e buscasse a restauração de um Paraíso Terreno, bem como sua proximidade com clérigos franciscanos, ele era Romano e Republicano demais para almejar um Estado beatífico, na história, aos moldes joaquinitas. Uma interpretação pode ser "tentada", mas não concluída, com base em muitos

---

[327] A carta está preservada na escrita segundo a grafia da época: "[...] Yo dise arriba que quedava mucho por cumplir de las prophetías, y digo que son cosas grandes en el mundo, y digo que la señal es que Nuestro Señor da da priessa en ello: el predicar del Evangelio en tantas tierras de tan poco tiempo acá me lo diçe. El abad Johachín, calabrés, diso que había de salir de España quien había de redificar la Casa del monte Sión. El cardenal Pedro de Ayliaco mucho escribe del fin de la seta de Mahoma, y del avenimiento del Antechristo en un tratado que hiso *De Concordia astronomie, veritatis et narrationis historice,* en el qual recita el dicho de muchos astrónomos sobre las diez revoluciones de Saturno, y en espeçial en el fin del dicho libro en los nueves postreros capítulos [...]" (*apud* Gonzalez, 2004, p. 168).

contorcionismos retóricos vazios, para vincular a especulação política do nosso autor a uma visão histórica em sentido teleológico joaquinita.

Confesso que era exatamente esse o meu antigo tema para a escrita de um livro. Ainda muito influenciado pela leitura de Leo Strauss e Vickie Sullivan, eu via Nicolau como um profeta desarmado, que anunciava uma Terceira Roma, só que aos moldes do gnóstico voegeliniano. Uma "Terceira Roma" escondida nas entrelinhas e nas camadas textuais. Nicolau seria, então, um intelectual gnóstico que, antes de Marx, Comte e Hegel, fundaria uma nova ordem, sem a presença da providência divina. Um Estado em que Deus estaria morto. Essa leitura é errada em tantos aspectos que beira o absurdo. As próprias teses que levantei neste livro são suficientes para desmontar essa visão de um Nicolau maquiavélico e diabólico.

Nem mesmo Dante Germino, discípulo de Voegelin e amigo de Strauss, concordaria comigo naquela antiga empreitada intelectual. Ele próprio, Germino, discordava veementemente da leitura do grande professor alemão, defendida em *Thoughts on Machiavelli*, de 1958. Explicarei parte dessa façanha verborrágica ao final deste livro, no *Apêndice I*.

Para finalizarmos, então, este tópico, é pertinente um resumo básico das ideias apresentadas até aqui: quando Nicolau clama pela unificação italiana, oferece a amizade de Deus, propõe que os seus compatriotas abram as portas do templo de Marte (*Decennale Primo*) e enfatiza o papel da Igreja nessa redenção (*Príncipe*, 26; *Discursus Florentinarum*), aparece, uma vez mais, um pensamento voltado à hierofania ocorrida no centro de seu mundo, pois a simbologia do templo relaciona-se inteiramente com o eixo existencial e a localização geográfica privilegiada do campo profano, transmutado agora em campo sagrado. Como eu disse no tópico anterior, na especulação do nosso autor sobre a redenção de sua pátria, Nicolau termina propondo um ato de consagração. Essa noção de que a pátria é sagrada será essencial para os tópicos seguintes.

## Mais amor pela pátria do que pela própria alma

No tópico "Armas e leis sagradas", pudemos ver que a religião e as artes militares cumprem uma função de ajudar a pátria. Quando Nicolau nos contou quais foram os atos de Moisés e Camilo para evitar a inveja alheia, vimos ali (no tópico sobre o amigo de Deus) que o crime de traição à pátria é o mais pérfido entre todos os crimes. Todos nós sabemos que nosso moralista jamais escreveu a infame frase "Os fins justificam os meios", porém tal sentença seria a conclusão à qual um leitor apressado chegaria após a leitura de alguns de seus trechos; em *O Príncipe* são os capítulos que trazem os exemplos de César Bórgia; nos *Discursos* é, principalmente, aquele que proclama que a pátria deve ser defendida de qualquer forma, seja com ignomínia, seja com glória (III-41); tampouco são sem razão os seus elogios a Bruto, que mandou matar os próprios filhos pelo mesmíssimo delito.

A sua predileção pela pátria, alçada ao patamar do mais caro axioma em sua filosofia moral e política, também em sua "teologia", perpassa por toda a sua obra. De fato, vêmo-la nos quatro cantos de seu pensamento: dos livros mais famosos aos escritos que somente os acadêmicos mais compenetrados leram. Nosso orador abre o *discorso o dialogo intorno alla nostra língua* tocando neste ponto com o qual nos ocupamos agora:

> Sempre que pude honrar minha pátria, mesmo com meu fardo e correndo perigo, o fiz de bom grado; porque o homem não tem maior obrigação em sua vida do que com ela, dependendo dela primeiro o ser e, depois, tudo o que de bom a fortuna e a natureza nos concederam; e isso se torna ainda maior para aqueles que nasceram em uma pátria mais nobre. E verdadeiramente, aquele que com a mente e com as ações se torna inimigo de sua pátria, pode ser merecidamente chamado de parricida [...]. Porque, se bater no pai e na mãe, por qualquer motivo, é algo nefando, por necessidade segue-se que dilacerar a pátria é algo ainda mais nefando [...] porque [tem de se] reconhecer [que advém] dela todo o teu bem [...]. E sendo isso verdadeiro (o que é veríssimo), nunca duvido de me enganar ao defendê-la e vir contra aqueles que presunçosamente buscam privá-la de sua honra.

De fato, seu bom serviço à Pátria, apesar do "cansaço e dos perigos", é inquestionável, permanecendo até os últimos dias. O fim de sua vida (o período de 1521 a 1527) foi conturbado porque as invasões estrangeiras ameaçavam novamente a Itália e tanto o Papa quanto Florença voltaram a utilizar de seus serviços em missões diplomáticas. É exatamente nesse contexto que nosso pensador escreveu, em uma carta, uma afirmação polêmica, que seria tão duramente criticada por seus futuros adversários intelectuais (entre eles, Leo Strauss).

Disse Nicolau que amava mais a sua pátria do que a própria alma. Mas essa carta é precedida por uma longuíssima série de eventos conturbados que merecem atenção. Para isso, preciso esmiuçá-los, pois a superioridade da pátria sobre a alma é um ponto-chave para a sua teologia política. Entretanto não é o escopo detalhar as conjunturas envolvendo as nações europeias, os potentados italianos independentes e os exércitos papais no complicado jogo da então política internacional. Basta-nos resumir os eventos, dando ênfase pelo prisma de Nicolau, que viveu tudo isso. Dessa forma poderemos entender a questão que nos interessa verdadeiramente.

Muito bem, o pano de fundo é a histórica *Guerra Italiana*, de 1521 a 1527. Após a morte do imperador do Saco Império, Maximiliano, em 1519, Francisco I, da França, ambicionando esse trono, com a ajuda de Veneza enfrentou Carlos V, da Espanha, que foi nomeado o novo imperador, e seus aliados, Henrique VIII, da Inglaterra, e os Estados Pontifícios, de Roma. Podemos dizer, semelhantemente ao *messer* Agnolo, que a fortuna joga, fazendo que inimigos virem amigos e amigos, inimigos (*HF*, VII-18), porque antes dessa contenda, o Papa tinha boas relações com a França, entretanto, ele achou prudente não a apoiar. E como veremos mais adiante, após muitas reviravoltas, os espanhóis serão inimigos da Itália e a França apoiará os italianos.

A guerra iniciou-se em 1521, com a invasão francesa nos Países Baixos. Depois de alianças e batalhas, os franceses foram expulsos de Milão, na Lombardia, sendo ocupado pela Espanha. Essa ocupação espanhola seria uma das razões para pesadelos futuros, porque apesar da frágil aliança com os Estados Pontificais, a presença espanhola em solo italiano era uma terrível ameaça.

O secretário de Francesco Sforza, Giovanni Morone, "foi preso, e o ducado de Milão está liquidado; e o mesmo que esperou este, esperarão todos os demais príncipes, e já não há remédio" (*Carta* 291, após 21 de outubro de 1525). Em 1525, a França sofreu uma derrota decisiva em Pavia, e Francisco I foi levado como prisioneiro à Espanha, sendo forçado a assinar o Tratado de Madri, em 1526 (não confundir com o Tratado de Madri de 1750, que teve a participação do brasileiro Alexandre de Gusmão).

Após sua libertação, algo que alguns contemporâneos não espera-vam, Francisco I rejeitou o tratado e iniciou a Guerra da Liga de Cognac. As ameaças à Itália permaneciam a partir de dentro, com os espanhóis na Lombardia, e os franceses, de fora, planejando novos ataques. O diagnóstico de Nicolau estava certo: pouco importava a soltura do rei, menos ainda se ele cumpriria ou não o Tratado de Madri, porque em todos os cenários haveria guerra na Itália: "Ao escrever-lhe [...] examinei três hipóteses: a primeira, que apesar do acordo, o rei não seria libertado; a segunda, que se o rei fosse liberado, ele observaria o acordo; a terceira, que não o observaria. [Mas eu] não disse em qual delas eu acreditava, mas concluí que, com qualquer uma delas, a Itália teria guerra" (*Carta* 296, de 15 de março de 1526).

Se lermos o epistolário entre Nicolau e Guicciardini nesse período, percebemos o desenrolar das intrigas, os contornos dos conflitos e as crescentes preocupações de ambos. Florença, então, preparava-se para a guerra, e Nicolau, agora com 57 anos de idade (não mais com 25, quando era servidor nos tempos áureos do governo de Soderini), faria inúmeras viagens sobre o lombo de cavalo para cumprir diligências relacionadas ao embate que se aproximava. Ele foi encarregado de seguir os projetos do engenheiro Pietro Navarra para melhorar as fortificações de Florença. Chegou a escrever um relatório sobre os muros da cidade, o *Relazione di una visita fatta per fortificare Firenze*, em 5 de abril, e o levou pessoalmente a Roma,[328] onde permaneceu até o dia 25 do mesmo mês.

Na cabeça de nosso autor não havia nenhum outro pensamento que não fosse relacionado à guerra: "Magnifico Senhor Presidente [Guic-ciardini]. Não vos escrevi desde que parti dali porque tenho a cabeça tão cheia de baluartes que não tem cabido nela outra coisa" (*Carta* 299, de 17 de maio de 1526). A tensão da situação podia ser percebida pelo tom ouriçado de suas cartas. O final desta é dramático:

> Esta oportunidade, pelo amor de Deus, que não se perca, e lembrai-vos que a fortuna e os maus conselhos nossos teriam levado não ao rei [Francisco I], mas ao papa [Clemente VII] à prisão: salvaram-no dela os maus conselhos dos outros e a própria fortuna. Providenciai agora, pelo amor de Deus, de modo que Sua Santidade não volte aos mesmos perigos, dos quais jamais

---

[328] A distância entre Florença e Roma é de aproximadamente 270 km. Dadas as condições das estradas naquela época, esse trajeto, feito a cavalo, em passo apressado, poderia variar entre sete e nove dias. É, de fato, impressionante a fadiga do nosso autor em prol de sua pátria, visto que estamos falando de um homem já beirando os 60 anos.

estareis seguros até que os espanhóis sejam expulsos da Lombardia de modo que não possam retornar. Tenho a impressão de que o imperador [Carlos V], vendo o rei fraquejar a seus pés, fará ao papa grandes promessas, as quais deverão encontrar os vossos ouvidos fechados, se lembrais dos males sofridos e das ameaças que no passado vos foram feitas, e lembrais que o duque de Sessa [Luís de Córdoba, embaixador de Carlos V, em Roma] andava dizendo que o pontífice havia começado tarde, a temer a César. Agora Deus tem levado novamente as coisas a tal ponto que o papa está a tempo de detê-lo, se esse tempo não se deixar perder. Vós sabeis quantas oportunidades se têm perdido: não percais esta e não confieis [em deixar as coisas] à fortuna e ao tempo, porque com o tempo não vêm sempre as mesmas coisas, nem a fortuna é sempre a mesma. Eu diria ainda mais, se estivesse falando com um homem que não entende os segredos ou não conhece o mundo. [Termina a carta em latim, mas aqui eu traduzo:] Libertai a Itália de sua perene aflição, extirpai esses monstros horrendos, que de homens, fora a aparência e a voz, nada têm (*Carta* 299).

Se Roma caísse, toda a Itália cairia junto. Nosso emissário realizará inúmeras missões a pedido do Papa, de Florença e de seu amigo, Guicciardini, e fará seus relatórios informando aquilo que pôde colher *in loco*. Suas missivas circulam entre amigos e autoridades, que as leem com avidez.[329] A situação fica ainda mais complicada quando o papa, esperando uma trégua nos conflitos, havia dispersado sua infantaria. Um erro crasso, pois no dia 20 de setembro, o clã *Colonna*, célebre adversário dos Médici, ataca-o. Desprevenido, "surpreendido como uma criança", é forçado a fugir, ocasionando mais "desordens em Roma", desordens de tal complexidade que "nem Cristo as arranja" (*Carta* 313).

Nosso diplomata viaja a Modena e escreve uma *legazioni* às autoridades florentinas alertando que a situação não poderia ser pior: o inimigo batia à porta. "Magníficos senhores [...] os *landsknechts* ["Lansquenetes", mercenários da infantaria alemã] hoje atravessaram o rio [o Rio Pó]. Estão em número de 15 ou 16 mil [...] e tudo indica que tomam o caminho de Milão para se jun-

---

[329] "[...] não me pude conter, ainda que me falte assunto, de escrever-lhe uma carta, pois desejo cada vez mais vossa presença e vossos conselhos, suavíssimos e prudentíssimos, e não consigo evitar a dor de estar privado deles [...], Mas certamente V.Sa. já sabeis disso e não podeis duvidar de que desejo muito vossas cartas e as considero como oráculos [...]. Os vossos amigos estão todos bem e desejam muito receber vossas cartas [...]" (*Carta* 309, de Bartolomeu Cavalcanti a Nicolau Maquiavel, de 11 de agosto de 1526); Vettori informa ao nosso autor que tão logo recebe suas cartas ele as lê e as envia ao Papa por intermédio de Filippo Strozzi, para que Clemente VII também soubesse do que se passava: "Meu caro compadre, na última carta que escrevi, informei-o sobre o ocorrido em Siena, conforme solicitado. Desde então, recebi duas cartas vossas, a última datada do dia 17, e não posso responder de imediato, pois, assim que as recebo, envio-as a Roma para Filippo [Strozzi], acreditando que possam ser úteis para a empresa, quando lidas pelo Nosso Senhor [o Papa]. Filippo escreveu-me que não só as lê [o Papa], mas também as relê e considera" (*Carta* 310, de Francesco Vettori a Nicolau Maquiavel, de 24 de agosto de 1526).

tarem aos espanhóis". A carta termina com um *post scriptum:* "Tereis vossas senhorias tomado conhecimento da morte do senhor Giovanni, que morreu para o desgosto de todos" (*Carta* 141 do *epistolário*, de 2 de dezembro de 1526).

*Lansquenetes – Erhard Schön (1491-1542), xilógrafo e pintor alemão*

Esse Giovanni era *Giovanni de Médici* (1498-1526), capitão *condottieri* do grupo *Bande Nere*, que tinha o epíteto "Giovanni dos Banda Negra". Era filho de *Giovanni di Pierfrancesco de Médici*, epíteto *il popolano*, e de ninguém menos que *Catarina Sforza*, uma das mulheres mais famosas da época. Na tentativa de impedir o avanço dos *Lansquenetes*, que queriam cruzar o Rio Pó, tombou na batalha, e a Pátria perdia mais um homem de *virtù*.

Foi por volta dessa ocasião que nosso autor encontrou um profeta, em Modena, como vimos no capítulo 3, que lhe falou sobre a fuga do papa, que os tempos ruins ainda não haviam passado e que todos continuariam a sofrer (*Carta* 315, de 05 de novembro de 1526). A profecia se cumpria, pois a catástrofe parecia inevitável e os eventos do mundo fugiam inteiramente do controle das mãos humanas – Deus aparecerá pesadamente nas próximas cartas. No dia 03 de fevereiro de 1527, *Os Oito* oficiais florentinos a quem Nicolau se subordinava escreveram-lhe um ofício com novas diretrizes para uma missão urgente. Ninguém estava esperançoso:

> Nicolau, trasladar-te-ás pelo caminho mais seguro e com diligência junto a messer Francesco Guicciardini, e lhe informarás em nosso nome que a carta escrita no dia 31 do mês passado ao reverendíssimo legado [o cardeal de Cortona, Silvio Passerini] nos perturbou muito, por entendermos que os inimigos, tanto espanhóis como lansquenetes e italianos [traidores da pátria], se agruparam e já se dirigem primeiro para a Toscana e depois para Roma. Como sempre baseamos nossa defesa nas forças da Liga, gostaríamos que averiguasses resolutamente se essas guarnições podem nos proporcionar segurança [...]. Embora possamos ser os primeiros a sofrer, é certo que eles [os outros potentados italianos que se recusavam a participar da Liga] também sofrerão depois de nós (*Carta* 146 do *epistolário*).

Seis dias depois, agora em Parma, Nicolau informará que os Lansquenetes estão fazendo movimentos imprevisíveis e que não se sabe para onde querem ir nem qual seria seu objetivo. Ele também narrará alguns confrontos episódicos entre pequenas tropas locais e a captura de alguns prisioneiros.

Em 18 de março, em Bolonha, nosso emissário escreverá um informe a respeito do clima: "Ontem escrevi longamente a vossas senhorias, e lhes disse como o mau tempo havia impedido os inimigos de se moverem; esse tempo começou na noite de sábado e, até agora, que são 24 horas, sempre esteve ou chovendo ou nevando, de tal modo que a neve tem um braço de altura em todas as partes desta cidade, e ainda neva. E assim, aquele impedimento que nós não podíamos nem sabíamos dar aos inimigos, Deus o deu e continua dando"; mas parece que agora Deus não estava tão a favor dos italianos, porque, mais adiante, escreveu: "E se Deus nos quisesse um pouco bem, teria adiado esse [mau] tempo para quando [os inimigos] tivessem passando o Sasso e estivessem metidos entre aqueles montes" (*Carta* 157 do *epistolário*).

Dois dias depois, escreverá aos seus superiores uma de suas máximas que lemos nos *Discursos*: "Mas quando os céus querem disfarçar seus desígnios, conduzem os homens a um ponto em que não podem tomar nenhum caminho seguro". Entretanto, os contornos de uma possível trégua com os espanhóis se desenham no horizonte, e ele menciona esta possibilidade mais adiante, na mesma carta (*Carta* 160 do *epistolário*, de 27 de março de 1527).

Mas infelizmente, Deus punirá a *hubris* dos italianos. Talvez o *flagelo* divino esteja mais próximo do que nunca: "Em relação à trégua, [depois] que messer [Vantaggio] retornou na noite passada do campo dos espanhóis [...], relatou diferenças e confusões entre os capitães e os soldados; porque os soldados não queriam a trégua, mas os capitães, especialmente os principais, a queriam [...]. Assim, magníficos senhores meus, parece a todos aqui que a trégua acabou, e que se tem de pensar na guerra, a ponto que Deus ajude de modo que se tornem mais humildes" (*Carta 161* do *epistolário*, de 29 de março de 1527).

O leitor me olha discretamente e eu lhe respondo com um gesto de cabeça igualmente discreto: notamos que Nicolau tinha os olhos marejados enquanto nos contava sobre seus dias na guerra. A razão para que os soldados não quisessem a trégua era muito simples: os espólios de guerra. Já vimos no capítulo 19 d'*O Príncipe* que os soldados rapaces preferiam imperadores e generais igualmente rapaces e cruéis para permitir-lhes gordos espólios, angariados à custa do sangue e das lágrimas do povo massacrado nas batalhas.

Lembro-me de ter lido, nas páginas já amareladas de Plutarco (cap. XIX, p. 356-357) e de Guglielmo Ferrero (I-8, p. 210-211), um célebre episódio da história romana que retrata essa mesmíssima situação: o famoso lamento de Lúculo, general e cônsul romano, nas guerras contra Mitrídates, o grande Rei do Ponto, forjado pela filosofia grega e considerado um restaurador do Helenismo (em meados de 71 a.C.).

Quando a capital do Ponto, Amisa, caiu pelo *gladius* de Roma, aquela foi uma noite terrível para esse general: seus soldados, após terem se apoderado da cidade em um assalto repentino (feito contra as suas ordens), espalharam-se pelas ruas munidos de tochas para assassinar e roubar. Infelizmente, durante a confusão, incendiaram várias casas.

Lúculo personificaria um típico herói Maquiaveliano: era um homem austero e simples; inimigo do luxo e do dinheiro; amava somente a cultura e os frutos da criatividade humana. Ele se orgulhava de sua pobreza e menosprezava a popularidade e as ambições vulgares (lembremos das razões para essa *ascesis* romana, nos capítulos 2 e 3). Para a infelicidade dos tempos, esse aristocrata era uma raridade quase arqueológica, um dos últimos campeões de uma espécie honrada de homem extinto já há muitas décadas. Um espírito generoso, refinado pela cultura e, acima de tudo, um verdadeiro guerreiro, admirador do helenismo. Homem detentor de *virtù*.

O meu leitor deve se lembrar da máxima que o homem de *virtù* é honrado até mesmo na guerra diante de seus inimigos. Quando Lúculo viu Amisa em chamas, a mais linda e admirável filha de Atenas (a Atenas do Ponto), lançou-se feito um leão em cima de seus soldados, tentando devolvê-los à razão e à disciplina, desejando que apagassem o fogo e salvassem aquela notável obra da civilização que ele tanto amava. Mas era pedir demais. Por muito tempo os soldados estavam insatisfeitos sob o austero comando de seus generais e por isso haviam perdido a paciência. Justamente no momento em que achavam que seriam recompensados por suas longas penúrias (mesmo que à sua maneira, violenta e brutalmente), lançando-se sobre a rica cidade, esse velho cônsul ainda tinha a pachorra de cobrar-lhes moderação? Inadmissível!

Por muito pouco Lúculo não foi morto pela turba furiosa, como o filho e o subordinado do Duque de Atenas (*HF*, II-37). Teve que se retirar – chorando – e deixar que a maldita tropa se lançasse à rapina da linda cidade. Símbolo terrível daquela época: enquanto as mais altas faculdades do espírito se refinavam no desejo e no gozo das coisas mais nobres que existem no mundo, o instinto bestial também se desencadeava na luta do homem contra o homem pela conquista da riqueza e do poder. A velha severidade militar, personificada por Lúculo, teve que ceder frente ao protesto dos soldados exaltados pela ganância. Restou ao general, então, pôr os sobreviventes em liberdade e tentar reerguer a cidade (p. 210-211). Mas como por providência dos céus, conta-nos Plutarco, uma chuva caiu sobre o lugar, ajudando a apagar o incêndio.

Nosso autor era leitor desse historiador antigo e talvez estivesse familiarizado com tal episódio (e com tantos outros semelhantes que recheiam "as histórias"). Por isso mesmo ele sabia que os eventos do passado sempre se repetem (*Discursos*, III-43); e o cenário se repetia, agora, em sua Itália, com os soldados loucos pelo confronto, contando as horas para porem as mãos nas riquezas da bela filha de Roma, do novo berço da cultura ocidental; da linda dama que deu à luz ao *Renascimento*: Florença, a dama da Flor de Lis. Não é por outro motivo que a carta a Guicciardini (323), escrita em 18 de abril de 1527, traz os ânimos à flor da pele, em um tom inflamadíssimo:

> Por [um] milagre chegaram aqui essas tropas francesas [agora aliadas; percebamos as reviravoltas da Fortuna!] [...]; igualmente será um milagre se o duque de Urbino vier a Pianoro amanhã [...]. E pelo amor de Deus, já que não se pode obter este acordo [...] interrompa imediatamente as conversações, e de tal modo, com cartas e demonstrações, que esses aliados

nos ajudem; porque assim como o acordo, se fosse observado, seria em tudo a certeza de nossa salvação, tratá-lo sem realizá-lo seria a certeza da ruína. E que o acordo era necessário, [veremos] se não for feito; e se o conde Guido [Rangoni, comandante das forças pontificais em campo] diz outra coisa, ele é um merda [*cazzo*]. Eu só gostaria de discutir isto com ele: pergunte-lhe se era possível [impedir os inimigos de irem] à Toscana; dirá que não, se disser como sempre disse no passado [...]. Se é certo que não se podia contê-los, pergunte-lhe como poderiam sair disso sem [causar uma] batalha, e como poderia essa cidade suportar dois exércitos ao mesmo tempo, sendo que o exército amigo é mais insuportável que o inimigo. Se resolver isso, diga-lhe que tem razão. Mas quem se deleita na guerra, como fazem esses soldados, estaria louco se elogiasse a paz. Mas Deus fará com que tenham que fazer mais guerra do que gostaríamos.

Como os pérfidos soldados de Lúculo, esses soldados que Nicolau tinha diante de si deleitavam-se com as guerras. É numa carta anterior a essa, a Vettori, que encontramos a afirmação de que ele amava mais a pátria do que a própria alma. "Queremos paz, mas estamos prontos para a guerra", é a mensagem geral dessa carta, caso fosse resumida:

Monsenhor della Mota esteve hoje no campo dos imperiais com a conclusão do acordo feito por lá, que se Bourbon quiser, terá que deter o exército; se o mover será sinal de que não o quer, de modo que o dia de amanhã será juiz de nossas coisas. Portanto, aqui se decidiu, se amanhã ele se mover, pensa totalmente na guerra, sem [pensar] mais na paz; se não se mover, pensa na paz, e deixará [de lado] todos os pensamentos de guerra. Com este vento convém que navegueis vós também, e [se] resolver-se à guerra, cortai todas as negociações de paz, de maneira que os coaligados avancem sem nenhum reparo, porque aqui é preciso não claudicar mais, mas fazei isso desesperadamente, porque muitas vezes a desesperação encontra remédios que a escolha não soube encontrar. Eles vão lá sem artilharia, por um terreno difícil, de modo que se nós, com a pouca vida que nos resta, nos unirmos às forças da Liga que estão prontas, ou eles [os inimigos] sairão desta província com vergonha, ou se reduzirão a termos razoáveis.

É agora que ele declara: "Eu amo o senhor Francesco Guicciardini, amo a minha pátria mais do que a minha alma; e digo isso pela experiência que sessenta anos me deram, que nunca acredito que enfrentamos momentos mais difíceis do que estes, onde a paz é necessária, e a guerra não pode ser abandonada, e temos nas mãos um príncipe que dificilmente pode suprir tanto a paz quanto a guerra" (*Carta* 321, de 16 de abril de 1527).

A afirmação poderia ser apenas uma hipérbole, uma expressão sem sentido literal, mas figurado? Nosso Nicolau, emocionado, trabalha na trincheira ao lado de seu fiel amigo, Guicciardini, compartilhando dos mesmos temores e dos mesmos objetivos, sentindo a mesma dor e sangrando o mesmo sangue. Poderia ser uma epifania. Ainda que acusem a falta de literalidade da expressão, ela se coaduna inteiramente com a sua "filosofia", sua moral e sua "teologia"; também se encaixa perfeitamente com o modelo de conduta que ele mesmo propõe: o autossacrifício pela pátria. Talvez um sacrifício extremo: *dar a alma pela pátria*. Algo que ele próprio, a seu modo, fez durante toda a vida.

*Giovanni de Médici (1498-1526), que tombou às margens do Rio Pó – Galeria Uffizi, Florença*

*Stefano Porcari*

## Sacrifício e apoteose

Voltemos alguns anos, para os longínquos encontros no *Palazzo Rucellai*, entre 1519 e 1520, ocasiões em que Nicolau discutia os *Discursos* e a *Arte da Guerra* com os amigos, em cópias manuscritas (visto que seus livros nunca foram editados e lidos por um público mais amplo, em vida, somente em seus círculos íntimos). Neste diálogo (quase um monólogo, já que *Frabrízio Collona* é praticamente o único personagem a falar) há duas passagens essenciais para o argumento que almejo construir. A primeira pode ser lida logo no primeiro parágrafo do livro I.

Acreditando ser possível louvar um bom homem depois da morte sem que com isso levante-se suspeitas e críticas (afinal, nosso autor sempre censurou os bajuladores) "não hesitarei em louvar o nosso Cosimo Rucellai, de cujo nome não consigo me recordar sem lágrimas", tendo conhecido nele as "qualidades que se podem desejar encontrar em um bom amigo e num cidadão de sua pátria".

Logo em seguida ele afirma: "Eu não sei de coisa alguma que fosse tão sua (nem mesmo a própria a alma), que ele não entregaria de bom grado pelos amigos; desconheço alguma empresa que o teria acovardado se visse ali o bem de sua pátria". E conclui: "e eu confesso [jamais] ter encontrado, entre tantos homens que conheci e com quem convivi, um homem no qual houvesse um espírito mais ardente para as coisas grandiosas e magníficas. Nem se lamentou entre os amigos, na sua morte, de outra coisa, senão de ter nascido para morrer jovem dentro de sua casa, sem honra, sem ter podido, segundo seu espírito, ajudar a ninguém; porque sabia que dele não se poderia falar outra coisa, senão que tinha morrido um bom amigo".

Nosso orador nos diz aqui que Cosimo era o típico homem virtuoso, inclinado à grandeza e "às coisas magníficas". Ele teria se sacrificado pelos amigos e pela pátria; teria dado a *alma dele* pelo país caso a necessidade assim determinasse. Sua vida não teve o desfecho grandioso que merecia por razões alheias às suas escolhas; não brilhou na morte apenas por falta de oportunidade; morreu em casa, em paz, mas sem honra.

Diferentemente de Giovanni de Médici que, "para o desgosto de todos", caiu gloriosamente às margens do Rio Pó, tentando impedir a invasão germânica. Os amigos de Cosimo lamentaram somente a perda de "um bom amigo", não de um bom capitão. Porém a glória que lhe cabe é reconhecida: ele era o típico amigo que todo homem queria ter ao seu lado e o tipo de cidadão que toda pátria gostaria que nascesse em seu solo.

No final do capítulo 2, o leitor pôde ver alguns aspectos relacionados a essa questão que agora volta à nossa apreciação. Quando nosso autor diagnostica a desordem do seu mundo, roga aos céus pela ajuda divina, oferece o modelo mitológico do passado como paradigma a ser imitado e põe as esperanças no herói que será um *novo príncipe*, os maiores inimigos da pátria não são somente os *barbari*, mas também os velhos príncipes. Aqueles invadiram o solo sagrado italiano por conta da fraqueza, da negligência, da imprudência e da vulgaridade dos príncipes que comandavam os Estados então constituídos.

Tudo que os estrangeiros fizeram era previsível, nada que já não se esperasse de qualquer potência: sempre ambiciosos pela riqueza e pelo poder, buscando dominar outros povos para aumentar seus territórios. Não há como se esperar um comportamento diverso. Somente uma pessoa pouco inteligente censuraria uma víbora por mordê-lo, afinal, isso faz parte de sua natureza, e lemos por todas as partes de seus escritos que ninguém consegue "evitar aquilo ao qual a natureza o inclina" (*Príncipe*, 25). No capítulo 3, Nicolau nos contou que a natureza dos diabos e das Fúrias é causar dor e sofrimento no mundo humano. Os bárbaros, naturalmente, tentarão invadir os Estados vizinhos tão logo percebam uma fraqueza doméstica.

Nosso historiador conhecia infinitos exemplos de expansão imperial e entendia que esses movimentos são naturais a todos os Estados. O próprio homem, observado individualmente, é sempre ganancioso e fará as mesmas coisas, apenas em menor escala (nosso anfitrião nos explicou esse assunto exaustivamente no capítulo 2).

Aqui, os contornos da sua filosofia moral ficam ainda mais claros e têm um tanto de elementos retóricos. Quando Nicolau condena a profanação do solo italiano pelos pés imundos dos bárbaros, ele não os condena porque esperava que fizessem algo diferente (nosso analista não era ingênuo a esse ponto). Ele denuncia a vileza desses atos para causar indignação, esperando que seus leitores, conterrâneos e contemporâneos, tomem providências conforme o modelo encontrado em suas páginas. É um chamado à ação.

É justamente por isso que as censuras mais pesadas não recaem sobre os estrangeiros, mas sobre os joelhos dos antigos príncipes. Após conseguir um aumento em sua remuneração pela escrita das *Histórias Florentinas*, confessa: "Eu obtive aquele aumento de 100 ducados pela *História*. Agora volto a escrevê-la, e desabafo acusando os príncipes que foram responsáveis por nos trazer até aqui [à situação caótica do presente]" (*mi sfogo accusando i principi, che hanno fatto tutti ogni cosa per condurci qui*); e assina sua carta: *Niccolò Machiavelli; historico, comico et tragico* (*Carta* 291, de 21 de outubro de 1525).

A segunda passagem de *A Arte da Guerra* já foi mencionada lá atrás, há muitíssimas páginas, no final do capítulo 2. É justamente aquele parágrafo que conclui o livro. Novamente, as censuras mais graves recaem sobre o lombo dos velhos príncipes: insolentes, preguiçosos, ambiciosos, incultos e vulgares. Vale a pena ler de novo:

> Mas [analisando novamente a situação dos italianos], como não tiveram príncipes sábios, não conseguiram estabelecer nenhuma boa ordenação e, não sendo obrigados pela necessidade, como os espanhóis, também não foram capazes de se organizar por conta própria, tornando-se a vergonha do mundo.
> Desta situação, a culpa não é dos povos, mas dos príncipes, que foram severamente punidos e sofreram a justa pena que sua ignorância merecia, perdendo seus Estados com ignomínia sem dar nenhum exemplo de *virtù*.

365

Querem saber se o que digo é verdade? Lembrem-se das guerras ocorridas na Itália desde a vinda do rei Carlos VIII da França até hoje. E embora as guerras façam os homens belicosos e renomados, quanto mais ferozes e grandiosas, mais arruinavam a reputação dos soldados e dos capitães. Isso é um claro indicativo de que as ordenações presentes não eram – nem são – boas; e que não houve ninguém que soubesse aproveitar algo de bom delas [...].

Nossos príncipes italianos acreditavam, antes de sofrerem os golpes das guerras ultramontanas, que bastava a uma pessoa de sua condição aprender a redigir uma resposta hábil, a escrever uma bela carta, a mostrar em seus discursos agudeza e rápida compreensão, saber preparar uma perfídia, adornar-se com joias de ouro e pedras preciosas, superar aos demais no luxo da mesa e do leito, cercar-se de pessoas viciosas, governar seus súditos com soberba e avareza, apodrecer no ócio, conceder cargos militares mediante favores, desprezar quem lhes desse algum conselho saudável e pretender que suas palavras fossem tomadas como respostas dignas de oráculos; também não percebiam, os avarentos, que se preparavam para ser presas do primeiro que os atacasse.

Esta foi a causa do grande espanto, das fugas repentinas e das surpreendentes perdas que começaram em 1494. Desta forma, os três Estados mais poderosos que havia na Itália foram repetidas vezes saqueados e devastados. No entanto, a grande desgraça é que [os príncipes que restam] vivem sob a mesma desordem e não fazem o que, nos tempos passados, faziam aqueles que queriam conservar seus Estados, [não fazem] todas aquelas coisas de que me ocupei neste diálogo, [não] educam o corpo para resistir às fadigas, e o ânimo para não temer os perigos [...] (*DAG*, VII, p. 388-389).

Se Cosimo Rucellai tivesse tido a oportunidade de comandar um Estado, ele teria feito igual ao nosso autor, que confessou a mesma coisa: "Se a Fortuna me tivesse concedido no passado um estado suficientemente grande para permitir tal empresa, acredito que em pouco tempo poderia ter mostrado ao mundo quanto valem as ordenações antigas. Sem dúvida, teria feito meu estado mais glorioso ou o teria perdido sem vergonha".

Se eles não tivessem conseguido criar um grande império, teriam perecido igual a Giovanni de Médici, cujo cadáver, ferido por lanças e flechas, ensopado pelo próprio sangue, jazia no frígido leito do indiferente Rio Pó, que, ao contrário do troiano Escamandro, na Ilíada, o rio italiano não tomou partido nessa contenda. Seu corpo sem vida simbolizava o verdadeiro ato de heroísmo: o sacrifício pela pátria.

"Alexandre, César e todos os grandes homens e famosos príncipes do passado, combatiam nas primeiras linhas, caminhavam armados a pé e, se perdiam seus Estados, perdiam também a vida, vivendo e morrendo virtuosamente. E se neles, ou em alguns deles, se pode censurar a grande ambição em governar, não se poderá condená-los pela moleza ou outra coisa vergonhosa que degrada os homens" (*DAG*, VII). Não é à toa que Nicolau assinou sua carta a Guicciardini como "historiador, cômico e trágico": seu herói é um herói trágico.

Andemos às *Histórias Florentinas* (III-7), porque elas nos mostram o exemplo de oito homens que se opuseram ao Papa Gregório XI. Estabelecido em Avignon, governava a Itália por meio de legados, "plenos de ganância e soberba", de modo que aterrorizavam "muitas cidades". As ações desse papa e de seu legado enfureceram tanto as cidades que em cada uma delas foi eleito um homem para representá-las, formando um grupo de oito. "A guerra foi iniciada por ambição do legado, mas continuou por indignação dos florentinos", por isso "as guerras começam, mas não terminam quando se quer".

Durante três anos, só terminou depois da morte de Gregório, "e foi comandada com tanta *virtù* e satisfação de todos [*universale*], que os *Oito* foram até chamados de santos". "Ainda que tivessem feito pouco caso das censuras, despojado as igrejas de seus bens e forçado o clero a celebrar os ofícios", os Oito Santos "davam mais valor à pátria do que à alma".

O capítulo 15 de *O Príncipe* já havia alertado ao seu possível novo herói que ele teria que saber trilhar caminhos tortuosos. Além do ponto que estamos vendo aqui (a necessidade de sacrificar a própria alma), o homem de *virtù* precisará saber "não ser bom" quando for necessário. Igualmente necessário ao novo herói é sujeitar-se à censura e à inveja dos concidadãos, porque os grandes homens sempre são alvos daquelas sementes das Fúrias (capítulo 2). Já que o homem comum é um péssimo julgador do caráter alheio (*Príncipe*, 18), o *vulgo* olharia para os atos grandiosos de um bravo capitão com maus olhos. O velho ditado sempre se mostra verdadeiro: não se pode agradar a gregos e troianos; vide os exemplos de Moisés e dos novos príncipes, que sempre tiveram muitos partidários contrários às suas ordenações (*Discursos*, I-16).

Já estamos familiarizados com os problemas relacionados ao clero de seu tempo e às ações seculares da Igreja; não a boa Igreja, mas aquela corrompida, como a Igreja de um Rodrigo Bórgia da vida (Alexandre VI), o "pai enganador" do Duque Valentino, que "foi morto pelo céu", indo ao Inferno seguido pelas três damas, "luxúria, crueldade e simonia" (*Decennale Primo*); aquela Igreja maculada por prelados e pontífices (feito

Gregório XI) que ignoram as *ordenações* do fundador do cristianismo e de seus renovadores, como São Francisco e São Domingo (*Discursos*, III-1).

Já sabemos que a justiça é "a virtude que mais agrada a Deus" e que servir a pátria é fazer a vontade do Senhor, angariando a amizade divina. Tudo isso assegura ao herói de Nicolau contra o seu possível temor de, ao sacrificar a própria alma, vir a pecar e desagradar a Deus. Pouco importa que desagrade aos outros homens, pois o nosso trágico assegura ao seu herói que esses valores não lhe fechariam as portas dos Céus nem lhe abririam "o caminho para a casa do diabo".

O herói não irá para aquele Inferno de sofrimento e tortura; não pode ir, pois ele é um amigo de Deus e o Senhor intercede pelos Seus eleitos. Ele perdoou um adúltero e homicida (Davi), e um infiel que o negou "não só uma, mas três" vezes (Pedro). O sacrifício lhe concede o passe-livre pelas portas do Céu, à imortalidade, pela glória. E não nos esqueçamos que *sacrifício*, em muitos aspectos, é sinônimo de *penitência*; e sobre ela nosso orador já tinha assegurado que é o presente dado a Deus para o homem se livrar do pecado e voltar a habitar a mansão celestial ao lado de Cristo.

Nosso historiador poderia ter muitos outros exemplos em mente de sacrifícios heroicos para além daqueles que já foram citados: os sacrifícios de Ifigênia, de Prometeu, de Isaac ou até mesmo o de Leônidas, na Batalha das Termópilas, já que ele provavelmente conhecia a história das Guerras Médicas. Ao longo de minhas páginas o leitor pôde encontrar, inúmeras vezes, questões relacionadas às cerimônias religiosas e aos ritos de juramentos.

Lembremos que Nicolau censura a falta de vigor e a pouca, ou nenhuma, violência nos ritos do atual cristianismo (*Discursos*, II-2), contrastando com toda a violência, pompa e fascinação nas cerimônias pagãs (*Discursos*, I-15); descrevia-se, então, o aspecto do *terror* e do *fascínio* de uma hierofania. Até mesmo Sócrates recomendou aos seus discípulos que ofertassem um galo a Asclépio, o deus da medicina (*Fédon*); os ritos de fundação em Tito Lívio, feitos pelas mãos de Rômulo, envolviam sangue, e nem precisamos mencionar as *hecatombes*, em Homero.

Eliade (capítulo 1) dá infinitos exemplos de comunidades arcaicas que, ao fundarem um lugar, realizavam sacrifícios. Dessa forma encontramos muitas hierofanias intrinsecamente relacionadas a um sangue ofertado. A censura do nosso trágico contrasta com a solução por ele oferecida: o herói, o homem providencial, sobre quem cantam os poetas em profecias, traz a redenção e sacrificará a si próprio, dará sua alma pela pátria. Esse símbolo é polissêmico e visto em muitas tradições. Até mesmo o *Cordeiro de Deus* tem um sentido sacrificial, e o exemplo da Paixão de Cristo, o Salvador da humanidade, derrama Seu sangue por todos. O herói de Nicolau seguirá passos similares.

O verdadeiro Paraíso não é aquele que os velhos príncipes e clérigos pintaram (a maioria [dos homens] para ir ao Paraíso, pensa mais em suportar as ofensas do que em vingar-se delas" [*Discursos*, II-2]). Não! É o Paraíso em cujos Campos Elíseos o herói encontra sua imortalidade por toda a glória que seu sacrifício lhe proporcionou.

Mas há um fenômeno interessante se formando por aqui e não me parece que Nicolau estava alheio ao contexto intelectual que o envolvia. Refiro-me justamente ao problema da *fama intramundana*, mencionada em um parágrafo há dois tópicos: aquela ideia humanista, reformuladora de certas concepções da Antiguidade, de que os grandes feitos pela literatura e pela arte militar podem garantir a imortalidade do homem pela memória de seus pares na Terra.

Personificada na arte por uma figura feminina com uma longa trombeta, às vezes alada, a Fama pode aparecer coroada ou carregando um ramo de palma, sentada em um globo ou conduzindo uma carruagem puxada por elefantes. Outros símbolos da fama incluem o Pégaso e o deus romano, Mercúrio (Tresidder, p. 78). Mas não é preciso ir longe para encontrar várias referências mais palpáveis da fama em sua biografia e obra. Todas estavam pertinho de seus olhos, em sua biblioteca. Lembre--se, leitor, Nicolau nos mostrou vários de seus livros no escritório dele.

Ainda na Antiguidade, Ovídio concluiu *As Metamorfoses* (XV) cantando a profecia em que ele próprio seria imortalizado: "viverei pelo resto dos séculos". Profecia realizada, pois eis-me aqui, escrevendo sobre ele, dois milênios após sua morte. Não nos esqueçamos que Nicolau era um leitor apaixonado de Dante e o imitou em várias ocasiões. O nosso poeta (em *Discursos*, I-Prólogo), semelhante ao poeta da *Dolce Lingua*, almejava o prestígio e o reconhecimento por trilhar um novo caminho que não havia sido explorado por ninguém (*Monarchia*, I-1; *De Vulgari Eloquentia*, I-1).

Ainda que Dante por vezes não se entregue totalmente aos anseios pela fama (*Purgatório*, XI, vv. 85-117), visto que seu movimento de ascensão aos céus demandava purificação e as honras terrenas sujeitam a pessoa a desvelar em pecados capitais, ele próprio demonstrou tal ânsia pelo prestígio entre os homens no canto XXV do *Paraíso*, justamente o 8º Céu, dos espíritos triunfantes. Ali, *Il poeta* expressou o desejo de que a fama de seu poema sagrado lhe permitisse retornar a Florença, sua terra natal, de onde foi exilado. Ele queria ser celebrado por seus compatriotas na igreja em que foi batizado, recebendo o *laurel* dos poetas como símbolo de honra, juntamente à reafirmação de sua Fé, que foi confirmada por São Pedro no final do canto anterior.

No 2º Céu, dos espíritos ativos, vemos o brilho da estrela da fama: "Esta é a estrela menor, e os beatos seus / são os que a benfazer foram ativos, / mas de olho na fama e nos troféus; / quando o nosso querer toma tais clivos, / desviando-se do verdadeiro amor, / os raios aqui chegam menos vivos" (*Paraíso*, VI-112 et segs). No Inferno, as almas condenadas imploram a Dante para que ele mantenha viva as suas memórias na Terra, entre o seu povo (VI-89; XIII-53; XVI-85; XXXI-127).

Petrarca, outro poeta profeta amado por Nicolau, também viveu nesse contexto. Ele próprio foi coroado na cerimônia simbólica (que perdurou até o século XVI) de coroação dos poetas com uma coroa de louros. Junto ao culto às personalidades, surge também o culto aos locais de nascimento e de falecimento dos grandes homens. Os restos mortais de poetas e heróis militares passaram a ser venerados e equiparados às relíquias religiosas; um patrimônio cultural de que se tem orgulho patriótico e ao redor do qual se constituem peregrinações e procissões para louvá-lo. Inclusive, foi justamente aqui que o gênero literário da biografia começou a ser escrito nos moldes modernos.

Outra expressão da fama intramundana é vista em um autor mais próximo a Nicolau: o humanista, chanceler e historiógrafo florentino, Poggio Bracciolini (1380-1459). Ele escreveu uma longa carta na qual se ponderava a respeito do valor relativo da ação militar e o cultivo das letras para a aquisição de uma posteridade duradoura. Ao tempo de Poggio já existia uma questão espinhosa, em muitos debates, a respeito da dissolução da preocupação cristã sobre o destino da alma na beatitude eterna e a sua substituição pela preocupação com o sentido da vida intramundana.

Desde o século XIII, o desejo de desenvolver esse sentido intramundano cresceu consideravelmente, e em meados do século XV a fama tinha se tornado o primeiro símbolo geralmente aceito para a expressão desse sentimento. A vida intramundana da fama após a morte substituía a vida do além. Porém a salvação pela fama era tão precária quanto a salvação pela graça, pois muitos são os chamados, mas poucos os escolhidos (Voegelin, *HPI* - IV, p. 55-62).

Nosso autor conhecia esse debate. Em dois trechos muito importantes ele menciona expressamente a glória que uma boa ação no mundo poderá acarretar ao homem que a realizar: "Não há maior presente, então, que o Céu possa dar a um homem, nem possa mostrar-lhe um caminho mais glorioso que este". Esse caminho, da redenção da pátria, dará ao herói o "poder e condições de tornar-se imortal" (*Discursus Florentinarum*). E o príncipe que realmente "buscar a glória mundana deverá desejar ter em suas mãos uma cidade corrompida, não para destruí-la, mas para reordená-la, feito Rômulo. E, de fato, os céus não podem dar aos homens maior ocasião de glória, nem os homens podem desejar glória maior". Em suma, "aqueles a quem os céus dão tal ocasião devem considerar que possuem dois caminhos: um que lhes permite viver em segurança e, depois de mortos, os torna gloriosos, e outro que os faz viver em constantes angústias e, depois da morte, deixar a sempiterna infâmia" (*Discursos*, I-10).

No caso de Nicolau, a problemática situação teológica da salvação da alma pela graça, sendo substituída pela fama, é resolvida, uma vez que ele garante ao seu herói a amizade de Deus e o beneplácito divino. Além disso, a postura do nosso autor não parece absurda se estivermos conscientes do meio que o circundava. Tanto nos tratados políticos da época [nota 33, na introdução] quanto na literatura e nas artes visuais, encontramos traços desse simbolismo heroico-patriótico ordenado pelos Céus.

O Davi ("profeta, amado e perdoado por Deus", escolhido por Nicolau como um exemplo a ser imitado) esculpido em mármore por Donatello (que também esculpiu outro Davi, em bronze) traz as inscrições em latim, na base da estátua: "Aos que lutaram bravamente pela pátria, Deus ajudará mesmo contra os mais terríveis inimigos" (*"Pro patria fortiter dimicantibus etiam adversus terribilissimos hostes Deus praestitit auxilium"*). Esse escultor retratou outros heróis militares, feito Gattamelata, sendo esta a mais antiga estátua equestre renascentista que ainda existe e a primeira a trazer de volta a grandiosidade da representação equestre clássica. Após sua criação, a estátua estabeleceu um precedente para esculturas posteriores que homenageiam heróis militares por seus persistentes esforços nas guerras em favor da pátria.

O São Jorge de Donatello, esculpido em um tabernáculo, em pé, altivo, vestido em uma armadura, tem um olhar penetrante. Sua postura e suas vestes são dignas de um herói. Abaixo de seus pés encontra-se uma faixa com figuras menores, em alto-relevo (essa técnica, por ele desenvolvida, chama-se *stiacciato*), em que podemos ver duas heráldicas nas extremidades, trazendo a lança, a armadura e o escudo (quase os presentes de Hefesto, a Aquiles, e Vulcano, a Enéas); o próprio São Jorge, montado no cavalo matando o dragão e, ao seu lado, uma virgem, de mãos juntas, em súplica.

Matar o dragão – ou qualquer variação simbólica de um monstro – constitui uma hierofania e são mitologemas comuns aos mitos heroicos. O simbolismo do guerreiro que mata o dragão e salva a virgem também é visto no mito nórdico de Siegfried, sendo mais provável que nosso autor conhecesse tal lenda não pela leitura dos *Volsungos*, mas por meio de relatos orais, já que ele viajou às terras alemãs em sua atividade diplomática.

Mas Nicolau conhecia o mito de São Jorge e muitos outros parecidos, em que o herói mata um monstro e salva uma donzela. A virgem aqui pode ser uma metáfora perfeita para a pátria, afinal, todos os humanistas consideravam que Florença, além de ter sido fundada por Roma, era uma mulher, a mais linda filha e herdeira romana.

Na *exortação* à família Médici pela unificação italiana, nosso poeta utiliza adjetivos no feminino para referir-se à Pátria: "Mais escrava que os judeus, mais serva que os persas, mais dispersa que os atenienses, sem líder, sem ordem, abatida, espoliada, lacerada [...]" (*Príncipe*, 26). O mitologema está presente e o inimigo político é um monstro que ameaça a dama: "Libertai a Itália de sua perene aflição, extirpai esses monstros horrendos, que de homens, fora a aparência e a voz, nada têm" (*Carta* 299); são "serpentes cheias de veneno" que atacam e dilaceram "com os dentes" (*Decennale Primo*). Curiosamente, os diabos podem se transformar em homens.

*Tabernáculo de São Jorge – Donatello – Florença*

*Base do Tabernáculo de São Jorge*

Voltaríamos, então, aos confrontos entre as hostes infernais e os exércitos de Deus? Possivelmente sim, visto que, a "belicosidade" é "acrescida pela confiança e pelo amor ao capitão, ou à pátria". O amor pela pátria, por sua vez, "é causado pela *natureza*" (*DAG*, IV). Ora, se o homem foi criado por Deus (e o nosso teólogo deixou isso claríssimo em inúmeras partes de sua obra, e confirmou tal questão assim que nos sentamos à sombra do cipreste de seu jardim, lá no capítulo 2), então o amor à pátria no coração humano é dado pelo seu Criador. O homem, na condição de criatura, de "dominador de tantas coisas belas" (*Dell'Ambizione*), dotado de inteligência, cujo rosto é voltado para o alto, para que pudesse ver o seu Criador, recebeu toda a criação do mundo, juntamente aos seus elementos, para benefício próprio e para a honra do Pai (*Exortação*).

Se pudermos traçar uma equivalência em seu relato teológico entre o mundo criado e a pátria amada, cujo amor por ela é inerente à natureza humana, então amar a pátria é amar o presente de Deus e, consequentemente, ser-Lhe grato. Lembremos que a ingratidão contra Deus está no topo da lista dos pecados mais graves. Mais uma vez, o seu argumento (e a sua visão de vida) é bem amarrado: servir a pátria é servir a Deus, amar a pátria é amar a Deus. O herói não precisa temer, pois o verdadeiro Paraíso o aguarda. Não é à toa que o soldado mercenário, que não ama pátria alguma, não é temente a Deus (*Príncipe*, 12-13), e os *Oito Santos* foram considerados "santos" justamente pelos seus serviços à pátria (*HF*, III-7).

Meu querido amigo Sebastian, a quem este livro é dedicado, também tocou neste assunto que agora exponho: "O estudo de [Nicolau] sobre os grandes dirigentes religiosos, políticos e militares – do passado, do presente e do futuro –, sua vontade de vê-los enaltecidos na história e na religião, reflete uma forma de exaltação heroica e, como tal, faz parte do fenômeno da apoteose: a divinização, a elevação de um mortal ao nível divino e sua inclusão entre os deuses" (De Grazia, p. 353).

Estou totalmente de acordo. A suprema realização do homem, obtida pelo ato heroico não é meramente uma luta contra obstáculos materiais, é uma luta contra o destino. Na medida em que magnifica o indivíduo em seu conflito com as forças cegas do destino, é a mais alta expressão de um ideal humanista e foi reconhecido como tal na Antiguidade. Mas o heroico está nas fronteiras do humanismo e vai além dele, pois, para lutar contra o destino, o homem deve se tornar mais do que um homem. Ele deve aspirar a ser um deus. Agora, a apoteose anuncia o *telos* da arte humanista.[330]

Nosso autor conhecia *As Metamorfoses*, de Ovídio, de cabo a rabo (perdoem-me os sensíveis, mas esse livro consegue ser ainda mais belo que a *Divina Comédia*), e ele leu, naquelas linhas de ouro, a apoteose de Enéas (XIV-vv. 581-608) e de Júlio César (XV-vv. 745-870). Talvez ele também acreditasse na apoteose de Rômulo, lida no primeiro livro da *história* de Lívio (I, 15, 6-8), ou no livro *Da República*, de Cícero (II, 10.17). Ele também conhecia o Davi, de Michelangelo, e *O Sonho de Cipião*, da *República*, de Cícero, que se debruça sobre o mito de Er, retirado da *República*, de Platão; mito que inspirou o próprio Petrarca, poeta e profeta, para compor seu épico, *África*.

Agradam-lhe os heróis das cidades-Estados gregas e romanas: fundadores de cidades, legisladores, grandes capitães. Ainda mais gratos são os heróis republicanos de Cícero, que se curva diante do mito de Er, de *A República*, de Platão, e deu à apoteose outro molde literário, cercando os grandes estadistas com a divindade dos republicanos. "E lembremos que o pai de Nicolau certa vez emprestou a um capitão seu exemplar de *O Sonho de Cipião*. Não há dúvida que Nicolau o utilizou" (De Grazia, p. 354). Eis o sonho, no sexto livro *Da República*, de Cícero:

---

[330] "The David was carved out of a gigantic block of marble from which, seventy years earlier, the sculptor Agostino di Duccio had begun to carve the fiture of a prophet. Agostino had completed little more than a knot of drapery, and when at last the derelict block was given to Michelangelo, his first symbolic act wast to cut this drapery away. In his austere and uncompromising nudity the David states for the first time the essence of Michelangelo's ideal. As a pice of modelling the torso is equal to the finest word of antiquity, both in science and plastic vitality. Cut out the head and the hands, and you have one of the most perfect classical works of the Renaissance. Put them back and you put back the rough tuscan accent, which was part of his bithright. It is possible to feel that there is a certain lack of harmony between the two elements: the David is in many respects an imperfect work. The marble block was too thin, and apart from this material shortcoming, Michelangelo has hade a mistake common at the time; he has taken a motif from a relief as the basis for a figure in the round. But if the whole is unsatisfactory, the David, taken part by part, is a work of overwhelming power and magnificence, and it is michelangelo's first great assetion of that quality which is so ofen in our minds when we think of him - the heroic. I suppose that the heroic in life or art is based on the consciousness that life is a struggle; and that in this struggle it is courage, strenght of will, and determination which are decisive, not intelligence nor sensibility. The heroic involves a contempt of convenience and a sacrifice of all those pleasures which contribute to what we call a civilized life. It is the enemy of happiness. But we recognize that it is man's supreme achievement. For the heroic is not merely a struggle with material obstacles; it is a struggle with fate. In so far as it magnifies the individual in his conflict with the blind forces of destiny it is the highest expression of a humanist ideal, and was recognized as such in antiquity. But the heroic stands on the borders of humanism, and looks beyond it. For to struggle with Fate man must become more than man; he must aspire to be a god. Now apotheosis announced the end of humanist art" (Clark, p. 104-105).

> Muito bem, Africano, como estivestes mais impulsionado em defender a República, tenha sempre em mente que todos aqueles que conservam, ajudam e engrandecem a pátria, têm um lugar determinado marcado no céu, onde fruem, felizes, uma vida sempiterna. De fato, não há nada mais satisfatório que aconteça na Terra àquele príncipe-deus, que rege todo o universo, que os concílios e as associações humanas que se constituem em virtude de um acordo legal, e que são chamadas de "cidades": seus reitores e salvadores retornam ao lugar de onde vieram (XIII – 3.13).

De modo semelhante a *O Sonho de Cipião* é a passagem de Horácio, que analisamos no tópico da hierofania e o simbolismo do centro. O poeta louva os heróis elevados à glória dos deuses. No lugar de onde vieram é exatamente o Céu. Portanto os políticos e os homens públicos recebem o poder do alto, da divindade, por isso o poder está acompanhado de uma incumbência superior. Esses homens magníficos se assemelham àqueles que Nicolau viu no *sogno di Machiavelli* e àqueles com quem ele conversava em suas viagens ao mundo dos mortos enquanto estudava e escrevia as obras que o imortalizaram.

Para Cícero, o poder em si mesmo é bom, pois os homens o recebem de Deus. Uma teoria de forte raiz estoica. A passagem diz que somente os bons políticos terão o retorno ao umbral celeste, prêmio para a sua justiça. Por fim, a doutrina segundo a qual a substância da alma é ígnea e assim pode retornar ao astro que lhe é congênere, está exposta por Platão em *Timeu* (39b e ss.; 90a e ss.), e os pitagóricos a identificam como a mente divina universal, o que é ratificado pelos estoicos (Costa, 2010, p 43).

A apoteose, a subida dos bons homens aos céus, "seus reitores e salvadores retornam ao lugar de onde vieram", é vista em praticamente todos os lugares da cultura ocidental. Na Bíblia encontramos inúmeros exemplos, como o de Elias, subindo aos céus num carro de fogo (*II Reis*, 2:11); Enoque, que Deus o "tomou para si", por isso ele "não viu a morte" (*Gênesis*, 5:24; *Hebreus*, 11:5); e o próprio exemplo de Cristo (*Atos*, 1:9; *Lucas*, 24:51). O livro do Apocalipse (21 e 22) também contém diversas visões e símbolos que podem ser interpretados como referências a uma nova criação e à glorificação dos fiéis, a Nova Jerusalém e a vida eterna, no Paraíso. Ou na arte, as famosas telas *A Transfiguração* (1516-1520), de Rafael; *A Assunção da Virgem* (1516-1518), de Ticiano; ou *A Ascensão de Cristo* (1496-1498), de Perugino, são todas referências conhecidas por nosso autor.

Os homens mais elogiados foram os "chefes e fundadores de religiões. Depois, os que fundaram repúblicas ou reinos. Após estes, são celebrados os que, comandando exércitos, ampliaram seu domínio ou o de sua pátria. A eles se acrescentam os homens de letras" (*Discursos*, I-10). Tais homens mais elogiados são aqueles que serviram "voluntariamente à sua pátria". Esses, mais que nenhum outro, foram "depois daqueles que foram deuses, os primeiros a serem elogiados". "Não há maior presente, então, que o Céu possa dar a um homem, nem possa mostrar-lhe um caminho mais glorioso que este" (*Discursus florentinarum*).

*A fama, representada na forma de um monstro.*
*Xilogravura utilizada para ser a capa de uma edição, do século XVI, de A Eneida, de Virgílio*

O caminho mencionado é o caminho do serviço e do sacrifício à pátria, mas já conseguimos descobrir que é justamente por esse caminho que se pode "subir aos céus".[331] No capítulo passado já vimos a movimentação entre a Terra e os diversos mundos espirituais. Os diabos, as Fúrias,

---

[331] A expressão "subir ao céu" está presente em diversos textos de Nicolau, até mesmo naqueles de contexto puramente militar. Um "erro sinistro" na estratégia de um exército frustrar seus planos e impedir que "saia", "suba" ao céu: "[...] venendo tempo ch'eglino ebbero a fare guerra in terra per difendere Vicenza, dove essi dovevano mandare uno loro cittadino a combattere in terra, ei soldarono per loro capitano il marchese di Mantova. Questo fu quel partito sinistro che tagliò loro le gambe del salire in cielo e dello ampliare" (*DAG*, I).

os *espíritos beatos* descem à Terra, os deuses sobem aos céus para evitar a infâmia humana (*allocuzione*), as almas infelizes que morrem em desgraça vão ao Inferno (*Belfagor*). Em todos os seus escritos encontramos mesclas das fontes pagãs e cristãs indicando uma mesma situação: a ascensão dos virtuosos para habitarem o céu, junto aos outros eleitos, amigos e escolhidos por Deus.

No capítulo passado, enquanto íamos à missa com Nicolau, ele nos contou detalhadamente a respeito de seu panteão que circunda o mundo dos homens. Aqui, se pudermos fazer uma lista, encontramos infinitos exemplos de homens que gozam da beatitude ao lado daqueles seres especiais nos palácios celestiais. Esse é o resultado da sua teologia e da sua salvação e estes são os seus eleitos: os Santos (principalmente Francisco e Domingo) Trajano, Pedro e Davi (*Exortação*).

Os amigos de Deus: Moisés, Ciro, Teseu e Cipião, este último considerado "pelo céu enviado, um homem divino" *(Dell'Ingratitudine; Discursos, III-9 e 21)*. Aqueles homens que se sacrificaram por sua Pátria também agradam a Deus e são tão louvados "quanto os deuses" (*Discursus Florentinarum; Discursos*, I-10); os homens que são "amados pelo céu", pelos deuses e pela fortuna, que foram capazes de pôr em prática as coisas ensinadas por Nicolau (Lorenzo de Médici, em *Histórias Florentinas*, e no poema *Pastorale*; os jovens desconhecidos e futuros leitores, mencionados no *prólogo* do livro II de *Discursos*).

Ainda, os homens de ação e de prudência, que são o farol em tempos de trevas e conturbação, que personificam a *celeritas* e a *gravitas* (Alexandre, César, Dário, Castruccio, Temístocles [visto em *Discursos*, II-31], Cincinato, Cosimo e Giovanni de Médici, morto em confronto contra os alemães, nas margens do Rio Pó). Os fundadores, legisladores e ordenadores (Sólon, Licurgo, Agis, Cleômenes, Rômulo, Numa, Túlio) e autores que, "não podendo fundar" uma república de verdade, "fundaram por escrito" (como Platão e Aristóteles, em *Discursus Florentinarum*, e Cosimo Rucellai, "bom amigo" e "bom cidadão", que morreu sem honra por não ter tido a oportunidade de dar sua alma pela pátria, em *A Arte da Guerra*).

Os homens sábios com quem nosso autor se encontrava em suas jornadas ao submundo para alimentar seu espírito (*Carta* 216); os historiadores que deixaram valiosas lições para que a posteridade pudesse ler (*Discursos*, III-30) e aprender a verdadeira *virtù* (Tito Lívio, Xenofonte, Cícero, Tucídides, Plutarco, Tácito [*Discursos*, III-6] e Marco Aurélio, o imperador, chamado por nosso autor de "Marco Filósofo" [*Príncipe*, 19], em contraste com outros imperadores que foram odiados pelo povo, vindo a morrer vítimas de conjurações).

Também os poetas inspirados por um espírito divino, fazendo deles verdadeiros *vates* (Dante, Petrarca, Virgílio e Homero, Tíbulo, Ovídio e Boccaccio, este último celebrado pelo amor à língua, não tanto por uma destreza profético-militar, em *Discorso o dialogo intorno alla nostra lingua*). Há ainda vários outros nomes notáveis que podem figurar no Céu, entre os amigos e eleitos de Deus. São eles: Marsílio Ficino, *secondo padre della platonica filosofia* (*HF*, VII-6); Pico (*Giovanni*) della Mirandola, um *uomo quasi che divino* (*HF*, VIII-36); Símaco e Boécio, homens santíssimos (*uomini santissimi*), que demonstraram "que sua memória seria totalmente digna de toda e qualquer honra, porque, mediante sua virtude e bondade, não somente Roma e Itália, mas todas as outras partes do império ocidental, livres das contínuas agressões que por tantos anos, de tantas inundações de bárbaros haviam suportado, se levantaram e se reduziram a uma ordem boa e a um estado bastante feliz" (*HF*, I-4).

Os "Oito Santos" que valorizaram mais a pátria do que a alma (*HF*, III-7); também muitos outros "homens excelentes" (*Discursos*, II-22) ou "homens de bem" (*HF*, IV-33), ou também as boas "almas liberais" e demais homens "prudentes", ou o "Homem digno de todos os louvores (*Libro delle persecuzioni d'Africa*; *HF*, V-1; *legazione al duca valentino in romagna, 92 – lo stesso al medesimo*), que aparecem abundantemente em todos os seus escritos.

Agora já basta. O sol já foi dormir e a Toscana está escura. Nicolau está cansado, sente-se indisposto e com dores estomacais. Chamamos sua mulher e filhos, Marietta, Primerana, Bernardo, Lodovico, Guido, Piero, Baccina e Totto para acudi-lo. Tristemente observamos a cena em que eles o levam aos seus aposentos. Nosso amigo se despede agradecendo a visita e pede para que voltemos mais vezes, porque a solidão machuca mais na velhice. Desaparece na penumbra do interior de sua casa, fraca-mente iluminada por algumas velas que tremulam no cantinho da sala.

Com um nó na garganta e os olhos marejados, o leitor me lança um olhar aflito e eu confirmo o seu temor: nosso amigo estava morrendo. Não o veríamos mais. Dizemos adeus e preparamos nossa bagagem para voltarmos para casa. Mas antes de irmos embora precisamos fazer uma última coisa.

*Túmulo de Nicolau Maquiavel, na Basílica de Santa Croce, Florença*

## Antes de entrarmos em Santa Croce

Eu poderia dizer que já nos aproximamos dos portos de Ítaca, nos momentos finais de nossa Odisseia, mas nós não fomos ver Príamo, orgulhoso com os muros de sua Troia, porque viemos visitar seus afilhados distantes: os filhos de Rômulo, tataranetos de Enéas. É verdade que em breve teremos uma visão parecida com a de Pedro Álvares Cabral, após iniciarmos nosso retorno para casa, mas, por enquanto, ainda estamos em solo itálico, diante das portas da Basílica de Santa Croce, local onde Nicolau está enterrado.

Antes de entrarmos, giramos nos calcanhares para admirarmos a linda *Piazza di Santa Croce*; a magnífica praça, cheia de vida. Ouvimos o *zum-zum-zum* dos turistas, como formigas apressadas, espalhadas por cima de um chão que testemunhou a manifestação do gênio humano em seu ápice. Uma *piazza* onde o pátio é o declive sobre o qual se derrama o céu. Ainda estamos "sob o Sol da Toscana", mas já é fim de tarde e nós finalmente conseguimos entender por que Borges, o grande poeta argentino, amava-as demais (tanto as praças, quanto as tardes): sempre convidativas para um passeio e uma descoberta de si mesmo. Sejamos peripatéticos, então.

A "praça" florentina carece do mesmo aconchego das praças de Buenos Aires, principalmente pela ausência de árvores e, especialmente, de bancos. Os bancos, mais apropriados à boemia ibérica dos poetas do século XX, são também um símbolo de um tempo de sossego que os italianos que conhecemos nesta viagem raramente desfrutaram devido aos períodos conturbados em que viveram. Assim, faltam às praças dos nossos italianos o "rápido sossego dos bancos", tão presente nas "praças igualadoras de almas" dos versos de Borges.

Olhamos para o lado direito e encontramos, não muito longe de onde estamos, a estátua em homenagem a Dante, outro poeta que nos fez grande companhia ao longo dessas páginas. Por um breve momento começamos a recordar das paisagens, das pessoas e dos eventos que presenciamos até chegarmos aqui, no terceiro degrau desse templo, que está bem no *centro do nosso mundo*.

Quando o leitor abriu este livro, aceitando meu convite para o passeio, eu lhe disse que a hipótese que me movia era que a obra de Nicolau estaria ancorada numa concepção mítica e religiosa do mundo, que essa "metafísica" seria o solo de onde brotou toda a sua especulação política e que a sua postura existencial era a "atitude mítica".

Eu disse que Nicolau viveu em função de uma história primordial, e após caminharmos pelas densas páginas que fundamentaram este livro, acredito firmemente ter tido sucesso em indicar que essa hipótese é verdadeira. Absolutamente tudo que levantei, fundamentei com as próprias palavras do autor, sem precisar forçar uma interpretação absurda, nem fazer malabarismos retóricos para encaixar uma visão que não corresponderia tanto à época, quanto ao estado de espírito de um homem renascentista – eu ofereci um Nicolau explicado por ele próprio.

Ao contrário de praticamente todos os intérpretes do nosso autor, eu não o retrato como um pensador da "pura política", não o considero o pai da ciência política, um teórico, nem um filósofo político no *sentido estrito* do termo. Considero, também, ser uma imbecilidade sem tamanho apontá-lo como o precursor do secularismo europeu, do fascismo ou do marxismo. Além de não termos um único traço de secularismo em seus livros, os chamados que ele faz para que os Estados tomem ações enérgicas contra a desordem e a ruína em nada têm a ver com os totalitarismos do século XX; ao mesmo tempo, os "conflitos" entre as "classes" (muitas aspas) que vislumbramos em seus escritos tampouco são semelhantes à famigerada luta de classes marxista. Todos os seus intérpretes que embarcam nessas patifarias hermenêuticas falham em perceber o naturalismo em seu pensamento. Nicolau mais pareceria um homem da Antiguidade greco-latina do que um marxista, idealizador de uma luta entre burgueses e proletários. Essa é uma leitura simplesmente anacrônica.

As alegações de seu anticristianismo também não se sustentam com uma leitura atenta e sistemática dos textos. No máximo poder-se-ia aceitar um pouco de ironia em alguns dos seus parágrafos. Mas as descobertas e a formulação teórica da fenomenologia da religião, surgidas na metade do século XX e que eu trouxe no primeiro capítulo, foram essenciais para compreender o mito e a religião dentro de novas categorias, completamente aplicáveis à obra do florentino. Nosso autor deixou vestígios em sua escrita, e essa formulação teórica que utilizei extensivamente foi a ferramenta necessária para a interpretação. Somente dessa forma poderíamos entender o significado de elementos-chave, como a proposta de imitação e a repetição dos atos fundacionais, vistos nos quatro-cantos de sua obra.

No contexto das sociedades arcaicas e do homem da Antiguidade, o mito surgia como uma prática viva, que servia para ordenar, regenerar e recuperar o mundo. A viagem realizada no segundo capítulo teve o escopo de demonstrar que o ambiente vivido por nosso autor pedia pela intervenção divina. Por meio da ajuda de uma força sobrenatural, os homens poderiam superar as adversidades de sua condição caída. Em outras palavras: os homens buscavam uma salvação diante da ruína e da destruição.

O terceiro capítulo serviu para mostrar justamente os personagens que participarão dessa redenção e o quarto capítulo terminou de juntar todos esses pontos, que já pareciam ter uma mútua relação.

Um elemento essencial para a religião é justamente o desejo, a busca pela salvação. De fato, não se pode falar de religião, ou melhor, de "experiência religiosa", se se ignora tal anseio salvífico. Assim, a política e a religião para Nicolau se misturam em um sentido comum. Ambas buscam as mesmas coisas, a salvação do homem, e cada uma realiza, na parte que lhe cabe, a vontade de Deus.

Essa é a via da *penitência* que nosso autor explicou em sua *Exortação*: sacrificar-se pelo bem comum. O herói de Nicolau tem todo um panteão em sua ajuda contra as forças do mal. Ele é um *amigo* e escolhido por *Deus*; os *espíritos beatos* lhe indicam os perigos que espreitam; a *Fortuna* lhe dá a ocasião de ação; os *poetas*, inspirados pelos *deuses*, cantam as *profecias* que ele cumprirá com sua *virtù*, no devir, e a *história* lhe ensina os passos dos *grandes homens*, para que ele possa evitar seus erros e imitar seus acertos.

Sua postura mais sincera diante da vida é denunciada por sua crise existencial mais profunda: seu horror diante da desordem e da ruína da época presente. Feito um homem arcaico, Nicolau recorre ao mito em busca de sentido e de abrigo contra as forças do caos e da destruição; ele se vale do relato primordial como solução para os problemas de seu tempo. Certamente era um homem inteligente e de habilidades políticas, entretanto sua sensibilidade não era de um politólogo, senão de um poeta.

Mas já basta disso. Saiamos dessas recordações e entremos, finalmente, na Basílica. Os restos mortais de Nicolau foram enterrados na capela de sua família, em Santa Croce, em 1527, o ano de sua morte, em um túmulo simples, sem grandes distinções. Nós estivemos junto a *Francesco Nelli*, quando ele recebeu a fatídica carta de *Piero Machiavelli*, avisando do falecimento do nosso querido amigo, e pudemos notar o pesar em seus olhos enquanto lia aquelas tristes linhas: "Queridíssimo Francisco: não posso fazer nada além de chorar ao dever dizer-lhe que no dia 22 deste mês faleceu Nicolau, nosso pai, devido a dores abdominais causadas por um medicamento tomado no dia 20. Ele confessou seus pecados a Frei Matteo, que o acompanhou até o momento da morte" (*Carta* de 22 de junho de 1527).

Foi somente no final do século XVIII que se considerou oportuno erguer um túmulo digno de um homem tão especial. Durante o governo do Grão-Duque Pietro Leopoldo (1765 - 1790), o novo túmulo fez parte de um contexto em que ocorria uma redescoberta e uma reavaliação do pensamento de Nicolau. Nesse processo houve uma grande influência dos ingleses que viviam em Florença e, com o auxílio do Duque Leopoldo, o Lorde George Nassau Clavering-Cowper, publicou a obra completa do nosso autor em seis volumes. Essa empreitada teve a participação do impressor Gaetano Cambiagi, em 1782. Após uma campanha para arrecadar fundos, o escultor romano Innocenzo Spinazzi, artista, paisagista, restaurador de Antiguidades e professor de escultura na *Accademia di Belle Arti*, em Florença, foi contratado para produzir o túmulo.

Esse túmulo, agora diante de nossos olhos, tem seu estilo inspirado num rococó "classicizante" e traz uma representação alegórica da política, na forma de uma mulher, sentada em um sarcófago neorrenascentista. Ela segura em sua mão direita um medalhão com um retrato de Nicolau e em sua mão esquerda uma balança simbolizando o equilíbrio necessário no exercício das artes de governar. Em sua base encontra-se uma inscrição elaborada por Pietro Feroni, membro da *Accademia della Crusca*, que afirma: *"Tanto nomini nullum par elogium"* ("Nenhum elogio é suficiente para um nome tão grandioso").

Há uma expressão popular toscana para indicar que alguém tem experiência de vida, que viajou para diversos lugares, conheceu muitas pessoas e fez várias coisas diferentes: "Mijar em muita neve". Ao ouvi-la, logo imaginamos um emissário viajando a cavalo, no cumprimento de uma missão, precisando parar seu trajeto (já bem longe de sua casa), para fazer xixi, na beira da estrada, coberta de neve. Essa mesmíssima expressão é dita pela boca de Ligúrio, em *A mandrágora* (*"Avendo voi pisciato in tante neve"* – Ato I, Cena II).

Uma história é contada entre alguns biógrafos do nosso autor: os amigos de Nicolau, na ocasião de sua morte, escreveram um epigrama em sua homenagem utilizando essa expressão jocosa. Se isso for verdade, nosso amigo entrou para a história de duas maneiras distintas. Uma pela grandeza de sua fama e a outra pela memória afetiva de quem o considerava um bom amigo e um bom cidadão. A frase em seu túmulo e o epigrama de seus companheiros não poderiam ser mais contrastantes: aquela traz a grandiloquência, o peso (a *gravitas*) do latim: *"Nicholaus Machiavelli – Tanto nomini nullum par elogium"*, e esta traz o afeto irreverente, quase ofensivo, da toscana: *"Niccolò Machiavegli* / por amor à pátria / mijou em tanta neve".

Se eu pudesse voltar no tempo para conversar com Nicolau, contar-lhe que estudo sua obra e que tinha acabado de escrever um livro explicando o íntimo de suas ponderações, eu teria lhe dado esse exemplar com a seguinte dedicatória:

*Ao meu amigo,*
*bom amigo, bom pai, bom cidadão,*
*engraçado, sensível, bom conselheiro,*
*leitor apaixonado, amigo de Deus,*
*irreverente e cheio de cerimônias,*

*Niccolò Machiavelli*
*historico, comico et tragico.*

*Túmulo de Nicolau Maquiavel em Santa Croce, Florença – Detalhe*

## UMA LEITURA STRAUSSIANA

### A compreensão do passado

Leo Strauss em nenhum momento chama Nicolau por seu primeiro nome. Por isso, neste *apêndice* eu o chamarei de "Maquiavel" para manter a fidelidade ao texto que agora será comentado. Muito bem, na introdução deste livro eu disse que Strauss faz uma abordagem da filosofia moderna valorizando a teoria clássica enquanto buscava realizar uma investigação minuciosa dos textos. Nesse aspecto, em uma palestra (posteriormente transformada em artigo) chamada *Como estudar a Filosofia Medieval*, ele nos mostra sua posição quanto às formas adequadas de olhar para o passado:

> Todos concordam que, se temos que estudar a filosofia medieval, devemos estudá-la da maneira mais exata e inteligível possível. Da maneira mais exata possível significa que: não nos é permitido considerar nenhum detalhe, por mais insignificante que seja, indigno de nossa observação mais cuidadosa. O mais inteligível possível: em nosso estudo exato de todos os detalhes, nunca devemos perder de vista o todo; nunca devemos, por um momento, perder a floresta por causa das árvores. Mas essas são trivialidades, embora tenhamos que acrescentar que são trivialidades apenas se estabelecidas em termos gerais, e que deixam de ser trivialidades se lhes for dada atenção enquanto se dedica ao trabalho real [...] (1944, p. 323).[332]

Muito bem, nesse artigo, apesar de Strauss se referir à filosofia medieval, o método empregado por ele para analisar o período moderno é exatamente o mesmo. Ele aborda a questão das interpretações do passado à luz das doutrinas do presente e como o historiador deve realizar a análise histórica

---

[332] "Everyone admits that, if we have to study medieval philosophy at all, we have to study it as exactly and as intelligently as possible. As exactly as possible: we are not permitted to consider any detail however trifling, unworthy of our most careful observation. As intelligently as possible: in our exact study of all details, we must never lose sight of the whole; we must never, for a moment, overlook the wood for the trees. But these are trivialities, although we have to add that they are trivialities only if stated in general terms, and that they cease to be trivialities if one pays attention to them while engaged in actual work [...]".

buscando aproximar-se o mais exatamente possível da realidade das coisas.

Para isso é necessário que o pesquisador não permita que nenhum detalhe passe despercebido. Inicialmente, o leitor pode pensar que essa seja uma razão que faz com que Maquiavel seja visto de maneiras tão distintas entre seus críticos.[333] Assim, o problema de compreensão de Maquiavel talvez não seja limitado apenas às suas obras, ou seja, não seria apenas um problema de interpretação literal, mas, possivelmente, um problema de interpretação histórica.

No artigo mencionado, Strauss começa analisando as formas como se pode entender um autor. Ele argumenta que, segundo Kant, seria possível entendermos um autor melhor do que ele próprio se entendia. Mas a crítica de Strauss é que não se deve tentar fazer isso. Não devemos buscar entender um autor melhor do que ele mesmo compreendia a si próprio, porque a tarefa do historiador do pensamento é compreender o pensamento do passado da maneira mais exata possível, como o próprio se compreendia. Afastar-se dessa tarefa é equivalente a abandonar o único critério praticável de objetividade na história das ideias. Como se sabe, o mesmo fenômeno histórico é interpretado das formas mais variadas ao longo dos diferentes períodos, por distintas gerações e autores.[334]

Da mesma forma, o evento histórico aparece sob diferentes perspectivas dependendo do tempo que o observa. "A experiência humana lança novas luzes sobre textos antigos". Strauss exemplifica que ninguém pode prever como a Bíblia será lida nos próximos cem anos. Isso implica que deve-

---

[333] «Lorsque le monde revient à la verité et que la conception des choses s'est complètement soustraite au frein de la religion ou de l'idéalisation maladive, lorsque le chemin récemment interrompu dans le domaine des idées se renoue pour donner à l'esprit humain une idée exact de la vie, Machiavel retombe sous l'examen d'une anatomie critique, mais, cette fois, augmentée de la vitupération de trois siècles. Ce n'est plus un écrivain qui offre ses livres et sa vie à l'étude de la postérité, c'est le magicien qui occupe la pensée des reines et des rois, des grands soutiens de la foi, des grands préparateurs de la révolution ; c'est le colosse du mal contre qui se sont élancés tous les hommes de bien et dont le nom est devenu le symbol d'une tendance d'idées et de sentiments dans la vie publique et privées» (Ferrara, 1928, p. 19).

[334] «Très souvent c'est la postérité qui se trompe; d'autres fois – les plus rares –, ce sont les contemporains. Ce qu'il y a de certain, c'est qu'il existe dans les appréciations humaine une loi immuable, qui s'étend du domaine individuel au vaste domaine de l'Histoire: [...]. Et comme l'évolution des idées est constante, les contemporains, presque invariablement, n'ont pas eu la même opinion que la postérité; et, de même, à différentes périodes de l'évolution humaine correspondent des appréciations différentes. C'est pourquoi l'Histoire n'est pas une relation inerte des événements, mais une reconstitution critique du passé; c'est pourquoi également, cette conception critique de faits écoulés souffre de continuels procès en revision et avec une telle force qu'elle vainc le misonéisme des hommes, sentiment plus enraciné dans l'âme des collectivités que dans celle des individus» (Ferrara,1928, p. 2).

mos fazer uma leitura muito cautelosa das obras. Observações semelhantes levam o pesquisador a ter cuidado e a rejeitar interpretações que alegam ser "a verdadeira interpretação". As infinitas variedades de interpretações são feitas por tentativas conscientes, ou inconscientes, de entender um autor melhor do que ele entendia a si mesmo, mas há uma maneira só de entendê-lo: como ele mesmo se entendia (Strauss, 1944, p. 323-324).

## As camadas

No presente tópico deste *apêndice* repetirei algumas ideias presentes nos parágrafos da introdução. Bem, como foi dito, há inúmeras contradições e inúmeros problemas nos livros de Maquiavel, e vários de seus intérpretes não lhes deram atenção. Muito se discutiu a respeito desses pontos controversos, mas Leo Strauss (1958) foi um dos poucos que se debruçaram sobre as entrelinhas com tanta atenção e minúcia. Vejamos novamente a citação referente aos desatinos:

> A obra de Maquiavel é rica em desatinos manifestos de várias classes: citações erradas, declarações equivocadas sobre nomes ou eventos, generalizações precipitadas, omissões indefensáveis etc. É uma norma de prudência elementar "acreditar" que todos esses desatinos são intencionais e questionar-se em cada caso qual pode ser o significado que se quer dar ao desatino [...] (p. 36).

> Portanto, entendemos que Maquiavel nem sempre se preocupa com a verdade histórica, e frequentemente altera a seu gosto os dados que as histórias fornecem [...]. No linguajar de nosso tempo, Maquiavel é tanto um artista quanto um historiador. E é, certamente, muito artificioso. Os exemplos de Maquiavel nem sempre são adequados, nem sempre são verdadeiros [...] (p. 45).

Aqui não repetirei o tema das blasfêmias. No a*pêndice* destinado a analisar alguns detalhes referentes à Fortuna está a questão da "numerologia". Aqui analisarei outros pontos. Ted McAllister dedicou um espaço interessante em seu livro para tocar nas questões que nos interessa. Seguirei sua leitura, cotejando tanto a sua explicação quanto as passagens de Leo Strauss e de Maquiavel. Vejamos.

Quem interpreta um grande livro não tem liberdade para ignorar passagens problemáticas ou buscar mensagens secretas sem considerar contradições textuais ao ensinamento central. Em outras palavras, Strauss exigia um rigoroso empirismo no que concerne aos textos. O escritor deixa todas as pistas à mostra, na superfície, e não escreve nada sem um propósito. Maquiavel capturou a atenção de Strauss com uma discussão sobre desatinos evidentes, fazendo a afirmação universal de que, para cada erro que um inimigo comete, "sempre haverá uma fraude implícita" [*Discursos* III-48] (McAllister, 2017, p. 142).

Imediatamente depois de estabelecer essa regra, que se apresenta como universal, o florentino cita um exemplo – o exemplo central desse capítulo – em que um inimigo cometeu um desatino manifesto sem sombra de fraude. O exemplo mostra, de fato, que às vezes os inimigos cometem graves desatinos por causa do pânico ou da covardia. "O importante é o fato de que Maquiavel, ao falar de desatinos manifestos, comete ele mesmo um desatino manifesto. Ele faz o que, segundo ele diz, fazem às vezes os inimigos" (Strauss, 1958, p. 35).

Maquiavel defendia "novos modos e ordens", seu curioso exemplo, seu desatino no contexto da discussão sobre o significado dos desatinos, e informa ao leitor sobre uma importante estratégia na crítica dos velhos modos e das velhas ordens (assim como na defesa dos novos). As contradições na forma de pequenos "desatinos" ou de autocontradições mais óbvias fornecem a mais rica fonte de indícios sobre a intenção de um autor. "As obras de Maquiavel estão repletas de declarações incompatíveis, mas como decidir em qual das duas declarações contraditórias devemos acreditar? Se supusermos que o autor sabia da existência das contradições, então o ato deve ter sido deliberado" (McAllister, 2017, p. 144).

Strauss observou atentamente a forma como Maquiavel leu a obra de Tito Lívio. Ele descobriu que o florentino argumenta partindo não só das declarações explícitas de Lívio, mas também de seu silêncio ocasional. Sobre a noção comum de que o dinheiro constitui a força que move a guerra, Maquiavel, valendo-se da autoridade de Lívio, nota que, ao discutir o assunto, o historiador romano permaneceu em silêncio a respeito do dinheiro. Strauss, então, argumenta que Maquiavel considera que Lívio ensinou por meio do silêncio dele.

> Lívio não menciona o dinheiro em um contexto no qual deveria tê-lo mencionado se o considerasse importante. Este fato, por si só, estabelece não apenas uma vaga presunção em favor de que Lívio mantinha uma opinião saudável sobre o tema do dinheiro, mas o faz o mais verídico testemunho; a mais importante autoridade em favor dessa opinião. O silêncio de Lívio é mais notório do que teria sido sua declaração explícita, se a tivesse feito. Lívio revela uma importante verdade da maneira mais efetiva, por meio de

seu silêncio. A regra que Maquiavel aplica tacitamente pode ser expressa como segue: se um homem prudente guarda silêncio sobre um fato que é comumente considerado importante para o tema que ele discute, ele nos dá a entender com isso que tal fato carece de importância. O silêncio de um homem importante é sempre significativo. Não pode ser explicado pelo esquecimento. A opinião da qual se desvia Lívio é a opinião comum. Pode-se expressar a descontinuidade com a opinião comum simplesmente omitindo o reconhecimento dela; isso é, de fato, o meio mais efetivo de mostrar desaprovação (Strauss, 1958, p. 30).

Como, então, Maquiavel utilizou esse "método" (o silêncio) para a obra de outro autor, Strauss supôs que a mesma técnica aplicar-se-ia às obras do próprio florentino:

Apliquemos esta lição à obra de Maquiavel. Em *O Príncipe*, ele omite mencionar a consciência, o bem comum, a distinção entre príncipes e tiranos, e o céu. Resistimos em dizer que ele esqueceu de mencionar tais coisas ou que não as mencionou porque não era necessário mencioná-las, dado que sua importância é dada como suposta ou é conhecida pelos intelectos mais medianos. Porque, se essas razões são verdadeiras, por que as menciona nos *Discursos*? Sugerimos que ele omitiu mencioná-las em *O Príncipe* porque as considerou sem importância dentro do contexto d'*O Príncipe*. Há, contudo, algumas questões que ele omite mencionar não só em *O Príncipe*, mas igualmente nos *Discurso*, enquanto as menciona em suas outras obras. Ele não menciona em nenhum dos dois livros a distinção entre este mundo e o outro, nem entre esta vida e a outra; enquanto frequentemente menciona a Deus ou aos deuses, nunca menciona o demônio; enquanto frequentemente menciona o céu e uma vez o paraíso, nunca menciona o inferno. E, acima de tudo, jamais menciona a alma. Com este silêncio, sugere que estas coisas carecem de importância para a política. Mas, como cada um destes dois livros contém tudo o que ele sabe, sugere com este silêncio que estes temas carecem de importância simplesmente; ou seja, que a opinião comum, segundo a qual estes temas são extremamente importantes, é errada. No entanto, esta mesma tese é evidentemente de grande importância. Ou seja: seu silêncio em relação a temas que, segundo a opinião comum, são muito importantes, mostra que ele considera a questão referente ao status desses temas ou à sua verdade ou realidade como muito importante. Ele expressa sua desaprovação da opinião comum de modo mais efetivo mediante o silêncio (p. 30-31).

O silêncio sobre tópicos geralmente considerados essenciais a assuntos como a ordem política, por exemplo, especialmente em um livro no qual o autor afirma ter escrito tudo o que sabe sobre o tema (*Discursos – Dedicatória*), levou Strauss a acreditar que Maquiavel ensinou que as crenças convencionais eram falsas por meio do silêncio. Ao retirar da apreciação os temas que ele considerava sem importância, o secretário acaba por impedir que seu interlocutor faça perguntas. Temas importantes sobre a constituição da ordem em uma realidade espiritual não são tratados como deveriam.

Sob a suspeita de que Maquiavel teria alterado os ensinamentos clássicos, o livro de Strauss, no primeiro capítulo, buscou indicar que o florentino escreveu de modo a transmitir diferentes mensagens a dois públicos distintos. "Além da discussão dos diversos métodos empregados por Maquiavel para a transmissão de suas duas mensagens, Strauss defendeu a tese da unidade, ou concordância entre os dois livros" [*Príncipe* e *Discursos*] (McAllister, p. 151). O leitor percebe que Maquiavel destinava seu verdadeiro ensinamento aos jovens.

No capítulo 2, Strauss indica que a parte revolucionária d'*O Príncipe* não é o conselho específico dado por ele, mas sua pretensão de universalidade. O livro, segundo Strauss, tem as características de um tratado para uma época e de um tratado sobre a verdade para todas as épocas. Como o florentino destina o livro a um príncipe específico, o leitor pode não perceber que o verdadeiro público não era um príncipe em particular, mas uma multidão indefinida de jovens. Ele tentou iniciar uma completa revolução por intermédio dos jovens. Uma revolução que culminaria em <u>novos modos e ordens</u>, que, por sua vez, resultariam de uma revolução em nosso entendimento do que é certo e errado.

> A Itália precisava ser libertada não dos bárbaros, mas de uma "má tradição", que era como Maquiavel entendia a tradição cristã (ou ao menos certo tipo de tradição cristã). Criados na religião cristã, os jovens da Itália haviam se tornado "excessivamente confiantes na bondade humana, quando não na bondade da criação, e, por isso, demasiado gentis e afeminados". Uma revolução de proporções tão grandes requeria uma completa inversão de crenças (novos *modos* e *ordens*), assim como um fundador para a nova ordem. Os tempos necessitavam de um novo Moisés (McAllister, p. 152; Strauss, p. 82).

Ao contrário do que faz em *Discursos*, Maquiavel evita mencionar "o bem comum" em *O Príncipe* até o capítulo 26, no qual utiliza um objetivo moral como fundamento para justificar suas políticas imorais. A partir do momento em que Strauss expõe a linguagem do bem comum empregada por Maquiavel como uma fachada para seus argumentos sobre a natureza da vida política e social, também o patriotismo do florentino passa a parecer dissimulado, ou ao menos secundário. "O núcleo de seu ser", escreve Strauss, "era seu pensamento acerca dos homens, acerca das condições do homem e dos assuntos humanos". Os objetivos de Maquiavel iam muito além do momento ou do âmbito particular para envolver a criação de novos modos e ordens.

Em *O Príncipe*, Maquiavel sugere ter conhecimento adequado da natureza dos príncipes, enquanto Lorenzo, a quem o livro se dirige, pode ter adequado conhecimento da natureza dos povos. A partir dessa constatação, Strauss (p. 83) conclui que o próprio Maquiavel pode ser considerado um profeta. Com relação aos profetas em geral, Maquiavel observa que todos os profetas armados conquistaram e todos os profetas desarmados fracassaram. O maior profeta armado foi Moisés e o único profeta desarmado mencionado é Savonarola (*Príncipe*, 6).

Deparamo-nos com algumas questões importantes. Primeiro, como Maquiavel explica a vitória do cristianismo diante do que ele considerava como seu caráter afeminado? E, segundo, se todos os profetas desarmados fracassaram, o que seria Maquiavel se não um profeta desarmado? Certamente, ele tinha Jesus Cristo em mente como um profeta desarmado, mas não o mencionou nesse contexto. Além disso, Jesus é a prova que contraria sua afirmação de que "somente os profetas armados tiveram sucesso", pois a religião de Cristo prospera até hoje. Estaríamos diante de um ato deliberado de fraude intelectual?

Tendo estabelecido em um capítulo anterior que todos os fundadores são fraudes, o que quer dizer que fundaram sua sociedade sobre uma fraude, Maquiavel, segundo aponta Strauss, considerava aceitável que alguns escritores expusessem essa fraude, "sob certas condições".[335] Um propósito curioso, talvez, mas que leva a uma pergunta também muito importante: "Com que fim, ou propósito, escreveu Maquiavel?". Olhemos uma longa citação de Ted McAllister:

---

[335] "The chapter in question itself is devoted to the subject of fraud as a chief means for rising from a low to a great position. Among the individuals who are said to have risen through fraud, Cyrus, a new prince of the highest rank, a founder, is treated most extensively; for even founders and precisely founders are compelled to 'color their designs.' It is no accident that Machiavelli stresses the difference between authors and their characters in such a context: not the men who use fraud on a grand scale but those who write concerning such men may, under certain conditions, reveal that fraud. To reveal those conditions may be said to be the chief purpose of our chapter. As for the fraud committed by Cyrus, Machiavelli refers to Xenophon. 'Xenophon in his life of Cyrus shows this need for deceit. The first expedition which he makes Cyrus make is full of fraud, and he makes him seize his kingdom with deceit and not with force... He makes him deceive [...]'" (p. 139-140).

Maquiavel elaborou um contraste entre "moderno" (que ele entendia como cristão) e "antigo". Aproveitando-se do preconceito existente em favor da Antiguidade, especialmente no caso de Roma, Maquiavel incentivou seus leitores a aceitar a autoridade e a superioridade dos modos e ordens pagãos diante dos exemplos cristãos modernos. Os romanos pagãos pareciam fortes, bem armados e focados na glória; o cristianismo encorajava a fraqueza e depreciava a glória em favor de alguma bem-aventurança futura. Tendo desacreditado os modos e ordens modernos e cristãos ao compará-los com exemplos antigos, ele expõe modos e ordens romanos como igualmente defeituosos. Os exemplos antigos perderam seu encanto e autoridade. O sucesso de Roma, além de outros exemplos antigos, dependia do acaso (fortuna). Os romanos "descobriram seus modos e ordens distraidamente ou por acidente", e, assim como os modernos aceitavam as vicissitudes desta vida, também os antigos eram limitados pelo destino. Aquele que aceitou os ensinamentos de Platão e Aristóteles esperaria que este fosse necessariamente o caso, porque a boa sociedade, na medida em que pode ser concretizada pelos homens, depende de circunstâncias que estão além do controle humano. Maquiavel entendeu o ensino clássico e o rejeitou (p. 154).

Os antigos romanos descobriram seus modos e ordens inconscientemente ou por acidente, e aderiram a eles por reverência ao ancestral. Maquiavel, por sua vez, realiza pela primeira vez o estudo anatômico da República romana e assim compreende em toda sua extensão as virtudes e os vícios dessa República. Desse modo, ele pode ensinar aos leitores como pode ser constituída deliberadamente uma constituição política similar à romana, e ainda melhor (Strauss, p. 133).

## Os *Discursos* e a Bíblia

No capítulo 3 de sua obra, Strauss alega que o tema central de *Discursos* seria uma análise da Bíblia. Para entender essa afirmação é necessário lembrar alguns elementos da sua visão sobre o pensador italiano. Primeiro, Maquiavel escreveu para dois públicos distintos: os velhos e os jovens. Segundo, ele queria apresentar aos jovens a falácia de todas as ordens presentes e passadas. Terceiro, Maquiavel era, sim, um profeta desarmado. Como a ordem de sua época era cristã, Maquiavel tinha que aparentar aceitar as crenças morais e religiosas vigentes enquanto minava sua legitimidade. Neste trecho, Strauss destaca o público, o projeto do florentino e o resultado obtido:

> Maquiavel dirige seu apaixonado, mas ensurdecedor, apelo à juventude – aos homens cuja prudência não enfraqueceu seu vigor mental juvenil, vivaci-

dade, belicosidade, ímpeto e audácia. Razão, juventude e modernidade se levantam contra autoridade, velhice e antiguidade. Ao estudar os *Discursos*, nos tornamos testemunhas – inevitavelmente comovidas – do nascimento do maior de todos os movimentos juvenis: a filosofia moderna, um fenômeno que conhecemos através da visão, em contraste com a leitura, apenas em sua decadência, seu estado de depravação e sua decrepitude (p. 126-127).

"No capítulo final", escreve McAllister, "Strauss examinou os detalhes da rejeição de Maquiavel ao cristianismo e a todas as religiões [...]. Maquiavel tentou desiludir os jovens leitores das crenças que eclipsavam a razão e os tornavam mais suscetíveis à autoridade" (p. 157).

"Maquiavel dirige seu apaixonado, mas ensurdecido, apelo à juventude – aos homens cuja prudência não enfraqueceu seu vigor mental juvenil, vivacidade, belicosidade, ímpeto e audácia" (Strauss, p. 126), eis a razão para Maquiavel escolher os jovens como seu público principal. Os seus "discípulos" tornam-se seus soldados, mesmo que estejam distantes no tempo, e ainda assim podem colocar em prática os ensinamentos do florentino. O profeta desarmado torna-se também um fundador e, como todos os outros fundadores, utiliza-se da fraude para ocultar o verdadeiro fundamento de sua nova ordem (Strauss, p. 153-154). Na nota 31, da página 156, McAllister fez uma importante observação:

> [Maquiavel precisa de leitores que sejam perspicazes o suficiente para entender, não apenas os novos modos e ordens, mas também seu fundamento último. Ele precisa de leitores que possam atuar como mediadores entre ele e o povo, tornando-se príncipes (Strauss, p. 168)] Maquiavel politizou a filosofia, destruindo o antigo distanciamento entre teoria e prática. O verdadeiro problema de Maquiavel foi ter tentado eliminar a teoria em favor da técnica, ou colocar a razão instrumental no lugar da razão, para melhor transformar o mundo [...].

Segundo a leitura de Strauss, ficaria claro que Maquiavel reivindicou um novo conhecimento,[336] que permitia aos homens o controle sobre seu destino por meio da subjugação da fortuna (*Príncipe*, 25). Se alguém segue as pistas que estão presentes em suas obras, esse conhecimento

---

[336] "[...] nondimanco, spinto da quel naturale desiderio che fu sempre in me di operare, sanza alcuno respetto, quelle cose che io creda rechino comune benefizio a ciascuno, ho deliberato entrare per una via, la quale, non essendo suta ancora da alcuno trita, se la mi archerà fastidio e difficultà, mi potrebbe ancora arrecare premio, mediante quelli che umanamente di queste mie fatiche il fine considerassino. E se lo ingegno povero, la poca esperienzia delle cose presenti e la debole noticia delle antique faranno questo mio conato difettivo e di non molta utilità; daranno almeno la via ad alcuno che con più virtù, più discorso e iudizio, potrà a questa mia intenzione satisfare [...]" (*Discursos*, I-Prólogo).

apresenta-se com um caráter redentor e salvífico: Maquiavel apresenta seu conhecimento como capaz de fundar, reordenar e salvar uma república. Salvar o Estado significa salvar o homem.

O último capítulo do livro de Strauss, *Machiavelli's Teaching*, foca em dois aspectos: o ensino de Maquiavel sobre a religião e sua visão sobre a moralidade. Nessa reconstrução das crenças religiosas do florentino, Strauss baseia seus argumentos no silêncio de Maquiavel. Se ele, de fato, ocultou seu ensino, deve-se supor, segundo as evidências, que ele considerava que suas opiniões sobre a religião, em geral, e sobre o cristianismo, em particular, precisavam de um disfarce protetor. "Strauss seguiu as obscuras pegadas das crenças de Maquiavel sobre a religião, partindo do particular, o cristianismo, para o mais geral, a fortuna, o acaso, a providência" (McAllister, p. 157).

O cristianismo, apesar de ser duramente criticado por Maquiavel, ainda assim era considerado por ele uma enorme força política e isso lhe interessava. Mas a religião cristã reduzia a valorização deste mundo e da glória mundana ao mesmo tempo em que valorizava a humildade e a pobreza. Nesse aspecto, ele via mais *virtù* nas religiões pagãs. Os elogios ao paganismo feitos pelo florentino motivaram muitos estudiosos, inclusive Voegelin, a considerá-lo um pagão. Contudo a sociedade na qual ele vivia era cristã e, desse modo, deveria agir de maneira dissimulada.

Ainda sobre a análise de Strauss sobre o silêncio de Maquiavel, e como esse silêncio é subversivo, a questão envolve o fratricídio cometido durante a fundação de Roma e o seu silêncio em relação ao que dizia "a Bíblia sobre o fratricídio cometido pelo primeiro fundador da primeira cidade". Maquiavel precisava fazer com que seu ensino se destacasse em relação ao ensino bíblico:

> Isso explicaria o silêncio de Maquiavel se não houvesse um conflito evidente entre sua ciência política e o ensino da Bíblia. Mas esse conflito evidente existe. Basta, para vê-lo, lembrar simultaneamente o que Maquiavel diz sobre o caráter perdoável do fratricídio cometido pelo fundador da cidade de Roma, e o que diz a Bíblia sobre o fratricídio cometido pelo primeiro fundador da primeira cidade. Maquiavel precisava, muito mais urgentemente que o próprio Hobbes, de uma análise detalhada que evidenciasse a harmonia entre sua doutrina política e a doutrina da Bíblia. Mas, ao contrário de Hobbes, ele não nos oferece tal discussão. O fato de que ele não o fez, e ao mesmo tempo falou tão escassamente sobre a revelação, não pode ser explicado por cegueira e ignorância, mas apenas por uma

> mistura peculiar de audácia e precaução: silenciosamente faz com que
> os leitores superficiais esqueçam a doutrina da Bíblia (Strauss, p. 176).

Nesse ponto é pertinente olhar para a relação de Maquiavel com Tito Lívio para entender como ele negaria a autoridade da Bíblia. Lívio entra em sua obra com um papel semelhante ao da Bíblia para o cristianismo. Essa equiparação permitirá a Maquiavel questionar e mudar os ensinamentos bíblicos a partir dos ensinamentos de Lívio. Ele é mencionado pela primeira vez na seção em que o florentino deixa explicitamente dedicada à religião romana (*Discursos* I, 11-15), na qual critica uma opinião popular, a saber: que o bem-estar das cidades italianas se deve à Igreja Romana (Carvalho, 2015, p. 83). Esse ponto foi visto no tópico "O problema da Igreja", no capítulo 4.

Ao questionar a autoridade da Igreja, na ocasião a maior autoridade existente, não bastaria ter argumentos consistentes, o que, por sinal, Maquiavel indica tê-los, mas é exigida outra autoridade: a autoridade de um historiador. É dessa forma que Maquiavel evoca a autoridade de Lívio para sua obra. Devemos lembrar que a autoridade da Roma antiga não era algo incontestável, pois ele a criticou. No entanto a obra de Tito Lívio funciona para ele como sendo a Bíblia para um cristão, e ela não pode ser desmerecida por causa dos erros da Igreja de Roma (Carvalho, 2015, p. 83).

A mesma lógica se aplica ao cristianismo, pois os erros da Igreja não desvalorizam o conteúdo da Revelação. Ao realizar suas críticas à Roma antiga, a crítica não é dirigida a Lívio nem a sua obra. Criticando-a, ele constata que seus modos e suas ordens são falhos e, por isso, Maquiavel teria o conhecimento dos melhores e novos modos e ordens.

> Por sua parte, Maquiavel usa a obra de Lívio em primeiro lugar como contra-autoridade ou contra-Bíblia; ele substitui tacitamente a doutrina da Bíblia pela doutrina dos romanos, que Lívio transmitiu; ou seja, ele a substitui pela doutrina de Lívio. Em seguida, questiona explicitamente a autoridade de Lívio, e assim atrai nossa atenção para o que havia feito tacitamente em relação à Bíblia. Para mencionar apenas um exemplo, ao declarar que a História de Lívio pode ser deficiente em um ponto importante, nos faz ver a possibilidade de que os relatos bíblicos sejam defeituosos em pontos decisivos. Lívio expõe e critica ao mesmo tempo a piedade romana e a teologia pagã. Na medida em que Lívio expõe a teologia pagã, Maquiavel pode usá-lo para sugerir uma alternativa à teologia bíblica, ou para semear dúvidas a respeito da teologia bíblica. Na

medida em que Lívio critica a teologia romana, Maquiavel pode usá-lo como modelo para sua própria crítica da teologia bíblica. Ao fazer a crítica de Lívio menos visível do que seu conformismo, ele apresenta Lívio como seu modelo, ou o transforma em seu modelo, e assim indica seu próprio procedimento (Strauss, p. 141-142).

O cristianismo, que tem origem humana, como qualquer religião, tornou-se poderoso devido às circunstâncias (*Discursos,* II-5). O jovem leitor de Maquiavel aprende a não respeitar o cristianismo, pois sua força e seu poder surgiram no mundo como resultado das circunstâncias e não de virtudes especiais de sua doutrina, ou porque ele representasse Deus.

Maquiavel insistia em não haver correspondência entre sucesso e justiça. A única correspondência demonstrada por evidências empíricas – o relato histórico – é aquela entre sucesso e prudência. Maquiavel enfatiza a insignificância de Deus ou dos deuses nos assuntos humanos, identificando virtudes humanas como fator determinante para o sucesso humano; Neste caso, a virtude representa o emprego prudente tanto da justiça quanto da injustiça, o único meio de conduzir efetivamente um Estado. Maquiavel reduziu Deus a um símbolo de acaso, que não favorece justos nem injustos, deixando o mundo exposto aos sábios para que estes empreguem seu conhecimento de assuntos mundanos a fim de obter controle sobre seu destino. Quando Maquiavel reduziu Deus a um símbolo equivalente à fortuna ou ao acaso, enfatizou o papel desempenhado pelo acaso nos assuntos humanos. A fortuna aparece na obra de Maquiavel como uma mulher a ser dominada, um inimigo que deve ser conquistado, mas Strauss enfatiza que, na mais extensa análise feita por Maquiavel da fortuna, a palavra adquire um significado que designa a ordem universal, e não um ser dotado de vontade. Apesar de não serem idênticas, fortuna e natureza, sugere Strauss, tornam-se praticamente as mesmas no ensino de Maquiavel. Como no caso de uma misteriosa ordem universal, sempre devemos lidar com a fortuna reagindo a ela. Maquiavel abandonou a concepção teleológica de natureza e de constrangimento natural por uma concepção alternativa. "Ele fala frequentemente de 'acidentes', mas nunca de 'substância'. Segundo Strauss, portanto, Maquiavel não só libertou o comportamento humano dos ditames coercitivos de um deus ou deuses, mas enfraqueceu a crença clássica em uma teleologia da natureza, substituindo ambas por um mundo em que os homens devem viver com 'o acaso entendido como uma restrição não teleológica que deixa margem para a escolha e a prudência e, deste modo, para o acaso, entendido como a causa de acidentes completamente imprevisíveis" (McAllister, p. 159).

Os novos modos e ordens de Maquiavel são uma ameaça não apenas para o cristianismo, mas também para a filosofia política clássica. Ele também escondeu sua manobra por trás da autoridade de um historiador, evocando sua figura para legitimar sua fraude. Assim, ele termina ocultando os elementos necessários que poderiam expô-la, ao evitar que seu leitor fizesse perguntas. É o que poderia ser encontrado em *Discursos* III-6, o capítulo que trata das conjurações, também o capítulo mais longo de toda sua obra. Maquiavel escreve que não importa quão absurdo possa parecer um relato, "se não fosse a reverência que tenho pelo historiador, jamais acreditaria que fosse possível o que Herodiano fala sobre Plautiano [...], [pois] se trata de algo tão contrário à razão, que apenas a autoridade de Herodiano [um historiador] me faz acreditar nela".[337]

## O profeta da terceira Roma

Lembremos que do que escrevi anteriormente: segundo essa maneira de ler straussiana, em *O Príncipe* Maquiavel sugere ter conhecimento adequado da natureza dos príncipes, enquanto Lorenzo, a quem o livro se dirige, pode ter adequado conhecimento da natureza dos povos. A partir daí, Strauss considerará que o próprio Maquiavel seria um profeta:

> Como temos dito, esta sugestão é absurda, pois ser príncipe significa governar o povo; é impossível conhecer bem os príncipes sem conhecer bem os povos; e isso sem mencionar o fato de que Maquiavel demonstra ao longo de *O Príncipe* seus conhecimentos sobre a natureza dos povos e que, como diz explicitamente nos *Discursos*, não há diferenças de natureza entre príncipes e povos. Já que ele conhece bem a natureza dos príncipes, insinua, mediante sua estranha sugestão, que ele é um príncipe [...]; aquele que conhece a arte de governar é governante mais verdadeiro que os homens que governam meramente pela virtude da herança, ou da força, ou da fraude, ou da eleição de pessoas que nada sabem sobre a arte de governar. Mas se Maquiavel é um príncipe, é um príncipe novo, e não um que imita os modos e ordens fundados por outros, mas sim um criador, um verdadeiro fundador, um descobridor de novos modos e ordens, um homem de suprema virtude. De fato, se é apropriado chamar de profeta ao fundador de uma nova ordem social que é omnicompreensiva e não somente política e militar, então Maquiavel é um profeta. Não Lorenzo, mas

---

[337] "E se non fosse la riverenza dello istorico, io non crederrei mai che fosse possibile quello che Erodiano dice di Plauziano [...]: perché la è cosa tanto discosto da il ragionevole, che altro che questa autorità non me lo farebbe credere".

Maquiavel, é o novo Rômulo-Numa ou o novo Moisés; isto é, um homem que não repete meramente em novas circunstâncias o que Rômulo-Numa ou Moisés fizeram nos tempos antigos, mas que é tão original quanto eles foram. No último capítulo d'*O Príncipe*, ele testemunha certos milagres que teriam ocorrido em algum lugar da Itália moderna, milagres que se assemelham aos dos tempos de Moisés. Os antigos milagres ocorreram no caminho entre a terra do cativeiro e a terra prometida: ocorreram imediatamente antes da revelação do Monte Sinai. O que é iminente, sugere, pois, Maquiavel, não é a conquista de uma nova terra prometida, mas uma nova revelação, a revelação de um novo código, de um novo decálogo. O homem que trará o novo código não pode ser Lorenzo nem qualquer outro príncipe no sentido vulgar. O portador do novo código não é outro senão o próprio Maquiavel: ele traz o código que é realmente, o código que está em concordância com a verdade, com a natureza das coisas. Comparada com esta façanha, a conquista da terra prometida, a libertação da Itália, é uma *cura posterior*: pode esperar, deve esperar, até que o novo código tenha regenerado os italianos. O novo Moisés não lamentará se morrer às margens da terra que ele havia prometido e se só pode vê-la de longe. Porque, embora para um aspirante a conquistador seja fatal não conquistar enquanto está vivo, o descobridor de uma verdade de importância total pode conquistar postumamente (p. 82-83).

Sobre os profetas em geral, Maquiavel observa que todos os profetas armados conquistaram e todos os profetas desarmados fracassaram. O maior profeta armado foi Moisés, o único profeta desarmado mencionado é Savonarola. Partindo da afirmação de Strauss (p. 83), Maquiavel via a si próprio como o novo Rômulo, o novo Numa e o novo Moisés. Fundadores de religiões e repúblicas. Homens cheios de *virtù*. Assim, torna-se necessário questionar: que tipo de criação Maquiavel tentava realizar? Ele desejava criar uma nova religião ou uma nova sociedade com seus novos modos e ordens?

Afirmações sobre seu intento de criar "uma nova política" são muito frequentes e comuns na academia, tendo como principal argumento para sustentar tal visão o tema dos novos parâmetros de moralidade para a ação política que surgiram com suas obras.[338] Há também uma opinião geral de que Maquiavel tinha o objetivo de unificar a Itália e depois transformá-la em uma república.[339]

---

[338] *Cf.* Para esse ponto, a leitura de Quentin Skinner (1981).

[339] "Hay una interpretación usual cuanto a los objetivos de Maquiavelo al escribir su teoría, que sería justamente el acontecimiento encadenado de eventos. Es decir: primeramente, el Estado italiano en situación de caos, corrupción y calamidad, necesitaría de un gobierno fuerte (regio/monárquico – del príncipe) para restablecer el orden, y en seguida, ser instaurada una república. Así, El Príncipe sería un manual importante

De qualquer forma, poderiam ser planos de ação para prazos não muito distantes, e talvez imediatos. Em relação à pergunta aqui observada, é necessário saber um detalhe importante: Antônio Gramsci entendeu que o maquiavelismo é a forma de um plano de ação de longuíssimo prazo. O objetivo d'*O Príncipe* não seria relatar nenhuma realidade política de seu tempo, mas fazer o esboço para um projeto maior. Para isso, Maquiavel, o profeta, tinha em suas mãos a arma necessária, diferente das armas de Moisés, Numa ou Rômulo, homens detentores de poder político – ele tinha a palavra escrita.[340]

Em um esboço similar, Carvalho (2011, p. 42) afirma que "o que [Maquiavel] lança nas águas do futuro é apenas o anzol do discurso, para trazer a nova era que está no fundo do mar das possibilidades. Realizar essa possibilidade depende de um conhecimento das leis da necessidade histórica". "O homem que trará o novo código não pode ser Lorenzo nem qualquer outro príncipe no sentido vulgar. O portador do novo código não é outro senão o próprio Maquiavel: ele traz o código que é realmente, o código que está em concordância com a verdade, com a natureza das coisas" (Strauss, 1958, p. 83). Maquiavel via a si mesmo como o novo Moisés, descobridor de uma nova verdade para a criação de um novo mundo.[341]

---

para éste gobernante absoluto llegar al poder, y Los Discursos serían comentarios y consejos para manutención de la libertad del pueblo, juntamente con los hombres republicanos" (Aires, 2016, 61).

[340] "El Príncipe de Maquiavelo podría ser estudiado como una ejemplificación histórica del mito' soreliano, es decir, de una ideología política que no se presenta como una fría utopía, ni como una argumentación doctrinaria, sino como la creación de una fantasía concreta que actúa sobre un pueblo disperso y pulverizado para suscitar y organizar su voluntad colectiva" (Gramsci, 1980, p. 10).

[341] Olavo cita o comentário de Voegelin a Hegel, relacionando-o a Maquiavel, mas não traz as citações completas, somente um pequeno trecho de poucas linhas. Carvalho considera que, nesse sentido, Maquiavel anteciparia uma estrutura hegeliana: "Cada hombre particular es un eslabón ciego en la cadena de la absoluta necesidad mediante la que el mundo se conforma a sí mismo (*sich fortbilden*). El hombre particular puede elevarse a sí mismo hasta alcanzar el poder (*Herrschaft*) sobre un apreciable tramo de esa cadena sólo si conoce la dirección general en la que la gran necesidad quiere moverse y si, de ese conocimiento, aprende a pronunciar las palabras mágicas (*die Zauberworte*) que evocarán su figura (*Gestalt*)" (D 324, *citado por* Voegelin, 1990, p. 221). observando essa passagem, Eric Voegelin vê que Hegel já não é um filósofo que deseja descrever a estrutura da realidade, mas um bruxo decidido a moldá-la segundo a imagem de um futuro hipotético: "Este pasaje revela el intenso resentimiento de Hegel tanto como la causa del mismo. Es un pasaje clave para la comprensión de la existencia moderna. El hombre se ha convertido en nada, no posee realidad alguna por sí mismo; es una partícula ciega en un proceso del mundo que tiene el monopolio de la verdadera realidad y del verdadero significado. En orden a elevarse de ser nada a ser algo, la partícula ciega debe convertirse en una partícula capaz de ver. Pero incluso si la partícula ha logrado la visión, no ve nada más que la dirección en que el proceso se mueve, independientemente de que sea visto por la partícula o no. Y sin embargo, para Hegel se ha producido una importante ganancia: la nada que se ha erigido a sí misma en algo se ha convertido, si no en un hombre, al menos en un brujo que puede evocar, si no la realidad de la historia, por lo menos su figura. Vacilo casi al continuar – el espectáculo de un nihilista desnudándose resulta embarazoso. Pues Hegel revela con tantas palabras que el ser humano no es suficiente para él; y como él mismo no puede ser el Señor divino de la historia, va a conseguir la *Herrschaft* como

Em que consiste exatamente esse esboço de Maquiavel, de olhar no véu do futuro uma possibilidade de ação que deve ser preparada no presente? Uma ação que está de acordo com um profundo conhecimento do passado. A impressão que se tem, dentro dessa perspectiva, é que Maquiavel tenta prever o futuro enquanto olha para a história.

Toquei nesse ponto inúmeras vezes ao longo dos capítulos deste livro. Sua compreensão das coisas do mundo indica que a história é cíclica e que os fatos e eventos sempre se repetem indefinidamente. Os personagens que estão envolvidos nos acontecimentos são outros, mas o conteúdo substancial da experiência é o mesmo. Por isso, conhecer profundamente os antigos nos permite identificar a tendência de como ocorrem as coisas, dando-nos a vantagem de modificar a maneira como o tempo caminha.

Fato incontestável, as insistentes menções do autor à glória da Roma Antiga. No entanto a professora Vickie B. Sullivan (1996) apontou que existem, na realidade, não uma, mas três Romas distintas em sua obra. A primeira Roma (p. 15-56) é a Roma cristã, à qual Maquiavel lidava em sua vida cotidiana, liderada pelo Papa Bórgia e sua família; a Roma que depois foi comandada por Júlio II, e por fim, o Médici, o Papa Leão X. A segunda Roma (p. 57-118) é aquela Roma supostamente considerada ideal, vista pelo relato de seu historiador favorito, Tito Lívio, muito distinta da Roma de sua própria época, pois é a República de homens de *virtù*, que valorizavam e buscavam as glórias mundanas.

A Terceira Roma seria, então, aquela idealizada por Maquiavel, o objetivo final dos novos modos e ordens. Seriam as novas terras ainda não exploradas pelo homem em sua busca última pela liberdade, já que Maquiavel considerava que tanto a Roma antiga quanto a contemporânea tinham falhado em guardar a liberdade. Essa terceira Roma deveria ser instituída em um futuro indeterminado por aqueles que lessem suas obras e seguissem seus conselhos, colocando em prática seus novos modos e ordens, o que Strauss (p. 173) chamou de "propaganda".[342]

---

brujo (*sorcerer*) que quiere evocar una imagen de la historia – una figura, un fantasma – pensada para eclipsar la historia fruto de la acción divina. El proyecto imaginativo de la historia encaja en su lugar dentro del patrón de la existencia moderna como instrumento de poder del prestidigitador (*conjurer*)" (Voegelin, 1990, p. 221-222).

[342] "Christianity conquered the Roman empire without the use of force, merely by peacefully propagating its new modes and orders. Machiavelli's hope for the success of his venture is founded on the success of Christianity. Just as Christianity defeated paganism by propaganda, he believes that he can defeat Christianity by propaganda. The Prince, which is dedicated to an actual prince, had led up to the suggestion that Machiavelli imitates Moses, the armed prophet. The Discourses, which are dedicated to potential princes, lead up to the suggestion that Machiavelli imitates Jesus, the unarmed prophet [...]".

Essa terceira Roma permitiria o florescimento da liberdade humana pela primeira vez na história. A opinião mais comum dos intérpretes de hoje costuma considerar que a liberdade política seria os objetivos filosófico, político e literário do nosso autor. Argumenta-se que o desejo de Maquiavel era de liberar os seres humanos das tiranias. Sullivan, entretanto, indica que essa tirania, na realidade, seria a tirania do Deus cristão. Apesar de o florentino pensar que o cristianismo tornou os homens fracos, compassivos e contemplativos, não aptos para a ação, essa religião era a maior força política de seu tempo, e igualmente a força mais tirânica.[343]

A Roma Antiga teria falhado porque permitiu que a religião tivesse um papel autônomo do Estado. A Roma Cristã falhou porque, além de ser estritamente dependente das autoridades eclesiásticas, os ideais cristãos são perniciosos para a ação política, terminando por inviabilizar o modelo Maquiaveliano ideal, constituído pela fórmula: "Boas leis x boas armas"; um paradigma impossível com o cristianismo, pois ele convida o homem a ser compassivo e servil, o oposto requerido pela vida política. Então a Terceira Roma, a Roma do Príncipe idealizado, trará os novos modos e as novas ordens. Essa nova realidade faz com que não existam religiões e seitas religiosas que não estejam fora do controle absoluto do Estado.

A religião deverá ser apenas seu instrumento. Nessa nova Roma não existe nenhum aspecto metafísico ou de transcendência da vida, porque a religião seria parte do Estado, mas também seu próprio culto, em aspectos similares a César, que era considerado um deus.

A Terceira Roma seria um Estado perfeitamente harmônico, cheio de ordem, mas o pilar de sua idealização é o medo original que existe no princípio de todas as civilizações. Sullivan aponta para a mudança que Maquiavel realiza nas noções cristãs do medo e da punição para alcançar seu objetivo. Os homens devem perder o medo dos deuses, mas jamais perder o medo dos outros homens.

> [Maquiavel sugere] que os clamores ao divino são perniciosos e prescindíveis, Maquiavel não dispensa completamente os insights do cristianismo. Com uma satisfação perversa, ele descobre na religião que clama proceder

---

[343] "Machiavelli's hostile engagement with Christianity, however, extends far beyond this accusation that the religion's promulgation of the doctrine of mercy actually produces cruelty. Machiavelli defends human beings in general against tyrannical rulers who depreciate their dignity and power. In denouncing this type of subjugation, he finds that the Christian god poses the most acute threat to human liberty, and so his most principled challenge to Christianity comes from his concern for human dignity. In challenging Christianity, then, Machiavelli defends human liberty against the tyrannical ruler of his age" (Sullivan, 1996, p. 49).

através do caminho do amor, métodos de punição que sustentarão o tipo de república que ele prefere, mediante a aplicação da medida adequada do medo. Ao aplicar essas noções cristãs em sua nova república, ele as retira completamente de seus contextos teológicos [...]. Este resoluto e arbitrário – na verdade, tirânico – ato, vai restaurar o vigor [*health*] da república, mantendo a corrupção controlada, mediante a restauração da república a sua origem no medo (Sullivan, 1996, p. 8-9).

Sullivan (1996, p. 162) indica que Maquiavel utiliza a doutrina cristã para aumentar o medo do povo de seus líderes. Isso aparece na discussão de como um governante deve punir um grupo de cidadãos (*Discursos* III, 49). Desse fato, ela sustenta que o florentino parte da concepção do pecado original, de que todos os homens estão "maculados, mas, nem todos serão punidos", e o líder deve punir apenas alguns integrantes, mas não todos, para que aqueles que não foram punidos permaneçam com medo e, assim, controlados pelo temor.[344]

Se todos os homens estão maculados pelo pecado original e por isso têm medo da condenação de suas almas, bem como apenas Deus sabe quem será salvo no julgamento final, o novo governante da nova Roma de Maquiavel também seria uma espécie de deus, com poderes de determinar as condenações e utilizar-se do medo do povo para controlá-los e manter a ordem perfeita. Mas esse medo – de não obedecer às leis do Estado – será semelhante ao medo de não respeitar uma lei divina. Algo semelhante à aflição causada no homem que infringe um *juramento*, visto no começo de *Discursos*, pois as leis divinas têm mais eficácia e mais poder do que as leis humanas, e o homem "teme muito mais romper os juramentos que as leis, por apreciar mais o poder de Deus que o poder dos homens" (I-11).

Embora os antigos romanos utilizassem a prática de punir uma multidão, o elogio de Maquiavel a tal conduta na era cristã traz um signi-

---

[344] "Christian doctrine in Machiavelli's hands enhances the power and fearsomeness of a republic's leaders. Nowhere is this more apparent than in his terrifying discussion of the proper manner of punishing a multitude; in Discourses (3.49) he praises the Roman republic for such an action. Machiavelli observes that "when a multitude errs when the author is not certain, 'punishing one in ten creates the most fear (D 3.49). This method, while inflicting the penalty only on a fraction of the offenders, serves to chasten all because, not knowing who will receive the penalty, all must fear it. Although the ancient Romans utilized this practice, Machiavelli's praise of it in the Christian era gives it an additional meaning. His teaching on the subject is reminiscent of the Christian belief that everyone is tainted with the original sin, but not all will be punished. Not knowing who will be damned, all Christians must fear the possibility of damnation and all are chastened. Machiavelli appears to learn from the methods of the Christians. The 'sins [*peccati*]' of which he speaks in this chapter, however, are punished not in the hereafter by God, but on earth by a military or political leader (D 3.49). Here Machiavelli infuses Rome with his own modern understanding of the effectiveness of Christian doctrine rendered political. By praising a Rome infused with elements of his transformed Christian doctrine, he thus offers for imitation his own creation arrayed in antique garb.

ficado adicional. Seu ensino sobre o tema é uma reminiscência da crença cristã de que todos estão contaminados com o pecado original, mas nem todos serão castigados. Sem saber quem será condenado, todos os cristãos devem temer a possibilidade de condenação.

Os "pecados" – *pecati* – sobre os quais se fala nesse capítulo (*Discursos* III, 49), no entanto, não são castigados no além, por Deus, mas na Terra, por um líder militar ou político. Aqui, Maquiavel infunde na leitura da Roma antiga sua própria compreensão moderna da efetividade da doutrina cristã, feita de uma forma política e não teológica. Ao elogiar uma Roma infundida com elementos de sua doutrina cristã transformada, Maquiavel oferece, portanto, a imitação de sua própria criação, vestida com trajes antigos (Sullivan, p. 162).[345]

Outro aspecto a ser observado remete à fraude e à trapaça intelectual, culminando na rebelião contra Deus: em *Discursos*, na seção que Maquiavel dedica à análise da religião Romana (I. 11-15), afirma-se que a religião Romana foi instituída por Numa e não pelo fundador da República, Rômulo. Nesse sentido, Maquiavel está afirmando que aquele que quer fundar uma República pode fazê-lo sem a ajuda da religião, ou de alguma força metafísica, deuses ou entidades sobrenaturais.

## Contra o exagero

Em linhas gerais, essa forma de interpretação é totalmente contrária à minha, apresentada no *corpus* do presente livro. Porém não deixa de ser enigmática, interessante e muito floreada, apesar de não corresponder – julgo eu – com a maneira adequada de se abordar as fontes primárias do nosso autor. Essa forma straussiana de ler, ainda que seja extremamente detalhista aos contornos e antessalas do texto, peca pela falta de compreensão do contexto. É dada muita ênfase ao *microcosmo* das obras, esquecendo-se quase inteiramente do aspecto *macro*.

Strauss e os straussianos costumam "exigir" uma precisão quase científica aos postulados de Nicolau. Leem suas obras como se estivessem fazendo um escrutínio detalhado em uma tese doutoral defendida

---

[345] "As the following chapter will detail, his lessons in self-reliance continue as he transforms elements of scriptural religion to demonstrate how human beings need not depend on divine forces to sustain their political lives. One comes to understand that Machiavelli has recourse to certain elements of biblical understanding as he considers the way his own enterprise might meet with success. To counter effectively the strategy of the Christians, it is necessary to understand just how effective their alternative methods can be. Of course, before he employs these methods, he will transform them" (Sullivan, 1996, p. 145).

perante uma banca de uma universidade respeitável. Apontam seus erros de interpretação, seus equívocos de citações aos autores e aos episódios antigos, denunciam suas omissões, atribuindo-lhe intenções escusas, escondidas nas entrelinhas da retórica, cujo objetivo final seria a perversão da ordem do mundo, a destruição da cristandade e, talvez, um novo reinado de vestes satânicas.

Harvey Mansfield, inclusive, sugeriu que Nicolau saberia a língua grega, mas teria "escondido" essa informação. São leituras exageradas, para dizer o mínimo. No momento em que lembramos que quase todas as obras do florentino foram escritas dentro de um contexto de exílio forçado, de ócio criativo e melancólico para refúgio contra a tristeza, seus livros passam a ter outra feição.

Além disso, precisamos pontuar outras questões. Primeiro, o autor florentino não pode ser considerado um filósofo político no sentido estrito do termo (mais adiante voltarei a esse ponto). Basta observar suas cartas pessoais e suas conjunturas biográficas para entendermos essa questão. Atrelado a tudo isso temos outro detalhe: Nicolau era um autor declaradamente retórico. A estrutura de *O Príncipe* é inteiramente baseada nos ensinamentos da retórica antiga; tanto a sequência dos argumentos quanto a estruturação dos capítulos – Nicolau segue à risca o que foi ensinado por Cícero e outros oradores romanos.

Assim sendo, percebemos que o ofício do filósofo é entender o real; o do retórico é convencer. Dentro desse contexto, Nicolau se parece muito mais com os sofistas dos diálogos platônicos do que com o próprio Sócrates, Platão ou Aristóteles. Pouco importa se o argumento careça de sentido ou caia em contradição, o retórico almeja convencer seu leitor/ouvinte. É exatamente nesse ponto que podemos entender, por outro ângulo, as graves acusações que Leo Strauss faz a Nicolau, já que o filósofo alemão não deixa passar as contradições e os erros de suas obras.

Entretanto, antes de serem erros, omissões e contradições intencionais, a fim de esconder uma mensagem subversiva nas entrelinhas, tais erros se justificam quando nos recordamos deste ponto: Nicolau não escreveu suas obras com o rigor de um filósofo nem de um acadêmico. Comparem, por exemplo, a sequência escalonada e a cadência lógica dos argumentos escritos nas obras de Aristóteles, de Agostinho, ou até mesmo de John Locke, filósofos no sentido estrito. A escrita de Nicolau é completamente diferente. Ele escreveu no exílio, de sua casa modesta, sem muitos livros à disposição, citando quase tudo de memória. Escrevendo sobre livros clássicos que ele havia lido durante a adolescência, vinte anos antes. Sendo esse o caso, não podemos exigir precisão histórica de um autor que não tinha à disposição manuais, dicionários técnicos e fontes primárias para consulta. Inclusive, não encontramos nenhum tipo de silogismo em suas páginas. Sua escrita era fluida pelo poder da eloquência, pelo exercício da memória intelectual e afetiva e pela própria experiência de vida, em todo o seu prazer e dissabor de *bon-vivant* relegado à pobreza e ao ostracismo.

O segundo ponto que deve ser mencionado aprofunda a compreensão do que foi levantado no parágrafo anterior: as intenções de Nicolau ao escrever. Tudo o que foi escrito por ele pode ser motivado pelo puro diletantismo. Apesar de condenar o ócio (a preguiça) em todos os seus livros, o florentino considerava o "ócio das letras" um *onestto ozio*, um "ócio honesto", não tão reprovável. Profundamente apaixonado pelo passado e pela história, escrever sobre a política, a arte da guerra, a história romana e as paixões humanas era o seu passatempo contra a solidão física e moral.

Ao mesmo tempo, na condição de frequentador de alguns círculos intelectuais, muitos dos seus textos foram escritos para serem lidos e discutidos nesses ambientes, de pura verborragia intelectual e de diletantismo pelas divagações políticas, filosóficas, históricas e literárias. É nesse contexto que Maurizio Viroli afirma, categoricamente, com mais ou menos estas palavras: "Maquiavel escreveu o príncipe [e os *Discursos*] visando alcançar a notoriedade entre os seus pares"; almejava ser reconhecido como um notável escritor, que dominava a técnica retórica. São obras que prezam mais pela forma do que pela matéria, escritas visando ao prazer literário, não ao rigor metodológico e epistemológico.

Nicolau jamais almejou inaugurar uma nova teoria política, ainda que praticamente as críticas moderna e contemporânea o apontem como o fundador da política moderna ou o pai da ciência política. Esse contexto deve ser levado em consideração visto que ele próprio pode ser considerado um Humanista. Não devemos nos esquecer desta questão: se observarmos os escritores, seus contemporâneos, veremos inúmeras semelhanças em praticamente tudo: dos temas abordados à forma como os livros foram escritos. Essa semelhança é justamente o "padrão" da escrita humanística. Revigorada por Petrarca após o redescobrimento dos clássicos romanos, viria a selar o estilo da prosa renascentista, tanto nos tratados de política doméstica quanto nos textos de história, medicina, arte, filosofia e diplomacia.

É por essa razão que eu friso uma vez mais: a leitura de Strauss e seus "seguidores" é rica, detalhada e extremamente profunda; ela nos ensina novas formas de abordagem de um texto. Entretanto, em muitos aspectos, peca pelo exagero e pela falta de noção das proporções.

**O mentiroso declarado**

Para concluirmos de uma vez por todas essas questões controvertidas, lembremos, por um momento, da infame confissão de segundas intenções. Vejamos:

> Chegamos a esta solução ao levarmos muito a sério o que Maquiavel diz logo no início dos Discursos: que ele descobriu novos modos e ordens, que tal descoberta é perigosa se comunicada, e que ele, no entanto, comunicará sua descoberta. Esta declaração mais óbvia e explícita, ainda que inicial e provisória, sobre sua intenção, nos guia para a compreensão adequada de sua intenção, desde que "juntarmos 2 e 2" ou façamos algumas reflexões por conta própria. Em relação ao exemplo discutido acima, chegamos assim a uma solução que absolve Maquiavel da desgraça de cometer erros dos quais um estudante inteligente do ensino médio se envergonharia. Alguns leitores sentirão que esta solução deve ser rejeitada porque não faz jus à moralidade de Maquiavel. Como indicamos desde o início, temos dúvidas sobre sua moralidade. Aos leitores que levantariam a dificuldade mencionada, podemos responder usando as próprias palavras de Maquiavel: "Por algum tempo, nunca digo o que acredito e nunca acredito no que digo; e se às vezes ocorre que digo a verdade, eu a escondo entre tantas mentiras que é difícil encontrá-la". Descobrir a partir de seus escritos o que ele considerava como a verdade é difícil: não é impossível. A obra de Maquiavel é rica em erros manifestos de vários tipos: citações erradas, declarações incorretas sobre nomes ou eventos, generalizações apressadas, omissões indefensáveis e assim por diante. É uma regra de prudência comum "acreditar" que todos esses erros são intencionais e, em cada caso, levantar a questão sobre o que o erro pode significar [o sublinhado é meu] (Strauss, 1958, p. 36).

A afirmação "eu nunca digo o que acredito" foi retirada de uma carta escrita ao seu amigo Francesco Guicciardini. Tal passagem será um ponto central para toda a leitura de Leo Strauss e de outros que seguem sua linha de interpretação. Entre eles, o professor Olavo de Carvalho. No contexto de seu livro, antes de chegar ao ponto que eu quero citar, Olavo fez um apanhado de visões antagônicas a respeito de Nicolau. Assim sendo, coincidentemente, também nas páginas 35 e 36, chega nessa mesmíssima leitura straussiana:

A essa altura, a reputação de Maquiavel nas classes letradas já estava bem melhor do que no século XVI. Dissolvido por sucessivos banhos de atenuantes – republicanismo, patriotismo, ciência, arte, profecia –, o imoralismo maquiavélico parecia ter recuado para o domínio das lendas populares, erros consagrados que o estudioso não poderia levar a sério. Pois foi então que um competentíssimo estudioso decidiu levar tudo isso mortalmente a sério. O motivo que levou Leo Strauss a considerar essa hipótese foi sua própria experiência pessoal. Judeu alemão fugido do nazismo, ele sabia que nem tudo o que um filósofo pensa pode ir para o papel. Muitas vezes o escrito serve mais para ocultar do que para expressar um pensamento. No caso de Maquiavel a suspeita justificava-se tanto mais porque ele próprio havia confessado a Francesco Vettori [aqui, Olavo cita a Strauss, citando a carta de Maquiavel]:

"Não creio em nada do que digo e não digo nada que creio – e, quando descubro algum miúdo fragmento da verdade, trato de escondê-lo sob tamanha montanha de mentiras que se torna impossível encontrá-lo".

É provavelmente a confissão mais espantosa da história universal. Depois de conhecê-la, ninguém deve ficar alheio à advertência de Leo Strauss de que muitas obras filosóficas podem ter duas camadas de sentido: uma "exotérica" para as multidões, outra "esotérica" para os *happy few* que não se escandalizam com verdades (ou mentiras) temíveis. Strauss usou esse critério, com razoável sucesso, na leitura de Maimônides e Spinoza. O motivo para usá-lo no caso de Maquiavel não está só na confissão acima [aqui, Olavo cita Leo Strauss]:

"A obra de Maquiavel abunda de erros grosseiros de toda sorte: citações truncadas, referências erradas a nomes ou acontecimentos, generalizações abusivas, omissões inadmissíveis etc. O mínimo de prudência necessário seria 'crer' numa intenção dissimulada por trás desses erros e buscar a cada vez o sentido oculto".

Os resultados da aplicação desse "mínimo de prudência" aos escritos de Maquiavel são assustadores: o imoralismo superficial dos conselhos dados ao Príncipe, amortecido por sua vez sob uma camada de exortações aparentemente moralizantes, é apenas uma fachada destinada a encobrir um ataque muito mais fundo à religião, concebido de modo a envolver o leitor num raciocínio blasfematório sem que ele se dê conta da culpa que passa a compartilhar com o autor ao seguir seus raciocínios (Carvalho, 2011, p. 35-36).

Uma leitura atenta não só à carta, mas ao contexto que a precede, desmontará completamente a visão de um Nicolau subversivo e blasfemador, escritor de textos com camadas de semântica destinadas a leitores diferentes. Para isso precisamos voltar alguns anos antes da sua escrita. Abordar as conjunturas biográficas com um pouco mais de detalhes será útil e válido, visto que não há nada desse material traduzido ao português, e não apenas o leitor brasileiro, como também boa parte dos acadêmicos brasileiros, supostamente especialistas em seu pensamento, desconhecem esse assunto completamente.

O ano era 1514. Já se passaram dois anos desde que os Médici voltaram a Florença. O clima político já estava mais ameno, o trauma da queda do governo de Soderini já havia passado, o poder dos Médici estava novamente consolidado e a desconfiança que alguns membros dessa família tinham contra o antigo secretário do finado governo republicano tinha se dissipado. Francesco Vettori, que ocupava o cargo de orador de Florença (uma espécie de embaixador), em Roma, tentou ajudar seu velho amigo a conseguir um emprego.

Então, em 3 de dezembro de 1514, escreve a Nicolau (*Carta* 231), perguntando-lhe a respeito da situação internacional e solicitando respostas com urgência. Resumidamente, ele queria saber o que o Papa poderia esperar se sua aliança ajudasse a França a vencer a guerra em curso e o que poderia acontecer se a perdesse. Ele também perguntou sobre o que poderia acontecer, em ambos os casos, de vitória ou derrota, se o Papa se aliasse aos adversários da França; e, finalmente, quais seriam as consequências da neutralidade.

A situação era espinhosa. Vettori informou que o Papa desejava manter e aumentar a autoridade espiritual e temporal da Igreja; que o rei da França desejava conquistar o ducado de Milão, com a ajuda dos venezianos; e que para defender o ducado estavam prontos o imperador (Maximiliano I, do Sacro Império Romano Germânico), o rei católico, da Espanha, e os suíços. Nosso autor responde a epístola dando o diagnóstico com sua diligência habitual (*Carta* 233, de 10 de dezembro de 1514). A carta deveria ser apresentada ao Papa Leão X como prova da habilidade e do conhecimento do antigo secretário, demonstrando que ele poderia ser um excelente funcionário para servir aos Estados papais e ao novo governo florentino.

Segue-se uma pequena série epistolar entre o *oratore* e nosso autor, e no dia 30 de dezembro (*Carta* 237) Vettori escreve o seguinte sobre o

Papa e os cardeais de Bibbiena e Médici: eles "viram as duas cartas que respondiam às perguntas por mim feitas, e todos admiraram o talento e elogiaram o julgamento. E mesmo no caso de, por azar ou por causa da minha inaptidão para ajudar meus amigos, você só obtiver palavras, sempre pode ser útil ter a estima dos grandes". Entretanto nada daí surgiu. Tanto o Papa Leão X (Giovanni de Médici) quanto o Cardeal Giuliano de Médici não deveriam estar interessados nos serviços políticos do nosso autor.

E passaram-se os anos. Nicolau "deu seus pulos". Tentando ganhar a vida, envolveu-se em várias atividades pequenas, no intuito de ganhar algum dinheiro com negócios pouco rentáveis. Ele cuidou de assuntos administrativos, como os de Donato del Corno (várias cartas mencionam seu nome, como a *Carta* 246, de 17 de dezembro de 1517, p. 1194), e se intrometeu em questões matrimoniais da irmã de um amigo, cujo marido, "um tal de João", abandonou a esposa. "Nicolaus Tafanus deseja uma das duas coisas: ou João retorna com ele para sua esposa, ou a repudia formalmente, devolvendo a porção do dote que recebeu; ele acredita que tudo pode ser resolvido facilmente aí, onde reside o Vigário de Cristo [Roma]" (*Carta* 232, de 4 de dezembro de 1514). É fácil supor que, nesse ínterim, nosso autor pôde ter realizado outros serviços envolvendo aconselhamentos jurídicos, de maneira discreta e reservada, a alguns cidadãos em dificuldades com a lei.

Depois de um tempo, a Fortuna parecia sorrir para Nicolau, pois o cardeal Giuliano o convida a apresentar por escrito seus pontos de vista sobre o governo a ser instaurado em Florença. A partir daí nosso autor faria uma série de trabalhos esporádicos e missões diplomáticas em caráter não oficial a mando dos Médici. Mas nada extraordinário. Somente em 1520, eles incumbiriam o nosso autor em serviços melhor remunerados. Entre eles, a arbitragem, em nome do governo florentino, numa cobrança de débito envolvendo um jovem, que devia uma soma de mil e seiscentos florins a banqueiros florentinos e a outros credores da cidade de Lucca.

Enquanto esperava a decisão do governo de Lucca, escreveu duas obras; a primeira: *Resumo dos Negócios da Cidade de Lucca*; e a segunda: *A Vida de Castruccio Castracani*. Esta era a história de um tirano italiano de 1300, de grandes virtudes militares (em uma nota do capítulo 4 eu expliquei o contexto desse opúsculo. Sigamos). Em 26 de abril de 1520, Battista della Palla informou a Nicolau que havia falado bem dele ao Papa, e que este demonstrou simpatia por ele. Além de elogiar seus textos e sua comédia, Battista mencionou que estava sondando a possibilidade de conseguir uma comissão junto ao Papa. O objetivo era que o Pontífice falasse com o cardeal em Florença, para solicitar que Nicolau recebesse a ordem de escrever algo (*Carta* 251).

Ao retornar de sua viagem a Lucca, nosso autor é designado para realizar outra missão, agora em Carpi, local cujo responsável pelo governo era seu amigo Francesco Guicciardini. A sua missão envolvia a separação dos Frades Menores do território florentino dos demais religiosos estabelecidos na Toscana, para torná-los uma unidade independente. Com essa separação, o Cardeal Médici pretendia ter uma autoridade mais direta sobre esses monges.

Nicolau deveria ser o porta-voz do Papa, apresentando-lhes as cartas de Roma, a fim de convencer o convento de Carpi à separação. Mas os monges, desconfiados, começaram a discutir a ordem papal e acabaram decidindo que tal resolução não lhe cabia, mas, sim, ao Conselho Geral da Ordem.

Para além dessas questões havia outra problemática: a influência dos oradores, especialmente no período da quaresma:

> Florença precisava de um grande pregador para a Quaresma. Não era algo fácil de encontrar, mas nem para Guicciardini, nem para a posteridade, Maquiavel parecia ser a pessoa indicada para essa busca. Os sermões da Quaresma eram muito populares: um pregador vulgar afastaria os fiéis e também os incrédulos, pois ambos corriam para essas demonstrações de eloquência, que tinham muito mais a ver com política do que com moral. É preciso lembrar que Savonarola era um pregador e, como tal, havia reinado sobre a cidade. É preciso levar em conta que os precursores da Reforma também foram pregadores italianos. A única sinceridade histórica que restava era a Igreja, e dela se usava e abusava.
>
> Embora pertencesse, de modo geral, ao clero regular e secular, leigos às vezes subiam ao púlpito. Por outro lado, o baixo clero, educado de forma mais ou menos austera, não podia concordar, em seu íntimo, com o pároco político que reinava em Roma. A eloquência eclesiástica, especialmente na Quaresma, era livre, forte, e frequentemente apocalíptica. Aliás, nessa época, soprava um vento contrário. Foi em 1517 que Lutero protestou contra a bula das indulgências, e foi em 10 de dezembro de 1520 que ele queimou, diante das portas da catedral de Wittenberg, a bula de excomunhão de Leão X. É certo que a repercussão desses eventos só seria sentida mais tarde no grande público italiano, mas a Igreja de Roma já compreendia toda a sua importância. O fato é que, desde esse momento, nasciam em

seu próprio seio dois partidos: o da conciliação, com o cardeal Contarini e com Vittoria Colonna, a elegante e nobre poetisa, amiga de Michelangelo; e o da luta extrema.

O papa Leão X preferia o primeiro método, mas a influência espanhola, que já se insinuava, para triunfar um pouco mais tarde em todos os domínios, ia contra o trono de São Pedro, com o saque de Roma, e o inclinou depois para o lado da segunda. O orador da Quaresma era intocável e sagrado. Ele escolhia livremente seus temas, tratava das questões do dia, expressava integralmente suas convicções sobre os costumes em frases violentas e às vezes agressivas, sem recuar diante da inconveniência dos termos. As mulheres não eram poupadas nessas novas filipáticas, e as alusões a Roma, mais ou menos veladas, não deixavam de impressionar os assistentes. Com o calor do público, o pregador, como todo orador, tocava a consciência de seu público fazendo as concessões legítimas, admitindo fatos certos, explicando o mal por generalizações.

Para ser mais duro, e como se é considerado mais verdadeiro quando se trata dos males e dos remédios necessários, ele atacava os poderosos. Florença era, em grande maioria, hostil aos Médici e, nessa época, quem dizia Médici dizia Leão X. O próprio Francesco Guicciardini, tão apegado à família, o reconhece. Um orador público podia, portanto, ser facilmente chamado a fazer transações no domínio político, em contato com seu público (Ferrara, 1928, p. 302-304).

As epístolas entre Nicolau e Guicciardini, governador de Modena, chegaram até nós, e nelas podemos ver os detalhes de tais questões e suas respectivas tratativas. Para essa missão, nosso autor (bem quisto pela guilda da lã) precisava contornar esse imbróglio no momento em que fosse falar com o possível orador, um tal de *Fra Rovaio*. Ele precisaria convencer esse monge a falar bem da política dos Médici pelo prisma da religião. Entretanto Nicolau não teve êxito, porque Rovaio recusou-se a ir a Florença.

Guicciardini, em 17 de maio de 1521, escreve a Nicolau (*Carta* 260) que sua missão devia ser bem-sucedida, custasse o que custasse, pois sua reputação assim o exigia. Caso contrário, os florentinos atribuiriam seu fracasso à sua decadência intelectual. Ele acrescenta que é preciso agir rápido porque, entre os santos monges, a hipocrisia era contagiosa e se aprendia a mentir em Carpi, segundo um estereótipo popular:

> Foi certamente um bom julgamento de nossos reverendos cônsules da Arte da Lã confiar a vós a tarefa de escolher um pregador [...]. Acredito que vós os servireis conforme a expectativa e de acordo com vossa honra, que se obscureceria se nesta idade vós vos entregásseis à alma, pois, tendo sempre

vivido com profissão contrária, isso seria atribuído mais à senilidade do que à virtude. Lembro-vos que vos apresseis o máximo possível, pois, ao permanecerdes aí por muito tempo, correis dois perigos: um, que aqueles frades santos vos torne hipócrita; o outro, que o ar de Carpi vos faça mentiroso, pois essa é a influência dele, não só nesta época, mas há muitos séculos. E se, por azar, vós fordes alojado na casa de algum carpignano, vossa situação será sem remédio [...] (Carta 260).

Essa primeira carta é enviada por Guicciardini para impressionar os religiosos com a importância de Nicolau. Um emissário chega, coberto de poeira e suor, ofegante. Atônitos, os monges observam o mensageiro fazendo reverências com a testa no chão. Largam tudo e se dirigem a Nicolau, pressionando-o com perguntas. Ele, então, faz-se de importante, falando do imperador, do rei da França e dos suíços. Nosso autor pega a pena de forma teatral para redigir sua resposta, enquanto os monges permanecem imóveis. Ele observa o cômico da cena: os monges acreditam que ele está tratando de assuntos de Estado quando, na verdade, é uma simples broma.

Sobre as recomendações acerca de sua hipocrisia e as mentiras de Carpi, nosso autor responde de forma igualmente jocosa. Citemos boa parte da carta porque é simplesmente divertidíssima:

> Estou aqui ocioso, porque não posso executar minha comissão até que sejam feitos o general e os definidores, e fico ruminando de que modo poderia causar entre eles tanto escândalo que fizessem, aqui ou em outros lugares, algum alvoroço; e se eu não perder a cabeça, acredito que terei sucesso; e acredito que o conselho e a ajuda de Vossa Senhoria ajudariam muito. Portanto, se viésseis até aqui sob o pretexto de um passeio, não seria má ideia, ou pelo menos, escrevendo, désseis-me algum conselho de mestre; porque se me mandardes um mensageiro todos os dias por este motivo, como fizestes hoje, fareis dois bens: um, que me iluminareis com algum conselho adequado; o outro, que me fareis ser mais estimado por aqueles daqui, vendo a frequência dos avisos.

> E devo dizer-vos que com a chegada deste mensageiro com a carta e uma reverência até o chão, e dizendo que foi enviado especialmente e com pressa, todos se levantaram com tantas reverências e tanto alvoroço, que ficou tudo de pernas para o ar, e fui perguntado por vários sobre as novidades; e eu, para aumentar minha reputação, disse que o imperador era esperado em Trento, e que os suíços haviam convocado novas dietas, e que o rei da França queria se encontrar com aquele rei, mas que seus conselheiros o desaconselhavam; de modo que todos ficaram de boca aberta e com o chapéu na mão; e enquanto escrevo, tenho um círculo de

pessoas ao meu redor, e vendo-me escrever longamente, se maravilham, e olham para mim como se eu estivesse possuído; e eu, para maravilhá-los ainda mais, às vezes fico parado com a pena, e faço uma pausa, e então eles ficam pasmados; se soubessem o que estou escrevendo, se maravilhariam ainda mais. Vossa Senhoria sabeis que estes frades dizem que, quando alguém está confirmado na graça, o diabo não tem mais poder para tentá-lo. Assim, não tenho medo de pegar hipocrisia com esses frades, porque estou protegido.

Quanto às mentiras dos Carpigiani, vou me acertar com todos eles, porque já faz um tempo que me tornei doutor em tal qualidade que não gostaria que Francesco Martelli me tratasse como um garoto; porque, de um tempo para cá, nunca digo o que acredito, nem acredito no que digo, e se por acaso me dizem alguma verdade, escondo-a entre tantas mentiras que é difícil encontrá-la. Não falei com aquele governador, porque, tendo encontrado alojamento, parecia-me desnecessário falar com ele. É verdade que esta manhã, na igreja, o observei por um tempo, enquanto ele olhava para algumas pinturas. Pareceu-me que sua aparência estava bem ajustada, e acreditei que tudo correspondesse à parte, e que ele fosse aquilo que parecia ser, e que sua cabeça não delirasse, de modo que, se eu tivesse a vossa carta em mãos, teria feito bem em atirar-lhe um balde de água.

No entanto, nada está perdido, e espero amanhã receber de vós algum conselho sobre estes meus casos e que envieis um desses mensageiros, mas que corra e chegue aqui todo suado, para que a turma fique impressionada; e, fazendo isso, me dareis honra, e também esses mensageiros farão um pouco de exercício, que para os cavalos nestes tempos intermediários é muito saudável. Eu ainda escreveria mais alguma coisa, se quisesse esforçar a fantasia, mas quero reservá-la para amanhã, o mais fresca possível [...]. *quae semper ut vult valeat*. Em Carpi, aos 17 de maio de 1521.

Debruçando-se sobre essa carta, Orestes Ferrara, em 1928, trinta anos antes de Leo Strauss escrever seu *Thoughts on Machiavelli*, já havia demonstrado o equívoco comum entre alguns intérpretes: "Quem levasse a sério essa confissão provaria que não entendeu nada nem da correspondência em questão, nem do caráter de Maquiavel".

Nicolau estava em um ambiente hostil, precisando mentir para manter sua neutralidade, a boa vontade de seus anfitriões para com a sua pessoa e para não arruinar o sucesso da missão que lhe havia sido incumbida. É regra de prudência omitir suas verdadeiras opiniões diante de pessoas que sabemos que não comungam da nossa visão de mundo. Aqui, Nicolau fez uso da clássica técnica retórica, defendida por inúmeros humanistas italianos (e posteriormente, portugueses) da *dissimulatio*.

Enquanto a *simulação* era condenada pelos moralistas por se tratar de uma fraude, a *dissimulação* consistia, simplesmente, em mentir ou omitir alguma informação sem que com isso acarretasse malefícios ao interlocutor. Em suma, uma regra de prudência.

Essa "confissão", ao contrário do que postulará Leo Strauss, não compromete o conteúdo da obra, não põe os escritos de Nicolau sob uma aura de suspeita, porque tais palavras são contextuais e episódicas e não refletem uma postura comum e sistemática de seu caráter ou de sua "filosofia". Como vimos, desde a volta dos Médici, em 1512, até a sua missão em Carpi, em 1521, o florentino saía de serviço em serviço, dependendo dos favores e da boa vontade de seus benfeitores, aceitando tarefas frívolas, aquém de seus talentos, e sujeitando-se a humilhações e a promessas vazias. Se precisasse valer-se da mentira para manter um emprego, fá-lo-ia com toda evidência. Mas isso, antes de ser um atestado de má-fé, demonstra somente um homem abatido pelos duros golpes da fortuna, afinal, "a Fortuna, de minha vida [...] jamais teve piedade" (*Asno*, IV).

# Apêndice II

## A FORTUNA

### Origens e símbolos gerais

Eu quero abrir este *apêndice* citando José M. González García. Na página 175 de seu livro *La Diosa Fortuna, Metamorfosis de una Metáfora Política*, temos uma excelente síntese sobre a figura da deusa:

> Como ya he afirmado repetidas veces, la Fortuna se convierte en una metáfora – cabría decir mejor en una alegoría debido a su complejidad y a los diversos componentes de que consta – omnipresente en todos los autores renacentistas y barrocos, omnipresente también en el arte, en las creencias populares, en la milicia – pues la vida del soldado en la guerra pende de un hilo –, en el juego, en el amor, en la política, e invade también la obra de los moralistas [...]. (p. 175).

Os gregos a chamavam de Tyché. Aparece na *Teogonia* de Hesíodo (vv. 360-361) como uma divindade marítima, uma das filhas de Oceano e Tétis. Dessa figura marítima da Fortuna surgirá a ideia/metáfora do Estado como um barco que navega pelas águas da política.[346] A deusa também está presente em *Olímpicas* (II, vv.15-22)[347] de Píndaro. A divindade Tyché é senhora do futuro e do destino dos homens. Como personificação do acaso

---

[346] "[...] Esta metáfora de la ciudad como barco se convertiría, andando el tiempo, en un tópico del discurso político en Atenas y se encontraba ya muy establecida en la época en que Sófocles escribe su *Antígona* en el año 441 antes de nuestra era. En ella, Creonte argumenta a favor de las leyes de la ciudad como si ésta fuera un barco en el que navegan todos los individuos en un mar turbulento y proceloso. Precisamente debido a los peligros que acechan a la vida colectiva, es preciso observar las leyes de la ciudad que tienen una preeminencia completa sobre las leyes de la piedad filial y de los lazos de sangre defendidas por Antígona [...]" (González García, 2006, p. 66); "La metáfora nos enseña que, al igual que el barco, la ciudad es un instrumento creado por el hombre para el sometimiento del azar y el dominio de la naturaleza. En esta tradición metafórica, la ciudad-barco es un refugio estanco contra el mar, una barrera interpuesta contra los peligros exteriores. As olas azotan sus costados y las corrientes se deslizan bajo su casco; es obvio que sus inteligentes constructores no deben dejar ninguna fisura por la que pueda penetrar la furia desencadenada de la naturaleza. Desde esta perspectiva resulta fácil concluir que la función de la ciudad cosiste en desterrar el azar incontrolado de la existencia humana" (M. C. Nussbaum, p. 101-102, *apud* González García, p. 67).

[347] Algunos consideran a este trecho como la primera referencia que se tiene registro del símbolo/metáfora de la rueda de la fortuna: "[...] Epodo / a la prole futura! De las acciones realizadas/ sea con justicia o contra justicia, / ni el Tiempo, el padre de todo, puede lograr /que no se haya cumplido su término. / Pero olvido podría llegar en medio de feliz fortuna. / Pues entre nobles alegrías muere la pena /que renueva su ira, dominada, /

e do imprevisível, tem a capacidade de, como às ondas do mar, retirar o indivíduo da paz, das águas tranquilas, e colocá-lo na tempestade.

Há também uma antiga relação entre Tyché e Nêmesis. A explicação de Robert Graves no capítulo 32 do primeiro volume de sua obra (2017, p. 145) indica Tyché como filha de Zeus, a quem ele deu o poder de decidir ao acaso a sorte de um ou outro mortal. Sobre alguns ela dá diversos presentes, enquanto retira de outros tudo o que possuem.

Tyché é absolutamente irresponsável em suas concessões e passeia pelo mundo fazendo malabarismos com uma bola que simboliza a incerteza da sorte: às vezes má sorte, às vezes boa. Mas quando o homem a quem ela tenha favorecido se vangloria de sua riqueza sem oferecer aos deuses parte dela ou sem mitigar a pobreza de seus concidadãos, então a velha deusa Nêmesis entra em cena para humilhá-lo.[348] Nêmesis segura um ramo de macieira em uma mão e uma roda na outra. Usa uma coroa de prata adornada com cervos e um chicote atado ao cinto. Ela é filha de Oceano e tem algo da beleza de Afrodite.

Ainda dentro do contexto das águas, a Fortuna no mundo romano se apresenta como uma divindade protetora[349] da nau do Estado, mas sua metamorfose ocorre ao longo dos séculos, convertendo-a em uma deusa perigosa, temida no Renascimento, pois é a divindade produtora das tempestades políticas que podem acabar com um principado. Uma deusa que, então, os homens devem temer, e da qual devem buscar refúgio

---

Estr. II / cuando el destino de la divinidad envía / su bendición hasta sublime cumbre. / Mi palabra conviene a las hijas / de Cadmo, las de hermoso trono, que sufrieron inmensos dolores. [...]" (Píndaro, p. 81)

[348] "[...] hay otra metamorfosis de la Fortuna que también aparece en *El mercader de Venecia* [...]: la transformación de Fortuna en Justicia. En efecto, una larga tradición confunde la Fortuna con la Justicia a través de la identificación de aquélla con Némesis. Esta, que originariamente era la diosa de la venganza justa, se convirtió en una diosa castigadora del 'crimen en general y, sobre todo, del pecado de *hybris*, la desmesura, que hace olvidar a los hombres los límites de su condición humana'. Fortuna, la diosa caprichosa y voluble que otorga aleatoriamente dones y desgracias, se transforma en Némesis, la diosa que reparte a cada uno según lo que merece [...]" (González García, p. 63).

[349] "Fortune's own fortunes have varied through the years. The Romans, early in their history, erected a temple to fortune. They had more of a conception of a Fortuna good reliable, a goddess who provided divine escort and favorable winds. In Augustine's time the conception was not as widely favorable. The great bishop protested the belief that fortune is a goddess, insisting that a god is always good, not sometimes bad, not perverse or fortuitous. Can it be, he asks in the *City of God*, that when Fortune is bad, she is no longer a divinity but is suddenly changed into a malignant devil? Yet succeeding centuries did not abandon her. Petrarch had complained in his essay on Fortuna that some of his contemporaries exalted her as a diva in heaven. Niccolò puts her in heaven as a diva and more, as a *dea*, too, as more strictly a goddess than a diva. 'This inconstant *dea* and fickle diva'. Like the Romans, moreover, he places her in a kind of temple, 'a place open on all sides' [...]" (De Grazia, p. 203-204).

e proteção. Dito de outra maneira, o príncipe deve saber proteger seus súditos e seu Estado das mãos da Fortuna. "Por isso o domínio sobre a Fortuna se multiplica como um símbolo do poder do príncipe renascentista" (González García, p. 80).

No contexto idiomático renascentista, a palavra fortuna tinha amplos significados. Entre eles a riqueza material,[350] a sorte, o acaso, o imprevisível; mas também era sinônimo de *tempestas*, que significa tempestade, borrasca, a tormenta dos ventos marinhos que podem destruir as embarcações. Vimos que Maquiavel também utilizava a imagem da deusa Fortuna relacionando-a ao símbolo das águas. No capítulo 25 d'*O Príncipe*, nosso autor a comparou aos rios torrenciais que destroem tudo.

No campo da iconografia, a imagem da Fortuna aparece sob diversos símbolos, relacionando-a além da sorte, da incerteza ou do acaso, da morte ou do amor,[351] mas também ao tempo, ao movimento e à ocasião. Há representações artísticas que mostram a Fortuna jogando uma partida eterna com o Tempo. Os resultados desse jogo seriam o descenso ou a ascensão de todos os eventos, de todos os campos da vida, no mundo.

Há outras imagens que colocam a *Ocasião* como uma divindade à parte, como uma serva da Fortuna. No entanto encontramos outras representações da Fortuna-Oportunidade, os dois símbolos fundidos em um só, como uma só deusa.[352] No próximo tópico veremos a figura da Oportunidade em um poema do nosso autor.

---

[350] Um, entre tantos outros exemplos dessa forma de se referir à fortuna, como sinônimo de riqueza material, vemos nas *Histórias Florentinas*, quando nosso historiador faz calorosos elogios a Cosimo de Médici que, com sua fortuna, realizou maravilhosas obras públicas.

[351] "Los principales 'cultos' que he encontrado en el ámbito medieval son los siguientes: 1) la Fortuna en el amor; 2) Fortuna como Guía; 3) Fortuna en el Mar; 4) la Fortuna en la guerra; 5) la Fortuna de la Fama; 6) Fortuna Personal; 7) Fortuna Pública; 8) la Fortuna del Tiempo; 9) la Fortuna de la Muerte. Se observará que todas, excepto las dos últimas, cubren el trabajo asignado de otra manera a Laquesis; la octava y la novena invaden el territorio controlado por Átropos. Se puede objetar que estas divisiones comprenden toda la extensión de los intereses humanos. Alguien podría decir que el amor, la guerra y el mar cubren todo lo que preocupa en la Edad Media, dejando al margen la religión. Esto es verdad en cierta medida; La Fortuna, cuando domina, lo hace en las crisis de la vida, aparece en momentos importantes" (H.R. Patch, p. 89, *apud* González García, p. 113).

[352] Tudo isso foi belamente explicado no primeiro capítulo do livro de José M. González García (p. 25-107). "[...] Un elemento que añade confusión es la cambiante relación entre la Fortuna y la Ocasión. Concebidas a veces como independientes entre sí, otras veces aparecen como identificadas en sus atributos, aunque en general podría hablarse de una subordinación de la Ocasión como divinidad del momento oportuno frente a la concepción más amplia y general de la Fortuna como diosa del tiempo, del azar y de la suerte a cuya veleidad están sometidas las actividades de los individuos y, especialmente, la esfera de la política [...]" (González García, p. 33).

A discussão que gira entre os termos *virtù* e Fortuna não foi criada por Maquiavel. Esse tema é parte integrante do simbolismo da própria deusa no Renascimento. Está presente em outros autores e também na tradição iconográfica da arte da época. Vejamos o que escreveu González García sobre o afresco da escola de Mantegna, pintado no final do século XV, no Palácio Ducal de Mântua:

> [En el fresco podemos ver] a la Fortuna-Ocasión con el pelo en la frente cubriéndole los ojos, con alas en los pies para significar la velocidad de su paso, y apoyando uno de los pies sobre la esfera, símbolo de su inestabilidad. A la derecha de la imagen, un joven se dirige con ansia a atrapar su ocasión alargando hacia ella sus brazos, pero es retenido por la Virtud (de la Constancia), una seria matrona firmemente puesta de pie sobre un pedestal cuadrado que simboliza la estabilidad. Esta contraposición entre la inestabilidad de la esfera de la Fortuna-Ocasión y la estabilidad de la Virtud, bien asentada sobre un cubo inamovible, será un *leit-motiv* frecuente en la iconografía. Frente al capricho y volubilidad de la Fortuna-Ocasión, el individuo debe permanecer constante en su Virtud, debe ser siempre el mismo, en la buena y en la mala Fortuna, según Saavedra enseñará a su Príncipe [...]. La Virtud impide la tendencia del joven a una felicidad pasajera ofrecida por una Ocasión evanescente, que rápidamente desaparece. También permite este fresco, al igual que otras representaciones iconográficas semejantes, una lectura política y no referida sólo a la vida privada del individuo virtuoso atraído por la Fortuna y refrenado por la Virtud en sus tendencias al placer. Mediante la prudencia política, el príncipe ha de saber distinguir entre las ocasiones que ha de aprovechar y las que ha de dejar pasar para mantenerse en el trono o para acrecentar el poder de su Estado. Sin esta virtud política del príncipe, su gobierno estará condenado de antemano al fracaso (p. 37-38).

Essa citação pode ser aplicada inteiramente à interpretação dos postulados de Nicolau. A verdadeira *virtù* mantém os homens íntegros nos tempos de má e de boa fortuna, enquanto os homens não virtuosos nos tempos de boa fortuna se tornam insolentes, como vimos em Discursos III-31. Igualmente, a prudência política, que dita o passo da ação, que diz quando se deve agir, quando recuar, quando mentir, quando dizer a verdade, quando ser cruel, quando ser clemente, quando colocar a Fortuna a seu favor, é visível em toda a sua obra.

*Festina Lente Alegoría da Ocasião, afresco da Escola de Mantegna.
Final do século XV, Palácio Ducal de Mantua*

Igualmente, a Fortuna se apresenta como uma força em quase todos os escritores e poetas clássicos e contemporâneos que figuram entre as leituras de Nicolau. De Plutarco a Tito Lívio, passando por Dante e Petrarca, até mesmo em autores menores de sua época. Os autores imediatamente anteriores a ele acreditam, em geral, na capacidade mental e espiritual dos homens para derrotar a fortuna adversa. Eles desenvolveram o lema "a virtude vence a Fortuna".

## O poema *Dell'Occasione*

Ao que parece, a Fortuna e a Ocasião seriam duas entidades distintas na compreensão de Nicolau, pois ele escreveu dois poemas, um para cada deusa. Vejamos primeiramente o da Ocasião, pois é mais simples e muito mais curto. Não será necessário fazer nenhum comentário mais elaborado; Maquiavel escreve seu texto enchendo-o do simbolismo a ela relacionado, presente na arte de sua época. Esse simbolismo, na síntese de González García, é:

> La representación más corriente de la Ocasión nos la hace ver como una mujer desnuda con alas en los pies, un penacho de pelos hacia adelante ("*Fronte capillata est*") y calva por detrás ("*post hace occasio calva*"). "La ocasión la pintan calva" dice un refrán castellano que sólo se fija en este

segundo aspecto. La ocasión ha de ser agarrada por los pelos de la frente en el momento de pasar, pues una vez que pasa es imposible recuperar el momento perdido, la ocasión no se deja agarrar más: la cabeza calva – y a veces embadurnada con aceite – impiden que por detrás sea "atrapada por los pelos". También suele llevar en una mano una navaja y en la otra sostener una tela en forma de vela que recoge el viento favorable. De pie sobre una rueda o sobre una esfera para significar el cambio repentino y con un trasfondo de barcos en un paisaje marino. Tal vez la versión canónica de la Ocasión sea la representada por Alciato en uno de sus famosos *Emblemas* (1548) [...] (p. 33-34).

Todos esses símbolos e figuras estão presentes no poema de Nicolau. A esfera/roda sob os pés, as asas nos pés, a falta de cabelos na parte traseira da cabeça, a necessidade do homem de estar atento para agarrá-la pela frente na única ocasião que passa etc. A diferença é que nosso poeta adiciona a figura da Penitência, que acompanha a Ocasião, e que serve como um "consolo" ao homem, quando a Ocasião passa e ele não consegue detê-la. Vejamos o poema completo:

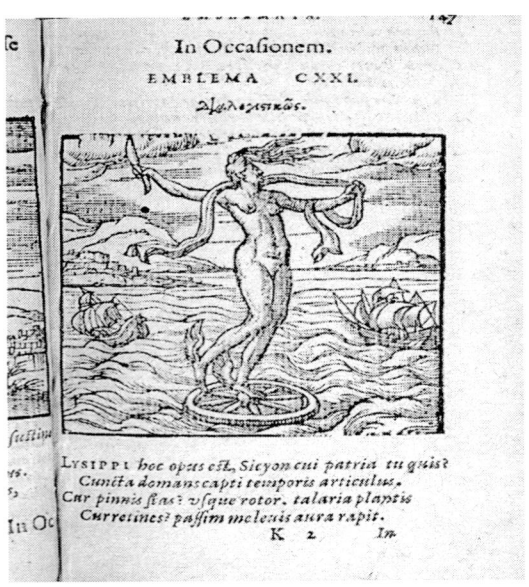

*A ocasião.*
*Alciato: Emblemas*

Quem és tu, que não pareces uma mulher mortal,

tanta graça o céu te adorna e dota?
Por que não te deténs? E por que, em vez de pés, tens asas?
– Sou a Ocasião, por poucos conhecida;
e a razão pela qual sempre me afliges,
é porque tenho um pé sobre uma roda.
Meu modo de correr não se pode comparar com um voo;
e, no entanto, mantenho as asas nos meus pés,
para que no meu caminho a todos deslumbre.
Tenho sobre a testa meus cabelos dispersos;
com eles cubro o peito e o rosto,
para que não me reconheçam quando chego.
Atrás da cabeça, todos os cabelos me são tirados,
onde em vão se esforça alguém, se lhe acontece
que eu o tenha superado, ou se para trás olho.
– Diz-me: Quem é esta que vem contigo?
– É a Penitência; mas tu, anota e compreende:
Quem não sabe me aproveitar, a ela retém.
E tu, enquanto perdes tempo falando,
ocupado por muitos pensamentos vãos,
já não percebes, "desgraçado", e não entendes
como eu fugi de entre as tuas mãos.

No original:

*– Chi se' tu, che non par' donna mortale,*
*di tanta grazia el ciel t'adorna e dota?*
*Perché non posi? e perché a' piedi hai l'ale? –*
*– Io son l'Occasione, a pochi nota;*
*e la cagion che sempre mi travagli,*
*è perch'io tengo un piè sopra una rota.*
*Volar non è ch'al mio correr s'agguagli;*
*e però l'ali a' piedi mi mantengo,*
*acciò nel corso mio ciascuno abbagli.*
*Li sparsi mia capei dinanti io tengo;*
*con essi mi ricuopro il petto e 'l vòlto,*
*perch'un non mi conosca quando io vengo.*
*Drieto dal capo ogni capel m'è tolto,*
*onde invan s'affatica un, se gli avviene*
*ch'i' l'abbi trapassato, o s'i' mi vòlto. –*
*– Dimmi: chi è colei che teco viene? –*
*– È Penitenzia; e però nota e intendi:*
*chi non sa prender me, costei ritiene.*
*E tu, mentre parlando il tempo spendi,*
*occupato da molti pensier vani,*
*già non t'avvedi, lasso! e non comprendi*

*com'io ti son fuggita tra le mani. –*

Agora analisaremos o poema destinado à Fortuna, um pouco mais longo e com alguns outros detalhes interessantes.

## O poema *Di Fortuna*

Nosso poeta inicia o poema considerando-a como uma entidade que reina sobre todo o mundo. Irresponsável, favorece os injustos enquanto domina os bons. A deusa também aparece como a senhora do tempo e sob outros símbolos comuns ao imaginário coletivo: a roda; uma entidade imprevisível, que concede favores, mas retira os dons a seu bel-prazer; uma deusa cuja origem é desconhecida, mas sabemos que "até Júpiter teme seu poder".

[1] Com que rimas ou com que versos
cantarei algum dia sobre o reino da Fortuna,
e de seus casos prósperos e adversos?
E como, injuriosa e inoportuna,
segundo aqui por nós julgada,
sob seu trono reúne todo o mundo?
[1.2] [...]
Frequentemente tem os [homens] bons sob seus pés,
enquanto os ímprobos, exalta; e se uma vez te promete
algo futuro, jamais te mantém.
[3] E põe de pernas pro ar, ao que parece,
reinos e estados, e priva os justos
do bem que em grande medida entrega aos injustos.
Esta deusa inconstante e móvel diva
muitas vezes põe os indignos sobre um trono,
ao qual quem é digno jamais chega.
Esta dispõe do tempo a seu modo,
[...]
[4] aperta aquele que jaz sob sua roda.
De quem seja filha ou de que semente
tenha nascido, não se sabe; bem se sabe – é certo –
que até Júpiter teme seu poder [...].

------

[1] Con che rime giammai o con che versi
canterò io del regno di Fortuna,
e de' suo' casi prosperi e avversi?
E come iniuriosa ed importuna,
secondo iudicata è qui da noi,

*sotto il suo seggio tutto il mondo aduna?*
*[...]*
*[2] Costei spesso gli buon sotto i piè tiene,*
*gl'improbi innalza; e se mai ti promette*
*cosa veruna, mai te la mantiene.*
*E sottosopra e regni e stati mette,*
*secondo ch'a lei pare, e' giusti priva*
*del bene che agli ingiusti larga dette.*
*Questa incostante dea e mobil diva*
*gl'indegni spesso sopra un seggio pone,*
*dove chi degno n'è, mai non arriva.*
*Costei il tempo a suo modo dispone;*
*[...]*
*[3] colui che 'n fondo di sua rota giace.*
*Di chi figliuola fussi, o di che seme*
*nascessi, non si sa; ben si sa certo*
*ch'infino a Giove sua potenzia teme.*
*Sopra un palazzo d'ogni parte aperto* [...].

Em seguida, Nicolau fala sobre o "palácio da Fortuna", que me parece ser uma adaptação literária do simbolismo da "Torre da Fortuna" (ilustração 4)[353] ou, talvez, uma referência à história da Roma antiga, pois os romanos erigiram templos para seu culto, então, nesse contexto, o templo poderia ser o seu palácio.[354]

Sobre um palácio por todas as partes aberto
vê-se ela reinar, e a ninguém impede
de entrar nele, mas incerto é o sair.
Todo o mundo se põe ao seu redor,

---

[353] "[En los grabados que representan la torre de la Fortuna se suele ver] cómo la Fortuna, acompañada por el Tiempo y por la Muerte, controla los destinos de los hombres y mujeres que se esfuerzan por ascender los muros de la torre utilizando para ellos todo tipo de recursos. [En el dibujo de Giusseppe Maria Mitelli, de 1687, esta compleja alegoría de la vida humana] muestra unas sesenta figuras de gentes de toda clase y condición luchando por ascender los dos pisos de la torre hasta alcanzar la situación privilegiada reservada para los dueños del mundo. En la versión de Mitelli, las figuras del papa, obispos, clérigos y dirigentes eclesiásticos han sido sustituidos por figuras del poder secular. Según señala Miles Chappell, en esta versión de Mitelli, la Fortuna, el Tiempo y la Muerte dominan sobre un mundo secular y han sido añadidas tres inscripciones que intentan explicar algunas claves de la alegoría. Encima de la figura de la Fortuna, apoyada sobre la esfera del mundo, con una vela de barco en la mano izquierda y una rama de árbol en la derecha, aparece la inscripción: 'Frutos de la Fortuna, del Tiempo y de la Muerte'. Sobre la figura alada del Tiempo con el compás y el reloj de arena, puede leerse: 'El tiempo vuela, enseña y da mesura'. Y encima del esqueleto alado de la muerte a punto de arrojar sus flechas: 'Todo pasa y nada permanece'. Tiempo, Fortuna y Muerte dominan los afanes humanos y terminan venciendo sobre ellos, en una reflexión visual en la que el estoicismo tiene una importancia significativa" (González García, p. 40-41).

[354] É o que diz Nicolau em *Discursos* (II-1), que os Romanos, reconhecendo as graças e os presentes da fortuna, construíram-lhe templos.

desejoso de ver coisas novas
e cheio de ambições e de caprichos.
Ela permanece sobre o cume, onde
sua vista não nega a nenhum homem,
mas em pouco tempo ela dirige e retira [...]

*Sopra un palazzo d'ogni parte aperto*
*regnar si vede, e a verun non toglie*
*l'entrar in quel, ma è l'uscir incerto.*
*Tutto il mondo d'intorno vi si accoglie,*
*desideroso veder cose nove,*
*e pien d'ambizione e pien di voglie.*
*Lei si dimora in su la cima, dove*
*la vista sua a qualunque uom non niega;*
*ma piccol tempo la rivolve e muove.*

Dentro do palácio encontram-se inúmeras rodas, sempre girando. Nelas há pessoas atadas, proferindo palavras injuriosas contra a deusa, imputando-lhe o mal que lhes aflige. Nesse ato se vê a soberba dos ricos e poderosos, como os homens costumam culpar a Fortuna por seus infortúnios e como desconhecem que parte de seus bens vem dela e não de sua própria virtude.

[...] Dentro [do palácio] com tantas rodas se gira
quanto é variado o subir para essas coisas
onde aqueles que vivem fixam o olhar.
Suspiros, maldições e palavras injuriosas
sempre se ouvem usar por essas gentes,
que sob sua insígnia a fortuna escondeu,
e quanto mais ricos são, e mais poderosos,
tanta mais descortesia se vê neles,
tanto menos conhecem de seu bem.
Porque todo esse mal que procede de vós
a ela é imputado; e se algum bem o homem encontra
acredita conseguir por sua própria virtude [...].

*Dentro, con tante ruote vi si gira*
*quant'è vario il salire a quelle cose*
*dove ciascun che vive pon la mira.*
*Sospir, bestemmie e parole iniuriose*
*s'odon per tutto usar da quelle genti,*
*che dentro al segno suo fortuna ascose;*
*e quanto son più ricchi e più potenti,*
*tanto in lor più discortesia si vede,*
*tanto son del suo ben men conoscenti.*
*Perché tutto quel mal ch'in voi procede,*

*s'imputa a lei; e s'alcun ben l'uom truova,*
*per sua propria virtude averlo crede.*

*Giuseppe Maria Mitelli, Le vicende del mondo*, acquaforte, 1687

Nicolau diz que "Entre essa multidão variada e nova / desses escravos que este lugar encerra, / Audácia e Juventude levam a melhor parte". O que significa sua clássica opinião de que o *Príncipe Novo* (e os jovens que ele tenta educar) deve dominar a fortuna, isto é, deve ser audaz para enfrentá-la, golpeá-la e colocá-la a seu favor.

A seguir, nosso poeta fala de elementos da natureza humana como se fossem "entidades" e que sofrem algum tipo de castigo, ou que participam da atividade dessa deusa "volúvel". Neste trecho, vemos novamente a *Ocasião* "brincando entre as rodas", além de suas críticas à ambição dos poderosos.

> Vê-se o Temor prostrado no chão,
> tão cheio de dúvidas que não faz nada;
> então Penitência e Inveja o guerreiam.
> Aqui, a própria Ocasião se diverte
> e vai brincando entre as rodas
> a jovem despenteada e inocente;
> e aquelas rodam sempre, noite e dia,
> porque o céu deseja (ao qual não se contradiz)
> que Ócio e Necessidade girem ao redor delas.
> Uma reconcilia o mundo, e a outra o desfaz.
> Vê-se de cada tempo e de cada momento
> quanto vale a Paciência, e quanto basta.
> Da Usura e da Fraude em tropel gozam
> ricos e poderosos; e entre essas consortes
> a Liberalidade está esfarrapada e arruinada.
> Vêem-se sentados sobre as portas [do palácio]
> que jamais, como se disse, estão fechadas,
> sem olhos e sem ouvidos à Causalidade e à Sorte [...].

> *Vedevisi il Timor prostrato in terra,*
> *tanto di dubbii pien, che non fa nulla;*
> *poi Penitenzia e Invidia li fan guerra.*
> *Quivi l'Occasion sol si trastulla,*
> *e va scherzando fra le ruote attorno*
> *la scapigliata e semplice fanciulla;*
> *e quelle ruoton sempre notte e giorno,*
> *perché il ciel vuole (a cui non si contrasta)*
> *ch'Ozio e Necessità le volti intorno.*
> *L'una racconcia il mondo, e l'altro il guasta.*
> *Vedesi d'ogni tempo e ad ogni otta*
> *quanto val Pazienzia e quanto basta.*
> *Usura e Fraude si godono in frotta*
> *potenti e ricchi; e tra queste consorte*
> *sta Liberalità stracciata e rotta.*
> *Veggonsi assisi sopra de le porte*
> *che mai, come s'è detto, son serrate*
> *senz'occhi e senza orecchi Caso e Sorte.*

Agora, façamos uma breve pausa em nossa análise sobre o poema para voltarmos nossos olhos a um poeta francês, Christine de Pisan, que escreveu uma obra chamada *Le Livre de la Mutation de Fortune*, entre 1400 e 1403. Nela há um percurso histórico das ações da deusa.

> Trata-se de uma obra em sete partes: a primeira fala da pessoa que compilou o referido livro e de suas aventuras; a segunda descreve o castelo da Fortuna; a terceira diz as condições e vitórias daqueles que a dominam; a quarta fala da sala da Fortuna, da Filosofia, das ciências, do começo do mundo e conta a fundação da Babilônia e a história dos judeus; a quinta trata dos reinos mais antigos do mundo: Assíria, Pérsia, Tebas, Creta e Atenas; a sexta relata a história das amazonas e a de Tróia; e a sétima informa sobre a história dos romanos e a de Alexandre, falando em seguida dos príncipes reinantes na época da pessoa que compilou este livro. Como se pode ver, um complexo compêndio de diversos momentos históricos nos quais a Fortuna fez as suas típicas peripécias (González García, p. 115).

Esse cenário da Fortuna indo e vindo entre os reinos, saindo de um e passando por outro, favorecendo a um enquanto destrói o outro, é imitado pelo nosso poeta italiano. Além disso, no trecho que citarei a seguir, aparece novamente o simbolismo das águas.

> […] Todo o seu reino, dentro e fora,
> vê-se historiado e pintado
> daqueles triunfos dos quais mais se honra.
> Em primeiro lugar, colorido e fino,
> vê-se como já sob o Egito
> o mundo foi subjugado e vencido:
> e como por muito tempo o manteve submetido
> com longa paz, e como ali passou
> aquilo que de belo na natureza está escrito;
> a um alto cetro, quando ela não quis
> que aquele Egito dominasse mais;
> depois, dirigiu-se feliz para os medos,
> dos medos para os persas e dos gregos
> adornou a cabeleira com aquela honra que aos persas tirou.
> Ali vê-se Menfis e Tebas dominadas,
> Babilônia, Troia e Cartago com aquelas,
> Jerusalém, Atenas, Esparta e Roma.
> Aqui mostram-se quão belas foram,
> altas, ricas, poderosas e como, ao fim,
> a Fortuna as entregou aos seus inimigos.
> Aqui veem-se as altas e divinas obras
> do Império Romano e depois, como tudo

o mundo quebrou-se com suas ruínas.
Como uma torrente rápida que, feito
tão soberbo, tudo rompe,
ao seu curso agrega o todo;
e esta parte aumenta e a esta, baixa,
varia as margens, muda o leito e o fundo
e faz tremer a terra por onde passa;
assim, a Fortuna, com seu furibundo
ímpeto, muitas vezes, ou aqui, ou ali,
vai mudando as coisas do mundo [...].

--

*Tutto quel regno suo, dentro e di fuora,*
*istoriato si vede e dipinto*
*di que' trionfi de' qua' più s'onora.*
*Nel primo loco, colorato e tinto,*
*si vede come già sotto l'Egitto*
*il mondo stette subiugato e vinto:*
*e come lungamente il tenne vitto*
*con lunga pace, e come quivi fue*
*ciò ch'è di bel ne la natura scritto;*
*veggonsi poi gli Assirii ascender sue*
*ad alto scettro, quand'ella non volse*
*che quel d'Egitto dominassi piue;*
*poi, come a' Medi lieta si rivolse;*
*da' Medi a' Persi: e de' Greci la chioma*
*ornò di quello onor ch'a' Persi tolse.*
*Quivi si vede Menfi e Tebe doma,*
*Babilon, Troia e Cartagin con quelle,*
*Ierusalem, Atene, Sparta e Roma.*
*Quivi si mostran quanto furon belle,*
*alte, ricche, potenti; e come, al fine,*
*fortuna a' lor nimici in preda dielle.*
*Quivi si veggon l'opre alte e divine*
*de l'imperio roman; poi, come tutto*
*il mondo infranse con le sue rovine.*
*Come un torrente rapido, ch'al tutto*
*superbo è fatto, ogni cosa fracassa*
*dovunque aggiugne il suo corso per tutto;*
*e questa parte accresce e quella abbassa,*
*varia le ripe, varia il letto e 'l fondo,*
*e fa tremar la terra donde passa;*

Ainda dentro da obra do poeta francês Christine de Pisan, em outro poema fala-se dos enganos da deusa ou de como ela primeiro constrói para depois destruir. Fala-se da mudança repentina da sorte que afetou importantes personagens históricos, como Dário ou Pompeu, e destruição de cidades, como Troia, ou ao final de gregos, romanos e cartagineses. "Nada é mais doce que os presentes da Fortuna, mas sempre estão envenenados, pois ela tem uma aparência brilhante sob a qual oculta seus enganos" (González García, p. 118).

Nicolau faz o mesmo. Nesse poema, ele escreve a respeito da ascensão e da queda de grandes personagens históricos, assim como verseja sobre como a Fortuna os fez conquistar para, em seguida, retirar-lhes tudo o que foi conquistado.

> Se depois com teus olhos vais mais além,
> vês, entre os que vivos, felizes foram,
> a César e Alexandre.
> Por este exemplo, quanto agrada a ela,
> quanto lhe é grato, claramente se vê,
> quem a golpeia, quem a empurra, quem a caça.
> E, no entanto, ao porto desejado
> um não chegou e o outro, cheio de feridas,
> à sombra de seu inimigo morto foi.

> *Se poi con gli occhi tuoi più oltre arrivi,*
> *Cesare e Alessandro in una faccia*
> *vedi fra que' che fur felici vivi.*
> *Da questo esempio, quanto a costei piaccia,*
> *quanto grato le sia, si vede scorto,*
> *chi l'urta, chi la pigne o chi la caccia.*
> *Pur nondimanco al desiato porto*
> *l'un non pervenne, e l'altro, di ferite*
> *pieno, fu a l'ombra del nimico morto.*

Pessoas que sofreram males semelhantes são várias: "ao lado destes há infinitas gentes / que para caírem por terra com um golpe mais forte, / subiram muito alto com ela. / Com estes jazem sujeitos, mortos e despedaçados". O *modus operandi* da Fortuna é sempre o mesmo: eleva o homem para depois fazê-lo cair.

> Ciro e Pompeu, visto que cada um
> foi, ao céu, pela Fortuna conduzido.
> Já viste alguma vez, em algum lugar,
> como uma águia furibunda se transporta,
> impulsionada pelo jejum e pela fome?
> E como leva a uma grande altura uma tartaruga

para que pela queda a destroce,
e se alimente dessa carne morta?
Assim, a Fortuna (não, que aqui se fique),
leva alguém às alturas, para que, ao cair na ruína,
ela se regozije e ele, caindo, chore [...].

*Ciro e Pompeio, poi che ciascheduno*
*fu da Fortuna infin al ciel condotto.*
*Avresti tu mai visto in loco alcuno*
*come una aquila irata si trasporta,*
*cacciata da la fame e dal digiuno?*
*E come una testudine alto porta,*
*acciò che 'l colpo del cader la 'nfranga,*
*e pasca sé di quella carne morta?*
*Così Fortuna, non, ch'ivi rimanga,*
*porta uno in alto, ma che, ruinando,*
*lei se ne goda e lui cadendo pianga.*

A águia não é perversa, ela destrói por conta da fome. Nicolau muda a metáfora, utilizando o fato de que o substantivo *fortuna* é feminino para transformá-la em uma figura feminina que se compraz com a ruína e que, se tem fome, não é a fome por alimento (a carne da tartaruga), mas uma fome por destruição. O verso sugere que, destruindo, a Fortuna sente prazer com a desgraça da vítima. À perversa águia-Fortuna agrada causar dor (De Grazia, p. 214). No final do poema vê-se, além da figura da roda, a da cornucópia.

Onde se vê como a Fortuna aflige
e Túlio e Mário, e os esplêndidos chifres
várias vezes sua glória ora aumenta, ora corta.
Vê-se afinal que entre os dias passados
poucos são os felizes; e estes morreram
antes que sua roda girasse para trás,
ou que, ao girar para baixo, os levasse.

*Dove si vede come la travaglia*
*e Tullio e Mario, e li splendidi corni*
*più volte di lor gloria or cresce, or taglia.*
*Vedesi alfin che tra' passati giorni*
*pochi sono e' felici; e que' son morti*
*prima che la lor ruota indrieto torni,*
*o che voltando al basso ne li porti.*

Teria nosso autor lido a obra daquele poeta francês? Não posso afirmar. Parece-me mais simples dizer que as paisagens e as metáforas presentes em sua poesia eram elementos comuns à figura da deusa, explorados pelos poetas da época, além das expressões cotidianas. Agora observemos mais atentamente a figura da Roda da Fortuna.

## A Roda da Fortuna

Dentro dos simbolismos relacionados à deusa, o mais conhecido é o da roda. A Roda da Fortuna é comumente interpretada como um símbolo que chama a atenção para a concepção cíclica do tempo e das idades do homem. Igualmente, ela indica que a Fortuna nunca está parada. Sua natureza a move constantemente, razão pela qual nada fica estático e tudo muda.[355] O homem que busca enfrentar a deusa tenta "cravar um prego" na roda para que ela pare de se mover.

Na iconografia, encontramos a Fortuna desenhada às vezes de forma similar a um anjo, girando a grande roda, na qual estão atadas algumas pessoas, cada uma em pontos diferentes da maquinaria, representando um momento distinto da vida. Além disso, os pontos da roda indicam também outras condições das empreitadas humanas. O ponto mais baixo significa o fracasso e a ruína; o ponto médio, que está em movimento de ascensão, significa o incremento, a mudança positiva em direção ao ponto mais alto; o cume, por sua vez, representa o sucesso.

Do cume segue outro ponto médio em direção ao ponto mais baixo e, daí, o ciclo de queda-ascensão continua eternamente. Nas gravuras da época havia o costume de adicionar símbolos astrológicos representando as idades da vida humana. Essa concepção cíclica das idades do homem está presente praticamente em todas as partes da cultura do renascimento.

O que parece extremamente curioso é que Nicolau, fora de sua poesia, em suas obras mais importantes, apesar de falar constantemente da Fortuna, não utiliza a expressão "a Roda da Fortuna". Vemo-la apenas no capítulo 19, do livro III, das *Histórias Florentinas*. Tal capítulo trata dos eventos que ocorreram em meados dos anos 1378-1380. Nicolau narra a trama feita entre os guelfos, que receberam a ajuda de Carlos Durazzo para

---

[355] "[...] La Fortuna es esencialmente mudable por naturaleza y no puede detener su movimiento que implica la necesaria caducidad y transitoriedad de todos los bienes humanos y, especialmente de la vida [...]" (González García, p. 141-142).

executar Piero degli Albizzi. Ali, nosso historiador indica conhecer muito bem os simbolismos de sua época referentes à deusa, pois ele escreve sobre a "volubilidade da Fortuna" (*la volubilità della fortuna*), que nunca está parada, e que Carlos Durazzo ofereceu um banquete a Piero degli Albizzi. Neste parágrafo lemos a única menção explícita à roda:

> [Carlos Durazzo] enviou [a Piero degli Albizzi] uma taça de prata cheia de doces com um prego escondido entre eles. Quando todos os convidados encontraram e viram o prego, interpretaram-no como um lembrete para que cravasse a roda da fortuna, porque, como ela o havia levado ao cume da roda, não poderia fazer outra coisa, já que seguiria girando, que levá-lo para a parte inferior. Esta interpretação foi confirmada primeiro por sua ruína, depois por sua morte.

No tópico destinado ao tema dos ciclos de ascensão e queda, que escrevi no capítulo 2 deste livro, mencionei um trecho de *Histórias Florentinas* (V, 1). Bem, quando se analisa tal trecho, percebe-se a presença do simbolismo da Roda da Fortuna[356] embora não seja expressamente mencionado. Também no poema *Di Fortuna*, percebe-se que Nicolau fala de sua "grande roda". No mais, as menções a esse símbolo são sempre ocasionais e quase passam despercebidos por um leitor desatento.

No final deste *apêndice* abordarei o tema de uma possível numerologia na obra do nosso autor. Ali trarei a essas páginas um aspecto relacionado à Roda da Fortuna, adentrando na interpretação de Leo Strauss.

---

[356] "1. Sogliono le provincie, il più delle volte, nel variare che le fanno, dall'ordine venire al disordine, e di nuovo di poi dal disordine all'ordine trapassare; perché, non essendo dalla natura conceduto alle mondane cose il fermarsi, come le arrivano alla loro ultima perfezione, non avendo più da salire, conviene che scendino; e similmente, scese che le sono, e per li disordini ad ultima bassezza pervenute, di necessità, non potendo più scendere, conviene che salghino; e così sempre da il bene si scende al male, e da il male si sale al bene. Perché la virtù partorisce quiete, la quiete ozio, l'ozio disordine, il disordine rovina; e similmente dalla rovina nasce l'ordine, dall'ordine virtù, da questa gloria e buona fortuna" (*HF*, V-1).

*A Roda da Vida movida pela Fortuna – página de um manuscrito alemão, 1490*

## Dante e a Fortuna como ministra de Deus

Os autores medievais tentavam decidir se a Fortuna realmente existia e qual poderia ser sua compatibilidade com o mundo cristão e a figura da Providência Divina. Nesse contexto, na Idade Média surgiram três correntes de interpretação diferentes.

A primeira retirava a Fortuna completamente do plano ontológico e metafísico. Para esses autores, a deusa pagã seria simplesmente uma metáfora, uma fábula. A segunda corrente a mantinha existente, mas sob um Deus supremo que lhe era superior e a controlava completamente; embora suas relações não se definam com exatidão, ela deve em parte cumprir Sua vontade. A terceira a mantinha como uma ministra de Deus, encarregada de resolver os assuntos aleatórios. "O remédio contra a fortuna cristã é similar em muitos aspectos ao da pagã, e será muitas vezes difícil – frequentemente impossível – saber o que pensava um autor concreto. Mas as figuras em si mesmas são suficientemente distintas" (Patch, 1922, p. 203).

Comentando esse cenário explorado por Howard Rollin Patch, González García complementa:

> A primeira atitude foi representada pelos padres da Igreja e teólogos cristãos (Santo Agostinho, São Jerônimo, Santo Tomás de Aquino...) que tentaram eliminar completamente a Fortuna, seja a partir de argumentos teológicos como a existência de um único Deus, seja mediante argumentos racionais contra a ideia de acaso que dominaria os acontecimentos e impediria uma análise detalhada de suas causas. A segunda atitude, de um certo compromisso variável entre Fortuna e Providência, encontraria defensores – segundo Patch – em *A Consolação da Filosofia* de Boécio e em seus imitadores como Hebricus Septimellensis e também em autores como Alberto Magno. A última das possibilidades – a Fortuna como ministra da vontade divina – estaria representada pelos três grandes autores do Trecento italiano: Dante, Petrarca e Boccaccio (p. 111).

Há debates sobre a tentativa de Dante de unificar a visão pagã com o mundo cristão, ao propor a Fortuna como ministra de Deus. Mesmo estando subordinada a um Deus maior, ela não perdeu, na visão de Dante, o status de deusa. Segundo Howard Rollin Patch, "Dante unifica as duas tradições", a cristã e a pagã, tornando a "volúvel deusa em uma espécie de anjo completamente subordinado à vontade do Deus cristão. Ainda assim, ela continua sendo completamente arbitrária em suas mudanças, mas permanecendo impassível diante das queixas e insultos dos homens, e continuando diligente em seu trabalho de fazer girar a roda dos acontecimentos" (p. 19).[357]

Essa visão da Fortuna como ministra de Deus é incorporada pelos contemporâneos de Nicolau, e em parte por ele também:

---

[357] Na obra de 1950, *The other world – according to descriptions in medieval literature*, Patch analisará Dante dentro de outros contextos, mais especificamente os mundos do além: a visão da vida após a morte, a escatologia, os tipos de Inferno, o Purgatório e os Paraísos.

> Um dos versos de Lorenzo, o Magnífico, a chama de "Fortuna, ministra de Deus". A linguagem dos cidadãos florentinos, tal como foi preservada nas atas das reuniões do governo no início do século XV, mostra que eles também concebiam a Fortuna como uma assistente ou ministra de Deus, sendo identificada com os desejos ou as instruções ditadas por Ele. Essa é aproximadamente a posição de Niccolò. Embora às vezes se queixe e a apresente como a personificação do mal no mundo, um diabo ou um demônio, ele também a trata em termos divinos. [Ao mencionar que Júpiter a teme] nosso poeta o menciona não para integrar uma divindade principal a outra, mas para evitar envolver Deus. Ele nunca opõe a fortuna à vontade divina. Em *O Príncipe*, em uma rara justaposição, afirma que a rejeição de Cesare Bórgia pela Fortuna, "no curso mais alto de sua ação", implicava que ele não havia sido ordenado por Deus [...] (De Grazia, p. 204-205).

Vemos a Fortuna no canto VII do Inferno, no quarto círculo, destinado a punir aqueles que foram avarentos e pródigos durante a vida. Tal como a virtude aristotélica de caminhar pelo justo meio, o pecado desses homens foi justamente ter vivido em um ou outro extremo. Não tiveram uma relação harmoniosa com seus bens materiais, razão pela qual nunca poderão desfrutar da beleza do mundo e "se chocarão eternamente [os avarentos e os pródigos]; / estes surgirão de seus túmulos / com o punho fechado, e aqueles, vazios; / mal dar e mal ter, o belo mundo"[358] [notas 13 e 14].[359]

Os rostos dos condenados são quase irreconhecíveis, de modo que Dante quer saber se ali haveria algum conhecido, com quem ele tenha convivido em vida. Virgílio o dissuade de tentar saber a identidade daquelas almas e, dentro desse contexto, ensina-lhe sobre uma das características dos bens da Fortuna: são vãos, impermanentes. Mesmo todo o ouro que há debaixo da lua não é capaz de fornecer repouso a uma alma fatigada.

> Vê, filho, como rápido defina
> o bem que co' a Fortuna se pactua,
> e pra que a humana gente se engalfinha;
>
> pois todo o ouro que há sob a lua,

---

[358] "[...] Ed elli a me: 'Tutti quanti fuor guerci/ sí de la mente in la vita primaia / che con misura nullo spendio ferci. / Assai la voce lor chiaro l'abbaia, / quando vegnono a' due punti del cerchio / dove colpa contraria li dispaia. / Questi fuor cherci, che non han coperchio / piloso al capo, e papi e cardinali, / in cui usa avarizia il suo soperchio' [...]" (*Inferno*, VII, vv. 40-48).

[359] "[...] E io: 'Maestro, tra questi cotali / docre'io ben riconoscere alcuni / che furo immondi di cotesti mali'. / Ed elli a me: 'Vano pensiero aduni: / la sconoscente vita che i fé sozzi, / ad ogne conoscenza or li fa bruni. / In etterno verranno a li due cozzi: / questi resurgeranno del sepulcro / col pugno chiuso, e questi coi crin mozzi. / Mal dare e mal tener lo mondo pulcro / ha tolto loro, e posti a questa zuffa: / qual ella sia parole no ci appulcro [...]" (vv. 49-60).

e o que houve já, co' essas almas cansadas
não obteria uma parada sua (vv. 61-66 – tradução de Italo Eugenio Mauro).

Então Dante, diante da presença de muitos clérigos ali condenados, pergunta a seu mestre Virgílio: "Quem é esta Fortuna a que te referes, / que tem o bem do mundo entre suas garras?" ([...] *or mi dí anche / questa fortuna di che tu mi tocche, / che è, che che i ben del mondo ha sí tra branche?*) (vv. 67-69). O poeta da Eneida explica os detalhes sobre a deusa: Deus a tornou sua ministra, pois muda os bens do mundo a todo o momento.

Respondeu ele: "Ó criaturas tolas,
quanta é a ignorância que assim vos ofende!
e tu, aceita as razões como eu vou expô-las:

Ele, cujo saber tudo transcende,
fez os véus e lhes deu quem os conduz:
se em toda parte cada parte esplende

é que igualmente lhes reparte a luz;
do mesmo modo pra pompa mundana
designou uma ministra e deu-lhe jus

de ir permutando a riqueza profana
de um pra outro sangue, e de gente em gente,
livre do alcance da cobiça humana.

Logo, uma gente impera, e languescente
fica a outra então conforme o arbítrio dela,
que é oculto como na relva a serpente [...] (vv. 70-84 – tradução de Italo
Eugenio Mauro).

A razão humana não é capaz de conhecê-la e "suas mudanças nunca têm trégua" [*le sue permutazion non hanno triegue*], porque a "necessidade a obriga a ser rápida" [*necessità la fa esser veloce*]. Da mesma maneira que podemos ler no poema *Di Fortuna*, de Nicolau, Dante também escreve que os homens costumam injuriá-la e culpá-la por seus males.

É vão vosso querer controvertê-la:
em seu reino prevê, julga e procede
ela só, como, noutro, outro deus zela.

Sua contínua permutação não cede;
necessidade o giro lhe apressura,
assim sempre aparece quem sucede.

Ela é posta em odiosa conjuntura –

> Mesmo por quem mais deveria louvá-la –
> com vã calúnia e infundada censura;
>
> mas, beata, não ouve vossa fala;
>
> co' as outras primas criaturas, leda
>
> gira sua roda, e sua ventura embala (vv. 85-96 – tradução de Italo Eugenio Mauro).

A grande diferença entre os dois poetas, Dante e Nicolau, é que o autor da *Divina Comédia* não a considera uma deusa maligna;[360] já para o secretário, a Fortuna, apesar de ser apresentada em um ou outro momento como uma entidade que faz (ou que pode fazer) o bem, o tom geral do seu tratamento sobre a deusa indica sua maldade e seu prazer em infligir a dor nos homens.

Temos, além dessas passagens, a presença da Fortuna em outros lugares da *Divina Comédia*. No canto XV há menções a ela como expressão idiomática, e também em referência à roda. O canto se passa no terceiro recinto do sétimo círculo, destinado a punir os sodomitas. Lá, uma alma errante reconheceu o poeta, agarrou-o pelo braço e pediu um pouco de sua atenção. Era a alma de Brunetto Latini.[361]

Ele pergunta a Dante: "Que fortuna ou destino / antes do último dia aqui te traz / e quem é este que indica o caminho? [*qual fortuna o destino / anzi l'ultimo dí qua giù ti mena? / e chiè questi che mostra 'l cammino?*]" (vv. 46-47). Dante responde e ele novamente utiliza a expressão linguística: "Tanta honra tua fortuna te reserva [*La tua fortuna tanto onor ti serba*]" (v. 70). Dante, em seguida, dirige doces palavras de amizade e de gratidão ao senhor Brunetto, mencionando a Roda da Fortuna:

> Só quero que vos seja claro um ponto:

---

[360] "[...] For Dante, Fortune, though inscrutable, is not malignant. His *explanationis* plain enough: a 'minister' of God acting according to His Providence cannot be hostile to humans. In other words, according to Dante, God and Fortune together govern the fortunes of countries [...]. But the comparison between Dante and Machiavelli ends there. For in Machiavelli's view, as we shall see, Fortune is a malignant goddess, or at least a goddess indifferent to human well-being [...]" (Parel, p. 65).

[361] De acordo com a nota da edição em espanhol que consultei: "Brunetto Latino (o Latini) nació en el segundo o el tercer decenio del siglo XIII y murió en el año 1294. Era florentino y notario, filósofo y escritor, y tuvo una importante actuación política en su ciudad. Era güelfo y condujo una embajada ante el rey Alfonso X de Castilla, a la vuelta de la cual, en 1260, al conocer la derrota de su partido en Montaperti, se quedó como exiliado en Francia hasta el año 1266. Escribió el *Trésor* en francés. También compuso el *Tesoretto*, obra en verso por la que fue alabado por Dante como ejemplo de poetas en lengua vulgar (v. *De vulgari eloquentia* I. XIII I). Tradujo en prosa italiana los escritos retóricos de Cicerón; Muy admirado por los intelectuales de su tiempo, no fue propiamente el maestro de Dante, sino el amigo de más edad y experiencia que le orientó en sus estudios" (nota al verso 30, p. 75).

desde que eu fique co' a consciência honrada,
pra o que a Fortuna queira estarei pronto.

Não me é essa profecia inopinada:
Faça a Fortuna sua roda [girar],
como lhe agrade, e o vilão sua enxada (vv. 91-96 – tradução de Italo Eugenio Mauro).

No canto XXX, em que estão os falsários, a Fortuna aparece como a
responsável pela queda de Troia e a miséria sem fim de Hécuba:

Quando a fortuna para baixo lançou
de Troia a soberbia que tudo ousava
e o rei junto co'o reino cancelou,

Hécuba triste, mísera e escrava,
depois que morta Polissena viu,
e do seu Polidoro a sorte prava,

na praia, o mar lhe revelou, saiu
ladrando como um cão, tanto a inumana
dor a sua pobre mente conveliu (vv. 13-21 – tradução de Italo Eugenio Mauro).

Por fim, no canto XVI de *Paraíso*, Dante aborda os ciclos de queda e ascensão
para explicar como desaparecem as estirpes de famílias inteiras, como
termina a glória das cidades, embora seja difícil perceber esse fenômeno
porque ultrapassa o tempo de uma curta vida humana.

Se pensares em Luni e Urbisaglia
como se foram já e como se vão
atrás daquelas Chiusi e Sinigaglia,

ouvir dizer como as estirpes hão
de acabar, admirado não vai pôr-te,
se até as ciades têm sua extinção.

As vossas coisas todas têm sua morte,
como vós, e bem pouco ela recua
nas que estiquem demais sua certa sorte.

E como o rodear do céu da Lua
que as praias, vez a vez, descobre e oculta,
sobre Florença assim Fortuna atua.

Não deve soar-te estranho o que resulta
do que eu disser ou do que a gente opine
cuja fama no tempo está sepulta (vv. 73-87 – tradução de Italo Eugenio Mauro).

A influência de Dante se transmite por meio dos múltiplos comentários à *Divina Comédia*, alguns devidos a autores anônimos, como quem, em 1355, escreveu que no *Inferno* reflete-se uma concepção pagã da Fortuna como deusa, no *Purgatório* uma versão filosófica baseada em Aristóteles, e no *Paraíso* a explicação teológica de Santo Tomás de Aquino. Entre muitos outros comentários, destaca-se o de Giovanni Boccaccio (González García, p. 131).

## A numerologia

Como mencionei, a única menção que Nicolau faz à Roda da Fortuna em suas três obras políticas e históricas (*Príncipe*, *Discursos* e *Histórias Florentinas*) é no capítulo 19, do livro III das *Histórias Florentinas*. Mas algo ainda mais curioso aparece quando lembramos que, no tarô, a Roda da Fortuna é um dos Arcanos Maiores, a carta de número 10. O que é interessante é que ele escreve sobre a Roda da Fortuna no capítulo 19. Segundo uma, entre tantas, numerologias usadas pelos tarólogos, se decompomos o número 19, temos: 1 + 9, totalizando 10.[362] Porém há outros trechos curiosos em sua obra que também fazem referência ao número 10.

Por exemplo, escrevi anteriormente, que a visão paradisíaca que Nicolau tinha de uma República está no capítulo 10, do livro I dos *Discursos*. Igualmente, em *Discursos* III-1, o único capítulo em que nosso autor menciona Jesus Cristo, também sugere que os ordenamentos políticos retornem às suas origens a cada dez anos para expurgar a corrupção – a repetição da cosmogonia feita periodicamente a cada dez anos. O número 10 está presente em dois capítulos extremamente importantes.

Além disso, no poema *O Asno* (IV), depois de ter passado uma noite de prazeres e carícias com a donzela serva de Circe, nosso poeta clama estar "mais habituado ao mal do que ao bem". Segundo ele, a Fortuna "jamais" teve "piedade" dele, de modo que, sabendo que não pode lutar contra as circunstâncias, entrega seu destino nas mãos da deusa: "Faça, então, a Fortuna, de minha vida tudo / aquilo que deve e que lhe convêm, / pois bem sei que de mim jamais teve piedade". Em seguida, a donzela,

---

[362] Essa técnica é utilizada para saber, por exemplo, qual é o Arcano Maior regente da personalidade de uma pessoa. Para isso, utilizamos a data de nascimento: exemplo: (22-12-1991): $(2 + 2) / (1 + 2) / (1 + 9 + 9 + 1) = (4 + 3 + 20) = 7 + 20 = 27$, que reduz a (9) – o resultado final é o número 9, indicando que a carta da personalidade de quem nasceu nessa data é o arcano maior do eremita.

para confortar o poeta, "[...] abriu os braços / e com um belo rosto, muito alegre, / beijou-me dez e mais vezes o rosto"; novamente, uma menção ao número dez. No conto *Belfagor*, o demônio, após ter sido "julgado pela sorte (provavelmente a Fortuna?), foi decidido que ele deveria passar dez anos na Terra, vivendo um casamento.

Ronald Decker, em sua obra *The Esoteric Tarot*, defende que as figuras que hoje conhecemos como o tarô de Marselha são uma criação italiana, no Renascimento, embora haja outras teorias que sustentam que as figuras surgiram na França ou na Alemanha. Claramente não é o meu objetivo entrar nesses campos de discussão. O que parece oportuno indicar é que o ambiente intelectual que estava ao redor de Nicolau era completamente influenciado pelo hermetismo, a cabala, a astrologia, a alquimia e outras formas de conhecimento que hoje consideramos "ocultismo". O tarô, em certo sentido, sintetizava praticamente todos esses ramos.[363]

Decker analisa um documento da época chamado *De Ludo* (Sobre os Jogos), escrito por um autor anônimo, provavelmente um monge franciscano. O autor do texto adicionou novos comentários sobre as figuras do tarô e forneceu a lista mais antiga que temos conhecimento sobre as cartas. A de número 10, a *rotta*, traz escrito as palavras *id est regno, regnavi, sum sine regno*.[364] Decker, então, escreve:

> A *rotta* é claramente a Roda da Fortuna. O monge inclui declamações típicas da época: "Eu reino; reinei; estou sem reino". Os pintores costumavam retratar a Fortuna com suas vítimas. Enquanto elas giravam em sua roda, recitavam essas palavras (inscritas perto das bocas das figuras). Geralmente, um quarto participante aspirava subir e dizia: "Reinarei" (Kindle Location, 1277 of 4599 – 27%).

Nos tópicos destinados ao panteão de Nicolau, afirmei que parecia que ele tinha certo conhecimento da filosofia natural ao escrever sobre os *espíritos astrais* e as "inteligências que estão no ar". No entanto a questão de uma

---

[363] Diz Ernst Cassirer que o Renascimento estava completamente influenciado pela astrologia. "Com exceção de Pico della Mirandola, nenhum outro pensador do Renascimento conseguiu evitar ou superar essa pressão. A vida de uma inteligência tão grande e nobre como a de Ficino ainda estava cheia de terrores astrológicos supersticiosos. O próprio Maquiavel não conseguiu se libertar completamente de certas concepções astrológicas" (1976, p. 175).

[364] "Carl Orff, el compositor alemán que rescató las canciones medievales del siglo XIII conocidas como *Carmina Burana*, retracta la Fortuna como emperatriz del mundo. En los manuscritos medievales había un dibujo a pluma coloreado en el que se representaba a la Fortuna sentada majestuosamente en el centro de su rueda, haciendo girar la suerte de cuatro personajes en el clásico orden de 'reinaré', 'reino', reiné y sin reino estoy (*Regnabo, regno, regnavi, sum sine regno*)" (González García, p. 117-119).

suposta "numerologia oculta" em sua obra merece uma investigação própria, mais detalhada e inteiramente dedicada a isso.

Não conheço outro intérprete além de Leo Strauss que tenha observado uma numerologia nos livros do nosso autor. Esse detalhe é tão interessante que me parece viável expor aqui as longas citações. Strauss começa analisando o número de livros de Lívio, comparando-o ao número de capítulos dos *Discursos*.

> Os *Discursos* são dedicados aos dez primeiros livros da História de Lívio, ou à história de Roma até cerca de 292 a.C. A História de Lívio consistia em 142 livros. Curiosamente, os Discursos consistem em 142 capítulos, porque os prefácios do Livro I e Livro II não são, naturalmente, capítulos. Maquiavel parece assim transmitir seu propósito de elucidar a história não apenas da Roma primitiva, mas de Roma desde seu início até o tempo do imperador Augusto. Uma olhada na lista de eventos discutidos nos *Discursos* confirmará essa suposição. O estranho fato de que o número de capítulos dos *Discursos* é o mesmo que o número de livros de Lívio, nos faz pensar se o número de capítulos do *Príncipe* também não será significativo. Dado que o *Príncipe* consiste de vinte e seis capítulos e que o *Príncipe* não nos dá nenhuma informação sobre o possível significado deste número, fixemo-nos no capítulo vinte e seis dos *Discursos*. Este capítulo é o único capítulo dos *Discursos* que está dedicado, segundo seu título, ao "novo príncipe"; ou seja, ao tema principal do *Príncipe*. Além disso, este capítulo trata do que "os autores" chamam de tirania, como Maquiavel diz no final do capítulo anterior; mas o termo "tirania" (ou "tirano") é evitado no capítulo vinte e seis. Se voltarmos do capítulo vinte e seis dos *Discursos* ao Príncipe, que consiste de vinte e seis capítulos, observamos que os termos "tirano" ou "tirania" também são evitados no *Príncipe*: o capítulo vinte e seis dos *Discursos* imita o *Príncipe* de forma que nos dá uma chave para o *Príncipe*. Dado que esta observação nos leva a outras observações pertinentes sobre o *Príncipe*, algumas das quais já foram anotadas, adquirimos certa confiança de que levando a sério o número 26 estamos no caminho certo (Strauss, 1958, p. 48).

Portanto, o número 26 será observado atentamente. Sua posição como capítulo traz suspeitas. É a partir desse número que encontramos a única citação que Nicolau faz ao *Novo Testamento* nos *Discursos*. E, além disso, segundo Strauss, essa citação serve para que Maquiavel faça uma terrível blasfêmia. Na introdução deste livro explorei esse ponto referente à blasfêmia. Aqui continuarei no aspecto numerológico.

O fato mais superficial sobre os *Discursos*, o fato de que o número de seus capítulos iguala ao número de livros da História de Lívio, nos levou a iniciar uma cadeia de raciocínios que nos colocou de repente diante da única citação do Novo Testamento que aparece nos dois livros de Maquiavel e diante de uma enorme blasfêmia. Seria um grande prejuízo à verdade se usássemos outras palavras para qualificar o que está sendo dito. Porque seria um erro acreditar que a blasfêmia que encontramos é a única ou mesmo a pior que ele cometeu. Esta blasfêmia é, por assim dizer, a ponta de lança que abre caminho para uma longa coluna (Strauss, 1958, p. 49).

Ainda no contexto do número 26, em outra obra, Strauss traz novamente sua figura numérica,[365] no entanto olhando agora outros aspectos: a relação do número com o alfabeto hebraico e o nome de Deus:[366]

Vimos que o número de capítulos dos *Discursos* é significativo e foi escolhido de forma deliberada. Isso nos leva a perguntar se o número de capítulos do *Príncipe* também não é significativo. O *Príncipe* consiste de vinte e seis capítulos. Vinte e seis é o valor numérico das letras do sagrado nome de Deus, em hebraico, do Tetragrammaton. Mas, será que Maquiavel sabia disso? Não sei. Vinte e seis equivale a duas vezes treze. Hoje e desde há bastante tempo, o treze é considerado um número de má sorte, mas antes também era visto, até primordialmente, como um número de boa sorte. Assim, "duas vezes treze" poderia significar ao mesmo tempo boa e má sorte, e, por isso, em geral, *sorte, fortuna*. É possível apresentar um argumento favorável à idéia de que a teologia de Maquiavel poderia ser expressa com a fórmula *Deus sive fortuna* (diferente do *Deus sive natura* de Spinoza), isto é, que Deus é fortuna na medida em que se supõe sujeito à influência humana (imprecação). Mas para demonstrar isso seria necessário um argumento "demasiado longo e demasiado elevado" para a presente ocasião. Vejamos, portanto, se não podemos obter algum esclarecimento olhando o capítulo 26 dos *Discursos* [...] (Strauss, 2008, p. 310-311).

Desse ponto em diante, Strauss voltará a analisar os temas pertinentes ao *Magnificat*, ao Rei David etc. Voltando agora ao livro *Thoughts on Machiavelli*, Strauss terminará seu primeiro capítulo analisando detalhadamente alguns pontos relacionados à posição dos capítulos na obra de Nicolau.

---

[365] *Cf.* a discussão levantada por Heinrich Meier, no capítulo 2 (especificamente no Epílogo, páginas 108-113) de *Political Philosophy and the challenge of revealed religion*.

[366] "O número 26 é o número de Deus". Na tradição judaica, o nome de Deus é representado pelo *Tetragrammaton*, que consiste em quatro letras: Yud (י), Hei (ה), Vav (ו) e Hei (ה) novamente. Esse nome é frequentemente transliterado como YHWH e pronunciado por alguns como Yahweh. Na gematria – um sistema de atribuição de valores numéricos às letras hebraicas – cada letra tem um valor específico. Então, aplicando ao *Tetragrammaton*, temos: - Yud (י) = 10 - Hei (ה) = 5 - Vav (ו) = 6 - Hei (ה) = 5; quando somamos esses valores, obtemos: 10 (Yud) + 5 (Hei) + 6 (Vav) + 5 (Hei) = 26. // Em seu livro, Strauss (1958) faz uma associação entre uma possível blasfêmia no capítulo 26 do Livro I dos *Discursos*.

O professor alemão perceberá a existência de um padrão. Sua atenção aos detalhes é surpreendente:

> Repetimos que não acreditamos que seja acidental que o número de capítulos dos *Discursos* seja o mesmo dos livros de Lívio, e por isso acreditamos que devemos nos perguntar se o número de capítulos do *Príncipe*, que é vinte e seis, não terá algum significado. Vimos que o capítulo vinte e seis dos *Discursos* é de eminente importância para a compreensão do *Príncipe*. Notamos que quando discute os imperadores romanos nos *Discursos*, Maquiavel fala explicitamente dos vinte e seis imperadores de César a Maximiano. Deixando de lado o fato de que César não foi um imperador, Maquiavel não dá nenhuma razão para fazer essa particular seleção entre os imperadores; o único fato evidente é o número dos imperadores escolhidos. Pode parecer que existe alguma conexão entre o número 26 e o "príncipe", isto é, o monarca. Não é este o lugar de dar mais exemplos do uso que faz Maquiavel do número 26 ou, mais precisamente, do 13 e dos múltiplos de 13. É suficiente aqui mencionar alguns outros traços de sua obra que parecem indicar que os números são um importante artifício usado por ele. Há três capítulos dos *Discursos* que se abrem com uma citação de Lívio; seguem-se um ao outro com um intervalo de 20 capítulos [são os *Discursos* II 3; 20 e III 10]. Os dois únicos capítulos dos *Discursos* que contêm exclusivamente exemplos modernos são o vinte e sete e o cinquenta e quatro. Se um capítulo determinado apresenta dificuldades que não podem ser resolvidas estudando seu contexto, às vezes pode encontrar-se ajuda, simplesmente indo a outro capítulo que leve o mesmo número, seja em outro livro dos *Discursos*, seja no *Príncipe*. Por exemplo, as passagens chaves referentes ao silêncio são os [capítulos] 10 do Livro I e do Livro II dos *Discursos*. As passagens chave referentes à "fundação contínua" são os capítulos 49 do Livro I e do Livro III dos *Discursos*. *Discursos* III 48 trata do engano praticado por um inimigo estrangeiro, enquanto I-48 trata do engano praticado pela oposição interna. A paródia das disputações escolásticas aparece em *Discursos* II 12; *Discursos* I-12 está explicitamente dedicado ao prejuízo causado pela Igreja. O capítulo undécimo do *Príncipe* está dedicado aos principados eclesiásticos; o capítulo undécimo dos *Discursos* está dedicado à religião dos romanos. As mais importantes discussões de M. Mânlio Capitolino aparecem em *Discursos* I-8; III-8, e assim em outros casos. Seria tolo aplicar essa sugestão mecanicamente, porque os artifícios de Maquiavel falhariam em seu propósito se ele os tivesse aplicado mecanicamente. Seria quase tão tolo tentar estabelecer o significado de sua doutrina baseando-se exclusivamente, nem mesmo principalmente, em seus artifícios. Mas também seria imprudente ler seus escritos da forma como são lidos correntemente. Os artifícios de Maquiavel, judiciosamente utilizados, levam o leitor ao nervo de seu argumento. Mas a ordem da descoberta não é necessariamente a da demonstração [...] (Strauss, 1958, p. 52-53).

No fim das contas, Strauss não poderia deixar de buscar referências a números e outros artifícios nos escritos de Nicolau, já que sua interpretação se baseava na imagem de um pensador esotérico, que escondia o verdadeiro conteúdo de seu pensamento em camadas ocultas aos leitores medianos.

Porém me parece suficiente expor essas citações para indicar a suspeita da existência de uma possível numerologia escondida na obra do florentino. Seria isso mera coincidência, obra do acaso, "da fortuna"? Não sei como responder. No presente momento também não tenho condições de me aprofundar mais nessas questões. Eu precisaria de mais tempo estudando.

# REFERÊNCIAS

## Obras de Nicolau Maquiavel

### Em italiano

Machiavelli, Niccolò. *Tutte le opere*: a cura di Mario Martelli. Firenze: Sansoni Editore, 1971.

Machiavelli, Niccolò. *Tutte le opere*: a cura di Michele Ciliberto e Pier Davide Accendere. Secondo L'edizione Di Mario Martelli (1971). Milano: Giunti Editore, 2018.

Machiavelli, Niccolò. *Legazioni e commissarie*: a cura di Sergio Bertelli. Volume Primo. Milano: Feltrinelli Editore, 1964.

Machiavelli, Niccolò. *Legazioni e commissarie*: a cura di Sergio Bertelli. Volume Secondo. Milano: Feltrinelli Editore, 1964.

Machiavelli, Niccolò. *Legazioni, comissarie, scritti di governo*: a cura di Fredi Chiappelli. Volume Secondo 1501-1503. Roma: Gius. Laterza & Figli, 1973.

### Em espanhol

Maquiavelo, Niciolás. *Maquiavelo*. Traducido por Miguel Manuel Seralegui Benito. Estudio introductorio por Juan Manuel Forte Monge. Traducción y notas de El Príncipe Antonio Hermosa Andújar. Madrid: Gredos, 2011.

Maquiavelo, Niciolás. *Epistolario 1512-1527*. Editado por Stella Mastrangelo. Ciudad de México: Fondo de Cultura Económica, 2015.

Maquiavelo, Niciolás. *Textos literarios*. Traducido por Nora Hebe Sforza. Buenos Aires: Colihue Clásica, 2010.

### Em inglês

Machiavelli, Niccolò. Discourses on livy. Translated by Harvey C. Mansfield and Nathan Tarcov. Chicago & London: The University of Chicago Press, 1996.

Machiavelli, Niccolò. *Machiavelli, the chief works and others*. Edited by Allan Gilbert. Translated by Allan Gilbert. v. I. 3 v. Durham: Duke University Press Books, 1989.

Machiavelli, Niccolò. *Machiavelli, the chief works and others*. Edited by Allan Gilbert. Translated by Allan Gilbert. v. II. 3 vs. Durham: Duke University Press Books, 1989.

Machiavelli, Niccolò. Machiavelli. *Machiavelli, the chief works and others*. Edited by Allan Gilbert. Translated by Allan Gilbert. v. III. 3 v. Durham: Duke University Press Books, 1989.

Machiavelli, Niccolò. *The letters of Machiavelli*: a selection. Edited by Allan Gilbert. Translated by Allan Gilbert. Chiacago: The University of Chicago Press, 1988.

## Em francês

Machiavel, Nicolas. *La pensée de Nicolas Machiavel* : extraits les plus caractéristiques de son œuvre, choisis, groupés et traduits par François Franzoni, avec une introduction, une bibliographie et le texte italien correspondant. Traduit par François Franzoni. Paris: Payot, 1921.

## Outras fontes

Agustin, San. *La ciudad de Dios, Tomo I*. Traducido por José Cayetano Diaz e Beyral. Buenos Aires: Club de Lectores, 2007.

Aires, Hilton Boenos. Eric Voegelin y la destrucción de la ciencia por el positivismo. *Contemporânea – Revista de Ética e Filosofia Política*, 2. ed., p. 1-24, jul./dez. 2016.

Aires, HIlton Boenos. Los Maquiavelos de Strauss y Skinner. *Contemporânea – Revista de Ética e Filosofia Política*, p. 46-69, jan.- jun. 2016.

Aires, Hilton Boenos; Filho, Darci Cintra. O combate à corrupção como mecanismo de proteção à cidadania. *Revista Cidadania e Direitos Humanos*, p. 40-66, 2016.

Aires, Hilton Boenos; Ferraz, Adilson Silva. política, corrupção e liberdade no pensamento de Maquiavel. Aragão, Paulo; TAYAH, José Marco; ROMANO, Letícia Danielle. *reflexiones sobre derecho latinoamericano: estudios en homenaje al profesor Carlos Ramos Nuñez*. p. 33-47. Buenos Aires/ Fortaleza: Expressão Gráfica e Editora, 2016.

Alighieri, Dante. *La divina comedia, el Convite*. Editado por Estudio Introductorio por Eduardo Vilella. Traducido por Ángel Crespo y José Luis Gutiérrez García. Madrid: Gredos, 2015.

Alighieri, Dante. *Tutte le opere, Divina commedia, Vita nuova, Rime, Convivio, De Vulgari eloquentia, Monarchia, Egloghe, Epistole, Quaestio de aqua et de terra*. A cura di Italo Borzi e Giovanni Fallani. Roma: Grandi Tascabili Economici Newton, 1993.

Ames, José Luiz. Religião e política no pensamento de Maquiavel. *Kriterion*, 113. ed., p. 51-72, 2006.

Aristóteles. *Aristóteles III* – Ética Nicomáquea. Traducido por Julio Pallí Bonet. v. III. 3 v. Madrid: Gredos, 2014.

Bazán, Francisco García. *Aspectos Inusuales de lo Sagrado*. Madrid: Trotta, 2000.

Berlin, Isaiah. *The proper study of mankind, an anthology of essays*. London: Chattos & Windus, 1997.

Bianchi, Álvaro. Dossiê Gramsci e a política; Croce e Gramsci e a autonomía da Política. *Revista de Sociologia Política*, p. 15-3, nov. 2007.

Boureau, Alain. *Satã Herético*: o nascimento da demonologia na Europa medieval (1260-1330). Tradução e revisão de Néri de Barros Almeida Igor Salomão Teixeira. Campinas: Editora da Unicamp, 2016.

Bruni, Leonardo. *Opere*. Novara: De Agostini Libri S.p.A, 2013.

Burckhardt, Jacob. *The civilization of the Renaissance in Italy*. Translation of S. G. C. Middlemore. Revised and edited by Irene Gordon. New York: The New American Library, 1966.

Camplbell, Joseph. *El héroe de las mil* caras: psicoanálisis del mito. Traducido por Luisa Josefina Hernández. Ciudad de México: Fondo de Cultura Económica, 1959.

Carvalho, Olavo Luis Pimentel de. *Maquiavel, ou a confusão demoníaca*. Campinas; São Paulo: Vide Editorial, 2011.

Carvalho, Talyta. *Leo Strauss*: uma introdução à sua filosofia política. São Paulo: É Realizações, 2015.

Cassirer, Ernst. *O mito do Estado*. Tradução de Álvaro Cabral. Rio de Janeiro: Zahar Editores, 1976.

Cicerón, Marco Tulio. *Sobre la Repúbli*ca. Introducción, traducción, apéndice y notas de Álvaro d'Ors. Madrid: Gredos, 1984.

Costa, Ricardo Gomes da; NOUGUÉ, Carlos. O sonho de Cipião de Marco Túlio Cìcero. *Notandum*, Universidade do Porto, 22 abr. 2010.

Croatto, José Severino. *Los lenguajes de la experiencia religiosa*: estudio de feno-menología de la religión. Buenos Aires: Fundación Universidad a Distancia "Hernandarias", 1994.

Croce, Benedetto. *Una questione che forse non si chiuderà mai: la questione del Machiavelli. Quaderni Della Crítica Diretti*, 1945 (2009).

Decker, Ronaldo. *The esoteric tarot: ancient sources rediscovered in hermeticism and cabalah*. Wheaton: Quest Books, 2013.

Eliade, Mircea. *Aspects du mythe*. Paris: Galimard, 1963.

Eliade, Mircea. *Initiation, rites, sociétés secrètes*. Paris: Galimard, 1976.

Eliade, Mircea. *La búsqueda*. Tradução de Dafne Sabanes de Plou e María Teresa La Valle. Buenos Aires: Editorial La Aurora, 1984.

Eliade, Mircea. *Le Mythe de l'éternel retour: archétypes et répétition*. Paris: Galimard, 1969.

Eliade, Mircea. *Le sacré et le profane*. Paris: Galimard, 1965.

Eliade, Mircea. *Méphistophélès et l'androgyne*. Paris: Galimard, 1962.

Eliade, Mircea. *Mythes, rêves et mystères*. Paris: Galimard, 1957.

Eliade, Mircea. *Tratado de Historia de las religiones:* morfología y dialéctica de lo sagrado. Traducido por A. Medinaveitia. Madrid: Ediciones Cristiandad, 2011.

Espinosa, Baruch de. *Tratado político*. Tradução de Diogo Pires Aurélio. São Paulo: Martins Fontes, 2009.

Federici, Michael. *Eric Voegelin e a restauração da ordem*. Tradução de Elpídio Mário Dantas Fonseca. São Paulo: É Realizações, 2011.

Ferrara, Orestes. *Machiavel*. Traduit par Francis de Miomandre. Paris: Librairie Ancienne Honoré Champion, 1928.

Ferrero, Guglielmo. *Grandeza y decadencia de Roma*. Traducido por M. Ciges Aparicio. v. I – La Conquista. Buenos Aires: Librería El Ateneo Editorial, 1959.

Fichte, Johann Gottlieb. *Machiavelli scrittore*. Traduzione di Fererico Ferraguto. Roma: Etcetera, 2014.

Fonseca, André Azevedo da. O mito das teorias da conspiração: introdução aos estudos de mitologia política – Parte 4 de 6. Dezembro de 2014.

Fonseca, André Azevedo da. O mito do herói salvador (Introdução aos estudos de mitologia política – Parte 5 de 6. Janeiro de 2015.

Fontana, Benedetto. Love of country and love of God: the political uses of religion in Machiavelli. *Journal of History of Ideas*, p. 639-358, out. 1999.

García, José M. González. *La diosa Fortuna, metamorfosis de una metáfora política*. Madrid: Mínimo Tránsito; A. Machado Libros, 2006.

García-Pelayo, Manuel. *Los mitos políticos*. Madrid: Alianza Universidad, 1981.

Germino, Dante. *Machiavelli to Marx*: modern western political thought. Chicago & London: University of Chicago Press, 1972.

Germino, Dante. Second thoughts on Leo Strauss's Machiavelli. *The Journal of Politics*. 28. ed., p. 794-817, nov. 1996.

Germino, Dante. Blasphemy and Leo Strauss's Machiavelli. *The Review of Politics*, 1 Special Issue on the Thought of Leo Straussp, p. 146-156, winter 1991.

Germino, Dante. Was Machiavelli a "Spiritual Realist"?. *Eric Voegelin Society Meeting 2000*. Washigton: Eric Voegelin Society, 2000.

Girardet, Raoul. *Mitos e mitologias políticas*. Tradução de Maria Lucia Machado. São Paulo: Companhia das Letras, 1987.

González, Federico. *Las utopias renacentistas, esoterismo y símbolo*. Buenos Aires: Kier, 2004.

Gramsci, Antonio. *Notas sobre Maquiavelo*: sobre la política y sobre el Estado Moderno. Madrid: Ediciones Nueva Visión, 1980.

Granada, Miguel A. *Cosmología, religión y política en el Renacimiento: Ficino, Savonarola, Pomponazzi y Maquiavelo*. Barcelona: Anthropos Editorial del Hombre, 1988.

Granada, Miguel A. *El umbral de la modernidad*: estudios sobre filosofía, religión y ciencia entre Petrarca y Descartes. Barcelona: Herder, 2000.

Granada, Miguel Angel. Maquiavelo y Ficino, jueces de Savonarola. *Revista de Occidente*, p. 47,60, 1983.

Graves, Robert. *Os mitos gregos*. Tradução de Fernando Kablin. v. 1 e 2. 2 v. Rio de Janeiro: Nova Fronteira, 2018.

Grazia, Sebastian De. *Machiavelli in hell*. New York: Vintage Books, 1989.

Grendler, Paul F. *The universities of the italian renaissance*. Baltimore: Johns Hopkins University Press, 2002.

Hesíodo. *Teogonía, Trabajos y Días*: Escudo, Fragmentos. Traducido por A. Pérez Jiménez y A. Martínez Díaz. Madrid: Gredos, 1982.

Hexter, J. H. Seyssel. Machiavelli, and Polybius VI: the mystery of the missing translation. *Studies in the Renaissance*, p. 75-96, 1956.

Homero. *Ilíada*. Tradução de Carlos Alberto Nunes. Rio de Janeiro: Nova Fronteira, 2011.

Homero. *Odisseia*. Tradução de Carlos Alberto Nunes. Rio de Janeiro: Nova Fronteira, 2011.

Ingraham, Robert. Machiavelli, the New World and the Republic. Schiller Institute. 2013.

Mansfield JR., Havery C. *Machiavelli's new modes and orders*: a study of the "discourses on livy". Ithaca: Cornell University Press, 1979.

Larivaille, Paul. *A Itália no tempo de Maquiavel (Florença e Roma)*. Tradução de Jônatas Batista Neto. São Paulo: Companhia das Letras, 1988.

Lefort, Claude. *Le travail de l'œuvre Machiavel*. Paris: Gallimard, 2008.

Livio, Tito. *Historia de Roma desde su Fundación, I - VIII*. Traducido por José Antonio Villar Vidal. Madrid: Gredos, 2008.

Lorenzo de' Médici, Il Magnifico. *Opere*: a cura di Attilio Simoni. v. secondo. Laterza & Figli, 1912.

Manent, Pierre. *Naissances de la politique moderne*. Paris: Gallimard, 2007.

Martin, Sean. *The gnostics the first christian heretics*. Harpenden: Herts Pocket Essentials, 2006.

Martins, José Antonio. *Corrupção*. São Paulo: Globo, 2008.

Mattingly, Garret. Machiavelli's "Prince": political science or political satire? *The American Scholar*, n. 4, p. 482-491, 1958.

Mcallister, Ted V. *Revolta contra a modernidade: Leo Strauss, Eric Voegelin e a busca de uma ordem pós-liberal*. Tradução de Túlio Sousa Borges de Oliveira. São Paulo: É Realizações, 2017.

Meier, Heinrich. *Political philosophy and the challenge of revealed religion*. Translated by Robert Berman. Chicago and London: The University of Chicago Press, 2017.

Meinecke, Friedrich. *L'Idea della ragion di stato nella Storia moderna*. Traduzione di D. Scolari. v. 1 e 2. 2 v. Firenze: Valecchi, 1942.

Monge, Juan Manuel Forte. Estudio introductorio. MAQUIAVELO, Nicolás. *Maquiavelo*. IX - CXXVII. Madrid: Gredos, 2011.

Moulakis, Athanasios. Leo Strauss and Eric Voegelin on Machiavelli. *European Journal of Political Theory*, Sage Publications Ltd, v. 4, n. 3, p. 249-362, (s.d.).

Najemy, John M. Papirius and the chickens, or Machiavelli on the necessity of interpreting religion. *Journal of the History of Ideas*, v. 60, n. 4, p. 659-681, out. 1999.

Ott, Ludwig. *Manual de teología dogmática*. Barcelona: Herder, 1966.

Ovidio. *Las metamorfosis*. Traducido por Emilio Rollié. Buenos Aires: Losada, 2012.

Parel, Anthony J. *The Machiavellian Cosmos*. London: Yale University Press, 1992.

Patch, H. R. *The goddess Fortuna in mediaeval literature*. New York: Octagon Book, 1974.

Píndaro. *Odas y fragmentos - Olímpicas - Píticas - Nemeas Ístmicas*. Traducido por Alfonso Ortega. Madrid: Gredos, 1984.

Platón. *Fedón*. Traducido por Carlos García Gual. v. Platón I. 3 v. Madrid: Gredos, 2010.

Platón. *Gorgias*. Traducido por Julio Calonge. v. Platón I. 3 v. Madrid: Gredos, 2010.

Platón. *Menéxeno*. Tradução de Emilio Acosta. v. Platón I. 3 v. Madrid: Gredos, 2010.

Platón. *República*. Traducido por Conrado Eggers Lan. v. Platón II. III vols. Madrid: Gredos, 2014.

Platón. *Teeteto*. Traducido por Álvaro Vallejo Campos. Vol. Platón II. 3 v. Madrid: Gredos, 2014.

Plutarco. *Vidas Paralelas*: Foción y Catón el Menor, Dión y Bruto, Paulo Emilio y Timoleonte, Sertorio y Éumenes, Filopemen y Tito Flaminino, Pelópidas y Marcelo, Alejandro y César, Demetrio y Antonio. ALSINA, José (ed.). Traducido por Antonio Ranz Romanillos. Barcelona: Planeta, 1990.

Plutarco. *Vidas Paralelas*: Teseo y Rómulo, Solón y Publícola, Temístocles y Camilo, Arístides y Marco Catón, Cimón y Lúculo, Pericles y Fabio Máximo, Nicias y Craso,

Cayo Marcio Coriolano y Alcibíades, Demóstenes y Cicerón. ALSINA, José (ed.). Traducido por Antonio Ranz Romanillos. Barcelona: Planeta, 1991.

Raiswell, Richard, and Peter ed. *et al.* Dendell. *The devil in society in premodern Europe.* Toronto: Centre for Reformation and Renaissance Studies, 2012.

Rathé, C. Innocent gentillet and the first "anti-machiavel". *Bibliothèque D'Humanisme Et Renaissance,* v. 27, n. 1, p. 186-225, 1965.

Ridolfi, Roberto. *The life of Niccolò Machiavelli.* Translated by Cecil Grayson. Chicago: The University of Chicago Press, 1963.

Ruggiero, Raffaele. Cesare Borgia in piedi e in ginocchio, tra Machiavelli e Castiglione. Riggiero (Raffaele). *Lessico ed etica nella tradizione italiana di primo Cinquecento,* Lecce, PensaMultimedia, v. 7, p. 255-270, 2016.

Ruiz, Beatriz Hilda Grand. *El tiempo en Agrippa, Paracelso, Bruno, Boehme, Gassendi, El Cusano, Valla, Erasmo, Agricola, Ramus, Pomponazzi, Ficino, Pico, Maquiavelo, Moro, Bodin, Grocio, De Montaigne, Charron.* Buenos Aires: Ediciones Clepsidra, 1987.

Salutati, Coluccio. *Coluccio Salutati political writings.* Edited by Stefano U. Baldassarri. Translated by Rolf Bagemihl. Cambridge, Massachusetts; London, England: Harvard University Press, 2014.

Schmutz, Jacob. A profecia de Fiore. VOEGELIM, Eric (ed.). *As religiões políticas.* Tradução de Teresa Marques da Silva. Lisboa: Passagens, 2002. p. 5-18.

Skinner, Quentin. *Los fundamentos del pensamiento político moderno I:* el Renacimiento. Traducido por Juan Forte Utrilla. México: Fondo de Cultura Económica, 1985.

Skinner, Quentin. *Machiavelli:* a very short introduction. Oxford: Oxford University Press, 1981.

Strauss, Leo. *Estudios de filosofía política platónica.* Pangle, Thomas L. (ed.). Traducido por Amelia Aguado. Buenos Aires: Amorrortu Editores, 2008.

Strauss, Leo. *Jerusalem and Athens:* some introductory reflections. 1967.

Strauss, Leo. *La persécution et l'art d'écrire.* Traduit par Olivier Sedeyn. Paris: Gallimard, 2009.

Strauss, Leo. *Natural right and history.* v. 5. Chicago: University of Chicago Press, 1965.

Strauss, Leo. *The city and man*. Chicago:Rand McNally, 1964.

Strauss, Leo. *The political philosophy of hobbes: its basis and its genesis*. Chicago: Phoenix Books, 1996.

Strauss, Leo. *Thoughts on Machiavelli*. Chicago: University of Chicago Press, 1958.

Strauss, Leo; cropsey, Joseph *et al. History of political philosophy*. 3. Chicago: University of Chicago Press, 1963.

Suetônio. *A vida dos doze Césares*. v. 171. Brasília: Edições do Senado Federal, 2012.

Sulivan, Vickie B. *Machiavelli's three romes*. Chicago: Northern Illinois University Press, 1996.

Tommasini, Orestes. *La Vita e gli scritti di Niccolò Machiavelli nella loro relazione col Machiavellismo*. v. II (1883). Roma: Ermanno Loescher & C., 1911.

Trawick, Buckner B. *World literature*: greek, roman, oriental and medieval classics. v. I. New York: Barnes & Noble, Inc, 1958.

Tresidder, Jack. *Dictionary of symbols*: an illustrated guide to traditional images, icon, and amblems. San Francisco: Chronicle Books, 1998.

Vernant, Jean-Pierre. *As origens do pensamento grego*. 12 ed. Tradução de Ísis Borges B. da Fonsenca. Rio de Janeiro: Difel, 2002.

Villari, Pasquale. *Niccolò Machiavelli e i suoi tempi*. v. II. Firenze: Successori Le Monnier, 1877-1882.

Villari, Pasquale. *Niccolò Machiavelli e i suoi tempi*. v. III. ed. ultimo. Firenze: Successori Le Monnier, 1877-1882.

Virgílio, Maro Publius. *Bucólicas, geórgicas*. Traducido por Tomás de la Ascensión Recio García. Madrid: Gredos, 2016.

Virgílio, Maro Publius. *Eneida*. Tradução de Carlos Alberto Nunes. Brasília; São Paulo: Universidade de Brasília; São Paulo, 1983.

Virgílio, Maro Publius. *Bucólicas*. Tradução de Frederico Lourenço. Coimbra: Universidade de Coimbra; Quetzal Editores, 2021.

Viroli, Maurizio. *Machiavelli*. New York: Oxford University Press, 1998.

Viroli, Maurizio. Machiavelli in hell by Sebastian de Grazia review. *Political Theory*, v. 19, n. 2, p. 292-295, 1991.

Viroli, Maurizio. *Machiavelli's god.* Translated by Antony Shugaar. New York: Oxford University Press, 2010.

Viroli, Maurizio. *Niccolo's smile, a biography of Machiavelli.* Translated by Anthon Shugaar. New York: Hill and Wang, 2002.

Vivanti, Corrado. *Maquiavelo, los tiempos de la política.* Traducido por María Teresa Navarro Salazar. Buenos Aires: Paidós, 2013.

Voegelin, Eric. *As religiões políticas.* Tradução de Teresa Marques da Silva. Lisboa: Passagens, 2002.

Voegelin, Eric. *Collected works of Eric Voegelin.* v. II. Published Essays 1953-1965. Columbia and London: University of Missouri Press, 2000.

Voegelin, Eric. *Collected works of Eric Voegelin.* v. 12. Published Essays 1966-1985. Baton Rouge and London: Louisiana State University Press, 1990.

Voegelin, Eric. *Collected works of Eric Voegelin.* v. 16. *Order and history, v. III. Plato and Aristotle.* Columbia and London: University of Missouri Press, 2000.

Voegelin, Eric. *História das ideias políticas*: helenismo, Roma e cristianismo primitivo. v. I. Tradução: Mendo Castro Henriques. São Paulo: É Realizações, 2012.

Voegelin, Eric. *História das ideias políticas*: renascença e reforma. v. VI. Tradução de Elpídio Mário Dantas Fonseca. São Paulo: É Realizações, 2012.

Voegelin, Eric. *The collected works of Eric Voegelin:* modernity without restraint: the political religions, the new science of politics, and science, politics, and gnosticism. v. 5. Columbia and London: University of Missouri Press, 2000.

Webb, Eugene. Voegelin's "gnosticism" reconsidered. *Political Science Reviewer,* Intercolegiate Studies Institute, v. 34, n. 1, out. 2005.

Wiser, James L. From cultural analysis to philosophical anthropology: an examination of Voegelin's concept of gnosticism". *The Review of Politics,* v. 42, n. 1, p. 92-104, jan. 1980.